이제 **오르비**가
학원을 재발명합니다

smart is sexy

Orbi.kr

오르비학원은

모든 시스템이 수험생 중심으로 더 강화됩니다.

모든 시설이 최고의 결과가 나올 수 있도록 설계됩니다.

집중을 위해 오르비학원이 수험생 옆으로 다가갑니다.

오르비학원과 시작하면

원하는 대학문이 가장 빠르게 열립니다.

전화 : 02-522-0207 문자 전용 : 010-9124-0207 주소 : 강남구 삼성동 61길 15 (은마사거리 도보 3분)

출발의 습관은 수능날까지 계속됩니다.
형식적인 상담이나
관리하고 있다는 모습만 보이거나
학습에 전혀 도움이 되지 않는
보여주기식의 모든 것을 배척합니다.

쓸모없는 강좌와 할 수 없는 계획을 강요하거나
무모한 혹은 무리한 스케줄로
1년의 출발을 무의미하게 하지 않습니다.
형식은 모방해도 내용은 모방할 수 없습니다.

개인의 능력을 극대화 시킬 모든 계획이 오르비학원에 있습니다.

만 점 의   생 각

저자 소개

조경민

연세대학교에서 철학, 국어국문학을 복수전공하여 졸업하였습니다. 2019 수능 당시 국어 표준점수 146점을 받고 대학에 합격한 뒤, 수험생 커뮤니티 '오르비'에 국어 학습 칼럼을 올리며 꾸준히 좋은 반응을 얻었습니다. 대학 시절부터 수능 국어 교재를 집필하였으며, 수많은 과외와 강의 경험을 토대로 수능 국어 공부법을 알리고 있습니다.

교재 내용에 대한 질문, 또는 오류 제보를 하실 경우 이메일(tblackone@naver.com)으로 연락 주세요.
오류를 제보하시는 경우 내용에 따라 소정의 선물을 드립니다.

정오표 및 추가 자료 링크

우수 검토진

○ 박준우(한양대학교 국어국문학과)

○ 이정현(충북대학교 수의예과)

○ 유진우(2024학년도 법학적성시험 142점, 2024학년도 동아대학교 법학전문대학원 수석입학)

○ 조민준

개정판 검토진

○ 김민수

○ 김가람(연세대학교 국어국문학과)

○ 문성호(한양대학교 중어중문학과)

○ 백지훈(성균관대학교 철학과)

○ 조영재(원광대학교 치의예과 재학, 연세대학교 신소재공학과 중퇴)

○ 허재(한양대학교 유기나노공학과)

○ 박시현(옥탑방 국어팀)

○ 노건우(2024학년도 수능 국어 백분위 100)

○ 이석원(2021학년도 수능 국어 백분위 99)

○ 장민우(2020학년도 수능 국어 백분위99)

누적 검토진

○ 박영호, 김민석, 이민창, 김성훈, 한태균, 김하민, @redoublant

○ 문송, 김연준, 박소윤, 설정은, 김동욱, 유진우, 김영원

○ 홍민기, 이석원, 윤정훈, 정세현, 맹주원, 성연준, 정인우, 이새벽

○ 고윤서, 이정은, 유지원

CONTENTS

IV 경제 지문

V 인문 지문

Ⅵ 과학 지문

Ⅶ 기술 지문

비문학(독서)은 어떤 영역이고,
어떻게 공부해야 하는가?

과거, 수능에 국어의 비중이 매우 낮고, 영어와 수학 점수로 대학을 가던 시기가 있었습니다. 그러나 영어가 절대평가로 교체되고, 2017학년도 평가원 시험에서 국어의 난이도가 비약적으로 상승하게 되었습니다. 2019학년도 수능에서는 1등급 컷 84점이라는 이례적인 국어 시험이 등장했고, 이후 수능 국어는 꾸준히 어렵게 출제되며 비로소 입시의 핵으로 떠오르게 됩니다.

현재 수능 국어에서 어려움을 겪는다는 학생들은 대개 비문학에서 어려움을 겪는 학생들입니다. 비문학을 공부한다는 것은, 글을 읽는 법을 공부한다는 것과 같습니다. 시중에는 여러 방법론들이 있고, 그것들이 서로 충돌하는 경우도 적지 않습니다. 누구는 정보만 처리하면 된다, 누구는 이해하면서 읽어야 한다, EBS 연계는 필요 없다, 배경지식이 중요하다 등등... 공부를 시작하는 수험생의 입장에서는 혼란스러울 수밖에 없습니다.

이러한 큰 논점에 대해 말씀을 드리자면, 우선 비문학은 '모든 문장을 이해할 수 있도록' 공부해야 합니다. 사실 17학년도부터 19학년도까지의 비문학은 지문이 길어지고, 정보량이 많아진 대신 깊은 이해를 요구하는 문항이 거의 없었습니다. 정말 정보만 잘 처리하면 되었던 것이죠. 그러나 이 책에서 주요하게 다루는 최근의 기출 문제를 보면, 지문의 길이가 비교적 짧아진 대신 문장과 문장의 논리 관계가 매우 촘촘해지고, 문제 또한 '이해를 해야만' 확실히 풀 수 있게 바뀌었습니다. 이에 이전과는 다른 대비가 필요합니다.

그리고 독서에서 EBS 연계는 큰 의미가 없습니다. 여태까지 EBS에 수록된 지문 중, 모의고사 또는 수능과 유의미하게 비슷한 내용을 지닌 것은 없었습니다. 이를테면, EBS에 나온 단어 하나를 지문에 넣어놓고 연계라고 우기는 식입니다. 배경지식의 경우, 수능에 출제되는 내용 중 '베이즈주의'라든지, 'BIS'라든지, '가능세계'라든지 하는 구체적인 소재를 수험생이 애초에 알 리가 없으니 몰라도 무방합니다. 물론 경제 지문에 있어 '환율'이라든가, 논리학 지문에서 '모순'이라든가 하는 '어휘들'은 상식으로 알아둘 필요가 있습니다. 이 교재에서 기출을 풀며 자연스럽게 익힐 수 있도록 구성했으나, 만약 모르는 단어가 나온다면 그때그때 사전을 찾아서 정확한 의미를 파악할 것을 권합니다. 이 교재가 아닌, 다른 책, 문제를 풀다가도 모르는 단어가 나오면 반드시 그 의미를 찾아보는 것이 좋습니다.

이러한 어휘력이 전제된다면, 비문학은 시간 안에 읽을 수 있는 **독해력**과, 올바르게 생각하며 읽는 **이해력**, 지문의 내용을 문제에 적용하는 **사고력**이 필요합니다. 사실, 가장 중요한 것은 독해력입니다. 이 교재를 학습하며, 문장을 하나하나 어떻게 읽어야 하는지를 배우는 것도 독해력에 큰 도움이 되나, 결국은 본인이 수능 전까지 활자를 처리한 **양과 경험**이 가장 중요합니다. **이러한 공부의 양은 어떤 선생님도 채워줄 수 없는, 수험생 본인의 몫입니다.** 개인적으로는 1년 동안 매일 비문학을 3지문씩만 읽어도, 이러한 독해력을 쌓는 데 큰 모자람은 없으리라는 생각이 듭니다.

이 책은 글을 읽으며 어떤 생각을 해야 하는지를 알려줍니다. 기본적으로 인문 지문에서 어떤 주장이 등장하면 '왜 그렇지?'가 떠올라야 하고, 기술 지문에서 원리가 등장하면 '이게 기술의 어떤 부분에 적용되지?'가 떠올라야 합니다. 당연한 얘기지만 이 답은 전부 지문 안에 주어져 있습니다.

어떤 학생들은 이렇게 말할 수 있습니다. "전부 이해 못해도 답은 맞힐 수 있는데요?"

그 말이 맞습니다. '맞힐 수'는 있습니다. 그러나 저는 1등급을 맞을 수도, 맞지 못할 수도 있는 실력을 위해 학생들을 가르치는 것이 아니라, '확실히 100점을 맞을 수 있도록' 학생들을 가르칩니다. 당연한 얘기지만 완전한 이해 없이 국어라는 영역에서 확실한 점수는 달성될 수 없습니다.

이 교재의 해설은 그 누구보다도 정확하고 명료합니다. 그러나 동시에 굉장히 어렵습니다. 학생들은 수록된 문제를 풀고, 최소한 3번은 다시 읽으며 이해하려고 노력해보시고 제 해설을 읽으시기를 바랍니다. 한 지문을 공부하는데 2시간, 3시간이 걸려도 상관없습니다. 이 책에서 글을 읽으며 누적된 공부의 시간은 여러분들의 인생에서 그 무엇보다도 큰 자산이 될 것입니다.

교재 활용법

저는 과외와 상담, 입시 커뮤니티 활동을 하면서 '기출 분석'의 필요성을 여러 번 강조해왔습니다. 제가 기출 분석을 통해 실력을 많이 키우기도 했고, 결국 수능 국어를 대비하려면 수능 국어로 공부해야 한다고 생각했기 때문입니다. 그러자 학생들은 저에게 물었습니다. '그래서 기출 분석은 어떻게 하는 건데요?'라고요. 이 책은 그 방법을 최대한 많은 학생들에게 가르쳐주고 싶은 마음으로 집필되었습니다.

기본적으로 이 책은, 웬만한 기출 분석 강의 30~50시간 분량을 압축해 놓은 책입니다. 텍스트로는 말보다 더 자세히, 체계적으로 무언가를 설명할 수 있습니다. 따라서 이 책 한 권을 제대로 공부하시는 것이 강의를 듣는 것보다 실력 향상에 더 큰 도움이 되리라 생각합니다.

기출 지문을 다루는 챕터 Ⅲ~Ⅷ에 있어, 제가 권해드리는 교재 공부법은 다음과 같습니다.

> ① 이 교재에 수록된 지문들을 시간을 재고 푼다. **지문당 10분 내외로 풀 것을 목표로 한다.**
> ② 해설을 보기 전에, 스스로 **'모든 문장을 이해할 때까지'** 지문을 읽는다. <u>이해가 되지 않는 포인트가 있다면 적어 두는 것</u>
> 이 좋다. 지문 마지막에 **'복습 포인트'가 있는 경우,** 본인의 답변을 구성해보자.
> ③ 채점을 한 뒤, 각 문제의 출제 근거, 의도를 파악하며 선지 하나하나 다시 분석한다.
> ④ ②에서 본인이 했던 분석과 해설을 비교하며 읽는다.
> ⑤ 해설과 달랐던 본인의 생각, 해설에서 본인이 생각하지 못했던 부분을 기록한다.

위의 과정을 충실히 수행하는 것이 제대로 된 기출 분석이라고 생각합니다. 이 과정에서 제일 중요한 것은 ②의 '스스로 분석하는' 과정입니다. 결국 기출 분석은 혼자 하는 것입니다. 『만점의 생각』의 해설은, 학생이 스스로 한 기출 분석을 점검하기 위한 '기출 분석의 모범 답안' 정도로만 활용하시면 됩니다.

제가 권하는 방법대로 공부하신다면, 아마 한 지문을 공부하는 데 1시간~2시간 정도가 걸릴 것입니다. 스스로 모든 문장을 이해하려 시도하는 것은 상당히 머리 아프고 피로한 일입니다. 그럼에도, 그 공부가 근본적인 국어 실력을 키울 수 있는 가장 정석의 방법이라고 확신합니다. 이 책을 끝낼 때쯤이면, 수능 국어에 대한 이해도와, 글을 읽는 독해력, 주어진 정보를 바탕으로 이해하고 사고하는 능력이 크게 증가하실 겁니다. 수능 국어 비문학(독서)에 대한 질적인 공부는 이 책 한 권을 제대로 끝내는 것으로 충분합니다.

이 책은 크게 두 부류의 학생 분들이 활용할 수 있습니다.

1. 기출을 아직 제대로 공부한 적이 없어서, 분석 방법을 배우면서 국어 실력 자체를 키우고 싶은 학생
2. 기출을 이미 거의 다 공부했지만, 효율적으로 기출을 복습하고 싶은 학생

첫 번째 유형의 학생 분들은 우선 '필수적인 개념들', '문장 독해 연습'을 충실히 공부한 뒤 기출 학습으로 넘어가길 권합니다. 또한, 가급적이면 이 책에 있는 기출 지문을 풀기 전, 그 지문이 포함된 기출 세트 전체를 실전처럼 시간 재고 풀어보길 바랍니다. 가령 2021학년도 6월 <법인세>지문을 학습한다면, 2021학년도 6월 모의평가 전체를 시간 재고 풀어보라는 것이죠. 기출은 한정되어 있고, 가급적이면 실전과 가깝게 기출을 푸는 것이 중요하므로, 어떤 기출 지문을 처음 볼 때는 그 기출 세트 전체를 풀어보는 것이 좋습니다. 제가 적어둔 공부법으로 이 책을 끝낸 뒤에는, 책에 수록되지 않은 기출을 이 책의 방식대로 푸실 것을 권해드립니다. 그리고 9월 모의고사 무렵부터 시험지 한 세트를 75분 정도를 재고 푸는 실전 연습을 주로 하시면 되겠습니다. 물론, 만점의 생각은 수능 전까지 계속, 꾸준히 복습하셔야 하고요.

두 번째 유형의 학생 분들은, 지문의 목차를 꼭 따라갈 필요 없이 본인이 헷갈렸거나, 어려웠던 지문들 먼저 공부하셔도 좋습니다. 가급적이면 이 학생 분들도 위의 공부법을 따르시는 것이 좋으나, 수능이 임박하여 시간이 없다면 '풀고-채점하고-해설 읽기'의 순서로 빠르게 복습을 하셔도 좋습니다. 기출 분석이 충분히 된 학생들은 이 교재를 2주면 끝낼 수 있을 겁니다.

PART 1
필수적인 개념들

이 챕터에서는 크게 두 가지를 가르칩니다.

(1) 수능 국어 고득점을 위해 필수적인 개념들
(2) 수능 국어 출제진들이 당연히 안다고 가정하는 개념들

문제 풀이로 성급하게 넘어가지 말고,
'필수적인 개념들'을 충실히 끝낸 뒤에 기출 분석을 시작하길 권합니다.

생소한 내용도 있을 것이고, 일부는 '스킬'처럼 느껴지는 것도 있을 것입니다.
그러나 이 챕터에서 가르치는 내용은 '글을 제대로 읽기 위한 상식적인 기술'일 뿐입니다.

분명 새롭게 얻어가는 것이 있을 테니, 모든 내용을 꼼꼼하게 공부해주시길 바랍니다.

1. 거시독해란 무엇인가?

대부분의 훌륭한 비문학 저자들은 글에서 한 번 쓴 단어를 다시 쓰는 것을 싫어합니다. 같은 어미나 조사, 접속사를 자주 쓰지 않는 것은 물론이고, 고유명사나 전문 용어조차도 연달아 나오지 않습니다.

결국 같은 단어, 같은 내용을 사전적 의미는 다르나 문맥상 동의어인 단어들로 치환하여 계속해서 재진술을 하는 것인데, 거시독해는 이런 단어들을 Chunking(덩이짓기)하여 수백 개의 단어를 하나의 의미 덩어리로 묶는 독해를 말합니다. 무슨 얘긴지 감이 안 잡힐 테니 예시를 몇 개 가져왔습니다.

> 종합 예술의 기원인 그리스 비극은 형식적 측면에서 높은 수준에 이르렀을 뿐만 아니라, 세계와 삶에 대한 당대인들의 인식을 이끌었다. 반면 근대의 오페라는 그 발전 과정에서 점차 아리아 위주로 편성됨으로써, 심오한 지적, 도덕적 관심이 아니라 음악 내적 요소에 지배되는 경향을 띠었다.
>
> -2011 수능 언어영역 23번 <보기>-

<보기>형 문제였지만, 미시독해와 거시독해가 완벽하다면 사실 <보기>만 읽고도 답이 나옵니다.

우선, 그리스 비극과 근대의 오페라가 대비된다는 것이 보입니다. 자, 그럼 '음악 내적 요소'는 무엇인가요?

물론 예술의 내적 요소는 수능이나 사설, EBS에 종종 출제된 개념이니 배경지식으로 알 수도 있습니다.

그러나 두 문장 안에서는 그걸 몰라도 '형식적 측면'이라는 것을 알아야 합니다.

위의 <보기>를 제가 읽는 방식대로 바꾸어서 써보겠습니다.

> 종합 예술의 기원인 그리스 비극은 형식적 측면에서 높은 수준에 이르렀을 뿐만 아니라, 세계와 삶에 대한 당대인들의 인식을 이끌었다. 반면 **근대의 오페라**는 그 발전 과정에서 점차 아리아 위주로 편성됨으로써, <u>세계와 삶에 대한 당대인들의 인식</u>이 아니라 <u>형식적 측면</u>에 지배되는 경향을 띠었다.

어떤가요? 거시독해가 되면 내용을 한층 논리적으로 접근할 수 있을 뿐 아니라, 받아들여야 하는 정보량도 줄어듭니다. 머릿속에서 내용이 정리되어 훨씬 간결한 글이 되기 때문이죠.

이 문제의 지문 첫 문단을 보겠습니다.

> 전통적인 철학적 미학은 세계관, 인간관, 정치적 이념과 같은 심오한 정신적 내용의 미적 형상화를 예술의 소명으로 본다. 반면 현대의 체계 이론 미학은 내용적 구속성에서 벗어난 예술을 진정한 예술로 여긴다. 이는 예술이 미적 유희를 통제하는 모든 외적 연관에서 벗어나 하나의 자기 연관적 체계로 확립되어 온 과정을 관찰하고 분석함으로써 얻은 결론이다.

보이시나요? '정신적 내용의 미적 형상화'는 '내용적 구속성'을 말하는 것이고, 이는 '외적 연관'입니다. 다 어려운 용어들입니다. 모를 수 있습니다. 그러나 거시독해가 되는 사람은 주어지는 개념의 정확한 의미를 몰라도 그 개념을 둘러싼 의미 관계를 파악하기 때문에 지문을 완전히 흡수하는 데 무리가 없습니다.

위의 내용은 지문의 첫 줄, 첫 문단입니다. 이걸 보는 사람과 보지 못하는 사람은 독해 능력에 압도적인 차이가 존재합니다.

수능이 아닌 다른 언어 시험에서도 이러한 청킹이 사용됩니다. 2013 PSAT의 첫 두 줄을 보여드리겠습니다.

강화 학습 시스템은 현실의 다양한 문제를 자기 주도적으로 해결하는 프로그램을 실현하고자 한다. 대부분의 현실 문제는 매우 복잡하므로 정형화된 규칙에 한정되지 않는 방식으로 대처하는 매우 큰 유연성을 필요로 한다.

혼자 한번 해보실래요? 필요로 하는 '유연성'은 무엇인가요?

'유연성' = '자기 주도적'입니다. 두 단어 다 모르기 힘든 용어이나 '유연성'이 '자기 주도적'의 문맥상 동의어이며 단순한 재진술임을 인지하지 못하면 나머지 문장들에서 개념 간의 관계가 꼬일 수밖에 없습니다.

결국 글에서 '문맥'을 이해한다는 것은, 또 '거시독해'를 한다는 것은 이렇게 문장과 문장을 잇고, 문단과 문단을 이어서, 지문 전체를 하나의 거대한 의미 덩어리로 흡수하는 과정을 말합니다. 이 교재의 해설은 이러한 논리를 기반으로 저술되었습니다. 이러한 능력을 키우기 위해서는 글 하나를 잡고 이해할 때까지 읽어보고, 개념들 간의 의미 관계를 확실히 잡아내는 연습을 해야 합니다. 이 책을 예시이자, 정답으로 생각하시고, 거시독해의 방법을 체화하셔서 이 교재 밖의 다른 지문들, 그리고 본인이 시험장에서 만날 글들에 적용시키시기를 바랍니다.

2. 필요조건과 충분조건 (고교 수학 '집합과 명제')

이게 왜 필요하냐?

수능 국어 선지와 지문에는 직접적으로 필요조건/충분조건이 언급됩니다.

> 2021학년도 9월 : 그 자체라는 점에서 예술 작품이 되기 위한 **필요충분조건**을 갖추고 있다.
>
> 그 자체 ⇔ 예술 작품
>
> 2020학년도 6월 : 미시 건전성이 거시 건전성을 담보할 수 있는 **충분조건**이 되지 못한다.
>
> 미시 건전성 ⇏ 거시 건전성

또, 'A이기만 하면 무조건 B일까?', 'B여야만 A일까' 등을 판단할 때, 필요/충분조건에 대한 감각이 필요합니다. 언어적 능력이 뛰어난 학생이라면 필요/충분조건을 몰라도 논리적 추론이 가능하나, 웬만하면 여기 서술된 내용 정도는 숙지하기를 권합니다.

Ⓐ 'A이면 B이다'의 문장(명제)에서, A를 **충분조건**, B를 **필요조건**이라고 하며, 기호로는 'A → B'라고 표현합니다.

> ① 인간은 동물이다. (O)
>
> 인간(충분조건) ⇒ 동물(필요조건)
>
> ② 그래프의 한 점에서 미분 가능하면 연속이다. (O)
>
> 미분 가능(충분조건) ⇒ 연속(필요조건)

Ⓑ 이때, 그 역 'B → A(B이면 A이다)'는 참일 수도, 거짓일 수도 있으며 수능 국어에서는 선지로 역이 나올 경우 틀린 것일 가능성이 큽니다. 따라서 역의 참, 거짓은 'A →B'와 독립적으로 판단해야 합니다. (필요충분조건일 때는 참)

> ① 동물은 인간이다. (X)
>
> 동물 ⇒ 인간 (X)
>
> ② 그래프의 한 점에서 연속이면 미분 가능하다. (X)
>
> 연속 ⇒ 미분 가능 (X)

역이 거짓임을 증명할 때는 **반례(B를 만족하지만 A가 아닌 경우)**를 찾으면 편합니다.

> ① 침팬지는 동물이지만, 인간은 아니다.
> ② 그래프의 한 점에서 연속이더라도, 좌미분계수와 우미분계수가 다르면 미분 가능하지 않다.

Ⓒ 반면, 대우 명제 'B가 아니라면 A가 아니다(~B → ~A)'는 'A이면 B이다'가 참인 경우에 <u>반드시 참</u>입니다.

> ① 동물이 아니면 인간이 아니다. (O)
>
> ~동물 ⇒ ~인간 (O)
>
> ② 그래프의 한 점에서 연속이 아니라면 미분 가능하지 않다. (O)
>
> ~연속 ⇒ ~미분 가능 (O)

ⓓ 'A이면 B이고, B이면 A이다(A↔B)'의 경우 각각이 서로 필요조건이자 충분조건인데, 이 경우를 '**필요충분조건**'이라고 하며, 둘은 동치입니다. 만약 A가 B이기 위해서는 다른 조건이 더 필요하다면, 둘은 필요충분조건이라고 할 수 없습니다. 독해 시 'A의 의미(정의 x)는 B이다.', 'A는 B로 규정된다.' 혹은 이에 상응하는 표현이 나온다면 A와 B는 필요충분조건입니다. 수능 수준에서는 A와 B가 '<u>동일한 것</u>'을 지칭한다고 파악될 경우 필요충분조건이라 여기고 문제에 접근하여도 큰 무리는 없을 듯합니다. 마찬가지로 A와 B가 필요충분조건이라 제시된다면 이는 <u>동일하다는</u> 의미로 이해할 수 있습니다.

생명체를 구성하는 단위는 세포이다. (O)

생명체를 구성하는 단위 ⟹ 세포

세포는 생명체를 구성하는 단위이다. (O)

세포 ⟹ 생명체를 구성하는 단위

덕에 의한 정치는 성군의 필요충분조건이다.

현장에서 수능 지문을 읽을 때는 '덕에 의한 정치 = 성군'으로 통쳐도 큰 무리는 없습니다.

ⓔ 국어에서는 'A → B'를 수십 가지의 표현으로 나타낼 수 있기에 실제로 이를 엄밀히 판단하기 힘든 경우가 있는데, '**충분조건은 필요조건보다 범위가 작거나 같다 - 필요조건이 충분조건보다 크거나 같다**'고 생각하면 쉽습니다.

사람은 죽는다. (O) 죽는 것만이 사람이다. (O)

사람(충분조건) ⟹ 죽음(필요조건)
필요조건인 '죽는 것들'이 충분조건인 '사람'보다 큰 범주에 있습니다.

컴퓨터는 기계이다. (O) 기계여야 컴퓨터이다. (O)

컴퓨터(충분조건) ⟹ 기계(필요조건)
필요조건인 '기계'가 충분조건인 '컴퓨터'보다 큰 범주에 있습니다.

---

3. 보조사의 의미

보조사는 '이/가' 등의 격조사와는 다르게 '의미가 있는' 조사를 뜻합니다. 수능 국어에서는 개념들 간의 공통점, 차이점을 구분해주는 중요한 단서일 때가 많습니다.

은/는 : 화제를 드러내거나, 대조의 의미를 더해줍니다. 특히 '**대조**'는 수능 국어에서 변별력을 높이기 위한 주요 수단이므로, 염두에 두어야 합니다.

2020학년도 수능 '베이즈주의' 지문에서

반면 베이즈주의자는 믿음은 정도의 문제라고 본다.
⟹ 이전에 나온, '베이즈주의자가 아닌' 사람들은 믿음을 정도의 문제로 보지 않았을 겁니다.

관련 없는 명제에 대한 믿음의 정도는 변하지 않아야 한다.
⟹ <u>'관련 있는 명제에 대한 믿음의 정도'는 변할 수 있음</u>을 추론할 수 있습니다.

만 : 어느 하나에 한정하는 의미를 더해줍니다.

도 : 포함과 추가의 뜻을 더해줍니다. 공통점을 나타내는 부분이므로, 차이점만큼 중요합니다.

이러한 보조사들의 활용은 이 책의 해설을 읽으며 감각을 익힐 수 있을 것입니다.

4. 접속사를 보고 해야 할 생각

'그러나', '따라서', '다만'등의 접속 부사를 아울러 칭합니다. 지문의 흐름이 바뀌거나, 또는 유기적으로 연결되는 부분이니, 접속사를 본다면 정신을 똑바로 차리고 의미를 읽어야 합니다.

2018 수능 '오버슈팅' 지문에서

환율은 장기적으로 한 국가의 생산성과 물가 등 기초 경제 여건을 반영하는 수준으로 수렴된다.
그러나 단기적으로~

⇒ 여기까지만 읽고도 단기적으로는 환율이 수렴하지 않으리라는 점을 추론해야 합니다.
당시 지문의 뒷 문장은

그러나 단기적으로 환율은 이와 괴리되어 움직이는 경우가 있다.

이랬습니다. '괴리되어 움직인다'가 무슨 뜻인지 모를 수 있으나, 우리는 이를 '수렴하지 않는다'로 이해하여 넘어가야 합니다.

2018 9월 '집합 의례' 지문에서

현대 사회는 사회적 공연의 요소들이 분화되어 있을 뿐만 아니라 각 요소가 자율성을 지니고 있다. **따라서** 이 요소들을 융합하는 사회적 공연은 우발성이 극대화된 문화적 실천을 요구한다.

⇒ '따라서'가 나온 문장의 근거는 무조건 앞에 있습니다. 기출 분석을 한다면, '따라서'가 쓰인 문장과 앞 문장이 왜 이어지는지를 본인이 설명할 수 있어야 합니다. 위의 예시에서는, **'자율성'='우발성'**으로 이해한다면 두 문장을 유기적으로 연결할 수 있습니다.

2020 9월 '점유/소유' 지문에서

다만 간접점유에 의한 인도 방법 중 점유개정으로는 선의취득을 하지 못한다.

⇒ '다만'으로 예외적인 상황을 한정하는 경우에, 이 문장은 매우 높은 확률로 문제에 나옵니다.

접속사는 굉장히 강력한 힌트입니다. **문제를 풀 때는** 접속사를 기준으로 정보를 받아들이고, **기출을 분석할 때는** 왜 이 접속사를 썼는지 고민해 보아야 합니다.

5. 수능 국어의 수학적 감각

흔히들 비례/반비례 관계라고 말하는 유형에서는, 어떤 개념의 증감(커지거나 작아짐)을 판단하는 능력이 필요합니다. 이러한 수학(사실은 산수)적 판단을 할 때 유의할 점 몇 가지를 정리해보겠습니다.

$$A에 대한 B의 비 = B의 A에 대한 비 = B 대 A = B와 A의 비 = \frac{B}{A} \ (초등학교\ 교육과정)$$

비율은 위와 같이 서술됩니다. 저 분수식을 쓰는 것도 당연히 할 수 있어야 하지만, 중요한 감각은 분모와 분자에 대한 것입니다.. $C = \dfrac{B}{A}$ 일 때, A와 C는 반비례하고, B와 C는 비례합니다.

가령, BIS 비율(%) = $\dfrac{자기자본}{위험가중자산} \times 100 \geq 8(\%)$ 이런 공식이 제시된다면(2020 수능), '아, 위험가중자산이 커지면 BIS 비율은 작아지겠구나', '자기자본이 커지면 BIS 비율도 커지겠구나'라고 판단하고 넘어가야 합니다.

그리고 두 개념의 수적 관계를 파악할 때는 어떤 요소가 결과의 유일한 원인인지를 주의해야 합니다. 가령, 지문이나 선지에서 '자기자본이 커지면 BIS 비율은 커진다'라고 말할 경우, 우리는 이를 '(다른 조건이 모두 같다면) 자기자본이 커질 때 BIS 비율이 커진다'라고 읽어야 합니다. 자기자본이 커지더라도, 위험가중자산이 더 커진다면 BIS 비율은 작아질 수도 있습니다.

비슷한 경우에, 영향을 주는 방향을 파악하는 것도 중요합니다.

> ⅰ) 시간이 지날수록 균이 증가한다.
> ⅱ) 온도가 높아지면 균이 증가한다.

위의 두 명제가 참으로 제시되었더라도,

> 균이 증가하면 온도가 높아진다. (X)
> 시간이 지나면 온도가 높아진다. (X)

이 두 명제는 거짓으로 판단됩니다. 이는 충분조건/필요조건의 감각과도 연결되며, 2011 수능 채권 문제, 2019 9월 STM 문제에서 직접적으로 출제되었습니다. 한편 상관관계에 있어 어떤 원인이 하나의 결과에 대한 유일한 원인일 때는 역이 성립할 수 있습니다.

6. 그래프 해석하기

그래프의 기초 개념들

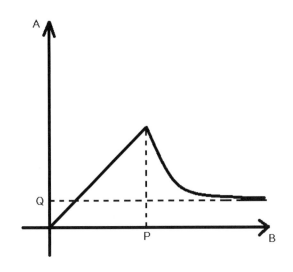

개념 A와 B 사이의 관계를 보여줄 때, 이러한 그래프를 종종 사용합니다. 이때, 우리가 가장 주목해야 하는 지점은 단연 P 입니다. B의 값이 P가 되는 지점에서 양상이 극적으로 변화하기 때문이죠. 이런 특징점은 항상 문제로 나오며, 우리는 지문을 읽으며 이미 P 지점이 의미하는 바를 파악해야 합니다. P 이전까지의 그래프는 우상향하는 모습을 보이므로, 'B<P' 일 때는 A와 B가 비례한다고 볼 수 있습니다. 반면 'B>P'일 때, 그래프는 우하향하는 모습을 보이며 A와 B가 음의 상관관계에 놓이게 됩니다. B가 커질수록 A가 줄어드는 것이지요. B가 점점 커지면서, A의 값은 Q와 한없이 가까워집니다. 우리는 이를 A가 Q에 수렴한다고 표현합니다.

이런 기본적인 관점을 유지한 채, 기출에 나온 그래프들을 해석해 봅시다.

Ⓐ 특징점 찾기 (18 수능, 16 6월B형)

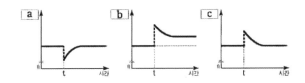

a, b, c 축이 각각 무엇을 의미하는지 파악해야 하는 문제였는데, 특징점 t를 기준으로 해석하면 쉽게 풀 수 있는 문제였습니다.

'시간<t'일 때 a, b, c는 모두 하나의 값에 고정되어 있습니다. 그러나 a는 시간이 t가 되는 순간에 떨어지고, 나머지는 높아지죠. 당시 문제에서는 여기서 이미 a가 무엇인지 확정이 가능했습니다. 그다음으로, t가 커짐에 따라 b와 c는 각각 하나의 값으로 수렴하게 되는데, b가 c보다 수렴하는 값이 더 큽니다. 이런 식으로 그래프를 해석해야 문제를 풀 수 있었습니다. 교재에 수록된 2018 수능 오버슈팅 문제를 풀어보시길 바랍니다.

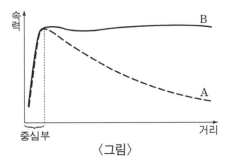

〈그림〉

2016 6월 B형 암흑물질 지문의 그래프였습니다. 우리는 '중심부'와 '중심부 밖'을 가르는 저 점선의 지점을 특징점으로 생각하고 해석해야 합니다. A와 B 모두, 중심부에서는 거리와 속력이 비례하지만, A는 중심부 밖에서 음의 상관관계를 보이게 되고, B는 중심부 밖에서 어느 정도 일정한 값을 유지하게 됩니다.

Ⓑ 그래프의 이동과 기울기 (11 수능)

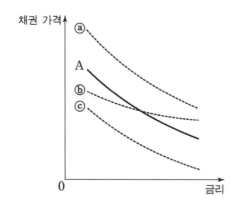

곡선 A를 기준으로 볼 때, ⓐ는 위쪽으로 평행 이동했으므로, 채권 가격이 전체적으로 상승했다고 볼 수 있습니다. 이때 같은 금리에서 ⓐ는 항상 A보다 채권 가격이 높습니다. 반대로 ⓒ는 아래쪽으로 평행 이동했으므로, 채권의 가격이 하락했다고 볼 수 있을 것입니다.

기울기가 완만해진다면, 이는 원인(금리)에 따른 결과(채권 가격)의 변화율이 줄었다고 볼 수 있습니다. 이때 ⓑ는 A보다 기울기가 완만하므로, 채권 가격이 A에 비해 금리 변화에 덜 민감하다고 판단할 수 있을 것입니다.

Ⓒ 막대 그래프 (17 6월)

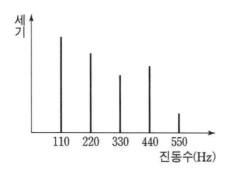

막대 그래프는 각 개체들의 특성을 따로 보여줄 때 주로 사용됩니다. 이 그래프는 진동수 110, 220, 330, 440, 550을 갖는 다섯 개의 음이 각각 어느 정도의 세기를 가지고 있는지 보여줍니다. 한 개체를 시기에 따라 이산적으로 분리한 것이 아니라면, 보통은 하나의 대상이 변화하는 모습을 보여주는 것이 아니라 여러 대상을 따로 제시하는 것이므로 분리하여 생각해야 합니다.

Ⓓ 분포 그래프 (13 9월)

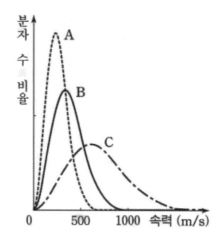

분포를 나타내는 그래프는, x축의 한 지점에 무언가가 얼마나 존재하는지를 보여줍니다. 위의 분포 그래프에서 꼭짓점을 통해서 분자가 가장 많이 존재할 때의 속력(최빈값)을 알아낼 수 있습니다. 위의 그래프에서 평균 속력이 증가하면 꼭짓점은 오른쪽으로 이동합니다. 이때 y축은 전체에서의 비율을 뜻하는 것이기 때문에, 밑넓이는 변하지 않습니다. 따라서 꼭짓점이 오른쪽으로 간다면 그만큼 그래프가 납작해져야 분자 전체의 수가 변하지 않는 것입니다. 대개 A의 그래프를 C보다 뾰족하다고 표현하고, C의 그래프를 A보다 납작하다고 표현합니다.

7. 주장의 전제와 비판

어떤 둘 이상의 입장이 나올 때, 어느 한쪽이 다른 한쪽을 비판하는 내용에 대한 문제는 빈출되는 편입니다. 이 경우에는, 각각의 차이점과 공통점을 비교/대조하면서 읽으면 무난하게 풀어낼 수 있습니다.

그러나 간혹, 평가원 기출과 LEET 등에 글의 내용에 대해 '독자가 비판'하는 유형이 있습니다. 글에서 나온 주장을 보고, 그것의 전제를 찾아낸 뒤에, 지문에 직접적으로 제시되지 않은 내용으로 그 전제를 옳게 지적해야 하는 유형이죠. 물론 수능은 객관식 시험이기에 답을 골라내는 것은 쉬울 수 있으나, 이런 문제를 접근하는 방법을 익히는 것은 근본적으로 주장과 근거라는 글의 구조를 잡아내는 능력과 큰 연관이 있습니다. 이러한 능력은, 지문은 짧아지되 요구하는 이해의 정도가 높아진 현재의 기조에서 더욱 필요합니다. 따라서 이 부분에서는 전제는 어떤 것이며, 비판은 어떻게 해야 하는지 설명하겠습니다.

여성 문제를 해결하기 위해서는 ⓒ여성에 대한 편견을 극복하기 위한 교육적인 노력도 병행하여야 할 것이다.

1995학년도 수능 44~49번

---

49 ⓒ의 논리적 전제로 볼 수 없는 것은?

① 남녀 평등은 실현되어야 한다.
② 여성의 능력을 개발해야 한다.
③ 교육은 인간을 변화시킬 수 있다.
④ 실질적인 남녀 평등이 실현되지 않고 있다.
⑤ 편견이 여성 문제 해결의 장애가 되고 있다.

아주 아주 고대의 기출 문제이고, 단순해보이는 문제지만 막상 답을 골라내는 과정이 힘들 수 있습니다. 잠시 생각해보고, 스스로 답을 낸 뒤 해설을 읽어주시면 좋겠습니다.

답은 ②번이었습니다. 중요한 것은 맞는 다른 네 개의 선지들입니다. 저 한 줄의 논증에는 여러 '숨은 가정'들이 담겨있습니다.

가령, '우리는 지금 A를 해결하기 위해 B를 해야 한다'라고 말한다면,
(A=여성 문제=불평등, B=편견을 극복하기 위한 교육적인 노력)

이는 'A를 해결하는 것이 옳다'는 숨은 가정을 담고 있습니다. (1번)
또, 'B한다면 A를 해결할 수 있다'는 가정도 담고 있지요. (3번)
이런 것을 주장한다면 '아직 A가 해결되지 않았다'는 맥락이 있을 것이고, (4번)
'B가 이루어지지 않는 것이 A가 해결되지 않는 이유 중 하나다'라는 주장도 담겨있겠지요. (5번)

전제와 비판에 대한 문제는 이렇게 그 주장의 이면에 대해 보아야 합니다. 또, 만약 주장에 대해 비판을 하려면, 우선 '전제'를 찾고, 그 '전제'가 틀렸음을 보여야 하는 것이죠. 다른 예제를 보겠습니다.

지구 온난화가 실제로 진행되고 있다면, 북극과 남극의 빙하가 아주 빠른 속도로 녹고 있어야 할 것이다. 빙하가 녹고 있다면, 해수면이 높아지는 결과가 나타나야 한다. 그런데 해수면이 높아지고 있다는 증거가 있다. 따라서 지구 온난화가 실제로 진행되고 있음이 분명하다.

여러분은 이 글에서 암묵적으로 가정하고 있는 것이 무엇이라고 생각하는가?

알렉 피셔. 『피셔의 비판적 사고』. 최원배 옮김. 서광사. p.171

이 글에서는 다음과 같은 구조의 논증이 이루어집니다.

- 지구 온난화가 진행된다면 빙하가 녹을 것이다.
- 빙하가 녹는다면 해수면이 높아진다.
- 해수면이 높아지므로, 지구온난화가 진행되고 있다.

이러한 논증에는 '해수면 상승에 대한 유일하게 가능한 설명은 지구 온난화이다'라는 숨은 가정이 존재합니다. 사실상 이러한 가정이 옳지 않기에, 논증 역시도 논리적 문제점을 안고 있지요. (교재의 내용일 뿐, 지구온난화가 허구라는 얘기는 아닙니다...)

전제를 물어보는 지문의 경우(가령, 2012학년도 9월 18번), 이처럼 숨은 가정을 물어보는 경우가 많습니다. 이는 사실상 '논증을 비판'하는 지문의 하위 단계입니다. 전제를 파악하지 않고서는 결론을 비판할 수 없기 때문이죠.

비판형 문제가 나왔을 때 가장 어려운 점은, 비판형 문제는 위의 두 예제처럼 주장-근거가 눈에 쉽게 보이지 않고, 밑줄도 안 쳐져 있으며, 그 전제와 가정을 학생이 혼자 판단한 뒤 그것에 대한 올바른 지적을 골라내야 한다는 점입니다. 대개의 논증에 대한 합당한 비판은 결과 자체에 대한 것이 아닌, 주장의 가정과 근거에 대한 비판입니다.

이 책에서는

주장-근거, 주장-FACT, 주장-예시, 원리-적용

이 넷을 연결하면서 읽을 것을 강조하는데, 사실 이런 식으로 주요한 구조를 분리하고, 또 결합하면서 읽는다면 비판형 문제도 틀릴 일이 딱히 없습니다.

다만 이건 알아둡시다. 몇 가지 비판 형태는 애초에 건전한 비판으로 성립이 되지 않습니다.

1. 허수아비 공격의 오류

주장하지 않은 것에 대해서 비판하거나, 상대의 주장을 왜곡하여 반박하는 경우입니다. 가령, A가 '공부를 열심히 하면 서울대를 갈 수 있다'고 말했을 때, B가 '아닌데? 나는 열심히 했는데도 서울대를 못 갔는데?'라고 대답한다면, 그는 A의 주장을 '공부를 열심히 하면 모두가 서울대를 간다'고 왜곡한 것입니다. 또 애초에 개연적인 A의 주장에 대해 단정적으로 해석한 것이기 때문에 틀린 비판입니다.

2. 원천 봉쇄의 오류 (우물에 독 타기)

결론이 '이런 얘기는 해봐야 의미 없다'는 식으로 나가거나 주장하는 사람을 인신공격하여 논증을 하지 못하게 막는 경우, 또는 논증 자체에 대해 비난하는 경우를 생각하시면 됩니다. 논리의 문제도 있지만 사실 태도의 문제가 더 큽니다. 선지들 중에 과하게 무례한 선지들은 제끼셔도 될 듯합니다.

3. 논점 일탈의 오류

얘기하는 대상에서 떨어진 이야기를 하거나, 주장-근거가 올바르게 연결되지 않는 경우입니다. 쉽게 판단할 수 있을 것 같습니다.

사실 이 책을 통해 글을 읽는 법을 익히고, 또 뒤의 부록 예제를 보며 비판형 문제가 어떤 식인지를 보시면, 아마 수능에 출제되더라도 틀리실 일은 없을 겁니다. 뒤의 지문을 주장과 근거를 분리하여 읽고, 문제와 해설을 보기 전에 스스로 비판해보면 좋을 것 같습니다.

다음 글을 읽고 물음에 답하시오.

2012학년도 9월 모의평가

우리는 일상생활이나 학문 활동에서 '진리' 또는 '참'이라는 말을 자주 사용한다. 예를 들어 '그 이론은 진리이다'라고 말하거나 '그 주장은 참이다'라고 말한다. 그렇다면 우리는 무엇을 '진리'라고 하는가? 이 문제에 대한 대표적인 이론에는 대응설, 정합설, 실용설이 있다.

대응설은 어떤 판단이 사실과 일치할 때 그 판단을 진리라고 본다. '내 말을 믿지 못하겠거든 가서 보라'라는 말에는 이러한 대응설의 관점이 잘 나타나 있다. 감각을 사용하여 확인했을 때 그 말이 사실과 일치하면 참이고, 그렇지 않으면 거짓이라는 것이다. 대응설은 일상생활에서 참과 거짓을 구분할 때 흔히 취하고 있는 관점으로 ㉠우리가 판단과 사실의 일치 여부를 알 수 있다고 여긴다. 우리는 특별한 장애가 없는 한 대상을 있는 그대로 정확하게 지각한다고 생각한다. 예를 들어 책상이 네모 모양이라고 할 때 감각을 통해 지각된 '네모 모양'이라는 표상은 책상이 지니고 있는 객관적 성질을 그대로 반영한 것이라고 생각한다. 그래서 '그 책상은 네모이다'라는 판단이 지각 내용과 일치하면 그 판단은 참이 되고, 그렇지 않으면 거짓이 된다는 것이다. 이러한 대응설은 새로운 주장의 진위를 판별할 때 관찰이나 경험을 통한 사실의 확인을 중시한다.

정합설은 어떤 판단이 기존의 지식 체계에 부합할 때 그 판단을 진리라고 본다. 진리로 간주하는 지식 체계가 이미 존재하며, 그것에 판단이나 주장이 들어맞으면 참이고 그렇지 않으면 거짓이라는 것이다. 예를 들어 어떤 사람이 '물체의 운동에 관한 그 주장은 뉴턴의 역학의 법칙에 어긋나니까 거짓이다'라고 말했다면, 그 사람은 뉴턴의 역학의 법칙을 진리로 받아들여 그것을 기준으로 삼아 진위를 판별한 것이다. 이러한 정합설은 새로운 주장의 진위를 판별할 때 기존의 이론 체계와의 정합성을 중시한다.

실용설은 어떤 판단이 유용한 결과를 낳을 때 그 판단을 진리라고 본다. 어떤 판단을 실제 행동으로 옮겨 보고 그 결과가 만족스럽거나 유용하다면 그 판단은 참이고 그렇지 않다면 거짓이라는 것이다. 예를 들어 어떤 사람이 '자기 주도적 학습 방법은 창의력을 기른다'라고 판단하여 그러한 학습 방법을 실제로 적용해 보았다고 하자. 만약 그러한 학습 방법이 실제로 창의력을 기르는 등 만족스러운 결과를 낳았다면 그 판단은 참이 되고, 그렇지 않다면 거짓이 된다. 이러한 실용설은 새로운 주장의 진위를 판별할 때 결과의 유용성을 중시한다.

18 ㉠의 전제로 가장 적절한 것은?

① 우리의 지식이나 판단은 항상 참이다.
② 우리의 감각은 대상을 있는 그대로 반영한다.
③ 우리는 사물의 전체를 알면 부분을 알 수 있다.
④ 우리의 주관은 서로 다른 인식 구조를 갖고 있다.
⑤ 우리의 감각적 지각 능력은 대상을 변화시킬 수 있다.

20 위 글에서 언급한 여러 진리론에 대한 비판으로 적절하지 않은 것은?

① 수학이나 논리학에는 경험적으로 확인하기 어렵지만 참인 명제도 있는데, 그 명제가 진리임을 입증하기 힘들다는 문제가 대응설에서는 발생한다.
② 판단의 근거가 될 수 있는 이론 체계가 아직 존재하지 않을 경우에 그 판단의 진위를 판별하기 어렵다는 문제가 정합설에서는 발생한다.
③ 새로운 주장의 진리 여부를 기존의 이론 체계를 기준으로 판단한다면, 기존 이론 체계의 진리 여부는 어떻게 판단할 수 있는지의 문제가 정합설에서는 발생한다.
④ 감각으로 검증할 수 없는 존재에 대한 관념은 그것의 실체를 확인할 수 없기 때문에 거짓으로 보아야 하는 문제가 실용설에서는 발생한다.
⑤ 실제 생활에서의 유용성은 사람이나 상황에 따라 다르기 때문에 어떤 지식의 진리 여부가 사람이나 상황에 따라 달라지는 문제가 실용설에서는 발생한다.

해설

대응설은 '어떤 판단'='사실'일 때 그 판단이 진리라고 봅니다. ㉠에서 우리가 일치 여부를 알 수 있다고 말하는 것은, '어떤 판단'과 '사실' 사이에 =이 오는지 ≠이 오는지를 우리가 알 수 있다는 얘기입니다. 이걸 하려면 우리가 '판단'을 하고, '**사실'을 알아야 할 텐데**, '사실'은 어떻게 알 수 있을까요? 지문에 나왔듯 '감각을 사용하여 확인'합니다. 지문에서 대응설은 '우리는 특별한 장애가 없는 한 대상을 있는 그대로 정확하게 지각'한다고 보며, 이렇게 '감각을 통해 지각'한 결과가 '객관적 성질(사실)을 그대로 반영한 것'이라고 봅니다. 이는 우리가 감각을 통해 사실(대상의 있는 그대로의 상태)를 알 수 있다는 얘기고, 이런 전제가 깔려 있기에 대응설은 판단과 사실의 일치 여부를 확인하여 진리를 알아낼 수 있다고 말하는 것입니다.

20번 정답 : ④

'감각'과 관련된 지적은 '대응설' 쪽에 어울리는 비판입니다. 실용설과는 무관한 선지입니다.

해설

① 18번 문제의 해설에서 말했듯, 대응설은 '어떤 판단'과 '사실' 사이의 관계를 파악해야 하고, 그 '사실'은 필연적으로 '감각을 통해 지각'하는 방법으로만 받아들일 수 있습니다. 따라서 수학과 논리학처럼 우리가 감각을 통해 지각하기 어려운 명제에 대해서는 그것이 참임을 입증하기가 어렵죠.

② 정합설은 '진리로 간주하는 지식 체계가 이미 존재'함을 전제하고 있습니다. 그 전제가 성립하지 않는 경우에는 정합설이 크게 약화됩니다. 이 지문의 경우 교재에 없는 2017학년도 수능의 콰인·포퍼·논리실증주의 지문과 같이 보면 좋을 것 같습니다.

③ ②번 선지의 비판점과 이어집니다. '진리로 간주하는 지식 체계가 이미 존재'함을 전제하는데, 막상 그 '지식 체계'를 어떻게 진리로 간주하느냐에 대한 마땅한 설명이 존재하지 않기에 올바른 비판입니다.

⑤ 실용설은 어떤 판단이 충분히 유용하다면 참이고, 그렇지 않다면 거짓이라고 주장하는데, 실제로 유용한 정도는 사람과 상황에 따라 다를 수 있습니다. 이 경우 '진리'인지 여부가 상황마다 달라지므로 일상적인 '진리'의 의미와 괴리가 발생합니다.

다음 글을 읽고 물음에 답하시오.

1995학년도 수능

(가) 역사가 옛날로 올라갈수록 개인의 비중이 사회보다도 컸던 것 같다. 사회 구조가 개인 중심으로 이루어졌고, 산업과 정치가 현대와 같은 복잡 사회를 필요로 하지 않았기 때문이다. 개인이 모여서 사회가 되므로, 마치 사회는 개인을 위해 있으며, 개인이 사회를 주인들인 것같이 생각되어 왔다.

(나) 그러나 현대 사회로 접어들면서는 정치, 경제를 비롯한 사회의 모든 분야가 개인보다도 사회를 중심으로 운영되는 성격을 띠게 되었다. 영국을 출발점으로 삼는 산업 혁명은 경제의 사회성을 강요하게 되었고, 프랑스 혁명은 정치적인 사회성을 강조하기에 이르렀다.

(다) 19세기 중엽에 탄생된 여러 계통의 사회 과학을 보면, 우리들의 생활이 급속도로 사회 중심 체제로 변한 것을 실감케 된다. 그러므로 옛날에는 개인이 중심이고 사회가 그 부수적인 현상같이 느껴졌으나, 오늘에 이르러서는 사회가 중심이 되고 개인은 그 사회의 부분들인 것으로 생각되기에 이르렀다. 특히, 사회가 그 시대의 사람들을 만든다는 주장이 대두되면서부터 그 성격이 점차 굳어졌다. 실제로, 현대를 살고 있는 우리들의 생활을 살펴보면, 내가 살고 있다기보다는 '우리'가 살고 있으며, 이때의 '우리'라 함은 정치, 경제 등의 집단인 사회를 가리키고 있는 것이 오늘의 현실이다.

(라) 현대가 그렇게 되었다고 해서 그것이 그대로 정당하며, 또 그렇게 되어야 하는가 함은 별개의 문제이다. 일찍이 키에르케고르나 니체 같은 사람들은, 개인의 존엄성과 가치를 강하게 호소한 바 있다. 오늘날까지도 사회와 개인에 대한 대립된 견해는 여전히 지속되고 있다. 그렇다고 해서 사회가 전부이며 개인은 의미가 없다든지, 개인의 절대성을 주장한 나머지 사회의 역할을 약화시키는 것도 모두 정당한 견해가 되지 못한다. 오히려, 오늘날 우리는 개인 속에서 그가 소속되어 있는 사회를 발견하며, 그 사회 속에서 개인을 발견한다. 사회와 개인은 서로 깊은 상호 작용을 일으키고 있다. 개인이 없는 사회는 존재할 수 없으며, 사회에 속하지 않는 개인을 생각한다는 일 자체가 불가능하다.

(마) 그러면 개인과 사회의 관계는 어떠한가? 어떤 사람들은 둘 사이의 관계를 원자와 물질의 역학적 관계와 같이 생각하는 것 같다. 원자가 없는 물질은 존재하지 않으며, 물질이 없다면 원자의 존재는 문제가 되지 않는다. 그 존재성만을 중심으로 본다면, 개인과 사회의 관계도 이와 비슷할 것이다. 그러나 그것으로 개인과 사회의 관계가 다 설명될 수는 없다. 다른 어떤 사람들은 개인과 사회의 관계를 세포와 유기체의 관계와 같이 생각한다. 생명적 존재를 위한 생성의 원리가 내포되어 있기 때문이다. 찰스 다윈의 영향을 받은 스펜서도 이와 비슷한 생각을 가지고 있었다. 그러나 진정한 의미의 개인과 사회의 관계는 존재나 생성의 과정에 그치지 않는 보다 높은 차원에 속하는 것이다. 그것은 존재하면서 생성하며, 생성하면서 문화 역사를 창조해 가는 관계인 것이다. 그러므로 그 관계는 발전과 비약을 가능하게 하는 변증법적 관계로 보는 편이 타당할 것이다.

24 (라)의 내용에 대하여 제기할 수 있는 비판으로 가장 타당한 것은?

① 여기서 비판하고 있는 두 관점은 개인을 의미 없다고 본 것도 아니며, 개인이 절대적이라고 본 것도 아니다. 자신이 반대하기 위해 다른 사람의 주장을 확대 해석해 놓고 비판하는 것은 잘못이다.

② 일찍이 아리스토텔레스는 인간을 사회적 동물이라고 규정하였다. 이 말에는 개인은 철두철미하게 사회적 존재라는 생각이 이미 들어있다.

③ 국제화, 세계화의 시대에 중요한 할 일이 많이 있는데 개인과 사회의 문제 따위나 생각하다니, 이런 문제보다는 국제 경쟁력 제고를 위한 방안을 다루어야 한다.

④ 개인과 사회를 논하면서 키에르케고르와 니체를 끌어들일 필요가 있는가? 우리 역사에도 뛰어난 사상가들이 많이 있었으므로 그들의 그들을 빌려 논의해야 한다.

⑤ 사회에 속하는 개인들은 매우 복잡한 상호 관계 속에 존재한다. 이러한 개인 간의 상호 관계가 철저하게 규명되지 않고서는 인간의 본질이 이해될 수 없을 것이다. 이 글은 인간의 본질에 대해서 아무런 빛도 던져 주지 못한다.

지문은 '사회가 전부이며 개인은 의미가 없다는 것도, 개인의 절대성을 주장한 나머지 사회의 역할을 약화시키는 것도 모두 정당한 견해가 되지 못한다'라고 말합니다. 그러나 사실 개인을 중심으로 보는 이들도, 사회를 중심으로 보는 이들도 어느 하나만이 절대적으로 중요하며 다른 하나는 필요없다고 보았다는 근거는 없습니다. 따라서 <u>지문의 (라)는 두 입장을 의도적으로 왜곡하여 약화시키는 '허수아비 공격의 오류'</u>를 저지르는 것이며, 1번 선지는 그 점을 올바르게 비판한 것입니다.

해설

② 아리스토텔레스가 개인보다 사회를 중점으로 보았다는 사실은 '개인과 사회 모두 중요하며, 둘은 서로가 없으면 설명될 수 없다'는 (라)의 주장에 대한 비판의 근거로 볼 수 없습니다.

③ 타당한 근거 없이 논의 자체를 폄훼하는 '우물에 독 타기' 오류입니다.

④ 지문의 논점과 벗어난 지점에서, 작은 부분에 대해 말꼬리를 잡고 있습니다.

⑤ '개인과 사회의 관계'라는 논점에서 벗어나서 '개인과 개인 간의 관계'를 말하며, 논의를 폄훼하는 선지입니다.

다음 글을 읽고 물음에 답하시오.

2020학년도 6월 모의평가

고대 그리스 시대의 사람들은 신에 의해 우주가 운행된다고 믿는 결정론적 세계관 속에서 신에 대한 두려움이나, 신이 야기한다고 생각되는 자연재해나 천체 현상 등에 대한 두려움을 떨치지 못했다. 에피쿠로스는 당대의 사람들이 이러한 잘못된 믿음에서 벗어나도록 하는 것이 중요하다고 보았고, 이를 위해 인간이 행복에 이를 수 있도록 자연학을 바탕으로 자신의 사상을 전개하였다.

에피쿠로스는 신의 존재는 인정하나 신의 존재 방식이 인간이 생각하는 것과는 다르다고 보고, 신은 우주들 사이의 중간 세계에 살며 인간사에 개입하지 않는다는 이신론(理神論)적 관점을 주장한다. 그는 불사하는 존재인 신은 최고로 행복한 상태이며, 다른 어떤 것에게도 고통을 주지 않고, 모든 고통은 물론 분노와 호의와 같은 것으로부터 자유롭다고 말한다. 따라서 에피쿠로스는 인간의 세계가 신에 의해 결정되지 않으며, 인간의 행복도 자율적 존재인 인간 자신에 의해 완성된다고 본다.

한편 에피쿠로스는 인간의 영혼도 육체와 마찬가지로 미세한 입자로 구성된다고 본다. 영혼은 육체와 함께 생겨나고 육체와 상호작용하며 육체가 상처를 입으면 영혼도 고통을 받는다. 더 나아가 육체가 소멸하면 영혼도 함께 소멸하게 되어 인간은 사후(死後)에 신의 심판을 받지 않으므로, 살아 있는 동안 인간은 사후에 심판이 있다고 생각하여 두려워할 필요가 없게 된다. 이러한 생각은 인간으로 하여금 죽음에 대한 모든 두려움에서 벗어나게 하는 근거가 된다.

이러한 에피쿠로스의 자연학은 우주와 인간의 세계에 대한 비결정론적인 이해를 가능하게 한다. 이는 원자의 운동에 관한 에피쿠로스의 설명에서도 명확히 드러난다. 그는 원자들이 수직 낙하 운동이라는 법칙에서 벗어나기도 하여 비스듬히 떨어지고 충돌해서 튕겨 나가는 우연적인 운동을 한다고 본다. 그리고 우주는 이러한 원자들에 의해 이루어졌으므로, 우주 역시 우연의 산물이라고 본다. 따라서 우주와 인간의 세계에 신의 관여는 없으며, 인간의 삶에서도 신의 섭리는 찾을 수 없다고 한다. 에피쿠로스는 이러한 생각을 인간이 필연성에 얽매이지 않고 자신의 삶을 주체적으로 살아갈 수 있게 하는 자유 의지의 단초로 삼는다.

에피쿠로스는 이를 토대로 자유로운 삶의 근본을 규명하고 인생의 궁극적 목표인 행복으로 이끄는 윤리학을 펼쳐 나간다. 결국 그는 인간이 신의 개입과 우주의 필연성, 사후 세계

에 대한 두려움에서 벗어날 수 있도록 함으로써, 자신의 삶을 자율적이고 주체적으로 살 수 있는 길을 열어 주었다. 그리고 쾌락주의적 윤리학을 바탕으로 영혼이 안정된 상태에서 행복 실현을 추구할 수 있는 방안을 제시하였다.

21 윗글을 읽은 학생이 '에피쿠로스'에 대해 비판한다고 할 때, 비판 내용으로 적절한 것만을 <보기>에서 있는 대로 고른 것은?

―――――< 보기 >―――――

ㄱ. 신이 분노와 호의로부터 자유로운 상태라면 인간의 세계에 개입을 하지 않는다는 뜻일 텐데, 왜 신의 섭리에 따라 인간의 삶을 이해하려고 하는가?

ㄴ. 원자가 법칙에서 벗어나 우연적인 운동을 한다는 것은 인과 관계 없이 뜻하지 않게 움직인다는 뜻일 텐데, 그것이 자유 의지의 단초가 될 수 있는가?

ㄷ. 인간이 죽음에 대해 두려움을 느낀다면 죽음에 이르는 고통 때문일 수도 있을 텐데, 사후에 대한 두려움을 떨쳐 버리는 것만으로 그것이 해소될 수 있는가?

ㄹ. 인간이 자연재해를 무서워한다면 자연재해 그 자체 때문일 수도 있을 텐데, 신이 일으키지 않았다고 해서 자연재해에 대한 두려움에서 벗어날 수 있는가?

① ㄱ, ㄴ   ② ㄱ, ㄹ   ③ ㄷ, ㄹ

④ ㄱ, ㄴ, ㄷ   ⑤ ㄴ, ㄷ, ㄹ

해설

ㄴ. 에피쿠로스는 '원자는 우연적인 운동을 한다'는 근거를 '인간은 자유의지를 지닌다'는 주장의 단초로 삼습니다. ㄴ은 이 근거가 주장과 논리적으로 타당하게 연결되지 않음을 지적합니다. 우연성을 지닌다는 주장과, 자유의지가 존재한다는 주장은 곧바로 연결되지 않기 때문입니다.

ㄷ. 에피쿠로스는 '죽을 때, 육체와 영혼이 동시에 소멸된다'는 입장을 근거로 '따라서 죽고 난 뒤에 신의 심판을 받을 일이 없으니, 죽음을 두려워할 필요가 없다'는 주장을 하는 것입니다. 그러나 이러한 주장에는 '사람이 죽음을 두려워하는 이유는 신의 심판으로만 설명될 수 있다'는 숨은 가정이 있는 것입니다. ㄷ은 그러한 숨은 가정이 타당하지 않음을 지적합니다.

ㄹ. 에피쿠로스는 신은 인간사에 개입하지 않으므로, 자연재해는 신이 일으킨 것이 아니라고 봅니다. 따라서, 자연재해에 대한 두려움이 '잘못된 믿음'이라는 것인데, 이것 역시 ㄷ의 해설과 마찬가지로 '사람이 자연재해를 두려워하는 유일한 이유는 신이 그것을 야기했다고 보기 때문이다'라는 잘못된 숨은 가정을 지닌 논증입니다. ㄹ은 그러한 가정이 타당하지 않음을 올바르게 지적합니다.

ㄱ. 에피쿠로스가 당대의 다른 사람들에게 할 수 있는 말입니다.

PART 2
문장 독해 연습

본격적으로 기출 분석을 들어가기 전에,
문장을 제대로 독해하는 방식을 익히는 챕터입니다.

앞서 '필수적인 개념들'에서 나온 내용들이 직/간접적으로 사용될 것입니다.

시간을 측정하지 않아도 괜찮으니,
각각의 문단을 꼼꼼히 읽고, '독해 포인트'의 질문에 답해 봅시다.
짧은 문단들이지만, 정확히 독해하기는 어려울 겁니다.

문단 밑의 'memo' 칸에는 ①글을 읽으면서 본인이 이해한 내용, ②잘 이해되지 않는 내용, ③'독해 포인트'에 대한 답변을 적으면 됩니다.

이후 해설을 읽으면서 본인이 처음 읽으며 했던 생각과 비교해봅시다.
만약 파악하지 못했던 부분이 있다면, 다음에는 어떻게 읽어야 할지 생각해보세요.

p.s 인용된 책들은 제가 재밌게 읽은 책이거나, 고등학생 권장도서입니다.
시간적인 여유가 있는 학생이라면,
인용된 책들 중 관심 있는 것을 구입하여 읽어보시길 권합니다.

1번 문단

> 육체노동에 대한 경멸과 예배수단 및 선전도구로서의 예술에 대한 존중이라는 **내적 모순**에 직면한 고대인들은 예술가 개인과 그 작품을 **분리**시킴으로써 이 모순의 **해결책**을 찾았다. 즉 **작자**는 **경멸**하면서 그가 만든 **작품**은 **존중**하는 것이다.
>
> 아르놀트 하우저. 『문학과 예술의 사회사 1』. 백낙청 옮김. 창작과비평사. p.161

독해 포인트

1. '내적 모순'이 발생한 이유는 무엇인가?

2. '분리'는 어떻게 '내적 모순'의 '해결책'이 되는가?

3. '작자'를 경멸하는 이유는 무엇인가?

MEMO

2번 문단

> 만약 우주 속의 만물이 근본적으로 다른 모든 것들에 의존하고 있다면, ⓐ문제의 일부를 고립적으로 연구함으로써 완전한 해(解)에 접근하기란 불가능할 것이다. 그럼에도 불구하고, 우리가 지금까지 진보를 이루었던 것은 분명히 그러한 **방식** 덕분이다. 여기에서도 고전적인 예는 뉴턴의 중력 이론이다. 그 이론은 우리에게 두 물체 사이에 작용하는 중력이 그 물체와 연관된 하나의 수, 즉 질량에만 의존하며 물체가 무엇으로 구성되어 있는지는 무관하다고 한다. 따라서 ⓑ태양이나 행성들의 궤도를 계산하기 위해서 그 구조나 구성에 대한 이론이 필요해지지는 않다.
>
> 스티븐 호킹. 『그림으로 보는 시간의 역사』. 김동광 옮김. 까치글방. p.18

독해 포인트

1. '그러한 방식'은 어떤 것인가?

2. ⓐ와 ⓑ를 엮어서 글쓴이의 주장을 설명하라.

MEMO

3번 문단

선거제도의 주요한 해악 가운데 한 가지는 선거제도가 언제나 국내외 정책에 일정한 수준의 불안정을 초래한다는 점이다. 그러나 선거제도의 **이러한 불리한 점**은 선거로 뽑힌 행정수반에게 부여되는 권력의 몫이 적을 경우에 그리 심각하게 감지되지 않는다. 로마공화국에서는 호민관들이 매년 바뀌었지만 **통치원칙은 전혀 변하지 않았다.** 왜냐하면 세습적 회의체였던 **원로원**이 지도적인 권위를 지니고 있었기 때문이다.

알렉시스 토크빌. 『미국의 민주주의 1』. 임효선, 박지동 옮김. 한길사. p.195

독해 포인트

1. '선거제도의 불리한 점'은 무엇인가?

2. '호민관'은 어떤 직책인가? (배경지식x, 문단 안에서의 의미 찾기)

3. 문단에서 나타난 '호민관'과 '원로원'의 핵심적 차이는 무엇인가?

MEMO

4번 문단

이산화탄소의 증가는 온실 효과를 높이는 쪽으로 작용할 것이고 이에 따라서 지표의 온도 역시 더 상승할 것이다. 이제 더 뜨거워진 표면 온도는 더 많은 양의 탄산염들을 이산화탄소로 기화시켜서 온실 효과는 한층 더 효율적으로 작용하게 된다. 즉 온실 효과의 폭주로 말미암아 지구의 표면 온도가 현재보다 무척 더 높아질 가능성이 있다.

칼 세이건. 『코스모스』. 홍승수 옮김. 사이언스북스. p.212-213

독해 포인트

1. '온실 효과의 폭주'의 문맥상 의미는 무엇인가?

MEMO

5번 문단

한 의견에 대한 이런저런 의문이 점차 줄어드는 것은 불가피한 동시에 필수적인 일이기는 하지만, 그렇다고 그런 현상이 반드시 좋은 결과만을 낳는다고 말할 수는 없다. 우리는 우리와 반대되는 생각을 가진 사람들에게 설명하거나 아니면 그들의 생각이 잘못되었다고 비판하는 과정에서 어떤 한 진리를 더 생생하고 깊이 이해하게 된다. 그런데 그 진리가 **보편적으로 인정받으면서** 이런 **소중한 기회**를 **잃게 된다면**, 그로 인해 얻는 것도 있겠지만 잃는 것도 만만치 않다.

존 스튜어트 밀. 『자유론』. 서병훈 옮김. 책세상. p.99

독해 포인트

1. '보편적으로 인정'받는 것의 문맥상 의미는 무엇인가?

2. '소중한 기회'는 무엇을 말하는가?

3. '잃는 것'은 무엇인가?

MEMO

6번 문단

요트에 대한 수요는 매우 탄력적이다. 백만장자들은 요트를 사는 대신 그 돈으로 더 큰 집을 사거나, 호화 여행을 하거나, 자손에게 더 많은 유산을 남겨줄 수 있기 때문이다. 반면에 요트의 공급은 비탄력적이다. 요트공장을 다른 재화의 생산공장으로 쉽게 변환할 수도 없고, 요트공장에서 일하는 근로자들이 시장 여건의 변화에 대응하여 직업을 바꾼다는 것도 쉽지 않기 때문이다. 이러한 경우 조세*의 귀착은 분명하게 예측할 수 있다. ⓐ수요가 탄력적이고 공급이 비탄력적이면 세금 부담은 주로 공급자에게 귀착된다.

*이 글에서는 요트에 대한 과세를 말함.

그레고리 맨큐. 『맨큐의 경제학(9판)』. 김경환, 김종석 옮김. 센게이지러닝코리아. p.149-150

독해 포인트

1. '탄력성'의 문맥상 의미는 무엇인가?

2. ⓐ의 이유는 무엇인가?

MEMO

7번 문단

칼로릭 이론이 폐기된 후에야 에너지 보존 법칙은 과학의 한 부분이 될 수 있었다. 그리고 과학의 일부가 되고 한참 뒤에야, 그것은 논리적으로 한 차원 높은 형태의 이론으로 보일 수 있게 되었는데, 이때에야 비로소 이것이 이전의 선행 이론들과 모순되지 않아 보이기 시작했다. 새로운 이론이 자연에 관한 믿음에 파괴적 변화를 일으키지 않고 나타나는 경우를 목도하기는 매우 어렵다. 논리적 포괄성이라는 것이 연속적인 과학 이론들 사이의 관계에 대한 관점으로서 아직 수용되고 있지만, ⓐ역사적으로는 가능하지 않은 것이다.

토머스 쿤. 『과학혁명의 구조』. 김명자, 홍성욱 옮김. 까치글방. p.192

독해 포인트

1. '파괴적 변화'의 문맥상 의미는 무엇인가?

2. ⓐ의 이유는 무엇인가?

MEMO

8번 문단

어떠한 부위라도 항구성을 보이기만 한다면 변종의 분류에 이용된다. 따라서 위대한 농학자 마셜은 소의 뿔이 이 목적에 매우 유용하다고 했다. 왜냐하면 뿔은 체형이나 색깔 따위보다 변이가 심하지 않기 때문이다. 반면 양의 경우에는 뿔의 기여도가 낮은 편인데, 그 이유는 양의 뿔은 변이가 심하기 때문이다.

찰스 다윈. 『종의 기원』. 김관선 옮김. 한길사. p.442

독해 포인트

1. '항구성'의 문맥상 의미는 무엇인가?

MEMO

9번 문단

우리가 인간의 참모습을 알기 위해 가장 먼저 해야 할 일은, 모두가 당연한 것으로 여기는 마음 활동 뒤에 숨어 그 놀라운 묘기들을 가능하게 해주는 복잡한 설계를 이해하는 것이다. ⓐ인간과 같은 로봇이 존재하지 않는 이유는 마음이 기계와 같다는 개념 자체가 잘못이어서가 아니다. 그것은 우리 인간이 보고, 걷고, 계획하고, 그 계획을 실행에 옮길 때 해결하는 공학적인 문제들이 달 표면에 착륙하거나 인간의 유전자 지도를 읽는 것보다 훨씬 더 어렵고 복잡하기 때문이다.

스티븐 핑커. 『마음은 어떻게 작동하는가』. 김한영 옮김. 동녘사이언스. p.20 (첫 문장 종결형만 수정)

독해 포인트

1. ⓐ는 무엇인가?

2. '마음'은 '기계'와 어떻게 같거나 다른가?

MEMO

10번 문단

농경사회는 가뭄이나 화재, 지진 때문에 쌀이나 감자 농사를 망치면 기근에 휩싸인다. 수렵채집 사회도 자연재해를 당하고 결핍과 굶주림의 시기를 겪었지만, 대체로 이런 재앙을 좀 더 쉽게 극복할 수 있었다. 주식이 되는 일부 먹을거리를 구하지 못하면 다른 것을 사냥하거나 채집할 수 있었고, 영향을 덜 받은 다른 지역으로 이동할 수도 있었다.

유발 하라리. 『사피엔스』. 조현욱 옮김. 김영사. p.86

독해 포인트

1. 농경사회가 수렵채집 사회에 비해 재앙을 극복하기 더 어려운 이유는 무엇인가?

MEMO

11번 문단

시 속의 '나'는 주관적 감정을 드러내는 일상적 자아가 아니라, 세계와의 관계 속에서 인간의 정서를 드러내는 유형적·개별적 존재로서의 '나'이다. 세계 속의 인간이 감지할 수 있는 각종의 의식화된 정서를 작품 속에서 개별적 형태로 혹은 유형화된 형태로 보여준다는 점에서 그 정서는 형식화된 것이며, 형식화되어 있다는 점에서 비형식적인 양상을 보여주는 무질서한 현실 속의 '나'의 그것과 구분된다. 이 점에 대한 명확한 인식의 결여로, 습작기의 많은 사람들이 시 속에 일상적 자아이며, 개별화 또는 유형화되지 않는 '나'를 끌어들임으로써 작품을 혼란스럽게 하고, 공적 언술(公的言述)인 시라는 양식을 사적 언술(私的言述)이라는 개인적 차원으로 흔히 떨어뜨린다.

오규원. 『현대시작법』. 문학과지성사. p.235

독해 포인트

1. 시 속의 '나'가 '주관적 감정'을 드러내는 것이 아닌 이유를 설명하라.

2. 시가 '공적 언술'인 이유는 무엇인가?

MEMO

12번 문단

플라톤이 개인의 정의와 국가의 정의 간의 유비를 통해 양자의 연계를 암시한 반면, 우리는 상대적으로 분절적 정의관에 익숙하다. 개인의 차원에서는 외부로 표출되는 행위가 내적 상태에 어떤 영향을 미치는가에 대해서 종종 관심을 보이긴 하지만, ⓐ국가의 차원에서는 내적 상태와 외적 행위의 연계에 대해서 주목하지 않는다. 우리는 국가가 대내적으로 정의로워야 한다고는 생각하지만, 그것이 대외적으로 다른 국가에 대한 행위로까지 이어져야 한다고 여기지는 않는다.

플라톤. 『국가』. 박성우 해설·옮김. 서울대학교출판문화원. p.139

독해 포인트

1. '분절적 정의관'의 문맥상 의미는 무엇인가?

2. ⓐ의 의미를 설명하라.

MEMO

문장 독해 해설

1번 문단

> (1)육체노동에 대한 경멸과 예배수단 및 선전도구로서의 예술에 대한 존중이라는 내적 모순에 직면한 고대인들은 예술가 개인과 그 작품을 분리시킴으로써 이 모순의 해결책을 찾았다. (2)즉 작자는 경멸하면서 그가 만든 작품은 존중하는 것이다.
>
> 아르놀트 하우저. 『문학과 예술의 사회사 1』. 백낙청 옮김. 창작과비평사. p.161

문장 (1)의 주체가 되는 '고대인들'은 육체노동을 경멸하고, 예술은 존중합니다. 글쓴이는 이런 고대인들의 태도가 '내적 모순'이라고 말합니다. 이게 왜 '내적 모순'일까요? 문장의 앞부분만 읽었을 때는 이해가 되지 않을 수 있습니다. 그런데 왜 '내적 모순'인지를 이해하지 못했더라도, 최소한 '모순'이라는 단어를 본 순간 '육체노동을 경멸하면서 동시에 예술을 존중하는 것이 모순이구나'라는 정보는 머리에 입력해야 합니다.

그 모순의 '해결책'은 예술가와 작품을 '분리'하는 것이라고 주어집니다. 바꿔 말하면, 예술가와 작품이 분리되지 않은 상태는 모순이 존재하고, 분리된 상태에서는 모순이 존재하지 않는다는 것이죠. 그렇다면 예술가와 작품을 분리한다는 것은 무슨 뜻일까요?

문장 (2)는 '즉'이란 부사로 시작합니다. 글쓴이가 '즉'을 쓰는 이유는, 두 번째 문장의 내용이 앞선 문장, 특히 '분리'의 재진술이라는 점을 알려주기 위함입니다. 이로써 아까 잘 이해하지 못했던 '분리'의 뜻을 제대로 알려줍니다. 예술가와 작품을 분리시킨다는 것은, 작자(=예술가)는 경멸하면서 작품은 존중한다는 얘기인 것이죠. 그렇다면 작자를 왜 경멸할까요?

아까 고대인들은 육체노동을 경멸하고, 예술을 존중한다고 했습니다.

고대인들의 태도		
경멸의 대상	육체노동	작자(=예술가)
존중의 대상	예술	작품

아, 그럼 예술가는 '육체노동'을 하는 사람이기 때문에 경멸의 대상이 되었던 것이군요! 그런데 고대인들은 '예술'을 존중했기 때문에, 예술을 존중하면서 동시에 예술가를 경멸한다는 것이 모순이었던 겁니다. 그런데 예술 작품은 예술 작품대로, 예술가는 예술가대로 '분리'해서 보게 되면, 예술가는 경멸하면서도 그가 만든 예술 작품만큼은 존중하는 것이니, 모순이 해결된다는 얘기였습니다.

예술가가 왜 '육체노동'을 하는 사람인지 모르겠다고요? 못과 망치로 조각을 깎고, 붓과 물감으로 벽화를 그리는 것은 육체노동이잖아요? 이렇게 들으면 당연한 얘기죠? 예술가가 하는 일은 육체노동이고, 고대인들은 육체노동을 경멸했으니 육체노동을 하는 예술가도 경멸했던 겁니다.

계속 반복해서 읽어도, 혼자서는 예술가를 '육체노동'을 하는 사람으로 이해하지 못하는 학생들이 있습니다. 이런 학생들은 거시 독해를 더욱 열심히 공부해서 본인의 단점을 메꿀 필요가 있습니다.

2번 문단

> (1)만약 우주 속의 만물이 근본적으로 다른 모든 것들에 의존하고 있다면, ⓐ문제의 일부를 고립적으로 연구함으로써 완전한 해(解)에 접근하기란 불가능할 것이다. (2)그럼에도 불구하고, 우리가 지금까지 진보를 이루었던 것은 분명히 그러한 방식 덕분이다. (3)여기에서도 고전적인 예는 뉴턴의 중력 이론이다. (4)그 이론은 우리에게 두 물체 사이에 작용하는 중력이 그 물체와 연관된 하나의 수, 즉 질량에만 의존하며 물체가 무엇으로 구성되어 있는지는 무관하다고 한다. (5)따라서 ⓑ태양이나 행성들의 궤도를 계산하기 위해서 그 구조나 구성에 대한 이론이 필요하지는 않다.
>
> 스티븐 호킹. 『그림으로 보는 시간의 역사』. 김동광 옮김. 까치글방. p.18

문장 (1)을 읽을 때 가장 주목해야 할 단어는 '고립적'입니다. 문제를 '고립적으로 연구'한다니, 처음 들어보는 표현 아닌가요? 이렇게 어떤 단어가 생소하게 사용될 때는, 그 단어의 문맥상 의미에 주의해야 합니다. '고립'의 사전적 의미는 '다른 것과의 교류 없이 홀로 떨어짐'입니다. 이와 대비되는 단어는 문장 (1)의 '만물', '모든 것', '의존'이겠죠. 즉, (1)의 의미는 이렇습니다. 우주의 모든 것들이 서로 교류가 있고, 연관되어 있다면, 우주에 있는 어떤 문제를 연구하든 그 문제는 만물과 연관된 것이므로, 문제를 완벽히 연구하려면 그 문제와 연관된 '만물'을 연구해야 한다는 것입니다.

그런데 사실상 우주의 만물을 연구하는 것은 불가능할 겁니다. 그리고, 당장 급한 작은 문제가 있는데, 그 문제를 풀기 위해 우주의 모든 것을 참고한다는 것도 말이 안 되죠. 따라서 문장 (2)는 그렇게 만물을 연구하지 않고도 연구를 진전시킬 수 있다는 얘기를 합니다. 여기서 '그러한 방식'은 '문제의 일부를 고립적으로 연구'하는 것을 말하죠.

문장 (3)은 '뉴턴의 중력 이론'이라는 예시를 제시합니다. 무언가 일반적인 얘기를 하다가 구체적인 사례를 들면, 우리는 제시된 사례를 앞선 일반적인 얘기와 대응시켜서 읽어야 합니다. 여기서는 '예는~'이라고 말하며 뒤에 나오는 내용이 예시임을 알려줬지만, 다른 글, 그리고 수능에서는 '예를 들어~' 같은 말 없이 바로 예시를 드는 경우가 많으니, 뭔가 예시로 제시되면 민감하게 받아들여야 합니다.

문장 (4)는 '뉴턴의 중력 이론'이 무슨 내용인지 설명해줍니다. 여기서 핵심적인 어구는 '질량에만 의존하며'입니다. '~만'이라는 보조사는 항상 핵심적인 정보를 담고 있기 때문에, 항상 주의해야 해요. 뉴턴의 중력 이론에 따르면, 다른 요소들은 상관없고, 딱 '질량'이라는 수만 알면 중력을 계산할 수 있다고 합니다. 즉, '뉴턴의 중력 이론'은 한 문제를 완전히 풀기 위해서는 우주의 모든 요소를 고려해야 할 것이라는 문장 (1)의 내용과 완전히 반대되는 사례죠. 문장 (4)는 대상의 오직 한 요소, '질량'만을 '고립적으로' 연구해도 충분히 문제를 해결할 수 있고, 진보를 이룰 수 있다는 것을 보여줍니다.

문장 (4)를 제대로 이해했다면, 사실 문장 (5)는 없어도 무관한 문장입니다. 우리는 질량만 알아도 중력을 계산할 수 있다고 했죠. 따라서 태양이나 행성들이 중력의 영향을 받아서 궤도가 결정될 때, 우리가 그 궤도를 계산하기 위해 구조라든지 구성이라든지, 다른 전체적인 요소를 고려할 필요가 없다는 얘기입니다.

문장 ⓑ가 보여주듯 우리는 '고립적으로' 문제의 일부만을 연구하더라도 그 일부 문제의 정답에 도달하고, 과학적인 진보를 이뤄낼 수 있습니다. 그렇게 도출된 정답이 설령 문장 ⓐ의 주장대로 전체 문제에 대한 완전한 해가 아니더라도, 우리는 현실적으로 고립적인 방식을 쓸 수밖에 없고, 또 고립적인 방식으로 이미 여러 성공을 이뤄왔다는 것이 글쓴이의 주장입니다.

3번 문단

> (1)선거제도의 주요한 해악 가운데 한 가지는 선거제도가 언제나 국내외 정책에 일정한 수준의 불안정을 초래한다는 점이다. (2)그러나 **선거제도의 이러한 불리한 점**은 선거로 뽑힌 행정수반에게 부여되는 권력의 몫이 적을 경우에 그리 심각하게 감지되지 않는다. (3)로마공화국에서는 **호민관들**이 매년 바뀌었지만 **통치원칙**은 **전혀 변하지 않았다.** (4)왜냐하면 세습적 회의체였던 **원로원**이 지도적인 권위를 지니고 있었기 때문이다.
>
> 알렉시스 토크빌, 『미국의 민주주의 1』, 임효선, 박지동 옮김, 한길사, p.195

문장 (1)의 키워드는 선거제도의 **주요한 해악**입니다. 그리고 그 내용은, 정책의 **불안정**이죠. '불안정'의 사전적 의미는 '일정한 상태를 유지하지 못함'입니다. 이는 '선거제도'가 어떤 것인지를 생각해보면 납득할 수 있는 내용입니다. 선거제도 하에서는 일정한 주기마다 선거를 해서 지도자를 바꾸기 때문에, 한 정책이 일정하게 유지되기 어렵죠. 지도자가 바뀌면 그들이 자기가 원하는 정책을 추진할 것이기 때문에, 선거제도가 불안정이라는 특징(해악)을 가진다는 점은 납득할 수 있습니다. 만약 선거제도가 왜 불안정을 초래하는지 이해하지 못했다면, 이후의 문장 (3)을 통해 추론할 수도 있습니다.

그렇다면 '**선거제도의 이러한 불리한 점**'은, 지도자가 교체됨에 따른 '정책의 불안정'으로 이해하면 됩니다. 이 불안정은 '선거로 뽑힌 행정수반에게 부여되는 권력의 몫이 적'다면 큰 문제가 아니라고 말합니다. 아마 그렇겠죠? 선거로 뽑힌 행정수반(지도자)이 마음대로 정책을 바꿀 수 있는 권력이 적다면, 당연히 불안정도 크게 나타나지 않을 겁니다.

문장 (1), (2)에서는 선거제도에 대한 일반적인 얘기를 하다가, 문장 (3)에서 갑자기 '로마공화국'이라는 구체적인 시기, 구체적인 사례를 언급합니다. 그렇다면 당연히 <u>문장 (3)은 문장 (2)를 설명하는 예시</u>일 거예요. 우리는 문장 (2)의 내용과 문장 (3)을 대응시켜서 읽어야만 합니다. 그럼 매년 바뀌었다는 '호민관'은 무엇일까요? 네, '**선거로 뽑힌 행정수반**'일 거예요. 문장 (3)이 문장 (2)의 예시라면, 당연히 문장 (3)의 '호민관'은 (2)의 특정 어구와 대응되어야 할 것이고, 호민관이 매년 바뀌었다는 점에서 이들이 매년 선거로 뽑힌 '행정수반'이라고 이해해야 하는 것입니다.

로마공화국에서는 매년 행정수반이 바뀌었음에도 통치원칙, '정책'은 거의 바뀌지 않았다고 주어졌습니다. 요컨대, '선거제도'를 사용함에도 불구하고 '불안정'이 적었다는 것이죠. 그 이유는 문장 (4)에서 설명됩니다. 원로원이 '**지도적인 권위**', 즉 '권력'을 지녔기 때문에, 호민관들은 자기 마음대로 통치원칙이나 정책을 쉽게 바꿀 수 없었던 거예요. 문장 (2)에서는 '행정수반에게 부여되는 권력의 몫이 적을 경우'에는 불안정이 심각한 문제가 아니라고 말했습니다. 문장 (4)에 나타난 로마 공화국은, 호민관이라는 행정수반이 원로원이라는 집단에 비해 권력의 몫이 적었기 때문에 '선거제도의 불리한 점', '주요한 해악'이 나타나지 않았던 거예요.

더불어, 수능에서 문장 (4)가 나온다면 주목해야 할 키워드는 '**세습적**'이에요. '세습적'의 사전적 의미는 '후손들이 대대로 물려받는' 것입니다. 즉, <u>원로원은 매년 바뀌는 게 아니라, '세습적'으로 쭉 유지되는 것</u>이었기에 매년 선거로 교체되는 호민관과 대조되죠. 만약 수능에 이런 문단이 나온다면, '세습적으로 쭉 유지되는 원로원'과 '매년 바뀌는 호민관'을 비교하는 선지가 반드시 하나는 출제됩니다.

정리하자면, 세습적인 원로원들은 큰 권력을 지녔고, 일정한 통치원칙을 유지했기에 정책의 안정성도 담보되었습니다. 매년 선거로 교체되는 행정수반인 호민관들은 권력의 몫이 적었고, 따라서 이들이 정책을 쉽게 바꿀 수 없었기에 로마공화국에는 정책의 불안정이 심하게 나타나지 않았습니다.

4번 문단

> (1)이산화탄소의 증가↑는 온실 효과↑를 높이는 쪽으로 작용할 것이고 이에 따라서 지표의 온도↑ 역시 더 상승할 것이다. (2)이제 더 뜨거워진 표면 온도↑는 더 많은 양의 탄산염들을 이산화탄소↑로 기화시켜서 온실 효과↑는 한층 더 효율적으로 작용하게 된다. (3)즉 **온실 효과의 폭주**로 말미암아 지구의 표면 온도가 현재보다 무척 더 높아질 가능성이 있다.
>
> 칼 세이건. 『코스모스』. 홍승수 옮김. 사이언스북스. p.212-213

윗글은 **전형적인 과학 분야의 문장**으로, 각 요소들의 비례 관계가 서술되어 있습니다. 이런 문장들은 정보를 빠르고 정확하게 입력하는 것이 중요합니다. 여기서는 세 문장뿐이라 어렵지 않지만, 교재 뒤에서 볼 수능 기출 지문들의 경우 이런 문장이 얽혀서 길게 서술되어 있어 어렵게 느껴질 수 있습니다. 그런 과학 지문들을 잘 읽으려면, 일단은 이런 짧은 글을 제대로 읽는 연습을 하는 것이 필요하고, 무엇보다도 글을 많이 읽고 많이 정리하면서 뇌의 용량을 키우는 것도 필요합니다.

문장 (1)에서는 이산화탄소가 증가하면 온실 효과가 높아진다고 합니다. 또 온실 효과가 높아지면 지표의 온도도 높아진다고 하네요. '온실 효과' 정도는 상식으로 알아두는 것이 좋겠지만, 만약 모른다면 '지표의 온도를 높이는 ~효과' 정도로 이해해도 괜찮습니다.

문장 (2)를 읽을 때, 문장 (1)의 '지표의 온도'가 문장 (2)의 '표면 온도'와 문맥상 동의어라는 점은 반드시 파악해야 해요! 애초에 '지표'라는 단어 자체가 '지구의 표면'이라는 뜻이기도 하죠. 혹시나 '지표'라는 단어를 몰랐더라도, 문장 (1)과 문장 (2)는 순차적으로 이어지는 과정을 서술하고 있으니, 앞 문장의 마지막 키워드인 '지표'가 뒷 문장의 첫 키워드인 '표면'하고 이어지리라 생각하면 좋겠습니다.

이때 표면 온도가 높아지면(더 뜨거워지면) 이 표면 온도가 탄산염들을 이산화탄소로 바꾼다고 합니다. 그러면 다시 온실 효과는 효율적으로 작동한다고 하네요. 문장 (1)에서 이미 이산화탄소가 늘어나면 온실 효과도 높아진다는 정보가 나왔으니, 문장 (2)의 뒷부분은 당연한 얘기입니다. 여기까지의 내용을 그려보면 오른쪽과 같습니다.

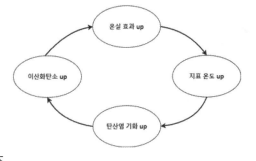

그러니까 '온실 효과의 폭주'란, 온실 효과가 늘어나면 거기서 끝이 아니라, 다시 온실 효과가 지표 온도를 높이고, 이산화탄소는 늘어나고, 그래서 온실 효과는 더 늘어나고, 이런 무한 반복이 이뤄지는 것을 말합니다. 온실 효과의 증가 자체가 온실 효과의 원인이 되니까, 온실 효과는 지수함수처럼 늘어나는 거죠.

여담이지만, 이렇게 어떤 원인이 다시 자기 자신의 원인이 되는 현상을 '피드백 루프(feedback loop)'라고 부릅니다. 피드백 루프는 보통 어떤 현상을 기하급수적으로 증폭시킵니다. 가령 어떤 은행이 신뢰를 잃으면 사람들이 그 은행에 돈을 안 맡기려고 하고, 그러면 은행은 더 어려워지고, 은행이 어려워졌다는 얘기를 들으면 사람들은 신뢰를 잃고 돈을 더더욱 안 맡기려고 할 겁니다. 과학, 경제 등 다양한 분야에서 이러한 피드백 루프를 자주 확인할 수 있는데, 수능 지문에도 이런 구조가 몇 번 서술된 바 있습니다. 뒤의 기출 분석 파트에서 만나보게 될 텐데, 스포일러가 될 수 있으니 여기서는 보여주지 않겠습니다.

5번 문단

> (1)한 의견에 대한 이런저런 의문이 점차 줄어드는 것은 불가피한 동시에 필수적인 일이기는 하지만, 그렇다고 그런 현상이 반드시 좋은 결과만을 낳는다고 말할 수는 없다. (2)우리는 우리와 반대되는 생각을 가진 사람들에게 설명하거나 아니면 그들의 생각이 잘못되었다고 비판하는 과정에서 어떤 한 진리를 더 생생하고 깊이 이해하게 된다. (3)그런데 그 진리가 보편적으로 인정받으면서 이런 소중한 기회를 잃게 된다면, 그로 인해 얻는 것도 있겠지만 잃는 것도 만만치 않다.
>
> 존 스튜어트 밀. 『자유론』. 서병훈 옮김. 책세상. p.99

문장 (1)의 주장은 크게 두 부분으로 나눌 수 있습니다.
① 한 의견에 대한 의문이 줄어드는 것은 불가피하며, 필수적이다.
② 한 의견에 대한 의문이 줄어드는 것은 단점도 있다.

이렇게 양면적인 방식으로 주장이 전개될 때는 한쪽 측면에만 집중해서 읽느라 다른 측면을 간과하기 쉽습니다. 이후의 문장 (2), (3)은 ②를 설명하는 것이기에, 나중에 글을 다 읽고 나면 '한 의견에 대한 의문이 줄어들면 안 되겠구나'라고만 기억하게 될 수 있습니다. 그러나 글쓴이는 한 의견에 대한 의문이 줄어드는 것은 당연하고, 어쩔 수 없는 일이라고 말합니다. 따라서 글쓴이가 주장한 바 없는 '한 의견에 대한 의문을 줄여서는 안 된다'와 같은 요약이 이루어지지 않도록 주의할 필요가 있습니다.

내용적으로 이해하면, 당연한 얘기임을 받아들일 수 있습니다. 이를테면 누가 '지구는 태양을 중심으로 공전한다'라고 했을 때, 처음에는 그것에 대해 질문을 던지고, 비판하는 사람들이 많았겠지만, 시간이 지날수록 그런 질문을 던지는 사람은 줄고 그저 그 의견을 받아들이게 되죠.

문장 (2)는 ②의 주장의 전제를 말합니다. 우리는 우리와 다른 생각을 가진 사람들과 이야기하게 되면, '진리'를 더 이해할 수 있게 됩니다. 어떤 의견이 맞든 틀리든, 그 의견을 검증하는 과정에서 진리와 더 가까워질 수 있는 것이죠. 이는 '한 의견에 대한 이런저런 의문'을 제시할 때의 장점을 이야기하는 것이기도 합니다.

그런데 어떤 진리가 '보편적으로 인정'받게 되면, 거기에 대해서 의문을 던지는 사람은 없겠죠. 즉, '보편적으로 인정'의 문맥상 의미는 '한 의견에 대한 이런저런 의문이 줄어드는 것'을 말합니다. 이로써 잃게 되는 '소중한 기회'는, '우리와 반대되는 생각을 가진 사람들에게 설명'하고, '그들의 생각이 잘못되었다고 비판하는 과정'이겠죠. 마찬가지로 '잃는 것'은 '어떤 한 진리를 더 생생하고 깊이 이해'하게 되는 효과입니다.

예컨대, 지구가 태양을 중심으로 공전한다는 주장은 여러 증거에 의해 뒷받침되는 사실입니다. 그런데 이것이 자명한 사실로 보편적으로 인정받는 현재, '지구가 태양을 중심으로 공전한다는 근거는 뭐지?'라고 의문을 던지는 학생은 거의 없습니다. 그저 사실로 외우고 받아들이는 거죠. 이에 대한 의문을 던지는 것이 일견 무의미해보일 수 있지만, 그 의문에 답하는 과정에서 우리는 다시 한번 여러 과학적 사실들을 검증하고 진리에 가까워질 수 있을 겁니다.

6번 문단

> (1)요트에 대한 수요는 매우 탄력적이다. (2)백만장자들은 요트를 사는 대신 그 돈으로 더 큰 집을 사거나, 호화 여행을 하거나, 자손에게 더 많은 유산을 남겨줄 수 있기 때문이다. (3)반면에 요트의 공급은 비탄력적이다. (4)요트공장을 다른 재화의 생산공장으로 쉽게 변환할 수도 없고, 요트공장에서 일하는 근로자들이 시장 여건의 변화에 대응하여 직업을 바꾼다는 것도 쉽지 않기 때문이다. (5)이러한 경우 조세*의 귀착은 분명하게 예측할 수 있다. (6)@수요가 탄력적이고 공급이 비탄력적이면 세금 부담은 주로 공급자에게 귀착된다.
>
> *이 글에서는 요트에 대한 과세를 말함.
>
> 그레고리 맨큐. 『맨큐의 경제학(9판)』. 김경환, 김종석 옮김. 센게이지러닝코리아. p.149-150

문장 (1)에서는 요트에 대한 수요가 탄력적이라는 정보가 나옵니다. '탄력성'은 경제학에서의 개념인데, 경제학에 대한 배경지식이 없다면 일단 '탄력적'의 사전적 의미를 참고하여 느낌을 파악하면 좋습니다. '탄력'은 반응이 빠른 정도, 상황에 맞게 변화하는 정도를 말하는데, 사실 경제학에서의 의미도 이와 같습니다.

참고로 '수요', '공급' 같은 단어도 모르면 아예 독해가 불가능합니다. 이는 중학교 사회에서 배우는 내용이기도 하며, 일상 생활에서도 사용되는 기초 어휘이기 때문입니다. 혹시 몰랐다면, 모르는 단어에 대한 단어장을 만들어 지속적으로 어휘력을 보강하는 것을 권하며, 중고등학교 사회/과학 교과서부터 읽어보시는 것을 추천합니다.

문장 (2)는 문장 (1)의 의미를 부연합니다. 요트를 사는 수요층인 백만장자들은 요트 이외에도 대안이 많다는 점을 제시하는데, 이것이 '요트에 대한 수요는 매우 탄력적'이라는 표현의 문맥상 의미이며, 경제학적 의미입니다. 만약 요트의 질이 낮아지거나, 요트 가격이 높아지면 백만장자들은 요트에 대한 수요를 집이나, 여행에 대한 수요로 전환할 것입니다. 아주 '탄력적'인 것이죠.

문장 (3)은 그러나 요트의 공급은 비탄력적이라고 합니다. 문장 (2)를 통해 '탄력성'의 문맥상 의미를 파악했다면, 우리는 문장 (4)를 읽지 않고도 문장 (1), (2)의 내용을 뒤집어 문장 (3)의 의미를 추론해 볼 수 있습니다. 요트에 대한 수요가 탄력적이라는 것은, 요트에 대한 수요가 언제든 집, 여행에 대한 수요로 전환될 수 있다는 의미였죠. 그렇다면 요트의 공급이 비탄력적이라는 것은 요트를 공급하는 사람들은 요트를 만드는 사람들은 요트와 관련된 시장이 안 좋아지더라도 요트가 아닌 다른 것을 공급하는 식으로 전환할 수가 없다는 의미일 것입니다. 그리고 이것이 문장 (4)의 내용입니다.

문장 (1)~(4)를 통해 이 글은 문장 (5), (6)이라는 결론에 도달합니다. 그렇다면 @의 이유를 생각해볼까요?

요트에 대한 세금이 부여될 경우, 우리는 흔히 요트를 사는 백만장자들이 그만큼 세금을 더 내게 되리라 생각합니다. 그러나 문장 (1), (2)에서 제시되었듯 백만장자들의 요트 수요는 탄력적입니다. 이들은 요트에 세금이 붙으면, 요트를 사는 대신 다른 곳에 돈을 쓸 것입니다. 그러나 요트의 공급은 비탄력적이라서, 백만장자들이 요트를 덜 사게 되더라도 요트 공급자들은 계속 요트를 만드는 일을 할 수밖에 없죠. 이렇게 되면 줄어든 요트 수요로 인한 부담은 백만장자가 아닌 요트 공급자들이 지게 된다는 것이 이 글의 결론입니다.

이 글을 온전히 이해하려면 '탄력성'의 개념을 문장 (2)를 통해 파악하고, 요트에 대한 수요는 탄력적인 반면 공급은 비탄력적임을 이해해야 하며, 이로써 문장 (6)의 결론에 도달해야 합니다.

7번 문단

> (1)칼로릭 이론이 폐기된 후에야 에너지 보존 법칙은 과학의 한 부분이 될 수 있었다. (2)그리고 과학의 일부가 되고 한참 뒤에야, 그것은 논리적으로 한 차원 높은 형태의 이론으로 보일 수 있게 되었는데, 이때에야 비로소 이것이 이전의 선행 이론들과 모순되지 않아 보이기 시작했다. (3)새로운 이론이 자연에 관한 믿음에 **파괴적 변화**를 일으키지 않고 나타나는 경우를 목도하기는 매우 어렵다. (4)논리적 포괄성이라는 것이 연속적인 과학 이론들 사이의 관계에 대한 관점으로서 아직 수용되고 있지만, ⓐ역사적으로는 가능하지 않은 것이다.
>
> 토머스 쿤, 『과학혁명의 구조』, 김명자, 홍성욱 옮김. 까치글방. p.192

'칼로릭 이론', '에너지 보존 법칙'에 대한 배경지식이 없다면 문장 (1)만 가지고 얻을 수 있는 내용은 많지 않습니다(사실 문과라도 '에너지 보존 법칙' 정도는 알고 있어야 하긴 합니다). 왜 에너지 보존 법칙이 칼로릭 이론이 폐기된 후에야 받아들여질 수 있었는가에 대해, '둘이 모순되는 내용이 있어서 그런가?', '에너지 보존 법칙이 시간적으로 늦게 만들어져서 그런가?' 정도의 생각을 할 수 있겠네요.

문장 (2)에서의 주어, '그것'은 문장 (1)의 '에너지 보존 법칙'입니다. 이게 과학의 일부로 받아지고 시간이 한참 흐른 뒤에서야 칼로릭 이론보다 한 차원 높은 형태의 이론으로 보이게 되었다네요. 문장 (2)의 뒷부분을 보고 우리는 한 가지 중요한 정보를 알아낼 수 있는데, '과학의 일부가 되고 한참 뒤' 이전에는 에너지 보존 법칙이 '이전의 선행 이론들과 모순'되어 보였다는 것이죠. 그렇다면 우리는 문장 (1)의 이유도 파악할 수 있습니다. 칼로릭 이론이라는 선행 이론과 에너지 보존 법칙은 크게 모순되어 보였던 것이고, 그래서 칼로릭 이론이 잘못된 것으로 밝혀져 폐기되기 이전에는 에너지 보존 법칙이 과학의 한 부분이 될 수 없었던 겁니다. 칼로릭 이론이 과학의 한 부분인 상태에서는, 에너지 보존 법칙이 과학적 지식과 상충되는 주장이었으니까요.

문장 (1), (2)는 문장 (3)의 예시일 것입니다. 당연히 그렇겠죠? 우리는 글을 읽을 때, 글쓴이가 맥락상 연관된 문장들만을 연이어 서술할 것이라고 전제하고 읽어야 합니다. 여기서 '자연에 관한 믿음'이란, 과학적 지식으로 우리가 믿고 있는 내용들을 말하는 것이고, 앞선 에너지 보존 법칙은 '새로운 이론'의 한 예시로 제시된 것이었습니다. 그렇다면 '파괴적 변화'의 문맥상 의미는 무엇일까요? 앞서 문장 (1), (2)를 통해 우리는 에너지 보존 법칙도 처음에는 선행 이론들과 모순되어 보였다는 것을 추론했습니다. 기존의 여러 이론들과 모순되는 이론이 과학에 받아들여지게 되면, 과학자들은 앞선 이론들을 모두 다시 검토하거나 수정해야 할 겁니다. 이것이 '파괴적 변화'의 의미인 것이죠.

문장 (4)의 '논리적 포괄성'은 언뜻 어려운 용어처럼 보이지만, 단어를 풀어서 '논리적으로 포괄할 수 있는 것'이라고 이해하면 됩니다. 여러 이론들이 논리적으로 하나로 연결되고, 한 체계 안에 포괄될 수 있으면 '논리적 포괄성'을 갖춘 것이죠. 맥락상으로는, '선행 이론들과 모순이 없는 것'을 말하기도 합니다. 그러나 글쓴이는 이것이 '역사적으로는 불가능하다'라고 말합니다. 그러한 ⓐ의 이유는 무엇일까요? 에너지 보존 법칙의 사례가 보여주듯, 한 이론은 대개 기존 이론 체계에 '파괴적 변화'를 가져옵니다. 왜냐하면, 새 이론은 기존의 선행 이론들과 모순되는 것처럼 보일 때가 많기 때문이죠. 그래서 새로운 이론이 제시되면, 단순히 과학 이론 체계에 새 이론이 '+1'되는 것이 아니라, 기존 이론들과 충돌하면서 무엇이 더 타당한지 검증하는 과정을 겪기 때문에 처음에는 기존 체계와의 논리적 포괄성을 가질 수 없는 겁니다.

8번 문단

> (1)어떠한 부위라도 항구성을 보이기만 한다면 변종의 분류에 이용된다. (2)따라서 위대한 농학자 마셜은 소의 뿔이 이 목적에 매우 유용하다고 했다. (3)왜냐하면 뿔은 체형이나 색깔 따위보다 변이가 심하지 않기 때문이다. (4)반면 양의 경우에는 뿔의 기여도가 낮은 편인데, 그 이유는 양의 뿔은 변이가 심하기 때문이다.
>
> 찰스 다윈. 『종의 기원』. 김관선 옮김. 한길사. p.442

문장 (1)의 '항구성'은 '변하지 않고 오래가는 성질'이라는 사전적 의미가 있지만, 저 문장만 봤을 때는 문맥상 의미가 이해가 가지 않을 수 있습니다. 그러나 문장 (2)에서 '소의 뿔'이 '이 목적', 즉 '변종의 분류'에 유용하다고 말했으니, '소의 뿔'은 '항구성'을 지닌 부위라고 판단할 수 있겠네요.

그럼 문장 (3)을 통해 '소의 뿔'의 특성을 파악하고, 그 특성을 '항구성'이라고 이해하면 되겠습니다. 여기서 나타난 '소의 뿔'의 특성은 '변이가 심하지 않음'인데, 그럼 이걸 '항구성'으로 판단하면 되겠네요! 이는 '항구성'의 사전적 의미와도 일치하니, 자연스럽게 받아들이고 이해할 수 있을 겁니다.

문장 (4)는 단순히 항구성이 낮은, 반대의 사례를 제시할 뿐입니다. 양의 뿔은 소의 뿔과 달리 변이가 심하니, 항구성이 낮고 변종을 분류할 때 쓸 수 없겠네요. 여기서 '뿔의 기여도가 낮다'라는 것은, 변종을 분류할 때의 기여도가 낮다는 의미로 독해하면 됩니다.

9번 문단

> (1)우리가 인간의 참모습을 알기 위해 가장 먼저 해야 할 일은, 모두가 당연한 것으로 여기는 마음 활동 뒤에 숨어 그 놀라운 묘기들을 가능하게 해주는 복잡한 설계를 이해하는 것이다. (2)ⓐ인간과 같은 로봇이 존재하지 않는 이유는 마음이 기계와 같다는 개념 자체가 잘못이어서가 아니다. (3)그것은 우리 인간이 보고, 걷고, 계획하고, 그 계획을 실행에 옮길 때 해결하는 공학적인 문제들이 달 표면에 착륙하거나 인간의 유전자 지도를 읽는 것보다 훨씬 더 어렵고 복잡하기 때문이다.
>
> 스티븐 핑커. 『마음은 어떻게 작동하는가』. 김한영 옮김. 동녘사이언스. p.20 (첫 문장 종결형만 수정)

문장 (1)의 '놀라운 묘기들'은 '당연한 것'의 반대되는 어구로, 둘 다 '마음 활동'을 지칭하는 표현입니다. 사람들은 마음 활동을 당연하게 받아들이지만, 실제로 분석해보면 놀라운 활동이라는 것이죠. 이러한 '놀라운 묘기'인 마음 활동은, '복잡한 설계'에 의해서 가능합니다.

문장 (2)를 독해할 때, 두 가지 정보를 파악할 수 있습니다.
① 인간과 같은 로봇은 존재하지 않는다.
② 마음은 기계와 같다.

이때 ②는 글쓴이의 핵심적인 주장인데, 긴 글 사이에 이런 어구가 있으면 놓치기 쉬우니 주의해야 합니다. 그렇다면 다음 문장을 읽으며, 마음이 기계와 같은데도 인간 같은 로봇을 만들지는 못하는 이유를 알아봅시다.

문장 (3)의 '그것'은 ⓐ를 말합니다. 여기서 '우리 인간이 보고, 걷고, 계획하고, 그 계획을 실행에 옮길 때 해결하는 공학적인 문제들'은 문장 (1)의 '마음 활동'을 뜻하고, 이게 생각보다 훨씬 어렵고 복잡하다는 점에서 '놀라운 묘기'라고 표현할 만한 것이네요.

즉, 내용을 정리해보면 이렇습니다. 마음 활동은 생각보다 어렵고 복잡한 문제이며, 인간과 같은 로봇이 존재하지 않는 이유(ⓐ)는 인간의 마음을 아직 기술적으로 이해하고 복제할 수 없기 때문일 것입니다. 인간의 마음은 인간이 완전히 이해하고 설계하기 어려운 문제이기 때문에, 아직은 인간과 같은 로봇을 만들 수 없는 거죠.

글의 주제는 '마음 활동'이 어려운 문제라는 것이지, 마음이 기계와 다르다는 것이 아닙니다. 오히려, 마음은 기계와 같다고 주장하고 있죠. 그런데 왜 인간 같은 로봇을 만들지 못한다고요? 마음이 다른 기계들보다 훨씬 복잡한 설계에 의해 작동하고 있기에 그렇습니다. 즉, 마음은 어떠한 설계에 의해 작동한다는 점에서 기계와 질적으로 같지만, 양적으로 훨씬 고난도의 설계를 가지고 있기에 다른 것입니다. 글쓴이가 주장한 마음과 기계의 공통점과 차이점은 윗글에서 중요한 주제이지만, 명시적으로 설명되어 있지 않기 때문에 다소의 추론을 통해 입장을 파악해야 합니다.

10번 문단

> (1)농경사회는 가뭄이나 화재, 지진 때문에 쌀이나 감자 농사를 망치면 기근에 휩싸인다. (2)수렵채집 사회도 자연재해를 당하고 결핍과 굶주림의 시기를 겪었지만, 대체로 **이런 재앙을 좀 더 쉽게 극복할 수 있었다.** (3)주식이 되는 일부 먹을거리를 구하지 못하면 다른 것을 사냥하거나 채집할 수 있었고, 영향을 덜 받은 다른 지역으로 이동할 수도 있었다.
>
> 유발 하라리, 『사피엔스』, 조현욱 옮김, 김영사, p.86

문장 (1)은 당연한 얘기처럼 들립니다. 농사를 지어서 먹고 사는 농경사회의 경우, 자연재해(가뭄, 화재, 지진)로 한 해 농사를 망치면 기근에 휩싸이고, 굶주리게 되니까요. 이 글을 읽을 때 중요한 것은, 당연하게 보이는 (1)의 정보를 이후의 두 문장과 대비/연결하여 이해하는 것입니다.

수렵채집 사회 역시 자연재해를 겪고, 어려운 시기를 겪습니다. 여기서 '자연재해'는 문장 (1)의 '가뭄이나 화재, 지진'을 재진술한 것이니, 농경사회와 수렵채집 사회 모두 자연재해를 겪는다는 점을 공통점으로 파악하면 되겠습니다. 그런데, 수렵채집 사회는 농경사회에 비해 이런 재앙(자연재해)을 더 쉽게 극복할 수 있다네요. 이러한 극복의 가능성을 두 사회의 차이점으로 잡고, 이후의 문장을 통해 그 이유를 파악해야겠습니다.

문장 (3)에 의하면, 수렵채집 사회는 주식이 아닌 다른 것을 먹을 수도 있고, 자연재해의 영향을 덜 받은 지역으로 이동할 수도 있다고 합니다. 6번 문단의 '탄력성'과 비슷하네요! 그렇다면 이것이 수렵채집 사회가 재앙을 쉽게 극복할 수 있었던 이유이자, 농경사회와 수렵채집 사회의 차이점이겠네요. 그렇다면 문장 (3)을 뒤집어서 농경사회의 특징과, 농경사회가 재앙을 극복하기 어려운 이유를 파악할 수 있습니다.

수렵채집 사회의 특징을 반대로 생각하면, 농경사회는 주식이 되는 먹을거리 외의 다른 것을 먹기 어렵고, 자연재해의 영향을 덜 받은 다른 지역으로 이동할 수도 없을 것입니다. 왜 그럴까요? 밀이든 쌀이든 옥수수든, 농사를 짓게 되면 그것 외의 다른 음식을 먹기가 힘들죠. 그래서 수렵채집 사회만큼 다양한 선택지가 존재하지 않습니다. 또한, 가뭄이나 화재, 지진이 났다고 해서 다른 지역으로 이동할 수도 없습니다. 일시적인 재해가 일어났다고 해서 자기가 농사 짓던 논, 밭을 버리고 다른 지역으로 이사하기는 어렵잖아요. 조금 더 추론을 강화해보면, 농경사회의 사람들은 이주를 고려하지 않고 집을 설계하기 때문에, 자주 이주하는 수렵채집 사회에 비해 이사의 비용도 높을 것임을 생각해 볼 수 있습니다.

이런 글이 수능에 나오면, 빠르게 읽느라 '수렵채집 사회는 재앙을 더 잘 극복한다' 정도만 파악하고, 왜 그런지, 농경사회와의 차이점이 무엇인지는 이해하지 못할 가능성이 큽니다. 그러나 수능은 이러한 차이가 나타난 이유를 깊게 물어볼 것이고, 이런 내용을 빠르고 정확하게 이해할 수 있어야 고득점도 가능합니다.

11번 문단

> (1)시 속의 '나'는 주관적 감정을 드러내는 일상적 자아가 아니라, / 세계와의 관계 속에서 인간의 정서를 드러내는 유형적·개별적 존재로서의 '나'이다. (2)세계 속의 인간이 감지할 수 있는 각종의 의식화된 정서를 작품 속에서 개별적 형태로 혹은 유형화된 형태로 보여준다는 점에서 그 정서는 형식화된 것이며, / 형식화되어 있다는 점에서 비형식적인 양상을 보여주는 무질서한 현실 속의 '나'의 그것과 구분된다. (3)이 점에 대한 명확한 인식의 결여로, 습작기의 많은 사람들이 시 속에 일상적 자아이며, 개별화 또는 유형화되지 않는 '나'를 끌어들임으로써 / 작품을 혼란스럽게 하고, 공적 언술(公的言述)인 시라는 양식을 사적 언술(私的言述)이라는 개인적 차원으로 흔히 떨어뜨린다.
>
> 오규원. 『현대시작법』 문학과지성사. p.235

문학 <보기>로 나올 법한 글인데, 문장이 길기 때문에 적절하게 끊어서 읽고 이해해야 합니다.

문장 (1)에서는 시 속의 '나'가 '주관적 감정을 드러내는 일상적 자아'가 아니라고 말하고 있습니다. 우리는 흔히 시가 주관적인 글이라고 생각하기 때문에, 우리의 직관과 반대되는 말일 수 있습니다. 이렇게 '왜 그렇지?' 싶은 진술들이 글의 핵심적인 주장인 경우가 많으니, 이후의 내용을 읽을 때 시 속의 '나'가 주관적 감정을 드러내는 것이 아닌 이유를 집중해서 파악해야 합니다. 시 속의 '나'가 '일상적 자아'가 아니라는 정보도 챙기고, 그럼 어떤 자아인지도 알아봐야겠네요. 문장 (1)의 뒷부분에서는 시 속의 '나'가 '인간의 정서를 드러내는 유형적·개별적 존재'라는 정보가 나오고, '세계와의 관계'를 고려해야 한다는 정보도 주어졌습니다.

문장 (2)에서는 시에서 드러나는 정서가 '형식화된 것'이라고 하는데, 이는 의식으로 나타난 정서를 특정한 형태로 보여주기 때문이라고 합니다. '개별적 형태로 혹은 유형화된 형태로'라는 점은 시의 정서가 일정한 형태를 지님을 보여주는 것이므로, '형식'의 사전적 의미를 고려할 때 이를 '형식화'의 의미로 판단할 수 있습니다. 이러한 형식화는 현실 속의 '나'와의 차이점입니다. 현실 속의 '나'는 비형식적이고 무질서한 현실 안에 있기에, 시 속의 '나'와 구분되는 것이죠. 현실 속의 '나'와 시 속의 '나'가 형식화의 여부로 구분된다는 점도 반드시 파악해야 할 것입니다.

그런데 '습작기의 많은 사람들'은 시 속의 '나'와 현실 속의 '나'가 형식화의 여부로 구분된다는 인식이 없다고 합니다. 그 결과 현실 속의 '나'처럼 '개별화 또는 유형화되지 않는' '나'를 시에 끌어들이는 것이죠. 이 결과, 그들의 작품은 혼란스럽기 마련이고, 시를 개인적 차원으로 끌어내린다고 해요.

제가 제시한 두 독해 포인트, 1. 시 속의 '나'가 '주관적 감정'을 드러내는 것이 아닌 이유 2. 시가 '공적 언술'인 이유는 엮어서 생각해 볼 수 있어요. 시가 '공적 언술'인 이유는, 시는 '세계와의 관계 속에서' 정서를 드러내는 글이기 때문입니다. 단순히 생각하면 타인에게 읽히기 위한 글이라는 점에서 공적인 것일 수도 있겠죠.

또한 시 속의 '나'는 현실 속의 '나'와는 다른 존재이기 때문에, 현실 속의 '나'가 가진 '주관적 감정'을 드러내는 것도 아닙니다. 어디까지나 인간 일반이 가질 수 있는 정서를 유형화해서, 혹은 개별화해서 드러내는 것이기에, 현실 속의 '나'가 가진 '주관적 감정'과는 다를 수밖에 없고, 세계와의 관계 속에서 나타난 정서를 형식화한다는 점에서 객관성도 가지는 것이죠.

문학, 예술에 대한 글은 어디까지나 글쓴이의 주장을 담고 있는 글입니다. 그 주장이 직관이나 상식, 혹은 본인의 의견과 다르더라도, 글쓴이의 주장과 근거를 객관적으로 판단한다면 글을 이해할 수 있습니다.

12번 문단

> (1)플라톤이 개인의 정의와 국가의 정의 간의 유비를 통해 양자의 연계를 암시한 반면, 우리는 상대적으로 분절적 정의관에 익숙하다. (2)개인의 차원에서는 외부로 표출되는 행위가 내적 상태에 어떤 영향을 미치는가에 대해서 종종 관심을 보이긴 하지만, ⓐ국가의 차원에서는 내적 상태와 외적 행위의 연계에 대해서 주목하지 않는다. (3)우리는 국가가 대내적으로 정의로워야 한다고는 생각하지만, 그것이 대외적으로 다른 국가에 대한 행위로까지 이어져야 한다고 여기지는 않는다.
>
> 플라톤. 『국가』. 박성우 해설·옮김. 서울대학교출판문화원. p.139

문장 (1)은 '반면'의 앞뒤로 분리되어 있습니다. 이때 문장의 앞뒤가 대칭적으로 대비될 가능성이 높죠. 플라톤이 '개인의 정의'와 '국가의 정의'를 유비하고, 그 둘의 연계를 암시했다는 것은 곧 플라톤은 개인의 정의와 국가의 정의가 연계되어 있다고 보았음을 이야기하는 것입니다. 한편 '반면' 이후의 주어는 '우리'인데, 그렇다면 '우리'는 '플라톤'과 달리, '개인의 정의'와 '국가의 정의'가 연계되지 않는다고 본다는 내용이 서술되어야 합니다. (1)의 뒷부분에서는 우리가 '분절적 정의관'에 익숙하다고 하는데, 그렇다면 '분절적 정의관'의 문맥상 의미는 '개인의 정의와 국가의 정의를 연계되지 않는다고 보는 정의관'으로 파악할 수 있겠네요.

문장 (2)에서는 '외부/외적'과 '내적'이라는 반대 어휘가 번갈아 등장합니다. 이럴 때는 내적인 것과 외적인 것을 대비해서 읽는 태도가 중요합니다. 또, '개인'과 '국가'라는 어휘도 반대 어휘로 파악하고 둘 사이의 대조점을 찾아야겠죠.

문장 (2)에 따르면, 우리는 개인의 차원에서, 한 개인의 외부로 표출되는 것이 그 개인의 내부에 어떤 영향을 미치는가에 관심을 둔다고 합니다. 반면에, 국가의 차원에서는 '내적 상태와 외적 상태의 연계', 즉 국가의 외부로 표출되는 것이 그 국가의 내부에 어떤 영향을 미치는가에 주목하지 않습니다. 개인의 차원에서는 내부/외부가 서로 연계된다고 보면서, 국가의 차원에서는 내부/외부가 연계되지 않는다고 본 것이에요. 그렇다면 문장 (1)의 분절적 정의관은, 개인의 정의와 국가의 정의가 연계되지 않는다고 보는 것이면서, 국가 차원에서는 내적 상태와 외적 행위가 연계되지 않는다고 보는 것으로 의미를 확장하여 이해할 수 있습니다.

문장 (3)은 문장 (1), (2)의 부연 설명입니다. 우리의 '분절적 정의관'을 더 풀어서 설명해주는 부분이죠. 우리는 국가의 '내부'는 정의로워야 한다고 생각합니다. 그러나 대외적으로 다른 국가에 대해서까지 정의로워야 한다고는 생각하지 않는 것이죠. 즉, 내부는 정의로워야 하지만 외부가 정의로울 필요는 없다고 보는 것이고, 내부의 정의가 외부의 정의로 연계되지 않는다고 보는 것입니다.

그렇다면 ⓐ의 의미도 보다 확실히 파악할 수 있습니다. '국가의 차원에서는 내적 상태와 외적 행위의 연계에 대해서 주목하지 않는다'는 의미는, 국가 내부의 정의가 국가 외부의 정의, 즉 다른 국가에 대한 행위의 정의로까지 이어질 필요는 없다고 보는 것이죠.

기출 분석 파트 활용 방법

① 이 교재에 수록된 지문들을 시간을 재고 푼다. 지문당 10분 내외로 풀 것을 목표로 한다.

② 해설을 보기 전에, 스스로 '모든 문장을 이해할 때까지' 지문을 읽는다. 이해가 되지 않는 포인트가 있다면 적어 두는 것이 좋다. 지문 마지막에 '복습 포인트'가 있는 경우, 본인의 답변을 구성해보자.

③ 채점을 한 뒤, 각 문제의 출제 근거, 의도를 파악하며 선지 하나하나 다시 분석한다.

④ ②에서 본인이 했던 분석과 해설을 비교하며 읽는다.

⑤ 해설과 달랐던 본인의 생각, 해설에서 본인이 생각하지 못했던 부분을 기록한다.

지문 해설의 기호들

() : 지문의 내용을 소괄호로 묶을 때에는, 주로 괄호 부분의 수식어구가 뒤의 단어에 대한 정의 혹은 단순한 예시로 작용하는 경우입니다. 반면, **지문에 없던 내용을 제가 서술한 경우**에는, 해당 부분을 읽고 반드시 추론해야 하는 부분이거나, 지문에 앞서 나왔던 문맥상의 동의어인 경우입니다.

<> : 공간적/시간적 배경이거나, 조건이거나, 상황을 제한하는 경우이거나, 인과관계의 원인 또는 목적입니다. 보통은 <u><> 안의 내용을 전제로 하는 경우</u>에 뒤의 내용이 성립하는 것이라고 생각하시면 됩니다.

[   ] , [   ] : 지문 내에서, 동의어나 이항대립쌍이 노골적으로 반복되어 나올 때, 같은 의미의 단어를 저런 네모 박스를 통해 표시합니다.

PART 3
법 지문

법 지문은 크게 두 종류로 나뉩니다.

(1) 어떤 법의 개념과, 그 사례를 제시하는 지문
(2) 어떤 법의 개념을 주고, 그 법의 한계를 제시한 뒤, 한계에 대한 대안을 소개하는 지문

둘 중 어떤 종류이든, 지문에서 제시된 개념을 제대로 파악하는 것이 중요합니다.
특히 가장 핵심적인 개념은 지문의 첫 문단에 소개되는 경우가 많으니 주의해야 합니다.

개념을 주고 그 사례를 제시하든, 개념을 주고 그 한계를 제시하든,
개념을 이해한 뒤, 사례 혹은 한계와 연결하여 이해하는 태도가 중요합니다.
다음과 같이 생각하며 읽는 것이 중요하다는 얘기죠.

'아, 이 사례는 그 개념이 이렇게 적용되는 것이구나'
'아, 그 개념의 정의상 이런 한계가 있을 수밖에 없구나'

더불어, 기출 법 지문에 한 번 출제된 개념은 다음 수능에서도 그대로 출제되는 경우가 많으니,
학습한 지문에 나온 개념은 본인의 상식으로 들고 가길 바랍니다.

[1~5] 다음 글을 읽고 물음에 답하시오.

2021학년도 6월 모의고사 **법인세**

특허권은 발명에 대한 정보의 소유자가 특허 출원 및 담당 관청의 심사를 통하여 획득한 특허를 일정 기간 독점적으로 사용할 수 있는 법률상 권리를 말한다. 한편 영업 비밀은 생산 방법, 판매 방법, 그 밖에 영업 활동에 유용한 기술상 또는 경영상의 정보 등으로, 일정 조건을 갖추면 법으로 보호받을 수 있다. 법으로 보호되는 특허권과 영업 비밀은 모두 지식 재산인데, 정보 통신 기술(ICT) 산업은 이 같은 지식 재산을 기반으로 창출된다. 지식 재산 보호 문제와 더불어 최근에는 ICT 다국적 기업이 지식 재산으로 거두는 수입에 대한 과세 문제가 불거지고 있다.

일부 국가에서는 ICT 다국적 기업에 대해 디지털세 도입을 진행 중이다. 디지털세는 이를 도입한 국가에서 ICT 다국적 기업이 거둔 수입에 대해 부과되는 세금이다. 디지털세의 배경에는 법인세 감소에 대한 각국의 우려가 있다. 법인세는 국가가 기업으로부터 걷는 세금 중 가장 중요한 것으로, 재화나 서비스의 판매 등을 통해 거둔 수입에서 제반 비용을 제외하고 남은 이윤에 대해 부과하는 세금이라 할 수 있다.

㉠많은 ICT 다국적 기업이 법인세율이 현저하게 낮은 국가에 자회사를 설립하고 그 자회사에 이윤을 몰아주는 방식으로 법인세를 회피한다는 비판이 있어 왔다. 예를 들면 ICT 다국적 기업 Z사는 법인세율이 매우 낮은 A국에 자회사를 세워 특허의 사용 권한을 부여한다. 그리고 법인세율이 A국보다 높은 B국에 설립된 Z사의 자회사에서 특허 사용으로 수입이 발생하면 Z사는 B국의 자회사로 하여금 A국의 자회사에 특허 사용에 대한 수수료인 로열티를 지출하도록 한다. 그 결과 Z사는 ⓐB국의 자회사에 법인세가 부과될 이윤을 최소화한다. ICT 다국적 기업의 본사를 많이 보유한 국가에서도 해당 기업에 대한 법인세 징수는 문제가 된다. 그러나 그중 어떤 국가들은 ICT 다국적 기업의 활동이 해당 산업에서 자국이 주도권을 유지하는 데 중요하기 때문에라도 디지털세 도입에는 방어적이다.

[A] ICT 산업을 주도하는 국가에서 더 중요한 문제는 ICT 지식 재산 보호의 국제적 강화일 수 있다. 이론적으로 봤을 때 지식 재산의 보호가 약할수록 유용한 지식 창출의 유인이 저해되어 지식의 진보가 정체되고, 지식 재산의 보호가 강할수록 해당 지식에 대한 접근을 막아 소수의 사람만이 혜택을 보게 된다. 전자로 발생한 손해를 유인 비용, 후자로 발생한 손해를 접근 비용이라고 한다면, 지식 재산 보호의 최적 수준은 두 비용의 합이 최소가 될 때일 것이다. 각국은 그 수준에서 자국의 지식 재산 보호 수준을 설정한다. 특허 보호 정도와 국민 소득의 관계를 보여 주는 한 연구에서는 국민 소득이 일정 수준 이상인 상태에서는 국민 소득이 증가할수록 특허 보호 정도가 강해지는 경향이 있지만, 가장 낮은 소득 수준을 벗어난 국가들은 그들보다 소득 수준이 낮은 국가들보다 오히려 특허 보호가 약한 것으로 나타났다. 이는 지식 재산 보호의 최적 수준에 대해서도 국가별 입장이 다름을 시사한다.

01 윗글을 읽고 답을 찾을 수 있는 질문에 해당하지 <u>않는</u> 것은?

① 법으로 보호되는 특허권과 영업 비밀의 공통점은 무엇인가?
② 영업 비밀이 법적 보호 대상으로 인정받기 위한 절차는 무엇인가?
③ ICT 다국적 기업의 수입에 과세하는 제도 도입의 배경은 무엇인가?
④ 로열티는 ICT 다국적 기업의 법인세를 줄이는 데 어떻게 이용되는가?
⑤ 이론적으로 지식 재산 보호의 최적 수준은 어떻게 설정하는가?

02 디지털세 에 대한 이해로 가장 적절한 것은?

① 지식 재산 보호를 강화할 수 있는 수단이다.
② 이윤에서 제반 비용을 제외한 금액에 부과된다.
③ ICT 산업에서 주도적인 국가는 도입에 적극적이다.
④ 여러 국가에 자회사를 설립하는 방식으로 줄일 수 있다.
⑤ 도입된 국가에서 ICT 다국적 기업이 거둔 수입에 부과된다.

03 <보기>는 윗글을 읽은 학생이 수행할 학습지의 일부이다. ㉮에 들어갈 말로 가장 적절한 것은?

< 보기 >

○ **과제** : '㉠을 근거로 ICT 다국적 기업에 디지털세가 부과되는 것이 타당한가?'를 검증할 가설에 대한 판단

• **가설**
 ICT 다국적 기업 자회사들의 수입 대비 이윤의 비율은 법인세율이 높은 국가일수록 낮다.

• **판단**
 가설이 참이라면 　㉮　고 할 수 있으므로 ㉠을 근거로 디지털세를 부과하는 것을 지지할 수 있겠군.

① ICT 다국적 기업 자회사의 수입이 법인세율이 높은 국가일수록 많다
② ICT 다국적 기업이 법인세율이 높은 국가의 자회사에 로열티를 지출한다
③ ICT 다국적 기업 자회사의 수입 대비 제반 비용의 비율이 법인세율이 낮은 구가일수록 높다
④ ICT 다국적 기업이 법인세율이 높은 국가의 자회사에서 수입에 비해 이윤을 줄이는 방식으로 법인세를 줄이고 있다
⑤ 법인세율이 높은 국가에 본사가 있는 ICT 다국적 기업 자회사의 수입 대비 이윤의 비율은 법인세율이 낮은 국가일수록 낮다

04 [A]를 적용하여 <보기>를 이해한 내용으로 적절하지 <u>않은</u> 것은?

<보기>

S국은 현재 국민 소득이 가장 낮은 수준의 국가이고 ICT 산업에서 주도적인 국가가 아니다. S국의 특허 보호 정책은 지식 재산 보호 정책을 대표한다.

---

① ICT 산업에서 주도적인 국가는 S국이 유인 비용을 현재보다 크게 인식하여 지식 재산 보호 수준을 높이기 바라겠군.

② S국에서는 지식 재산 보호 수준이 낮을 때가 높을 때보다 지식 재산 창출 의욕의 저하로 인한 손해가 더 심각하겠군.

③ S국에서 현재의 특허 제도가 특허권을 과하게 보호한다고 판단한다면 지식 재산 보호 수준을 낮춰 접근 비용을 높이고 싶겠군.

④ S국의 국민 소득이 점점 높아진다면 유인 비용과 접근 비용의 합이 최소가 되는 지식 재산 보호 수준은 낮아졌다가 높아지겠군.

⑤ S국이 지식 재산 보호 수준을 높일 때, 지식의 발전이 저해되어 발생하는 손해는 감소하고 다수가 지식 재산의 혜택을 누리지 못하여 발생하는 손해는 증가하겠군.

05 문맥상 ⓐ와 바꿔 쓰기에 적절하지 <u>않은</u> 것은?

① Z사의 전체적인 법인세 부담을 줄인다

② A국의 자회사가 거두는 수입을 늘린다

③ A국의 자회사가 얻게 될 이윤을 줄인다

④ B국의 자회사가 낼 법인세를 최소화한다

⑤ B국의 자회사가 지출하는 제반 비용을 늘린다

01	02	03	04	05
②	⑤	④	③	③

특허권은 발명에 대한 정보의 소유자가 <특허 출원 및 담당 관청의 심사를 통하여 획득한> 특허를 일정 기간 독점적으로 사용할 수 있는 법률상 권리를 말한다. 한편 영업 비밀은 생산 방법, 판매 방법, 그 밖에 영업 활동에 유용한 기술상 또는 경영상의 정보 등으로, <일정 조건을 갖추면> 법으로 보호받을 수 있다. 법으로 보호되는 특허권과 영업 비밀은 모두 지식 재산인데, 정보 통신 기술(ICT) 산업은 <이 같은 지식 재산을 기반으로> 창출된다.

지식 재산이라는 상위의 범주 아래에는 특허권과 영업 비밀이 있습니다. 특허권은 획득하면 법률로 보호받을 수 있는 것이고, 영업 비밀은 일정 조건이 갖춰져야 법으로 보호받을 수 있다고 하네요. ICT 산업은 이런 지식 재산들을 기반으로 창출된다고 합니다.

지식 재산 보호 문제와 더불어 최근에는 ICT 다국적 기업이 지식 재산으로 거두는 수입에 대한 과세 문제가 불거지고 있다.

이런 지식 재산을 (법으로) 보호하는 것도 중요하지만, 지식 재산을 이용하는 ICT 다국적 기업에 대한 과세 문제가 불거진답니다. 따라서 이 지문의 핵심은 과세에 대한 것일 텝니다. 시험장에서는 '더불어' 뒤에 있는 내용에 더 집중하면서 읽어야 하지만, 사후적으로 본다면 '지식 재산 보호 문제'도 지문 마지막 문단에 다뤄집니다.

일부 국가에서는 ICT 다국적 기업에 대해 디지털세 도입을 진행 중이다. 디지털세는 이를 도입한 국가에서 ICT 다국적 기업이 거둔 <수입에 대해> 부과되는 세금이다.

세금은 원래 수입에 대해 부과되는 거 아닌가? 당연한 얘긴데?라는 생각이 저는 들었습니다. 그러나 바로 뒤의 내용을 보고 당연한 얘기가 아니라는 점을 깨달았죠. 이 문장을 왜 준 건지 다음 문장을 통해 파악해봅시다.

디지털세의 배경에는 법인세 감소에 대한 각국의 우려가 있다. 법인세는 국가가 기업으로부터 걷는 세금 중 가장 중요한 것으로, 재화나 서비스의 판매 등을 통해 거둔 수입에서 제반 비용을 제외하고 남은 이윤에 대해 부과하는 세금이라 할 수 있다.

법인세는 이윤(수입-제반 비용)에 부과되는 세금이랍니다. 디지털세는 이런 법인세가 줄어드는 문제 상황에 대한 해결책인 거고요. '수입-제반 비용'에서 걷는 세금(법인세)이 적어지니까, 제반 비용을 빼지 않고 그냥 수입에 세금(디지털세)을 부과하는 겁니다. 이걸 캐치했다면 다음의 내용들이 훨씬 쉽게 받아들여졌을 겁니다.

많은 ICT 다국적 기업이 법인세율이 현저하게 낮은 국가에 자회사를 설립하고 그 자회사에 이윤을 몰아주는 방식으로 법인세를 회피한다는 비판이 있어 왔다.

법인세는 '이윤'에 부과되는 세금인데, 많은 ICT 다국적 기업이 이 '이윤'을 법인세율이 낮은 국가로 옮기면서 법인세를 회피합니다. 그 과정을 쭉 따라가봅시다.

예를 들면 ICT 다국적 기업 Z사는 법인세율이 매우 낮은 A국에 자회사를 세워 특허의 사용 권한을 부여한다. 그리고 법인세율이 A국보다 높은 B국에 설립된 Z사의 자회사에서 특허 사용으로 수입이 발생하면 Z사는 B국의 자회사로 하여금 A국의 자회사에 특허 사용에 대한 수수료인 로열티를 지출하도록 한다. 그 결과 Z사는 B국의 자회사에 법인세가 부과될 이윤을 최소화한다.

Q.1 로열티가 뭐죠?

A.1 제반 비용입니다. B국의 자회사에서 로열티를 지출하는 게 결과적으로 이윤을 최소화하는 거라고 하는데, '수입-제반 비용'으로 계산되는 이윤을 줄이려면, 수입을 줄이거나 제반 비용을 키워야 합니다. 그런데 세금 내기 싫어서 수입을 줄인다는 건 상식에도 배치되고, 돈을 쓰는 상황이니까, 로열티를 지출하는 것이 제반 비용을 늘리는 것이라고 바꾸어 읽을 수 있죠.

이 지문 전체를 이해했냐 못했냐의 포인트는, '디지털세와 법인세의 차이', '로열티의 지문 내 의미' 이 둘에서 결정되었다고 생각합니다.

결국 B국에서는 '로열티'라는 이름으로 제반 비용을 지출하고, 이게

A국 입장에서는 수입으로 들어오는 것이죠. 여기까지 놓치지 않고 읽었다면 거의 다 했습니다.

ICT 다국적 기업의 본사를 많이 보유한 국가에서도 해당 기업에 대한 법인세 징수는 문제가 된다. 그러나 그중 어떤 국가들은 ICT 다국적 기업의 활동이 해당 산업에서 <u>자국이 주도권을 유지하는 데 중요하기 때문에라도 디지털세 도입에는 방어적</u>이다.

그런데 ICT 다국적 기업들이 위의 방식으로 법인세를 회피한다고 해서, 모든 국가가 그 해결책으로 디지털세를 도입하려는 것은 아니랍니다. 디지털세의 도입이 자국의 산업 주도성을 저해할 수도 있음을 우려하기 때문이죠.

<ICT 산업을 <u>주도하는 국가에서</u>> 더 중요한 문제는 ICT 지식 재산 보호의 국제적 강화일 수 있다.

마지막 문단 [A]에서는 앞선 세금 문제랑은 조금 다른, 지식 재산의 보호에 대한 얘기를 합니다. ICT 산업에서 <u>주도권을 가진 국가들은 지식 재산을 국제적으로 보호하는</u> 문제에 더 관심을 가진다고 하네요. 자기들이 지식 재산으로 돈을 벌고 있으니까, 지식 재산 보호에 관심을 가지는게 당연한 얘기긴 합니다.

이론적으로 봤을 때 <지식 재산의 보호↓가 약할수록> 유용한 지식 창출의 유인↓이 저해되어 지식의 진보↓가 정체되고, <지식 재산의 보호↑가 강할수록> 해당 지식에 대한 접근↓을 막아 소수의 사람만이 혜택을 보게 된다.

지식 재산의 보호가 약해져도, 강해져도 나름의 단점이 있네요. 보호의 적당한 정도를 찾는 게 중요할 것 같습니다.

전자로 발생한 손해를 유인 비용, 후자로 발생한 손해를 접근 비용이라고 한다면, <u>지식 재산 보호의 최적 수준은 두 비용의 합이 최소가 될 때일 것이다.</u> 각국은 그 수준에서 자국의 지식 재산 보호 수준을 설정한다.

유인이 저해되는 것을 유인 비용, 접근이 막히는 것을 접근 비용이라고 하는데, 이 둘을 합한 것이 최소가 될 때가 가장 적절한 지점이랍니다.

특허 보호 정도와 국민 소득의 관계를 보여 주는 한 연구에서는 <국민 소득이 일정 수준 이상인 상태에서는> 국민 소득↑이 증가할수록 특허 보호 정도↑가 강해지는 경향이 있지만, <u>가장 낮은 소득 수준을 벗어난 국가들은 그들보다 소득 수준이 낮은 국가들보다 오히려 특허 보호가 약한 것으로 나타났다.</u> 이는 지식 재산 보호의 최적 수준에 대해서도 국가별 입장이 다름을 시사한다.

그러니까, 어느 정도 사는 나라들에서는 국민 소득과 특허 보호 정도가 양의 상관관계에 있지만, 꼴찌보다 조금 더 국민 소득이 높은 국가들은 오히려 꼴찌 수준의 국가보다 특허 보호가 약하다고 하네요. 그림을 그려보면

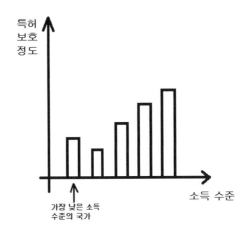

대략 이렇게 되겠네요. 시험장에서 그래프를 그릴 필요는 없는데, 이 그래프가 전달하는 느낌 정도는 읽으면서 바로 받아들여야 한다고 생각합니다.

01 윗글을 읽고 답을 찾을 수 있는 질문에 해당하지 <u>않는</u> 것은?

① 법으로 보호되는 특허권과 영업 비밀의 공통점은 무엇인가?
② 영업 비밀이 법적 보호 대상으로 인정받기 위한 절차는 무엇인가?
③ ICT 다국적 기업의 수입에 과세하는 제도 도입의 배경은 무엇인가?
④ 로열티는 ICT 다국적 기업의 법인세를 줄이는 데 어떻게 이용되는가?
⑤ 이론적으로 지식 재산 보호의 최적 수준은 어떻게 설정하는가?

정답 : ②

영업 비밀은 '일정 조건을 갖추면' 법으로 보호받는데, 그런 조건이나, 그 조건이 인정되기 위한 절차에 대한 설명은 없습니다.

해설

① 특허권과 영업 비밀은 모두 '지식 재산'의 하위 개념입니다.
③ '법인세 감소'라는 문제 상황에 대한 각국의 우려 때문에, 해결책으로 디지털세 도입을 진행하고 있는 것이죠.
④ 지문 해설에서 주요하게 다루었듯, 로열티는 제반 비용입니다. 다국적 기업들은 이 제반 비용을 키움으로써 이윤(수입-제반 비용)을 줄이고, 이에 따라 이윤에 부과되는 법인세는 감소합니다.
⑤ 유인 비용과 접근 비용의 합이 최소가 될 때를 최적 수준으로 규정합니다.

02 디지털세에 대한 이해로 가장 적절한 것은?

① 지식 재산 보호를 강화할 수 있는 수단이다.
② 이윤에서 제반 비용을 제외한 금액에 부과된다.
③ ICT 산업에서 주도적인 국가는 도입에 적극적이다.
④ 여러 국가에 자회사를 설립하는 방식으로 줄일 수 있다.
⑤ 도입된 국가에서 ICT 다국적 기업이 거둔 수입에 부과된다.

정답 : ⑤

'수입에 부과'되기 때문에, '이윤에 부과'되는 법인세 감소에 대한 해결책으로 작용할 수 있는 것이죠.

해설

① 지식 재산 보호는 '법인세 감소'라는 문제 상황과는 별개의 주제이고, 지문에서는 지식 재산 보호의 수단도 정확히 드러난 적이 없습니다.
② '수입에 부과'됩니다.
③ ICT 산업에 주도적인 국가는 오히려 주도권 유지를 위해 도입에 방어적일 수 있습니다.
④ 지문에는 '법인세'를 줄이는 방법만 나왔지, '디지털세'를 줄이는 방법은 나온 적이 없습니다. 디지털세를 줄이는 방법은 수입 자체를 줄이는 것 외에는 딱히 추론 가능한 것이 없네요.

03 <보기>는 윗글을 읽은 학생이 수행할 학습지의 일부이다. ㉮에 들어갈 말로 가장 적절한 것은?

< 보 기 >

○ **과제** : '㉠을 근거로 ICT 다국적 기업에 디지털세가 부과되는 것이 타당한가?'를 검증할 가설에 대한 판단

• **가설**
  ICT 다국적 기업 자회사들의 수입 대비 이윤의 비율은 법인세율이 높은 국가일수록 낮다.

• **판단**
  가설이 참이라면 [㉮   ]고 할 수 있으므로 ㉠을 근거로 디지털세를 부과하는 것을 지지할 수 있겠군.

---

① ICT 다국적 기업 자회사의 수입이 법인세율이 높은 국가일수록 많다
② ICT 다국적 기업이 법인세율이 높은 국가의 자회사에 로열티를 지출한다③ ICT 다국적 기업 자회사의 수입 대비 제반 비용의 비율이 법인세율이 낮은 국가일수록 높다
④ ICT 다국적 기업이 법인세율이 높은 국가의 자회사에서 수입에 비해 이윤을 줄이는 방식으로 법인세를 줄이고 있다
⑤ 법인세율이 높은 국가에 본사가 있는 ICT 다국적 기업 자회사의 수입 대비 이윤의 비율은 법인세율이 낮은 국가일수록 낮다

<보기> 해설

법인세율이 높은 국가(지문에서는 B국)에서 ICT 다국적 기업 자회사의 수입 대비 이윤(수입-제반 비용)이 낮다는 가설은, 법인세율이 높은 국가가 제반 비용을 많이 지출한다는 얘기로 이어질 수 있습니다.

정답 : ④

수입에 비해 이윤을 줄인다는 것은, 수입의 상당 부분을 '제반 비용(로열티)'으로 법인세율이 낮은 국가에 넘기는 것을 말합니다. 이게 지문의 ㉠이 이뤄지는 과정이죠.

해설

① '수입'이 커지는 것은 논점이 아닙니다. '이윤'이 적어지는 상황에 대한 얘기가 나와야 합니다.
② 법인세율이 높은 국가의 자회사에 로열티를 지불하는 것이 아니라, 법인세율이 높은 국가의 자회사가 로열티를 지불하는 것입니다.
③ 수입 대비 제반 비용(로열티)의 비율은 법인세율이 높은 국가일수록 높습니다. 법인세율이 높은 국가에서 지출한 제반 비용은 법인세율이 낮은 국가의 자회사에게는 수입이 되죠.

⑤ 지문에 정확히 드러나 있지는 않지만, 법인세율이 낮은 국가의 자회사는 로열티를 지출할 일이 없으니 수입 대비 이윤의 비율이 더 높을 것이라고 예상해 볼 수는 있습니다.

04 [A]를 적용하여 <보기>를 이해한 내용으로 적절하지 않은 것은?

<보기>

　S국은 현재 국민 소득이 **가장** 낮은 수준의 국가이고 ICT 산업에서 주도적인 국가가 아니다. S국의 특허 보호 정책은 지식 재산 보호 정책을 대표한다.

① ICT 산업에서 주도적인 국가는 S국이 유인 비용을 현재보다 크게 인식하여 지식 재산 보호 수준을 높이기 바라겠군.
② S국에서는 지식 재산 보호 수준이 낮을 때가 높을 때보다 지식 재산 창출 의욕의 저하로 인한 손해가 더 심각하겠군.
③ S국에서 현재의 특허 제도가 특허권을 과하게 보호한다고 판단한다면 지식 재산 보호 수준을 낮춰 접근 비용을 높이고 싶겠군.
④ S국의 국민 소득이 점점 높아진다면 유인 비용과 접근 비용의 합이 최소가 되는 지식 재산 보호 수준은 낮아졌다가 높아지겠군.
⑤ S국이 지식 재산 보호 수준을 높일 때, 지식의 발전이 저해되어 발생하는 손해는 감소하고 다수가 지식 재산의 혜택을 누리지 못하여 발생하는 손해는 증가하겠군.

정답 : ③

지식 재산 보호의 수준이 낮아지면 접근 비용은 작아집니다.

해설

① 주도적인 국가들은 '지식 재산 보호의 국제적 강화'를 원할 가능성이 큽니다. 따라서 S국이 지식 재산 보호 수준이 낮을 때 발생하는 문제인 유인 비용을 심각하게 인식하여, 보호 수준을 높이기를 바라겠죠.
② 지식 재산 창출 의욕의 저하로 인한 손해(유인 비용)는 지식 재산 보호 수준이 낮을 때 심해집니다.
④ 아까 마지막 문단에서 그렸던 그래프를 다시 참고해보세요.
⑤ <지식 재산 보호 수준이 높아지면>, 지식의 발전이 저해되어 발생하는 손해(유인 비용)는 감소하고 다수가 지식 재산의 혜택을 누리지 못하여 발생하는 손해(접근 비용)는 증가합니다.

05 문맥상 ⓐ와 바꿔 쓰기에 적절하지 않은 것은?

　ⓐB국의 자회사에 법인세가 부과될 이윤(수입-제반비용)을 **최소화한다.**

① Z사의 전체적인 법인세 부담을 줄인다
② A국의 자회사가 거두는 수입을 늘린다
③ A국의 자회사가 얻게 될 이윤을 줄인다
④ B국의 자회사가 낼 법인세를 최소화한다
⑤ B국의 자회사가 지출하는 제반 비용을 늘린다

정답 : ③

B국의 자회사에 적용되는 법인세를 감소시키려면, A국이 아니라 B국의 이윤을 줄여야 합니다.

해설

① 전체적으로 Z사 전체의 세금 부담을 줄이기 위해서 이런 과정을 거치는 것입니다.
② B국이 제반 비용으로 지출하는 로열티는 곧 A국의 자회사가 거두는 수입이 됩니다. 따라서 ⓐ의 과정에서 로열티(제반 비용)를 많이 지출할수록 A국의 자회사의 수입은 커지겠죠.
④ B국의 자회사에서 수입 대비 이윤의 비율을 낮추면서, 이윤에 부과되는 법인세를 최소화하죠.
⑤ 로열티를 지출한다는 게, 제반 비용을 늘리는 것이고, 이 과정을 통해 '수입-제반비용'으로 계산되는 이윤을 최소화하는 것입니다.

[1~5] 다음 글을 읽고 물음에 답하시오.

2020학년도 9월 모의평가 점유/소유

　물건을 사용하고 있는 사람이 그 물건의 주인일까? 점유란 물건에 대한 사실상의 지배 상태를 뜻한다. 이에 비해 소유란 어떤 물건을 사용·수익·처분할 수 있는 권리를 가진 상태라고 정의된다. 따라서 점유자와 소유자가 항상 일치하지는 않는다.

[A]
> 　물건을 빌려 쓰거나 보관하고 있는 것을 포함하여 물건을 물리적으로 지배하는 상태를 직접점유라고 한다. 이에 비해 어떤 물건을 빌려 쓰거나 보관하는 사람에게 그 물건의 반환을 청구할 수 있는 권리를 가진 사람도 사실상의 지배를 한다고 볼 수 있다. 이와 같이 반환청구권을 가진 상태를 간접점유라고 한다. 직접점유와 간접점유는 모두 점유에 해당한다. 점유는 소유자를 공시하는 기능도 수행한다. 공시란 물건에 대해 누가 어떤 권리를 가지고 있는지를 알려 주는 것이다. 물건 중에서 피아노, 금반지, 가방 등과 같은 대부분의 동산은 점유에 의해 소유권이 공시된다.

　물건의 소유권이 양도되려면, 소유자가 양도인이 되어 양수인과 유효한 양도 계약을 하고 이에 더하여 소유권 양도를 공시해야 한다. ⊙점유로 소유권이 공시되는 동산의 소유권 양도는 점유를 넘겨주는 점유 인도로 공시된다. 양수인이 간접점유를 하여 소유권 이전이 공시되는 경우로서 '점유개정'과 '반환청구권 양도'가 있다. 예를 들어 A가 B에게 피아노의 소유권을 양도하기로 계약하되 사흘간 빌려 쓰는 것으로 합의한 경우, B는 A에게 피아노를 사흘 후 돌려 달라고 요구할 수 있는 반환청구권을 가지게 된다. 이처럼 양도인이 직접점유를 유지하지만, 양수인에게 점유 인도가 이루어진 것으로 간주되는 경우를 점유개정이라고 한다. 한편 C가 자신이 소유한 가방을 D에게 맡겨 두어 이에 대한 반환청구권을 가지게 되었는데, 이 가방의 소유권을 E에게 양도하는 계약을 체결하였다고 하자. 이때 C가 D에게 통지하여 가방 주인이 바뀌었으니 가방을 E에게 반환하라고 알려 주면 D가 보관 중인 가방에 대한 반환청구권은 C로부터 E에게로 넘어간다. 이 경우를 반환청구권 양도라고 한다.

　양도인이 소유자가 아니더라도 양수인이 점유 인도를 받으면 소유권을 취득할 수 있을까? 점유로 공시되는 동산의 경우 양수인이 충분히 주의를 했는데도 양도인이 소유자가 아님을 알지 못한 채 양도인과 유효한 계약을 하고, 점유 인도로 공시를 했다면 양수인은 소유권을 취득한다. 이것을 '선의취득'이라 한다. 다만 간접점유에 의한 인도 방법 중 점유개정으로는 선의취득을 하지 못한다. 선의취득으로 양수인이 소유권을 취득하면 원래 소유자는 원하지 않아도 소유권을 상실하게 된다.

　반면에 국가가 관리하는 공적 기록인 등기·등록으로 공시되어야 하는 물건은 아예 선의취득 대상이 아니다. ⓒ법률이 등록 대상으로 규정한 자동차, 항공기 등의 동산은 등록으로 공시되는 물건이고, ⓒ토지·건물과 같은 부동산은 등기로 공시되는 물건이다. 이러한 고가의 재산에 대해 선의취득을 허용하게 되면 원래 소유자의 의사에 반하는 소유권 박탈이 ⓐ일어나게 된다. 이것은 거래 안전에만 치중하고 원래 소유자의 권리 보호를 경시한 것이 되어 바람직하지 않다고 볼 수 있다.

01 윗글을 이해한 내용으로 적절하지 <u>않은</u> 것은?

① 가방을 사용하고 있는 사람은 그 가방의 점유자이다.
② 가방을 점유하고 있더라도 그 가방의 소유자가 아닐 수 있다.
③ 가방의 소유권이 유효한 계약으로 이전되려면 점유 인도가 있어야 한다.
④ 가방에 대해 누가 소유권을 가지고 있는지를 알게 해 주는 방법은 점유이다.
⑤ 가방의 소유권을 양도하는 유효한 계약을 체결하면 공시 방법이 갖춰지지 않아도 소유권은 이전된다.

02 [A]에 대한 이해로 가장 적절한 것은?

① 물리적 지배를 해야 동산의 간접점유자가 될 수 있다.
② 간접점유는 피아노 소유권에 대한 공시 방법이 아니다.
③ 하나의 동산에 직접점유자가 있으려면 간접점유자도 있어야 한다.
④ 피아노의 직접점유자가 있으면 그 피아노의 간접점유자는 소유자가 아니다.
⑤ 유효한 양도 계약으로 피아노의 소유자가 되려면 피아노에 대해 직접점유나 간접점유 중 하나를 갖춰야 한다.

03 ㉠~㉢을 비교한 내용으로 가장 적절한 것은?

① ㉠은 ㉢과 달리, 국가가 관리하는 공적 기록에 의해 소유권 양도가 공시될 수 있다.
② ㉡은 ㉠과 달리, 원래 소유자의 권리 보호가 거래 안전보다 중시되는 대상이다.
③ ㉢은 ㉠과 달리, 물리적 지배의 대상이 아니므로 점유로 공시될 수 없다.
④ ㉠과 ㉡은 모두 양도인이 소유자가 아니더라도 소유권 이전이 가능하다.
⑤ ㉠과 ㉢은 모두 점유개정으로 소유권 양도가 공시될 수 있다.

04 윗글을 바탕으로 할 때, <보기>를 이해한 내용으로 적절하지 <u>않은</u> 것은?

< 보기 >

갑과 을은, 갑이 끼고 있었던 금반지의 소유권을 을에게 양도하기로 하는 유효한 계약을 했다. 갑과 을은, 갑이 이 금반지를 보관하다가 을이 요구할 때 넘겨주기로 합의했다. 을은 소유권 양도 계약을 할 때 양도인이 소유자라고 믿었고 양도인이 소유자인지 확인하기 위해 충분히 주의했다. 을은 일주일 후 병과 유효한 소유권 양도 계약을 했고, 갑에게 통지하여 사흘 후 병에게 금반지를 넘겨주라고 알려 주었다.

---

① 갑이 금반지 소유자였다면, 병이 금반지의 물리적 지배를 넘겨받지 않았으나 병은 소유권을 취득한다.

② 갑이 금반지 소유자였다면, 을은 갑으로부터 물리적 지배를 넘겨받지 않았으나 점유 인도를 받은 것으로 간주된다.

③ 갑이 금반지 소유자가 아니었더라도, 병은 을로부터 을이 가진 소유권을 양도받아 취득한다.

④ 갑이 금반지 소유자가 아니었더라도, 을은 반환청구권 양도로 병에게 점유 인도를 한 것으로 간주된다.

⑤ 갑이 금반지 소유자가 아니었더라도, 병이 계약할 때 양도인이 소유자라고 믿었고 양도인이 소유자인지 확인하기 위해 충분히 주의했다면, 병은 소유권을 취득한다.

05 문맥상 의미가 ⓐ와 가장 가까운 것은?

① 작년은 우리나라에서 수많은 사건이 <u>일어난</u> 해였다.

② 청중 사이에서는 기쁨으로 인해 환호성이 <u>일어났다</u>.

③ 형님의 강한 의지력으로 집안이 다시 <u>일어나게</u> 되었다.

④ 나는 그 사람에 대해 경계심이 <u>일어나지</u> 않을 수 없었다.

⑤ 사회는 구성원들이 부조리에 맞서 <u>일어남으로써</u> 발전한다.

01	02	03	04	05
⑤	⑤	②	③	①

물건을 사용하고 있는 사람이 그 물건의 주인일까?

이렇게 질문을 던지는 경우, 우리가 일반적으로 생각하는 내용이 사실이 아닐 수도 있다는 얘기를 할 것입니다.

A.1 다음 문장에서 나오지만, '물건을 사용하고 있는 사람'은 점유자를 뜻하고, '물건의 주인'은 소유자를 뜻합니다. 이 둘이 다를 수 있다는 점이 뒤에서 서술됩니다.

점유란 물건에 대한 사실상의 지배 상태를 뜻한다. 이에 비해 소유란 어떤 물건을 사용·수익·처분할 수 있는 권리를 가진 상태라고 정의된다. 따라서 점유자와 소유자가 항상 일치하지는 않는다.

'물건의 주인' 얘기를 하다가 점유와 소유를 구분해놓고, 그 둘이 '항상 일치하지는 않는다'고 합니다. 일치할 때도 있고 다를 때도 있을 것인데, 요런 부분들 놓치지 맙시다. '사실상의 지배 상태'와 '사용·수익·처분할 수 있는 권리'를 구분해야 하는데, 이런 개념들은 대개 지문의 뒤에서 청킹할 수 있는 예시가 나옵니다.

<물건을 빌려 쓰거나 보관하고 있는 것을 포함하여> 물건을 물리적으로 지배하는 상태를 직접점유라고 한다. 이에 비해 <어떤 물건을 빌려 쓰거나 보관하는 사람에게> 그 물건의 반환을 청구할 수 있는 권리를 가진 사람도 사실상의 지배를 한다고 볼 수 있다. 이와 같이 반환청구권을 가진 상태를 간접점유라고 한다. 직접점유와 간접점유는 모두 점유에 해당한다.

전 문단에서 점유를 '사실상의 지배 상태'로 정의했는데, 이는 다시 '물리적 지배'인 직접점유와 '반환청구권'이라는 간접점유로 나뉩니다. '물리적 지배', '반환을 청구할 수 있는 권리' 모두 '사실상의 지배 상태'입니다.

점유는 소유자를 공시하는 기능도 수행한다. 공시란 물건에 대해 누가 어떤 권리를 가지고 있는지를 알려 주는 것이다. 물건 중에서 피아노, 금반지, 가방 등과 같은 대부분의 동산은 점유에 의해 소유권이 공시된다.

점유는 다시 '소유'의 개념에도 영향을 미칩니다. 2017학년도 9월 사단법인 지문에서, 사단과 법인이 엄격히 구분되지만 법인으로 지정되려면 원칙적으로 '사단성'을 지녀야 했던 것처럼 말입니다. '점유'를 한다는 것은 곧 '공시'를 하는 것인데, 특히 대부분의 '동산'의 경우 '소유권'이 점유에 의해 공시된답니다.

동산/부동산을 몰라서 이 지문에 대한 접근이 어려웠다는 얘기는 다소 난센스입니다. '동산'은 그냥 '금반지, 피아노, 가방' 같은 것들이라고 생각하시면 됩니다.

물건의 소유권이 양도되려면, 소유자가 양도인이 되어 양수인과 Ⓐ유효한 양도 계약을 하고 이에 더하여 Ⓑ소유권 양도를 공시해야 한다.

'소유권'은 '소유자'가 가지고 있을 것이고, 그가 '양도인(가지고 있었던 사람이니, 주는 사람)'이 되어 '양수인(받는 사람)'과 Ⓐ유효한 양도 계약, 그리고 Ⓑ소유권 양도의 공시를 해야만 소유권이 양도됩니다. '~해야 한다'는 굉장히 단정적인 어조이니, 둘 모두가 지켜져야 한다고 보시는 것이 맞습니다. 어찌 되었든, Ⓐ와 Ⓑ가 아래 지문에서 어떻게 충족되는지를 찾아봅시다.

또, 이전까지 점유의 개념에 대한 얘기가 주요했다면 이제는 그 개념을 이용해서 '소유'의 이전을 설명합니다.

점유로 소유권이 공시되는 동산의 소유권 양도는 점유를 넘겨주는 점유 인도로 공시된다.

앞서 나왔던 대부분의 '동산'의 경우 아까 Ⓑ소유권 소유권 양도의 공시가 '점유 인도'로 이루어진다는 얘기를 하는 겁니다.

양수인이 <간접점유를 하여> 소유권 이전이 공시되는 경우로서 '점유개정'과 '반환청구권 양도'가 있다.

아까 이해한 대로 읽으면,

받는 사람이 반환청구권을 가져 소유권 이전이 공시되는 경우로서 '점유개정'과 '반환청구권 양도'가 있다.

정도가 되겠습니다. '점유개정'과 '반환청구권' 역시도 점유가 이동하는 경우이니, '점유 인도'에 포함될 것입니다.

예를 들어 A가 B에게 피아노의 소유권을 양도하기로 계약하되 사흘간 빌려 쓰는 것으로 합의한 경우, B는 A에게 피아노를 사흘 후 돌려 달라고 요구할 수 있는 반환청구권을 가지게 된다. 이처럼 <양도인이 직접점유를 유지하지만>, 양수인에게 점유 인도가 이루어진 것으로 간주되는 경우를 점유개정이라고 한다.

첫 번째, '점유개정'에 대한 이야기를 합니다. 예시가 먼저 나오고 정의가 나오니, 사례의 요소와 정의의 개념을 연결하며 읽어야 할 것입니다. A는 양도인(주는 사람)이고 B는 양수인(받는 사람)인데, 이미 Ⓐ계약을 한 상태에서 이에 따라 양도인이었던 A가 사흘 동안 B에게 빌려 쓰는 형태를 유지합니다. 이때 B는 앞서 Ⓐ계약에 따라 양수를 마쳤으므로 '반환청구권'을 가져 '간접점유' 상태가 되죠. 이런 상황을 '점유개정'이라 부르고, 이때 Ⓑ공시 역시 이루어지는 것으로 본다는 것입니다.

한편 C가 자신이 소유한 가방을 D에게 맡겨 두어 이에 대한 반환청구권을 가지게 되었는데,

일단 이 상황까지만 이해해봅시다. C는 '소유자'이며, '반환청구권'을 지니는 '간접점유자'이고, D는 실제로 가지고 있는 '직접점유자'입니다.

이 가방의 소유권을 E에게 양도하는 계약을 체결하였다고 하자. 이때 C가 D에게 통지하여 가방 주인(소유자)이 바뀌었으니 가방을 E에게 반환하라고 알려 주면 D가 보관 중인 가방에 대한 반환청구권은 C로부터 E에게로 넘어간다. 이 경우를 반환청구권 양도라고 한다.

이때 소유권이 Ⓐ계약에 의해 C에서 E라는 제3자에게로 넘어갑니다. 이와 동시에, '간접점유'를 뜻하는 '반환청구권' 역시 E에게 넘어갑니다. 이런 상황을 '반환청구권 양도'라고 부르며, 이 역시 '점유개정'과 마찬가지로 '양수인이 간접점유를 하여 소유권 이전이 공시되는 경우'에 포함되니, Ⓑ공시 역시 만족하는 올바른 소유권 양도가 됩니다.

한 문단에 걸쳐 '점유개정'과 '반환청구권 양도'가 설명되었는데, 이 문단을 이해하기 위해서는 근본적으로 앞선 '소유'와 '점유'의 개념들을 전부 챙긴 뒤, 그것을 사례에 적용할 수 있었어야 했습니다. 또, 이 둘이 '소유권 양도'의 조건 중 하나인 Ⓑ공시를 만족하는 상황이라는 것을 파악하는 거시독해 능력도 필요했죠. 전자는 많은 텍스트를 접하고, 수많은 문제를 통해 근본적인 독해력과 정보 처리력을 향상시켜야 하는 부분입니다. 후자는, 이 책의 해설들을 정독하다 보면 어느샌가 본인이 처음 보는 텍스트에도 적용할 수 있는 힘이 생길 것입니다.

양도인이 소유자가 아니더라도 양수인이 점유 인도를 받으면 소유권을 취득할 수 있을까?

앞선 내용들에 따르면 '소유권'을 양도하는 '양도인'은 당연히 소유자여야 할 텐데, 소유자가 아닌 사람이 '점유 인도'를 통해 점유를 넘겨주고 소유권을 공시한답니다. 정상적인 상황이 아니고, 쉽게 양수인이 사기를 당하는 경우를 생각하시면 될 것 같습니다.

(1)점유로 공시되는 동산의 경우 양수인이 (2)충분히 주의를 했는데도 양도인이 (3)소유자가 아님을 알지 못한 채 양도인과 (4)유효한 계약을 하고, (5)점유 인도로 공시를 했다면 양수인은 소유권을 취득한다. 이것을 '선의취득'이라 한다.

만약 위의 다섯 가지 조건이 전부 만족된 상황이라면, 양수인은 실제 소유자와 한 점유 인도가 아닐지라도 해당 동산에 대한 소유권을 취득하게 된답니다. 상식적으로 여기서 '뭐야 그럼 원래 주인은?'이라는 생각이 들어야 할 것 같습니다. 소유권자가 아닌 사람이 물건을 자기 맘대로 넘겨줬는데, 그걸 '선의취득'으로 법에서 인정해 주는 것이니까요.

다만 간접점유에 의한 인도 방법 중 점유개정으로는 선의취득을 하지 못한다(반환청구권 양도로는 가능). 선의취득으로 양수인이 소유권을 취득하면 원래 소유자는 원하지 않아도 소유권을 상실하게 된다.

그러나 '점유개정'으로 인해 Ⓑ공시되어 점유가 인도된 경우에는 선의취득이 적용되지 않습니다. 그다음 줄은 우리가 앞서 걱정했던 상황에 대한 얘기를 하고 있네요.

반면에 (국가가 관리하는 공적 기록인) 등기·등록으로 공시되어야 하는 물건은 아예 선의취득 대상이 아니다.

'선의취득'이 될 수 없는 상황들을 추가하고 있네요. '등기·등록'은 '국가가 관리하는 공적 기록'입니다.

법률이 등록 대상으로 규정한 자동차, 항공기 등의 동산은 등록으로 공시되는 물건이고,

얘네는 등록의 대상이니까 선의취득이 되지 않겠죠. '금반지, 피아노, 가방'하고는 다른 종류의 동산이네요.

토지·건물과 같은 부동산은 등기로 공시되는 물건이다.

토지·건물과 같은 부동산 역시 등기의 대상이니 선의취득의 대상이 아닐 것입니다.

<이러한 고가의 재산에 대해 선의취득을 허용하게 되면> 원래 소유자의 의사에 반하는 소유권 박탈이 일어나게 된다. 이것은 거래 안전에만 치중하고 원래 소유자의 권리 보호를 경시한 것이 되어 바람직하지 않다고 볼 수 있다.

마지막 문장이 문법적으로 조금 어렵습니다. '이것은'으로 시작해서 '바람직하지 않다'라고 끝나는데, 앞선 문장과 이어서 읽으면 이렇게 됩니다.

등기·등록으로 소유권이 공시되는 고가의 재산에 선의취득을 허용하게 되는 것은 거래 안전에만 치중하고 원래 소유자의 권리 보호를 경시한 것이 되어 바람직하지 않다. 따라서, 이러한 고가의 재산(공시 방법이 정해진 재산)에는 선의취득을 허용하지 않는다.

마지막으로 의미에 대해서 얘기하면, '거래 안전'은 당연히 '양수인'의 점유 인도 과정에서의 안전을 말합니다. 일반적인 동산의 경우에는 이를 더 우선시하지만, 매우 고가의 재산에 대해서는 '원래 소유자의 권리'를 '거래 안전'보다 더 중시한다는 얘기죠.

01 윗글을 이해한 내용으로 적절하지 않은 것은?

① 가방을 사용하고 있는 사람은 그 가방의 점유자이다.

② 가방을 점유하고 있더라도 그 가방의 소유자가 아닐 수 있다.

③ 가방의 소유권이 유효한 계약으로 이전되려면 점유 인도가 있어야 한다.

④ 가방에 대해 누가 소유권을 가지고 있는지를 알게 해 주는 방법은 점유이다.

⑤ 가방의 소유권을 양도하는 유효한 계약을 체결하면 공시 방법이 갖춰지지 않아도 소유권은 이전된다.

정답 : ⑤

제가 지문을 설명하면서 계속 말했듯, 소유권 이전이 되려면 Ⓐ계약과 Ⓑ공시가 모두 필요합니다. 가방은 점유로 소유권이 공시되는 동산 중 하나이고요.

해설

① '사용'은 물건을 물리적으로 지배하는 직접점유입니다.

② 점유와 소유는 구분해야 합니다. 같은 경우도 있지만, 아닐 수도 있기 때문에 적절한 문장입니다.

③ '가방'은 점유로 소유권이 공시되는 동산이고, 이는 '점유 인도'에 의해 Ⓑ공시를 하게 됩니다.

④ '피아노, 금반지, 가방'은 그렇습니다.

02 [A]에 대한 이해로 가장 적절한 것은?

① 물리적 지배를 해야 동산의 간접점유자가 될 수 있다.

② 간접점유는 피아노 소유권에 대한 공시 방법이 아니다.

③ 하나의 동산에 직접점유자가 있으려면 간접점유자도 있어야 한다.

④ 피아노의 직접점유자가 있으면 그 피아노의 간접점유자는 소유자가 아니다.

⑤ 유효한 양도 계약으로 피아노의 소유자가 되려면 피아노에 대해 직접점유나 간접점유 중 하나를 갖춰야 한다.

정답 : ⑤

금반지, 피아노, 가방 등의 동산은 점유에 의해 소유권이 공시됩니다. 이러한 동산의 경우 점유 인도를 통해 공시가 되는데, 이때 양수인(계약을 통해 새롭게 소유자가 되는 사람)은 간접점유나 직접점유 중 하나를 갖춰야 합니다.

해설

① '물리적 지배'는 직접점유를 말합니다.

② 간접점유든 직접점유든, 피아노와 같은 동산은 점유를 통해 공시됩니다.

③ 소유자가 직접점유를 하고 있을 경우, 반환청구권을 가지는 간접점유자는 따로 존재하지 않을 수 있습니다.

④ 소유자가 피아노를 빌려주기로 계약을 하고, 반환청구권을 가질 경우, 소유자가 곧 간접점유자가 됩니다.

③,④는 내용을 이해한 상태에서 추론을 해야 하는 선지였습니다. 법 지문의 경우, 원리에 대한 적당한 예시 또는 반례를 떠올리는 능력 역시 필요합니다.

03 ⑤~ⓒ을 비교한 내용으로 가장 적절한 것은?

① ⑤은 ⓒ과 달리, 국가가 관리하는 공적 기록에 의해 소유권 양도가 공시될 수 있다.
② ⓒ은 ⑤과 달리, 원래 소유자의 권리 보호가 거래 안전보다 중시되는 대상이다.
③ ⓒ은 ⑤과 달리, 물리적 지배의 대상이 아니므로 점유로 공시될 수 없다.
④ ⑤과 ⓒ은 모두 양도인이 소유자가 아니더라도 소유권 이전이 가능하다.
⑤ ⑤과 ⓒ은 모두 점유개정으로 소유권 양도가 공시될 수 있다.

정답 : ②

고가의 재산에 대해서는 소유자의 권리 보호가 거래 안전보다 우선시 됩니다. 따라서 ⓒ은 선의취득의 대상이 되지 않죠.

해설

① ⓒ은 국가가 관리하는 공적 기록에 의해 소유권 양도가 공시됩니다.
③ ⓒ이 점유로 공시되지 않는다는 것은 맞는데, '물리적 지배' 즉 직접점유의 대상이 되지 않는다는 것은 근거가 없는 얘기입니다.
④ 선의취득의 상황을 말하는 것인데, ⑤만 가능하고 ⓒ은 불가능하기도 합니다.
⑤ ⓒ은 국가에서 관리하는 '등기'로만 공시됩니다.

04 윗글을 바탕으로 할 때, <보기>를 이해한 내용으로 적절하지 않은 것은?

<보기>

갑과 을은, 갑이 끼고 있었던(갑이 원래 소유자로 추정, 양도인) 금반지의 소유권을 을(양수인)에게 양도하기로 하는 유효한 계약을 했다. 갑과 을은, 갑이 이 금반지를 보관하다가 (갑이 직접점유자) 을이 요구할 때 넘겨주기로 합의(을이 간접점유자, 반환청구권 지님)했다. [점유개정] 을은 소유권 양도 계약을 할 때 양도인이 소유자라고 믿었고 양도인이 소유자인지 확인하기 위해 충분히 주의했다. 을은 일주일 후 병과 유효한 소유권 양도 계약을 했고, 갑에게 통지하여 사흘 후 병에게 금반지를 넘겨주라고 알려 주었다. [반환청구권 양도]

① 갑이 금반지 소유자였다면, 병이 금반지의 물리적 지배를 넘겨받지 않았으나 병은 소유권을 취득한다.
② 갑이 금반지 소유자였다면, 을은 갑으로부터 물리적 지배를 넘겨받지 않았으나 점유 인도를 받은 것으로 간주된다.
③ 갑이 금반지 소유자가 아니었더라도 병은 을로부터 을이 가진 소유권을 양도받아 취득한다.
④ 갑이 금반지 소유자가 아니었더라도, 을은 반환청구권 양도로 병에게 점유 인도를 한 것으로 간주된다.
⑤ 갑이 금반지 소유자가 아니었더라도, 병이 계약할 때 양도인이 소유자라고 믿었고 양도인이 소유자인지 확인하기 위해 충분히 주의했다면, 병은 소유권을 취득한다.

<보기> 해설

갑과 을 사이에 간접 점유를 넘겨주는 점유 인도, 점유개정이 먼저 있었고, 그 뒤에 을과 병 사이에 반환청구권 양도가 일어납니다. 제가 생각했을 때 이 문제의 핵심은 이겁니다. '선의취득'이 불가능한 상황(점유개정)에서는 양수인이 '소유권'은 취득할 수 없습니다. 그러나 이 경우에도 '점유'는 넘겨받을 수 있다는 점입니다. 점유와 소유를 확실히 구분하지 않았다면 여기서 크게 한 방 먹게 됩니다.

정답 : ③

갑과 을 사이에는 점유개정이 있었는데, 갑이 소유자가 아니라면 점유개정에 의한 선의취득이 불가능하므로 을에게는 소유권이 없습니다. '을이 가진 소유권'만 보고 틀린 점을 찾아 답을 고를 수 있었어야 합니다.

① '물리적 지배', 즉 직접점유는 하지 않더라도 반환청구권 양도에 의해 문제없이 소유권을 취득합니다.

② '점유 인도'는 점유를 넘겨주는 것을 말하는데, 이 점유는 간접점유든 직접점유든 상관이 없습니다. 을은 직접점유(물리적 지배)를 넘겨받지는 않았으나 간접점유(반환청구권)를 받습니다.

④ <보기> 밑에 해설한 것이 핵심입니다. ③에서 을은 '점유개정'으로 인도를 받았기에 '소유권'을 얻을 수 없었던 것과 달리, '점유 인도'를 통해 간접점유는 넘겨받습니다. 을은 간접점유자이므로 반환청구권을 지니고, 이를 병에게 반환청구권 양도를 통해 점유 인도를 한 것입니다. 이 경우 '소유'와는 상관없이 점유는 이동하게 됩니다.

⑤ 병은 반환청구권 양도를 통해 양수인이 되었는데, 이 경우 지문의 (1)~(5) 조건을 모두 만족한다면 선의취득에 의해 소유권을 취득할 수 있습니다. 갑도 소유권이 없었고, 따라서 점유개정을 통해 소유권을 넘겨받으려 했던 을도 소유권이 없었는데, 병만 소유권이 생기게 되는 것이죠.

법, 사회, 경제 지문은 가끔 상식과 대비되는 부분들이 나오는데, 알던 것에 의존하여 생각하지 말고 지문에 나온 내용의 틀에서 생각합시다.

05 문맥상 의미가 ⓐ와 가장 가까운 것은?

① 작년은 우리나라에서 수많은 사건이 <u>일어난</u> 해였다.
② 청중 사이에서는 기쁨으로 인해 환호성이 <u>일어났다</u>.
③ 형님의 강한 의지력으로 집안이 다시 <u>일어나게</u> 되었다.
④ 나는 그 사람에 대해 경계심이 <u>일어나지</u> 않을 수 없었다.
⑤ 사회는 구성원들이 부조리에 맞서 <u>일어남으로써</u> 발전한다.

여기서의 '일어나다'는 '어떤 일이 생기다'의 의미입니다.

2021학년도 9월 모의평가 **행정입법**

국가, 지방 자치 단체와 같은 행정 주체가 행정 목적을 ⓐ실현하기 위해 국민의 권리를 제한하거나 국민에게 의무를 부과하는 '행정 규제'는 국회가 제정한 법률에 근거해야 한다. 그러나 국회가 아니라, 대통령을 수반으로 하는 행정부나 지방 자치 단체와 같은 행정 기관이 제정한 법령인 행정입법에 의한 행정 규제의 비중이 커지고 있다. 드론과 관련된 행정 규제 사항들처럼, 첨단 기술과 관련되거나, 상황 변화에 즉각 대처해야 하거나, 개별적 상황을 ⓑ반영하여 규제를 달리해야 하는 행정 규제 사항들이 늘어나고 있기 때문이다. 행정 기관은 국회에 비해 이러한 사항들을 다루기에 적합하다.

행정입법의 유형에는 위임명령, 행정규칙, 조례 등이 있다. 헌법에 따르면, 국회는 행정 규제 사항에 관한 법률을 제정할 때 특정한 내용에 관한 입법을 행정부에 위임할 수 있다. 이에 따라 제정된 행정입법을 위임명령이라고 한다. 위임명령은 제정 주체에 따라 대통령령, 총리령, 부령으로 나누어진다. 이들은 모두 국민에게 적용되기 때문에 입법예고, 공포 등의 절차를 거쳐야 한다. 위임명령은 입법부인 국회가 자신의 권한의 일부를 행정부에 맡겼기 때문에 정당화될 수 있다. 그래서 특정한 행정 규제의 근거 법률이 위임명령으로 제정할 사항의 범위를 정하지 않은 채 위임하는 포괄적 위임은 헌법상 삼권 분립 원칙에 저촉된다. 위임된 행정 규제 사항의 대강을 위임 근거 법률의 내용으로부터 ⓒ예측할 수 있어야 한다는 것이다. 다만 행정 규제 사항의 첨단 기술 관련성이 클수록 위임 근거 법률이 위임할 수 있는 사항의 범위가 넓어진다. 한편, 위임명령이 법률로부터 위임받은 범위를 벗어나서 제정되거나, 위임 근거 법률이 사용한 어구의 의미를 확대하거나 축소하여 제정되어서는 안 된다. ㉠위임명령이 이러한 제한을 위반하여 제정되면 효력이 없다.

행정규칙 은 원래 행정부의 직제나 사무 처리 절차에 관한 행정입법으로서 고시(告示), 예규 등이 여기에 속한다. 일반 국민에게는 직접 적용되지 않기 때문에, 법률로부터 위임받지 않아도 유효하게 제정될 수 있고 위임명령 제정 시와 동일한 절차를 거칠 필요가 없다. 그러나 행정 규제 사항에 관하여 행정규칙이 제정되는 예외적인 경우도 있다. 위임된 사항이 첨단 기술과의 관련성이 매우 커서 위임명령으로는 ⓓ대응하기 어려워 불가피한 경우, 위임 근거 법률이 행정입법의 제정 주체만 지정하고 행정입법의 유형을 지정하지 않았다면 위임된 사항이 고시나 예규로 제정될 수 있다. 이런 경우의 행정규칙은 위임명령과 달리, 입법예고, 공포 등을 거치지 않고 제정된다.

조례는 지방 의회가 제정하는 행정입법으로 지역의 특수성을 반영하여 제정되고 지역에서 발생하는 사안에 대해 적용된다. 제정 주체가 지방 자치 단체의 기관인 지방 의회라는 점에서 행정부에서 제정하는 위임명령, 행정규칙과 ⓔ구별된다. 조례도 행정 규제 사항을 규정하려면 법률의 위임에 근거해야 한다. 또한 법률로부터 포괄적 위임을 받을 수 있지만 위임 근거 법률이 사용한 어구의 의미를 다르게 사용할 수 없다. 조례는 입법예고, 공포 등의 절차를 거쳐 제정된다.

01 윗글의 내용과 일치하는 것은?

① 행정입법에 속하는 법령들은 제정 주체가 동일하다.
② 행정입법에 속하는 법령들은 모두 개별적 상황과 지역의 특수성을 반영한다.
③ 행정입법에 속하는 법령들은 모두 정당성을 확보하기 위하여 국회의 위임에 근거한다.
④ 행정 규제 사항에 적용되는 행정입법은 모두 포괄적 위임이 금지되어 있다.
⑤ 행정부가 국회보다 신속히 대응할 수 있는 행정 규제 사항은 행정입법의 대상으로 적합하다.

02 ㉠의 이유로 가장 적절한 것은?

① 그 위임명령이 법률의 근거 없이 행정 규제 사항을 규정했기 때문이다.
② 그 위임명령이 포괄적 위임을 받아 제정된 경우에 해당하기 때문이다.
③ 그 위임명령이 첨단 기술에 대한 내용을 정확히 반영하지 않았기 때문이다.
④ 그 위임명령이 국민의 권리를 제한하는 권한을 행정 기관에 맡겼기 때문이다.
⑤ 그 위임명령이 구체적 상황의 특성을 반영한 융통성 있는 대응을 하지 못했기 때문이다.

03 행정규칙 에 관한 설명 중 적절하지 않은 것은?

① 행정부의 직제나 사무 처리 절차를 규정하는 경우, 법률의 위임이 요구되지 않는다.
② 행정부의 직제나 사무 처리 절차를 규정하는 경우, 일반 국민에게 직접 적용되지 않는다.
③ 행정 규제 사항을 규정하는 경우, 위임명령의 제정 절차를 따르지 않는다.
④ 행정 규제 사항을 규정하는 경우, 위임 근거 법률의 위임을 받은 제정 주체에 의해 제정된다.
⑤ 행정 규제 사항을 규정하는 경우, 위임 근거 법률로부터 위임받을 수 있는 사항의 범위가 위임명령과 같다.

04 윗글을 바탕으로 <보기>의 ㉠~㉢에 대해 이해한 내용으로 가장 적절한 것은?

<보기>

갑은 새로 개업한 자신의 가게 홍보를 위해 인근 자연 공원에 현수막을 설치하려고 한다. 현수막 설치에 관한 행정 규제의 내용을 확인하기 위해 ○○시청에 문의하고 아래와 같은 회신을 받았다.

문의하신 내용에 대해 다음과 같이 알려 드립니다. ㉠『옥외광고물 등의 관리와 옥외광고산업 진흥에 관한 법률』제3조(광고물 등의 허가 또는 신고)에 따른 허가 또는 신고 대상 광고물에 관한 사항은 대통령령인 ㉡『옥외광고물 등의 관리와 옥외광고산업 진흥에 관한 법률 시행령』제5조에 규정되어 있습니다. 이에 따르면 문의하신 규격의 현수막을 설치하시려면 설치 전에 신고하셔야 합니다.

또한 위 법률 제16조(광고물 실명제)에 의하면, 신고 번호, 표시 기간, 제작자명 등을 표시하도록 규정하고 있습니다. 표시하는 방법에 대해서는 ㉢○○시 지방 의회에서 제정한 법령에 따르셔야 합니다.

① ㉠의 제3조의 내용에서 ㉡의 제5조의 신고 대상 광고물에 관한 사항의 구체적 내용을 확인할 수 있겠군.

② ㉡의 제5조는 ㉠의 제16조로부터 제정할 사항의 범위가 정해져 위임을 받았겠군.

③ ㉡는 ㉢와 달리 입법예고와 공포 절차를 거쳤겠군.

④ ㉡에 나오는 '광고물'의 의미와 ㉢에 나오는 '광고물'의 의미는 일치하겠군.

⑤ ㉢를 준수해야 하는 국민 중에는 ㉡를 준수하지 않아도 되는 국민이 있겠군.

05 문맥상 ⓐ~ⓔ와 바꿔 쓰기에 가장 적절한 것은?

① ⓐ: 나타내기
② ⓑ: 드러내어
③ ⓒ: 헤아릴
④ ⓓ: 마주하기
⑤ ⓔ: 달라진다

01	02	03	04	05
⑤	①	⑤	④	③

국가, 지방 자치 단체와 같은 <행정 주체가> <행정 목적을 실현하기 위해> 국민의 권리를 제한하거나 국민에게 의무를 부과하는 '행정 규제'는 국회가 제정한 법률에 근거해야 한다.

정보량 많습니다. 국가, 지방 자치 단체라는 것이 '행정 주체'고, '행정 규제'가 정의되는 바, 또 이것이 '국회가 제정한 법률'에 근거한다는 정보까지를 챙겨야 합니다.

그러나 국회가 아니라, 대통령을 수반으로 하는 행정부나 지방 자치 단체와 같은 행정 기관이 제정한 법령인 행정입법에 의한 행정 규제의 비중이 커지고 있다. 드론과 관련된 행정 규제 사항들처럼, 첨단 기술과 관련되거나, 상황 변화에 즉각 대처해야 하거나, 개별적 상황을 반영하여 규제를 달리해야 하는 행정 규제 사항들이 늘어나고 있기 때문이다. 행정 기관은 국회에 비해 이러한 사항들을 다루기에 적합하다.

'행정 규제'는 원래 국회가 제정한 법률에 근거해야 하지만, 위와 같은 조건(첨단 기술 관련, 즉각 대처 필요, 개별적 상황 반영 필요)에서는 행정 기관이 제정하는 '행정입법'을 통해 행정 규제를 실현하는 경우도 있답니다. 여기까지는 정보만 제시되고 특별히 어려운 서술은 없습니다.

행정입법의 유형에는 위임명령, 행정규칙, 조례 등이 있다. 헌법에 따르면, 국회는 행정 규제 사항에 관한 법률을 제정할 때 특정한 내용에 관한 입법을 행정부에 위임할 수 있다. 이에 따라 제정된 행정입법을 위임명령이라고 한다. 위임명령은 제정 주체에 따라 대통령령, 총리령, 부령으로 나누어진다.

저는 글을 읽을 때, '특정한'처럼 범위를 한정하는 말에 체크합니다. 국회가 법률을 제정하는데, 그중 일부에 한해 행정부에 입법을 위임한다는 말이죠.

이들은 모두 국민에게 적용되기 때문에 입법예고, 공포 등의 절차를 거쳐야 한다. 위임명령은 입법부인 국회가 자신의 권한의 일부를 행정부에 맡겼기 때문에 정당화될 수 있다. 그래서 특정한 행정 규제의 근거 법률이 위임명령으로 제정할 사항의 범위를 정하지 않은 채 위임하는 포괄적 위임은 헌법상 삼권 분립 원칙에 저촉된다.

국민에게 적용되기 때문에 특정한 절차를 거쳐야 하고, '포괄적 위임'은 안 된답니다. A.1 여기서, 제가 점선으로 체크한 부분들이 전부 '특정한'의 문맥상 동의어이며, 이를 파악하는 것이 중요합니다. '특정한'='일부'='범위'입니다. 일부만 위임할 수 있다는 점을 계속 강조하는 거예요. 그럼 '포괄적 위임'은 어떻게 이해해야 할까요? 특정하지 않고, 일부가 아니고, 범위를 정하지 않는 것, 그게 '포괄적 위임'이고, '행정 규제'에서 범위를 특정하지 않으면, 첫 문단에 나온 '국회가 제정한 법률에 근거'하지 못하는 거죠.

위임된 행정 규제 사항의 대강을 위임 근거 법률의 내용으로부터 예측할 수 있어야 한다는 것이다.

'대강'도 '범위'와 같은 의미입니다. 이런 '대강'을 예측할 수 있어야만 법률에 옳게 근거했다고 볼 수 있는 겁니다. 또, 위임 근거 법률의 내용을 보고 이러한 '특정한 범위'를 예측할 수 있어야 비로소 그 '특정한 내용'이 법률에 근거했다고 볼 수가 있는 거죠. 법률에 근거했다면, 당연히 그 '범위'가 법률 안에 있거나, 법률 안에서 추론되어야 하니까요.

다만 행정 규제 사항의 첨단 기술 관련성이 클수록 위임 근거 법률이 위임할 수 있는 사항의 범위가 넓어진다. 한편, 위임명령이 법률로부터 위임받은 범위를 벗어나서 제정되거나, 위임 근거 법률이 사용한 어구의 의미를 확대하거나 축소하여 제정되어서는 안 된다. ㉠위임명령이 이러한 제한을 위반하여 제정되면 효력이 없다.

2번 문제(실제 시험지에서는 27번) 해설하고 넘어가겠습니다. ㉠을 이해하려면 당연히 '이러한 제한'이 뭔지 알아야 합니다. 그 '이러한 제한'은, 앞에서 계속 나온, 그리고 제가 강조한 '특정한', '일부', '범위', '대강'과 같은 뜻입니다. 이런 제한이 없으면, 바로 위에서 해설한 바와 같이 법률에 근거했다고 볼 수가 없죠. 따라서, '이러한 제한'을 위반했다는 것은 정해진 범위에서 벗어나서 제정했다는 얘기고, 법률의 근거 없이 규정된 것이라고 이해할 수 있습니다.

> 행정규칙은 원래 행정부의 직제나 사무 처리 절차에 관한 행정입법으로서 고시(告示), 예규 등이 여기에 속한다.

'행정규칙'은 원래 행정부가 해야 하는 일에 대한 것이랍니다.

> 일반 국민에게는 직접 적용되지 않기 때문에, 법률로부터 위임받지 않아도 유효하게 제정될 수 있고 위임명령 제정 시와 동일한 절차를 거칠 필요가 없다.

'일반 국민에게 직접 적용되지 않기 때문에' 법률에 위임받지 않아도 되고, 위임명령 제정 시와 동일한 절차를 거칠 필요가 없답니다. 그러면 '일반 국민에게 직접 적용되는 것'은 무엇일까요? 네. 첫 문단에서, '국민의 권리를 제한하거나 국민에게 의무를 부과하는' 것을 말합니다. 국회의 입법이나 행정입법의 유형들을 설명하면서 '법률에 근거'해야 한다고 말했던 이유는 다 국민에게 직접 적용되는 사안들이었기 때문입니다.

> 그러나 행정 규제 사항에 관하여 행정규칙이 제정되는 예외적인 경우도 있다.

그러면, '행정 규제 사항에 관하여'는 무슨 뜻이죠? '국민에게 직접 적용되는 사안에 관하여'라는 뜻입니다. 첫 문단부터 계속 붙여 읽어야 합니다. 이게 잘 안되면, 2번 문제와 3번 문제(실제 시험지에서는 27, 28번)을 엄밀하게 풀 수가 없었어요.

여기부터 '행정규칙'이 둘로 나눠집니다. 하나는 국민에게 직접 적용되지 않는 것(따라서, 법률로부터 위임받지 않아도 됨), 그리고 다른 하나는 국민에게 직접 적용되는 것(따라서, 법률로부터 위임받아야 할 것)입니다. 3번 문제의 선지를 볼까요? 1번과 2번 선지는 첫 번째 행정규칙에 관한 것이고, 3번에서 5번까지의 선지는 두 번째 행정규칙에 관한 것입니다. 무조건 여기서 행정규칙을 둘로 나누었어야 합니다.

> 위임된 사항이 첨단 기술과의 관련성이 매우 커서 위임명령으로는 대응하기 어려워 불가피한 경우, <위임 근거 법률이> 행정입법의 제정 주체만 지정하고 행정입법의 유형을 지정하지 않았다면 위임된 사항이 고시나 예규로 제정될 수 있다. 이런 경우의 행정규칙은 위임명령과 달리, 입법예고, 공포 등을 거치지 않고 제정된다.

두 번째 경우는 어떤 상황이냐? 첨단 기술과의 관련성이 너무 커서 국회의 법률로도, 위임명령으로도 대응이 어려운 경우입니다. 이때 제정 주체만 지정하고 유형을 지정하지 않았다면(위임명령·행정규칙·조례 중에 딱 뭐를 하라고 정하지 않았다면), '(법률로부터) 위임된' 사항이 행정규칙으로 제정되는 것이죠. 이때는 위임명령하고 다르게 '절차(입법예고, 공포 등)'를 거치지 않는답니다.

두 문장이지만, 이해하려면 제가 해설한 것처럼 위의 모든 내용을 붙여 읽어야 합니다. 문제에 비해 지문이 아주 까다로웠다고 생각합니다.

> 조례는 지방 의회가 제정하는 행정입법으로 지역의 특수성을 반영하여 제정되고 지역에서 발생하는 사안에 대해 적용된다. 제정 주체가 지방 자치 단체의 기관인 지방 의회라는 점에서 <행정부에서 제정하는> 위임명령, 행정규칙과 구별된다.

조례는 지방 의회가, 지역의 특수성을 반영하여 적용하는 것이고, '제정 주체'가 위의 두 행정입법과는 다르게 행정부가 아니라고 합니다.

> 조례도 행정 규제 사항을 규정하려면 법률의 위임에 근거해야 한다. 또한 법률로부터 포괄적 위임을 받을 수 있지만 위임 근거 법률이 사용한 어구의 의미를 다르게 사용할 수 없다. 조례는 입법예고, 공포 등의 절차를 거쳐 제정된다.

법률의 위임에 근거해야 한다는 점, 근거 법률이 사용한 어구의 의미를 다르게 사용할 수 없는 점에서 위의 두 행정입법과 같지만, '포괄적 위임'을 받을 수 있다는 점은 위임명령과의 차이점이고, 절차를 거쳐야 한다는 것은 위임명령과의 공통점입니다. 특별히 어렵진 않은데, 차이점과 공통점을 머리에 분류해야 합니다. 이런 분류 작업은 많이 읽고 많이 풀어야 익숙해지는 것 같습니다.

01 윗글의 내용과 일치하는 것은?

① 행정입법에 속하는 법령들은 제정 주체가 동일하다.

② 행정입법에 속하는 법령들은 모두 개별적 상황과 지역의 특수성을 반영한다.

③ 행정입법에 속하는 법령들은 모두 정당성을 확보하기 위하여 국회의 위임에 근거한다.

④ 행정 규제 사항에 적용되는 행정입법은 모두 포괄적 위임이 금지되어 있다.

⑤ 행정부가 국회보다 신속히 대응할 수 있는 행정 규제 사항은 행정입법의 대상으로 적합하다.

정답 : ⑤

이게 어떻게 보면 글의 주제와도 일치합니다. 첨단 기술과 관련되었거나 하는 부분에 국회보다 더 빠르게, 즉각 대처할 수 있다는 점이 행정입법의 존재 의의였죠.

해설

① 위임명령만 해도 대통령령, 총리령, 부령으로 나눠지고, 조례는 혼자 지방 의회에서 제정했죠. 틀립니다.

② 지역의 특수성을 반영하는 것은 조례뿐입니다.

③ 행정규칙의 첫 번째 케이스는 위임에 근거하지 않아도 되었습니다.

④ 조례는 됩니다.

02 ㉠의 이유로 가장 적절한 것은?

① 그 위임명령이 법률의 근거 없이 행정 규제 사항을 규정했기 때문이다.

② 그 위임명령이 포괄적 위임을 받아 제정된 경우에 해당하기 때문이다.

③ 그 위임명령이 첨단 기술에 대한 내용을 정확히 반영하지 않았기 때문이다.

④ 그 위임명령이 국민의 권리를 제한하는 권한을 행정 기관에 맡겼기 때문이다.

⑤ 그 위임명령이 구체적 상황의 특성을 반영한 융통성 있는 대응을 하지 못했기 때문이다.

정답 : ①

지문에서 잘 해결한 것 같습니다. 사실 이런 이유 추론 문제는 선지를 보면서 판단을 시작한다기보단... 글을 읽으면서 의미를 파악한 뒤에 문제를 봐야 한다고 생각합니다. 요즘 강조되는 유형이니 유의하세요.

해설

② 포괄적 '위임'은 법을 제정할 때 범위를 정하지 않은 것이고, ㉠ 문장에서의 '제정'은 정해놓은 범위를 벗어나는 것을 말합니다. 해당 문장에서 포괄적 위임이 틀린 이유는, 범위는 정해 놓는데 그 범위를 벗어난 것을 말하는 것이기 때문이죠.

③,④,⑤ ②번이 정반대의 얘기를 했다면, 나머지 선지들은 뜬금없는 부분을 얘기합니다. ㉠에서 '이러한 제한'이 뭔지 감도 못 잡았다면 이런 생뚱맞은 선지를 고르게 됩니다!

03 | 행정규칙 | 에 관한 설명 중 적절하지 <u>않은</u> 것은?

① 행정부의 직제나 사무 처리 절차를 규정하는 경우, 법률의 위임이 요구되지 않는다.
② 행정부의 직제나 사무 처리 절차를 규정하는 경우, 일반 국민에게 직접 적용되지 않는다.
③ 행정 규제 사항을 규정하는 경우, 위임명령의 제정 절차를 따르지 않는다.
④ 행정 규제 사항을 규정하는 경우, 위임 근거 법률의 위임을 받은 제정 주체에 의해 제정된다.
⑤ 행정 규제 사항을 규정하는 경우, 위임 근거 법률로부터 위임받을 수 있는 사항의 범위가 위임명령과 같다.

지문에서 말했듯, ①, ②선지는 첫 번째 케이스의 행정규칙을, ③~⑤ 선지는 두 번째 케이스의 행정규칙을 말합니다. 이들의 차이가 기억나지 않는다면 다시 지문 해설을 참조해보세요!

정답 : ⑤

'행정규칙' 자체가 '위임명령으로는 대응하기 어려운' 부분에 대한 규제입니다. 당연히 '위임명령'과 범위가 같을 수는 없습니다.

해설

① 첫 번째 케이스는 애초에 국회가 할 일이 아니라 원래 행정부의 업무(국민에게 직접 적용x)이기 때문에 법률의 위임을 받지 않아도 됩니다.
② 맞습니다. 거시독해를 했다면 2번 선지의 내용을 글을 읽으면서 추론했어야 합니다.
③ 세 번째 문단 마지막 줄 참조하시면 될 것 같습니다.
④ '제정 주체'는 위임 근거 법률에 의해 제정되고, 이 경우 행정 규제 사항은 행정부에서 제정합니다.

04 윗글을 바탕으로 <보기>의 ㉮~㉱에 대해 이해한 내용으로 가장 적절한 것은?

— <보기> —

갑은 새로 개업한 자신의 가게 홍보를 위해 인근 자연 공원에 현수막을 설치하려고 한다. 현수막 설치에 관한 행정 규제의 내용을 확인하기 위해 ○○시청에 문의하고 아래와 같은 회신을 받았다.

> 문의하신 내용에 대해 다음과 같이 알려 드립니다. ㉮『옥외광고물 등의 관리와 옥외광고산업 진흥에 관한 법률』제3조(광고물 등의 허가 또는 신고)에 따른 허가 또는 신고 대상 광고물에 관한 사항은 대통령령인 ㉯『옥외광고물 등의 관리와 옥외광고산업 진흥에 관한 법률 시행령』제5조에 규정되어 있습니다. 이에 따르면 문의하신 규격의 현수막을 설치하시려면 설치 전에 신고하셔야 합니다.
> 또한 위 법률 제16조(광고물 실명제)에 의하면, 신고 번호, 표시 기간, 제작자명 등을 표시하도록 규정하고 있습니다. 표시하는 방법에 대해서는 ㉰○○시 지방 의회에서 제정한 법령에 따르셔야 합니다.

① ㉮의 제3조의 내용에서 ㉯의 제5조의 신고 대상 광고물에 관한 사항의 구체적 내용을 확인할 수 있겠군.
② ㉯의 제5조는 ㉮의 제16조로부터 제정할 사항의 범위가 정해져 위임을 받았겠군.
③ ㉯는 ㉰와 달리 입법예고와 공포 절차를 거쳤겠군.
④ ㉯에 나오는 '광고물'의 의미와 ㉰에 나오는 '광고물'의 의미는 일치하겠군.
⑤ ㉰를 준수해야 하는 국민 중에는 ㉯를 준수하지 않아도 되는 국민이 있겠군.

<보기> 해설

㉮는 국회가 만든 일반적인 법률입니다. 여기서 '신고 대상 광고물에 관한 사항'(지문의 의미를 붙이자면, ┊ 특정한 내용 ┊)은 위임명령 중 대통령령인 ㉯로 규정됩니다. ㉰는 조례입니다. 이 정도만 알았어도 문제는 풀렸을 겁니다.

정답 : ④

위임명령이든 조례든 위임 근거 법률이 사용한 어구의 의미를 확대하거나 축소하여 제정하여서는 안 됩니다.

① '구체적 내용(특정한 내용)'은 위임명령 안에서 정해집니다.

② 제16조가 아니라 제3조죠. 유치한 문제입니다.

③ '달리'가 틀렸습니다. 행정규칙 빼고 위임명령이랑 조례는 둘 다 이런 절차를 거칩니다.

⑤ ㉯를 적용받는 국민(특정 지역의 국민)보다 ㉰를 적용받는 국민의 범위가 더 큽니다.

05 문맥상 @~@와 바꿔 쓰기에 가장 적절한 것은?

① @: 나타내기

② ⓑ: 드러내어

③ ⓒ: 헤아릴

④ ⓓ: 마주하기

⑤ ⓔ: 달라진다

정답 : ③

해설

① '실현하기'는 이뤄지지 않던 것을 이뤄냅니다(원래 없던 것). 따라서 대상의 '변화'가 존재합니다.

'나타내기'는 원래 있던 것이 드러나기만 합니다. 있던 대상 자체의 '변화'는 없습니다.

② '반영하여'는 다른 것에 영향을 받아서 새롭게 추가되는 것이 생깁니다. '변화'가 존재합니다.

'드러내어'는 '나타내기'와 마찬가지로 원래 있던 것에 대한 얘기고, 대상 자체의 '변화'는 없습니다.

④ '대응하기'는 새로운 현상에 맞춘 행동이 드러납니다. 따라서 '변화'가 존재합니다.

'마주하기'는 이미 있던 것을 마주합니다. '변화'가 없습니다.

⑤ '구별된다'는 이미 있는 것을 판단하기만 하므로 '변화'가 없습니다.

'달라진다'는 달라집니다. '변화'가 존재합니다.

2017학년도 9월 모의평가 **사단/법인**

권리와 의무의 주체가 될 수 있는 자격을 권리 능력이라 한다. 사람은 태어나면서 저절로 권리 능력을 갖게 되고 생존하는 내내 보유한다. 그리하여 사람은 재산에 대한 소유권의 주체가 되며, 다른 사람에 대하여 채권을 누리기도 하고 채무를 지기도 한다. 사람들의 결합체인 단체도 일정한 요건을 ㉠갖추면 법으로써 부여되는 권리 능력인 법인격을 취득할 수 있다. 단체 중에는 사람들이 일정한 목적을 갖고 결합한 조직체로서 구성원과 구별되어 독자적 실체로서 존재하며, 운영 기구를 두어, 구성원의 가입과 탈퇴에 관계없이 존속하는 단체가 있다. 이를 사단(社團)이라 하며, 사단이 갖춘 이러한 성질을 사단성이라 한다. 사단의 구성원은 사원이라 한다. 사단은 법인(法人)으로 등기되어야 법인격이 생기는데, 법인격을 가진 사단을 사단 법인이라 부른다. 반면에 사단성을 갖추고도 법인으로 등기하지 않은 사단은 '법인이 아닌 사단'이라 한다. 사람과 법인만 이 권리 능력을 가지며, 사람의 권리 능력과 법인격은 엄격히 구별된다. 그리하여 사단 법인이 자기 이름으로 진 빚은 사단이 가진 재산으로 갚아야 하는 것이지 ⓐ사원 개인에게까지 ⓑ책임이 미치지 않는다.

회사도 사단의 성격을 갖는 법인이다. 회사의 대표적인 유형이라 할 수 있는 주식회사는 주주들로 구성되며 주주들은 보유한 주식의 비율만큼 회사에 대한 지분을 갖는다. 그런데 2001년에 개정된 상법은 한 사람이 전액을 출자하여 일인 주주로 회사를 설립할 수 있도록 하였다. ⓒ사단성을 갖추지 못했다고 할 만한 형태의 법인을 인정한 것이다. 또 여러 주주가 있던 회사가 주식의 상속, 매매, 양도 등으로 말미암아 모든 주식이 한 사람의 소유로 되는 경우가 있다. 이런 '일인 주식회사'에서는 일인 주주가 회사의 대표 이사가 되는 사례가 많다. 이처럼 일인 주주가 회사를 대표하는 기관이 되면 경영의 주체가 개인인지 회사인지 모호해진다. 법인인 회사의 운영이 독립된 주체로서의 경영이 아니라 마치 ⓓ개인 사업자의 영업처럼 보이는 것이다.

구성원인 사람의 인격과 법인으로서의 법인격이 잘 분간되지 않는 듯이 보이는 경우에는 간혹 문제가 일어난다. 상법상 회사는 이사들로 이루어진 이사회만을 업무 집행의 의결 기관으로 둔다. 또한 대표 이사는 이사 중 한 명으로, 이사회에서 선출되는 기관이다. 그리고 이사의 선임과 이사의 보수는 주주 총회에서 결정하도록 되어 있다. 그런데 주주가 한 사람뿐이면 사실상 그의 뜻대로 될 뿐, 이사회나 주주 총회의 기능은 퇴색하기 쉽다. 심한 경우에는 회사에서 발생한 이익이 대표 이사인 주주에게 귀속되고 회사 자체는 ⓔ허울만 남는 일도 일어난다. 이처럼 회사의 운영이 주주 한 사람의 개인 사업과 다름없이 이루어지고, 회사라는 이름과 형식은 장식에 지나지 않는 경우에는, 회사와 거래 관계에 있는 사람들이 재산상 피해를 입는 문제가 발생하기도 한다. 이때 그 특정한 거래 관계에 관련하여서만 예외적으로 회사의 법인격을 일시적으로 부인하고 회사와 주주를 동일시해야 한다는 ㉡'법인격 부인론'이 제기된다. 법률은 이에 대하여 명시적으로 규정하고 있지 않지만, 법원은 권리 남용의 조항을 끌어들여 이를 받아들인다. 회사가 일인 주주에게 완전히 지배되어 회사의 회계, 주주 총회나 이사회 운영이 적법하게 작동하지 못하는데도 회사에만 책임을 묻는 것은 법인 제도가 남용되는 사례라고 보는 것이다.

01 윗글을 통해 알 수 있는 내용으로 적절하지 <u>않은</u> 것은?

① 사단성을 갖춘 단체는 그 단체를 운영하기 위한 기구를 둔다.
② 주주가 여러 명인 주식회사의 주주는 사단의 사원에 해당한다.
③ 법인격을 얻은 사단은 재산에 대한 소유권의 주체가 될 수 있다.
④ 사단 법인의 법인격은 구성원의 가입과 탈퇴에 관계없이 존속한다.
⑤ 사람들이 결합한 단체에 권리와 의무를 누릴 수 있는 자격을 주는 제도가 사단이다.

02 윗글에서 설명한 주식회사에 대한 이해로 가장 적절한 것은?

① 대표 이사는 주식회사를 대표하는 기관이다.
② 일인 주식회사는 대표 이사가 법인격을 갖는다.
③ 주식회사의 이사회에서 이사의 보수를 결정한다.
④ 주식회사에서는 주주 총회가 업무 집행의 의결 기관이다.
⑤ 여러 주주들이 모여 설립된 주식회사가 일인 주식회사로 바뀔 수 없다.

03 ⓐ~ⓔ의 문맥상 의미에 대한 이해로 적절하지 <u>않은</u> 것은?

① ⓐ : 법인에 속해 있지만 법인격과는 구별되는 존재
② ⓑ : 사단이 진 빚을 갚아야 할 의무
③ ⓒ : 여러 사람이 결합한 조직체로서의 성격
④ ⓓ : 회사라는 법인격을 가진 독자적인 실체로서 운영되지 않는 경영
⑤ ⓔ : 회사의 자산이 감소하여 권리 능력을 누릴 수 없게 된 상태

04 ⓛ에 관한 설명으로 가장 적절한 것은?

① 회사의 경영이 이사회에 장악되어 있는 경우에만 예외적으로 법인격 부인론을 적용할 수 있다.
② 법인격 부인론은 주식회사 제도의 허점을 악용하지 못하도록 법률의 개정을 통해 도입된 제도이다.
③ 회사가 채권자에게 손해를 입혔다는 것이 확정되면 법원은 법인격 부인론을 받아들여 그 회사의 법인격을 영구히 박탈한다.
④ 법원이 대표 이사 개인의 권리 능력을 부인함으로써 대표 이사가 회사에 대한 책임을 면하지 못하도록 하는 것이 법인격 부인론의 의의이다.
⑤ 특정한 거래 관계에 법인격 부인론을 적용하여 회사의 법인격을 부인하려는 목적은 그 거래와 관련하여 회사가 진 책임을 주주에게 부담시키기 위함이다.

05 문맥상 ㉠과 바꿔 쓰기에 가장 적절한 것은?

① 겸비(兼備)하면　　　　② 구비(具備)하면
③ 대비(對備)하면　　　　④ 예비(豫備)하면
⑤ 정비(整備)하면

복습 포인트 (해설을 확인하기 전에 생각해 볼 것)
Q.1 [1문단]
법인격을 취득하기 위한 '일정한 요건'이 무엇인지 답해보자.
Q.2 [3문단 첫 문장]
여기서의 '문제'는 무엇인가?

01	02	03	04	05
⑤	①	⑤	⑤	②

권리와 의무의 주체가 될 수 있는 자격을 권리 능력이라 한다. 사람은 태어나면서 <저절로> 권리 능력을 갖게 되고 생존하는 내내 보유한다. 그리하여 사람은 재산에 대한 소유권의 주체가 되며, 다른 사람에 대하여 채권을 누리기도 하고 채무를 지기도 한다.

'권리 능력'은 '권리'와 '의무', 둘의 주체가 될 수 있는 자격을 아울러 말합니다. 사람은 태어나면 저절로 권리 능력을 지니는데, 두 번째 문장에 나온 '소유권', '채권', '채무'는 모두 권리 능력의 예시임을 파악합시다.

(사람들의 결합체인) 단체도 <일정한 요건을 갖추면> 법으로써 부여되는 권리 능력인 법인격을 취득할 수 있다.

앞서 사람들이 가진다고 나온 '권리 능력'을 단체도 일정 요건을 갖추면 취득할 수 있답니다. 단체가 가지는 권리 능력은 '법인격'이라고 부릅니다. 이 '일정한 요건'이 뭔지를 주의하면서 읽어봅시다.

단체 중에는 (1)사람들이 일정한 목적을 갖고 결합한 조직체로서 (2)구성원과 구별되어 독자적 실체로서 존재하며, (3)운영 기구를 두어, (4)구성원의 가입과 탈퇴에 관계없이 존속하는 단체가 있다. 이를 사단(社團)이라 하며, 사단이 갖춘 이러한 성질을 사단성이라 한다. 사단의 구성원은 사원이라 한다. 사단은 <법인(法人)으로 등기되어야> 법인격이 생기는데, 법인격을 가진 사단을 사단 법인이라 부른다.

단체 중에는 '사단성'을 지닌, '사단'이 존재합니다. '사단성'으로 제시된 조건 (1)~(4)는 전부 챙겨갑시다. A.1 어떤 단체가 '권리 능력(법인격)'을 취득하려면, (사단성을 지닌) 사단이면서, 법인으로 등기되어야 하는 것이죠.

반면에 사단성을 갖추고도 법인으로 등기하지 않은 사단은 '법인이 아닌 사단'이라 한다.

이 경우에는 사단이긴 하지만, 법인으로 등기하지 않았기 때문에 법인격은 취득할 수 없을 겁니다.

사람과 법인만 이 권리 능력을 가지며, 사람의 권리 능력과 법인격은 엄격히 구별된다. 그리하여 사단 법인이 자기 이름으로 진 빚은 사단이 가진 재산으로 갚아야 하는 것이지 사원 개인에게까지 책임이 미치지 않는다.

권리 능력을 지니는 것은 사람과, (사단)법인만으로 제한됩니다. 또, 사람의 권리 능력과 법인의 권리 능력(법인격)은 구별되기 때문에, 사단 법인이 진 빚(채무)을 갚아야 할 의무(법인격)는 사단의 구성원인 사원의 의무(사람의 권리 능력)가 아닙니다.

회사도 사단의 성격(사단성)을 갖는 법인이다.

사단성을 지니면서, 법인으로 등기되었으므로 '회사'는 법인격을 지닐 겁니다.

회사의 대표적인 유형이라 할 수 있는 주식회사는 주주들로 구성되며 주주들은 보유한 주식의 비율만큼 회사에 대한 지분을 갖는다.

주식회사는 회사, 즉 사단이며, 주주들로 구성됩니다. 1문단에서, 사단의 구성원은 '사원'이라고 했으니, '주주'는 곧 주식회사의 '사원'인 것이죠. 1번 문제의 선지 ②를 판단하려면 주주가 주식회사의 구성원이라는 점을 이 문장을 통해 파악해야 했습니다.

그런데 <2001년에 개정된 상법은> 한 사람이 전액을 출자하여 일인 주주로 회사를 설립할 수 있도록 하였다. 사단성을 갖추지 못했다고 할 만한 형태의 법인을 인정한 것이다.

한 사람이 회사를 설립한다면, 이는 사단성의 조건 (1)~(4)를 직, 간접적으로 어기고 있는 것입니다. 2001년에 개정된 상법으로 인해, 사단이라고 보기 힘든 법인이 인정되어, 법인격을 취득할 수 있게 된 것이지요.

또 여러 주주가 있던 회사가 <주식의 상속, 매매, 양도 등으로 말미암아> 모든 주식이 한 사람의 소유로 되는 경우가 있다. 이런 '일인 주식 회사'에서는 일인 주주가 회사의 대표 이사가 되는 사례가 많다. 이처럼 <일인 주주가 회사를 대표하는 기관(=대표 이사)이 되면> 경영의 주체가 개인인지 회사인지 모호해진다. 법인인 회사의 운영이 독립된 주체로서의 경영이 아니라 마치 개인 사업자의 영업처럼 보이는 것이다.

한 사람이 전액 출자하여 법인을 세우거나, 여러 사람이 있던 법인의 주식이 한 사람의 소유가 되는 경우가 있는데, 이런 회사를 '일인 주식 회사'라고 부릅니다. 이때 '일인 주식 회사'는 사람들의 결합체라고 보기 힘든 경우도 존재하며, 구성원과 구별된 독자적 실체도 아니죠. '사단성'을 갖추지 못했다고 할 만한 법인의 형태를 이어서 제시한 것입니다.

구성원인 사람의 인격과 법인으로서의 법인격이 잘 분간되지 않는 듯이 보이는 경우(일인 주식 회사)에는 간혹 문제가 일어난다.

앞서 1문단에서 사람의 권리 능력과 법인격은 엄격히 구분된다고 하였는데, 일인 주식회사에서는 그렇게 엄격히 구분되지 않는 문제가 발생한다는 것입니다. 이런 문제가 다음 내용에서 어떻게 설명되는지 집중하여 읽어봅시다.

<상법상> 회사는 이사들로 이루어진 이사회만을 업무 집행의 의결 기관으로 둔다. 또한 대표 이사는 이사 중 한 명으로, 이사회에서 선출되는 기관이다. 그리고 이사의 선임과 이사의 보수는 주주 총회에서 결정하도록 되어 있다.

일반적인 회사에서의 이사회와, 이사회에서 선출되는 기관인 대표 이사에 대한 설명이 있습니다. 아마 일인 주식 회사에서는 이사회가 여러 이사들로 구성될 수 없을 것이고, 이사의 선임과 보수, 그리고 대표 이사의 선출을 일인 주주 개인의 선택에 따라 결정할 수 있을 것임을 예측할 수 있습니다.

그런데 <주주가 한 사람뿐이면(일인 주식 회사에서는)> 사실상 그의 뜻대로 될 뿐, 이사회나 주주 총회의 기능은 퇴색하기 쉽다.

예상한 대로입니다. A.2-1 운영 기구를 두어 운영되는 일반적인 사단과는 달리, 이사회나 주주 총회의 역할이 무색해지는 것이죠.

심한 경우에는 회사에서 발생한 이익이 대표 이사인 주주에게 귀속되고 회사 자체는 허울만 남는 일(독자적 실체x)도 일어난다.

'이익의 귀속'은 권리 능력 중 하나인 '재산에 대한 소유권'과 대응됩니다. A.2-2 원칙적으로 사람의 권리 능력과 법인의 법인격은 구분되기에 법인의 채권, 채무, 소유권은 사원의 권리 능력과 혼동되어서는 안 되는 것인데, 이 경우에는 법인의 이익이 대표 이사(일인 주주)의 이익이 됩니다. 권리와 의무의 주체가 될 수 있는 권리 능력 중 법인의 '권리'만 대표 이사가 가져가는 것이죠. 뒤에 나오는 법인격 부인론은, 따라서 '권리로서의 권리 능력'뿐 아니라, 법인의 채무와 같은 '의무로서의 권리 능력'도 대표 이사의 것으로 판단한다는 점에서 이러한 문제의 해결책이 됩니다.

이처럼 회사의 운영이 주주 한 사람의 개인 사업과 다름없이 이루어지고, 회사라는 이름과 형식은 장식에 지나지 않는 경우에는, 회사와 거래 관계에 있는 사람들이 재산상 피해를 입는 문제가 발생하기도 한다.

법인의 이름으로 채무를 지고서, 법인격과 사람 개인의 권리 능력(특히, 채무)을 구분한다는 점을 악용하여 채무를 갚지 않는 상황을 상상해 볼 수 있습니다.

이때 <그 특정한 거래 관계에 관련하여서만> 예외적으로 회사의 법인격을 일시적으로 부인하고 회사와 주주를 동일시해야 한다는 '법인격 부인론'이 제기된다. 법률은 <이에 대하여 명시적으로 규정하고 있지 않지만>, 법원은 권리 남용의 조항을 끌어들여 이를 받아들인다. 회사가 일인 주주에게 완전히 지배되어 회사의 회계, 주주 총회나 이사회 운영이 적법하게 작동하지 못하는데도(사단성을 갖추었다고 보기 힘든데도) 회사에만 책임을 묻는 것은 법인 제도가 남용되는 사례라고 보는 것이다.

이런 경우에, 회사의 법인격을 부인하여 일인 주주 개인에게 책임을 묻도록 하는 것이 '법인격 부인론'이랍니다. 이 법인격 부인론은 예외적인 상황에만 적용되는 것이고, 법률에 명시적으로 규정되어 있지는 않다는 제한적 서술은 항상 주의하여 읽읍시다. '예외적으로'-'일반적으로', '일시적으로'-'영구적으로', '명시적으로'-'암묵적으로' 등의 구분은 굉장히 빈번하게 출제됩니다.

01 윗글을 통해 알 수 있는 내용으로 적절하지 <u>않은</u> 것은?

① 사단성을 갖춘 단체는 그 단체를 운영하기 위한 기구를 둔다.

② 주주가 여러 명인 주식회사의 주주는 사단의 사원에 해당한다.

③ 법인격을 얻은 사단은 재산에 대한 소유권의 주체가 될 수 있다.

④ 사단 법인의 법인격은 구성원의 가입과 탈퇴에 관계없이 존속한다.

⑤ 사람들이 결합한 단체에 권리와 의무를 누릴 수 있는 자격을 주는 제도가 사단이다.

정답 : ⑤

'사람들이 결합한 단체' 중, 사단에 대하여 권리와 의무를 누릴 수 있게 하는 <u>제도는 '법인'</u>입니다.

해설

① '사단성'이라는 조건 중 (3)을 말합니다.

② 지문 해설을 통해 말했듯, <u>주주는 주식회사라는 사단의 구성원이고, 사단의 구성원은 사원</u>을 말합니다.

③ 법인격을 얻게 되면, 권리 능력인 '채권', '채무', '소유권' 모두를 누릴 수 있습니다.

④ 사단은 구성원의 가입과 탈퇴에 관계 없이 존속하므로, 사단이 갖는 '법인격' 역시 구성원의 가입과 탈퇴에 상관없이 유지됩니다.

02 윗글에서 설명한 주식회사에 대한 이해로 가장 적절한 것은?

① 대표 이사는 주식회사를 대표하는 기관이다.

② 일인 주식회사는 대표 이사가 법인격을 갖는다.

③ 주식회사의 이사회에서 이사의 보수를 결정한다.

④ 주식회사에서는 주주 총회가 업무 집행의 의결 기관이다.

⑤ 여러 주주들이 모여 설립된 주식회사가 일인 주식회사로 바뀔 수 없다.

정답 : ①

지문의 두 번째 문단에 "이런 '일인 주식 회사'에서는 일인 주주가 회사의 대표 이사가 되는 사례가 많다. 이처럼 일인 주주가 회사를 대표하는 기관이 되면~"이라는 부분이 있습니다. 일인 주주가 '대표 이사'가 되는 사례를 설명하고, '이처럼'으로 연결하여 일인 주주가 '회사를 대표하는 기관'이 됨을 말하므로, '<u>대표 이사</u>'의 정의를 '회사를 대표하는 기관'으로 받아들일 수 있습니다.

해설

② 주식회사의 법인격은 구성원 개인이 아닌, 회사라는 사단 자체가 갖는 것입니다.

③ 이사회를 구성하는 이사의 선임과 보수는 <u>주주 총회에서</u> 결정됩니다.

④ 업무 집행의 의결 기관은 <u>이사회</u>입니다.

⑤ 지문의 2문단에 여러 주주가 있던 회사가 주식의 상속, 매매, 양도 등으로 일인 주식회사로 바뀌는 경우가 제시됩니다.

03 ⓐ~ⓔ의 문맥상 의미에 대한 이해로 적절하지 않은 것은?

① ⓐ : 법인에 속해 있지만 법인격과는 구별되는 존재
② ⓑ : 사단이 진 빚을 갚아야 할 의무
③ ⓒ : 여러 사람이 결합한 조직체로서의 성격
④ ⓓ : 회사라는 법인격을 가진 독자적인 실체로서 운영되지 않는 경영
⑤ ⓔ : 회사의 자산이 감소하여 권리 능력을 누릴 수 없게 된 상태

> **정답 : ⑤**

'회사 자체는 허울만 남는 일'은, 회사가 구성원인 일인 주주와 독자적 실체로 존재하지 않는 경우를 말합니다. 이는 회사의 자산과는 무관합니다.

> **해설**

① 사원은 사단의 구성원이지만, 사원 개인의 권리 능력은 법인격과 엄격히 구별됩니다.
② 여기서의 책임은 '사단이 자기 이름으로 진 빚'을 갚아야 할 의무를 말합니다.
③ '사단성'은 1문단에서 '사람들이 일정한 목적을 갖고 결합한 조직체'의 성격을 말합니다.
④ 일인 주식 회사에서, 회사를 일인 주주 개인과 독립된 독자적 실체로 볼 수 없는 경우를 말합니다.

04 ⓒ에 관한 설명으로 가장 적절한 것은?

① 회사의 경영이 이사회에 장악되어 있는 경우에만 예외적으로 법인격 부인론을 적용할 수 있다.
② 법인격 부인론은 주식회사 제도의 허점을 악용하지 못하도록 법률의 개정을 통해 도입된 제도이다.
③ 회사가 채권자에게 손해를 입혔다는 것이 확정되면 법원은 법인격 부인론을 받아들여 그 회사의 법인격을 영구히 박탈한다.
④ 법원이 대표 이사 개인의 권리 능력을 부인함으로써 대표 이사가 회사에 대한 책임을 면하지 못하도록 하는 것이 법인격 부인론의 의의이다.
⑤ 특정한 거래 관계에 법인격 부인론을 적용하여 회사의 법인격을 부인하려는 목적은 그 거래와 관련하여 회사가 진 책임을 주주에게 부담시키기 위함이다.

> **정답 : ⑤**

회사가 독자적 실체로 기능하지 못하는 경우에, '회사와 거래 관계에 있는 사람들이 재산상 피해를 입는 문제가 발생'할 때 예외적으로 적용되는 것이 법인격 부인론입니다. 지문 해설에서 말했듯, 법인격 부인론의 목적은 '채무'라는 의무(책임)로서의 권리 능력을 일인 주주 개인에게 부담시키기 위한 것입니다.

> **해설**

① 이사회에 장악된 경우가 아니라, 일인 주주 한 사람에게 장악된 경우에 적용됩니다.
② 법률에 명시적으로 규정되어 있지 않으므로, 법률을 개정했다고 볼 수 없습니다.
③ 우선, 법인격 부인론이 적용되는 경우는 단순히 회사가 채권자에게 손해를 입힌 상황에만 성립하는 것이 아닙니다. 일인 주식 회사에서 사단성을 갖추지 못한 경우에 거래 관계에 있는 사람들에게 피해를 입힌 경우에 적용되는 것이죠. 또, 그런 경우에도 법인격은 '영구히' 박탈되는 것이 아니라 '일시적으로' 부인되는 것입니다.
④ 대표 이사 개인의, 사람으로서의 권리 능력을 부인하는 것이 아닙니다. 회사의 권리 능력인 법인격을 일시적으로 부인하는 것이 법인격 부인론이죠.

05 문맥상 ㉠과 바꿔 쓰기에 가장 적절한 것은?

① 겸비(兼備)하면 ② 구비(具備)하면
③ 대비(對備)하면 ④ 예비(豫備)하면
⑤ 정비(整備)하면

정답 : ②

해설

① '겸비'는 둘 이상을 갖추는 경우입니다.

2021학년도 대학수학능력시험 **예약**

채권은 어떤 사람이 다른 사람에게 특정 행위를 요구할 수 있는 권리이다. 이 특정 행위를 급부라 하고, 특정 행위를 해 주어야 할 의무를 채무라 한다. 채무자가 채권을 ⓐ가진 이에게 급부를 이행하면 채권에 대응하는 채무는 소멸한다. 급부는 재화나 서비스 제공인 경우가 많지만 그 외의 내용일 수도 있다.

민법상의 권리는 여러 가지가 있는데 계약 없이 법률로 정해진 요건의 충족으로 발생하기도 하지만 대개 계약의 효력으로 발생한다. 계약이란 권리 발생 등에 관한 당사자의 합의로서, 계약이 성립하면 합의 내용대로 권리 발생 등의 효력이 인정되는 것이 원칙이다. 당장 필요한 재화나 서비스는 그 제공을 급부로 하는 계약을 성립시켜 확보하면 되지만 미래에 필요할 수도 있는 재화나 서비스라면 계약을 성립시킬 수 있는 권리를 확보하는 것이 유리하다. 이를 위해 '예약'이 활용된다. 일상에서 예약이라고 할 때와 법적인 관점에서의 예약은 구별된다. ㉠기차 탑승을 위해 미리 돈을 지불하고 승차권을 구입하는 것을 '기차 승차권을 예약했다'고도 하지만 이 경우는 예약에 해당하지 않는 계약이다. 법적으로 예약은 당사자들이 합의한 내용대로 권리가 발생하는 계약의 일종으로, 재화나 서비스 제공을 급부 내용으로 하는 다른 계약인 '본계약'을 성립시킬 수 있는 권리 발생을 목적으로 한다.

[A]
예약은 예약상 권리자가 가지는 권리의 법적 성질에 따라 두 가지 유형으로 나뉜다. 첫째는 채권을 발생시키는 예약이다. 이 채권의 급부 내용은 '예약상 권리자의 본계약 성립 요구에 대해 상대방이 승낙하는 것'이다. 회사의 급식 업체 공모에 따라 여러 업체가 신청한 경우 그중 한 업체가 선정되었다고 회사에서 통지하면 예약이 성립한다. 이에 따라 선정된 업체가 급식을 제공하고 대금을 ⓑ받기로 하는 본계약 체결을 요청하면 회사는 이에 응할 의무를 진다. 둘째는 예약 완결권을 발생시키는 예약이다. 이 경우 예약상 권리자가 본계약을 성립시키겠다는 의사를 표시하는 것만으로 본계약이 성립한다. 가족 행사를 위해 식당을 예약한 사람이 식당에 도착하여 예약 완결권을 행사하면 곧바로 본계약이 성립하므로 식사 제공이라는 급부에 대한 계약상의 채권이 발생한다.

예약에서 예약상의 급부나 본계약상의 급부가 이행되지 않는 문제가 ⓒ생길 수 있는데, 예약의 유형에 따라 발생 문제의 양상이 다르다. 일반적으로 급부가 이행되지 않아 채권자에게 손해가 발생한 경우 채무자는 자신의 고의나 과실에서 비롯된 것이 아님을 증명하지 못하는 한 채무 불이행 책임을 진다. 이로 인해 채무의 내용이 바뀌는데 원래의 급부 내용이 무엇이든 채권자의 손해를 돈으로 물어야 하는 손해 배상 채무로 바뀐다.

만약 타인이 고의나 과실로 예약상 권리자가 가진 권리 실현을 방해했다면 예약상 권리자는 그에게도 책임을 ⓓ물을 수 있다. 법률에 의하면 누구든 고의나 과실에 의해 타인에게 피해를 ⓔ끼치는 행위를 하고 그 행위의 위법성이 인정되면 불법행위 책임이 성립하여, 가해자는 피해자에게 손해를 돈으로 배상할 채무를 지기 때문이다. 다만 예약상 권리자에게 예약 상대방이나 방해자 중 누구라도 손해 배상을 하면 다른 한쪽의 배상 의무도 사라진다. 급부 내용이 동일하기 때문이다.

01 윗글에 대한 이해로 적절하지 <u>않은</u> 것은?

① 계약상의 채권은 계약이 성립하면 추가 합의가 없어도 발생하는 것이 원칙이다.
② 재화나 서비스 제공을 대상으로 하는 권리 외에 다른 형태의 권리도 존재한다.
③ 예약상 권리자는 본계약상 권리의 발생 여부를 결정할 수 있다.
④ 급부가 이행되면 채무자의 채권자에 대한 채무가 소멸된다.
⑤ 불법행위 책임은 계약의 당사자 사이에 국한된다.

02 ㉠에 대한 이해로 가장 적절한 것은?

① 기차 탑승은 채권에 해당하고 돈을 지불하는 행위는 그 채권의 대상인 급부에 해당한다.
② 기차를 탑승하지 않는 것은 승차권 구입으로 발생한 채권에 대응하는 의무를 포기하는 것이다.
③ 기차 승차권을 미리 구입하는 것은 계약을 성립시키면서 채권의 행사 시점을 미래로 정해 두는 것이다.
④ 승차권 구입은 계약 없이 법률로 정해진 요건을 충족하여 서비스를 제공받을 권리를 발생시키는 행위이다.
⑤ 미리 돈을 지불하는 것은 미래에 필요한 기차 탑승 서비스 이용이라는 계약을 성립시킬 수 있는 권리를 확보한 것이다.

03 다음은 [A]에 제시된 예를 활용하여, 예약의 유형에 따라 예약상 권리자가 요구할 수 있는 급부에 대해 정리한 것이다. ㄱ~ㄷ에 들어갈 내용을 올바르게 짝지은 것은?

구분	채권을 발생시키는 예약	예약 완결권을 발생시키는 예약
예약상 급부	ㄱ	ㄴ
본계약상 급부	ㄷ	식사 제공

	ㄱ	ㄴ	ㄷ
①	급식 계약 승낙	없음	급식 대금 지급
②	급식 계약 승낙	없음	급식 제공
③	급식 계약 승낙	식사 제공 계약 체결	급식 제공
④	없음	식사 제공 계약 체결	급식 제공
⑤	없음	식사 제공 계약 체결	급식 대금 지급

04 윗글을 참고할 때, <보기>의 ㉮에 대한 이해로 적절하지 <u>않은</u> 것은?

> ─────< 보기 >─────
>
> 특별한 행사를 앞두고 있는 갑은 미용실을 운영하는 을과 예약을 하여 행사 당일 오전 10시에 머리 손질을 받기로 했다. 갑이 시간에 맞춰 미용실을 방문하여 머리 손질을 요구했을 때 병이 이미 을에게 머리 손질을 받고 있었다. 갑이 예약해 둔 시간에 병이 고의로 끼어들어 위법성이 있는 행위를 하여 ㉮갑은 오전 10시에 머리 손질을 받을 수 없는 손해를 입었다.

① ㉮가 발생하는 과정에서 을의 과실이 있는 경우, 을은 갑에 대해 채무 불이행 책임이 있고 병은 갑에 대해 손해 배상 채무가 있다.
② ㉮가 발생하는 과정에서 을의 고의가 있는 경우, 을과 병은 모두 갑에게 손해 배상 채무를 지고 을이 배상을 하면 병은 갑에 대한 채무가 사라진다.
③ ㉮가 발생하는 과정에서 을에게 고의나 과실이 있는지 없는지 증명되지 않은 경우, 을과 병은 모두 갑에게 채무를 지고 그에 따른 급부의 내용은 동일하다.
④ ㉮가 발생하는 과정에서 을에게 고의나 과실이 있는지 없는지 증명되지 않은 경우, 을과 병은 모두 채무 불이행 책임을 지므로 갑에게 손해 배상 채무를 진다.
⑤ ㉮가 발생하는 과정에서 을에게 고의나 과실이 없음이 증명된 경우, 을과 달리 병에게는 갑이 입은 손해에 대해 금전으로 배상할 책임이 있다.

05 문맥상 ⓐ~ⓔ의 단어와 가장 가까운 의미로 쓰인 것은?

① ⓐ : 자신의 일에 자부심을 <u>가지는</u> 것이 중요하다.
② ⓑ : 올해 생일에는 고향 친구에게서 편지를 <u>받았다</u>.
③ ⓒ : 기차역 주변에 새로 <u>생긴</u> 상가에 가 보았다.
④ ⓓ : 나는 도서관에서 책 빌리는 방법을 <u>물어</u> 보았다.
⑤ ⓔ : 바닷가의 찬바람을 쐬니 온몸에 소름이 <u>끼쳤다</u>.

01	02	03	04	05
⑤	③	①	④	②

> 채권은 어떤 사람이 다른 사람에게 특정 행위를 요구할 수 있는 권리이다. 이 특정 행위를 급부라 하고, 특정 행위를 해 주어야 할 의무를 채무라 한다. 채무자가 채권을 가진 이에게 급부를 이행하면 채권에 대응하는 채무는 소멸한다.

첫 문단에서 개념들을 마구 쏟아냅니다(TMI지만, 이 법 지문에서의 '채권'과, 2011 수능에 나온 경제학에서의 채권은 다른 개념입니다). 채권은 다른 사람에게 '특정 행위'를 요구할 '권리'입니다. 이 채권에서의 '특정 행위'가 급부고, '특정 행위(급부)'를 할 '의무'가 채무입니다. 채권과 채무, 두 개념 모두 '특정 행위'라는 급부를 매개로 연결되네요. 이런 식으로 첫 문단에서 약간 버거울 정도로 빽빽하게 정보를 주는 경우에는 시간이 다소 걸리더라도 확실히 파악을 하고 넘어가는 것이 좋습니다. 이후의 문단에서 반드시 이 개념을 이용해 더 어려운 얘기를 할 것이기 때문이죠.

> 급부는 재화나 서비스 제공인 경우가 많지만 그 외의 내용일 수도 있다.

급부(채무자가 해야 할 특정 행위)는 보통 재화나 서비스 제공이지만, 아닐 때도 있답니다. 이렇게 예외를 가볍게 던져주면 선지 하나 정도는 이걸 이용하여 출제할 것입니다.

> 민법상의 권리는 여러 가지가 있는데 <계약 없이> 법률로 정해진 요건의 충족으로 발생하기도 하지만 대개 <계약의 효력으로> 발생한다.

지금까지, 지문에서 우리가 아는 '권리'가 무엇이 있었나요? 다른 사람에게 급부를 요구할 수 있는 권리, '채권'이 첫 문단 첫 줄에 나왔죠. 여기서 '계약'에 대해 이야기하는 내용은 채권과 무관하지 않을 것임을 예측해야 합니다. 어쨌든, 민법상의 권리들은 계약이 없이 발생하는 경우도 있으나 보통은 계약을 통해서 발생한다네요. 정보들을 머리에 정리하고 넘어갑시다.

> 계약이란 권리 발생 등에 관한 당사자의 합의로서, 계약이 성립하면 합의 내용대로 권리 발생 등의 효력이 인정되는 것이 원칙이다.

그래서 '계약'이 뭔지, 이제 정의가 나오네요. 권리를 형성하는 당사자들 간의 합의를 계약이라고 말하며, 원칙적으로 이 '계약의 성립'은 '권리 발생'의 충분조건으로 작용합니다.

> <당장 필요한> 재화나 서비스는 그 제공을 급부로 하는 계약을 성립시켜 확보하면 되지만 <미래에 필요할 수도 있는> 재화나 서비스라면 계약을 성립시킬 수 있는 권리를 확보하는 것이 유리하다. 이를 위해 '예약'이 활용된다.

어떤 재화나 서비스를 얻으려는 상황에서도, 그게 당장 필요한 것이냐, 미래에 필요할 수도 있는 것이냐에 따라 방법이 달라집니다. 당장 필요한 것이라면 앞서 나온 '계약'을 이용하면 되지만, 미래에 필요할 수도 있는 것이라면 '예약'을 활용하여 '계약을 성립시킬 수 있는 권리'를 확보해야 합니다. 이 '예약'에 대한 구체적인 설명은 3문단에 제시됩니다.

> 일상에서 예약이라고 할 때와 법적인 관점에서의 예약은 구별된다. 기차 탑승을 위해 미리 돈을 지불하고 승차권을 구입하는 것을 '기차 승차권을 예약했다'고도 하지만 이 경우는 (법적인 관점에서의) 예약에 해당하지 않는 계약이다.

일상적으로 쓰는 '예약'이라는 단어와 법적인 관점에서의 '예약'은 다르답니다. 우리의 일반적인 상식을 공격하는 이런 문장은 보통 다음 문장에서 부연 설명을 해줍니다. 다음 내용을 읽으며 '기차 승차권을 예약했다'가 왜 법적인 관점에서의 예약이 아닌지 이해해 봅시다.

> 법적으로 예약은 당사자들이 합의한 내용대로 권리가 발생하는 계약의 일종으로, (재화나 서비스 제공을 급부 내용으로 하는) 다른 계약인 '본계약'을 성립시킬 수 있는 권리 발생을 목적으로 한다.

법적인 예약은 계약의 일종이며, 다른 계약(본계약)을 성립시키기 위한 계약입니다. A.1 '본계약'이 따로 존재해야 법적인 관점에서의 예약인 것이죠. 앞서 기차 승차권을 예약한 경우에는, 계약이 당시에 성립되어 기차 탑승과 관련한 급부를 이행하는 시점만 미래이기에 법적인 예약이 아니라면, 법적인 예약은 또 다른 계약인 본계약 자체를 미래에 성립시키는 것입니다.

예약은 <예약상 권리자가 가지는 권리의 법적 성질에 따라> 두 가지 유형으로 나뉜다.

'예약상 권리자'는 누구일지, 권리의 법적 성질이 어떻게 나뉠지 생각하며 두 유형을 살펴봅시다.

첫째는 채권을 발생시키는 예약이다. 이 (예약에서 발생한) 채권의 급부 내용은 '예약상 권리자(채권자)의 본계약 성립 요구에 대해 상대방(채무자)이 승낙하는 것'이다. 회사의 급식 업체 공모에 따라 여러 업체가 신청한 경우 그중 한 업체가 선정되었다고 회사에서 통지하면 예약이 성립한다. 이에 따라 선정된 업체가 <급식을 제공하고> <대금을 받기로 하는> 본계약 체결을 요청하면 회사는 이에 응할 의무를 진다.

첫 번째 유형은 '채권을 발생시키는 예약'인데, 이 경우 채권이라는 권리를 지니는 이가 예약상 권리자, 채권자가 되고, 예약상 권리자가 본계약을 성립할 것을 요구한다면 채무자가 본계약 성립을 승낙한다는 내용 자체가 예약에서 발생한 채권의 급부가 됩니다.

이런 설명은 항상 예시를 보면서 적용시켜야 이해가 용이합니다. 위의 박스에서 '회사'가 있고 '한 업체'가 있다면, '통지'와 함께 예약이 성립합니다. 이후 업체가 급식을 제공하고, 대금을 받는 급부가 포함된 본계약을 성립시킬 것을 회사에 요구하면 회사는 이에 응해야 합니다. 본계약 성립 요구를 '한 업체'가 하고, 이에 응할 의무를 '회사'가 지므로 여기서 '예약상 권리자'는 '한 업체', 채무자는 '회사'가 됨을 파악할 수 있습니다.

둘째는 예약 완결권을 발생시키는 예약이다. 이 경우 예약상 권리자가 본계약을 성립시키겠다는 의사를 표시하는 것만으로 본계약이 성립한다. 가족 행사를 위해 식당을 예약한 사람이 식당에 도착하여 예약 완결권을 행사하면 곧바로 본계약이 성립하므로 식사 제공이라는 급부에 대한 계약상의 채권이 발생한다.

둘째는 '예약 완결권을 발생시키는 예약'입니다. 첫째 유형은 본계약 성립 승낙을 급부로 하는 채권을 발생시키고, 예약상 권리자가 본계약 체결을 요청하여 본계약의 급부를 채무자로 하여금 이행시키는 것이었습니다. 반면 둘째 유형은 예약상 권리자가 '본계약을 성립시키겠다는 의사만 표시해도' 본계약이 성립됩니다. 예약 자체에는 급부가 존재하지 않고, 급부를 포함한 본계약을 성립시키기 위한 예약인 것이죠.

요컨대 위의 예시에서, '예약한 사람'은 예약상 권리자이므로, 예약 완결권을 행사할 수 있습니다. 식당에 도착함으로써 본계약을 성립시키겠다는 의사를 표시한 것이고, 따라서 채무자인 '식당'은 '식사 제공'이라는 급부를 이행할 의무가 발생합니다. 채권자인 '예약한 사람'은 '식사 제공'이라는 서비스를 확보할 권리가 있는 것이고요.

예약에서 예약상의 급부나 본계약상의 급부가 이행되지 않는 문제가 생길 수 있는데, <예약의 유형에 따라> 발생 문제의 양상이 다르다.

이전까지 '예약'이 뭔지 설명하기 위해 채권, 급부, 채무, 계약 등등을 설명했다면, 이제는 예약상/본계약상의 급부가 이행되지 않는 경우에 대한 얘기를 합니다.

일반적으로 <급부가 이행되지 않아 채권자에게 손해가 발생한 경우> 채무자는 <자신의 고의나 과실에서 비롯된 것이 아님을 증명하지 못하는 한> 채무 불이행 책임을 진다. 이로 인해 채무의 내용이 바뀌는데 <원래의 급부 내용이 무엇이든> 채권자의 손해를 돈으로 물어야 하는 손해 배상 채무로 바뀐다.

건조하게 정보를 챙겨가면 될 것 같습니다. 채무자가 채무 불이행 책임을 지게 된다면, 기존의 급부는 '손해 배상 채무'로 바뀐다네요.

만약 타인이 <고의나 과실로 예약상 권리자가 가진 권리 실현을 방해했다면> 예약상 권리자는 그에게도 책임을 물을 수 있다. <법률에 의하면> <누구든> <고의나 과실에 의해 타인에게 피해를 끼치는 행위를 하고 그 행위의 위법성이 인정되면> 불법행위 책임이 성립하여, 가해자는 피해자(위의 경우에는, '예약상 권리자')에게 손해를 돈으로 배상할 채무를 지기 때문이다.

문제에서 꼼꼼하게 물어보지는 않았지만, '불법행위 책임'의 성립 요건은 '1)고의나 과실 2)타인에게 피해 3)위법성'으로 구성된다는 점을 잘 나눠서 파악하면 좋습니다. 이 요건이 다 충족되어야 불법행위 책임이 성립하는 것이죠. 이때 '타인'은 채권자(예약상 권리자)도 채무자도 아닌, 제3자를 말합니다. 누군가가 예약상 권리자의 권리 실현을 방해한다면 책임을 져야겠죠. 앞선 내용들보다는 상식으로 받아들일 수 있는 내용 같습니다.

다만 <예약상 권리자에게 예약 상대방이나 방해자 중 누구라도 손해 배상을 하면> 다른 한쪽의 배상 의무도 사라진다. 급부 내용이 동일하기 때문이다.

그런데 만약 예약의 상대방(채무자), 방해자 중 한 명이라도 손해 배상을 하면 다른 한 쪽의 배상 의무도 사라진답니다. 그 이유는 급부의 내용이 동일하기 때문이라는데, 이 급부는 손해를 돈으로 배상한다는 내용일 것입니다. 다소 생소한 내용일 수 있지만, 마지막 두 문단은 그냥 건조하게 정보들만 처리하면서 읽는다면 무난하게 지나갈 수 있을 것 같네요.

01 윗글에 대한 이해로 적절하지 않은 것은?

① 계약상의 채권은 계약이 성립하면 추가 합의가 없어도 발생하는 것이 원칙이다.
② 재화나 서비스 제공을 대상으로 하는 권리 외에 다른 형태의 권리도 존재한다.
③ 예약상 권리자는 본계약상 권리의 발생 여부를 결정할 수 있다.
④ 급부가 이행되면 채무자의 채권자에 대한 채무가 소멸된다.
⑤ 불법행위 책임은 계약의 당사자 사이에 국한된다.

정답 : ⑤

계약의 당사자가 아니더라도, 법률에 의하면 '누구든' 고의나 과실에 의해 타인에게 피해를 끼치는 행위를 하고, 그 행위의 위법성이 인정된다면 불법행위 책임을 져야 합니다. 정답 선지는 간단한 내용일치로 해결되었네요.

해설

① 원칙적으로 '계약의 성립'은 '권리 발생'의 충분조건으로 작용합니다. 따라서 권리의 일종인 채권 역시 추가 합의 없이도 발생할 수 있을 것입니다.
② '급부는 재화나 서비스 제공인 경우가 많지만 그 이외의 내용일 수도 있다'라고 말했습니다. 따라서 재화나 서비스 제공 이외를 급부로 하는 채권, 즉 권리도 존재할 것을 추론할 수 있습니다.
③ 예약상 권리자는 본계약 체결을 요구하거나, 본계약 성립 의사를 표시하는 방법으로 본계약상 권리의 발생 여부를 결정합니다.
④ 1문단에서 내용일치로 해결됩니다.

02 ㉠에 대한 이해로 가장 적절한 것은?

① 기차 탑승은 채권에 해당하고 돈을 지불하는 행위는 그 채권의 대상인 급부에 해당한다.
② 기차를 탑승하지 않는 것은 승차권 구입으로 발생한 채권에 대응하는 의무를 포기하는 것이다.
③ 기차 승차권을 미리 구입하는 것은 계약을 성립시키면서 채권의 행사 시점을 미래로 정해 두는 것이다.
④ 승차권 구입은 계약 없이 법률로 정해진 요건을 충족하여 서비스를 제공받을 권리를 발생시키는 행위이다.
⑤ 미리 돈을 지불하는 것은 미래에 필요한 기차 탑승 서비스 이용이라는 계약을 성립시킬 수 있는 권리를 확보한 것이다.

정답 : ③

일상에서의 예약인 ㉠에서는, 승차권을 미리 구입하여 계약을 성립시키면서, 기차 탑승이라는 서비스 제공을 급부로 하는 채권의 행사 시점을 미래로 정해 놓은 것입니다.

1문단에서 제시했던 '채권', '급부' 등의 개념을 집요하게 물어보는 문제입니다. 역시나 이런 문제를 빠르게 풀려면, 결국은 첫 문단을 확실히 잡고 넘어가는 것이 중요합니다.

해설

① 기차 탑승 서비스 제공을 요구할 권리가 채권이고, 기차 탑승 서비스 제공이 급부입니다.
② '의무'가 아니라 '권리'를 포기하는 것이겠죠.
④ 승차권 구입 자체가 하나의 계약입니다. 돈을 내고 기차 탑승 서비스 제공을 급부로 하는 계약을 성립시킨 것이죠.
⑤ ㉠은 일상에서의 예약이고, 즉시 계약을 하여 급부의 이행 시점만 미래로 설정한 것입니다. 지문에서는 계약의 성립 자체가 미래에 이루어지는 '법적인 의미의 예약'과 '일상에서의 예약'이 구분된다고 하였는데, 선지 ⑤는 법적인 의미의 예약에 대한 서술이므로 틀렸습니다.

03 다음은 [A]에 제시된 예를 활용하여, 예약의 유형에 따라 예약상 권리자가 요구할 수 있는 급부에 대해 정리한 것이다. ㄱ~ㄷ에 들어갈 내용을 올바르게 짝지은 것은?

구분	채권을 발생시키는 예약	예약 완결권을 발생시키는 예약
예약상 급부	ㄱ	ㄴ
본계약상 급부	ㄷ	식사 제공

	ㄱ	ㄴ	ㄷ
①	급식 계약 승낙	없음	급식 대금 지급
②	급식 계약 승낙	없음	급식 제공
③	급식 계약 승낙	식사 제공 계약 체결	급식 제공
④	없음	식사 제공 계약 체결	급식 제공
⑤	없음	식사 제공 계약 체결	급식 대금 지급

정답 : ①

ㄱ : '채권을 발생시키는 예약'에서 '채권'의 (예약상)급부 내용은 '예약상 권리자의 본계약 성립 요구에 대해 상대방이 승낙하는 것'입니다. 여기서 '예약상 권리자'는 '한 업체'고, '회사'는 '급식 계약'이라는 '본계약'을 승낙할 의무를 지닙니다.

ㄴ : 지문 해설에서 언급했듯, '예약 완결권을 발생시키는 계약'은 '예약상 급부'가 따로 존재하지 않습니다. 단지 예약상 권리자가 본계약을 성립시키겠다는 의사만 표시하면 예약상 급부 없이도 계약상의 채권이 발생하게 되죠. 따라서 ㄴ은 '없음'으로 잡아낼 수 있습니다.

ㄷ : 본계약의 급부는, 업체가 급식을 제공하면 회사가 대금을 지급한다는 내용이었고, 따라서 '예약상 권리자'인 '업체'는 회사 측에 '급식 대금 지급'이라는 본계약상의 급부를 요구할 수 있습니다.

04 윗글을 참고할 때, <보기>의 ㉮에 대한 이해로 적절하지 않은 것은?

> ──< 보기 >──
>
> 특별한 행사를 앞두고 있는 갑은 미용실을 운영하는 을과 예약을 하여 행사 당일 오전 10시에 머리 손질을 받기로 했다. 갑이 <시간에 맞춰 미용실을 방문하여 머리 손질을 요구했을 때(예약 완결권 행사)> 병이 이미 을에게 머리 손질을 받고 있었다. 갑이 예약해 둔 시간에 병이 고의로 끼어들어 위법성이 있는 행위를 하여 ㉮갑은 오전 10시에 머리 손질을 받을 수 없는 손해를 입었다.

① ㉮가 발생하는 과정에서 을의 과실이 있는 경우, 을은 갑에 대해 채무 불이행 책임이 있고 병은 갑에 대해 손해 배상 채무가 있다.

② ㉮가 발생하는 과정에서 을의 고의가 있는 경우, 을과 병은 모두 갑에게 손해 배상 채무를 지고 을이 배상을 하면 병은 갑에 대한 채무가 사라진다.

③ ㉮가 발생하는 과정에서 을에게 고의나 과실이 있는지 없는지 증명되지 않은 경우, 을과 병은 모두 갑에게 채무를 지고 그에 따른 급부의 내용은 동일하다.

④ ㉮가 발생하는 과정에서 을에게 고의나 과실이 있는지 없는지 증명되지 않은 경우, 을과 병은 모두 채무 불이행 책임을 지므로 갑에게 손해 배상 채무를 진다.

⑤ ㉮가 발생하는 과정에서 을에게 고의나 과실이 없음이 증명된 경우, 을과 달리 병에게는 갑이 입은 손해에 대해 금전으로 배상할 책임이 있다.

<보기> 해설

갑은 을과 법적인 의미의 예약을 했고, 이는 3문단의 '식당 예약' 사례와 같다고 보아도 좋습니다. 갑은 미용실에 방문하여 예약 완결권을 행사했으나, 병이 고의로 갑의 권리 실현을 방해하였으므로, 병에게 불법행위 책임이 성립하여 손해 배상 채무를 지게 될 것입니다. 이때 채무자인 을의 과실 또는 고의가 없음을 증명하지 못한다면, 을 역시 채무 불이행 책임을 지게 되어 손해 배상 채무를 지게 됩니다. 마지막 문단의 내용에 따라, 을과 병 둘 중 한 사람이 손해 배상을 한다면 다른 한쪽의 배상 의무는 사라지겠네요.

정답 : ④

을과 병 모두 갑에게 손해 배상 채무를 지는 것은 사실이지만, 병은 갑과 계약을 맺은 적이 없으므로 '채무 불이행 책임'을 진다고는 할 수 없습니다.

①, ②, ③ <보기> 해설의 내용으로 해결할 수 있겠습니다.

⑤ 만약 을의 고의 또는 과실이 없음이 증명된다면, 을은 채무 불이행 책임이 없고 따라서 채권자 갑의 손해를 배상할 손해 배상 채무도 없습니다. 이때는 병에게만 갑의 손해를 금전으로 배상할 책임이 있을 것입니다.

Comment

지문도 마찬가지지만, 이 문제가 특히 2020 9월 모의고사의 '점유/소유' 지문 <보기> 문제와 흡사합니다. 지문에서 개념들을 복잡하게 제시해 놓고, <보기>에서 상황을 주고 그 개념들을 적용시키는 유형이죠. <보기> 해설에 적혀있는 내용을 혼자 문제를 풀 때 정확히 파악하지 못했다면, 이 책에 수록된 지문들을 공부하여 독해력을 기름과 동시에, 개념과 사례를 연결하는 유형의 문제에 조금 더 익숙해질 필요가 있을 것 같습니다.

---

05 문맥상 ⓐ~ⓔ의 단어와 가장 가까운 의미로 쓰인 것은?

① ⓐ : 자신의 일에 자부심을 <u>가지는</u> 것이 중요하다.

② ⓑ : 올해 생일에는 고향 친구에게서 편지를 <u>받았다</u>.

③ ⓒ : 기차역 주변에 새로 <u>생긴</u> 상가에 가 보았다.

④ ⓓ : 나는 도서관에서 책 빌리는 방법을 <u>물어</u> 보았다.

⑤ ⓔ : 바닷가의 찬바람을 쐬니 온몸에 소름이 <u>끼쳤다</u>.

정답 : ②

① 지문의 '가지다'는 권리를 자기 것으로 함을 얘기하고, 선지의 '가지다'는 생각이나 태도를 마음에 품음을 말합니다. 이때 선지의 '가지다'는 '~에/에게 ~을' 꼴의 문형으로만 쓰인다는 점에서 형태적인 차이가 있습니다.

③ 지문의 '생기다'는 추상적, 선지의 '생기다'는 물리적입니다.

2023학년도 9월 **유류분**

사유 재산 제도하에서는 누구나 자신의 재산을 자유롭게 처분할 수 있다. 그러나 기부와 같이 어떤 재산이 대가 없이 넘어가는 무상 처분 행위가 행해졌을 때는 그 당사자인 무상 처분자와 무상 취득자의 의사와 무관하게 그 결과가 번복될 수 있다. 무상 처분자가 사망하면 상속이 개시되고, 그의 상속인들이 유류분을 반환받을 수 있는 권리인 유류분권을 행사할 수 있기 때문이다. 이때 무상 처분자는 피상속인이 되고 그의 권리와 의무는 상속인에게 이전된다.

유류분은 피상속인의 무상 처분 행위가 없었다고 가정할 때 상속인들이 상속받을 수 있었을 이익 중 법으로 보장된 부분이다. 만약 상속인이 피상속인의 자녀 한 명뿐이면, 상속받을 수 있었을 이익의 $\frac{1}{2}$만 보장된다. 상속인들이 상속받을 수 있었을 이익은 상속 개시 당시에 피상속인이 가졌던 재산의 가치에 이미 무상 취득자에게 넘어간 재산의 가치를 더하여 산정한다. 유류분은 상속인들이 기대했던 이익을 보호하기 위한 것이기 때문이다.

피상속인이 상속 개시 당시에 가졌던 재산으로부터 상속받은 이익이 있는 상속인은 유류분에 해당하는 이익의 일부만 반환받을 수 있다. 유류분에 해당하는 이익에서 이미 상속받은 이익을 뺀 값인 유류분 부족액만 반환받을 수 있기 때문이다. 유류분 부족액의 가치는 금액으로 계산되지만 항상 돈으로 반환되는 것은 아니다. 만약 무상 처분된 재산이 돈이 아니라 물건이나 주식처럼 돈 이외의 재산이라면, 처분된 재산 자체가 반환 대상이 되는 것이 원칙이다. 다만 그 재산 자체를 반환하는 것이 불가능한 때에는 무상 취득자는 돈으로 반환해야 한다. 또한 재산 자체의 반환이 가능해도 유류분권자와 무상 취득자의 합의에 의해 돈으로 반환될 수도 있다.

무상 처분된 재산이 물건이라면 유류분 반환은 어떤 형태로 이루어질까? 무상 취득자가 반환해야 할 유류분 부족액이 무상 처분된 물건의 가치보다 적다면 유류분권자는 그 물건의 가치에 상당하는 금액에서 유류분 부족액이 차지하는 비율만큼 무상 취득자로부터 반환받을 수 있다. 이로 인해 하나의 물건에 대한 소유권이 여러 명에게 나눠지는데, 이때 각자의 몫을 지분이라고 한다.

무상 처분된 물건의 시가가 변동하면 유류분 부족액을 계산할 때는 언제의 시가를 기준으로 삼아야 할까? ㉠유류분의 취지에 비추어 상속 개시 당시의 시가를 기준으로 해야 한다. 다만 그 물건의 시가 상승이 무상 취득자의 노력에서 비롯되었으면 이때는 무상 취득 당시의 시가를 기준으로 계산해야 한다. 이렇게 정해진 유류분 부족액을 근거로 반환 대상인 지분을 계산할 때는, 시가 상승의 원인이 무엇이든 상속 개시 당시의 시가를 기준으로 해야 한다.

01 윗글의 내용과 일치하지 <u>않는</u> 것은?

① 유류분권은 상속인이 아닌 사람에게는 인정되지 않는다.
② 유류분권이 보장되는 범위는 유류분 부족액의 일부에 한정된다.
③ 상속인은 상속 개시 전에는 무상 취득자에게 유류분권을 행사할 수 없다.
④ 피상속인이 생전에 다른 사람에게 판 재산은 유류분권의 대상이 될 수 없다.
⑤ 무상으로 취득한 재산에 대한 권리는 무상 취득자 자신의 의사에 반하여 제한될 수 있다.

02 윗글에 대한 이해로 가장 적절한 것은?

① 무상 처분된 재산이 물건 한 개이면 유류분권자는 그 물건 전부를 반환받는다.
② 무상 처분된 물건이 반환되는 경우 유류분 부족액이 클수록 무상 취득자의 지분이 더 커진다.
③ 무상 취득자가 무상 취득한 물건을 반환할 수 없게 되면 유류분 부족액을 지분으로 반환해야 한다.
④ 유류분권자가 유류분 부족액을 물건 대신 돈으로 반환하라고 요구하더라도 무상 취득자는 무상 취득한 물건으로 반환할 수 있다.
⑤ 무상 처분된 물건의 일부가 반환되면 무상 취득자는 그 물건의 소유권을 가지고 유류분권자는 유류분 부족액만큼의 돈을 반환받게 된다.

03 윗글을 통해 알 수 있는 ㉠의 이유로 가장 적절한 것은?

① 유류분은 피상속인이 자유롭게 처분한 재산의 일부이어야 하기 때문이다.
② 유류분은 피상속인이 재산을 무상 처분하지 않은 것으로 가정하여 산정되기 때문이다.
③ 유류분은 재산의 가치를 증가시킨 무상 취득자의 노력에 대한 보상으로 인정되는 것이기 때문이다.
④ 유류분은 피상속인의 재산에 대해 소유권을 나눠 가진 사람들 각자의 몫을 반영해야 하기 때문이다.
⑤ 유류분에 해당하는 이익의 가치가 상속 개시 전후에 걸쳐 변동되는 것을 반영해야 하기 때문이다.

04 윗글을 바탕으로 <보기>를 이해한 내용으로 적절하지 <u>않은</u> 것은? [3점]

<보기>

갑의 재산으로는 A 물건과 B 물건이 있었으며 그 외의 재산이나 채무는 없었다. 갑은 을에게 A 물건을 무상으로 넘겨주었고 그로부터 6개월 후 사망했다. 갑의 상속인으로는 갑의 자녀인 병만 있다. A 물건의 시가는 을이 A 물건을 소유하게 되었을 때는 300, 갑이 사망했을 때는 700이었다. 병은 갑이 사망한 날로부터 3개월 후에 을에게 유류분권을 행사했다. B 물건의 시가는 병이 상속받았을 때부터 병이 을에게 유류분 반환을 요구했을 때까지 100으로 동일하다.
(단, 세금, 이자 및 기타 비용은 고려하지 않음.)

① A 물건의 시가 상승이 을의 노력과 무관한 경우 유류분 부족액은 300이다.
② A 물건의 시가 상승이 을의 노력과 무관한 경우 유류분 반환의 대상은 A 물건의 $\frac{3}{7}$ 지분이다.
③ A 물건의 시가가 을의 노력으로 상승한 경우 유류분 부족액은 100이다.
④ A 물건의 시가가 을의 노력으로 상승한 경우 유류분 반환의 대상은 A 물건의 $\frac{1}{3}$ 지분이다.
⑤ A 물건의 시가가 을의 노력으로 상승한 경우와 을의 노력과 무관하게 상승한 경우 모두, 갑이 상속 개시 당시 소유했던 재산으로부터 병이 취득할 수 있는 이익은 동일하다.

사유 재산 제도하에서는 누구나 자신의 재산을 자유롭게 처분할 수 있다.

이런 구조의 문장에서는 만에 하나 '사유 재산 제도'가 무슨 뜻인지 몰랐더라도, 그냥 '누구나 자신의 재산을 자유롭게 처분할 수 있는 제도'라고 파악하면 됩니다.

그러나 기부와 같이 <어떤 재산이 대가 없이 넘어가는> 무상 처분 행위가 행해졌을 때는 <그 당사자인 무상 처분자와 무상 취득자의 의사와 무관하게> 그 결과가 번복될 수 있다.

그러나 자신의 재산을 자유롭게 처분할 수 있는 제도에서도 예외가 존재합니다. 바로 무상 처분 행위가 행해졌을 때라네요. 이때 '무상 처분자'는 무상 처분 행위의 주체, '무상 취득자'는 무상으로 처분된 그 재산을 취득한 사람이 되겠습니다.

<무상 처분자가 사망하면> 상속이 개시되고, 그의 상속인들이 유류분을 반환받을 수 있는 권리인 유류분권을 행사할 수 있기 때문이다. 이때 무상 처분자는 피상속인이 되고 그의 권리와 의무는 상속인에게 이전된다.

무상 처분 행위가 행해졌을 때, 정확히 어떤 상황에 당사자의 의사와 무관하게 결과가 번복될 수 있는지 제시됩니다. 바로 무상 처분자가 사망하여 상속이 개시되었을 때네요. 이때 무상 처분자는 상속을 당하는 사람이니 피상속인, 그리고 그의 권리와 의무를 이전받는 사람은 상속인으로 정의됩니다.

유류분은 <피상속인(=무상 처분자)의 무상 처분 행위가 없었다고 가정할 때 상속인들이 상속받을 수 있었을 이익 중> 법으로 보장된 부분이다.

요즘 지문답게 '유류분'이 포함된 문장을 먼저 서술하고, 그 다음에 유류분의 정의를 설명합니다. 원래 (무상 처분이 없었다면) 상속받았을 이익의 일부분만큼은 받을 수 있도록 법으로 보장한 것이 유류분인가 보네요. 상속받을 수 있는 이익을 법으로 보장해 주는 것이 유류

분이라고 이해하고, 다음으로 넘어갑시다.

만약 상속인이 피상속인의 자녀 한 명뿐이면, (무상 처분 행위가 없었다고 가정할 때) 상속받을 수 있었을 이익의 $\frac{1}{2}$만 보장된다. 상속인들이 (무상 처분 행위가 없었다고 가정할 때) 상속받을 수 있었을 이익은 <상속 개시 당시에> 피상속인(=무상 처분자)이 가졌던 재산의 가치에 이미 무상 취득자에게 넘어간 재산의 가치를 더하여 산정한다. 유류분은 상속인들이 기대했던 이익을 보호하기 위한 것이기 때문이다.

한 명의 자녀만 상속인일 때, 유류분은 무상 처분 행위가 없었을 경우에 받았을 이익의 1/2로 산정됩니다. 그 뒤에는 '무상 처분 행위가 없었을 경우에 받았을 이익'을 어떻게 계산하냐는 얘기가 나와요. 그 값은 상속 개시 당시(무상 처분자 사망 시점)에 피상속인이 가진 재산 + 무상 처분 행위로 넘어간 재산으로 계산됩니다. 이제 여기에 1/2을 곱하면 한 명의 자녀가 상속인일 때 받을 유류분이 나오는 것이죠.

이렇게 유류분을 산정하는 이유는, '상속인들이 기대했던 이익을 보호'하기 위해서랍니다. 상속인들이 기대했던 이익은 곧 무상 처분 행위가 없었을 경우에 있었을 이익을 말하는 것일 텝니다.

피상속인이 상속 개시 당시에 가졌던 재산으로부터 상속받은 이익이 있는 상속인은 유류분에 해당하는 이익의 일부만 반환받을 수 있다. 유류분에 해당하는 이익에서 이미 상속받은 이익을 뺀 값인 유류분 부족액만 반환받을 수 있기 때문이다.

사실 생각해 보면 당연한 내용입니다. 유류분은 '상속 개시 당시에 피상속인에게 있었던 재산' + '무상 처분된 재산'에 일정 비율을 곱한 것으로 계산되는데, 상속 개시 당시에 이미 이익을 상속받은 경우에는 그 값만큼 유류분에서 빼야 할 것입니다. 그렇게 빼고 남은 값이 유류분 부족액이라네요.

유류분 부족액의 가치는 금액으로 계산되지만 항상 돈으로 반환되는 것은 아니다. 만약 무상 처분된 재산이 돈이 아니라 물건이나 주식처럼 돈 이외의 재산이라면, 처분된 재산 자체가 반환 대상이 되는 것이 원칙이다. 다만 <그 재산 자체를 반환하는 것이 불가능한 때에는> 무상 취득자는 돈으로 반환해야 한다. 또한 <재산 자체의 반환이 가능해도> 유류분권자와 무상 취득자의 합의에 의해 돈으로 반환될 수도 있다.

유류분 부족액의 가치를 계산하는 것이 앞선 내용이었고, 여기서는 그 유류분 부족액을 어떻게 반환하느냐에 대한 내용이 나옵니다. 일단은 그 재산 자체를 반환하는 것이 원칙인데, 불가능한 경우 돈으로 반환한다고 합니다. 또, 재산 자체를 반환할 수 있는 상황이라 해도 유류분권자(상속인)와 무상 취득자가 합의하면 돈으로 반환할 수도 있다네요.

<무상 처분된 재산이 물건이라면> 유류분 반환은 어떤 형태로 이루어질까? <무상 취득자가 반환해야 할 유류분 부족액이 무상 처분된 물건의 가치보다 적다면> 유류분권자는 그 물건의 가치에 상당하는 금액에서 유류분 부족액이 차지하는 비율만큼 무상 취득자로부터 반환받을 수 있다. 이로 인해 하나의 물건에 대한 소유권이 여러 명에게 나눠지는데, 이때 각자의 몫을 지분이라고 한다.

유류분 부족액만큼은 법이 보장해 주는 것인데, 여기서는 '지분'이 형성되는 케이스가 나옵니다. 만약 유류분 부족액이 100만원인데, 무상 처분된 물건의 가치가 200만원이라고 해봅시다. 이때 법은 상속인에게 100만원만큼의 상속만을 보장하고 있기 때문에, 무상 처분된 물건을 무상 취득자한테 달라고 할 수가 없어요. 그렇다면, 그 물건 자체를 돌려받는 대신 그 물건에서 100만원 만큼의 지분을 나눠받는 것입니다. 이때 상속인이 1/2, 무상 취득자가 1/2의 지분을 갖게 되겠죠.

<무상 처분된 물건의 시가가 변동하면> 유류분 부족액을 계산할 때는 언제의 시가를 기준으로 삼아야 할까? ㉠<유류분의 취지에 비추어> 상속 개시 당시의 시가를 기준으로 해야 한다.

앞서 계산한 유류분 부족액의 값은 물건의 가격을 고려하여 계산되었는데, 물건의 가격이 계속 변동한다면 어떤 시점의 가격을 기준으로 삼아야 하는지가 자연스러운 의문으로 제기됩니다. 지문은 유류분의 취지를 언급하며, 상속 개시(피상속인 사망) 당시의 시가를 기준으로 해야 한다고 말하네요. 유류분의 취지가 무엇이었는지는 앞서 나왔습니다. '상속인들이 기대했던 이익을 보호하기 위한 것'이었죠. 이때 '상속인들이 기대했던 이익'은 무상 처분이 없었다면 받았으리라고 기대했을 이익을 말하는 것이고, 무상 처분된 물건의 가격이 엄청 오르거나 내려갈 것이라고 기대하지는 못했을 것입니다. 따라서 사망 당시의 시가를 기준으로, 가격의 상승이나 하락을 고려하지는 않는 것이 맞다는 얘기입니다.

다만 <그 물건의 시가 상승이 무상 취득자의 노력에서 비롯되었으면> 이때는 무상 취득 당시의 시가를 기준으로 계산해야 한다.

원칙적으로는 상속 개시 당시의 시가를 기준으로 해야 하지만, 무상 취득자가 노력을 통해 취득한 물건의 가치를 높였다면, 그의 노력을 고려하여 무상 취득 당시의 시가를 기준으로 계산합니다. 앞선 맥락과 마찬가지로, 상속인들이 기대했던 이익에 무상 취득자의 노력으로 인한 이익은 포함되지 않을 것이기 때문이에요.

이렇게 정해진 유류분 부족액을 근거로 반환 대상인 지분을 계산할 때는, <시가 상승의 원인이 무엇이든> 상속 개시 당시의 시가를 기준으로 해야 한다.

앞서 두 케이스가 나왔습니다. 첫째는 일반적인 경우 유류분 부족액을 상속 개시 시점으로 계산하는 것이었고, 둘째는 특수한 경우 유류분 부족액을 무상 취득 당시의 시가를 기준으로 계산하는 것이었습니다. 그런데 '(유류분 부족액)/(물건 금액)'으로 지분을 계산할 때는 '물건 금액'을 반드시 상속 개시 당시의 시가를 기준으로 해야 한다고 합니다. '시가 상승의 원인이 무엇이든'이라고 했으니, 무상 취득자의 노력으로 인해 시가가 상승했을 때에도 적용되는 거예요!

01 윗글의 내용과 일치하지 않는 것은?

① 유류분권은 상속인이 아닌 사람에게는 인정되지 않는다.
② 유류분권이 보장되는 범위는 유류분 부족액의 일부에 한정된다.
③ 상속인은 상속 개시 전에는 무상 취득자에게 유류분권을 행사할 수 없다.
④ 피상속인이 생전에 다른 사람에게 판 재산은 유류분권의 대상이 될 수 없다.
⑤ 무상으로 취득한 재산에 대한 권리는 무상 취득자 자신의 의사에 반하여 제한될 수 있다.

'유류분 부족액' 자체가 유류분의 일부이고, 유류분권은 '유류분 부족액' 전체에 대하여 보장됩니다.

해설

① 애초에 상속인이 상속받을 수 있었던 부분 중 일부로 정의되기에, 상속인이 아닌 사람에게는 인정할 수 없습니다.
③ 당연합니다. 피상속인이 사망하지도 않았는데 벌써부터 상속 개시 이후에 형성되는 권리인 유류분권을 행사할 수는 없습니다.
④ '판' 것은 무상 처분이 아니기에, 유류분권의 대상이 될 수 없을 겁니다.
⑤ 무상 취득자가 아무리 무상 취득한 물건을 계속 가지고 싶다고 해도, 법이 유류분 부족액만큼을 상속인에게 돌려주라고 시킨다면 무상 취득자 자신의 의사에 반하여 제한되는 것입니다.

02 윗글에 대한 이해로 가장 적절한 것은?

① 무상 처분된 재산이 물건 한 개이면 유류분권자는 그 물건 전부를 반환받는다.
② 무상 처분된 물건이 반환되는 경우 유류분 부족액이 클수록 무상 취득자의 지분이 더 커진다.
③ 무상 취득자가 무상 취득한 물건을 반환할 수 없게 되면 유류분 부족액을 지분으로 반환해야 한다.
④ 유류분권자가 유류분 부족액을 물건 대신 돈으로 반환하라고 요구하더라도 무상 취득자는 무상 취득한 물건으로 반환할 수 있다.
⑤ 무상 처분된 물건의 일부가 반환되면 무상 취득자는 그 물건의 소유권을 가지고 유류분권자는 유류분 부족액만큼의 돈을 반환받게 된다.

원칙이 물건 자체를 반환 대상으로 하는 것이기 때문에, 유류분권자가 돈으로 달라고 해도 무상 취득자가 원칙에 반해서 돈으로 돌려줄 의무는 없습니다. 둘이 합의를 하는 경우에만 가능한 일이죠.

해설

① 무상 처분된 재산이 물건 한 개라도, 그것이 유류분 부족액보다 큰 금액의 물건이라면 그중 일부의 지분만을 반환받을 수 있습니다.
② '무상 취득자'의 지분이 아니라, 유류분권자의 지분이 더 커지게 됩니다.
③ 물건 자체를 반환하는 것이 불가능하다면 돈으로 반환해야 합니다. 지분으로 반환하는 것이 아니라요.
⑤ 물건의 일부가 반환되었다는 것은 곧 지분을 반환받았다는 얘기고, 이미 지분을 반환받았다면 유류분권자는 따로 돈을 더 반환받을 수는 없습니다.

03 윗글을 통해 알 수 있는 ⊙유류분의 취지에 비추어 상속 개시 당시의 시가를 기준으로 해야 한다.의 이유로 가장 적절한 것은?

① 유류분은 피상속인이 자유롭게 처분한 재산의 일부이어야 하기 때문이다.
② 유류분은 피상속인이 재산을 무상 처분하지 않은 것으로 가정하여 산정되기 때문이다.
③ 유류분은 재산의 가치를 증가시킨 무상 취득자의 노력에 대한 보상으로 인정되는 것이기 때문이다.
④ 유류분은 피상속인의 재산에 대해 소유권을 나눠 가진 사람들 각자의 몫을 반영해야 하기 때문이다.
⑤ 유류분에 해당하는 이익의 가치가 상속 개시 전후에 걸쳐 변동되는 것을 반영해야 하기 때문이다.

정답 : ②

유류분의 취지는 '상속인들이 기대했던 이익을 보호하기 위한 것'이고, 그들이 기대했던 이익은 무상 처분 행위가 없었다고 가정할 때 상속받을 수 있었을 이익과 같습니다. 따라서, 유류분은 피상속인이 재산을 무상 처분하지 않은 것으로 가정하여 산정하고, 재산은 상속인들이 원래 상속 개시 시점에 받았을 것으로 기대되는 이익만큼으로 산정될 것이므로 당시의 시가를 기준으로 해야 합니다.

해설

① 유류분은 오히려 피상속인이 자신의 재산을 처분할 자유를 제한하는 것입니다.
③ 유류분은 무상 취득자를 위한 것이 아니라, 상속인의 이익을 보호하기 위한 것입니다.
④ '시가'와 관련된 내용을 찾아볼 수 없는 선지입니다.
⑤ 가치가 상속 개시 전후에 걸쳐 변동되는 것을 반영하지 않습니다. 오히려 ⊙은 '상속인들이 기대했던 이익'을 보호하기 위해 가치의 평가 시점을 상속 개시 시점으로 고정시켜야 한다는 얘기를 하고 있습니다.

04 윗글을 바탕으로 <보기>를 이해한 내용으로 적절하지 않은 것은? [3점]

< 보기 >

갑의 재산으로는 A 물건과 B 물건이 있었으며 그 외의 재산이나 채무는 없었다. 갑은 을에게 A 물건을 무상으로 넘겨주었고 그로부터 6개월 후 사망했다. 갑의 상속인으로는 갑의 자녀인 병만 있다. A 물건의 시가는 을이 A 물건을 소유하게 되었을 때는 300, 갑이 사망했을 때는 700이었다. 병은 갑이 사망한 날로부터 3개월 후에 을에게 유류분권을 행사했다. B 물건의 시가는 병이 상속받았을 때부터 병이 을에게 유류분 반환을 요구했을 때까지 100으로 동일하다.
(단, 세금, 이자 및 기타 비용은 고려하지 않음.)

① A 물건의 시가 상승이 을의 노력과 무관한 경우 유류분 부족액은 300이다.
② A 물건의 시가 상승이 을의 노력과 무관한 경우 유류분 반환의 대상은 A 물건의 $\frac{3}{7}$ 지분이다.
③ A 물건의 시가가 을의 노력으로 상승한 경우 유류분 부족액은 100이다.
④ A 물건의 시가가 을의 노력으로 상승한 경우 유류분 반환의 대상은 A 물건의 $\frac{1}{3}$ 지분이다.
⑤ A 물건의 시가가 을의 노력으로 상승한 경우와 을의 노력과 무관하게 상승한 경우 모두, 갑이 상속 개시 당시 소유했던 재산으로부터 병이 취득할 수 있는 이익은 동일하다.

1. A 물건의 시가 상승이 을의 노력과 무관한 경우

유류분

$= \dfrac{1}{2} \times$ (상속 개시 당시에 피상속인이 가졌던 재산의 가치 + 무상 취득자에게 넘어간 재산의 <u>상속 개시 당시의 가치</u>)

$= \dfrac{1}{2} \times (100 + 700) = 400$

유류분 부족액

= 유류분 - 이미 상속받은 재산의 가치

= 400 - 100 = 300

2. A 물건의 시가 상승이 을의 노력에 의한 경우

유류분

$= \dfrac{1}{2} \times$ (상속 개시 당시에 피상속인이 가졌던 재산의 가치 + 무상 취득자에게 넘어간 재산의 <u>취득 당시의 가치</u>)

$= \dfrac{1}{2} \times (100 + 300) = 200$

유류분 부족액

= 유류분 - 이미 상속받은 재산의 가치

= 200 - 100 = 100

정답 : ④

이 경우 유류분 부족액은 100이고, 유류분 부족액보다 비싼 물건을 반환하는 경우에는 물건의 지분을 넘겨주도록 되어 있습니다. 그리고 <u>지분을 계산할 때에는 무조건 상속 개시 당시의 시가가 기준</u>이죠. 따라서 <u>700의 가치를 지닌 물건 중 100만큼의 지분</u>을 갖게 되므로, 유류분 반환의 대상은 A 물건의 $\dfrac{1}{7}$ 지분입니다.

해설

⑤ 두 경우에서 각각 유류분은 400, 200이었고, B 물건의 가치는 100이므로 두 경우 모두 B는 전체를 상속받을 수 있습니다. A 물건의 지분을 얼마나 받는지만 다른 것이죠.

2023학년도 대학수학능력시험 **불확정 개념**

법령의 조문은 대개 'A에 해당하면 B를 해야 한다.'처럼 요건과 효과로 구성된 조건문으로 규정된다. 하지만 그 요건이나 효과가 항상 일의적인 것은 아니다. 법조문에는 구체적 상황을 고려해야 그 상황에 ⓐ맞는 진정한 의미가 파악되는 불확정 개념이 사용될 수 있기 때문이다. 개인 간 법률관계를 규율하는 민법에서 불확정 개념이 사용된 예로 '손해 배상 예정액이 부당히 과다한 경우에는 법원은 적당히 감액할 수 있다.'라는 조문을 ⓑ들 수 있다. 이때 법원은 요건과 효과를 재량으로 판단할 수 있다. 손해 배상 예정액은 위약금의 일종이며, 계약 위반에 대한 제재인 위약벌도 위약금에 속한다. 위약금의 성격이 둘 중 무엇인지 증명되지 못하면 손해 배상 예정액으로 다루어진다.

채무자의 잘못으로 계약 내용이 실현되지 못하여 계약 위반이 발생하면, 이로 인해 손해를 입은 채권자가 손해 액수를 증명해야 그 액수만큼 손해 배상금을 받을 수 있다. 그러나 손해 배상 예정액이 정해져 있었다면 채권자는 손해 액수를 증명하지 않아도 손해 배상 예정액만큼 손해 배상금을 받을 수 있다. 이때 손해 액수가 얼마로 증명되든 손해 배상 예정액보다 더 받을 수는 없다. 한편 위약금이 위약벌임이 증명되면 채권자는 위약벌에 해당하는 위약금을 ⓒ받을 수 있고, 손해 배상 예정액과는 달리 법원이 감액할 수 없다. 이때 채권자가 손해 액수를 증명하면 손해 배상금도 받을 수 있다.

불확정 개념은 행정 법령에도 사용된다. 행정 법령은 행정청이 구체적 사실에 대해 행하는 법 집행인 행정 작용을 규율한다. 법령상 요건이 충족되면 그 효과로서 행정청이 반드시 해야 하는 특정 내용의 행정 작용은 기속 행위이다. 반면 법령상 요건이 충족되더라도 그 효과인 행정 작용의 구체적 내용을 ⓓ고를 수 있는 재량이 행정청에 주어져 있을 때, 이러한 재량을 행사하는 행정 작용은 재량 행위이다. 법령에서 불확정 개념이 사용되면 이에 근거한 행정 작용은 대개 재량 행위이다.

행정청은 재량으로 재량 행사의 기준을 명확히 정할 수 있는데 이 기준을 ㉠재량 준칙이라 한다. 재량 준칙은 법령이 아니므로 재량 준칙대로 재량을 행사하지 않아도 근거 법령 위반은 아니다. 다만 특정 요건하에 재량 준칙대로 특정한 내용의 적법한 행정 작용이 반복되어 행정 관행이 생긴 후에는, 같은 요건이 충족되면 행정청은 동일한 내용의 행정 작용을 해야 한다. 행정청은 평등 원칙을 ⓔ지켜야 하기 때문이다.

01 윗글의 내용과 일치하지 <u>않는</u> 것은?

① 법령의 요건과 효과에는 모두 불확정 개념이 사용될 수 있다.
② 법원은 불확정 개념이 사용된 법령을 적용할 때 재량을 행사할 수 있다.
③ 불확정 개념이 사용된 법령의 진정한 의미를 이해하려면 구체적 상황을 고려해야 한다.
④ 불확정 개념이 사용된 행정 법령에 근거한 행정 작용은 재량 행위인 경우보다 기속 행위인 경우가 많다.
⑤ 불확정 개념은 행정청이 행하는 법 집행 작용을 규율하는 법령과 개인 간의 계약 관계를 규율하는 법률에 모두 사용된다.

02 ㉠에 대한 이해로 가장 적절한 것은?

① 재량 준칙은 법령이 아니기 때문에 일의적이지 않은 개념으로 규정된다.
② 재량 준칙으로 정해진 내용대로 재량을 행사하는 행정 작용은 기속 행위이다.
③ 재량 준칙으로 규정된 재량 행사 기준은 반복되어 온 적법한 행정 작용의 내용대로 정해져야 한다.
④ 재량 준칙이 정해져야 행정청은 특정 요건하에 행정 작용의 구체적 내용을 선택할 수 있는 재량을 행사할 수 있다.
⑤ 재량 준칙이 특정 요건에서 적용된 선례가 없으면 행정청은 동일한 요건이 충족되어도 행정 작용을 할 때 재량 준칙을 따르지 않을 수 있다.

03 윗글을 바탕으로 <보기>를 이해한 내용으로 가장 적절한 것은? [3점]

> **< 보기 >**
>
> 갑은 을에게 물건을 팔고 그 대가로 100을 받기로 하는 매매 계약을 했다. 그 후 갑이 계약을 위반하여 을은 80의 손해를 입었다. 이와 관련하여 세 가지 상황이 있다고 하자.
>
> (가) 갑과 을 사이에 위약금 약정이 없었다.
> (나) 갑이 을에게 위약금 100을 약정했고, 위약금의 성격이 무엇인지 증명되지 못했다.
> (다) 갑이 을에게 위약금 100을 약정했고, 위약금의 성격이 위약벌임이 증명되었다.
>
> (단, 위의 모든 상황에서 세금, 이자 및 기타 비용은 고려하지 않음.)

① (가)에서 을의 손해가 얼마인지 증명되지 못한 경우에도, 갑이 을에게 80을 지급해야 하고 법원이 감액할 수 없다.

② (나)에서 을의 손해가 80임이 증명된 경우, 갑이 을에게 100을 지급해야 하고 법원이 감액할 수 있다.

③ (나)에서 을의 손해가 얼마인지 증명되지 못한 경우, 갑이 을에게 100을 지급해야 하고 법원이 감액할 수 없다.

④ (다)에서 을의 손해가 80임이 증명된 경우, 갑이 을에게 180을 지급해야 하고 법원이 감액할 수 있다.

⑤ (다)에서 을의 손해가 얼마인지 증명되지 못한 경우, 갑이 을에게 80을 지급해야 하고 법원이 감액할 수 없다.

04 문맥상 ⓐ~ⓔ의 의미와 가장 가까운 것은?

① ⓐ : 이것이 네가 찾는 자료가 <u>맞는지</u> 확인해 보아라.

② ⓑ : 그 부부는 노후 대책으로 적금을 <u>들고</u> 안심했다.

③ ⓒ : 그의 파격적인 주장은 학계의 큰 주목을 <u>받았다</u>.

④ ⓓ : 형은 땀 흘려 울퉁불퉁한 땅을 평평하게 <u>골랐다</u>.

⑤ ⓔ : 그분은 우리에게 한 약속을 반드시 <u>지킬</u> 것이다.

법령의 조문은 대개 'A에 해당하면 B를 해야 한다.'처럼 요건과 효과로 구성된 조건문으로 규정된다.

이 첫 문장을 읽을 때 가장 상식적인 태도는 'A에 해당하면 B를 해야 한다'라는 예시에서 무엇이 '요건'이고, 무엇이 '효과'인지 파악하는 것입니다. '~처럼'이라는 격조사가 사용되었으니, 저 조건문 안에 요건과 효과가 모두 들어있다는 것이죠. 각각의 사전적 의미를 고려하면, 'A에 해당하면'이 '요건', 'B를 해야 한다'가 '효과'라고 판단할 수 있겠습니다.

하지만 그 요건이나 효과가 항상 일의적인 것은 아니다. 법조문에는 <구체적 상황을 고려해야> 그 상황에 맞는 진정한 의미가 파악되는 불확정 개념이 사용될 수 있기 때문이다.

'일의적'의 의미를 모르면 이해가 어려웠을 것 같은데, '하나의 뜻으로 고정된 것은 아니다' 정도로 이해하면 되는 어휘입니다. 물론 거시 독해를 활용한다면, '일의적이지 않음'을 뒤의 '불확정 개념'과 연결하여 '확정되지 않음'으로 이해할 수 있었겠죠. 일의적이지 않을 수 있는 이유는, 상황에 따라 의미가 다르게 파악되는 '불확정 개념'이라는 것이 사용되기 때문입니다. '불확정 개념'이 사용될 경우, 요건이나 효과는 구체적 상황을 고려하여 의미가 다르게 해석됩니다.

(개인 간 법률관계를 규율하는) 민법에서 불확정 개념이 사용된 예로 '손해 배상 예정액이 부당히 과다한 경우에는 법원은 적당히 감액할 수 있다.'라는 조문을 들 수 있다. 이때 법원은 요건과 효과를 재량으로 판단할 수 있다.

민법이 '개인 간 법률관계를 규율'한다는 정보도 챙깁시다. 중요한 것은 앞서 나온 '불확정 개념'의 정의와 예시를 연결하는 것인데, 여기서 '요건'은 '손해 배상 예정액이 부당히 과다한 경우'이고, '효과'는 '적당히 감액할 수 있다'입니다. 딱 봐도, '부당히 과다', '적당히 감액' 같은 모호한 표현은 일의적이지 않아 보입니다. 이런 경우에는 법원이 구체적 상황을 고려해서, 재량껏 '부당히 과다', '적당히 감액'의 의미를 판단하는 것이죠.

손해 배상 예정액은 위약금의 일종이며, (계약 위반에 대한 제재인) 위약벌도 위약금에 속한다. 위약금의 성격이 둘 중 무엇인지 증명되지 못하면 손해 배상 예정액으로 다루어진다.

'위약금'에는 '손해 배상 예정액'과 '위약벌' 두 종류가 있고, 둘 중 어떤 것인지 증명되지 못한 위약금은 '손해 배상 예정액'으로 취급한다고 하네요.

<채무자의 잘못으로 계약 내용이 실현되지 못하여 계약 위반이 발생하면,> <이로 인해 손해를 입은 채권자가 손해 액수를 증명해야> 그 액수만큼 손해 배상금을 받을 수 있다. 그러나 손해 배상 예정액이 정해져 있었다면 채권자는 손해 액수를 증명하지 않아도 손해 배상 예정액만큼 손해 배상금을 받을 수 있다. 이때 손해 액수가 얼마로 증명되든 손해 배상 예정액보다 더 받을 수는 없다.

평가원은 '채권', '채무'를 당연히 알아야 하는 단어로 상정하여, 이에 대한 충분한 설명을 하지 않았습니다. '채권', '채무'는 다른 기출 법 지문에도 여럿 등장했기 때문에, 이런 기본적인 법 개념은 나올 때마다 상식으로 알아 두어야 합니다.

손해 배상 예정액이 정해져 있지 않을 때, 채권자는 손해 액수를 증명해야만 그만큼 손해 배상금을 받을 수 있습니다. 반대로 손해 배상 예정액이 정해져 있다면, 손해 액수에 대한 증명은 필요하지 않고, 딱 그만큼만 손해 배상금을 받을 수 있습니다.

한편 <위약금이 위약벌임이 증명되면> 채권자는 위약벌에 해당하는 위약금을 받을 수 있고, <손해 배상 예정액과는 달리> 법원이 감액할 수 없다. 이때 <채권자가 손해 액수를 증명하면> 손해 배상금도 받을 수 있다.

앞서 위약금이 손해 배상 예정액으로 다뤄지는 상황을 설명했다면, 이번에는 위약금이 위약벌임이 증명된 상황을 소개합니다. 이때는 앞선 조문이 다루는 '손해 배상 예정액'이 아니기 때문에 법원은 감액할 수 없습니다. 또한 손해 액수가 증명되지 않아도 위약벌에 해당하는 위약금은 받을 수 있고, 만약 증명되면 손해 배상금까지 받을 수 있습니다.

불확정 개념은 <u>행정 법령에도</u> 사용된다. 행정 법령은 (행정청이 구체적 사실에 대해 행하는 법 집행인) 행정 작용을 규율한다.

지금까지는 '민법'에서 불확정 개념이 사용되는 사례를 들었다면, 여기서는 '행정 법령'에서 불확정 개념이 사용되는 사례를 제시합니다. 여기서의 주체는 '행정청'이라는 점이 특징적이네요.

<법령상 요건이 충족되면> 그 효과로서 행정청이 <u>반드시 해야 하는</u> 특정 내용의 행정 작용은 기속 행위이다. 반면 <법령상 요건이 충족되더라도> <그 효과인 행정 작용의 <u>구체적 내용을 고를 수 있는 재량이 행정청에 주어져 있을 때,</u>> 이러한 재량을 행사하는 행정 작용은 재량 행위이다. 법령에서 불확정 개념이 사용되면 이에 근거한 행정 작용은 대개 재량 행위이다.

'기속 행위'와 '재량 행위'라는 개념이 제시되었습니다. 이 개념은 나중에 또 수능에서 나올 수 있으니 알아두는 것이 좋을 듯합니다. '요건'이 충족되면 무조건 해야 하는 행정 작용이 기속 행위, 요건이 충족되어도 내용을 고를 수 있는 행정 작용은 재량 행위입니다. 그리고 '불확정 개념'이 사용된 법령에 근거한 행정 작용은 대개 재량 행위라고 하는데, '불확정 개념' 역시 '구체적 상황'을 고려해 의미를 재량으로 판단하는 것이었음을 고려하면 쉽게 납득할 수 있는 내용으로 보입니다.

행정청은 <재량으로> 재량 행사의 기준을 명확히 정할 수 있는데 이 기준을 재량 준칙이라 한다. <재량 준칙은 법령이 아니므로> 재량 준칙대로 재량을 행사하지 않아도 근거 법령 위반은 아니다.

그런데, 재량 행위를 함에 있어 그 기준을 명확히 만드는 경우도 있고, 그 기준을 '재량 준칙'이라고 합니다. 어떤 식으로 재량을 행사하겠다는 재량 준칙이 있더라도, 그 재량 준칙은 법령은 아니기 때문에 딱히 재량 준칙을 지키지 않아도 법령을 위반하는 것은 아니라고 하네요.

다만 <특정 요건하에 재량 준칙대로 특정한 내용의 적법한 행정 작용이 반복되어 행정 관행이 생긴 후에는,> 같은 요건이 충족되면 행정청은 동일한 내용의 행정 작용을 해야 한다. 행정청은 평등 원칙을 지켜야 하기 때문이다.

그런데, 어떤 '특정 요건'이 있을 때 행정청이 꾸준히 일정한 재량 준칙에 따라서 행정관행이 이루어지게 될 경우, 같은 요건(특정 요건)이 충족되면 반드시 이전과 같은 행정 작용을 해야 한다고 합니다. '평등 원칙'이 있기 때문이죠. 그동안은 쭉 어떠어떠한 방식으로 행정청이 행정 작용을 했는데, 특정인에게만 다른 방식으로 행정 작용을 한다면 평등 원칙에 위배되는 겁니다.

01 윗글의 내용과 일치하지 않는 것은?

① 법령의 요건과 효과에는 모두 불확정 개념이 사용될 수 있다.
② 법원은 불확정 개념이 사용된 법령을 적용할 때 재량을 행사할 수 있다.
③ 불확정 개념이 사용된 법령의 진정한 의미를 이해하려면 구체적 상황을 고려해야 한다.
④ 불확정 개념이 사용된 행정 법령에 근거한 행정 작용은 재량 행위인 경우보다 기속 행위인 경우가 많다.
⑤ 불확정 개념은 행정청이 행하는 법 집행 작용을 규율하는 법령과 개인 간의 계약 관계를 규율하는 법률에 모두 사용된다.

> **정답: ④**

'법령에서 불확정 개념이 사용되면 이에 근거한 행정 작용은 대개 재량 행위'라고 했습니다. '대개 재량 행위'이니, 기속 행위인 경우가 더 많다고 판단할 수 없습니다.

> **해설**

① 가령 '부당히 과다한 경우' 같은 요건이나, '적당히 감액할 수 있다' 같은 효과 모두 불확정 개념이 사용된 예시였습니다. 지문에서도 불확정 개념이 사용된 경우 '요건과 효과를 재량으로 판단할 수 있다'라고 하였죠.
⑤ '행정청이 행하는 법 집행 작용을 규율하는 법령'은 '행정 법령'이고, '개인 간의 계약 관계를 규율하는 법률'은 '민법'입니다. 지문은 둘 모두에서 불확정 개념이 사용되는 사례를 제시했습니다.

02 ㉠재량 준칙에 대한 이해로 가장 적절한 것은?

① 재량 준칙은 법령이 아니기 때문에 일의적이지 않은 개념으로 규정된다.
② 재량 준칙으로 정해진 내용대로 재량을 행사하는 행정 작용은 기속 행위이다.
③ 재량 준칙으로 규정된 재량 행사 기준은 반복되어 온 적법한 행정 작용의 내용대로 정해져야 한다.
④ 재량 준칙이 정해져야 행정청은 특정 요건하에 행정 작용의 구체적 내용을 선택할 수 있는 재량을 행사할 수 있다.
⑤ 재량 준칙이 특정 요건에서 적용된 선례가 없으면 행정청은 동일한 요건이 충족되어도 행정 작용을 할 때 재량 준칙을 따르지 않을 수 있다.

> **정답: ⑤**

선례가 없다면, '행정 관행'도 없는 것입니다. 그렇다면 행정청은 재량 준칙을 따르지 않아도 됩니다.

> **해설**

① 재량 준칙이 법령이 아닌 것은 맞습니다. 그러나 '명확한 기준'인 재량 준칙이 '일의적이지 않은 개념으로 규정'된 것이라고 볼 수 없습니다. 오히려, 재량 준칙, 불확정 개념이 '일의적이지 않은 개념'이기에 그 점을 보완하고자 재량 준칙을 만드는 것인데, 재량 준칙이 일의적이지 않다면 그 의미가 퇴색됩니다. 무엇보다도, 지문에서 법령에서도 불확정 개념이 사용될 수 있음을 알려주었고, 따라서 '법령이 아니기 때문에 일의적이지 않은 개념으로 규정된다'라는 말 자체가 잘못된 것이기도 합니다.
② '재량 준칙'의 정의 자체가 '재량 행사의 기준'이므로, 재량 준칙이 적용되는 행정 작용은 어디까지나 재량 행위일 수밖에 없습니다. 그리고 사실, '기속 행위'는 요건이 충족되면 '반드시' 해야 하는 것인 반면, 재량 준칙이 있더라도 그 내용은 '반드시' 해야 하는 것은 아니기 때문에 쉽게 둘이 다름을 판단할 수 있습니다.
③ '재량 준칙으로 규정된 재량 행사 기준'을 어떻게 정해야 한다고 얘기한 적은 없습니다. 선지를 옳게 고치면 '재량 준칙으로 규정된 재량 행사 기준대로 적법한 행정 작용이 반복되면 그 준칙을 지켜야 한다' 정도가 되겠습니다. 이런 식으로 지문에 나온 어구들을 짜깁기한 선지의 경우, 지문을 날려 읽은 학생들이 쉽게 옳다고 판단할 수 있습니다.
④ 재량 준칙이 없어도 재량 행위를 할 수 있습니다.

03 윗글을 바탕으로 <보기>를 이해한 내용으로 가장 적절한 것은? [3점]

<보기>

　갑은 을에게 물건을 팔고 그 대가로 100을 받기로 하는 매매 계약을 했다. 그 후 갑(=계약 위반으로 상대방에게 손해를 끼친 채무자)이 계약을 위반하여 을(=손해를 입은 채권자)은 80의 손해를 입었다.

(가) 갑과 을 사이에 위약금 약정이 없었다.
(나) 갑이 을에게 위약금 100을 약정했고, 위약금의 성격이 <u>무엇인지 증명되지 못했다.</u> ⇒ 손해 배상 예정액으로 다루어질 것.
(다) 갑이 을에게 위약금 100을 약정했고, 위약금의 성격이 위약벌임이 증명되었다. ⇒ 위약벌로 다루어질 것.

(단, 위의 모든 상황에서 세금, 이자 및 기타 비용은 고려하지 않음.)

① (가)에서 을의 손해가 얼마인지 증명되지 못한 경우에도, 갑이 을에게 80을 지급해야 하고 법원이 감액할 수 없다.
② (나)에서 을의 손해가 80임이 증명된 경우, 갑이 을에게 100을 지급해야 하고 법원이 감액할 수 있다.
③ (나)에서 을의 손해가 얼마인지 증명되지 못한 경우, 갑이 을에게 100을 지급해야 하고 법원이 감액할 수 없다.
④ (다)에서 을의 손해가 80임이 증명된 경우, 갑이 을에게 180을 지급해야 하고 법원이 감액할 수 있다.
⑤ (다)에서 을의 손해가 얼마인지 증명되지 못한 경우, 갑이 을에게 80을 지급해야 하고 법원이 감액할 수 없다.

것이 손해 배상 예정액인 이상 법원은 이 금액이 '부당히 과다'하다고 판단하는 경우 '적당히 감액'할 수 있습니다.
④ 위약금의 성격이 위약벌임이 증명되었으므로, 을은 일단 100의 위약금을 받을 수 있고, 손해가 80임을 추가로 증명하는 경우 총 180을 갑에게 지급받을 수 있습니다. 그러나 위약벌의 경우에는 법원이 이를 감액할 수 없습니다.
⑤ 위약금의 성격이 위약벌임이 증명된 이상, 채권자 을은 위약벌에 해당하는 100을 갑으로부터 지급받을 수 있습니다.

정답: ②

지문에서는 위약금의 성격이 무엇인지 증명되지 못하면 손해 배상 예정액으로 다루어진다고 했습니다. 그렇다면 <u>(나)의 위약금 100은 손해 배상 예정액으로 다루어질 것</u>이며, 위약금 100이 약정되어 있었다는 것은 곧 100만큼 '손해 배상 예정액이 정해져' 있었던 것입니다. 이때 갑은 기본적으로 을에게 100을 지급해야 하고, 법원은 이 금액이 '부당히 과다'하다고 판단하는 경우 '적당히 감액'할 수 있습니다.

해설

① 채권자인 을은 손해 액수를 증명해야만 그만큼 손해 배상금을 받을 수 있습니다.
③ 손해 배상 예정액이 100으로 정해져 있었기 때문에, 을의 손해가 증명되지 못해도 갑은 을에게 100을 지급해야 합니다. 그러나 이

04 문맥상 ⓐ~ⓔ의 의미와 가장 가까운 것은?

① ⓐ : 이것이 네가 찾는 자료가 <u>맞는지</u> 확인해 보아라.
② ⓑ : 그 부부는 노후 대책으로 적금을 <u>들고</u> 안심했다.
③ ⓒ : 그의 파격적인 주장은 학계의 큰 주목을 <u>받았다</u>.
④ ⓓ : 형은 땀 흘려 울퉁불퉁한 땅을 평평하게 <u>골랐다</u>.
⑤ ⓔ : 그분은 우리에게 한 약속을 반드시 <u>지킬</u> 것이다.

정답: ⑤

PART 4
경제 지문

경제 지문은 주로 개념들 간의 비례/반비례 관계가 두드러지며,
이를 정확히 파악하는 것과 더불어 약간의 수리적 감각이 필요합니다.

최근에는 경제 지문에서도 단순 비례/반비례 관계만 묻는 것이 아니라,
경제학적인 문제 상황을 주고, 그 문제 상황을 해결하는 수단을 제시하는 구조를 보입니다.
이때 그 '수단'이 어떻게 '문제'에 대응되는지 파악하는 것이 이해의 핵심입니다.

더불어, '금리', '물가', '통화량', '환율'같은 개념들은 계속해서 경제 지문에 출제되며,
최근의 수능일수록 해당 개념들에 대한 설명이 불친절해지고 있습니다.
이 교재에 있는 지문들에는 해당 핵심 개념들이 서술되어 있으니,
그 개념들을 본인의 상식으로 가져가시길 바랍니다.

2018학년도 대학수학능력시험 **오버슈팅**

정부는 국민 생활에 영향을 미치는 활동의 총체인 정책의 목표를 효과적으로 달성하기 위해 정책 수단의 특성을 고려하여 정책을 수행한다. 정책 수단은 강제성, 직접성, 자동성, 가시성의 ㉮네 가지 측면에서 다양한 특성을 갖는다. 강제성은 정부가 개인이나 집단의 행위를 제한하는 정도로서, 유해 식품 판매 규제는 강제성이 높다. 직접성은 정부가 공공 활동의 수행과 재원 조달에 직접 관여하는 정도를 의미한다. 정부가 정책을 직접 수행하지 않고 민간에 위탁하여 수행하게 하는 것은 직접성이 낮다. 자동성은 정책을 수행하기 위해 별도의 행정 기구를 설립하지 않고 기존의 조직을 활용하는 정도를 말한다. 전기 자동차 보조금 제도를 기존의 시청 환경과에서 시행하는 것은 자동성이 높다. 가시성은 예산 수립 과정에서 정책을 수행하기 위한 재원이 명시적으로 드러나는 정도이다. 일반적으로 사회 규제의 정도를 조절하는 것은 예산 지출을 수반하지 않으므로 가시성이 낮다.

정책 수단 선택의 사례로 환율과 관련된 경제 현상을 살펴보자. 외국 통화에 대한 자국 통화의 교환 비율을 의미하는 환율은 장기적으로 한 국가의 생산성과 물가 등 기초 경제 여건을 반영하는 수준으로 수렴된다. 그러나 단기적으로 환율은 이와 ⓐ괴리되어 움직이는 경우가 있다. 만약 환율이 예상과는 다른 방향으로 움직이거나 또는 비록 예상과 같은 방향으로 움직이더라도 변동 폭이 예상보다 크게 나타날 경우 경제 주체들은 과도한 위험에 ⓑ노출될 수 있다. 환율이나 주가 등 경제 변수가 단기에 지나치게 상승 또는 하락하는 현상을 오버슈팅(overshooting)이라고 한다. 이러한 오버슈팅은 물가 경직성 또는 금융 시장 변동에 따른 불안 심리 등에 의해 촉발되는 것으로 알려져 있다. 여기서 물가 경직성은 시장에서 가격이 조정되기 어려운 정도를 의미한다.

물가 경직성에 따른 환율의 오버슈팅을 이해하기 위해 통화를 금융 자산의 일종으로 보고 경제 충격에 대해 장기와 단기에 환율이 어떻게 조정되는지 알아보자. 경제에 충격이 발생할 때 물가나 환율은 충격을 흡수하는 조정 과정을 거치게 된다. 물가는 단기에는 장기 계약 및 공공요금 규제 등으로 인해 경직적이지만 장기에는 신축적으로 조정된다. 반면 환율은 단기에서도 신축적인 조정이 가능하다. 이러한 물가와 환율의 조정 속도 차이가 오버슈팅을 초래한다. 물가와 환율이 모두 신축적으로 조정되는 장기에서의 환율은 구매력 평가설에 의해 설명되는데, 이에 의하면 장기의 환율은 자국 물가 수준을 외국 물가 수준으로 나눈 비율로 나타나며, 이를 균형 환율로 본다. 가령 국내 통화량이 증가하여 유지될 경우 장기에서는 자국 물가도 높아져 장기의 환율은 상승한다. 이때 통화량을 물가로 나눈 실질 통화량은 변하지 않는다.

[가]
그런데 단기에는 물가의 경직성으로 인해 구매력 평가설에 기초한 환율과는 다른 움직임이 나타나면서 오버슈팅이 발생할 수 있다. 가령 국내 통화량이 증가하여 유지될 경우, 물가가 경직적이어서 ㉠실질 통화량은 증가하고 이에 따라 시장 금리는 하락한다. 국가 간 자본 이동이 자유로운 상황에서, ㉡시장 금리 하락은 투자의 기대 수익률 하락으로 이어져, 단기성 외국인 투자 자금이 해외로 빠져나가거나 신규 해외 투자 자금 유입을 위축시키는 결과를 ㉢초래한다. 이 과정에서 자국 통화의 가치는 하락하고 ㉣환율은 상승한다. 통화량의 증가로 인한 효과는 물가가 신축적인 경우에 예상되는 환율 상승에, 금리 하락에 따른 자금의 해외 유출이 유발하는 추가적인 환율 상승이 더해진 것으로 나타난다. 이러한 추가적인 상승 현상이 환율의 오버슈팅인데, 오버슈팅의 정도 및 지속성은 물가 경직성이 클수록 더 크게 나타난다. 시간이 경과함에 따라 물가가 상승하여 실질 통화량이 원래 수준으로 돌아오고 해외로 유출되었던 자금이 시장 금리의 반등으로 국내로 ㉺복귀하면서, 단기에 과도하게 상승했던 환율은 장기에는 구매력 평가설에 기초한 환율로 수렴된다.

단기의 환율이 기초 경제 여건과 괴리되어 과도하게 급등락하거나 균형 환율 수준으로부터 장기간 이탈하는 등의 문제가 심화되는 경우를 예방하고 이에 대처하기 위해 정부는 다양한 정책 수단을 동원한다. 오버슈팅의 원인인 물가 경직성을 완화하기 위한 정책 수단 중 강제성이 낮은 사례로는 외환의 수급 불균형 해소를 위해 관련 정보를 신속하고 정확하게 공개하거나, 불필요한 가격 규제를 축소하는 것을 들 수 있다. 한편 오버슈팅에 따른 부정적 파급 효과를 완화하기 위해 정부는 환율 변동으로 가격이 급등한 수입 필수 품목에 대한 세금을 조절함으로써 내수가 급격히 위축되는 것을 방지하려고 하기도 한다. 또한 환율 급등락으로 인한 피해에 대비하여 수출입 기업에 환율 변동 보험을 제공하거나, 외화 차입 시 지급 보증을 제공하기도 한다. 이러한 정책 수단은 직접성이 높은 특성을 가진다. 이와 같이 정부는 기초 경제 여건을 반영한 환율의 추세는 용인하되, 사전적 또는 사후적인 미세 조정 정책 수단을 활용하여 환율의 단기 급등락에 따른 위험으로부터 실물 경제와 금융 시장의 안정을 ⓔ도모하는 정책을 수행한다.

01 윗글에 대한 이해로 적절하지 않은 것은?

① 국내 통화량이 증가하여 유지될 경우 장기에는 실질 통화량이 변하지 않으므로 장기의 환율도 변함이 없을 것이다.

② 물가가 신축적인 경우가 경직적인 경우에 비해 국내 통화량 증가에 따른 국내 시장 금리 하락 폭이 작을 것이다.

③ 물가 경직성에 따른 환율의 오버슈팅은 물가의 조정 속도보다 환율의 조정 속도가 빠르기 때문에 발생하는 것이다.

④ 환율의 오버슈팅이 발생한 상황에서 외국인 투자 자금이 국내 시장 금리에 민감하게 반응할수록 오버슈팅 정도는 커질 것이다.

⑤ 환율의 오버슈팅이 발생한 상황에서 물가 경직성이 클수록 구매력 평가설에 기초한 환율로 수렴되는 데 걸리는 기간이 길어질 것이다.

02 ㉑를 바탕으로 정책 수단의 특성을 이해한 것으로 가장 적절한 것은?

① 다자녀 가정에 출산 장려금을 지급하는 것은, 불법 주차 차량에 과태료를 부과하는 것보다 강제성이 높다.

② 전기 제품 안전 규제를 강화하는 것은, 학교 급식을 제공하기 위한 재원을 정부 예산에 편성하는 것보다 가시성이 높다.

③ 문화재를 발견하여 신고할 경우 포상금을 주는 것은, 자연 보존 지역에서 개발 행위를 금지하는 것보다 강제성이 높다.

④ 쓰레기 처리를 민간 업체에 맡겨서 수행하게 하는 것은, 정부 기관에서 주민등록 관련 행정 업무를 수행하는 것보다 직접성이 높다.

⑤ 담당 부서에서 문화 소외 계층에 제공하던 복지 카드의 혜택을 늘리는 것은, 전담 부처를 신설하여 상수원 보호 구역을 감독하는 것보다 자동성이 높다.

03 윗글을 바탕으로 할 때, <보기>의 'A국' 경제 상황에 대한 '경제학자 갑'의 견해를 추론한 것으로 적절하지 않은 것은?

───── <보기> ─────

A국 경제학자 갑은 자국의 최근 경제 상황을 다음과 같이 진단했다.

금융 시장 불안의 여파로 A국의 주식, 채권 등 금융 자산의 가격 하락에 대한 우려가 확산되면서 안전 자산으로 인식되는 B국의 채권에 대한 수요가 증가하고 있다. 이로 인해 외환 시장에서는 A국에 투자되고 있던 단기성 외국인 자금이 B국으로 유출되면서 A국의 환율이 급등하고 있다.

B국에서는 해외 자금 유입에 따른 통화량 증가로 B국의 시장 금리가 변동할 것으로 예상된다. 이에 따라 A국의 환율 급등은 향후 다소 진정될 것이다. 또한 양국 간 교역 및 금융 의존도가 높은 현실을 감안할 때, A국의 환율 상승은 수입품의 가격 상승 등에 따른 부작용을 초래할 것으로 예상되지만 한편으로는 수출이 증대되는 효과도 있다. 그러므로 정부는 시장 개입을 가능한 한 자제하고 환율이 시장 원리에 따라 자율적으로 균형 환율 수준으로 수렴되도록 두어야 한다.

① A국에 환율의 오버슈팅이 발생한 상황에서 B국의 시장 금리가 하락한다면 오버슈팅의 정도는 커질 것이다.

② A국에 환율의 오버슈팅이 발생하였다면 이는 금융 시장 변동에 따른 불안 심리에 의해 촉발된 것으로 볼 수 있다.

③ A국에 환율의 오버슈팅이 발생할지라도 시장의 조정을 통해 환율이 장기에는 균형 환율 수준에 도달할 수 있을 것이다.

④ A국의 환율 상승이 수출을 증대시키는 긍정적인 효과도 동반하므로 A국의 정책 당국은 외환 시장 개입에 신중해야 한다.

⑤ A국의 환율 상승은 B국으로부터 수입하는 상품의 가격을 인상시킴으로써 A국의 내수를 위축시키는 결과를 초래할 수 있다.

04 <보기>에 제시된 그래프의 세로축 a, b, c는 [가]의 ㉠~㉢과 하나씩 대응된다. 이를 바르게 짝지은 것은?

─── <보기> ───

다음 그래프들은 [가]에서 국내 통화량이 t시점에서 증가하여 유지된 경우 예상되는 ㉠~㉢의 시간에 따른 변화를 순서 없이 나열한 것이다.

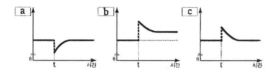

(단, t시점 근처에서 그래프의 형태는 개략적으로 표현하였으며, t시점 이전에는 모든 경제 변수들의 값이 일정한 수준에서 유지되어 왔다고 가정한다. 장기 균형으로 수렴되는 기간은 변수마다 상이하다.)

	㉠	㉡	㉢
①	a	c	b
②	b	a	c
③	b	c	a
④	c	a	b
⑤	c	b	a

05 │미세 조정 정책 수단│의 사례로 적절하지 않은 것은?

① 예기치 못한 외환 손실에 대비한 환율 변동 보험을 수출 주력 중소기업에 제공한다.

② 원유와 같이 수입 의존도가 높은 상품의 경우 해당 상품에 적용하는 세율을 환율 변동에 따라 조정한다.

③ 환율의 급등락으로 금융 시장이 불안정할 경우 해외 자금 유출과 유입을 통제하여 환율의 추세를 바꾼다.

④ 환율 급등으로 수입 물가가 가파르게 상승했을 때, 수입 대금 지급을 위해 외화를 빌리는 수입 업체에 지급 보증을 제공한다.

⑤ 수출입 기업을 대상으로 국내외 금리 변동, 해외 투자 자금 동향 등 환율 변동에 영향을 주는 요인들에 대한 정보를 제공한다.

06 문맥상 ⓐ~ⓔ와 바꿔 쓰기에 적절하지 않은 것은?

① ⓐ : 동떨어져　　② ⓑ : 드러낼

③ ⓒ : 불러온다　　④ ⓓ : 되돌아오면서

⑤ ⓔ : 꾀하는

01	02	03	04	05	06
①	⑤	①	④	③	②

정부는 국민 생활에 영향을 미치는 활동의 총체인 정책의 목표를 효과적으로 달성하기 위해 정책 수단의 특성을 고려하여 정책을 수행한다.

목표를 효과적으로 달성하기 위해 정책 수단의 특성을 고려한다는데, 어떤 목표에 어떤 특성이 필요한지를 의식해야 할 듯합니다.

정책 수단은 강제성, 직접성, 자동성, 가시성의 네 가지 측면에서 다양한 특성을 갖는다.

네 가지 특성이 병렬적으로 제시됩니다. 이렇게 단어 하나하나를 따로따로 이어서 설명하고, 예시를 보여주는 서술 방식은 정보를 받아들이기 상당히 쉬운 구조에 해당합니다.

강제성은 정부가 개인이나 집단의 행위를 제한하는 정도로서, 유해 식품 판매(개인 또는 집단의 행위) 규제는 강제성이 높다. 직접성은 정부가 공공 활동의 수행과 재원 조달에 직접 관여하는 정도를 의미한다. 정부가 정책을 직접 수행하지 않고(직접 관여하는 정도 낮음) 민간에 위탁하여 수행하게 하는 것은 직접성이 낮다. 자동성은 정책을 수행하기 위해 별도의 행정 기구를 설립하지 않고 기존의 조직을 활용하는 정도를 말한다. 전기 자동차 보조금 제도를 기존의 시청 환경과(기존의 조직)에서 시행하는 것은 자동성이 높다. 가시성은 예산 수립 과정에서 정책을 수행하기 위한 재원이 명시적으로 드러나는 정도이다. 일반적으로 사회 규제의 정도를 조절하는 것은 예산 지출(명시적으로 드러나는 재원)을 수반하지 않으므로 가시성이 낮다.

정책 수단의 네 가지 특성을 서술한 부분은 그냥 그런가 보다 하고 받아들여야 할 부분입니다. 보통 이런 식의 서술은 나중에 문제와 일대일 대응하는 식으로 풀어야 하는 경우가 많습니다(ex.2019학년도 수능 가능세계). 각각의 예시가 특성의 어떤 부분과 일치하는지는 생각을 하고 넘어갑시다.

정책 수단 선택의 사례로 환율과 관련된 경제 현상을 살펴보자. 외국 통화에 대한 자국 통화의 교환 비율을 의미하는 환율은 장기적으로 한 국가의 생산성과 물가 등 기초 경제 여건을 반영하는 수준으로 수렴된다.

환율의 정의가 나오고, 이것이 '장기적으로' 수렴한다고 말합니다. 경제 지문에서는 '장기'와 '단기'를 비교하는 경우가 많으니, 이런 식의 문장을 접하면 '단기에는 수렴하지 않고 다르겠구나'라고 생각하시면 됩니다.

그러나 단기적으로 환율은 이와(=기초 경제 여건과) 괴리되어 움직이는 경우가 있다. 만약 환율이 예상과는 다른 방향으로 움직이거나 또는 비록 예상과 같은 방향으로 움직이더라도 변동 폭이 예상보다 크게 나타날 경우 경제 주체들은 과도한 위험에 노출될 수 있다. 환율이나 주가 등 경제 변수가 단기에 지나치게 상승 또는 하락하는 현상을 오버슈팅(overshooting)이라고 한다.

아까 예고했듯이 단기에는 기초 경제 여건에 수렴하지 않고, 그와 괴리되어 움직일 수 있답니다. 경제 주체들이 예상과 다른 환율의 움직임에 따라 위험에 노출될 수 있음을 말하는데, 특히 환율 같은 경제 변수가 '단기에 지나치게' 변동하는 경우를 '오버슈팅'이라고 부른답니다. 의심의 여지 없이 이런 오버슈팅이 문제 상황입니다. 여기까지만 읽고도, 앞에 나왔던 '정책 수단의 특성'을 어떻게 사용하여 '오버슈팅'을 해결하는지 알려주리라는 점을 예상할 수 있어야 합니다.

이러한 오버슈팅은 물가 경직성 또는 금융 시장 변동에 따른 불안 심리 등에 의해 촉발되는 것으로 알려져 있다. 여기서 물가 경직성은 시장에서 가격이 조정되기 어려운 정도를 의미한다.

단기에 환율이 급등락하는 '오버슈팅'이 문제 상황입니다. 이런 문제 상황의 원인은 '물가 경직성 또는 불안 심리'라고 말합니다. 경제 정책 지문에서, 문제 상황을 해결하는 정책이 서술된다면, 정책은 문제 상황 자체를 해결하는 것이 아닙니다. 정책의 효과는 항상 문제 자체가 아닌 문제의 '원인'과 일대일로 대응됩니다. 오버슈팅을 해결하려면 '물가 경직성 또는 불안 심리'를 해소할 수 있는 정책이 등장해야 할 것입니다. 만약 물가 경직성을 해소한다면, 시장에서 가격이 조정되기 쉽게 만들어야 하리라는 점을 생각합시다.

물가 경직성에 따른 환율의 오버슈팅을 이해하기 위해 통화를 금융 자산의 일종으로 보고 경제 충격에 대해 장기와 단기에 환율이 어떻게 조정되는지 알아보자. 경제에 충격이 발생할 때 물가나 환율은 충격을 흡수하는 조정 과정을 거치게 된다. 물가는 <단기에는> 장기 계약 및 공공요금 규제 등으로 인해 경직적이지만 <장기에는> 신축적으로 조정된다. 반면 환율은 단기에서도 신축적인 조정이 가능하다. 이러한 물가와 환율의 조정 속도 차이가 오버슈팅을 초래한다.

물가는 단기에 경직적, 장기에 신축적이고, 환율은 단기에서도 신축적이랍니다. '단기에서도'라면, 환율은 장기-단기가 모두 신축적이라는 얘기입니다. 물가 경직성에 따른 오버슈팅은 '물가와 환율의 조정 속도 차이 때문'이라는데, 그럼 이 차이는 언제 발생할까요? 네. 당연히 차이점이 나타나는 '단기'에서 발생할 것입니다. 이때 물가의 조정 속도를 환율의 조정 속도와 차이가 나게 만드는 '물가 경직성'을 해소시켜주면, 오버슈팅도 해결될 수 있겠죠.

물가와 환율이 모두 신축적으로 조정되는 장기에서의 환율은 구매력 평가설에 의해 설명되는데, 이에 의하면 장기의 환율은 자국 물가 수준을 외국 물가 수준으로 나눈 비율로 나타나며, 이를 균형 환율로 본다. 가령 국내 통화량이 증가하여 유지될 경우 장기에서는 자국 물가도 높아져 장기의 환율은 상승한다. 이때 통화량을 물가로 나눈 실질 통화량은 변하지 않는다.

아까도 장기에는 둘 다 조정이 신축적이라고 했는데, 이때 환율은 (자국 물가 수준)/(외국 물가 수준)이랍니다. 이 장기에서의 값이 균형 환율인 것이고요. 국내 통화량이 늘어나서 자국 물가가 높아진다면, 분자가 커지니 장기의 환율(균형 환율)도 높아지겠죠. 이런 비례 관계와, (통화량)/(물가)=실질 통화량은 변하지 않는다는 소소한 정보들을 전부 챙겨갑시다.

그런데 단기에는 물가의 경직성으로 인해 구매력 평가설에 기초한 환율과는 다른 움직임(물가는 경직적, 환율은 신축적)이 나타나면서 오버슈팅이 발생할 수 있다. 가령 국내 통화량이 증가하여 유지될 경우, 물가가 경직적이어서 실질 통화량은 증가하고 이에 따라 시장 금리는 하락한다. 국가 간 자본 이동이 자유로운 상황에서, 시장 금리 하락은 투자의 기대 수익률 하락으로 이어져, 단기성 외국인 투자 자금이 해외로 빠져나가거나 신규 해외 투자 자금 유입을 위축시키는 결과를 초래한다. 이 과정에서 자국 통화의 가치는 하락하고 환율은 상승한다.

비례 반비례가 폭발적으로 제시됩니다. 단기에 물가가 경직적일 때, 국내 통화량↑이 증가하면 ⇒ 실질 통화량↑ ⇒ 시장 금리↓ ⇒ 기대 수익률↓ ⇒ 단기성 외국인 투자 자금↓, 해외 투자 자금↓ ⇒ 자국 통화 가치↓ ⇒ 환율↑

뭐 이런 과정이 나오는데, 사실 앞서 주어진 내용을 가지고 이해할 수 있는 부분입니다. 아까 '(통화량)/(물가)=실질 통화량'이라고 했었는데, 장기에는 물가가 신축적이니 통화량에 맞춰 증감하여 이 값이 고정적이지만, 단기에 국내 통화량이 증가하면 분자만 증가하고 분모는 그대로니까 실질 통화량이 증가하겠죠. 그런데 뒤의 정보는 처음 제시된 것이기도 하고, 이때 당시의 문제는 그냥 개념 옆에 화살표 써 놓고, 비례/반비례만 체크해놓으면 문제를 풀 수 있었습니다. 다만 최근의 수능의 경우 비례관계보다도 인과관계가 강조되는 경향이 있으니, 공부하는 입장에서는 한번 생각하고 넘어갑시다.

통화량의 증가로 인한 효과는 물가가 신축적인 경우에(장기에) 예상되는 환율 상승에, 금리 하락에 따른 (단기에 일어나는) 자금의 해외 유출이 유발하는 추가적인 환율 상승이 더해진 것으로 나타난다. 이러한 추가적인 상승 현상이 환율의 오버슈팅인데, 오버슈팅의 정도 및 지속성은 물가 경직성이 클수록 더 크게 나타난다.

요거는 이해를 하셔야 할 것 같습니다. 결국 이 지문의 문제 상황은 물가가 단기에 경직적인 것, 그래서 발생하는 오버슈팅인데, 아까 단기에 실질 통화량이 증가하고 시장 금리가 하락해서 일어나는 상황들이 통화량의 증가로 인한 효과에 오버슈팅을 더하는 거죠. 당연히, 이런 현상은 물가 경직성이 강해질수록 심화됩니다.

시간이 경과함에 따라(단기에서 장기로 전환됨에 따라) 물가가 상승하여 실질 통화량이 원래 수준으로 돌아오고 해외로 유출되었던 자금이 시장 금리의 반등으로 국내로 복귀하면서, 단기에 과도하게 상승했던 환율은 장기에는 구매력 평가설에 기초한 환율로 수렴된다.

결국 시간이 지나면 이런 단기에서의 문제 상황은 자연스럽게 해소됩니다. 제반 지식이 없더라도 앞에 나온 내용들을 가지고 추론해 낼 수 있는 부분입니다.

단기의 환율이 기초 경제 여건과 괴리되어 과도하게 급등락 (=오버슈팅)하거나 균형 환율 수준으로부터 장기간 이탈(=단기 에서 장기로 빠르게 전환되지 못함)하는 등의 문제가 심화되는 경우를 예방하고 이에 대처하기 위해 정부는 다양한 정책 수단 을 동원한다.

오버슈팅이라는 문제 상황의 정의와 원인을 설명하고, 다시 앞선 '정책 수단'의 내용을 통해 이를 해결한다네요.

오버슈팅의 원인인 물가 경직성을 완화하기 위한 정책 수단 중

법/경제 지문에서, 문제를 해결하는 것은 보통 문제 그 자체를 바로 해결하는 것이 아니라, '원인'에 대응이 되어야 합니다(이 지문에서는 '결과'에 대한 대처도 있으나, 어찌 되었든 오버슈팅 자체를 뿅 하고 없앨 방법은 없습니다). 여기서는 정책 수단들이 '물가 경직성'에 대응 되는 것이어야 할 겁니다.

강제성이 낮은 사례로는 외환의 수급 불균형 해소를 위해 관 련 정보를 신속하고 정확하게 공개하거나, 불필요한 가격 규제 를 축소하는 것을 들 수 있다.

외환 수급 불균형 해소, 불필요한 가격 규제 축소는 각각 해외 자금 유입 위축, 물가 경직성이라는 오버슈팅의 원인을 해소하기 위한 것 입니다.

한편 오버슈팅에 따른 부정적 파급 효과를 완화하기 위해

오버슈팅의 주된 원인이 물가 경직성이었다면, 그 결과는 환율의 과도한 급등락이었습니다. 이후에는 환율의 급등락이라는 '파급 효과' 에 대한 대처가 나오겠네요.

정부는 환율 변동으로 가격이 급등한 수입 필수 품목에 대 한 세금을 조절함으로써 내수가 급격히 위축되는 것을 방지하 려고 하기도 한다. 또한 환율 급등락으로 인한 피해에 대비하여 수출입 기업에 환율 변동 보험을 제공하거나, 외화 차입 시 지 급 보증을 제공하기도 한다. 이러한 정책 수단은 직접성이 높은 특성을 가진다.

오버슈팅의 결과에 대한 대처가 나오는데, 이 부분을 통해 오버슈팅의 부정적 효과도 알 수 있네요. 내수의 급격한 위축이라든가, 수출입 기업의 피해라든가 하는 것이요. 처음 보는 단어들이 많았을 수 있지만, 내용 자체는 앞에 비해서 많이 가벼워진 부분입니다.

이와 같이 정부는 기초 경제 여건을 반영한 환율의 추세(=장 기의 환율의 추세)는 용인하되, 사전적(=물가 경직성 완화) 또 는 사후적(=부정적 파급 효과 완화)인 미세 조정 정책 수단을 활용하여 환율의 단기 급등락에 따른 위험으로부터 실물 경제 와 금융 시장의 안정을 도모하는 정책을 수행한다.

'기초 경제 여건을 반영한 환율의 추세'는 '장기의 환율'입니다. 사전 적, 사후적 수단은 각각 '원인'에 대한 예방과 '결과'에 대한 대처였고 요. 이게 한 번에 안 보였다면 앞 부분 해설을 다시 읽어보시길 권합니 다.

이 지문은 정보량이 많은 지문, 비례 관계가 어려운 지문으로 회자 되지만, 제가 해설해 놓은 것들을 보면 알 수 있듯 거시 독해와 미시 독해를 골고루 요구하는 지문이었습니다. 물론 이때는 미시 독해만 잘해도 문제를 푸는 데 큰 무리가 없었을 것 같지만, 지금은 다릅니다. 얻어갈 수 있는 부분은 다 얻어갑시다.

01 윗글에 대한 이해로 적절하지 않은 것은?

① 국내 통화량이 증가하여 유지될 경우 장기에는 실질 통화량이 변하지 않으므로 장기의 환율도 변함이 없을 것이다.

② 물가가 신축적인 경우가 경직적인 경우에 비해 국내 통화량 증가에 따른 국내 시장 금리 하락 폭이 작을 것이다.

③ 물가 경직성에 따른 환율의 오버슈팅은 물가의 조정 속도보다 환율의 조정 속도가 빠르기 때문에 발생하는 것이다.

④ 환율의 오버슈팅이 발생한 상황에서 외국인 투자 자금이 국내 시장 금리에 민감하게 반응할수록 오버슈팅 정도는 커질 것이다.

⑤ 환율의 오버슈팅이 발생한 상황에서 물가 경직성이 클수록 구매력 평가설에 기초한 환율로 수렴되는 데 걸리는 기간이 길어질 것이다.

정답 : ①

'국내 통화량이 증가하여 유지될 경우 장기에서는 자국 물가도 높아져 장기의 환율은 상승한다'고 지문에 나왔습니다. 요즘은 잘 안 나오는 간단한 눈알 굴리기 문제입니다.

해설

② '물가 경직성'은 지문에서 오버슈팅의 주 요인이었고, 경직적인 경우에 실질 통화량의 증가에 따라 시장 금리는 하락합니다. 만약 경직성이 해소된다면=물가가 신축적으로 변한다면, 이러한 하락의 폭이 작아질 것입니다.

③ 오버슈팅은 물가와 환율의 조정 속도 차이로 인해 발생합니다. 이 차이는, 물가 경직성이 주된 원인이고요.

④ 지문에서, 시장 금리 하락이 원인이 되어 외국인 투자 자금이 빠져나가는 결과가 발생합니다. 이 원인과 결과 사이의 관계가 더 민감해진다면, 같은 금리 하락에도 투자 자금 이탈이라는 결과는 더 두드러집니다.

⑤ 물가 경직성이 커질수록 오버슈팅이 더 심하게 발생하고, '균형 환율 수준으로부터 장기간 이탈'하게 됩니다. 따라서 정부는 구매력 평가설에 기초한 환율(균형 환율)로 수렴되도록 물가 경직성을 완화하기 위한 정책(마지막 문단)을 시행합니다.

02 ㉮를 바탕으로 정책 수단의 특성을 이해한 것으로 가장 적절한 것은?

① 다자녀 가정에 출산 장려금을 지급하는 것은, 불법 주차 차량에 과태료를 부과하는 것보다 강제성이 높다.

② 전기 제품 안전 규제를 강화하는 것은, 학교 급식을 제공하기 위한 재원을 정부 예산에 편성하는 것보다 가시성이 높다.

③ 문화재를 발견하여 신고할 경우 포상금을 주는 것은, 자연 보존 지역에서 개발 행위를 금지하는 것보다 강제성이 높다.

④ 쓰레기 처리를 민간 업체에 맡겨서 수행하게 하는 것은, 정부 기관에서 주민등록 관련 행정 업무를 수행하는 것보다 직접성이 높다.

⑤ 담당 부서에서 문화 소외 계층에 제공하던 복지 카드의 혜택을 늘리는 것은, 전담 부처를 신설하여 상수원 보호 구역을 감독하는 것보다 자동성이 높다.

정답 : ⑤

'담당 부서'는 첫 문단의 '기존의 조직'을 뜻합니다. '전담 부처를 신설'은, '별도의 행정 기구를 설립'에 대응됩니다.

해설

① '강제성'은 제한하는 정도로서, 후자가 전자보다 강제성이 높습니다.

② '가시성'은 '재원이 명시적으로 드러나는 정도'고, 후자가 더 높습니다. 전자는 강제성이 높습니다.

③ '금지'하는 것이 '제한하는 정도'라는 의미의 '강제성'이 더 높습니다.

④ '민간 업체'에 위탁하여 수행하는 전자가 직접성이 더 낮습니다.

03 윗글을 바탕으로 할 때, <보기>의 'A국'경제 상황에 대한 '경제학자 갑'의 견해를 추론한 것으로 적절하지 않은 것은?

<보기>

A국 경제학자 갑은 자국의 최근 경제 상황을 다음과 같이 진단했다.

금융 시장 불안의 여파로 A국의 주식, 채권 등 금융 자산의 가격 하락에 대한 우려가 확산되면서 안전 자산으로 인식되는 B국의 채권에 대한 수요가 증가하고 있다. 이로 인해 외환 시장에서는 A국에 투자되고 있던 단기성 외국인 자금이 B국으로 유출되면서 A국의 환율이 급등하고 있다.

B국에서는 해외 자금 유입에 따른 통화량 증가로 B국의 시장 금리가 변동할 것으로 예상된다. 이에 따라 A국의 환율 급등은 향후 다소 진정될 것이다. 또한 양국 간 교역 및 금융 의존도가 높은 현실을 감안할 때, A국의 환율 상승은 수입품의 가격 상승 등에 따른 부작용을 초래할 것으로 예상되지만 한편으로는 수출이 증대되는 효과도 있다. 그러므로 정부는 시장 개입을 가능한 한 자제하고 환율이 시장 원리에 따라 자율적으로 균형 환율 수준으로 수렴되도록 두어야 한다.

① A국에 환율의 오버슈팅이 발생한 상황에서 B국의 시장 금리가 하락한다면 오버슈팅의 정도는 커질 것이다.
② A국에 환율의 오버슈팅이 발생하였다면 이는 금융 시장 변동에 따른 불안 심리에 의해 촉발된 것으로 볼 수 있다.
③ A국에 환율의 오버슈팅이 발생할지라도 시장의 조정을 통해 환율이 장기에는 균형 환율 수준에 도달할 수 있을 것이다.
④ A국의 환율 상승이 수출을 증대시키는 긍정적인 효과도 동반하므로 A국의 정책 당국은 외환 시장 개입에 신중해야 한다.
⑤ A국의 환율 상승은 B국으로부터 수입하는 상품의 가격을 인상시킴으로써 A국의 내수를 위축시키는 결과를 초래할 수 있다.

04 `<보기>`에 제시된 그래프의 세로축 a, b, c는 [가]의 ㉠~㉢과 하나씩 대응된다. 이를 바르게 짝지은 것은?

─── `<보기>` ───

다음 그래프들은 [가]에서 국내 통화량이 t시점에서 증가하여 유지된 경우 예상되는 ㉠~㉢의 시간에 따른 변화를 순서 없이 나열한 것이다.

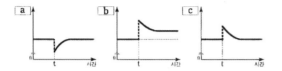

(단, t시점 근처에서 그래프의 형태는 개략적으로 표현하였으며, t시점 이전에는 모든 경제 변수들의 값이 일정한 수준에서 유지되어 왔다고 가정한다. 장기 균형으로 수렴되는 기간은 변수마다 상이하다.)

	㉠	㉡	㉢
①	a	c	b
②	b	a	c
③	b	c	a
④	c	a	b
⑤	c	b	a

정답 : ④

해설

그래프가 제시되면 뭔가 튀는 부분에 대해서 해석해내야 합니다. a,b,c의 튀는 점은 단연 t시점입니다. a에서는 줄어들었다가, 원래랑 같아지고, b에서는 증가했다가 증가한 상태로 유지되고, c에서는 증가했다가 원래 수준으로 수렴됩니다. 이때 ㉠㉡㉢ 중 하락하는 것은 ㉡밖에 없으니, a는 ㉡임을 확정할 수 있고, 지문에서 '실질 통화량이 원래 수준으로 돌아오고'라고 말했으니, c는 ㉠으로 정해집니다. 따라서 정답은 ④번입니다.

05 미세 조정 정책 수단의 사례로 적절하지 **않은** 것은?

① 예기치 못한 외환 손실에 대비한 환율 변동 보험을 수출 주력 중소기업에 제공한다.
② 원유와 같이 수입 의존도가 높은 상품의 경우 해당 상품에 적용하는 세율을 환율 변동에 따라 조정한다.
③ 환율의 급등락으로 금융 시장이 불안정할 경우 해외 자금 유출과 유입을 통제하여 환율의 추세를 바꾼다.
④ 환율 급등으로 수입 물가가 가파르게 상승했을 때, 수입 대금 지급을 위해 외화를 빌리는 수입 업체에 지급 보증을 제공한다.
⑤ 수출입 기업을 대상으로 국내외 금리 변동, 해외 투자 자금 동향 등 환율 변동에 영향을 주는 요인들에 대한 정보를 제공한다.

정답 : ③

지문에서 '정부는 기초 경제 여건을 반영한 환율의 추세는 용인'한다고 했습니다. 환율의 추세를 바꾸는 시도도 없고요. 다만 마지막 문단에서, 과도한 환율의 급등락 또는 균형 환율 수준으로부터의 장기간 이탈을 예방하고 대처(예방은 원인에 대한 대응, 대처는 결과에 대한 대응이었을 뿐, 환율 그 자체를 바꾸는 것은 아니란 겁니다)한다고 말했습니다. 그에 따라 정보 공개, 가격 규제 축소, 세금 조절 등의 정책 수단을 사용했죠.

해설

① '수출입 기업에 환율 변동 보험 제공'이라는 지문의 내용과 일치합니다.
② '수입 필수(=의존도가 매우 높은) 품목에 대한 세금을 조절'이라는 지문의 내용과 일치합니다.
④ '외화 차입(빌려서 들여옴) 시 지급 보증을 제공'한다는 지문의 내용과 일치합니다.
⑤ '관련 정보를 신속하고 정확하게 공개'한다는 지문의 내용과 일치합니다.

06 문맥상 ⓐ~ⓔ와 바꿔 쓰기에 적절하지 <u>않은</u> 것은?

① ⓐ : 동떨어져 　　　　② ⓑ : 드러낼

③ ⓒ : 불러온다 　　　　④ ⓓ : 되돌아오면서

⑤ ⓔ : 꾀하는

정답 : ②

여기서의 '노출되다'는 어떠한 상황에 처함을 뜻하며, 이런 맥락에서는 '드러나다'와 바꾸어 쓸 수 없습니다.

2011학년도 대학수학능력시험 **채권**

채권은 사업에 필요한 자금을 조달하기 위해 발행하는 유가 증권으로, 국채나 회사채 등 발행 주체에 따라 그 종류가 다양하다. 채권의 액면 금액, 액면 이자율, 만기일 등의 지급 조건은 채권 발행 시 정해지며, 채권 소유자는 매입 후에 정기적으로 이자액을 받고, 만기일에는 마지막 이자액과 액면 금액을 지급받는다. 이때 이자액은 액면 이자율을 액면 금액에 곱한 것으로 대개 연 단위로 지급된다. 채권은 만기일 전에 거래되기도 하는데, 이때 채권 가격은 현재 가치, 만기, 지급 불능 위험 등 여러 요인에 따라 결정된다.

채권 투자자는 정기적으로 받게 될 이자액과 액면 금액을 각각 현재 시점에서 평가한 값들의 합계인 채권의 현재 가치에서 채권의 매입 가격을 뺀 순수익의 크기를 따진다. 채권 보유로 미래에 받을 수 있는 금액을 현재 가치로 환산하여 평가할 때는 금리를 반영한다. 가령 금리가 연 10%이고, 내년에 지급받게 될 금액이 110원이라면, 110원의 현재 가치는 100원이다. 즉 금리는 현재 가치에 반대 방향으로 영향을 준다. 따라서 금리가 상승하면 채권의 현재 가치가 하락하게 되고 이에 따라 채권의 가격도 하락하게 되는 결과로 이어진다. 이처럼 수시로 변동되는 시중 금리는 현재 가치의 평가 구조상 채권 가격의 변동에 영향을 주는 요인이 된다.

채권의 매입 시점부터 만기일까지의 기간인 만기도 채권의 가격에 영향을 준다. 일반적으로 다른 지급 조건이 동일하다면 만기가 긴 채권일수록 가격은 금리 변화에 더 민감하므로 가격 변동의 위험이 크다. 채권은 발행된 이후에는 만기가 점점 짧아지므로 ㉠만기일이 다가올수록 채권 가격은 금리 변화에 덜 민감해진다. 따라서 투자자들은 만기가 긴 채권일수록 높은 순수익을 기대하므로 액면 이자율이 더 높은 채권을 선호한다.

또 액면 금액과 이자액을 약정된 일자에 지급할 수 없는 지급 불능 위험도 채권 가격에 영향을 준다. 예를 들어 채권을 발행한 기업의 경영 환경이 악화될 경우, 그 기업은 지급 능력이 떨어질 수 있다. 이런 채권에 투자하는 사람들은 위험을 감수해야 하므로 이에 대한 보상을 요구하게 되고, 이에 따라 채권 가격은 상대적으로 낮게 형성된다.

한편 채권은 서로 대체가 가능한 금융 자산의 하나이기 때문에, 다른 자산 시장의 상황에 따라 가격에 영향을 받기도 한다. 가령 주식 시장이 호황이어서 ㉡주식 투자를 통한 수익이 커지면 상대적으로 채권에 대한 수요가 줄어 채권 가격이 하락할 수도 있다.

2011학년도 대학수학능력시험 **채권**

---

01 윗글의 설명 방식으로 적절하지 <u>않은</u> 것은?

① 채권 가격을 결정하는 데 영향을 미치는 요인을 몇 가지로 나누어 설명하고 있다.
② 채권의 지급 불능 위험과 채권 가격 간의 관계를 설명하기 위해 예를 들고 있다.
③ 유사한 원리를 보이는 현상에 빗대어 채권의 특성을 설명하고 있다.
④ 금리가 채권 가격에 미치는 영향을 인과적으로 설명하고 있다.
⑤ 채권의 의미를 밝히고 그 종류를 들고 있다.

02 윗글로 미루어 알 수 있는 것은?

① 채권이 발행될 때 정해지는 액면 금액은 채권의 현재 가치에서 이자액을 뺀 것이다.
② 채권의 순수익은 정기적으로 지급될 이자액을 합산하여 현재 가치로 환산한 값이다.
③ 다른 지급 조건이 같다면 채권의 액면 이자율이 높을수록 채권 가격은 하락한다.
④ 지급 불능 위험이 커진 채권을 매입하려는 투자자는 높은 순수익을 기대한다.
⑤ 일반적으로 지급 불능 위험이 낮으면 상대적으로 액면 이자율이 높다.

03 <보기>의 A는 어떤 채권의 가격과 금리 간의 관계를 나타낸 그래프이다. 윗글의 ㉠과 ㉡에 따른 A의 변화 결과를 바르게 예측한 것은?

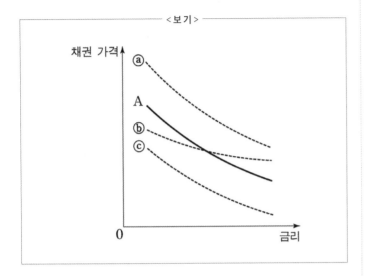

	㉠	㉡
①	ⓐ	ⓒ
②	ⓑ	ⓐ
③	ⓑ	ⓒ
④	ⓒ	ⓐ
⑤	ⓒ	ⓑ

채권은 사업에 필요한 자금을 조달하기 위해 발행하는 유가 증권으로, 국채나 회사채 등 발행 주체에 따라 그 종류가 다양하다. 채권의 (액면 금액, 액면 이자율, 만기일 등의) 지급 조건은 <채권 발행 시> 정해지며, 채권 소유자는 매입 후에 <정기적으로> 이자액을 받고, <만기일에는> 마지막 이자액과 액면 금액을 지급받는다.

지급 조건은 '액면 금액', '액면 이자율', '만기일' 등을 아울러 칭하는 말입니다. 채권을 소유한 사람은 이자액을 꾸준히 받다가, 만기일에 이자액+액면 금액을 받는 식으로 보상을 얻습니다.

이때 이자액은 액면 이자율을 액면 금액에 곱한 것으로 대개 연 단위로 지급된다.

수식으로 정리하자면, '이자액=(액면 이자율)x(액면 금액)'이 됩니다. 이때 액면 이자율과 액면 금액이 클수록 채권 소유자가 받을 돈도 많아질 것입니다.

채권은 만기일 전에 거래되기도 하는데, 이때(=만기일 전에 거래될 때) 채권 가격은 현재 가치, 만기, 지급 불능 위험 등 여러 요인에 따라 결정된다.

현재 가치, 만기, 지급 불능 위험이라는 요인들이 '채권 가격'에 각각 어떤 영향을 끼치는지 의식하면서 읽어야 합니다.

채권 투자자는 정기적으로 받게 될 이자액과 액면 금액을 각각 <현재 시점에서 평가한 값들의 합계인> 채권의 현재 가치에서 채권의 매입 가격을 뺀 순수익의 크기를 따진다.

현재 시점에서 평가한 미래의 이자액과 액면 금액을 더한 것을 '채권의 현재 가치'라고 정의하고, 이 현재 가치에서 매입 가격을 뺀 것을 순수익이라 칭합니다. 사실 '순수익'이 원래 '총이익에서 총비용을 제외한 금액'이라는 의미임을 생각해보면 이는 당연한 얘기입니다. 채권 투자자의 입장에서는 '채권의 현재 가치'가 이익이고, '채권의 매입 가격'이 비용이기 때문이죠.

다른 모든 조건이 같다면, 이자액과 액면 금액이 커질 때 순수익은 늘어나고, 매입 가격이 커질 때 순수익은 줄어듭니다. 채권을 거래하는 투자자는 순수익이 높을수록 해당 채권을 더 선호하게 될 것입니다.

채권 보유로 미래에 받을 수 있는 금액을 현재 가치로 환산하여 평가할 때는 금리를 반영한다. 가령 금리가 연 10%이고, 내년에 지급받게 될 금액이 110원이라면, 110원의 현재 가치는 100원이다. 즉 금리는 현재 가치에 반대 방향으로 영향을 준다. 따라서 금리가 상승하면 채권의 현재 가치가 하락하게 되고 이에 따라 채권의 가격도 하락하게 되는 결과로 이어진다. 이처럼 수시로 변동되는 시중 금리는 현재 가치의 평가 구조상 채권 가격의 변동에 영향을 주는 요인이 된다.

금리는 '현재 가치'와 음의 상관관계입니다. 금리가 상승하면 현재 가치는 하락하고, 그러면 앞에서 정리한 내용에 따라 순수익도 하락할 것입니다. 이 경우 낮아진 순수익에 따라 투자자들의 선호가 하락하여 채권이 거래되는 가격 역시 하락합니다.

채권의 매입 시점부터 만기일까지의 기간인 만기도 채권의 가격에 영향을 준다. 일반적으로 <다른 지급 조건이 동일하다면> 만기↑가 긴 채권일수록 가격은 금리 변화에 더 민감↑하므로 가격 변동의 위험↑이 크다. 채권은 발행된 이후에는 만기가 점점 짧아지므로 만기일이 다가올수록 채권 가격은 금리 변화에 덜 민감해진다. 따라서 투자자들은 만기가 긴 채권일수록 높은 순수익을 기대하므로 액면 이자율이 더 높은 채권을 선호한다.

다음과 같은 비례 관계를 파악하는 것이 핵심입니다.
만기↑ ⇒ 금리 변화에 민감↑ ⇒ 가격 변동 위험↑
이때 높은 순수익을 기대하는 투자자들은 (순수익과 양의 상관관계에 있는) 액면 이자율이 더 높은 것을 기대합니다.

또 (액면 금액과 이자액을 약정된 일자에 지급할 수 없는) 지급 불능 위험도 채권 가격에 영향을 준다. 예를 들어 채권을 발행한 기업의 경영 환경이 악화될 경우, 그 기업은 지급 능력이 떨어질 수 있다. 이런 (지급 불능 위험이 큰)채권에 투자하는 사람들은 위험을 감수해야 하므로 이에 대한 보상을 요구하게 되고, 이에 따라 채권 가격은 상대적으로 낮게 형성된다.

굳이 지급 불능 위험이 큰 채권에 투자하는 사람들은 그만큼 높은 보상(순수익)을 기대합니다. 이에 따라 순수익과 음의 상관관계에 있는 채권(매입)가격은 줄어듭니다.

> 한편 채권은 서로 대체가 가능한 금융 자산의 하나이기 때문에, 다른 자산 시장의 상황에 따라 가격에 영향을 받기도 한다. 가령 주식 시장이 호황이어서 주식 투자를 통한 수익이 커지면 상대적으로 채권에 대한 수요가 줄어 채권 가격이 하락할 수도 있다.

채권도 여러 금융 자산 중 하나이기 때문에, 다른 자산 시장의 상황이 변동함에 따라 채권에 대한 수요도 변화합니다. 이런 수요의 변화에 따라 가격이 하락할 수 있음을 언급하며 지문을 마무리하네요.

01 윗글의 설명 방식으로 적절하지 <u>않은</u> 것은?

① 채권 가격을 결정하는 데 영향을 미치는 요인을 몇 가지로 나누어 설명하고 있다.
② 채권의 지급 불능 위험과 채권 가격 간의 관계를 설명하기 위해 예를 들고 있다.
③ 유사한 원리를 보이는 현상에 빗대어 채권의 특성을 설명하고 있다.
④ 금리가 채권 가격에 미치는 영향을 인과적으로 설명하고 있다.
⑤ 채권의 의미를 밝히고 그 종류를 들고 있다.

정답 : ③

채권과 비슷한 원리의 현상은 제시되지 않았습니다.

해설

① 현재 가치, 만기, 위험 등의 요인이 제시되었습니다.
② 4문단의 '예를 들어~' 부분입니다.
④ '금리 상승 ⇒ 현재 가치 하락 ⇒ 채권 가격 하락'이라는 인과가 뚜렷하게 드러납니다.
⑤ 첫 문단에서 채권을 정의하고, 회사채와 국채를 언급합니다.

02 윗글로 미루어 알 수 있는 것은?

① 채권이 발행될 때 정해지는 액면 금액은 채권의 현재 가치에서 이자액을 뺀 것이다.
② 채권의 순수익은 정기적으로 지급될 이자액을 합산하여 현재 가치로 환산한 값이다.
③ 다른 지급 조건이 같다면 채권의 액면 이자율이 높을수록 채권 가격은 하락한다.
④ 지급 불능 위험이 커진 채권을 매입하려는 투자자는 높은 순수익을 기대한다.
⑤ 일반적으로 지급 불능 위험이 낮으면 상대적으로 액면 이자율이 높다.

정답 : ④

보상을 요구하여, 채권 가격이 낮게 형성된다는 부분에서 높은 순수익(현재 가치-가격)을 기대한다는 점을 추론할 수 있습니다.

해설

① 액면 금액은 발행시 정해지는 것으로, 어떻게 정해지는지 정확히 추론할 수 없습니다.
② 순수익은 (이자액)+(액면 금액)-(매입 가격)으로 정해집니다.
③ 액면 이자율이 높아지면 채권 가격이 상승하리라고 추론해 볼 수는 있습니다. 액면 이자율이 커지면 채권 소유자가 받는 이자액도 많아지니까, 다른 조건이 전부 같다면 당연히 액면 이자율이 높은 채권을 사람들은 더 선호할 것입니다.
⑤ 액면 이자율과 채권 가격이 양의 상관관계에 있고, 지급 불능 위험과 채권 가격이 음의 상관관계에 있음은 지문에 주어져 있으나, 지급 불능 위험과 액면 이자율 사이의 관계는 언급되지 않았습니다.

03 <보기>의 A는 어떤 채권의 가격과 금리 간의 관계를 나타낸 그래프이다. 윗글의 ㉠과 ㉡에 따른 A의 변화 결과를 바르게 예측한 것은?

> ㉠ 만기일이 다가올수록 채권 가격은 금리 변화에 덜 민감해 진다.
> ㉡ 주식 투자를 통한 수익이 커지면 상대적으로 채권에 대한 수요가 줄어 채권 가격이 하락

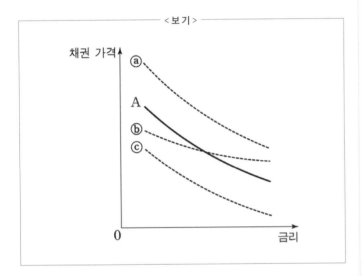

— < 보기 > —

	㉠	㉡
①	ⓐ	ⓒ
②	ⓑ	ⓐ
③	ⓑ	ⓒ
④	ⓒ	ⓐ
⑤	ⓒ	ⓑ

정답 : ③

해설

채권 가격이 금리 변화에 덜 민감해진다면, 그래프의 <u>기울기는 완만</u>해져야 합니다. 따라서 ⓑ가 ㉠에 해당합니다. 채권 가격이 같은 금리에서 더 하락한다면, 그래프는 <u>아래로 평행이동</u>해야 합니다. 따라서 ⓒ가 ㉡에 해당합니다.

순수하게 그래프를 해석하는 문제였으니, '기본적인 개념들'의 그래프 해석 파트를 읽어보시길 바랍니다.

[1~5] 다음 글을 읽고 물음에 답하시오.

2020학년도 6월 모의고사 **미시/거시 건전성**

전통적인 통화 정책은 정책 금리를 활용하여 물가를 안정시키고 경제 안정을 도모하는 것을 목표로 한다. 중앙은행은 경기가 과열되었을 때 정책 금리 인상을 통해 경기를 진정시키고자 한다. 정책 금리 인상으로 시장 금리도 높아지면 가계 및 기업에 대한 대출 감소로 신용 공급이 축소된다. 신용 공급의 축소는 경제 내 수요를 줄여 물가를 안정시키고 경기를 진정시킨다. 반면 경기가 침체되었을 때는 반대의 과정을 통해 경기를 부양시키고자 한다.

금융을 통화 정책의 전달 경로로만 보는 전통적인 경제학에서는 금융감독 정책이 개별 금융 회사의 건전성 확보를 통해 금융 안정을 달성하고자 하는 ㉠미시 건전성 정책에 집중해야 한다고 보았다. 이러한 관점은 금융이 직접적인 생산 수단이 아니므로 단기적일 때와는 달리 장기적으로는 경제 성장에 영향을 미치지 못한다는 인식과, 자산 시장에서는 가격이 본질적 가치를 초과하여 폭등하는 버블이 존재하지 않는다는 효율적 시장 가설에 기인한다. 미시 건전성 정책은 개별 금융 회사의 건전성에 대한 예방적 규제 성격을 가진 정책 수단을 활용하는데, 그 예로는 향후 손실에 대비하여 금융 회사의 자기자본 하한을 설정하는 최저 자기자본 규제를 들 수 있다.

이처럼 전통적인 경제학에서는 금융감독 정책을 통해 금융 안정을, 통화 정책을 통해 물가 안정을 달성할 수 있다고 보는 이원적인 접근 방식이 지배적인 견해였다. 그러나 글로벌 금융 위기 이후 금융 시스템이 와해되어 경제 불안이 확산되면서 기존의 접근 방식에 대한 자성이 일어났다. 이 당시 경기 부양을 목적으로 한 중앙은행의 저금리 정책이 자산 가격 버블에 따른 금융 불안을 야기하여 경제 안정이 훼손될 수 있다는 데 공감대가 형성되었다. 또한 금융 회사가 대형화되면서 개별 금융 회사의 부실이 금융 시스템의 붕괴를 야기할 수 있게 됨에 따라 금융 회사 규모가 금융 안정의 새로운 위험 요인으로 등장하였다. 이에 기존의 정책으로는 금융 안정을 확보할 수 없고, 경제 안정을 위해서는 물가 안정뿐만 아니라 금융 안정도 필수적인 요건임이 밝혀졌다. 그 결과 미시 건전성 정책에 ㉡거시 건전성 정책이 추가된 금융감독 정책과 물가 안정을 위한 통화 정책 간의 상호 보완을 통해 경제 안정을 달성해야 한다는 견해가 주류를 형성하게 되었다.

거시 건전성이란 개별 금융 회사 차원이 아니라 금융 시스템 차원의 위기 가능성이 낮아 건전한 상태를 말하고, 거시 건전성 정책은 금융 시스템의 건전성을 추구하는 규제 및 감독 등을 포괄하는 활동을 의미한다. 이때, 거시 건전성 정책은 미시 건전성이 거시 건전성을 담보할 수 있는 충분조건이 되지 못한다는 '구성의 오류'에 논리적 기반을 두고 있다. 거시 건전성 정책은 금융 시스템 위험 요인에 대한 예방적 규제를 통해 금융 시스템의 건전성을 추구한다는 점에서, 미시 건전성 정책과는 차별화된다.

거시 건전성 정책의 목표를 효과적으로 달성하기 위해서는 경기 변동과 금융 시스템 위험 요인 간의 상관관계를 감안한 정책 수단의 도입이 필요하다. 금융 시스템 위험 요인은 경기 순응성을 가진다. 즉 경기가 호황일 때는 금융 회사들이 대출을 늘려 신용 공급을 팽창시킴에 따라 자산 가격이 급등하고, 이는 다시 경기를 더 과열시키는 반면 불황일 때는 그 반대의 상황이 일어난다. 이를 완화할 수 있는 정책 수단으로는 경기 대응 완충자본 제도를 ⓐ들 수 있다. 이 제도는 정책 당국이 경기 과열기에 금융 회사로 하여금 최저 자기자본에 추가적인 자기 자본, 즉 완충자본을 쌓도록 하여 과도한 신용 팽창을 억제시킨다. 한편 적립된 완충자본은 경기 침체기에 대출 재원으로 쓰도록 함으로써 신용이 충분히 공급되도록 한다.

01 윗글을 통해 알 수 있는 것은?

① 글로벌 금융 위기 이전에는, 금융이 단기적으로 경제 성장에 영향을 미치지 못한다고 보았다.

② 글로벌 금융 위기 이전에는, 개별 금융 회사가 건전하다고 해서 금융 안정이 달성되는 것은 아니라고 보았다.

③ 글로벌 금융 위기 이전에는, 경기 침체기에는 통화 정책과 더불어 금융감독 정책을 통해 경기를 부양시켜야 한다고 보았다.

④ 글로벌 금융 위기 이후에는, 정책 금리 인하가 경제 안정을 훼손하는 요인이 될 수 있다고 보았다.

⑤ 글로벌 금융 위기 이후에는, 경기 변동이 자산 가격 변동을 유발하나 자산 가격 변동은 경기 변동을 유발하지 않는다고 보았다.

02 ㉠과 ㉡에 대한 설명으로 적절하지 않은 것은?

① ㉠에서는 물가 안정을 위한 정책 수단과는 별개의 정책 수단을 통해 금융 안정을 달성하고자 한다.

② ㉡에서는 신용 공급의 경기 순응성을 완화시키는 정책 수단이 필요하다.

③ ㉠은 ㉡과 달리 예방적 규제 성격의 정책 수단을 사용하여 금융 안정을 달성하고자 한다.

④ ㉡은 ㉠과 달리 금융 시스템 위험 요인을 감독하는 정책 수단을 사용한다.

⑤ ㉠과 ㉡은 모두 금융 안정을 달성하기 위해 금융 회사의 자기자본을 이용한 정책 수단을 사용한다.

03 윗글을 바탕으로 할 때, <보기>의 A~D에 들어갈 말을 바르게 짝지은 것은?

─ <보기> ─

미시 건전성 정책과 거시 건전성 정책 간에는 정책 수단 운용에서 입장 차이가 존재한다. 경기가 (A)일 때 (B) 건전성 정책에서는 완충자본을 (C)하도록 하고, (D) 건전성 정책에서는 최소 수준 이상의 자기자본을 유지하도록 하여 개별 금융 회사의 건전성을 확보하려 한다.

	A	B	C	D
①	불황	거시	사용	미시
②	호황	거시	사용	미시
③	불황	거시	적립	미시
④	호황	미시	적립	거시
⑤	불황	미시	사용	거시

04 윗글과 <보기>에 대한 이해로 적절하지 <u>않은</u> 것은?

─────────< 보기 >─────────

　현실에서의 통화 정책 효과는 경기에 대해 비대칭적인 것으로 알려져 있다. 통화 정책은 경기 과열을 억제하는 데는 효과적이지만 경기 침체를 벗어나는 데는 효과가 미미하기 때문이다. 경기 침체를 극복하기 위해 중앙은행의 정책 금리 인하로 은행이 대출을 늘려 신용 공급을 확대하려 해도, 가계의 소비 심리가 위축되었거나 기업이 투자할 대상이 마땅치 않을 경우 전통적인 통화 정책에서 기대되는 효과는 나타나지 않게 된다. 오히려 확대된 신용 공급이 주식이나 부동산 등 자산 시장으로 과도하게 유입되어 의도치 않은 문제를 일으킬 수 있다.

　경제학자들은 경제 주체들이 경기 상황에 대해 비대칭적으로 반응하기 때문에 나타나는 이러한 현상을 '끈 밀어올리기(pushing on a string)'라고 부른다. 이는 끈을 당겨서 아래로 내리는 것은 쉽지만, 밀어서 위로 올리는 것은 어렵다는 것에 빗댄 것이다.

① '끈 밀어올리기'를 통해 경기 침체기에 자산 가격 버블이 발생하는 경우를 설명할 수 있겠군.

② 현실에서 경기가 침체되었을 경우 정책 금리 인하에 따른 경기 부양 효과는 경제 주체의 심리에 따라 달라질 수 있겠군.

③ '끈 밀어올리기'가 있을 경우 경기 침체기에 금융 안정을 달성하려면 경기 대응 완충자본 제도의 도입이 필요하겠군.

④ 통화 정책 효과가 경기에 대해 비대칭적이라면 경기 침체기에는 정책 금리 조정 이외의 방안을 도입할 필요가 있겠군.

⑤ 통화 정책 효과가 경기에 대해 비대칭적이라면 정책 금리 인상은 신용 공급을 축소시킴으로써 경기를 진정시킬 수 있겠군.

05 문맥상 의미가 ⓐ와 가장 가까운 것은?

① 나는 그 사람에게 친근감이 <u>든다</u>.
② 그는 목격자의 진술을 증거로 <u>들고 있다</u>.
③ 그분은 이미 대가의 경지에 <u>든</u> 학자이다.
④ 하반기에 <u>들자</u> 수출이 서서히 증가하기 시작했다.
⑤ 젊은 부부는 집을 마련하기 위해 적금을 <u>들기로</u> 했다.

01	02	03	04	05
④	③	①	③	②

<전통적인> 통화 정책은 <정책 금리를 활용하여> 물가를 안정시키고 경제 안정을 도모하는 것을 목표로 한다.

전통적인 통화 정책에서는, 정책 금리를 수단으로 하여 물가를 안정시키고, 경제를 안정시킨답니다. 경제 지문에서 정책은 시장에 적용되기 위한 것이고, 요즘의 수능 국어에는 단순히 경제적 원리만 서술되는 경우보다, 정책을 통해 시장을 조정하는 경우가 훨씬 많습니다. 정책 수단에서 '금리'를 사용하는 것은 기출에 여러 번 노출된 주제지만, 만약 모르더라도 다음 문장부터 집중한다면 놓치지 않고 따라갈 수 있을 겁니다.

중앙은행은 <경기↑가 과열되었을 때> 정책 금리↑ 인상을 통해 경기↓를 진정시키고자 한다. 정책 금리 인상으로 시장 금리↑도 높아지면 가계 및 기업에 대한 대출↓ 감소로 신용 공급↓이 축소된다. 신용 공급의 축소는 경제 내 수요↓를 줄여 물가↓를 안정시키고 경기↓를 진정시킨다. 반면 경기가 침체되었을 때는 반대의 과정을 통해 경기를 부양시키고자 한다.

첫 문단에서 통화 정책이 실현되는 과정이 개괄적으로 나옵니다. 간혹 이렇게 지문의 처음부터 정보량을 쏟아내는 지문들이 있는데, 보통 이런 지문들은 중후반부가 오히려 쉽습니다. 지문의 처음을 잘 잡고 갔다면 말이죠. 요컨대 저는 서술된 내용을 납득하면서 차근차근 따라가는 것을 권하는 편이지만, 현장에서라면 저렇게 화살표만 치면서 쓱 읽고 넘어가도 괜찮을 것 같습니다.

경기가 침체되었을 때, 전통적인 통화 정책이 경기를 어떻게 부양시킬지 마지막 줄을 근거로 생각해 볼 수 있습니다. 정책 금리↓를 낮춰서, 시장 금리↓도 낮추고, 대출↑을 늘려 신용 공급↑을 증가시키고, 경제 내 수요↑를 높여 물가↑를 높이고 경기↑를 부양시키겠지요.

금융을 통화 정책의 전달 경로로만 보는 <전통적인> 경제학에서는 금융감독 정책이 <개별> 금융 회사의 건전성 확보를 통해 금융 안정을 달성하고자 하는 미시 건전성 정책에 집중해야 한다고 보았다.

금융은 오직 통화 정책의 전달 경로일 뿐이고, 이런 금융의 안정은 '개별' 금융 회사의 건전성 확보를 통해서 이룰 수 있다고 보았답니다. 이게 '전통적인', '미시적' 관점이고요.

이러한 (전통적, 미시적) 관점은 금융이 직접적인 생산 수단이 아니므로(통화 정책의 전달 경로일 뿐이므로) 단기적일 때와는 달리 장기적으로는 경제 성장에 영향을 미치지 못한다는 인식과, 자산 시장에서는 가격이 본질적 가치를 초과하여 폭등하는 버블이 존재하지 않는다는 효율적 시장 가설에 기인한다.

앞서 전통적인 통화 정책이 미시 건전성 정책을 주장한 근거에 대해서 서술되고 있습니다. 첫 번째 근거는 '장기적으로는' 금융이 경제 성장에 영향을 미치지 못한다는 것, 두 번째 근거는 버블이 존재하지 않는다는 것입니다. 이러한 근거를 이길 수 있는 상반된 입장이 등장한다면, 주류의 관점은 바뀔 것입니다.

단기일 때는 금융도 경제 성장에 영향을 끼칠 수 있음을 인정했음은 알아둡시다. 경제 지문에서는 '장기'-'단기'를 자주 대립시킵니다. 18 수능 오버슈팅 지문이 대표적이고요.

미시 건전성 정책은 개별 금융 회사의 건전성에 대한 <예방적> 규제 성격을 가진 정책 수단을 활용하는데, 그 예로는 <향후 손실에 대비하여> 금융 회사의 자기자본 하한을 설정하는 최저 자기자본 규제를 들 수 있다.

아까 미시 건전성 정책에서는 개별 금융 회사의 건전성 확보를 통해 금융 안정을 달성한다고 했는데, 그 구체적인 수단인 '최저 자기자본 규제'가 서술됩니다.

이처럼 전통적인 경제학에서는 금융감독 정책(최저 자기자본 규제)을 통해 금융 안정을, 통화 정책(정책 금리 활용)을 통해 물가 안정을 달성할 수 있다고 보는 이원적인 접근 방식이 지배적인 견해였다.

아까 최저 자기자본 규제가 금융 안정을 위한 수단이고, 첫 문단의 정책 금리 활용이 물가 안정을 위한 수단입니다. 금융 안정과 물가 안정이라는 두 과제를 위해, 각각 다른 수단을 사용하는 것이죠. 이런 태도를 이원적이라고 표현합니다.

이런 게 지배적인 견해'였다'라고 말합니다. 그리고, 지문에 '전통적인' 같은 수식어구가 나옵니다. 이런 서술이 나올 때, 수능 국어 지문에서는 거의 항상 대비되는 새로운 관점이 등장합니다. 우리는, 뒤에 나오는 다른 입장은 일원인 접근 방식을 사용하리라는 점을 추론할 수 있습니다. 금융 안정이라는 과제와, 물가 안정이라는 과제를 하나의 원리로 접근할 것이라는 점이죠.

그러나 <글로벌 금융 위기 이후> 금융 시스템이 와해되어 경제 불안이 확산되면서 기존의 (이원적인) 접근 방식에 대한 자성이 일어났다. 이 당시 <경기 부양을 목적으로 한> 중앙은행의 저금리 정책이 자산 가격 버블에 따른 금융 불안을 야기하여 경제 안정이 훼손될 수 있다는 데 공감대가 형성되었다.

아까 전통적인 관점이 근거로 드는 것이, 금융은 경제 성장에 영향을 미치지 못한다는 점과, 버블은 존재하지 않는다는 점이었습니다. 그러나 금융 시스템의 와해가 경제에 악영향을 끼쳤고 버블이 존재할 수 있다는 점에 대한 공감대가 형성됨으로써 기존의 관점이 그대로 유지될 수 없게 된 것이죠.

또한 금융 회사가 대형화되면서 개별 금융 회사의 부실이 금융 시스템의 붕괴를 야기할 수 있게 됨에 따라 금융 회사 규모가 금융 안정의 새로운 위험 요인으로 등장하였다.

기존에는 개별 금융 회사의 건전성만 확보하면 된다고 보았고, 건전성 확보를 위해 최저 자기자본 규제를 도입했죠. 그러나 금융 회사 규모가 위험 요인이 된다는 새로운 문제 상황이 발생하면서 기존의 방식과는 다른 해결책이 필요하게 된 것입니다.

이에 기존의 (전통적인) 정책(만)으로는 금융 안정을 확보할 수 없고, 경제 안정을 위해서는 물가 안정뿐만 아니라 금융 안정도 필수적인 요건임이 밝혀졌다.

경제 안정이라는 과제를 위해서는 물가 안정과 금융 안정이라는 두 요소가 모두 필요하다는 입장으로 바뀐답니다.

그 결과 미시 건전성 정책에 거시 건전성 정책이 추가된 금융감독 정책과 물가 안정을 위한 통화 정책 간의 상호 보완을 통해 경제 안정을 달성해야 한다는 견해가 주류를 형성하게 되었다.

그래서, 위의 두 문장이 새로운 '일원적' 접근 방식을 설명하는 것입니다. 주의할 점은, '추가된'이라는 부분입니다. 보통 시간 순으로 입장이 서술되는 지문에서, 어떤 관점이 다른 관점을 완전히 대체하는 경우는 적습니다. 이런 식으로, 추가를 하거나, 보완을 하는 형태로, 공통점과 차이점을 모두 가지는 경우가 일반적인 것이죠. 우리는 새로운 입장이 주류가 되더라도, 기존의 미시 건전성 정책을 그대로 가져가면서 다른 해결책을 더하리라는 점을 의식하면서 읽어야 합니다.

거시 건전성이란 개별 금융 회사 차원이 아니라 금융 시스템 차원의 위기 가능성이 낮아 건전한 상태를 말하고, 거시 건전성 정책은 금융 시스템의 건전성을 추구하는 규제 및 감독 등을 포괄하는 활동을 의미한다.

전통적인 관점과는 다르게, 개별 금융 회사 차원보다, 더 상위의 범주인 시스템 차원에서의 건전성을 더 강조하는 것이죠.

이때, 거시 건전성 정책은 미시 건전성이 거시 건전성을 담보할 수 있는 충분조건이 되지 못한다는 '구성의 오류'에 논리적 기반을 두고 있다.

미시 건전성은 거시 건전성을 담보할 수 있는 충분조건이 되지 못한다는 얘기는, 미시 건전성이 지켜진다고 해서 거시 건전성도 지켜질 것이라 확신할 수 없다는 얘기죠. 거시 건전성을 확보하기 위한 정책 역시 필요하다는 주장의 근거가 됩니다.

사실 '구성의 오류'가 뭔지 몰라도, 위에 제가 적어둔 내용만 이해한다면 문제를 푸는 데 전혀 상관이 없었지만, 구성의 오류가 뭔지 짧게 설명을 드리겠습니다. 구성의 오류는, 부분에서 적용되는 원리가 전체에도 적용될 것이라고 추론하는 오류를 말합니다. 지문에서는 미시적 (개별 금융 회사) 차원에서 건전하다고 해도, 거시적 (시스템) 차원에서 건전하다고 확신할 수는 없음을 말하는 것이죠. 구성의 오류의 대표적 사례로는 경제학자 케인즈가 주장한 '절약의 역설'이 있는데, 관심이 있다면 찾아보시길 바랍니다.

거시 건전성 정책은 금융 시스템 위험 요인에 대한 예방적 규제를 통해 금융 시스템의 건전성을 추구한다는 점에서, 미시 건전성 정책과는 차별화된다.

아까 미시 건전성 정책은 개별 금융 회사에 대한 예방적 규제인 '최저 자기자본 규제'를 사용했는데, 거시 건전성 정책은 금융 시스템의 건전성을 추구하는 규제 및 감독 등을 포괄하는 활동을 의미합니다. 추가로 시스템에 대한 예방적 규제를 함으로써, 이전의 정책 방향과는 차이가 생긴답니다.

<거시 건전성 정책의 목표를 효과적으로 달성하기 위해서는> 경기 변동과 금융 시스템 위험 요인 간의 상관관계를 감안한 정책 수단의 도입이 필요하다.

뭐 그렇다네요. 이 둘의 상관관계가 무엇인지 아직 드러나 있지 않으니, 상관관계는 무엇이고, 그걸 정책 수단에서 어떤 방식으로 반영했는지를 의식하며 읽어봅시다.

금융 시스템 위험 요인은 경기 순응성을 가진다. 즉 <경기가 호황일 때는> 금융 회사들이 대출↑을 늘려 신용 공급↑을 팽창시킴에 따라 자산 가격↑이 급등하고, 이는 다시 경기↑를 더 과열시키는 반면 불황일 때는 그 반대의 상황이 일어난다.

'경기 순응성'이라는 개념을 주고, '즉'으로 다음 문장을 이으며 정확한 정의 없이 예시로 설명합니다. 이런 서술에서는 예시를 통해 우리가 스스로 이해해야 합니다. 경기가 호황인 상황에서는 대출↑⇒신용 공급↑⇒자산 가격↑⇒경기↑⇒대출↑…이런 무한 루프가 진행되는 거고, 불황일 때는 반대로 대출↓⇒신용 공급↓⇒자산 가격↓⇒경기↓⇒대출↓…이런 상황이 반복된다는 거죠. 금융 시스템 차원에서 이런 문제가 발생한다면, 거시 건전성 정책은 어떤 해결책을 들고 올지 확인해 봅시다.

이(경기 순응성)를 완화할 수 있는 정책 수단으로는 경기 대응 완충자본 제도를 들 수 있다. 이 제도는 정책 당국이 <경기 과열기에> 금융 회사로 하여금 최저 자기자본에 추가적인 자기자본, 즉 완충자본을 쌓도록 하여 과도한 신용 팽창↓을 억제시킨다.

최저 자기자본 하한을 설정하는 최저 자기자본 규제는 유지하면서, 경기 과열기에 추가적으로 자기 자본을 더 쌓게 한답니다. 그 추가적인 자기자본을 완충자본이라고 부르고요.

한편 적립된 완충자본은 <경기 침체기에> 대출↑ 재원으로 쓰도록 함으로써 신용↑이 충분히 공급되도록 한다.

Q.1 경기 대응 완충자본 제도는 어떻게 '경기 순응성'을 해소하는 거죠?

A.1 경기 순응성이 드러나는 상황은 이렇습니다.

호황인 상황 : 대출↑⇒신용 공급↑⇒자산 가격↑⇒경기↑⇒대출↑…

불황인 상황 : 대출↓⇒신용 공급↓⇒자산 가격↓⇒경기↓⇒대출↓…

이 고리를 '경기 대응 완충자본 제도'는 어떻게 끊죠? 호황인 상황에는, 가지고 있는 자본으로 완충 자본을 쌓도록 강제해서 대출을 더 못 늘리게 하는 겁니다. 그러면 신용이 팽창될 일도 없고, '경기 순응성'에 따른 상황이 덜 나타나게 되죠. 그리고 불황인 상황에, 호황일 때 쌓아 두었던 완충자본을 대출 재원으로 쓰게 해서 대출을 늘리는 겁니다. 이렇게 하면 신용도 덩달아 팽창하겠죠.

한편으로 이러한 해결책은, 이해 수능인 2020 수능의 '바젤 협약'과 내용적으로 매우 긴밀한 연관을 가지고 있었습니다. 지문엔 나와 있지 않지만, 경기 대응 완충자본 제도는 바젤Ⅲ 협약의 글로벌 자본 규제 체계에서 도입된 내용이거든요. 만약 이 해 6평을 깊게 복습한 학생들이었다면, 수능 날 훨씬 유리한 위치에서 지문을 읽을 수 있었을 겁니다.

01 윗글을 통해 알 수 있는 것은?

① 글로벌 금융 위기 이전에는, 금융이 단기적으로 경제 성장에 영향을 미치지 못한다고 보았다.

② 글로벌 금융 위기 이전에는, 개별 금융 회사가 건전하다고 해서 금융 안정이 달성되는 것은 아니라고 보았다.

③ 글로벌 금융 위기 이전에는, 경기 침체기에는 통화 정책과 더불어 금융감독 정책을 통해 경기를 부양시켜야 한다고 보았다.

④ 글로벌 금융 위기 이후에는, 정책 금리 인하가 경제 안정을 훼손하는 요인이 될 수 있다고 보았다.

⑤ 글로벌 금융 위기 이후에는, 경기 변동이 자산 가격 변동을 유발하나 자산 가격 변동은 경기 변동을 유발하지 않는다고 보았다.

> **정답 : ④**

정책 금리를 인하하는 통화 정책(저금리 정책)이 버블에 따른 금융 불안을 야기하여 경제 안정을 훼손할 수 있으리라는 관점이 나타났습니다.

> **해설**

① 금융 위기 이전에도 단기적으로는 경제 성장에 영향을 끼칠 수 있다고 보았습니다. 이 점은 금융 위기 이전과 이후의 공통점이죠.

② 글로벌 금융 위기 이후에는, 개별 금융 회사의 건전성(미시 건전성)만으로는 금융 안정을 이뤄낼 수 없다고 보았습니다.

③ 금융 위기 이전에는 통화 정책만 가지고도 경기 침체기에 경기를 부양시킬 수 있으리라고 보았죠.

⑤ 자산 가격 급등이 경기를 과열시킬 수 있으리라고 보았습니다.

02 ㉠미시 건전성 정책과 ㉡거시 건전성 정책에 대한 설명으로 적절하지 않은 것은?

① ㉠에서는 물가 안정을 위한 정책 수단과는 별개의 정책 수단을 통해 금융 안정을 달성하고자 한다.

② ㉡에서는 신용 공급의 경기 순응성을 완화시키는 정책 수단이 필요하다.

③ ㉠은 ㉡과 달리 예방적 규제 성격의 정책 수단을 사용하여 금융 안정을 달성하고자 한다.

④ ㉡은 ㉠과 달리 금융 시스템 위험 요인을 감독하는 정책 수단을 사용한다.

⑤ ㉠과 ㉡은 모두 금융 안정을 달성하기 위해 금융 회사의 자기자본을 이용한 정책 수단을 사용한다.

> **정답 : ③**

둘 다 예방적 규제 성격의 정책 수단을 사용합니다. 차이점과 달리 공통점은 놓치기 쉬운데, 항상 그 둘을 머리에 차곡차곡 정리하며 읽어야 합니다.

> **해설**

① 이것을 이원적 접근 방식이라고 말합니다.

② ㉡은 경기 대응 완충자본 제도를 통해 경기 순응성을 완화시키죠.

④ 시스템 차원의 규제를 통해 금융 안정을 도모하는 것이 ㉠과 대비되는 ㉡의 특징이죠.

⑤ 최저 자기자본 규제를 사용하는 것은 둘 사이의 공통점이며, ㉡은 추가로 경기 대응 완충자본 제도를 도입합니다.

03 윗글을 바탕으로 할 때, <보기>의 A~D에 들어갈 말을 바르게 짝지은 것은?

─── <보기> ───

　미시 건전성 정책과 거시 건전성 정책 간에는 정책 수단 운용에서 입장 차이가 존재한다. 경기가 (A)일 때 (B) 건전성 정책에서는 완충자본을 (C)하도록 하고, (D) 건전성 정책에서는 최소 수준 이상의 자기자본을 유지하도록 하여 개별 금융 회사의 건전성을 확보하려 한다.

	A	B	C	D
①	불황	거시	사용	미시
②	호황	거시	사용	미시
③	불황	거시	적립	미시
④	호황	미시	적립	거시
⑤	불황	미시	사용	거시

정답 : ①

해설

완충자본을 쌓거나 사용하도록 하는 것은 거시 건전성 정책에서만 이뤄지므로, B는 '거시'로 정해집니다. 거시 건전성 정책은 완충자본을 불황일 때 - 사용, 호황일 때 - 적립하도록 하는데, 이 짝이 맞으려면 정답은 ①번이 되어야 합니다.

04 윗글과 <보기>에 대한 이해로 적절하지 않은 것은?

─── <보기> ───

　<현실에서의> 통화 정책 효과는 경기에 대해 비대칭적인 것으로 알려져 있다. 통화 정책은 경기 과열을 억제하는 데는 효과적이지만 경기 침체를 벗어나는 데는 효과가 미미하기 때문이다. <경기 침체를 극복하기 위해 중앙은행의 정책 금리 인하(=저금리 정책)로 은행이 대출을 늘려 신용 공급을 확대하려 해도>, (1)가계의 소비 심리가 위축되었거나 (2)기업이 투자할 대상이 마땅치 않을 경우 전통적인 통화 정책에서 기대되는 효과(경기 부양, 물가 안정)는 나타나지 않게 된다. 오히려 확대된 신용 공급이 주식이나 부동산 등 자산 시장으로 과도하게 유입되어 의도치 않은 문제(=버블)를 일으킬 수 있다.

　경제학자들은 경제 주체들이 경기 상황에 대해 비대칭적으로 반응하기 때문에 나타나는 이러한 현상을 '끈 밀어올리기(pushing on a string)'라고 부른다. 이는 끈을 당겨서 아래로 내리는 것은 쉽지만, 밀어서 위로 올리는 것은 어렵다는 것에 빗댄 것이다.

① '끈 밀어올리기'를 통해 경기 침체기에 자산 가격 버블이 발생하는 경우를 설명할 수 있겠군.

② 현실에서 경기가 침체되었을 경우 정책 금리 인하에 따른 경기 부양 효과는 경제 주체의 심리에 따라 달라질 수 있겠군.

③ '끈 밀어올리기'가 있을 경우 경기 침체기에 금융 안정을 달성하려면 경기 대응 완충자본 제도의 도입이 필요하겠군.

④ 통화 정책 효과가 경기에 대해 비대칭적이라면 경기 침체기에는 정책 금리 조정 이외의 방안을 도입할 필요가 있겠군.

⑤ 통화 정책 효과가 경기에 대해 비대칭적이라면 정책 금리 인상은 신용 공급을 축소시킴으로써 경기를 진정시킬 수 있겠군.

<보기> 해설

지문의 첫 문단에서 '경기가 침체되었을 때는 반대의 과정을 통해 경기를 부양시키고자 한다'라고 했는데, 그 '반대의 과정'은 현실에서 성립하기 힘들다는 것이 <보기>의 요지입니다. 그 원인은 (1)가계의 소비 심리 위축과 (2)기업이 투자할 대상 x 이 두 가지가 제시됩니다. 이런 '비대칭성(호황에는 효과, 불황에는 미미)'을 '끈 밀어올리기'라는 용어로 표현하네요.

정답 : ③

경기 침체기에 금융 안정이 달성되지 못한다면(훼손된다면), 그 이유는 무엇일까요? 저금리 정책으로 신용 공급을 팽창시켰는데, 오히려 버블이 발생하고, 이것이 금융 불안을 야기하여 경제 안정을 훼손하는 것이죠. 여기서 재밌는 점은, 경기 과열기(호황)에는 '경기 순응성'

으로 인해 자연스럽게 신용 공급이 팽창된다면, 경기 침체기(불황)에는 저금리 정책으로 인해 신용 공급이 팽창된다는 것입니다. 다만, 저금리 정책을 사용해 신용 공급을 팽창시키더라도 버블로 인해 예기치 않은 문제가 발생하는 것이죠. 만약 경기 대응 완충 자본 제도가 있다면, 이런 상황에서 완충자본을 쌓게 하여 신용 팽창을 막고, 버블을 방지하여 금융 안정을 달성할 수는 있을 것입니다. 지문에서는 호황기에 완충자본을 적립하게 한다고 나와있지만, 호황기에'만' 적립할 수 있다는 서술은 없었고, 오히려 완충자본을 신용 팽창 억제/신용 공급 두 가지 목표를 위해 사용한다는 점에서, 경기 대응 완충자본 제도가 있다면 이런 상황에서 은행에 완충자본을 쌓도록 강제하여 버블을 방지할 수 있을 겁니다.

무슨 소리냐? 경기 대응 완충자본 제도를 사용한다면 금융 안정을 달성할 수도 있습니다. 그러나, '금융 안정을 달성하려면 경기 대응 완충자본 제도의 도입이 필요'라는 표현이 틀려서 이 선지가 틀린 겁니다. 이 책의 '기본적인 개념들'의 예시 중 하나를 생각해봅시다. '온도가 높아지면 (다른 조건이 모두 같을 때) 균이 증가한다'는 참입니다. 그러나, '균이 증가하려면 온도가 높아져야 하겠군'은 틀립니다. 온도는 그대로인데 시간이 흐를 수도 있기 때문입니다. 'A(금융 안정)이려면 B(경기 대응 완충자본 제도)이다 or B가 필요하다'의 문장은 A가 충분조건이고 B가 필요조건인데(A이려면 B이다≡B가 아니면 A가 아니다≡~B→~A≡A→B), 금융 안정을 달성했다고 해서 무조건 경기 대응 완충자본 제도를 도입했다고 볼 수는 없습니다. 따라서 선지는 경기 대응 완충자본 제도가 금융 안정의 필요조건인지를 묻는 것인데, 필요조건은 틀렸고, 충분조건이라고 보기도 힘듭니다. 필요조건이 틀린 이유는, <보기>의 원인 (1)(2)에 대응되도록, 가계의 소비 심리를 증가시키거나, 기업의 투자 대상을 만들어주는 식으로 다른 해결책을 만들 수도 있기 때문이죠.

사실 평가원이 저 정도로 선지의 논리적인 해석을 요구한 적은 없어, 개인적으로는 위의 해설이 출제 의도일 것 같지는 않습니다. 아마 평가원이 의도와 다르게 선지를 잘못 구성한 것으로 보이는데, 출제 의도와 무관하게 논리적으로만 접근하면 위의 해설이 타당하지요. 이 문제에 대해 다양한 해설이 있는 것으로 아는데, 본인이 납득할 수 있는 해설을 찾아보는 것도 좋을 것 같습니다. 다만, 6월 모의고사의 특이한 케이스 하나를 너무 일반화하여 공부의 방향을 잡지는 말 것을 권합니다.

해설

① <보기>에서는 지문의 3문단과 마찬가지로, 경기 침체기에 실행되는 저금리 정책이 오히려 버블을 야기할 수 있음이 나타나 있습니다.

② 경기 부양 효과가 나타나지 않게 되는 원인 (1)과 일치하는 선지입니다.

④ 정책 금리 조정이라는 수단이 경기 침체기에는 효과가 없는 것이 '비대칭적'인 상황이므로, 다른 수단을 찾아봐야겠죠.

⑤ 경기가 과열되어 있는 호황기에는 통화 정책의 효과가 있습니다. <보기>에도 '과열을 억제하는 데는 효과적'이라고 직접적으로 알려주고요.

05 문맥상 의미가 ⓐ와 가장 가까운 것은?

① 나는 그 사람에게 친근감이 든다.
② 그는 목격자의 진술을 증거로 들고 있다.
③ 그분은 이미 대가의 경지에 든 학자이다.
④ 하반기에 들자 수출이 서서히 증가하기 시작했다.
⑤ 젊은 부부는 집을 마련하기 위해 적금을 들기로 했다.

정답 : ②

무언가를 설명하기 위해 다른 사실을 가져다 댄다는 뜻에서 같습니다. 한 단어가 같은 뜻으로 쓰일 때는, 앞에 항상 같은 형태의 격조사가 와야 합니다. 이 문제에서 '을'/'를'이 앞에 오는 선지는 ②번과 ⑤번뿐입니다.

해설

⑤ 여기서 '들다'는 적금이나 보험을 시작하는 것을 말합니다.

2020학년도 수능 BIS

국제법에서 일반적으로 조약은 국가나 국제기구들이 그들 사이에 지켜야 할 구체적인 권리와 의무를 명시적으로 합의하여 창출하는 규범이며, 국제 관습법은 조약 체결과 관계없이 국제 사회 일반이 받아들여 지키고 있는 보편적인 규범이다. 반면에 경제 관련 국제기구에서 어떤 결정을 하였을 경우, 이 결정 사항 자체는 권고적 효력만 있을 뿐 법적 구속력은 없는 것이 일반적이다. 그런데 국제결제은행 산하의 바젤위원회가 결정한 BIS 비율 규제와 같은 것들이 비회원인 국가에서도 엄격히 준수되는 모습을 종종 보게 된다. 이처럼 일종의 규범적 성격이 나타나는 현실을 어떻게 이해할지에 대한 논의가 있다. 이는 위반에 대한 제재를 통해 국제법의 효력을 확보하는 데 주안점을 두는 일반적 경향을 되돌아보게 한다. 곧 신뢰가 형성하는 구속력에 주목하는 것이다.

BIS 비율은 은행의 재무 건전성을 유지하는 데 필요한 최소한의 자기자본 비율을 설정하여 궁극적으로 예금자와 금융 시스템을 보호하기 위해 바젤위원회에서 도입한 것이다. 바젤위원회에서는 BIS 비율이 적어도 규제 비율인 8%는 되어야 한다는 기준을 제시하였다. 이에 대한 식은 다음과 같다.

$$\text{BIS 비율(\%)} = \frac{\text{자기자본}}{\text{위험가중자산}} \times 100 \geq 8(\%)$$

여기서 자기자본은 은행의 기본자본, 보완자본 및 단기후순위 채무의 합으로, 위험가중자산은 보유 자산에 각 자산의 신용 위험에 대한 위험 가중치를 곱한 값들의 합으로 구하였다. 위험 가중치는 자산 유형별 신용 위험을 반영하는 것인데, OECD 국가의 국채는 0%, 회사채는 100%가 획일적으로 부여되었다. 이후 금융 자산의 가격 변동에 따른 시장 위험도 반영해야 한다는 요구가 커지자, 바젤위원회는 위험가중자산을 신용 위험에 따른 부분과 시장 위험에 따른 부분의 합으로 새로 정의하여 BIS 비율을 산출하도록 하였다. 신용 위험의 경우와 달리 시장 위험의 측정 방식은 감독 기관의 승인하에 은행의 선택에 따라 사용할 수 있게 하여 '바젤 I' 협약이 1996년에 완성되었다.

금융 혁신의 진전으로 '바젤 I' 협약의 한계가 드러나자 2004년에 '바젤 II' 협약이 도입되었다. 여기에서 BIS 비율의 위험가중자산은 신용 위험에 대한 위험 가중치에 자산의 유형과 신용도를 모두 ⓐ고려하도록 수정되었다. 신용 위험의 측정 방식은 표준 모형이나 내부 모형 가운데 하나를 은행이 이용할 수 있게 되었다. 표준 모형에서는 OECD 국가의 국채는 0%에서 150%까지, 회사채는 20%에서 150%까지 위험 가중치를 구분하여 신용도가 높을수록 낮게 부과한다. 예를 들어 실제 보유한 회사채가 100억 원인데 신용 위험 가중치가 20%라면 위험가중자산에서 그 회사채는 20억 원으로 계산된다. 내부 모형은 은행이 선택한 위험 측정 방식을 감독 기관의 승인하에 그 은행이 사용할 수 있도록 하는 것이다. 또한 감독 기관은 필요시 위험가중자산에 대한 자기자본의 최저 비율이 ⓑ규제 비율을 초과하도록 자국 은행에 요구할 수 있게 함으로써 자기자본의 경직된 기준을 보완하고자 했다.

최근에는 '바젤 III' 협약이 발표되면서 자기자본에서 단기 후순위 채무가 제외되었다. 또한 위험가중자산에 대한 기본자본의 비율이 최소 6%가 되게 보완하여 자기자본의 손실 복원력을 강화하였다. 이처럼 새롭게 발표되는 바젤 협약은 이전 협약에 들어 있는 관련 기준을 개정하는 효과가 있다.

바젤 협약은 우리나라를 비롯한 수많은 국가에서 채택하여 제도화하고 있다. 현재 바젤위원회에는 28개국의 금융 당국들이 회원으로 가입되어 있으며, 우리 금융 당국은 2009년에 가입하였다. 하지만 우리나라는 가입하기 훨씬 전부터 BIS 비율을 도입하여 시행하였으며, 현행 법제에도 이것이 반영되어 있다. 바젤 기준을 따름으로써 은행이 믿을 만하다는 징표를 국제 금융 시장에 보여 주어야 했던 것이다. 재무 건전성을 의심받는 은행은 국제 금융 시장에 자리를 잡지 못하거나, 심하면 아예 ⓒ발을 들이지 못할 수도 있다.

바젤위원회에서는 은행 감독 기준을 협의하여 제정한다. 그 헌장에서는 회원들에게 바젤 기준을 자국에 도입할 의무를 부과한다. 하지만 바젤위원회가 초국가적 감독 권한이 없으며 그의 결정도 ⓓ법적 구속력이 없다는 것 또한 밝히고 있다. 바젤 기준은 100개가 넘는 국가가 채택하여 따른다. 이는 국제기구의 결정에 형식적으로 구속을 받지 않는 국가에서까지 자발적으로 받아들여 시행하고 있다는 것인데, 이런 현실을 ㉠ 말랑말랑한 법(soft law)의 모습이라 설명하기도 한다. 이때 조약이나 국제 관습법은 그에 대비하여 딱딱한 법(hard law)이라 부르게 된다. 바젤 기준도 장래에 ⓔ딱딱하게 응고될지 모른다.

01 윗글의 내용 전개 방식으로 가장 적절한 것은?

① 특정한 국제적 기준의 내용과 그 변화 양상을 서술하며 국제 사회에 작용하는 규범성을 설명하고 있다.
② 특정한 국제적 기준이 제정된 원인을 서술하며 국제 사회의 규범을 감독 권한의 발생 원인에 따라 분류하고 있다.
③ 특정한 국제적 기준의 필요성을 서술하며 국제 사회에 수용되는 규범의 필요성을 상반된 관점에서 논증하고 있다.
④ 특정한 국제적 기준과 관련된 국내법의 특징을 서술하며 국제 사회에 받아들여지는 규범의 장단점을 설명하고 있다.
⑤ 특정한 국제적 기준의 설정 주체가 바뀐 사례를 서술하며 국제 사회에서 규범 설정 주체가 지닌 특징을 분석하고 있다.

02 윗글에서 알 수 있는 내용으로 적절하지 <u>않은</u> 것은?

① 조약은 체결한 국가들에 대하여 권리와 의무를 부과하는 것이 원칙이다.
② 새로운 바젤 협약이 발표되면 기존 바젤 협약에서의 기준이 변경되는 경우가 있다.
③ 딱딱한 법에서는 일반적으로 제재보다는 신뢰로써 법적 구속력을 확보하는 데 주안점이 있다.
④ 국제기구의 결정을 지키지 않을 때 입게 될 불이익은 그 결정이 준수되도록 하는 역할을 한다.
⑤ 세계 각국에서 바젤 기준을 법제화하는 것은 자국 은행의 재무 건전성을 대외적으로 인정받기 위해서이다.

03 BIS 비율 에 대한 이해로 가장 적절한 것은?

① 바젤 Ⅰ 협약에 따르면, 보유하고 있는 회사채의 신용도가 낮아질 경우 BIS 비율은 낮아지는 경향이 있다.
② 바젤 Ⅱ 협약에 따르면, 각국의 은행들이 준수해야 하는 위험가중자산 대비 자기자본의 최저 비율은 동일하다.
③ 바젤 Ⅱ 협약에 따르면, 보유하고 있는 OECD 국가의 국채를 매각한 뒤 이를 회사채에 투자한다면 BIS 비율은 항상 높아진다.
④ 바젤 Ⅱ 협약에 따르면, 시장 위험의 경우와 마찬가지로 감독 기관의 승인하에 은행이 선택하여 사용할 수 있는 신용 위험의 측정 방식이 있다.
⑤ 바젤 Ⅲ 협약에 따르면, 위험가중자산 대비 보완자본이 최소 2%는 되어야 보완된 BIS 비율 규제를 은행이 준수할 수 있다.

04 윗글을 참고할 때, <보기>에 대한 반응으로 적절하지 <u>않은</u> 것은?

<보기>

　갑 은행이 어느 해 말에 발표한 자기자본 및 위험가중자산은 아래 표와 같다. 갑 은행은 OECD 국가의 국채와 회사채만을 자산으로 보유했으며, 바젤Ⅱ 협약의 표준 모형에 따라 BIS 비율을 산출하여 공시하였다. 이때 회사채에 반영된 위험 가중치는 50%이다. 그 이외의 자본 및 자산은 모두 무시한다.

항목	자기자본		
	기본자본	보완자본	단기후순위채무
금액	50억 원	20억 원	40억 원

항목	위험 가중치를 반영하여 산출한 위험가중자산		
	신용 위험에 따른 위험가중자산		시장 위험에 따른 위험가중자산
	국채	회사채	
금액	300억 원	300억 원	400억 원

---

① 갑 은행이 공시한 BIS 비율은 바젤위원회가 제시한 규제 비율을 상회하겠군.

② 갑 은행이 보유 중인 회사채의 위험 가중치가 20%였다면 BIS 비율은 공시된 비율보다 높았겠군.

③ 갑 은행이 보유 중인 국채의 실제 규모가 회사채의 실제 규모보다 컸다면 위험 가중치는 국채가 회사채보다 낮았겠군.

④ 갑 은행이 바젤Ⅰ 협약의 기준으로 신용 위험에 따른 위험가중자산을 산출한다면 회사채는 600억 원이 되겠군.

⑤ 갑 은행이 위험가중자산의 변동 없이 보완자본을 10억 원 증액한다면 바젤Ⅲ 협약에서 보완된 기준을 충족할 수 있겠군.

05 ㉠에 해당하는 사례로 가장 적절한 것은?

① 바젤위원회가 국제 금융 현실에 맞지 않게 된 바젤 기준을 개정한다.

② 바젤위원회가 가입 회원이 없는 국가에 바젤 기준을 준수하도록 요청한다.

③ 바젤위원회 회원의 국가가 준수 의무가 있는 바젤 기준을 실제로는 지키지 않는다.

④ 바젤위원회 회원의 국가가 강제성이 없는 바젤 기준에 대하여 준수 의무를 이행한다.

⑤ 바젤위원회 회원이 없는 국가에서 바젤 기준을 제도화하여 국내에서 효력이 발생하도록 한다.

06 문맥상 ⓐ~ⓔ와 바꿔 쓰기에 적절하지 <u>않은</u> 것은?

① ⓐ: 반영하여 산출하도록

② ⓑ: 8%가 넘도록

③ ⓒ: 바젤위원회에 가입하지

④ ⓓ: 권고적 효력이 있을 뿐이라는

⑤ ⓔ: 조약이나 국제 관습법이 될지

01	02	03	04	05	06
①	③	④	⑤	⑤	③

국제법에서 일반적으로 조약은 국가나 국제기구들이 그들 사이에 지켜야 할 구체적인 권리와 의무를 명시적으로 합의하여 창출하는 규범이며, 국제 관습법은 조약 체결과 관계없이 국제 사회 일반이 받아들여 지키고 있는 보편적인 규범이다.

조약과 국제 관습법의 정의에 대해 말하고 있습니다. 각각의 성질과 정의는 머릿속에 때려 박는 수밖에 없습니다.

반면에 경제 관련 국제기구에서 어떤 결정을 하였을 경우, 이 결정 사항 자체는 권고적 효력만 있을 뿐 법적 구속력은 없는 것이 일반적이다.

권고적 효력과 법적 구속력을 구분합시다. 보통 '일반적'인 이야기를 첫 문단에서 하면, 그 뒤로는 일반적이지 않은 상황들이 나옵니다.

그런데 국제결제은행 산하의 바젤위원회가 결정한 BIS 비율 규제와 같은 것들이 비회원의 국가에서도 엄격히 준수되는 모습을 종종 보게 된다.

Q.1 BIS 비율 규제는 앞선 개념 중 무엇과 연결되나요?

A.1 '국제결제은행 산하의 바젤 위원회'는 앞에 나온 '경제 관련 국제기구'이고, 'BIS 비율'은 '결정'입니다. 일반적으로는 권고적 효력만 있고 법적 구속력은 없는 것이지요. 그런데 BIS 비율 규제가 '엄격히 준수되는 모습'은 '법적 구속력'과 비슷한 모습을 보인다는 이야기입니다(물론, 법적 구속력이 없다는 것은 확실히 해야 합니다).

이처럼 일종의 규범적 성격이 나타나는 현실을 어떻게 이해할지에 대한 논의가 있다.

마찬가지로, '규범적 성격'='법적 구속력의 성격'으로 이해합시다. 이 문장을 통해, 지문은 일반적이지 않은 상황의 이유에 대해 설명하기 시작합니다.

경제/법 지문은 보통 문제 상황이 있고, 거기에 대한 해결책으로서 여러 시도를 하므로, 각각의 시도가 문제의 어떤 부분에 작용하는지 의식하면서 읽어야 합니다.

이는 위반에 대한 제재를 통해 국제법의 효력을 확보하는 데 주안점을 두는 일반적 경향을 되돌아보게 한다.

'일반적 경향'을 되돌아보게 한다는 것은, '일반적 경향'이 아니라는 것이죠. BIS와 같은 사례는, '위반에 대한 제재'라는 '일반적' 특성을 지니지 않을 것이라는 점을 생각해야 합니다.

곧 신뢰가 형성하는 구속력에 주목하는 것이다.

'법적 구속력'은 없지만, '신뢰가 형성하는 구속력'은 있습니다. 따라서, '법적 구속력'이 주는 '효과'는 갖는다는 얘기죠(헷갈리겠지만, 이해해 봅시다). 두 개념이 비슷해 보이지만 전혀 다를 때는 주의가 필요합니다.

BIS 비율 은 은행의 재무 건전성을 유지하는 데 필요한 최소한의 자기자본 비율을 설정하여 궁극적으로 예금자와 금융 시스템을 보호하기 위해 바젤위원회에서 도입한 것이다. 바젤위원회에서는 BIS 비율이 적어도 규제 비율인 8%는 되어야 한다는 기준을 제시하였다. 이에 대한 식은 다음과 같다.

$$\text{BIS 비율(\%)} = \frac{\text{자기자본}}{\text{위험가중자산}} \times 100 \geq 8(\%)$$

이런 수식에도 좀 익숙해져 봅시다. 자기자본이 위험가중자산에 비해 너무 적으면 안 되겠다는 생각 정도는 하고 다음 문장을 봅시다.

자기자본은 그냥 세 개념(기본자본, 보완자본, 단기후순위 채무)을 더하면 되니 쉽습니다. 반면 위험가중자산을 어떻게 구하는지는 다소 주의하여 읽어야 합니다. 단순히 (보유 자산)x(각 자산의 신용 위험에 대한 위험 가중치)로 읽으면 곤란합니다. 이것은 Σ(각 자산)x(각 자산의 신용 위험에 대한 위험 가중치)로 읽어야 옳습니다. (고등학교 수학을 공부하지 않은 독자들을 위해 : Σ는 뒤에 있는 값들의 합을 말합니다) '각 자산'은, 전체 보유 자산에 포함된 자산이고, 본문에 나온 '보유 자산'은 '각 자산'을 말합니다. 이렇게 읽지 않으면 가중치 계산에 있어 큰 혼란이 옵니다.

전체는 부분으로 칭할 수 없지만, 부분(각 자산)은 전체(보유 자산)로 칭할 수 있다는 점을 명심하세요.

'획일적으로' 부여되므로, 100%는 다 100%고 0%는 다 0%라는 얘기입니다.

'가중치'의 의미가 잘 감이 안 잡힌다면, 17 6월 퍼셉트론 지문을 펼쳐보세요. 웬만한 개념들은 전부 기출에 있습니다. 사실 가중치라는 단어의 뜻을 몰라도, 위의 공식에서 위험 가중치가 너무 커지면 위험가중자산(분모)의 값이 커지므로, BIS 비율이 낮아져서 BIS 기준을 충족하기 힘들다는 점을 생각했으면 문제를 풀기에 충분합니다.

그동안은 '신용 위험'은 반영되었지만, '시장 위험'은 반영되지 않았던 것이죠. 이후에 '시장 위험'을 어떻게 반영하는지 의식하며 읽읍시다.

BIS 비율 공식에서 위험가중자산만 건드리고 있습니다.

'달리'가 나왔죠. 뭐가 다르죠? 측정 방식을 (감독 기관의 승인하에) 은행의 선택에 따라 사용한다는 점이 시장 위험이 신용 위험과 다른 부분입니다.

뭔가 바뀌나 봅니다.

바젤 II 협약을 읽는 올바른 자세는 당연히 바젤 I 협약과 비교하며 읽는 것입니다. 원래는 신용 위험만, 바젤 I 협약부터는 신용 위험과 시장 위험을, 그리고 바젤 II 협약은 신용 위험에 자산의 유형과 신용도를 위험 가중 자산의 위험 가중치에 반영합니다.

당연히, 바젤 II 협약에도 시장 위험은 고려됩니다. 위에 제시된 부분은 '대체'된 부분이 아니라, 단순히 바젤 I 협약에 '추가된' 내용일 뿐이에요.

바젤 I 때는 시장 위험의 측정 방식만 은행이 선택하는 것이었는데, 바젤 II에서는 신용 위험의 측정 방식도 은행이 선택할 수 있답니다.

> 표준 모형에서는 OECD 국가의 국채는 0%에서 150%까지, 회사채는 20%에서 150%까지 위험 가중치를 구분하여 신용도가 높을수록 낮게 부과한다.

전에는 OECD 국가의 국채면 무조건 0%, 회사채는 무조건 100%였죠. 바젤 II의 위험 가중치와, 바젤 I 이전의 위험 가중치가 다르다는 것은 모두 알겠지만, 이전에는 한 집단 안(OECD 국가의 국채 or 회사채)의 모든 위험 가중치가 같았다면(0%/100%), 바젤 II부터는 달라질 수 있다는 것이 가장 중요합니다. 이는 3번 문제의 출제 포인트입니다.

그리고, 헷갈릴 수 있는 점. 신용도와 위험 가중치는 음의 상관관계입니다.

> 예를 들어 실제 보유한 회사채가 100억 원인데 신용 위험 가중치가 20%라면 위험가중자산에서 그 회사채는 20억 원으로 계산된다.

가중치 뭔지 아직도 모를까봐 예시도 들어 주네요. 그냥 가중치를 곱해서, (참고로, N%를 곱한다는 것은 $\frac{N}{100}$을 곱한다는 거... 아시죠?) 그만큼을 위험가중자산에 반영한다고 보시면 되겠습니다.

> 내부 모형은 은행이 선택한 위험 측정 방식을 감독 기관의 승인하에 그 은행이 사용할 수 있도록 하는 것이다.

아까 바젤 II에서는 시정 위험뿐 아니라, 신용 위험의 측정 방식도 고를 수 있다고 했는데, 그 두 번째인 내부 모형입니다. 은행이 직접 방식을 만들고, 감독 기관의 허락을 받아서 쓰는 거라네요.

> 또한 감독 기관은 필요시

'필요시' ⇒ 예외적으로 가능한 상황입니다.

> 위험가중자산에 대한 자기자본의 최저 비율이 규제 비율을 초과하도록 자국 은행에 요구할 수 있게 함으로써 자기자본의 경직된 기준을 보완하고자 했다.

위험가중자산에 대한 자기자본의 비율이 뭔가요?

예, BIS 비율이죠? 이게 기억이 안 난다면, 독해력과 정보 처리력이

매우 부족한 상태입니다. 어쨌든, 이 BIS 비율이 규제 기준을 초과할 수 있게 하면서, 경직된 기준을 보완-조금 더 유연하게 만들었다는 얘기죠.

> 최근에는 '바젤 III' 협약이 발표되면서 자기자본에서 단기후순위 채무가 제외되었다.

이전 모든 기준들과의 차이점입니다. 분자가 더 작아질 테니, BIS 기준 충족이 더 어려워지리라는 점은 생각합시다.

> 또한 위험가중자산에 대한 기본자본의 비율이 최소 6%가 되게 보완하여 자기자본의 손실 복원력을 강화하였다.

'자기자본'은 '기본자본'+'보완자본'+'단기 후순위 채무'이었는데, 바젤 III 협약에서는 자꾸 자기자본을 건드리네요. 역시 이전 기준들과의 차이점입니다.

> 이처럼 새롭게 발표되는 바젤 협약은 이전 협약에 들어 있는 관련 기준을 개정하는 효과가 있다.

Q.2 '관련 기준'은 뭘 말하나요?

A.2 '이처럼'이 나왔으니까 보통 앞 문장이 근거죠. 앞서 말한 것처럼, 이전 두 문장에서 자기자본의 기준을 계속 건든 것을 말합니다. 또, 바젤 I에서 II로 넘어가며 위험가중자산의 기준을 바꾼 것도 포괄합니다.

> 바젤 협약은 우리나라를 비롯한 수많은 국가에서 채택하여 제도화하고 있다. 현재 바젤위원회에는 28개국의 금융 당국들이 회원으로 가입되어 있으며, 우리 금융 당국은 2009년에 가입하였다. 하지만 우리나라는 가입하기 훨씬 전부터 BIS 비율을 도입하여 시행하였으며, 현행 법제에도 이것이 반영되어 있다.

'하지만'이 나왔습니다. 바젤위원회에 가입하지도 않았는데 거기서 만든 BIS를 도입했답니다. 생각하면서 읽는 친구라면 '왜?'를 던지며 다음 문장으로 넘어가야 합니다.

> 바젤 기준을 따름으로써 은행이 믿을 만하다는 징표를 국제 금융 시장에 보여 주어야 했던 것이다.

아, 그냥 자기네가 믿을 만하다는 걸 증명하기 위해 BIS를 도입하여 시행했던 거라네요. 이것이 '신뢰가 형성하는 구속력'입니다.

재무 건전성을 의심받는 은행은 국제 금융 시장에 자리를 잡지 못하거나, 심하면 아예 발을 들이지 못할 수도 있다.

Q.3 재무 건전성을 의심 받는다는 게 무슨 얘기죠?

A.3 앞 문장과 붙여 읽어야 합니다. 믿을 만하지 못하다는 얘기죠. 믿을 만하지 못하면 자리를 못 잡거나, 발을 못 들일 수 있기 때문에 우리나라가 BIS를 도입했던 거다, 라고 이 문단 전체를 연결하여 읽을 수 있어야 합니다.

바젤위원회에서는 은행 감독 기준을 협의하여 제정한다. 그 헌장에서는 회원들에게 바젤 기준을 자국에 도입할 의무를 부과한다. 하지만 바젤위원회가 초국가적 감독 권한이 없으며 그의 결정도 법적 구속력이 없다는 것 또한 밝히고 있다.

결정이 법적 구속력이 없다는 것은 첫 문단에 나왔죠. 이렇게 이어지네요. '의무'는 주는데 '감독 권한'이나 '법적 구속력'은 없답니다. Q.1의 포인트를 짚고 넘어갔더라면 크게 막히지 않는 문장일 것입니다.

바젤 기준은 100개가 넘는 국가가 채택하여 따른다. 이는 국제기구의 결정에 형식적으로 구속을 받지 않는 국가에서까지 자발적으로 받아들여 시행하고 있다는 것인데, 이런 현실을 말랑말랑한 법(soft law)의 모습이라 설명하기도 한다.

'말랑말랑한 법'의 특성은 그냥 '바젤 협약(기준)'의 특성이라고 생각하시면 됩니다. 법적 구속력은 없는데, 구속을 받지 않는 국가에서까지(ex.이전의 한국) 다들 믿음을 주기 위해 지키는 뭐 그런 성질들이요.

이때 조약이나 국제 관습법은 그에 대비하여 딱딱한 법(hard law)이라 부르게 된다. 바젤 기준도 장래에 딱딱하게 응고될지 모른다.

'딱딱한 법'이 뭐겠어요? 그냥 '말랑말랑한 법', 즉 '바젤 협약'의 특성과 반대되는, 이를테면 법적 구속력을 지닌 법이겠죠. 그럼 '딱딱하게 응고될지 모른다'는 얘기는 법적 구속력이나, 명시적인 합의가 생길지도 모른다는 뜻으로 이해할 수 있을 듯합니다.

01 윗글의 내용 전개 방식으로 가장 적절한 것은?

① 특정한 국제적 기준의 내용과 그 변화 양상을 서술하며 국제 사회에 작용하는 규범성을 설명하고 있다.
② 특정한 국제적 기준이 제정된 원인을 서술하며 국제 사회의 규범을 감독 권한의 발생 원인에 따라 분류하고 있다.
③ 특정한 국제적 기준의 필요성을 서술하며 국제 사회에 수용되는 규범의 필요성을 상반된 관점에서 논증하고 있다.
④ 특정한 국제적 기준과 관련된 국내법의 특징을 서술하며 국제 사회에 받아들여지는 규범의 장단점을 설명하고 있다.
⑤ 특정한 국제적 기준의 설정 주체가 바뀐 사례를 서술하며 국제 사회에서 규범 설정 주체가 지닌 특징을 분석하고 있다.

> **정답 : ①**

BIS의 내용이 제시되고, Ⅰ, Ⅱ, Ⅲ으로 발전되는 모습이 보이고, '말랑말랑한 법'으로서의 규범성을 지니죠.

02 윗글에서 알 수 있는 내용으로 적절하지 <u>않은</u> 것은?

① 조약은 체결한 국가들에 대하여 권리와 의무를 부과하는 것이 원칙이다.
② 새로운 바젤 협약이 발표되면 기존 바젤 협약에서의 기준이 변경되는 경우가 있다.
③ 딱딱한 법에서는 일반적으로 제재보다는 신뢰로써 법적 구속력을 확보하는 데 주안점이 있다.
④ 국제기구의 결정을 지키지 않을 때 입게 될 불이익은 그 결정이 준수되도록 하는 역할을 한다.
⑤ 세계 각국에서 바젤 기준을 법제화하는 것은 자국 은행의 재무 건전성을 대외적으로 인정받기 위해서이다.

> **정답 : ③**

딱딱한 법은 신뢰가 아닌 제재로써 법적 구속력을 확보합니다.

> **해설**

② 바젤 Ⅱ에서는 위험 가중 자산과 관련된 기준을 바꾸었고, 바젤 Ⅲ에서는 자기자본에서 단기후순위채무를 제외하고 기본자본의 최소 비율을 설정하여 이전의 기준을 개정하였습니다.
④ 결정은 법적 구속력은 없으나, 지키지 않으면 재무 건전성을 의심받게 되어 금융 시장에서 불이익을 보게 됩니다.

03 **BIS 비율** 에 대한 이해로 가장 적절한 것은?

① 바젤 Ⅰ 협약에 따르면, 보유하고 있는 회사채의 신용도가 낮아질 경우 BIS 비율은 낮아지는 경향이 있다.

② 바젤 Ⅱ 협약에 따르면, 각국의 은행들이 준수해야 하는 위험가중자산 대비 자기자본의 최저 비율은 동일하다.

③ 바젤 Ⅱ 협약에 따르면, 보유하고 있는 OECD 국가의 국채를 매각한 뒤 이를 회사채에 투자한다면 BIS 비율은 항상 높아진다.

④ 바젤 Ⅱ 협약에 따르면, 시장 위험의 경우와 마찬가지로 감독 기관의 승인하에 은행이 선택하여 사용할 수 있는 신용 위험의 측정 방식이 있다.

⑤ 바젤 Ⅲ 협약에 따르면, 위험가중자산 대비 보완자본이 최소 2%는 되어야 보완된 BIS 비율 규제를 은행이 준수할 수 있다.

정답 : ④

바젤 Ⅰ은 시장 위험의 측정만, 바젤 Ⅱ는 신용 위험의 측정도 은행이 측정 방식을 선택할 수 있습니다.

해설

① 제가 읽으면서 강조했던 부분입니다. 바젤 Ⅰ에서 회사채는 무조건 위험가중치 100%입니다. '신용도'는 '신용 위험'과 관련된 것이고, 이게 반영되는 방법이 바로 위험가중치입니다.

② '또한 감독 기관은 필요시 위험가중자산에 대한 자기자본의 최저 비율이 규제 비율을 초과하도록 자국 은행에 요구할 수 있게 함'→ 요구한 은행도 있고, 아닌 은행도 있을 수 있을 테니 동일하다고 말할 수 없겠죠?

+)②번 선지의 경우, '동일할 수도 있다'로 나왔다면 옳고, '다르다'로 나왔다면 틀린 선지입니다. '-하다', '-일지도 모른다', '-겠군'은 작은 차이지만 답을 다르게 만들 수도 있습니다. 물론, 평가원이 이걸 '동일할 수도 있겠군'으로 쓰진 않을 거예요.

③ 바젤 Ⅱ부터는 국채가 0~150%, 회사채가 20~150%이므로, 바젤 Ⅰ 때와는 달리 국채의 위험 가중치가 회사채보다 높을 수도 있습니다. BIS 비율이 높아지려면 자기자본에 대한 위험가중자산이 줄어들어야 하고, 위험가중자산이 줄어들려면 위험 가중치가 줄어야 하는데, 이 경우 위험 가중치가 국채와 회사채 중 뭐가 더 높은지 모르니, BIS 비율이 높을 수도, 낮을 수도, 같을 수도 있는 거죠. 알 수 없는 겁니다.

⑤ 본문에서 바젤 Ⅲ는 위험가중자산 대비 기본자본의 비율이 6%가 되어야 한다고 했습니다. 또 자기자본에서 단기후순위채무를 뺐으므로, 자기자본은 (기본자본)+(보완자본)이 된 것이죠.

$$\text{BIS 비율(\%)} = \frac{\text{(기본자본)+(보완자본)}}{\text{위험가중자산}} \times 100 \geq 8(\%)$$

그런데 기본자본이 만약에 엄청 커지면 어떻게 되나요? 보완자본이 0%가 되어도 BIS 기준을 만족하게 됩니다. 따라서 '적어도 2%'라는 서술은 틀린 것이 됩니다.

③,⑤ 선지는 해설에 나온 바와 같이 '반례'를 찾는 것이 좋습니다.

04 윗글을 참고할 때, <보기>에 대한 반응으로 적절하지 않은 것은?

<보기>

　갑 은행이 어느 해 말에 발표한 자기자본 및 위험가중자산은 아래 표와 같다. 갑 은행은 OECD 국가의 국채와 회사채만을 자산으로 보유했으며, 바젤Ⅱ 협약의 표준 모형에 따라 BIS 비율을 산출하여 공시하였다. 이때 회사채에 반영된 위험 가중치는 50%이다. 그 이외의 자본 및 자산은 모두 무시한다. (→국채의 위험 가중치는 아직 알 수 없네요.)

항목	자기자본		
	기본자본	보완자본	단기후순위채무
금액	50억 원	20억 원	40억 원

항목	위험 가중치를 반영하여 산출한 위험가중자산		
	신용 위험에 따른 위험가중자산		시장 위험에 따른 위험가중자산
	국채	회사채	
금액	300억 원	300억 원	400억 원

① 갑 은행이 공시한 BIS 비율은 바젤위원회가 제시한 규제 비율을 상회하겠군.

② 갑 은행이 보유 중인 회사채의 위험 가중치가 20%였다면 BIS 비율은 공시된 비율보다 높았겠군.

③ 갑 은행이 보유 중인 국채의 실제 규모가 회사채의 실제 규모보다 컸다면 위험 가중치는 국채가 회사채보다 낮았겠군.

④ 갑 은행이 바젤Ⅰ 협약의 기준으로 신용 위험에 따른 위험가중자산을 산출한다면 회사채는 600억 원이 되겠군.

⑤ 갑 은행이 위험가중자산의 변동 없이 보완자본을 10억 원 증액한다면 바젤Ⅲ 협약에서 보완된 기준을 충족할 수 있겠군.

$$\text{BIS 비율(\%)} = \frac{\text{자기자본}}{\text{위험가중자산}} \times 100$$

요 정의에 맞게 계산하면,

$$\frac{50억+20억+40억}{300억+300억+400억} \times 100 = \frac{110억}{1000억} \times 100$$

대략 10%보다 조금 더 나오네요.

정답 : ⑤

바젤Ⅲ에서 단기후순위채무가 빠집니다. 거기서 보완자본이 10억이 늘면

$$\frac{50억+30억}{1000억} = 8\%$$가 될 것 같으나... 이렇게 되면 위험가중자산에 대한 기본자본의 비율이 5%밖에 안돼서, 6% 제한에 걸리게 되어 기준을 충족할 수 없습니다.

해설

① 10%를 넘으니까 8%를 상회합니다.

② 위험 가중치가 50%->20%가 되었다면, 위험가중자산은 줄었을 것이고, 분모가 줄었으니까 BIS 비율은 높아졌겠죠.

③ 둘이 똑같이 위험가중자산은 300억입니다. 위험가중자산은 실제 자산에 위험 가중치를 곱한 값이죠(위험 가중치 x 실제 자산 = 위험가중자산). 따라서, 둘 중 실제 자산이 더 큰 값일수록, 위험 가중치는 낮았을 겁니다. 이건 수학이라기보단 산수고, 산수라기보단 논리입니다!

④ <보기>에서 회사채에 반영된 위험 가중치가 50%랍니다. 바젤Ⅰ에서는 100%였죠. 당연히 두 배가 됩니다.

05 ㉠에 해당하는 사례로 가장 적절한 것은?

① 바젤위원회가 국제 금융 현실에 맞지 않게 된 바젤 기준을 개정한다.
② 바젤위원회가 가입 회원이 없는 국가에 바젤 기준을 준수하도록 요청한다.
③ 바젤위원회 회원의 국가가 준수 의무가 있는 바젤 기준을 실제로는 지키지 않는다.
④ 바젤위원회 회원의 국가가 강제성이 없는 바젤 기준에 대하여 준수 의무를 이행한다.
⑤ 바젤위원회 회원이 없는 국가에서 바젤 기준을 제도화하여 국내에서 효력이 발생하도록 한다.

> 정답 : ⑤

말랑말랑한 법은 여러 특성이 있지만, 지문에서는 '이는 국제기구의 결정에 형식적으로 구속을 받지 않는 국가에서까지 자발적으로 받아들여 시행하고 있다는 것인데, 이런 현실을 말랑말랑한 법(soft law)의 모습이라 설명하기도 한다.'로 나왔습니다. 따라서 '구속을 받지 않는 국가'가 지키는 사례가 나와야 맞습니다.

> 해설

② 요청한 적 없습니다.
③④ 일단 바젤위원회 '회원(구속을 받는다는 얘기)'의 이야기이기 때문에 걸러집니다.

06 문맥상 ⓐ~ⓔ와 바꿔 쓰기에 적절하지 않은 것은?

① ⓐ: 반영하여 산출하도록
② ⓑ: 8%가 넘도록
③ ⓒ: 바젤위원회에 가입하지
④ ⓓ: 권고적 효력이 있을 뿐이라는
⑤ ⓔ: 조약이나 국제 관습법이 될지

> 정답 : ③

그냥 금융 거래를 하기 힘들어진다는 얘깁니다. 바젤위원회를 가입하고 안 하고는, 애초에 '말랑말랑한 법'인 바젤 협약에는 큰 의미가 없어요.

[1~4] 다음 글을 읽고 물음에 답하시오.

2022학년도 대학수학능력시험 **브레턴우즈**

기축 통화는 국제 거래에 결제 수단으로 통용되고 환율 결정에 기준이 되는 통화이다. 1960년 트리핀 교수는 브레턴우즈 체제에서의 기축 통화인 달러화의 구조적 모순을 지적했다. 한 국가의 재화와 서비스의 수출입 간 차이인 경상 수지는 수입이 수출을 초과하면 적자이고, 수출이 수입을 초과하면 흑자이다. 그는 "미국이 경상 수지 적자를 허용하지 않아 국제 유동성 공급이 중단되면 세계 경제는 크게 위축될 것"이라면서도 "반면 적자 상태가 지속돼 달러화가 과잉 공급되면 준비 자산으로서의 신뢰도가 저하되고 고정 환율 제도도 붕괴될 것"이라고 말했다.

이러한 트리핀 딜레마는 국제 유동성 확보와 달러화의 신뢰도 간의 문제이다. 국제 유동성이란 국제적으로 보편적인 통용력을 갖는 지불 수단을 말하는데, ㉠금 본위 체제에서는 금이 국제 유동성의 역할을 했으며, 각 국가의 통화 가치는 정해진 양의 금의 가치에 고정되었다. 이에 따라 국가 간 통화의 교환 비율인 환율은 자동적으로 결정되었다. 이후 ㉡브레턴우즈 체제에서는 국제 유동성으로 달러화가 추가되어 '금 환 본위제'가 되었다. 1944년에 성립된 이 체제는 미국의 중앙은행에 '금 태환 조항'에 따라 금 1온스와 35달러를 언제나 맞교환해 주어야 한다는 의무를 지게 했다. 다른 국가들은 달러화에 대한 자국 통화의 가치를 고정했고, 달러화로만 금을 매입할 수 있었다. 환율은 경상 수지의 구조적 불균형이 있는 예외적인 경우를 제외하면 ±1% 내에서의 변동만을 허용했다. 이에 따라 기축 통화인 달러화를 제외한 다른 통화들 간 환율인 교차 환율은 자동적으로 결정되었다.

1970년대 초에 미국은 경상 수지 적자가 누적되기 시작하고 달러화가 과잉 공급되어 미국의 금 준비량이 급감했다. 이에 따라 미국은 달러화의 금 태환 의무를 더 이상 감당할 수 없는 상황에 도달했다. 이를 해결할 수 있는 방법은 달러화의 가치를 내리는 평가 절하, 또는 달러화에 대한 여타국 통화의 환율을 하락시켜 그 가치를 올리는 평가 절상이었다. 하지만 브레턴우즈 체제하에서 달러화의 평가 절하는 규정상 불가능했고, 당시 대규모 대미 무역 흑자 상태였던 독일, 일본 등 주요국들은 평가 절상에 나서려고 하지 않았다. 이 상황이 유지되기 어려울 것이라는 전망으로 독일의 마르크화와 일본의 엔화에 대한 투기적 수요가 증가했고, 결국 환율의 변동 압력은 더욱 커질 수밖에 없었다. 이러한 상황에서 각국은 보유한 달러화를 대규모로 금으로 바꾸기를 원했다. 미국은 결국 1971년 달러화의 금 태환 정지를 선언한 닉슨 쇼크를 단행했고, 브레턴우즈 체제는 붕괴되었다.

그러나 붕괴 이후에도 달러화의 기축 통화 역할은 계속되었다. 그 이유로 규모의 경제를 생각할 수 있다. 세계의 모든 국가에서 ㉢어떠한 기축 통화도 없이 각각 다른 통화가 사용되는 경우 두 국가를 짝짓는 경우의 수만큼 환율의 가짓수가 생긴다. 그러나 하나의 기축 통화를 중심으로 외환 거래를 하면 비용을 절감하고 규모의 경제를 달성할 수 있다.

01 윗글을 통해 답을 찾을 수 <u>없는</u> 질문은?

① 브레턴우즈 체제 붕괴 이후에도 달러화가 기축 통화로서 역할을 할 수 있었던 이유는 무엇인가?
② 브레턴우즈 체제 붕괴 이후의 세계 경제 위축에 대해 트리핀은 어떤 전망을 했는가?
③ 브레턴우즈 체제에서 미국 중앙은행은 어떤 의무를 수행해야 했는가?
④ 브레턴우즈 체제에서 국제 유동성의 역할을 한 것은 무엇인가?
⑤ 브레턴우즈 체제에서 달러화 신뢰도 하락의 원인은 무엇인가?

02 윗글을 바탕으로 추론한 내용으로 적절하지 <u>않은</u> 것은?

① 닉슨 쇼크가 단행된 이후 달러화의 고평가 문제를 해결할 수 있는 달러화의 평가 절하가 가능해졌다.
② 브레턴우즈 체제에서 마르크화와 엔화의 투기적 수요가 증가한 것은 이들 통화의 평가 절상을 예상했기 때문이다.
③ 금의 생산량 증가를 통한 국제 유동성 공급량의 증가는 트리핀 딜레마 상황을 완화하는 한 가지 방법이 될 수 있다.
④ 트리핀 딜레마는 달러화를 통한 국제 유동성 공급을 중단할 수도 없고 공급량을 무한정 늘릴 수도 없는 상황을 말한다.
⑤ 브레턴우즈 체제에서 마르크화가 달러화에 대해 평가 절상되면, 같은 금액의 마르크화로 구입 가능한 금의 양은 감소한다.

03 미국을 포함한 세 국가가 존재하고 각각 다른 통화를 사용할 때, ㉠~㉢에 대한 설명으로 적절한 것은?

① ㉠에서 자동적으로 결정되는 환율의 가짓수는 금에 자국 통화의 가치를 고정한 국가 수보다 하나 적다.
② ㉡이 붕괴된 이후에도 여전히 달러화가 기축 통화라면 ㉢에 비해 교차 환율의 가짓수는 적어진다.
③ ㉢에서 국가 수가 하나씩 증가할 때마다 환율의 전체 가짓수도 하나씩 증가한다.
④ ㉠에서 ㉡으로 바뀌면 자동적으로 결정되는 환율의 가짓수가 많아진다.
⑤ ㉡에서 교차 환율의 가짓수는 ㉢에서 생기는 환율의 가짓수보다 적다.

04 윗글을 참고할 때, <보기>에 대한 반응으로 가장 적절한 것은? [3점]

< 보기 >

브레턴우즈 체제가 붕괴된 이후 두 차례의 석유 가격 급등을 겪으면서 기축 통화국인 A국의 금리는 인상되었고 통화 공급은 감소했다. 여기에 A국 정부의 소득세 감면과 군비 증대는 A국의 금리를 인상시켰으며, 높은 금리로 인해 대량으로 외국 자본이 유입되었다. A국은 이로 인한 상황을 해소하기 위한 국제적 합의를 주도하여, 서로 교역을 하며 각각 다른 통화를 사용하는 세 국가 A, B, C는 외환 시장에 대한 개입을 합의했다. 이로 인해 A국 통화에 대한 B국 통화와 C국 통화의 환율은 각각 50%, 30% 하락했다.

---

① A국의 금리 인상과 통화 공급 감소로 인해 A국 통화의 신뢰도가 낮아진 것은 외국 자본이 대량으로 유입되었기 때문이겠군.
② 국제적 합의로 인한 A국 통화에 대한 B국 통화의 환율 하락으로 국제 유동성 공급량이 증가하여 A국 통화의 가치가 상승했겠군.
③ 다른 모든 조건이 변하지 않았다면, 국제적 합의로 인해 A국 통화에 대한 B국 통화의 환율과 B국 통화에 대한 C국 통화의 환율은 모두 하락했겠군.
④ 다른 모든 조건이 변하지 않았다면, 국제적 합의로 인해 A국 통화에 대한 B국과 C국 통화의 환율이 하락하여, B국에 대한 C국의 경상 수지는 개선되었겠군.
⑤ 다른 모든 조건이 변하지 않았다면, A국의 소득세 감면과 군비 증대로 A국의 경상 수지가 악화되며, 그 완화 방안 중 하나는 A국 통화에 대한 B국 통화의 환율을 상승시키는 것이겠군.

01	02	03	04
②	⑤	⑤	④

기축 통화는 국제 거래에 결제 수단으로 통용되고 환율 결정
에 기준이 되는 통화이다.

'국제 거래'라면, 국가와 국가가 거래를 하는 상황을 말할 겁니다.
한 국가 안에서는 그 국가의 통화를 사용하여 거래를 하지만, 국가와
국가가 거래를 하려면 '기축 통화'를 사용해야 하는 것이죠. 이 기축
통화는 당연히 '통용'되어야 할 겁니다. 그래야 국제 거래에서 사용할
수 있겠죠. 그리고, 이는 '환율'을 결정하는 기준이 되기도 한다네요.
계속 읽어봅시다.

<1960년> 트리핀 교수는 브레턴우즈 체제에서의 기축 통화
인 달러화의 구조적 모순을 지적했다.

트리핀 교수가 누군지, 브레턴우즈 체제가 뭔지 모르겠지만, ① '달
러화'가 '기축 통화'라는 점, ② 그리고 ①의 사실이 구조적으로 모순을
가지고 있다는 점을 정보로 챙겨갈 수 있을 것 같네요.

<한 국가의> (재화와 서비스의) 수출입 간 차이인 경상 수지
는 수입이 수출을 초과하면 적자이고, 수출이 수입을 초과하면
흑자이다.

'경상 수지'라는 개념에 대해 알려줍니다. 한 국가가 재화나 서비스
를 수입하는 것과 수출하는 것의 차이라는데, 뒤의 내용을 보니 '(수
출)-(수입)<0'이면 적자, '(수입)-(수출)>0'이면 흑자군요.

여기까지, 제가 크게 심화된 얘기를 한 부분은 없죠? 제가 평소에
는 '만점의 생각 해설 80%만큼만 실전에서 생각해도 100점 받을 수
있다'라고 얘기하는데, 만약 실전이었다면 여기까지는 100% 다 혼자
생각하셨어야 합니다.

그는 "<미국이 경상 수지 적자를 허용하지 않아 국제 유동성
공급이 중단되면> 세계 경제는 크게 위축될 것"이라면서도 "반
면 <적자 상태가 지속돼 달러화가 과잉 공급되면> 준비 자산으
로서의 신뢰도가 저하되고 고정 환율 제도도 붕괴될 것"이라고
말했다. 이러한 트리핀 딜레마는 국제 유동성 확보와 달러화의
신뢰도 간의 문제이다.

개인적으로 이 지문을 소화하기 위한 핵심 중 하나는, 위의 상황이
왜 딜레마인지 이해하는 것이었다고 생각합니다. '이러한 트리핀 딜레
마'라고 서술했으니, 앞의 내용이 '트리핀 딜레마'인 것이고, 앞의 내용
이 왜 딜레마인지, 그게 왜 문제인지 즉각적으로 알아차려야 한다는
얘기죠.

'딜레마'는 어떤 두 선택지만이 가능할 때, 그 두 선택지의 결과 모
두 만족스럽지 않은 상황을 말합니다. '트리핀 딜레마'의 상황은 다음
과 같습니다.

i) 미국이 경상수지 적자가 아님 ⇒ 유동성 공급 중단 ⇒ 세계
   경제 위축
ii) 미국이 경상수지 적자임 ⇒ 달러화가 과잉 공급됨 ⇒ 준비 자
   산으로서의 신뢰도 저하 ⇒ 고정 환율 제도 붕괴
iii) 미국은 경상수지 적자거나 적자가 아닐 수밖에 없음(P 또는
   ~P. 이 부분이 이해가 가지 않는다면 19수능 가능세계 참조).
   ⇒ i, ii에 의해 세계 경제가 위축되거나 고정 환율 제도가
   붕괴됨.

결국 어떤 상황이 오든, 파국으로 치닫는답니다. 근데 저렇게만 읽
으면 사실 텍스트를 그대로 반복한 것에 불과하니, i 과 ii 를 다시 풀
어서 설명해보겠습니다.

i 경상수지 비적자	ii 경상수지 적자
미국의 수입보다 수출이 많거나 같음	미국의 수출이 수입보다 적음
유동성 공급이 중단됨 = 달러화가 공급되지 않음	달러화가 과잉 공급됨
	달러의 신뢰도가 떨어짐
세계 경제가 위축됨	고정 환율 제도 붕괴

위와 같이 이해했을 때, 다음의 질문이 나올 수 있습니다.

Q.1 "아직 '유동성'이 뭔지 안 나왔는데, 어떻게 '유동성 공급 중단'을 '달러화가 공급되지 않음'으로 이해할 수 있나요?"

A.1 ii의 내용을 뒤집은 것입니다. 꼭 그러지 않더라도, i의 논리만 따라가도 같은 결론이 나옵니다. 미국의 수입보다 수출이 많다면, 미국 안에서 다른 국가에 지불하는(다른 국가로 유출되는) 달러보다, 미국으로 들어오는 돈이 더 많을 것입니다(엄밀한 설명이 아니더라도 대강 이렇게 생각할 수 있습니다). 그렇다면, 달러화가 국제 경제에 공급되는 양이 줄어들 것이고, 이것이 '유동성 공급 중단'이라고 생각할 수 있겠죠.

마찬가지로 ii의 상황에서, 수출이 수입보다 적다면 외국에서 재화나 서비스를 구매하는 양이 많은 것이니 외국으로 달러를 많이 지불(유출)하겠죠. 이렇게 달러가 국제 경제에 너무 많이 풀리게 되면, 달러의 신뢰도가 떨어지는 것이고, 기축 통화인 달러의 신뢰도가 떨어지면 고정 환율 제도도 붕괴됩니다.

한 문단 해설이 길었는데, 실전에서는 이런 명시적인 설명의 요지를 '대강이라도' 스스로 느껴야 합니다. 뒤의 내용을 보면 조금 더 내용이해가 쉬우니, 계속 읽어봅시다.

국제 유동성이란 <국제적으로 보편적인> 통용력을 갖는 지불 수단을 말하는데, <금 본위 체제에서는> 금이 국제 유동성의 역할을 했으며, 각 국가의 통화 가치는 정해진 양의 금의 가치에 고정되었다. 이에 따라 국가 간 통화의 교환 비율인 환율은 자동적으로 결정되었다. 이후 <브레턴우즈 체제에서는> 국제 유동성으로 달러화가 추가되어 '금 환 본위제'가 되었다.

여기서 처음으로 '국제 유동성'의 정의가 나오는데, '국제적으로 보편적인 통용력을 갖는 지불 수단'이랍니다. 유동성의 핵심은 '보편성'입니다. 어느 나라에서든 지불 수단으로 인정해주는 속성이 필요한 것이죠. 기축 통화 역시 어느 나라에서든 인정해주는 속성이 필요할 것입니다.

그리고 두 개의 체제가 나오는데, '금 본위 체제'에서는 '금'이 국제 유동성의 역할을, '브레턴우즈 체제'에서는 '금+달러화'가 국제 유동성의 역할을 합니다. 이때 브레턴우즈 체제에서는 각 국가의 통화 가치가 정해진 양의 '금 & 달러화'의 가치로 고정될 것입니다. 여기서 환율이 처음으로 '국가 간 통화의 교환 비율'로 정의되는 점도 체크해둡시다.

<1944년에 성립된> 이 체제(브레턴우즈 체제)는 미국의 중앙은행에 '금 태환 조항'에 따라 금 1온스와 35달러를 언제나 맞교환해 주어야 한다는 의무를 지게 했다.

금과 달러가 동시에 국제 유동성의 역할을 하기 위해, '금 태환 조항'이라는 것을 만들어서 '금:달러=1온스:35달러'로 비율을 고정시켜버렸어요. 이 결정이 뭔가 좋지 않은 결과를 가져올 것만 같은 느낌이 듭니다.

다른 국가들은 달러화에 대한 자국 통화의 가치를 고정했고, 달러화로만 금을 매입할 수 있었다.

미국의 중앙은행이 금에 대한 달러의 가치를 고정한 것처럼, 다른 국가들은 달러화에 대한 자국 통화의 가치를 고정했습니다.

환율은 <경상 수지의 구조적 불균형이 있는 예외적인 경우를 제외하면> ±1% 내에서의 변동만을 허용했다. 이에 따라 <기축 통화인 달러화를 제외한> 다른 통화들 간 환율인 교차 환율은 자동적으로 결정되었다.

미국 외의 다른 국가들은 달러화에 대한 자국 통화의 가치를 고정했는데, 이런 환율의 변동을 제한했다는 첫 문장의 내용을 건조하게 받아들입시다. 모든 나라들의 통화 가치가 달러라는 기준에 맞춰져 있으니, '교차 환율'은 자동으로 결정될 겁니다. 가령 1달러에 1000원이고, 1달러에 100엔으로 가치가 고정되어 있다면, 10원에 1엔이라는 환율은 자동적으로 결정되는 것이죠.

<1970년대 초에> 미국은 경상 수지 적자가 누적되기 시작하고 달러화가 과잉 공급되어 미국의 금 준비량이 급감했다.

1960년대에 트리핀 교수가 제시한 딜레마가, 1970년대에 실현됩니다. 딜레마의 ii대로, 미국의 경상 수지 적자가 일어나고 달러화가 과잉 공급된 상황이죠.

Q.2 달러화가 과잉 공급된 거랑 금 준비량이 급감한 거랑 무슨 상관이죠?

A.2 달러화가 세계 경제에 과하게 공급되어 있으면, 그만큼 세계 경제의 주체들이 가지고 있는 달러가 많아진다는 것이겠죠? 그런데, '금 태환 조항'에 의해 미국의 중앙은행은 어떤 상황에서든 35달러를

금 1온스로 바꿔줘야 합니다. 달러가 엄청 많아진(과잉 공급된) 상황이라면, 바꿔줘야 할 금의 양도 많아집니다. 그렇게 되면서 미국의 금 준비량이 급감한 것이죠.

이에 따라 미국은 달러화의 금 태환 의무를 더 이상 감당할 수 없는 상황에 도달했다.

달러는 많이 풀려있고, 그만한 금은 준비하지 못했습니다. 따라서 미국은 금 태환 의무를 감당할 수 없게 되었고, 이것이 브레턴우즈 체제의 몰락을 의미합니다.

이를 해결할 수 있는 방법은 달러화의 가치를 내리는 평가 절하, 또는 달러화에 대한 여타국 통화의 환율을 하락시켜 그 가치를 올리는 평가 절상이었다. 하지만 브레턴우즈 체제하에서 달러화의 평가 절하는 규정상 불가능했고, 당시 대규모 대미 무역 혹자 상태였던 독일, 일본 등 주요국들은 평가 절상에 나서려고 하지 않았다.

'미국의 경상 수지 적자 누적 ⇒ 달러화 과잉 공급 ⇒ 금 준비량 급감'이라는 상황의 해결책으로 '평가 절하'와 '평가 절상' 둘이 제시되었습니다. 각각이 어떻게 해결책이 되는지 생각해 봅시다.

달러화의 가치를 낮춘다는 의미는 무엇일까요? 기존에는 35달러가 금 1온스만큼의 가치를 갖고 있었지만, 만약 달러의 가치를 낮춰서 35달러가 금 0.8온스만큼의 가치를 갖게 된다면? 미국의 금 태환 의무에 따른 부담이 많이 줄겠죠. 기존에 1온스 줄 것을 대신 0.8온스 주면, 금을 덜 줘도 되는 것이니까요.

그럼 평가 절상은 어떻게 해결책이 되는 걸까요? 달러화에 대한 A국 통화의 환율($\frac{\text{A국 통화}}{\text{달러화}}$)이 하락한다는 것은, 같은 A국 통화로 더 많은 달러화를 교환할 수 있다는 뜻입니다(기본적인 개념들-4 참고). 이렇게 되면 미국의 입장에서는 같은 달러화로 더 적은 A국 통화를 교환할 수 있는 것이니, 수입이 줄고 수출이 늘면서 경상 수지가 적자에서 혹자로 전환될 수 있겠죠. 이렇게 되면 경상 수지 적자의 누적으로 인한 문제가 해결될 수 있을 겁니다.

그런데 '평가 절하' 전략은 브레턴우즈 체제의 규정상 불가능하고, '평가 절상' 전략은 다른 국가들이 협조해주지 않습니다. 독일, 일본 등의 주요국은 높은 환율로 인해 미국에게 수출을 많이 보내며 이득을 많이 보고 있었겠죠. 가능한 두 해결책이 모두 좌절되면서, 브레턴우즈 체제는 유지될 수 없었을 겁니다.

<이 상황이 유지되기 어려울 것이라는 전망으로> 독일의 마르크화와 일본의 엔화에 대한 투기적 수요가 증가했고, 결국 환율의 변동 압력은 더욱 커질 수밖에 없었다. <이러한 상황에서> 각국은 보유한 달러화를 대규모로 금으로 바꾸기를 원했다. 미국은 결국 1971년 달러화의 금 태환 정지를 선언한 닉슨 쇼크를 단행했고, 브레턴우즈 체제는 붕괴되었다.

우리가 앞선 내용에서 추론한 것처럼 합리적인 판단을 한 경제 주체들은, 달러의 가치를 믿지 못하고(준비 자산으로서의 신뢰도↓) 다른 통화를 구입하거나, 가지고 있는 달러를 서둘러 금으로 바꾸려 합니다. 이러자 미국은 더 이상 금 태환 의무를 감당하지 못하고, 금 태환 정지를 선언하게 되죠. 이렇게 브레턴우즈 체제는 붕괴됩니다.

그러나 붕괴 이후에도 달러화의 기축 통화 역할은 계속되었다. 그 이유로 규모의 경제를 생각할 수 있다. <세계의 모든 국가에서 어떠한 기축 통화도 없이 각각 다른 통화가 사용되는 경우> 두 국가를 짝짓는 경우의 수만큼 환율의 가짓수가 생긴다. 그러나 <하나의 기축 통화를 중심으로 외환 거래를 하면> 비용을 절감하고 규모의 경제를 달성할 수 있다.

2020학년도 6월 모의평가의 '거시/미시 건전성' 지문의 '구성의 오류'나, 2022학년도 예시문항의 '동일론' 지문의 '단순성의 원리'처럼 지문 마지막 부분에 멋진(그러나 뜻은 잘 모르겠는) 용어를 정확한 설명 없이 쓰는 경우가 종종 있습니다. 여기서는 '규모의 경제'가 그런 용어인데, 몰라도 상관없지만 대학생이라면 알아야 하는 단어니까 설명해드리겠습니다.

규모의 경제는 산출량이 증가하면서 장기에서의 평균 총비용이 하락하는 경우를 말합니다. 가령 국밥 한 그릇을 8,000원에 팔고 그 원가가 그릇당 3,000원일 때, 월세가 1,000,000원이라고 합시다. 한 달 동안 국밥집이 한 그릇을 팔았다면, 매출은 8,000원이고 비용은 1,003,000원입니다. 그런데 만약 국밥을 1,000그릇을 판다면, 매출은 8,000,000원이고 비용은 4,000,000원입니다. 한 그릇 팔 때의 평균 총비용은 1,003,000/1=1,003,000원이지만, 1000그릇 팔 때의 평균 총비용은 4,000,000/1000=4,000원이죠. 1그릇 팔 때는 그릇당 1,003,000원이 들었지만, 1,000그릇 팔 때는 그릇당 4,000원이 드는 것. 이게 규모의 경제고, 많은 대기업들은 이런 식으로 대량 생산에 따른 비용의 우위를 점합니다.

그럼 이 맥락에서의 '규모의 경제'는 무엇일까요? 만약 기축 통화 없이 n개의 국가가 거래한다면, $_nC_2 = \dfrac{n(n-1)}{2}$개(한 직선 위에 있지 않은 n개의 점을 잇는 선분의 수)의 환율이 존재하는 매우 비효율적인 상황이 발생하겠죠. 그런데 수많은 국가가 하나의 기축 통화를 사용하여 거래한다면, 환율의 수가 대폭 줄게 되고 이에 따라 국제 거래에서의 비용이 감소합니다. 국제 거래에 참여하는 국가의 수가 많을수록, 기축 통화를 사용하며 절감하는 손해가 비약적으로 커지므로 규모의 경제가 달성되는 것이죠.

실전에서 이 지문을 보았고, '규모의 경제'를 몰랐다면, 그냥 '기축 통화 쓰는 게 훨씬 편하다' 정도의 뉘앙스를 챙겨가셨으면 좋을 것 같습니다. '두 국가를 짝짓는 경우의 수만큼 환율의 가짓수가 생긴다'는 점도 정보로 챙겨가고요.

해설을 보시면서 느꼈겠지만, 이 지문은 필수적으로 요구하는 이해의 질이 상당히 높습니다. 『만점의 생각』에 수록된 여타 해설들의 경우 실전에서 그 해설의 80%만 해도 문제를 다 맞힐 수 있지만, 이 지문의 경우는 해설의 요지를 전부 뉘앙스라도 이해해야 문제에 접근할 수 있었습니다.

이 지문이 여러 수험생 커뮤니티에서 논란이 되었던 이유는, '환율' 개념을 배경지식으로 알지 못하면 <보기> 문제 접근이 거의 불가능했다고 여겨졌기 때문입니다. 그리고 이는 어느 정도 사실입니다. 이 해설에서는 배경지식으로서의 해설을 최소화하고 가급적 논리만을 이용하여 해설하려고 노력했으나, 이제 '환율' 정도는 상식으로 알고 있어야 합니다. 기출에 빈출된 개념이기도 하고, 최근 기출인 2018학년도 수능 '오버슈팅' 지문과 2020학년도 6월 모의평가 '거시 건전성/미시 건전성' 지문의 내용을 자기 것으로 만들었다면 훨씬 쉽게 이해할 수 있었을 겁니다.

이 정도의 배경지식을 수능 국어에서 요구하는 것이 옳으냐 그르냐의 가치판단은 중요하지 않습니다. 이제 '요구한다'라는 사실만이 중요합니다. 『만점의 생각』에 수록된 기출 지문들의 내용은 자기 지식으로 만드시기를 권합니다.

01 윗글을 통해 답을 찾을 수 <u>없는</u> 질문은?

① 브레턴우즈 체제 붕괴 이후에도 달러화가 기축 통화로서 역할을 할 수 있었던 이유는 무엇인가?
② 브레턴우즈 체제 붕괴 이후의 세계 경제 위축에 대해 트리핀은 어떤 전망을 했는가?
③ 브레턴우즈 체제에서 미국 중앙은행은 어떤 의무를 수행해야 했는가?
④ 브레턴우즈 체제에서 국제 유동성의 역할을 한 것은 무엇인가?
⑤ 브레턴우즈 체제에서 달러화 신뢰도 하락의 원인은 무엇인가?

> **정답 : ②**

지문에서의 트리핀은 브레턴우즈 체제 붕괴 이후에 대해서는 예측한 바가 없습니다. 브레턴우즈 체제의 붕괴를 예측한 것이죠.

> **해설**

① '규모의 경제'를 달성할 수 있기 때문입니다.
③ '금 태환 의무'를 지고 금 1온스와 35달러를 언제나 맞교환해 주어야 했죠. 그걸 못하는 상황이 오니까 브레턴우즈 체제가 붕괴된 것이고요.
④ '금'과 '달러'입니다.
⑤ 1문단에서 말한 것과 같이, '달러화가 과잉 공급되면 신뢰도가 저하'되는데, 1970년대 초에 미국의 경상 수지 적자 누적과 함께 달러화가 과잉 공급되어 신뢰도가 하락하게 된 것입니다.

02 윗글을 바탕으로 추론한 내용으로 적절하지 <u>않은</u> 것은?

① 닉슨 쇼크가 단행된 이후 달러화의 고평가 문제를 해결할 수 있는 달러화의 평가 절하가 가능해졌다.
② 브레턴우즈 체제에서 마르크화와 엔화의 투기적 수요가 증가한 것은 이들 통화의 평가 절상을 예상했기 때문이다.
③ 금의 생산량 증가를 통한 국제 유동성 공급량의 증가는 트리핀 딜레마 상황을 완화하는 한 가지 방법이 될 수 있다.
④ 트리핀 딜레마는 달러화를 통한 국제 유동성 공급을 중단할 수도 없고 공급량을 무한정 늘릴 수도 없는 상황을 말한다.
⑤ 브레턴우즈 체제에서 마르크화가 달러화에 대해 평가 절상되면, 같은 금액의 마르크화로 구입 가능한 금의 양은 감소한다.

> **정답 : ⑤**

마르크화가 평가 절상되면, 마르크화로 교환할 수 있는 달러화의 양도 많아집니다. 브레턴우즈 체제에서 달러화의 양은 곧 교환할 수 있는 금의 양과 정비례하기에, 같은 금액의 마르크화로 구입 가능한 금의 양은 증가하겠죠.

> **해설**

① 닉슨 쇼크 이후에는 금 태환 의무가 정지되었기에, 금 1온스=35달러라는 공식에서 벗어나서 <u>금 1온스에 해당하는 달러의 양을 더 늘릴 수 있었을</u> 것입니다.
② 달러화의 공급이 늘고 신뢰도를 잃게 되면서, 상대적으로 마르크화와 엔화의 평가가 절상될 것이라고 기대했기에 투기적 수요가 증가했을 것입니다. 여담이지만 실제로 닉슨 쇼크 이후 달러당 357엔이었던 환율은 달러당 177엔이 되었다네요.
③ 브레턴우즈 체제가 붕괴한 원인으로 제시된 것은, 미국이 과잉 공급된 달러화에 비해 <u>충분한 금을 준비하지 못해 금 태환 의무를 지킬 수 없었기 때문</u>입니다. 만약 금의 생산량이 증가하여, 미국 중앙은행이 금을 많이 가지고 있을 수 있었다면 금 태환 의무를 이행할 수 있었겠죠.
④ 1문단~2문단 첫 줄 해설에서 길게 설명했던 내용입니다.

03 미국을 포함한 세 국가가 존재하고 각각 다른 통화를 사용할 때, ⊙금 본위 체제, ⓒ브레턴우즈 체제, ⓒ어떠한 기축 통화도 없이 각각 다른 통화가 사용되는 경우에 대한 설명으로 적절한 것은?

① ⊙에서 자동적으로 결정되는 환율의 가짓수는 금에 자국 통화의 가치를 고정한 국가 수보다 하나 적다.
② ⓒ이 붕괴된 이후에도 여전히 달러화가 기축 통화라면 ⓒ에 비해 교차 환율의 가짓수는 적어진다.
③ ⓒ에서 국가 수가 하나씩 증가할 때마다 환율의 전체 가짓수도 하나씩 증가한다.
④ ⊙에서 ⓒ으로 바뀌면 자동적으로 결정되는 환율의 가짓수가 많아진다.
⑤ ⓒ에서 교차 환율의 가짓수는 ⓒ에서 생기는 환율의 가짓수보다 적다.

발문 해설

'미국을 포함한 세 국가'가 존재한다는 상황은, 학생들이 환율을 비교하며 생각하기 쉽게 상황을 한정해 준 것 같습니다. 발문을 잘 읽었다면, 발문 자체가 힌트가 될 수 있었을 것 같아요. 각각의 나라가 달러, 엔, 원이라는 화폐를 사용한다고 가정합시다.

정답 : ⑤

계산해 볼 필요도 없이, 당연히 기축 통화를 사용하는 경우가 ⓒ의 '세계의 모든 국가에서 두 국가를 짝짓는 경우의 수'보다 환율의 가짓수가 적습니다. 그렇기 때문에 더 편하고, 비용이 절감되고, 규모의 경제를 달성할 수 있어 달러를 기축 통화로 사용하는 것이죠.

그래도 한 번 계산해 볼까요? ④번 선지 해설처럼 ⓒ에서의 교차 환율 가짓수는 1개, ⓒ에서의 환율 가짓수는 $\dfrac{3(3-1)}{2}$=3개가 되겠네요. 1<3이니까 맞습니다.

지문의 난이도나, 다른 선지의 난이도에 비해 2번 문제와 3번 문제의 정답 선지 난이도가 현저히 낮았습니다. 글의 맥락만 파악했어도 답은 골라낼 수 있었겠어요(물론, 모든 선지를 정확히 풀기는 매우 어려웠을 겁니다). 평가원이 지문과 문제를 만들어 놓고, 너무 어려운 것 같으니까 정답 선지만 쉽게 내준 것이 아닌가 싶네요.

해설

① ⊙에서 1달러는 금 1온스, 1엔은 금 2온스, 1원은 금 3온스라고 정해져 있다면, 달러와 엔 사이의 환율, 달러와 원 사이의 환율, 엔과

원 사이의 환율. 이렇게 3개의 환율이 존재합니다.

② 달러화가 여전히 기축 통화의 역할을 한다면, 교차 환율의 가짓수는 변하지 않을 것입니다.

③ 지문 해설에서, ⓒ의 경우에는 n개의 국가가 존재할 경우 $_nC_2=\dfrac{n(n-1)}{2}$개의 환율이 존재한다고 설명했습니다. 세 국가일 때는 3개, 네 국가일 때는 6개, 다섯 국가일 때는 10개... 따라서 환율의 전체 가짓수는 1개씩 증가하는 게 아니라, n에서 (n+1)개 국가가 될 때 n개씩 증가하겠네요.

④ ⓒ에서 '자동적으로 결정되는 환율'은 '교차 환율'이고, 이는 기축 통화인 달러화를 제외한 다른 통화들 간의 환율입니다. 따라서 3개의 국가만 존재하는 발문의 상황에서 교차 환율은 1개, 금본위제에서는 ①번 선지 해설과 같이 3개의 교차 환율이 존재하겠네요.

04 윗글을 참고할 때, <보기>에 대한 반응으로 가장 적절한 것은? [3점]

───── <보기> ─────

브레턴우즈 체제가 붕괴된 이후 두 차례의 석유 가격 급등을 겪으면서 기축 통화국인 A국의 금리는 인상되었고 통화 공급은 감소했다. 여기에 A국 정부의 소득세 감면과 군비 증대는 A국의 금리를 인상시켰으며, 높은 금리로 인해 대량으로 외국 자본이 유입되었다. A국은 이로 인한 상황을 해소하기 위한 국제적 합의를 주도하여, 서로 교역을 하며 각각 다른 통화를 사용하는 세 국가 A, B, C는 외환 시장에 대한 개입을 합의했다. 이로 인해 A국 통화에 대한 B국 통화와 C국 통화의 환율은 각각 50%, 30% 하락했다.

① A국의 금리 인상과 통화 공급 감소로 인해 A국 통화의 신뢰도가 낮아진 것은 외국 자본이 대량으로 유입되었기 때문이겠군.

② 국제적 합의로 인한 A국 통화에 대한 B국 통화의 환율 하락으로 국제 유동성 공급량이 증가하여 A국 통화의 가치가 상승했겠군.

③ 다른 모든 조건이 변하지 않았다면, 국제적 합의로 인해 A국 통화에 대한 B국 통화의 환율과 B국 통화에 대한 C국 통화의 환율은 모두 하락했겠군.

④ 다른 모든 조건이 변하지 않았다면, 국제적 합의로 인해 A국 통화에 대한 B국과 C국 통화의 환율이 하락하여, B국에 대한 C국의 경상 수지는 개선되었겠군.

⑤ 다른 모든 조건이 변하지 않았다면, A국의 소득세 감면과 군비 증대로 A국의 경상 수지가 악화되며, 그 완화 방안 중 하나는 A국 통화에 대한 B국 통화의 환율을 상승시키는 것이겠군.

[<보기> 해설]

일반적으로 금리가 인상되면 대출이 감소하고, 신용 공급이 축소되므로 경기는 안정되고, 통화의 공급도 줄어듭니다(2020학년도 6월 모의평가 '거시 건전성/미시 건전성' 지문의 내용이고, 상식으로 알아두시길 권합니다). 이런 지식이 없다면, '통화 공급 감소'라는 요소에만 집중해도 됩니다. B국과 C국은 A국과의 합의를 통해 A국 통화에 대한 환율을 낮추었습니다. [이 상황을 판단하기 위해 숫자를 하나 잡고 가면 편합니다. A국, B국, C국의 통화를 각각 a, b, c라고 할 때, 원래 1a=10b=20c였다고 칩시다. 그러면 b=2c가 됩니다. 이때 합의로 인해 환율이 각각 50%, 30% 감소하면 1a=5b=14c이므로 b=$\frac{14}{5}$c= 2.8c가 되죠.] 이 경우 B국 통화에 대한 C국 통화의 환율은 (40%) 올라갑니다.

[정답 : ④]

'국제적 합의로 인해 A국 통화에 대한 B국과 C국 통화의 환율이 하락'한 것은 <보기>의 표현을 그대로 옮겼으니 판단할 필요가 없고, B국에 대한 C국의 경상 수지가 개선되었을지 확인하면 되겠죠? <보기> 해설에서 B국 통화에 대한 C국 통화의 환율이 올라간 것을 알아냈습니다. 이 경우 C국 통화의 가치가 B국 통화의 가치에 비해 낮아진 것이므로, C국은 B국에 대한 수출을 늘리고 B국은 C국에 대한 수입을 늘릴 것입니다. 이 경우 C국의 경상 수지는 개선되겠네요.

[해설]

① 금리 인상과 통화 공급 감소로 인해 A국 통화의 신뢰도는 높아졌습니다. 통화 공급량과 통화의 신뢰도가 음의 상관관계에 있음은 지문의 1문단에서 언급되었습니다. 애초에 신뢰도가 높으니까 외국 자본이 많이 유입된 것이기도 합니다.

② A국 통화에 대한 B국 통화의 환율이 하락한다면 B국의 통화 가치가 높아집니다. 그러면 B국은 수입을 늘리고 A국은 B국에 대한 수출을 늘리겠죠. A국이 수출을 늘린다면, 유동성 공급은 축소될 것입니다.

③ <보기> 해설에서 말했듯, B국 통화에 대한 C국 통화의 환율은 상승합니다.

⑤ A국의 소득세 감면과 군비 증대는 금리 인상이라는 결과를 낳았습니다. 이로 인해 A국의 통화 가치는 높아지고, 경상 수지는 악화됩니다. 이를 개선하려면 B국 통화의 가치를 높여, A국 통화에 대한 B국 통화의 환율을 낮춰야 합니다.

2023학년도 6월 모의평가 **이중차분법**

경제학에서는 증거에 근거한 정책 논의를 위해 사건의 효과를 평가해야 할 경우가 많다. 어떤 사건의 효과를 평가한다는 것은 사건 후의 결과와 사건이 없었을 경우에 나타났을 결과를 비교하는 일이다. 그런데 가상의 결과는 관측할 수 없으므로 실제로는 사건을 경험한 표본들로 구성된 시행집단의 결과와, 사건을 경험하지 않은 표본들로 구성된 비교집단의 결과를 비교하여 사건의 효과를 평가한다. 따라서 이 작업의 관건은 그 사건 외에는 결과에 차이가 ⓐ날 이유가 없는 두 집단을 구성하는 일이다. 가령 어떤 사건이 임금에 미친 효과를 평가할 때, 그 사건이 없었다면 시행집단과 비교집단의 평균 임금이 같을 수밖에 없도록 두 집단을 구성하는 것이다. 이를 위해서는 두 집단에 표본이 임의로 배정되도록 사건을 설계하는 실험적 방법이 이상적이다. 그러나 사람을 표본으로 하거나 사회 문제를 다룰 때에는 이 방법을 적용할 수 없는 경우가 많다.

이중차분법은 시행집단에서 일어난 변화에서 비교집단에서 일어난 변화를 뺀 값을 사건의 효과라고 평가하는 방법이다. 이는 사건이 없었더라도 비교집단에서 일어난 변화와 같은 크기의 변화가 시행집단에서도 일어났을 것이라는 평행추세 가정에 근거해 사건의 효과를 평가한 것이다. 이 가정이 충족되면 사건 전의 상태가 평균적으로 같도록 두 집단을 구성하지 않아도 된다.

이중차분법은 1854년에 스노가 처음 사용했다고 알려져 있다. 그는 두 수도 회사로부터 물을 공급받는 런던의 동일 지역 주민들에 주목했다. 같은 수원을 사용하던 두 회사 중 한 회사만 수원을 ⓑ바꿨는데 주민들은 자신의 수원을 몰랐다. 스노는 수원이 바뀐 주민들과 바뀌지 않은 주민들의 수원 교체 전후 콜레라로 인한 사망률의 변화들을 비교함으로써 콜레라가 공기가 아닌 물을 통해 전염된다는 결론을 ⓒ내렸다. 경제학에서는 1910년대에 최저임금제 도입 효과를 파악하는 데 이 방법이 처음 이용되었다.

평행추세 가정이 충족되지 않는 경우에 이중차분법을 적용하면 사건의 효과를 잘못 평가하게 된다. 예컨대 ㉠어떤 노동자 교육 프로그램의 고용 증가 효과를 평가할 때, 일자리가 급격히 줄어드는 산업에 종사하는 노동자의 비중이 비교집단에 비해 시행집단에서 더 큰 경우에는 평행추세 가정이 충족되지 않을 것이다. 그렇다고 해서 집단 간 표본의 통계적 유사성을 ⓓ높이려고 사건 이전 시기의 시행집단을 비교집단으로 설정하는 것이 평행추세 가정의 충족을 보장하는 것은 아니다. 예

컨대 고용처럼 경기변동에 민감한 변화라면 집단 간 표본의 통계적 유사성보다 변화 발생의 동시성이 이 가정의 충족에서 더 중요할 수 있기 때문이다.

여러 비교집단을 구성하여 각각에 이중차분법을 적용한 평가 결과가 같음을 확인하면 평행추세 가정이 충족된다는 신뢰를 줄 수 있다. 또한 시행집단과 여러 특성에서 표본의 통계적 유사성이 높은 비교집단을 구성하면 평행추세 가정이 위협받을 가능성을 ⓔ줄일 수 있다. 이러한 방법들을 통해 이중차분법을 적용한 평가에 대한 신뢰도를 높일 수 있다.

01 윗글에 대한 이해로 적절하지 <u>않은</u> 것은?

① 실험적 방법에서는 시행집단에서 일어난 평균 임금의 사건 전후 변화를 어떤 사건이 임금에 미친 효과라고 평가한다.

② 사람을 표본으로 하거나 사회 문제를 다룰 때에도 실험적 방법을 적용하는 경우가 있다.

③ 평행추세 가정에서는 특정 사건 이외에는 두 집단의 변화에 차이가 날 이유가 없다고 전제한다.

④ 스노의 연구에서 시행집단과 비교집단의 콜레라 사망률은 사건 후뿐만 아니라 사건 전에도 차이가 있었을 수 있다.

⑤ 스노는 수원이 바뀐 주민들과 바뀌지 않은 주민들 사이에 공기의 차이는 없다고 보았을 것이다.

02 다음은 이중차분법을 ㉠에 적용할 경우에 나타날 결과를 추론한 것이다. A와 B에 들어갈 말을 바르게 짝지은 것은?

프로그램이 없었다면 시행집단에서 일어났을 고용률 증가는, 비교집단에서 일어난 고용률 증가와/보다 (A) 것이다. 그러므로 ㉠에 이중차분법을 적용하여 평가한 프로그램의 고용 증가 효과는 평행추세 가정이 충족되는 비교집단을 이용하여 평가한 경우의 효과보다 (B) 것이다.

	A	B
①	클	클
②	클	작을
③	같을	클
④	작을	클
⑤	작을	작을

03 윗글을 바탕으로 <보기>를 이해한 내용으로 적절하지 <u>않은</u> 것은? [3점]

───< 보기 >───

아래의 표는 S국가의 P주와 그에 인접한 Q주에 위치한 식당들을 1992년 1월 초와 12월 말에 조사한 결과의 일부이다. P주는 1992년 4월에 최저임금을 시간당 4달러에서 5달러로 올렸고, Q주는 1992년에 최저임금을 올리지 않았다. P주 저임금 식당들은, 최저임금 인상 전에 시간당 4달러의 임금을 지급했고 최저임금 인상 후에 임금이 상승했다. P주 고임금 식당들은, 최저임금 인상 전에 이미 시간당 5달러보다 더 높은 임금을 지급했고 최저임금 인상 후에도 임금이 상승하지 않았다. 이때 최저임금 인상에 따른 임금 상승이 고용에 미친 효과를 평가한다고 하자.

집단	평균 피고용인 수(단위: 명)		
	사건 전(A)	사건 후(B)	변화(B-A)
P주 저임금 식당	19.6	20.9	1.3
P주 고임금 식당	22.3	20.2	-2.1
Q주 식당	23.3	21.2	-2.1

① 최저임금 인상 후에 시행집단에서 일어난 변화는 1.3명이다.

② 시행집단과 비교집단의 식당들이 종류나 매출액 수준 등의 특성에서 통계적 유사성이 높을수록 평가에 대한 신뢰도가 높아진다.

③ 비교집단을 Q주 식당들로 택해 이중차분법을 적용하면 시행집단에서 최저임금 인상에 따른 임금 상승의 고용 효과는 3.4명 증가로 평가된다.

④ 비교집단의 변화를, P주 고임금 식당들의 1992년 1년간 변화로 파악할 경우보다 시행집단의 1991년 1년간 변화로 파악할 경우에 더 신뢰할 만한 평가를 얻는다.

⑤ 비교집단을 Q주 식당들로 택하든 P주 고임금 식당들로 택하든 비교집단에서 일어난 변화가 동일하다는 사실은 평행추세 가정의 충족에 대한 신뢰도를 높인다.

04 문맥상 ⓐ~ⓔ의 단어와 가장 가까운 의미로 쓰인 것은?

① ⓐ : 그 사건의 전말이 모두 오늘 신문에 <u>났다</u>.

② ⓑ : 산에 가려다가 생각을 <u>바꿔</u> 바다로 갔다.

③ ⓒ : 기상청에서 전국에 건조 주의보를 <u>내렸다</u>.

④ ⓓ : 회원들이 회칙 개정을 요구하는 목소리를 <u>높였다</u>.

⑤ ⓔ : 하고 싶은 말은 많지만 오늘은 이만 <u>줄입니다</u>.

경제학에서는 <증거에 근거한 정책 논의를 위해> 사건의 효과를 평가해야 할 경우가 많다.

어떤 정책을 시행하거나 중단하기 위해서는, 그 정책과 관련된 사건이 정확히 어떤 효과를 갖는지 평가해야 합니다. 사건의 효과에 대한 평가가 정책을 시행하거나 중단할 증거가 되는 것입니다.

어떤 사건의 효과를 평가한다는 것은 사건 후의 결과와 사건이 없었을 경우에 나타났을 결과를 비교하는 일이다.

'어떤 사건의 효과'는 '사건 후의 결과와 사건이 없었을 경우에 나타났을 결과'의 차이로 정의됩니다. 가령 공부를 한다는 사건이 일어나면, 공부를 하는 경우와 공부를 하지 않는 경우의 성적 차이가 공부라는 사건의 효과로 설명될 수 있겠죠.

그런데 <가상의 결과(=사건이 없었을 경우에 나타났을 결과)는 관측할 수 없으므로> <실제로는> (사건을 경험한 표본들로 구성된) 시행집단의 결과와, (사건을 경험하지 않은 표본들로 구성된) 비교집단의 결과를 비교하여 사건의 효과를 평가한다.

그런데 만약 내가 1월부터 11월까지 공부해서 성적을 받았다 하더라도, 1월부터 11월까지 공부를 하지 않고 받았을 성적을 실제로 관측할 수는 없죠. 공부라는 사건이 없었을 경우에 나타났을 가상의 결과는 우리가 정확히 알 수 없으니까요. 그래서 현실에서는 '사건이 없었을 경우에 나타났을 결과' 대신 '사건을 경험하지 않은 표본들'을 관측함으로써 사건의 효과를 평가합니다. 1월부터 11월까지 공부를 했던 표본들과, 1월부터 11월까지 공부를 하지 않았던 표본들의 성적을 비교하는 방식인 것이죠.

따라서 이 작업(=사건의 효과를 평가하기 위해 사건을 경험한 표본과 경험하지 않은 표본을 비교하는 것)의 관건은 그 사건 외에는 결과에 차이가 날 이유가 없는 두 집단을 구성하는 일이다.

사건의 효과를 정확하게 판단하기 위한 방법은 고등학교 사회, 과

학 교과서에서 배우는 비교군·대조군 설정과 같은 얘기입니다. 어떤 한 요인(여기서는 효과를 평가할 사건)을 제외하면 나머지는 전부 동일한 두 집단을 구성해서 비교하는 것이죠. 그래야만 그 사건의 효과를 정확히 판단할 수 있을 테니까요.

가령 어떤 사건이 임금에 미친 효과를 평가할 때, <그 사건이 없었다면 시행집단과 비교집단의 평균 임금이 같을 수밖에 없도록> 두 집단(시행집단과 비교집단)을 구성하는 것이다.

이전에 나온 내용들을 이해하지 못했을까 봐, 친절하게 예시를 들어주는 부분입니다. 사건이 임금에 미친 효과를 측정하기 위해 시행집단과 비교집단을 구성한다면, 사건이 없을 경우의 두 집단은 동일한 조건이어야 한다는 내용이죠.

<이를 위해서는> 두 집단에 표본이 임의로 배정되도록 사건을 설계하는 실험적 방법이 이상적이다. 그러나 사람을 표본으로 하거나 사회 문제를 다룰 때에는 이 방법을 적용할 수 없는 경우가 많다.

그래서, 두 집단을 사건이 없었을 경우에는 동일하도록 구성하려면 표본을 임의로 배정하는 것이 이상적입니다. 그러나 지문에서 '이상적'이라는 말이 나오면, 대개 '현실적'으로는 불가능한 경우가 많습니다. 여기서도 실제로는 '이상적'인 방식으로 표본을 구성하기 어려운 상황이 많다고 제시되었죠. 가령 앞서 제가 든 예시처럼 공부가 성적에 미치는 효과를 알려고 해도, 같은 성적의 학생들을 모으기도 어렵고, 학생들마다 머리가 좋은 정도가 다 다르므로 정확히 동일한 표본을 구성하기가 불가능합니다. 또, 어떤 집단은 공부를 하고 어떤 집단은 공부를 아예 하지 않도록 통제하는 것도 무리가 있겠죠.

이중차분법은 시행집단에서 일어난 변화에서 비교집단에서 일어난 변화를 뺀 값을 사건의 효과라고 평가하는 방법이다. 이는 <(사건이 없었더라도 비교집단에서 일어난 변화와 같은 크기의 변화가 시행집단에서도 일어났을 것이라는) 평행추세 가정에 근거해> 사건의 효과를 평가한 것이다. 이 가정이 충족되면 사건 전의 상태가 평균적으로 같도록 두 집단을 구성하지 않아도 된다.

이중차분법은 앞선 문제점에 대한 현실적인 대안으로 제시됩니다. 여기서 중요한 점은, '시행집단의 결과'에서 '비교집단의 결과'를 빼는 것이 아니라, '시행집단에서 일어난 변화'에서 '비교집단에서 일어난

변화'를 뺀 값을 파악한다는 것입니다! 이 둘이 굉장한 차이이고, 많은 학생들이 전자로 이해하여 어려움을 겪었습니다. 가령, 다음의 표를 봅시다.

	원래 점수의 평균	사건(공부) 이후의 평균
공부를 한 학생들 (시행집단)	70점	95점
공부를 하지 않은 학생들 (비교집단)	60점	65점

이 경우, 공부를 한 학생들의 집단은 +25점만큼 변화했고, 공부를 하지 않은 학생들의 집단은 +5점만큼 변화했습니다. 그렇다면 95점에서 65점을 뺀 +30점이 사건의 효과가 아니라, +25점에서 +5점을 뺀 +20점이 사건의 효과가 됩니다.

이렇게 변화를 빼서 사건의 효과를 파악할 수 있는 이유는, 사건이 없었다면 두 집단이 동일한 양의 변화를 했으리라는 '평행추세 가정'이 있기에 가능한 것입니다. 그리고, 결과값을 빼서 비교하는 것이 아니라 변화값을 빼서 비교하는 것이기에 사건 이전의 평균은 같지 않아도 된다는 큰 장점이 있는 거예요.

이중차분법은 <1854년에> 스노가 처음 사용했다고 알려져 있다. 그는 두 수도 회사로부터 물을 공급받는 런던의 동일 지역 주민들에 주목했다. 같은 수원을 사용하던 두 회사 중 한 회사만 수원을 바꿨는데 주민들은 자신의 수원을 몰랐다. 스노는 수원이 바뀐 주민들(=시행집단)과 바뀌지 않은 주민들(=비교집단)의 수원 교체(=사건) 전후 콜레라로 인한 사망률의 변화들을 비교함으로써 콜레라가 공기가 아닌 물을 통해 전염된다는 결론을 내렸다. 경제학에서는 1910년대에 최저임금제 도입 효과를 파악하는 데 이 방법이 처음 이용되었다.

스노가 한 실험에서, 두 집단은 동일한 지역에 살고, 같은 수원의 물을 공급받았습니다. 그런데 한 집단에서 수원을 교체하자 콜레라로 인한 사망률의 변화가 차이가 있는 것으로 나타났고, 콜레라의 원인은 물이라는 점이 밝혀진 것입니다. 여기서, 교체된 수원을 받은 사람들의 사망률 변화가 더 컸는지, 교체되지 않은 수원을 받은 사람들의 사망률 변화가 더 컸는지는 지문만 보고는 알 수 없습니다. 단지, 사망률 변화에 차이가 있다는 사실만 존재해도 물이 콜레라에 영향을 미친다는 것이 증명되는 것입니다. 다른 조건은 다 같은데, 물만 바뀌니까 콜레라 사망률의 변화가 달라졌으니까요!

평행추세 가정이 충족되지 않는 경우에 이중차분법을 적용하면 사건의 효과를 잘못 평가하게 된다. 예컨대 ⊙어떤 노동자 교육 프로그램(=사건)의 고용 증가 효과를 평가할 때, 일자리가 급격히 줄어드는 산업에 종사하는 노동자의 비중이 비교집단에 비해 시행집단에서 더 큰 경우에는 평행추세 가정이 충족되지 않을 것이다.

그런데, 우리가 이중차분법을 사용할 수 있는 이유는 (사건이 일어나지 않았을 경우에 두 집단의 변화량은 같으리라는)평행추세 가정이 전제되었기 때문입니다. 그러므로 평행추세 가정이 충족되지 않은 채로 이중차분법을 사용하면 뭔가 문제가 발생하겠죠. 학생 스스로 그 문제를 떠올리기 어렵기 때문에 예시를 들어 친절하게 설명해 줍니다. ⊙에서처럼, 만약 두 집단 간의 근본적인 차이가 있다면 사건이 없었을 때에도 변화의 양이 동일하지 않게 됩니다. 일자리가 급격히 줄어드는 산업의 종사자들은 다른 산업 종사자들보다 고용 감소가 더 크게 나타날 것이고, 노동자 교육 프로그램을 받더라도 다른 산업 종사자들보다 일자리 증가의 변화량이 작게 나타나겠죠.

그렇다고 해서 <집단 간 표본의 통계적 유사성을 높이려고> 사건 이전 시기의 시행집단을 비교집단으로 설정하는 것이 평행추세 가정의 충족을 보장하는 것은 아니다. 예컨대 고용처럼 경기변동에 민감한 변화라면 집단 간 표본의 통계적 유사성보다 변화 발생의 동시성이 이 가정의 충족에서 더 중요할 수 있기 때문이다.

앞선 노동자의 예시는 '집단 간 표본의 통계적 유사성'이 보장되지 않은 것이었습니다. 두 표본 간에 근본적인 차이(종사하는 산업의 차이)가 존재하기에 문제가 되는 것이었죠. 그래서, 한 집단의 사건 이전과 이후를 비교하는 방법이 대안으로 제시됩니다. 같은 노동자들을 대상으로 교육 이전과 이후를 비교한다면 표본의 통계적 유사성이 보장되니까요. 그러나 이 역시 평행추세 가정을 충족할 수는 없다며 바로 반박됩니다. 만약 교육 전에는 경기가 나빠서 고용이 어려웠고, 교육 이후에는 사회 전체적인 경기가 좋아져서 고용이 잘 되기 시작했다면, 고용량의 변화를 교육 프로그램의 효과라고 판단하기는 어렵기 때문입니다. 따라서 '같은 시기(변화 발생의 동시성 보장)'에 '비슷한 집단(통계적 유사성 보장)'을 비교하는 것이 필요합니다.

여러 비교집단을 구성하여 각각에 이중차분법을 적용한 평가 결과가 같음을 확인하면 평행추세 가정이 충족된다는 신뢰를 줄 수 있다.

평행추세 가정이 충족되지 않을 경우의 문제를 보완하기 위해, 동일한 시기에 여러 집단을 대상으로 이중차분법을 적용하는 방법이 떠오릅니다. 이중차분법을 적용한 결과가 같은 비교집단이 충분히 많다면 표본의 통계적 유사성이 보장됩니다. 비슷한 조건의 표본들로 평가했다는 근거가 되는 것이죠.

> 또한 <시행집단과 (여러 특성에서 표본의 통계적 유사성이 높은) 비교집단을 구성하면> 평행추세 가정이 위협받을 가능성을 줄일 수 있다. 이러한 방법들을 통해 이중차분법을 적용한 평가에 대한 신뢰도를 높일 수 있다.

또한, 애초에 비교집단을 선발할 때 시행집단과 여러 특성에서 유사한 표본들을 선발한다면 이 역시 평행추세 가정을 신뢰할 수 있게 할 것입니다. 위의 두 방안은 변화 발생의 동시성과, 표본의 통계적 유사성이라는 두 조건을 충족시키기 위한 해결책입니다.

이 글에서는 이상적인/이론적인 방법과 현실적인 방법이 계속해서 교차하며 나타납니다. 이상적으로는 이렇게 실험해야 하지만, 현실적으로는 이러한 방안을 통해 최대한 이상적인 상황을 구현한다는 내용이지요. 이 지문은 학생마다 느끼는 난이도 차이가 컸을 것 같습니다. 만약 이중차분법을 사용하는 이유나, 이중차분법의 의미를 이해하지 못한 학생이라면 지문의 중간 이후가 거의 안 읽혔을 것이고, 이중차분법의 개념을 파악한 학생들은 유기적으로 이해하며 빠르게 지문을 읽었을 겁니다. 길이는 짧은 대신 정확한 이해를 요구하는 요즘 수능 국어는, 일정 수준의 독해력을 넘겨야만 접근이 가능한 경우가 많습니다. 아무리 수능이 얼마 남지 않았더라도, 근본적인 독해력을 기르기 위한 공부를 해야 하는 이유가 이런 지문 때문이에요.

01 윗글에 대한 이해로 적절하지 않은 것은?

① 실험적 방법에서는 시행집단에서 일어난 평균 임금의 사건 전후 변화를 어떤 사건이 임금에 미친 효과라고 평가한다.

② 사람을 표본으로 하거나 사회 문제를 다룰 때에도 실험적 방법을 적용하는 경우가 있다.

③ 평행추세 가정에서는 특정 사건 이외에는 두 집단의 변화에 차이가 날 이유가 없다고 전제한다.

④ 스노의 연구에서 시행집단과 비교집단의 콜레라 사망률은 사건 후뿐만 아니라 사건 전에도 차이가 있었을 수 있다.

⑤ 스노는 수원이 바뀐 주민들과 바뀌지 않은 주민들 사이에 공기의 차이는 없다고 보았을 것이다.

정답 : ①

실험적 방법은 시행집단에서 사건 이후의 평균 임금과, 비교 집단에서 사건 이후의 평균 임금을 비교하여 사건의 효과를 판단합니다.

해설

② 지문에서는 '사람을 표본으로 하거나 사회 문제를 다룰 때에는 이 방법을 적용할 수 없는 경우가 많다'라고 했습니다. 적용할 수 없는 경우가 많다는 것은, 적용하는 경우가 있긴 있지만 적다는 얘기입니다. 이는 평가원이 자주 활용하는 함정의 형식입니다.

③ 사건이 없다면 같은 변화가 일어났으리라 보는 것이 평행추세 가정이므로, 두 집단의 변화에 차이가 없다고 보는 것이 맞습니다.

④ 이게 이중차분법의 핵심입니다. 두 집단의 사건 전의 상태는 다를 수도 있는 것이죠. 다만, 두 집단 사이의 통계적 유사성과 변화 발생의 동시성만 충족된다면 이중차분법을 적용할 수 있습니다.

⑤ 공기의 차이는 없다고 보았으니까 '콜레라가 공기가 아닌 물을 통해 전염된다는 결론'을 내렸을 것입니다. 또, 지문에서 사망률 변화의 차이를 유발한 유일한 요인은 '수원'이므로, 물 이외의 차이를 가정하는 것은 옳지 않습니다.

02 다음은 이중차분법을 ㉠에 적용할 경우에 나타날 결과를 추론한 것이다. A와 B에 들어갈 말을 바르게 짝지은 것은?

> 프로그램이 없었다면 시행집단에서 일어났을 고용률 증가는, 비교집단에서 일어난 고용률 증가와/보다 (A) 것이다. 그러므로 ㉠에 이중차분법을 적용하여 평가한 프로그램의 고용 증가 효과는 평행추세 가정이 충족되는 비교집단을 이용하여 평가한 경우의 효과보다 (B) 것이다.

	A	B
①	클	클
②	클	작을
③	같을	클
④	작을	클
⑤	작을	작을

정답 : ⑤

해설

㉠은 두 집단 간 표본의 통계적 유사성이 보장되지 않기에, 이중차분법을 적용하면 사건의 정확한 효과를 파악할 수 없는 사례였습니다. 여기서는 ㉠에 이중차분법을 적용할 때 정확히 어떤 문제가 발생하는 것인지를 묻는 것입니다.

시행집단에 일자리가 급격히 줄어드는 산업에 종사하는 노동자의 비율이 크다면, 사건(프로그램)이 없었을 경우에(만약 가만히 놔뒀다면 나타났을) 시행집단의 고용률 증가가 더 작았을 것입니다. 따라서 A는 '작을'입니다.

이때, 그냥 그대로 이중차분법을 적용하여 표본의 통계적 유사성 정도를 무시하고 결론을 내린다면, 프로그램의 고용 증가 효과는 실제의 것보다 과소평가될 것입니다. 프로그램의 고용 증가 효과에서 표본의 특성으로 인해 원래 겪었을 고용 감소가 적용되어 실제보다 효과가 작다고 나타나겠죠. 따라서 B는 '작을'입니다.

추가로, 만약 시행집단과 비교집단을 뒤집었다면, 프로그램의 고용 증가 효과가 과대평가 되었을 것입니다. 왜 그런지는 스스로 설명해 보세요!

03 윗글을 바탕으로 <보기>를 이해한 내용으로 적절하지 않은 것은? [3점]

─── < 보기 > ───

아래의 표는 S국가의 P주와 그에 인접한(국가가 같고, 위치도 비슷함⇒사건 이외의 조건은 같다는 얘기) Q주에 위치한 식당들을 1992년 1월 초와 12월 말에 조사한 결과의 일부이다. P주는 1992년 4월에 최저임금을 시간당 4달러에서 5달러로 올렸고, Q주는 1992년에 최저임금을 올리지 않았다. P주 저임금 식당들은, 최저임금 인상 전에 시간당 4달러의 임금을 지급했고 최저임금 인상 후에 <u>임금이 상승했다</u>. P주 고임금 식당들은, 최저임금 인상 전에 이미 시간당 5달러보다 더 높은 임금을 지급했고 최저임금 인상 후에도 <u>임금이 상승하지 않았다</u>. 이때 <최저임금 인상에 따른> 임금 상승이 고용에 미친 효과를 평가한다고 하자.

집단	평균 피고용인 수(단위: 명)		
	사건 전(A)	사건 후(B)	변화(B-A)
P주 저임금 식당	19.6	20.9	1.3
P주 고임금 식당	22.3	20.2	-2.1
Q주 식당	23.3	21.2	-2.1

① 최저임금 인상 후에 시행집단에서 일어난 변화는 1.3명이다.

② 시행집단과 비교집단의 식당들이 종류나 매출액 수준 등의 특성에서 통계적 유사성이 높을수록 평가에 대한 신뢰도가 높아진다.

③ 비교집단을 Q주 식당들로 택해 이중차분법을 적용하면 시행집단에서 최저임금 인상에 따른 임금 상승의 고용 효과는 3.4명 증가로 평가된다.

④ 비교집단의 변화를, P주 고임금 식당들의 1992년 1년간 변화로 파악할 경우보다 시행집단의 1991년 1년간 변화로 파악할 경우에 더 신뢰할 만한 평가를 얻는다.

⑤ 비교집단을 Q주 식당들로 택하든 P주 고임금 식당들로 택하든 비교집단에서 일어난 변화가 동일하다는 사실은 평행추세 가정의 충족에 대한 신뢰도를 높인다.

<보기> 해설

이 <보기>의 핵심은, <u>평가하려는 사건이 '최저임금 인상'이 아니라 '최저임금 인상에 따른 임금 상승'</u>이라는 겁니다. 따라서 <u>P주 저임금 식당만 시행집단이 되고, 나머지 두 집단은 비교집단</u>이 되는 것이죠.

정답 : ④

비교집단을 같은 시기(1992년)의 다른 집단(P주 고임금 식당)으로 설정하지 않고, 다른 시기(1991년)의 같은 집단(P주 저임금 식당)으로

설정한다면 통계적 유사성은 높아질지 몰라도 변화 발생의 동시성이 충족되지 않습니다. 특히 고용처럼 경기변동에 민감한 변화를 대상으로 변화 발생의 동시성을 충족하지 못한다면, 신뢰하지 못할 결과를 도출하게 되죠. 지문을 이해했다면 쉽게 고를 수 있는 선지였습니다.

해설

① 시행집단(P주 저임금 식당)에서 일어난 변화는 1.3명이 맞습니다.

② 통계적 유사성이 높을수록 평행추세 가정을 충족했을 가능성이 더 커지고, 당연히 신뢰도도 높아집니다. <보기>를 읽지 않고 지문만 읽어도 지울 수 있는 선지입니다.

③ 시행집단의 변화에서 비교집단의 변화를 빼면 1.3-(-2.1)이 되고, '최저임금 인상에 따른 임금 상승'이라는 사건의 효과가 3.4명으로 평가됩니다.

⑤ P주 고임금 식당이라는 비교집단과, Q주 식당이라는 고임금 식당에서 동일한 수치의 변화가 이루어진 것은, 표본의 통계적 유사성을 잘 충족시켰다는 근거가 됩니다. 지문의 마지막 문단 첫 줄에 나타난 것과 같죠.

04 문맥상 ⓐ~ⓔ의 단어와 가장 가까운 의미로 쓰인 것은?

① ⓐ : 그 사건의 전말이 모두 오늘 신문에 <u>났다</u>.

② ⓑ : 산에 가려다가 생각을 <u>바꿔</u> 바다로 갔다.

③ ⓒ : 기상청에서 전국에 건조 주의보를 <u>내렸다</u>.

④ ⓓ : 회원들이 회칙 개정을 요구하는 목소리를 <u>높였다</u>.

⑤ ⓔ : 하고 싶은 말은 많지만 오늘은 이만 <u>줄입니다</u>.

> **정답 : ②**

> **해설**

① 차이가 '나다'는 '발생했다'와 비슷한 의미이고, 신문에 '나다'는 지면에 글로 실렸다는 의미입니다. 후자의 '나다'는 반드시 앞에 '~에'라는 형태가 나타나야 합니다.

③ 선지의 '내리다'는 무언가를 선포하여 알리는 것을 말하므로, 결론을 도출한 것을 말하는 지문의 '내리다'와는 다른 의미가 포함된 것입니다.

④ 선지의 '높이다'는 실제로 데시벨을 높인 것이 아니라, 의견을 강하게 냈다는 의미입니다. 지문의 '높이다'는 통계적 유사성이라는 수치를 실제로 높인 것이 맞죠.

⑤ 선지의 '줄이다'는 '그만 마무리하다'라는 의미이고, 지문의 '줄이다'는 수치를 낮춘다는 의미입니다.

"너는 수능 전까지 기출도 못 끝낼 거야"

2020년 무렵, 한 달에 6명씩 과외를 했었는데 그중 한 제자한테 했던 얘기를 글로 옮깁니다.

만점의 생각을 구매하여 열심히 공부하시는 분들 대다수는 이 책의 방법대로 잘 공부하고 계시겠지만, 다시금 강조 드리고 싶은 지점이 있어 이 부분쯤에 수록하였습니다.

2021학년도 6월 모의고사가 끝나고 과외 문의가 엄청나게 왔습니다. 그 전년도와 기조가 많이 달라지기도 했고, 뭐 원래 모의고사 끝나면 연락 많이 옵니다. 그러다 고등학교 후배인 한 재수생에게 연락이 왔습니다. 재종을 다니면서 나름 이것저것 많이 했다는데 국어 점수가 안 나온대요.

알았다, 하고 만나서 좀 가르쳐보니 공부를 안 한 것 같지는 않았습니다. 기본적인 개념도 숙지가 다 되어 있었고, 수능 국어가 어떤 과목인지도 대강 알더군요. 그런데도 늘 국어 성적은 3등급 정도에 머물러 있었습니다.

기출을 수업을 했습니다. 최근 5개년 문제는 다 풀어봤더군요. 답은 다 맞힙니다. 그러나 제가 질문하는 것들은 하나도 대답을 못 합니다.

"여기서 '따라서'를 쓴 이유가 뭐야?"
"이 선지 왜 오답인지 네가 설명해봐."
"이 부분 왜 서술된 거지? 어떤 문제에 활용된 거야?"
"얘가 이거를 해결책이라고 한 이유는 뭐야? 뭘 어떻게 해결하는 건데?"

만점의 생각을 좀 보셨으면 아시겠지만, 저런 질문들은 제가 '기출 분석'의 핵심이라고 생각하는 것들입니다. 그런데 저런 질문에 대한 후배의 모든 대답은 "…"이었습니다. 답만 외웠을 뿐, 제대로 학습이 되지 않은 것이었죠.

수업을 1~2달 진행한 9월 모의고사 언저리까지 이 상태가 계속되자 제가 말했습니다.

"너는 수능날까지 기출만 봐도 기출 다 못 끝낸다. 기출만이라도 제대로 끝내고 들어가자. 리트, 사설, 다 제껴라."

이 학생의 반응이 어땠을까요? 말은 안 했지만 나중에 들어보니 '뭔 소리야? 기출을 내가 몇 번을 봤는데…' 이런 생각이었대요. 주변 N수생들 죄다 릿딧밋, N제 풀고 있는데, 혼자 그것들을 안 풀면 뒤처지는 느낌이 들고, 스트레스도 받을 겁니다.

저렇게 말은 했지만, 기출만 학습한다는 것의 리스크와 부담을 저도 알고는 있습니다. 사설이나 리트 등의 외부 지문을 아예 접하지 않고, 보던 기출만 계속 보면 실전적인 감각이 다소 떨어질 수는 있습니다.

그런데 결국 그 학생은 9평도 제대로 된 성적을 받지 못했고, 저는 9월 모의고사가 끝난 주에 각 문제들이 기출의 어떤 문항, 어떤 지문과 유사했는지 보여줬습니다. 전부 제가 강조했던 기출 안에 있던 아이디어였습니다. (만점의 생각 해설에 적어놓은 아이디어들이 이런 겁니다)

이때야 정신을 차리더군요. 수업을 복습하기 시작했고, 기출을 스스로 분석한 뒤 저한테 질문도 하기 시작했습니다. 열심히 하는 티가 났고, 솔직히 이때부터 잘 볼 줄 알았습니다.

그 친구는 결국 5개년 기출 문제의 모든 문장, 모든 선지를 스스로 설명할 정도로 공부한 뒤 수능을 보았고, **수능 날, 생애 처음으로 국어 1등급을 받게 됩니다.**

당연한 얘기지만, 제가 이 글을 보여드리는 이유는 '무조건 기출만 봐라', '사설, 릿딧밋은 쓰레기다' 이런 요지가 절대 절대 아닙니다. 저 역시 요즘의 사설 모의고사들 퀄리티를 고평가합니다. 릿딧밋은 공부할 가치가 충분한 자료이기도 합니다.

그러나 이 모든 것은 기출이 제대로 학습되었을 때 적용되는 이야기입니다. 최소한, 이 책에 있는 기출+올해의 6,9 모의고사는 씹어먹을 정도로 공부하는 것이 수능 국어 고정 1등급의 필요조건이라고 생각합니다.

이 책에 있는 기출들이 제대로 학습되었다면 할 일은 명확합니다. 릿딧밋을 통해서 심화된 사고를 키우고(다만, 선별된 문제로, 믿을만한 해설로 공부해야 합니다), 사설 모의고사를 통해 자신의 행동영역을 점검해야 합니다. 가장 기본적인 선지 판단 능력은 기출에서 역으로 추론해내야 하고요. 여유가 좀 더 된다면 짬짬이 EBS 관련 컨텐츠도 할 수 있겠습니다.

그러나, 대부분의 학생들은 기출 학습이 제대로 되지 않은 상태로 수능장에 들어갑니다. 많은 현역들은 5개년 기출을 1회독도 안 하고 시험장에 들어갑니다.

이런 현역들의 모습은 공부를 제대로 하는 학생의 입장에선 당연히 말도 안 되는 상황이지만, 더 말도 안 되는 경우는 N수생들에게 일어납니다. 단순한 회독을 진짜 공부라고 착각하고, 자기가 기출을 잘 안다고 자신하는 경우가 그것입니다.

"기출은 정말 많이 봤고 더 배울 게 없는데 왜 기출을 봐야 하죠?"

이 책의 해설을 꼼꼼히 읽으며 본인의 사고 과정을 돌이켜 보셨다면 느끼시겠지만, 저런 말을 하는 N수생 분들 99%를 제가 1시간만 테스트하고 상담하면 자신이 기출을 제대로 학습하지 못했다는 것을 깨닫게 해드릴 자신이 있습니다.

일단 기출이 먼저입니다. 9월 모의고사 이후에는 실전 대비를 위해 어느 정도 사설 모의고사의 도움을 받을 수 있지만, 기출이 제대로 학습되지 않았다면 정말 최소한으로만 해야 합니다.

이 책은 위에서 적어 놓은 N수생들의 상황이 안타까워 '기출을 제대로 학습한다는 것은 이 정도까진 생각하는 것이다'를 보여주고자 집필한 교재입니다.

결국 중요한 것은, 어떤 책을 보느냐, 어떤 강의를 듣느냐가 아닙니다.
제대로 공부할 줄 아는 학생이라면 무슨 교재를 써도 됩니다.

어떤 교재 한 권을 완독하거나, 기출 강의를 수강했다고 기출을 끝낸 것이 절대, 절대 아닙니다. 기출은 혼자 고민해서 이해하고 자신을 납득시킬 수 있는 해설을 만든 뒤, 시중의 교재나 강의를 통해 자신의 분석과 비교만 해 보는 것이 제일 좋습니다.

이런 방식으로 공부한다면 교재나 강의는 크게 중요한 것이 아닙니다. 자신의 치열한 고민이 제일 중요하죠. 이제 이 책의 1/4 지점 정도가 지납니다. 남은 분량도 반드시 **치열하게 고민하고 생각하세요.** 이 책을 통해 제대로 된 기출 분석을 경험하는 것이 여러분들 국어 공부의 시작이자 마무리가 되리라 생각합니다.

PART 5
인문 지문

'이해'를 요구하는 최근의 수능에서 가장 어렵게 출제되는 지문은 인문 지문입니다.
다양한 학자들의 입장이 나타나거나, 매우 논리적인 사고 과정이 제시되기에
완전히 이해하면서 읽기가 어려운 것이죠.
더불어, 내용 자체가 추상적이라는 점도 어려운 요소 중에 하나입니다.

그러나 지문의 이해 여부를 가장 꼼꼼하게 물어보는 것 역시 인문 지문이기에,
우리는 앞서 배운 거시독해 방법론을 적극적으로 활용하여 지문을 독해해야 합니다.

인문 지문에 있어서는, 배경지식에 집착하기보다
논리적인 사고를 통해 지문의 맥락을 장악하는 것이 가장 중요합니다.

2022학년도 예비시행 **동일론**

인간은 이 세상에서 정신과 물질을 동시에 지닌 유일한 존재로 여겨진다. 정신은 과연 물질, 곧 육체와 별도로 존재하는 것일까? ㉠컴퓨터와 같은 완전히 물리적인 체계는 정신을 가질 수 없는가? 오래전부터 정신을 비물리적 대상으로 간주하는 사람이 많았고 지금도 크게 다르지 않다. 이렇게 육체는 원자로 이루어져 있으며 화학적 조성을 띠지만 정신은 비물리적 대상이라고 주장하는 이론이 이원론이다. 이에 견줘 동일론은 정신은 육체, 그중에서 두뇌의 물리적 상태와 동일한 것으로 존재하지, 육체와 독립되어 존재하지 않는다고 주장한다. 무엇인가가 독립되어 존재하지 않는다는 것을 증명하기 위해서는 그것이 독립적으로 존재할 모든 가능성을 들여다보며 "여기도 없군. 저기도 없네." 하며 철저히 점검할 필요는 없다. 다만 그것이 존재한다고 말하는 주장들을 조목조목 반박해 나가면 된다. 그런 식으로 동일론은 이원론을 반박한다.

원자나 엑스선은 눈으로 볼 수 없지만 그것을 가정함으로써 다양한 현상들을 가장 잘 설명할 수 있다. 이원론자는 정신도 ⓐ눈에 보이지 않지만 그것을 가정해야만 설명할 수 있는 특성들이 있다고 주장한다. 라이프니츠는 만일 X와 Y가 동일하다면 이들이 똑같은 특성을 갖는다는 '동일자 식별 불가능성 원리'를 제시했는데, 어떠한 물리적 대상도 갖지 못할 특성을 정신이 갖는다면, 이 원리에 따라 정신은 물리적 대상과는 다를 것이다.

[A] 대표적 이원론자인 데카르트는 그런 특성으로 언어와 수학적 추론을 제시한다. 그는 완전히 물리적인 체계가 사람처럼 언어를 사용하거나 수학적인 추론을 해낼 수는 없으리라고 보았다. 그러나 이런 주장은 그 힘이 처음 생각했던 것보다 약하다. 먼저 컴퓨터 언어라는 개념은 이제 상식적인 것이 되었다. 컴퓨터 언어는 인간이 쓰는 언어에 비해서 구조와 내용의 면에서 단순하지만 그 차이라 하는 것은 종류의 차이가 아니라 정도의 차이이다. 한편 데카르트의 저술이 나타난 이래로 수세기 동안 여러 학자들은 수학적 추론의 일반적 원리들을 이럭저럭 찾아낼 수 있게 되었고, 컴퓨터 기술자들은 그런 원리를 바탕으로 하여 데카르트를 깜짝 놀라게 했을 법한 ⓑ기계를 만들어 내게 되었다. 독립적인 정신을 가정하지 않고서도 언어와 수학적 추론을 설명할 수 있는 가능성이 생긴 것이다. 이와 같이 더 복잡한 것을 끌어들이지 않고 무언가를 충분히 설명할 수 있다면, 그것을 끌어들이지 말라는 '단순성의 원리'에 의해 독립적인 정신을 가정할 필요가 없다.

데카르트는 동일자 식별 불가능성 원리로 이원론을 지지하는 또 다른 논증으로, 육체의 존재는 얼마든지 의심할 수 있지만 정신은 의심할 수 없다는 것을 든다. 의심하기 위해서는 내 정신이 ⓒ또렷하게 존재해야 하기 때문이다. 그렇다면 육체와 정신 중 하나는 의심 가능하다는 특성을 갖지만 다른 하나는 갖지 않으므로 그 둘은 ⓓ동일하지 않다는 결론이 나온다. 이 논증을 평가하기 위해 사실은 같은 사람인 정약용과 다산을 생각해 보자. 『목민심서』를 정약용이 썼다는 것을 의심하지 않더라도 다산이 썼다는 것은 얼마든지 의심할 수 있다. 다산이 썼어도 쓰지 않았다고 의심하는 것은 논리적으로 모순된 것이 아니기 때문이다. 그렇다고 해서 정약용과 다산이 ⓔ동일한 존재가 아닌 것은 아니다. 동일자 식별 불가능성 원리는, 식별하는 데 사용되는 특성이 의심이나 생각 같은 것을 포함한 경우에는 적용되지 않는 것이다.

01 독서의 목적을 고려하여 윗글을 추천하고자 할 때, ㉮에 들어갈 내용으로 가장 적절한 것은?

> _____㉮_____ 분에게 추천합니다.

① 감정을 정화하기 위해 감동적인 경험을 소개하는 글을 읽으려는
② 인간관계를 유지하고 발전시키기 위해 타인의 일상을 담은 글을 읽으려는
③ 학문적인 정보를 얻기 위해 기술에 적용된 원리를 설명하는 글을 읽으려는
④ 사회적 문제를 해결하는 방안을 찾기 위해 사회 현상의 원인을 분석한 글을 읽으려는
⑤ 인간과 세계를 이해하기 위해 인간과 사물의 본질을 논쟁적으로 다룬 글을 읽으려는

02 윗글을 통해 알 수 있는 내용으로 가장 적절한 것은?

① 현실에서 발생한 일이라도 발생하지 않았다고 의심은 할 수 있다.
② 이원론은 완전히 물리적인 체계에도 정신이 독립적으로 있다고 본다.
③ 원자나 엑스선은 눈에 보이지 않는다는 점에서 물리적 대상이 아니다.
④ 라이프니츠는 물리적 대상이 정신과 똑같은 특성을 갖더라도 그 둘은 다르다고 보았다.
⑤ 데카르트는 언어를 사용하거나 수학적 추론을 할 수 있는 기계가 출현하리라고 예상했다.

03 ㉠에 대한 동일론자의 대답으로 가장 적절한 것은?

① 기술이 발달하면 컴퓨터도 인간과 같은 정신을 가질 것이다.
② 기술이 발달하면 컴퓨터는 인간과 달리 정신을 가질 것이다.
③ 기술이 발달하면 컴퓨터는 인간과 종류가 다른 정신을 가질 것이다.
④ 기술이 발달하더라도 컴퓨터는 인간과 달리 정신을 가지지 않을 것이다.
⑤ 기술이 발달하더라도 컴퓨터도 인간과 같이 정신을 가지지 않을 것이다.

04 윗글을 참고하여 <보기>를 이해한 내용으로 적절하지 않은 것은?

> ─── <보기> ───
>
> (가) 악령의 존재를 가정할 필요 없이 병원체의 존재를 가정함으로써 감염병의 발생을 가장 잘 설명할 수 있다.
> (나) '하늘에 태양이 존재하면서 동시에 존재하지 않는다'고 생각할 수 없지만, '왼손은 있다'고 생각하면서 '오른손은 사라졌다'고 생각할 수 있다.

① (가)에서는 단순성의 원리에 의해 악령을 끌어들일 필요가 없는 것이겠군.
② (가)에서 '악령이 존재한다'는 주장을 반박하기 위해서 악령이 존재할 모든 가능성을 들여다볼 필요는 없겠군.
③ (가)에서 병원체의 존재가 감염병을 가장 잘 설명해 주기 때문에 병원체가 존재한다고 판단하겠군.
④ (나)에서 왼손과 오른손은 동일자 식별 불가능성 원리에 따라 동일한 대상이 아니겠군.
⑤ (나)에서 생각의 가능성에 차이가 있는 까닭은 논리적으로 모순인 것과 아닌 것의 차이 때문이겠군.

05 [A]에 드러난 동일론의 주장에 대해 이원론이 비판한다고 할 때, 비판의 내용으로 적절하지 <u>않은</u> 것은?

① 인간과 같은 수준의 언어를 사용하는 기계가 있을 수 있다고 하는데, 있다고 하더라도 정말로 그 뜻을 이해하고 사용하는 것은 아니다.

② 인간과 같은 수준의 언어를 사용하는 기계가 있을 수 있다고 하는데, 있다고 하더라도 그것은 행동적인 측면만 따라할 뿐이고 사랑이나 두려움 같은 감성적 측면은 따라할 수 없다.

③ 수학적 추론을 하는 기계가 있을 수 있다고 하는데, 기계가 정신을 가지지 못한다고 말하면서도 수학적 추론을 한다는 것은 성립할 수 없다.

④ 수학적 추론을 하는 기계가 있을 수 있다고 하는데, 있다고 하더라도 그것은 프로그램에 따라 작동하는 것에 불과하지 선택에 따른 행동이라고 볼 수 없다.

⑤ 수학적 추론을 하는 기계가 있을 수 있다고 하는데, 비행 시뮬레이션이 실제 비행의 모방에 불과한 것처럼 기계의 수학적 추론은 인간의 수학적 추론을 모방한 것에 불과하다.

06 문맥상 ⓐ~ⓔ와 바꿔 쓰기에 적절하지 <u>않은</u> 것은?

① ⓐ: 원자나 엑스선과 유사한 특성이 있다고
② ⓑ: 완전히 물리적인 체계를
③ ⓒ: 화학적인 조성을 띠어야
④ ⓓ: 똑같은 특성을 지니지 않는다는
⑤ ⓔ: 독립적인 존재인

복습 포인트 (해설을 확인하기 전에 생각해 볼 것)
Q.1
지문에서 '동일론'과 '이원론'의 대립은 누구의 승리로 마감되었는가?

01	02	03	04	05	06
⑤	①	①	④	③	③

인간은 이 세상에서 정신과 물질을 동시에 지닌 유일한 존재로 여겨진다.

일반적인 인식에 대해 질문을 던집니다. 철학 지문은 대개 우리가 당연하게 생각하는 것들, 그리고 전제로 자연스럽게 깔고 가는 것들에 대해 질문을 던지는 형식입니다. 가령 '우리는 실제로 존재하는 것이 맞을까?', '과학이라는 경험적 지식은 정당화될 수 있는 것들일까?', '앎이란 무엇일까?' 등등 말이죠.

정신은 과연 물질, 곧 육체와 별도로 존재하는 것일까?

'정신'과, '물질'='육체'가 과연 다른 것이냐는 질문입니다. 같다 / 다르다의 두 입장이 존재할 것이고, 그 근거를 파악하며 읽어봅시다.

컴퓨터와 같은 완전히 물리적인 체계는 정신을 가질 수 없는가? 오래전부터 정신을 비물리적 대상으로 간주하는 사람이 많았고 지금도 크게 다르지 않다.

두 문장이 나오는데, '정신'='비물리'('정신'≠'물리')라는 일반적 인식이 후자이고, 전자는 그것에 대한 의문입니다.

이렇게 육체는 원자로 이루어져 있으며 화학적 조성을 띠지만 정신은 비물리적 대상이라고 주장하는 이론이 이원론이다.

여기서 이원론이 드는 '육체'의 특성으로 '원자로 이루어짐', '화학적 조성'을 드는데, 이 둘은 앞의 '물리적'과 마찬가지로, 물질적 특성을 말하는 것으로 묶어 읽는 것이 옳습니다. 뒤에 '정신'이 '비물리적'이라고 말하는 지점에서, 앞의 '육체'의 특성을 '비물리적이지 않은 것', 즉 '물리적인 것'으로 대비하여 읽거나요.

이에 견줘 동일론은 정신은 [육체, 그중에서 두뇌의 물리적 상태]와 동일한 것으로 존재하지, 육체와 독립되어 존재하지 않는다고 주장한다.

앞서 '정신'과 '육체'가 같다고 보는 입장과, 다르다고 보는 입장이 존재할 것이라고 말한 바 있습니다. 이원론은 육체와 정신은 물리/비물리로 구분된다고 주장하는 입장이고, 동일론은 정신이 육체와 동일한 것이라고 보는 입장입니다.

무엇인가가 독립되어 존재하지 않는다는 것을 증명하기 위해서는 그것이 독립적으로 존재할 모든 가능성을 들여다보며 "여기도 없군. 저기도 없네." 하며 철저히 점검할 필요는 없다. 다만 그것이 존재한다고 말하는 주장들을 조목조목 반박해 나가면 된다. 그런 식으로 동일론은 이원론을 반박한다.

여기부터, 이 지문이 다소 어려워지기 시작합니다. 이 세 문장은 앞으로의 논증/논리 구조를 설명하는 부분입니다. 조금 편하게 읽기 위해, 글을 문맥에 맞추어 조금 바꿔보겠습니다.

정신은 육체의 두뇌적 상태일 뿐임을 증명하기 위해서는 정신이 육체와 구분될 모든 가능성을 들여다보며 "여기도 없군. 저기도 없네." 하며 철저히 점검할 필요는 없다. 다만 정신이 육체와 구분된다는 주장들을 조목조목 반박해 나가면 된다.

즉, 동일론자들(정신=육체)은 이원론자들 (정신≠육체)의 주장들을 하나하나 반박하기만 하겠다는 얘깁니다.

원자나 엑스선은 눈으로 볼 수 없지만 그것을 가정함으로써 다양한 현상들을 가장 잘 설명할 수 있다. 이원론자는 정신도 ⓐ눈에 보이지 않지만 그것을 가정해야만 설명할 수 있는 특성들이 있다고 주장한다.

여기까진 있는 그대로 읽으시면 됩니다.

라이프니츠는 만일 X와 Y가 동일하다면 이들이 똑같은 특성을 갖는다는 '동일자 식별 불가능성 원리'를 제시했는데, 어떠한 물리적 대상도 갖지 못할 특성을 정신이 갖는다면, 이 원리에 따라 정신은 물리적 대상과는 다를 것이다.

'동일자 식별 불가능성 원리'가 나오고, 끝까지 이 논리가 사용됩니다. 'X와 Y가 같으면 이들이 똑같은 특성을 갖는다'는 것은 매우 상식적인 이야깁니다. 이 문장의 뒷부분은 단순한 대우 명제에 불과합니다. X=Y이면 x(X의 특성)=y(Y의 특성)이므로, 만약 x≠y면 X≠Y라는 얘기죠.

따라서, 정신≠육체를 주장하는 이원론자들은, 육체와 구분되는 정신의 특성을 하나라도 찾으면 자신들의 주장을 증명할 수 있는 겁니다. 특성이 하나라도 다르면 정신과 육체는 다른 것이 되니까요. 강조할게요. 육체와 다른 정신의 특성을 하나라도 밝힌다면 이원론자의 승리고, 못 찾으면 동일론자의 승리입니다.

대표적 이원론자인 데카르트는 그런 특성으로 언어와 수학적 추론을 제시한다.

'그런 특성'은, '육체'와 구분되는 '정신'의 특성입니다(x≠y).

그는 완전히 물리적인 체계가 사람처럼 언어를 사용하거나 수학적인 추론을 해낼 수는 없으리라고 보았다. 그러나 이런 주장은 그 힘이 처음 생각했던 것보다 약하다. 먼저 컴퓨터 언어라는 개념은 이제 상식적인 것이 되었다. 컴퓨터 언어는 인간이 쓰는 언어에 비해서 구조와 내용의 면에서 단순하지만 그 차이라 하는 것은 종류의 차이가 아니라 정도의 차이이다.

데카르트(이원론자)는, '물리적인 체계만 존재한다면=완전히 물리적인 체계라면' 정신이 갖는 특성이라 여겨지는 언어나 수학적 추론을 사용할 수 없으리라고 생각했고, '동일자 식별 불가능성 원리'에 의해 '정신'='비물리'≠'육체'를 증명했다고 생각했겠죠. 그러나, 완전히 물리적이면서도 언어와 수학적 추론을 해내는 컴퓨터가 등장하고, '언어'와 '수학적인 추론'은 정신과 육체 사이의 다른 특성이 아니게 된겁니다. 이렇게 되면, 이원론자들의 주장이 크게 약화됩니다.

중요한 내용이 하나 더 있습니다. '종류의 차이'가 아니라 '정도의 차이'라는 부분입니다. '종류의 차이'는 질적 차이를, '정도의 차이'는 양적 차이를 말하는데, 양적인 차이로 두 개가 묶인다면 둘은 같은 종류(범주)의 것이고, 질적인 차이로 묶인다면 둘은 다른 종류의 것입니다. 가령, '영희가 철수보다 산수를 더 잘한다'라고 하면, 둘은 산수 실력에 있어 양적인 차이만 존재하므로, 같은 범주, 같은 종류로 구분됩니다. 반면에 '돌맹이는 산수를 할 수 없지만, 철수는 할 수 있어'라고 말한다면, 하나는 아예 가능하고, 하나는 아예 불가능하므로 질적 차이를 보입니다. 지문에서 컴퓨터의 언어는 '인간이 쓰는 언어에 비해

서 단순하지만'이라고 서술되었으니, 단순 양적 차이에 불과한 것입니다.

한편 데카르트의 저술이 나타난 이래로 수세기 동안 여러 학자들은 수학적 추론의 일반적 원리들을 이럭저럭 찾아낼 수 있게 되었고, 컴퓨터 기술자들은 그런 원리를 바탕으로 하여 데카르트를 깜짝 놀라게 했을 법한 기계를 만들어 내게 되었다.

별 내용 아닙니다. 그냥 컴퓨터 만들었다는 얘기예요. 뒤의 얘기는 우리가 앞에서 다 생각한 것이고요.

독립적인 정신을 가정하지 않고서도 언어와 수학적 추론을 설명할 수 있는 가능성이 생긴 것이다.

= 정신과 육체를 구분하지 않고서도 언어와 수학적 추론을 설명할 수 있는 가능성이 생긴 것이다.

이와 같이 더 복잡한 것을 끌어들이지 않고 무언가를 충분히 설명할 수 있다면, 그것을 끌어들이지 말라는 '단순성의 원리'에 의해 독립적인 정신을 가정할 필요가 없다.

기출을 좀 보신 학생이라면, 이 논리가 익숙해야 합니다. 어떤 지문에서 사용되었던 논리일까요?

예, 2019학년도 수능 우주론 지문에서, '훨씬 적은 수의 원으로 행성들의 운동을 설명'할 수 있었으므로, '단순성이 충족'되어 코페르니쿠스가 지동설을 주장했다고 했습니다. 단순한 설명일수록 더 참에 가까울 것이라는 논리고, 보시면 아시겠지만 근본적으로 주장과 주장을 겨루는 과학지문과 철학 등의 인문지문은 서로 이어질 수밖에 없습니다. 사용되는 논리도 비슷하고요. TMI지만, 동일한 현상에 대한 두 설명 중 간단한 것을 고른다는 이 논리는 철학에서 '오컴의 면도날'이라고 부르는 것입니다.

데카르트는 동일자 식별 불가능성 원리로 이원론을 지지하는 또 다른 논증으로, 육체의 존재는 얼마든지 의심할 수 있지만 정신은 의심할 수 없다는 것을 든다.

'동일자 식별 불가능성 원리'는 '다른 특성'을 찾아서, '질적으로 다름'을 증명하는 도구라고 말씀드렸습니다. 데카르트가 처음에 찾았던 '다른 특성'은 '언어와 수학적 추론'이었는데, 그건 사실 '종류의 차

이'가 있는 특성이 아니었고, 이제 두 번째로 '의심할 수 있다/없다'를 '(정신과 육체의) 다른 특성'으로 드는 거죠. 무슨 소리일까요?

이제 좀 어렵습니다. 정신 바짝 차리세요.

> 의심하기 위해서는 내 정신이 또렷하게 존재해야 하기 <u>때문이다.</u> 그렇다면 육체와 정신 중 <u>하나는</u> 의심 가능하다는 특성을 갖지만 다른 하나는 갖지 <u>않으므로</u> 그 둘은 동일하지 않다는 <u>결론</u>이 나온다.

이제 슬슬 학생들의 정신이 나가기 시작합니다. 그러나, <u>이 부분을</u> 이해해야 실력의 '질적 차이'를 만들 수 있습니다.

'육체의 존재는 얼마든지 의심할 수 있지만 정신은 의심할 수 없다'고 합니다. 그다음 문장에서 '때문이다'가 나왔으니, 두 문장을 붙여 읽는 것이 마땅합니다.

이렇게 생각해봅시다.

'육체'가 실제로 존재하는 것인지는 우리가 의심할 수 있습니다. 그러나 '의심'하기 위해서는 '정신'이 있어야만 하는 것입니다. 따라서, '육체'는 의심할 수 있지만, 의심하고 있다는 사실 자체가 '정신'이 존재한다는 증거기 때문에, '정신'은 의심할 수 없답니다. 요컨대 '육체'는 의심 가능하다는 특성을, '정신'은 불가능하다는 특성을 지니므로, '<u>동일자 식별 불가능성 원리</u>'에 따라 둘은 다른 종류의 것이 된다는 것입니다(여담으로, 이게 '나는 생각한다, 고로 존재한다'의 의미입니다).

> 이 논증을 평가하기 위해 사실은 같은 사람인 정약용과 다산을 생각해 보자. 『목민심서』를 정약용이 썼다는 것을 의심하지 않더라도 다산이 썼다는 것은 얼마든지 의심할 수 있다. 다산이 썼어도 쓰지 않았다고 의심하는 것은 논리적으로 모순된 것이 아니기 때문이다. 그렇다고 해서 정약용과 다산이 동일한 존재가 아닌 것은 아니다. 동일자 식별 불가능성 원리는, 식별하는 데 사용되는 특성이 의심이나 생각 같은 것을 포함한 경우에는 적용되지 않는 것이다.

다산 정약용을 모르더라도, 지문에서 '정약용'과 '다산'은 같은 사람이라고 알려주네요. '정약용이 썼다는 것을 의심하지 않더라도 다산이 썼다는 것은 얼마든지 의심할 수 있다'는 것이 무슨 의미일까요? 사실 문제만 풀려면, 마지막 줄만 그냥 그런갑다 하고 가져가셔도 됩니다. 그러나 이 교재는 확실한 100점을 위한 교재이므로, 조금 더 노력해 봅시다.

처음에 말씀드렸듯, 철학 지문은 일상적인, 당연한 것들에 질문을 던지는 것입니다. 따라서, 철학의 논리가 이해가 안 된다면, 마땅히 질문의 대상이 되는 일상의 상황에 적용해야 한다는 것입니다.

만약 학생이 학교에서 '정약용이 목민심서를 썼다'라고 배웠다고 합시다. 그런데 친구가 '목민심서는 다산이 썼어'라고 하자, 학생이 '거짓말 하지마'라고 말한 거죠. 사실 다산과 정약용은 같은 사람인데, 학생 입장에서는 충분히 저렇게 반응할 수 있는 것입니다. 이때 다산은 의심의 대상이 되었고, 정약용은 의심의 대상이 되지 않았습니다. 그럼에도 둘이 동일하다는 것은 변함이 없으니, '<u>동일자 식별 불가능성 원리는, 식별하는 데 사용되는 특성이 의심이나 생각 같은 것을 포함한 경우에는 적용되지 않는 것이다</u>'라는 예외 조건이 발생하는 것이죠.

이걸 다 읽으셨다면 물어볼게요. 그래서
Q.1 동일론자랑 이원론자 중에 누가 이긴거죠?

A.1 동일론자의 압승입니다. '동일자 식별 불가능성 원리'를 사용하기 위해 이원론자들이 '다른 특성'으로 든 것이 '언어와 수학적 추론', '의심 가능성'이었는데, 첫째는 사실 '다른 특성'이 아니었고, 둘째는 '동일자 식별 불가능성 원리'의 예외 조건이었죠. 동일론자들은 첫 문단에 나왔듯, 이 두 주장을 반박하기만 했는데도 이긴 것입니다.

<u>두 대립되는 입장을 비교하는 지문에서는, '그래서 누가 이기거나 비겼나'를 글을 다 읽었을 때 당연히 알아야 합니다.</u>

01 독서의 목적을 고려하여 윗글을 추천하고자 할 때, ㉑에 들어갈 내용으로 가장 적절한 것은?

    ___㉑___ 분에게 추천합니다.
---

① 감정을 정화하기 위해 감동적인 경험을 소개하는 글을 읽으려는
② 인간관계를 유지하고 발전시키기 위해 타인의 일상을 담은 글을 읽으려는
③ 학문적인 정보를 얻기 위해 기술에 적용된 원리를 설명하는 글을 읽으려는
④ 사회적 문제를 해결하는 방안을 찾기 위해 사회 현상의 원인을 분석한 글을 읽으려는
⑤ 인간과 세계를 이해하기 위해 인간과 사물의 본질을 논쟁적으로 다룬 글을 읽으려는

정답 : ⑤

해설

'독서의 목적'을 물어보는, 언뜻 특이한 유형처럼 보이는 문제지만, 실은 '내용 전개 방식'을 물어보는 문제들과 큰 차이가 없습니다.

02 윗글을 통해 알 수 있는 내용으로 가장 적절한 것은?

① 현실에서 발생한 일이라도 발생하지 않았다고 의심은 할 수 있다.
② 이원론은 완전히 물리적인 체계에도 정신이 독립적으로 있다고 본다.
③ 원자나 엑스선은 눈에 보이지 않는다는 점에서 물리적 대상이 아니다.
④ 라이프니츠는 물리적 대상이 정신과 똑같은 특성을 갖더라도 그 둘은 다르다고 보았다.
⑤ 데카르트는 언어를 사용하거나 수학적 추론을 할 수 있는 기계가 출현하리라고 예상했다.

정답 : ①

'다산이 『목민심서』를 썼다'는 사실은, 실제로 일어난 일이지만 일어나지 않았다고 '의심'은 할 수 있습니다.

해설

② 이원론자들은 정신은 물리적 특성과 별개로 존재한다고 보았고, 특히 데카르트는 '완전히 물리적인 체계'가 정신의 특성인 '언어와 수학적 추론'을 지니지 않는다고 보았습니다.
③ '눈에 보이지 않지만 그것을 가정함으로써 다양한 현상을 설명'할 수 있다는 점에서만 '정신'과 유사한 것이지, 물리적 대상이 아니라거나, 정신과 같은 것은 아닙니다.
④ 라이프니츠는 '같다면, 특성도 같다'는 원리를 사용했습니다($X=Y$이면 $x=y$). 여기서 대우 명제로 '특성이 다르다면, 다르다'를 도출한 것이죠($x \neq y$이면 $X \neq Y$). 지문의 이러한 내용으로는 ④번 선지의 참 거짓에 대해 알 수 없습니다. 상식적으로도, 둘 사이의 특성이 같다면 둘은 같을 수도 있고, 다를 수도 있습니다.
⑤ 예상했다면 '완전히 물리적인 체계는 언어를 사용하거나 수학적 추론을 할 수 없을 것이다'라는 주장을 하지 않았겠죠.

03 ㉠ '컴퓨터와 같은 완전히 물리적인 체계는 정신을 가질 수 없는가?'에 대한 동일론자의 대답으로 가장 적절한 것은?

① 기술이 발달하면 컴퓨터도 인간과 같은 정신을 가질 것이다.
② 기술이 발달하면 컴퓨터는 인간과 달리 정신을 가질 것이다.
③ 기술이 발달하면 컴퓨터는 인간과 종류가 다른 정신을 가질 것이다.
④ 기술이 발달하더라도 컴퓨터는 인간과 달리 정신을 가지지 않을 것이다.
⑤ 기술이 발달하더라도 컴퓨터도 인간과 같이 정신을 가지지 않을 것이다.

정답 : ①

동일론자들은 '정신'='물리'라고 봅니다. 인간의 정신도 뇌의 물리적 상태에 불과하다는 얘기죠. 따라서 정답은 물리적 체계도 '정신을 가질 것이다'라는 ①②③ 세 선지 중에서 나와야 합니다.

해설

② 인간과 '달리' 정신을 가진다면, 인간은 정신이 없고 컴퓨터만 정신이 있다는 얘기입니다.

③ '종류가 다른' 정신이 아닙니다. 지문을 설명할 때 말했듯, 동일론자들은 인간과 컴퓨터의 언어 능력(정신의 특성이라고 여겨지던 것)이 '양적 차이'는 있더라도 '질적 차이'가 존재하지는 않을 것이라고 말합니다.

04 윗글을 참고하여 <보기>를 이해한 내용으로 적절하지 않은 것은?

< 보기 >

(가) 악령의 존재를 가정할 필요 없이 병원체의 존재를 가정함으로써 감염병의 발생을 가장 잘 설명할 수 있다.
(나) '하늘에 태양이 존재하면서 동시에 존재하지 않는다'고 생각할 수 없지만, '왼손은 있다'고 생각하면서 '오른손은 사라졌다'고 생각할 수 있다.

① (가)에서는 단순성의 원리에 의해 악령을 끌어들일 필요가 없는 것이겠군.
② (가)에서 '악령이 존재한다'는 주장을 반박하기 위해서 악령이 존재할 모든 가능성을 들여다볼 필요는 없겠군.
③ (가)에서 병원체의 존재가 감염병을 가장 잘 설명해 주기 때문에 병원체가 존재한다고 판단하겠군.
④ (나)에서 왼손과 오른손은 동일자 식별 불가능성 원리에 따라 동일한 대상이 아니겠군.
⑤ (나)에서 생각의 가능성에 차이가 있는 까닭은 논리적으로 모순인 것과 아닌 것의 차이 때문이겠군.

<보기> 해설

(가)는 '오컴의 면도날', '단순성의 원리' 이야기입니다. 지문에서 '독립적인 정신을 가정하지 않고서도 언어와 수학적 추론을 설명할 수 있는 가능성'에 대한 얘기죠. '악령'은 '독립적인(비물리적인) 정신'에, '감염병의 발생'은 '언어와 수학적 추론'에 대응됩니다.

(나)에서 '하늘에 태양이 존재하면서 동시에 존재하지 않는다'는 지문에 나온 이야기가 아니며, 모순되는 P와 ~P를 동시에 참으로 가정할 수 없다는 '무모순율'에 대한 얘기입니다(2019 수능 가능세계 지문을 참고하세요). '왼손은 있다'라고 생각하면서 '오른손은 사라졌다'라고 생각할 수 있다는 얘기는, '왼손은 있다'와 '오른손은 사라졌다'와 같이 모순되지 않는 명제는 둘을 동시에 가정하는 데 문제가 없다는 얘기입니다. 이 경우 실제로 왼손과 오른손이 같은지 여부와 무관하게, '생각'과 관련된 것이므로 동일자 식별 불가능성 원리는 사용할 수 없을 것입니다. (나)는 <보기>에서 아예 새로운 정보가 나온 것으로 받아들이시는 게 낫습니다.

참고로 논리학에서, '모순'은 둘 다 참일 수도 없고, 둘 다 거짓일 수도 없는 관계를 말합니다. '반대'는 둘 다 참일 수는 없으나, 둘 다 거짓일 수는 있는 것입니다. ex) 모순 : 이 잔은 뜨겁다/이 잔은 뜨겁지 않다
ex) 반대 : 이 잔은 뜨겁다/이 잔은 차갑다 (둘 다 거짓인 경우, 이 잔은 뜨겁지도 차갑지도 않다.)

정답 : ④

'왼손'과 '오른손'이 동일한 대상이 아닌 것은 맞습니다. 그러나 (나)는 '생각'에 대한 이야기를 하고 있고, 지문에 나왔듯 '의심이나 생각'은 동일자 식별 불가능성 원리를 적용할 수 있는 대상이 아닙니다.

해설

①, ② '악령'을 '독립적인 정신'으로 바꾸어 읽으시면 지문의 내용과 같습니다.

③ 컴퓨터에 사용되는 일반적인 수학적 추론의 원리만 가지고도 정신을 설명할 수 있다는 지문의 얘기입니다.

⑤ <보기> 해설에서 한 얘깁니다. 사실 지문에 직접적으로 대응되는 근거가 있는 내용이 아니라, <보기> 자체만 읽고 그 논리를 파악해야 하는 문제였어요.

05 [A]에 드러난 동일론의 주장에 대해 이원론이 비판한다고 할 때, 비판의 내용으로 적절하지 <u>않은</u> 것은?

① 인간과 같은 수준의 언어를 사용하는 기계가 있을 수 있다고 하는데, 있다고 하더라도 정말로 그 뜻을 이해하고 사용하는 것은 아니다.

② 인간과 같은 수준의 언어를 사용하는 기계가 있을 수 있다고 하는데, 있다고 하더라도 그것은 행동적인 측면만 따라할 뿐이고 사랑이나 두려움 같은 감성적 측면은 따라할 수 없다.

③ 수학적 추론을 하는 기계가 있을 수 있다고 하는데, 기계가 정신을 가지지 못한다고 말하면서도 수학적 추론을 한다는 것은 성립할 수 없다.

④ 수학적 추론을 하는 기계가 있을 수 있다고 하는데, 있다고 하더라도 그것은 프로그램에 따라 작동하는 것에 불과하지 선택에 따른 행동이라고 볼 수 없다.

⑤ 수학적 추론을 하는 기계가 있을 수 있다고 하는데, 비행 시뮬레이션이 실제 비행의 모방에 불과한 것처럼 기계의 수학적 추론은 인간의 수학적 추론을 모방한 것에 불과하다.

정답 : ③

'컴퓨터'가 실제로 수학적 추론을 하는 것은 FACT입니다. 그러나 '컴퓨터'가 정신을 가진다고 가정할 필요는 없죠. 즉, 기계가 정신을 가지지 않는다고 말하면서 기계가 수학적 추론을 한다고 말하는 것은 아무런 모순이 없습니다.

해설

①②④⑤ 동일자 식별 불가능성 원리를 사용하기 위해 데카르트는 '언어와 수학적 추론' 능력을, 완전히 물리적인 체계와 정신의 다른 특성으로 제시했습니다. 동일론자들은 이를 '질적 차이는 없고, 양적 차이만 존재하는' 특성이므로 정신과 물리를 다른 것이라고 판단할 수 없음을 얘기했죠. 정답이 아닌 네 개의 선지는 모두, '컴퓨터'가 '인간의 정신'과 '질적 차이'가 있음을 주장하는 얘기들이므로, 동일론의 주장에 대응되는 올바른 반박이 맞습니다.

06 문맥상 ⓐ~ⓔ와 바꿔 쓰기에 적절하지 않은 것은?

① ⓐ: 원자나 엑스선과 유사한 특성이 있다고
② ⓑ: 완전히 물리적인 체계를
③ ⓒ: 화학적인 조성을 띠어야
④ ⓓ: 똑같은 특성을 지니지 않는다는
⑤ ⓔ: 독립적인 존재인

정답 : ③

이원론자들은 정신이 '화학적인 조성', '물리적 상태'를 띠지 않는다고
봅니다. ⓒ는 이원론자인 데카르트의 주장이기에 걸러져야 할 선지입
니다.

해설

④ 동일자 식별 불가능성 원리에 의해, '똑같은 특성을 지니지 않는다'
   는 '동일하지 않다'는 명제를 함축하기에 맞습니다.
⑤ A는 B와 독립적이다 = A는 B와 다르다

[1~6] 다음 글을 읽고 물음에 답하시오.

2022학년도 6월 모의평가 인과

(가)

　근대 이후 서양의 철학자들은 과학적 세계관이 대두하면서 이전과는 달리 인과를 물리적 작용 사이의 관계로 국한하려는 경향을 보였다. 문제는 흄이 지적했듯이 인과 관계 그 자체는 직접 관찰할 수 없다는 것이다. 원인과 결과에 해당하는 사건만을 관찰할 수 있을 뿐이다. 가령 "추위 때문에 강물이 얼었다."는 직접 관찰한 물리적 사실을 진술한 것이 아니다. 그래서 인과가 과학적 개념인지에 대한 의심이 철학자들 사이에 제기되었다. 이에 인과를 과학적 세계관에 입각하여 이해하려는 시도가 새먼의 과정 이론이다.

　야구공을 던지면 땅 위의 공 그림자도 따라 움직인다. 공이 움직여서 그림자가 움직인 것이지 그림자 자체가 움직여서 그림자의 위치가 변한 것은 아니다. 과정 이론은 이 차이를 다음과 같이 설명한다. 과정은 대상의 시공간적 궤적이다. 날아가는 야구공은 물론이고 땅에 멈추어 있는 공도 시간은 흘러가고 있기에 시공간적 궤적을 그리고 있다. 공이 멈추어 있는 상태도 과정인 것이다. 그런데 모든 과정이 인과적 과정은 아니다. 어떤 과정은 다른 과정과 한 시공간적 지점에서 만난다. 즉, 두 과정이 교차한다. 만약 교차에서 표지, 즉 대상의 변화된 물리적 속성이 도입되면 이후의 모든 지점에서 그 표지를 전달할 수 있는 과정이 인과적 과정이다.

[A]
　　가령 바나나가 a 지점에서 b 지점까지 이동하는 과정을 과정1이라고 하자. a와 b의 중간 지점에서 바나나를 한 입 베어 내는 과정2가 과정1과 교차했다. 이 교차로 표지가 과정1에 도입되었고 이 표지는 b까지 전달될 수 있다. 즉, 바나나는 베어 낸 만큼이 없어진 채로 줄곧 b까지 이동할 수 있다. 따라서 과정1은 인과적 과정이다. 바나나가 이동한 것이 바나나가 b에 위치한 결과의 원인인 것이다. 한편, 바나나의 그림자가 스크린에 생긴다고 하자. 바나나의 그림자가 스크린상의 a′지점에서 b′지점까지 움직이는 과정을 과정3이라 하자. 과정1과 과정2의 교차 이후 스크린상의 그림자 역시 변한다. 그런데 a′과 b′ 사이의 스크린 표면의 한 지점에 울퉁불퉁한 스티로폼이 부착되는 과정4가 과정3과 교차했다고 하자. 그림자가 그 지점과 겹치면서 일그러짐이라는 표지가 과정3에 도입되지만, 그 지점을 지나가면 그림자는 다시 원래대로 돌아오고 스티로폼은 그대로이다. 이처럼 과정3은 다른 과정과의 교차로 도입된 표지를 전달할 수 없다.

　과정 이론은 규범이나 마음과 같은, 물리적 세계 바깥의 측면을 해명하기 어렵다는 한계를 지닌다. 예컨대 내가 사회 규범을 어긴 것과 내가 벌을 받아야 하는 것 사이에는 인과 관계가 있지만 과정 이론은 이를 잘 다루지 못한다.

(나)

　자연 현상과 인간사를 인과 관계로 설명하는 동아시아의 대표적 논의는 재이론(災異論)이다. 한대(漢代)의 동중서는 하늘이 덕을 잃은 군주에게 재이를 내려 견책한다는 천견설과, 인간과 하늘에 공통된 음양의 기(氣)를 통해 하늘과 인간이 서로 감응한다는 천인감응론을 결합하여 재이론을 체계화하였다. 그에 따르면, 군주가 실정(失政)을 저지르면 그로 말미암아 변화된 음양의 기를 통해 감응한 하늘이 가뭄과 홍수, 일식과 월식 등 재이를 통해 경고를 내린다. 이때 재이는 군주권이 하늘로부터 비롯된 것임을 입증하는 것이자 군주의 실정에 대한 경고였다.

　양면적 성격의 재이론은 신하가 정치적 논의에 참여할 수 있는 명분을 제공하였고, 재이가 발생하면 군주가 직언을 구하고 신하가 이에 응하는 전통으로 구체화되었다. 하지만 동중서 이후, 원인으로서의 인간사와 결과로서의 재이를 일대일로 대응시켜 설명하는 개별적 대응 방식은 억지가 심하다는 평가를 받았다. 이 방식은 오히려 ㉠예언화 경향으로 이어져 재이를 인간사의 징조로, 인간사를 재이의 결과로 대응시키는 풍조를 낳기도 하였고, 요망한 말로 백성을 미혹시켰다는 이유로 군주가 직언을 하는 신하를 탄압하는 빌미가 되기도 하였다.

　이후 재이에 대한 예언적 해석은 비판의 대상이 되었고, 천인감응론 또한 부정되기도 하였다. 하지만 재이론은 여전히 정치 현장에서 사라지지 않았다. 송대(宋代)에 이르러, 주희는 천문학의 발달로 예측 가능하게 된 일월식을 재이로 간주하지 않는 경향을 수용하였고, 재이를 근본적으로 이치에 의해 설명되기 어려운 자연 현상으로 간주하였다. 하지만 당시까지도 재이에 대해 군주의 적극적인 대응을 유도하며 안전한 언론 활동의 기회를 제공했던 재이론이 폐기되는 것은, 신하의 입장에서 유용한 정치적 기제를 잃는 것이었다. 이 때문에 그는 군주를 경계하는 적절한 방법을 ⓐ찾고자 재이론을 고수하였다. 그는 재이에 대한 개별적 대응 대신 군주에게 허물과 잘못이 쌓이면 이에 하늘이 감응하여 변칙적인 자연 현상이 일어날 것이라는 ㉡전반적 대응설을 제시하고, 재이를 군주의 심성 수양 문제로 귀결시키며 재이론의 역사적 수명을 연장하였다.

01 다음은 (가)와 (나)를 읽은 학생이 작성한 학습 활동지의 일부이다. ㄱ~ㅁ에 들어갈 내용으로 적절하지 <u>않은</u> 것은?

학습 항목	학습 내용	
	(가)	(나)
도입 문단의 내용 제시 방식 파악하기	ㄱ	ㄴ
⋮	⋮	⋮
글의 내용 전개 방식 이해하기	ㄷ	ㄹ
특정 개념과 관련하여 두 글을 통합적으로 이해하기	ㅁ	

① ㄱ: '인과'에 대한 특정 이론이 등장하게 된 배경을 철학자들의 인식 변화와 관련지어 제시하였음.
② ㄴ: '인과'와 연관된 특정 이론의 배경 사상과 중심 내용을 제시하였음.
③ ㄷ: '인과'에 대한 특정 이론을 정의한 뒤 구체적인 사례와 관련지어 그 이론의 한계와 전망을 제시하였음.
④ ㄹ: '인과'와 연관된 특정 이론을 제시하고 그 이론이 변용되는 양상을 시대의 흐름에 따라 제시하였음.
⑤ ㅁ: '인과'와 관련하여 동서양의 특정 이론들에 나타나는 관점을 비교해 보도록 하였음.

02 윗글에 대한 이해로 적절하지 <u>않은</u> 것은?

① 과정 이론은 물리적 세계의 테두리 안에서 인과를 해명하는 이론이다.
② 사회 규범 위반과 처벌 당위성 사이의 인과 관계는 표지의 전달로 설명되기 어렵다.
③ 인과가 과학적 세계관과 부합하지 않는다고 생각하는 철학자가 근대 이후 서양에 나타났다.
④ 한대의 재이론에서 전제된 하늘은 음양의 변화에 반응하지 않지만 경고를 하는 의지를 가진 존재였다.
⑤ 천문학의 발달에 따라 일월식이 예측 가능해지면서 송대에는 이를 설명 가능한 자연 현상으로 보는 경향이 있었다.

03 [A]에 대한 이해로 적절하지 <u>않은</u> 것은?

① 바나나와 그 그림자는 서로 다른 시공간적 궤적을 그린다.
② 과정1이 과정2와 교차하기 이전과 이후에서, 바나나가 지닌 물리적 속성은 다르다.
③ 과정1과 달리 과정3은 인과적 과정이 아니다.
④ 바나나의 일부를 베어 냄으로써 변화된 바나나 그림자의 모양은 과정3이 과정2와 교차함으로써 도입된 표지이다.
⑤ 과정3과 과정4의 교차로 도입된 표지는 과정3으로도 과정4로도 전달되지 않는다.

04 ㉠, ㉡에 대한 설명으로 가장 적절한 것은?

① ㉠은 군주의 과거 실정에 대한 경고로서 재이의 의미가 강조되어 신하의 직언을 활성화하는 방향으로 활용되었다.
② ㉠은 이전과 달리 인간사와 재이의 인과 관계를 역전시켜 재이를 인간사의 미래를 알려 주는 징조로 삼는 데 활용되었다.
③ ㉡은 개별적인 재이 현상을 물리적 작용이라 보고 정치와 무관하게 재이를 이해하는 기초로 활용되었다.
④ ㉡은 누적된 실정과 특정한 재이 현상을 연결 짓는 방식으로 이어져 군주의 권력을 강화하는 데 활용되었다.
⑤ ㉡은 과학적 인식을 기반으로 군주의 지배력과 변칙적인 자연 현상이 무관하다는 인식을 강화하는 기초로 활용되었다.

05 <보기>는 윗글의 주제와 관련한 동서양 학자들의 견해이다. 윗글을 읽은 학생이 <보기>에 대해 보인 반응으로 적절하지 <u>않은</u> 것은?

─── <보기> ───

㉮ 만약 인과 관계가 직접 관찰될 수 없다면, 물리적 속성의 변화와 전달과 같은 관찰 가능한 현상을 탐구하는 것이 인과 개념을 과학적으로 규명하는 올바른 경로이다.

㉯ 인과 관계란 서로 다른 대상들이 물리적 성질들을 서로 주고받는 관계일 수밖에 없다. 그러한 두 대상은 시공간적으로 연결되어 있어야만 한다.

㉰ 덕이 잘 닦인 치세에서는 재이를 찾아볼 수 없었고, 세상의 변고는 모두 난세의 때에 출현했으니, 하늘과 인간이 서로 통하는 관계임을 알 수 있다.

㉱ 홍수가 자주 발생하는 강 하류 지방의 지방관은 반드시 실정을 한 것이고, 홍수가 발생하지 않는 산악 지방의 지방관은 반드시 청렴한가? 실제로는 그렇지 않다.

① 흄의 문제 제기와 ㉮로부터, 과정 이론이 인과 개념을 과학적으로 규명하려는 시도의 하나임을 이끌어낼 수 있겠군.

② 인과 관계를 대상 간의 물리적 상호 작용으로 국한하는 ㉯의 입장은 대상 간의 감응을 기반으로 한 동중서의 재이론이 보여 준 입장과 부합하겠군.

③ 치세와 난세의 차이를 재이의 출현 여부로 설명하는 ㉰에 대해 동중서와 주희는 모두 재이론에 입각하여 수용 가능한 견해라는 입장을 취하겠군.

④ 덕이 물리적 세계 바깥의 현상에 해당한다면, 덕과 세상의 변화 사이에 인과 관계가 있다고 본 ㉰는 새면의 이론에 입각하여 설명되기 어렵겠군.

⑤ 지방관의 실정에서 도입된 표지가 홍수로 이어지는 과정으로 전달될 수 없다면, 새면은 실정이 홍수의 원인이 아니라는 점에서 ㉱에 동의하겠군.

06 ⓐ와 문맥상 의미가 가장 가까운 것은?

① 모두가 만족하는 대책을 <u>찾으려</u> 머리를 맞대었다.

② 모르는 단어가 나오면 국어사전을 <u>찾아서</u> 확인해라.

③ 건강을 위해 친환경 농산물을 <u>찾는</u> 사람이 많아졌다.

④ 아직 완전하지는 않지만 서서히 건강을 <u>찾는</u> 중이다.

⑤ 선생은 독립을 다시 <u>찾는</u> 것을 일생의 사명으로 여겼다.

(가)

> <근대 이후> <서양의> 철학자들은 <과학적 세계관이 대두하면서> 이전과는 달리 인과를 물리적 작용 사이의 관계로 국한하려는 경향을 보였다.

서두에서 시간적/공간적 배경을 주는 경우에는 해당 배경을 가볍게 체크한 뒤에, 나중에 대조되는 배경이 제시되는 경우에 잘 비교하면서 읽으면 됩니다. 여기서는 '과학적 세계관의 대두'라는 원인으로 인해 '인과를 물리적 작용 사이의 관계로 국한하려는 경향'이라는 결과가 발생했네요.

여기까지만 읽었을 때, 인과는 우리가 일상적으로 사용하는 '원인과 결과'라는 의미인 듯합니다. 이 당시에는 이러한 인과를 물리적인 작용 사이의 관계로만 생각했다네요. 비물리적인 작용에서는 인과가 성립하지 않는다고 생각했겠죠. '물리vs비물리'의 대립은 2022학년도 예비시행 '동일론', 2021학년도 9월 모의평가 '예술의 정의와 비평' 지문 등 많은 인문 지문에서 사용되니 확실히 구분하는 것이 좋을 듯합니다. 위 문장처럼 '비물리'에 대한 언급이 없어도, '물리적 세계'에 대한 언급으로부터 '비물리적 세계'를 한 번은 떠올려보는 것도 좋을 것 같고요.

무언가가 물리적이라는 것은, 물질(공간을 차지하고 질량을 갖는 것)로 구성되어 구체적인 형태를 지니고 있다는 것입니다. 쉽게 생각하면 그냥 눈으로 볼 수 있고 손으로 만질 수 있는 것이 물리적인 것이죠. 반대말로는 '추상적', '정신적' 등의 단어가 존재합니다.

> 문제는 <흄이 지적했듯이> 인과 관계 그 자체는 직접 관찰할 수 없다는 것이다. 원인과 결과에 해당하는 사건만을 관찰할 수 있을 뿐이다. 가령 "추위 때문에 강물이 얼었다."는 직접 관찰한 물리적 사실을 진술한 것이 아니다.

앞서 근대 이후 서양의 철학자들이 인과를 물리적 작용, 즉 눈에 보이고 직접 관찰할 수 있는 현상으로만 국한했다는 얘기가 나왔습니다. 그런데 아이러니하게도 '인과 관계' 자체는 눈에 보이거나 직접 관찰할 수 있는 것이 아니라는 것이죠. 재밌지 않나요?

재밌지 않고 이해도 안 갈 가능성이 크기에 평가원은 '가령'을 통해 예시도 주었습니다. '추위'라는 것이 원인이고 '강물이 얼었다'라는 사건이 결과라면, 우리는 추위를 촉각으로 확인할 수 있으며 강물이 언

것을 시각으로 볼 수 있습니다. 그런데 그 둘을 잇는 관계인 '때문에' 자체는 우리가 눈으로 관찰할 수가 없고, 정말 '추위' 때문에 '강물이 얼었다'라는 사건이 필연적으로 발생한 것인지는 확신할 수가 없다는 것이죠. 물리적인 것만을 다루고자 하는 과학적 세계관에 있어 이는 크나큰 문제일 것입니다. 인과가 과학적인 것이 아니라면 인과를 사용하면 안 되는 것이고, 인과라는 개념을 사용하지 않으면 아무것도 설명할 수가 없을 테니까요.

> 그래서 인과가 과학적 개념인지에 대한 의심이 철학자들 사이에 제기되었다. 이에 <인과를 과학적 세계관에 입각하여 이해하려는 시도>가 새먼의 과정 이론이다.

앞선 내용에서 말한 문제를 해결하기 위해서는 인과가 과학적 개념임을 입증해야 합니다. 새먼은 그러면 어떤 시도를 할까요? 분명 앞서 나온 문제점과 대응되는 해결책을 내놓겠죠?

앞서 나온 문제점은 '인과 관계 그 자체는 직접 관찰할 수 없다는 것'이었습니다. 그러면, 인과 관계 그 자체를 직접 관찰할 수 있는 요소들로 설명하면 해결되지 않을까요?

만약 스스로 공부하면서 이런 질문을 던지지 않았다면, 이후의 '과정 이론'이 왜 나온 것인지 이해하지 못한 것이고, 충분히 분석하지 못한 부분일 겁니다. 제가 1문단에 해설로 써 놓은 것들이 어렵게 느껴질 수 있는데, 최대한 흡수해보시길 권합니다.

> 야구공을 던지면 땅 위의 공 그림자도 따라 움직인다. 공이 움직여서 그림자가 움직인 것이지 그림자 <자체가> 움직여서 그림자의 위치가 변한 것은 아니다. 과정 이론은 이 차이를 다음과 같이 설명한다.

만약 제가 시험장에서 이 지문을 만났다면, 저는 위의 '공이 움직여서~' 문장에만 밑줄을 쳐 두었을 겁니다. 저렇게 딱 보고 '왜 그럴지?'가 명료하게 떠오르지 않는 예시의 경우는, 지문의 다음 내용에서 그 예시에 대한 해석을 상세하게 해줄 겁니다. '그림자 자체가 움직여서 그림자의 위치가 변하는 것은 아니다'라는 문장이 '왜 그러한지' 생각해보면서 다음 내용으로 넘어갑시다.

> 과정은 대상의 시공간적 궤적이다. 날아가는 야구공은 물론이고 땅에 멈추어 있는 공도 시간은 흘러가고 있기에 시공간적 궤적을 그리고 있다. 공이 멈추어 있는 상태도 과정인 것이다.

'과정'을 '대상의 시공간적 궤적'이라고 정의하는데, '시공간적'이라는 것은 당연히 물리적인 성질을 의미하는 것입니다. 이때 '어떤 대상'이 비록 공간적으로는 한 지점에 머물러 있더라도, 시간이 흐르고 있다면 <u>시간적 궤적은 있는 것이니 '공이 멈추어 있는 상태도 과정'</u>이라고 할 수 있다네요.

> **그런데 모든 과정이 인과적 과정은 아니다.** 어떤 과정은 다른 과정과 한 시공간적 지점에서 만난다. 즉, 두 과정이 교차한다. 만약 <u>교차에서 표지, 즉 대상의 <변화된> 물리적 속성이 도입되면 이후의 <모든> 지점에서 그 표지를 전달할 수 있는 과정이 인과적 과정이다.</u>

어려운 서술 방식입니다. 하나씩 이해해봅시다.

'그런데 모든 과정이 인과적 과정은 아니다'라고 말해 놓고, '<u>그래서 어떤 과정이 인과적이지 않은 과정인데?</u>'에 대한 답은 바로 주지 않습니다. 이 질문을 끝까지 의식하고 있어야 답을 구할 수 있어요.

'교차'는 '어떤 과정이 다른 과정과 한 시공간적 지점에서 만나는 것'으로 정의되고, '표지'는 '대상의 변화된 물리적 속성'으로 정의되는데, 문장을 다소 어렵게 서술해 놓았죠. 이 정의들을 정확하게 받아들여야 다음 내용을 이해할 수 있습니다.

이제 마지막 문장에서 '인과적 과정'의 조건을 얘기해줍니다. '<u>교차에서 표지가 도입되면 이후의 모든 지점에서 그 표지를 전달할 수 있는 과정</u>'이 인과적 과정이래요. 그러면 이제야 앞선 질문에 대한 답을 추론해 볼 수 있습니다. '아, <u>교차에서 도입된 표지를 어떤 지점에서 전달하지 못하는 과정은 인과적 과정이 아니겠구나</u>'라고요.

자, 그러면 다시. '<u>그림자 자체가 움직여서 그림자의 위치가 변한 것은 아니다</u>'라는 문장의 의미도 여기서 얼추 추론하실 수 있나요? '<u>아, 그림자가 움직이는 과정은 교차에서 도입된 표지를 이후의 모든 지점에서 전달할 수 있는 인과적 과정이 아니겠구나</u>'라고 이해해야 하는 거예요. 뒤의 내용과 함께 더 설명해보겠습니다.

> 가령 바나나가 a 지점에서 b 지점까지 이동하는 과정을 과정 1이라고 하자. a와 b의 중간 지점에서 <u>바나나를 한 입 베어 내는 과정2가 과정1과 교차</u>했다. 이 교차로 표지가 과정1에 도입되었고 이 표지는 b까지 전달될 수 있다. 즉, 바나나는 베어 낸 만큼이 없어진 채로(='변화된 물리적 속성'을 유지한 채로) 줄곧 b까지 이동할 수 있다. **따라서 과정1은 인과적 과정이다. 바나나가 이동한 것이 바나나가 b에 위치한 결과의 원인인 것이다.**

'과정 2'와 '과정 1'은 어떤 한 시공간적 지점에서 '교차'가 일어났습니다. 그리고 '표지'가 '과정 1'에 도입되었죠. 어떤 표지일까요? 아마 바나나가 일부 사라지게 된 것이겠죠. '과정 1'은 이런 '베어 낸 만큼 없어짐'이라는 변화된 물리적 속성(=표지)을 유지한 채 b까지 모든 지점에서 그 표지를 전달합니다. 따라서 '과정 1'을 '인과적 과정'이라고 할 수 있는 것이죠.

이어서, '과정 1'을 '인과적 과정'이라고 판단한 뒤 '바나나가 이동한 것이 바나나가 b에 위치한 결과의 원인인 것이다'라고 말합니다. 어떤 과정이 '인과적 과정'이라고 판단했다면, '바나나가 이동함'이 '바나나가 b에 위치함'이라는 <u>결과의 원인</u>이라고 말할 수 있다는 것이죠.

⇒ 따라서, 2문단 두 번째 줄에 나온 예시에서, '<u>그림자 자체가 움직임</u>'이 '<u>그림자가 어떤 지점에 위치하게 됨</u>'이라는 원인의 결과가 될 수는 없다는 점을 토대로, 공 그림자의 예시가 '인과적 과정'이 아님을 추론할 수 있습니다.

> 한편, 바나나의 그림자가 스크린에 생긴다고 하자.

흐름상 이제는 '인과적 과정'이 아닌 과정에 대한 예시가 나올 차례입니다.

> 바나나의 그림자가 스크린상의 a'지점에서 b'지점까지 움직이는 과정을 과정3이라 하자. <과정1과 과정2의 교차 이후> 스크린상의 그림자 역시 변한다. 그런데 <a'과 b' 사이의 스크린 표면의 한 지점에> 울퉁불퉁한 스티로폼이 부착되는 과정4가 과정3과 교차했다고 하자. 그림자가 그 지점과 겹치면서 <u>일그러짐이라는 표지가 과정3에 도입되지만, <그 지점을 지나가면> 그림자는 다시 원래대로 돌아오고 스티로폼은 그대로이다.</u> **이처럼 과정3은 다른 과정과의 교차로 도입된 표지를 전달할 수 없다.**

과정 1에서 바나나가 a 지점에서 b 지점으로 이동할 때, '바나나의 그림자'도 스크린 위의 a'지점에서 b'지점까지 움직입니다. 이렇게 '바나나의 그림자'가 움직이는 과정을 '과정 3'이라고 하네요.

그 중간에, '울퉁불퉁한 스티로폼이 부착되는' 과정 4가 과정 3과 교차합니다. 그러면 그 스티로폼이 붙은 지점에서는 '바나나의 그림자'가 일그러지게 될 것입니다. 이 '일그러짐'이라는 물리적 속성은 과정 3에 도입되긴 하지만, 스티로폼이 붙은 지점을 지나가면 그림자는 원래대로 돌아오죠. 즉, '<u>일그러짐</u>'이라는 표지를 이후의 모든 지점에서 전달하지는 못하는 것이고, 따라서 과정 3은 '인과적 과정'이 아닙니다.

과정 이론은 규범이나 마음과 같은, 물리적 세계 바깥의 측면을 해명하기 어렵다는 한계를 지닌다. 예컨대 내가 사회 규범을 어긴 것과 내가 벌을 받아야 하는 것 사이에는 인과 관계가 있지만 과정 이론은 이를 잘 다루지 못한다.

그래서, 우리가 본 '과정 이론'은 물리적 작용 사이의 인과 관계를 '궤적', '과정', '표지'라는 개념을 통해 과학적으로 설명할 수 있었지만, '규범'이나 '마음'에 대한 인과는 다루기 힘들다는 한계를 지닌다네요.

(나)
자연 현상과 인간사를 인과 관계로 설명하는 동아시아의 대표적 논의는 재이론(災異論)이다. <한대(漢代)의> 동중서는 (하늘이 덕을 잃은 군주에게 재이를 내려 견책한다는) 천견설과, (인간과 하늘에 공통된 음양의 기(氣)를 통해 하늘과 인간이 <서로> 감응한다는) 천인감응론을 결합하여 재이론을 체계화하였다.

동양에서의 '인과' 개념에 대해 설명하는 지문입니다. '재이론'은 '자연 현상'과 '인간사'가 서로 어떻게 원인과 결과의 관계를 맺는지 설명하는 이론인데, '천견설'과 '천인감응론' 둘을 엮어서 이해해야 할 것 같네요. 아직 '재이'나 '감응'이 뭔지 이해가 되지 않는데, 뒤에서 설명해주리라 믿고 넘어가 봅시다.

그에 따르면, <군주가 실정(失政)을 저지르면> <그로 말미암아 변화된 음양의 기를 통해> <감응한> 하늘이 가뭄과 홍수, 일식과 월식 등 재이를 통해 경고를 내린다. 이때 재이는 군주권이 하늘로부터 비롯된 것임을 입증하는 것이자 군주의 실정에 대한 경고였다.

일단, '실정', '감응'이라는 어휘를 모르면 곤란합니다. 만약 저 두 단어를 몰랐다면 기출 문제를 5개년 이상 풀면서 모르는 어휘가 나올 때마다 단어장을 만들어 정리하시는 것을 추천드려요. '실정'은 잘못된 정치를, '감응'은 느낌을 받아 움직임을 가리키는 어휘입니다.

그래서, 재이론에서 설명하는 인과에 따르면 '실정'이라는 원인이 '음양의 기를 변화'시키는 결과를 낳고, 이는 다시 원인이 되어 '하늘이 재이를 일으킴'이라는 결과로 이어집니다. 이때 '재이'가 뭔지 딱 정의해주지는 않았지만, '~ 등'으로 서술하는 경우에는 앞에 나온 예시가 뒤의 개념을 정의해준다고 보셔도 됩니다. '재이'는 가뭄, 홍수, 일식, 월식 같은 기이한 자연 현상을 말하는 것으로 이해할 수 있겠죠. 이런 논리에 따르면 '재이'의 발생은 인간사의 '군주권'과 하늘이 내

리는 '자연 현상'이 서로 이어져 있음을 보여주는 것입니다. 그리고 '음양의 기'가 변화되어 하늘이 반응한다는 얘기는 '천인감응론', 하늘이 재이를 통해 경고를 내린다는 얘기는 '천견설'이 활용된 것이겠네요.

양면적 성격의 재이론은 신하가 정치적 논의에 참여할 수 있는 명분을 제공하였고, 재이가 발생하면 군주가 직언을 구하고 신하가 이에 응하는 전통으로 구체화되었다.

'재이론'이 '양면적'인 이유는, 앞서 나온 대로 재이가 군주권의 정당성을 뒷받침하면서, 동시에 군주의 실정을 의미하는 것이기 때문입니다. 따라서 군주는 '재이'의 존재로 인해 하늘이 자신을 인정했음을 말할 수 있지만, '재이'가 발생하면 일단 자기가 잘못한 것이기 때문에 신하의 말을 들을 수밖에 없죠. '재이론'은 군주권을 강화시키면서 동시에 견제하기도 하는 겁니다.

하지만 <동중서 이후>, 원인으로서의 인간사와 결과로서의 재이를 일대일로 대응시켜 설명하는 개별적 대응 방식은 억지가 심하다는 평가를 받았다. 이 방식은 오히려 예언화 경향으로 이어져 재이를 인간사의 징조로, 인간사를 재이의 결과로 대응시키는 풍조를 낳기도 하였고, 요망한 말로 백성을 미혹시켰다는 이유로 군주가 직언을 하는 신하를 탄압하는 빌미가 되기도 하였다. 이후 재이에 대한 예언적 해석은 비판의 대상이 되었고, 천인감응론 또한 부정되기도 하였다.

그런데, 인간사(실정)를 원인으로, 재이를 결과로 일대일 대응시키는 것이 억지라는 평가가 나중에 등장합니다. 그리고 재이론은 오히려 '예언화 경향'으로 이어지죠.

즉, 원래는 '인간사'가 원인, '재이'가 결과였는데, '재이'를 인간사의 징조로 보게 되면서 원인과 결과가 뒤바뀌게 된 것입니다. '실정이 일어나서 재이가 일어났다'가 아니라 '재이가 일어났으니 실정이 일어날 것이다'라는 식으로요. 이런 예언화 경향은 군주가 신하를 탄압하는 계기가 되기도 했고, 이는 군주권을 적절히 견제하던 '재이론'의 순기능이 사라지게 되는 상황입니다.

하지만 재이론은 여전히 정치 현장에서 사라지지 않았다. <송대(宋代)에 이르러>, 주희는 천문학의 발달로 예측 가능하게 된 일월식을 재이로 간주하지 않는 경향을 수용하였고, 재이를 근본적으로 이치에 의해 설명되기 어려운 자연 현상으로 간주하였다.

한대(漢代)에 '재이론'이 체계화되었다가, 동중서 이후에 잠시 사그라들었으나, 송대에도 재이론이 사용됩니다. 다만, 이제는 과학의 영역에 들어온 '일월식'을 '재이'에서 제외한다거나, '재이'를 '이치에 의해 설명되기 어려운 자연 현상'으로 한정하는 정도의 수정이 이루어졌죠.

하지만 당시까지도 재이에 대해 군주의 적극적인 대응을 유도하며 안전한 언론 활동의 기회를 제공했던 재이론이 폐기되는 것은, 신하의 입장에서 유용한 정치적 기제를 잃는 것이었다. 이 때문에 그는 <군주를 경계하는 적절한 방법을 찾고자> 재이론을 고수하였다.

결국 주희가 '재이론'을 포기하지 않은 이유도, 군주를 견제하기 위한 수단으로서 '재이론'이 유용했기 때문입니다. '재이론'이 전제되어야, 재이가 일어나면 그걸 이유로 신하들이 군주에게 목소리를 낼 수 있으니까요.

그는 재이에 대한 <개별적 대응 대신> 군주에게 허물과 잘못이 쌓이면 이에 하늘이 감응하여 <변칙적인> 자연 현상이 일어날 것이라는 전반적 대응설을 제시하고, 재이를 군주의 심성 수양 문제로 귀결시키며 재이론의 역사적 수명을 연장하였다.

앞서 동중서 이후에 '일대일 대응' 식의 재이론이 억지라는 평가가 있었다고 나왔는데, 주희는 그를 극복하고자 합니다. '실정'이 한 번 발생하면 그것에 일대일로 대응해서 바로 재이가 일어나는 것이 아니라, 어떤 허물과 잘못이 쌓이면 어느 순간에 '변칙적으로' 재이가 일어날 것이라는 주장이죠. 그리고 이런 재이가 일어나는 이유를 결국 '군주의 심성 수양' 문제로 귀결시키며, 군주를 경계하는 적절한 방법으로서의 재이론을 연명시킵니다.

---

01 다음은 (가)와 (나)를 읽은 학생이 작성한 학습 활동지의 일부이다. ㄱ~ㅁ에 들어갈 내용으로 적절하지 <u>않은</u> 것은?

학습 항목	학습 내용	
	(가)	(나)
도입 문단의 내용 제시 방식 파악하기	ㄱ	ㄴ
⋮	⋮	⋮
글의 내용 전개 방식 이해하기	ㄷ	ㄹ
특정 개념과 관련하여 두 글을 통합적으로 이해하기	ㅁ	

① ㄱ: '인과'에 대한 특정 이론이 등장하게 된 배경을 철학자들의 인식 변화와 관련지어 제시하였음.
② ㄴ: '인과'와 연관된 특정 이론의 배경 사상과 중심 내용을 제시하였음.
③ ㄷ: '인과'에 대한 특정 이론을 정의한 뒤 구체적인 사례와 관련지어 그 이론의 한계와 전망을 제시하였음.
④ ㄹ: '인과'와 연관된 특정 이론을 제시하고 그 이론이 변용되는 양상을 시대의 흐름에 따라 제시하였음.
⑤ ㅁ: '인과'와 관련하여 동서양의 특정 이론들에 나타나는 관점을 비교해 보도록 하였음.

(가)의 '과정 이론'을 정의하고, 사례와 한계는 제시했으나 '전망'은 드러나 있지 않습니다.

① '과학적 세계관'의 대두를 인식 변화와 관련된 배경으로 제시했습니다.
② '재이론'의 배경 사상이 되는 '천견설'과 '천인감응론'을 제시했고, 그 중심 내용도 서술했습니다.
④ '한대', '동중서 이후', '송대'에 따라 변화하는 흐름을 제시했습니다.
⑤ 평가원이 제시한, (가)와 (나)를 한 번에 엮어 읽음으로써 나타나길 바라는 효과입니다. 각각의 '인과' 개념을 이해한 뒤, 둘을 비교하면서 보다 다면적인 이해를 해보라는 얘기죠.

02 윗글에 대한 이해로 적절하지 <u>않은</u> 것은?

① 과정 이론은 물리적 세계의 테두리 안에서 인과를 해명하는 이론이다.

② 사회 규범 위반과 처벌 당위성 사이의 인과 관계는 표지의 전달로 설명되기 어렵다.

③ 인과가 과학적 세계관과 부합하지 않는다고 생각하는 철학자가 근대 이후 서양에 나타났다.

④ 한대의 재이론에서 전제된 하늘은 음양의 변화에 반응하지 않지만 경고를 하는 의지를 가진 존재였다.

⑤ 천문학의 발달에 따라 일월식이 예측 가능해지면서 송대에는 이를 설명 가능한 자연 현상으로 보는 경향이 있었다.

> **정답 : ④**

<u>'음양의 변화에 반응'</u>해야만 경고도 할 수 있습니다. '실정'이 일어나면 음양이 변화하고, 그걸 하늘이 느껴야 경고를 할 수 있으니까요.

> **해설**

① '과학적 세계관'이 대두됨으로 인해, 물리적 작용 사이에서 일어나는 인과를 보다 과학적으로 다루기 위해 등장한 것이 '과정 이론'입니다.

② (가)의 마지막 문단 내용이네요.

③ '흄'의 지적 이후로 '인과가 과학적 개념인지에 대한 의심이 <u>철학자들 사이에서 제기</u>'되었다니까, 맞는 선지입니다. 한 명 이상의 철학자가 있었으니까요.

⑤ 송대에 이르러 '재이'는 '이치에 의해 설명되기 어려운 자연 현상'만을 일컫게 되었고, 천문학으로 설명 가능해진 '일월식'은 재이에서 빠지게 되었습니다.

03 [A]에 대한 이해로 적절하지 <u>않은</u> 것은?

① 바나나와 그 그림자는 서로 다른 시공간적 궤적을 그린다.

② 과정1이 과정2와 교차하기 이전과 이후에서, 바나나가 지닌 물리적 속성은 다르다.

③ 과정1과 달리 과정3은 인과적 과정이 아니다.

④ 바나나의 일부를 베어 냄으로써 변화된 바나나 그림자의 모양은 과정 3이 과정 2와 교차함으로써 도입된 표지이다.

⑤ 과정3과 과정4의 교차로 도입된 표지는 과정3으로도 과정4로도 전달되지 않는다.

> **정답 : ④**

애초에, 과정3은 과정2와 교차되었다고 할 수 없습니다. '교차'는 '어떤 과정이 다른 과정과 <u>한 시공간적 지점에서</u>' 만난 것을 얘기하는데, 스크린 위에 있는 '바나나 그림자'와 '바나나를 한 입 베어 내는' 과정2는 같은 공간적 지점에 있지 않기 때문이에요. 즉, <u>둘이 만난 '한 시공간적 지점' 자체가 존재하지 않기 때문에</u> '교차'도 없었던 겁니다. 스크린 위의 그림자를 베어 먹은 것이 아니기 때문이죠. 애초에 '교차'가 없었으니, '바나나 그림자'는 교차에서 도입된 표지가 아닙니다.

위의 방식이 개념 정의로부터 도출된 가장 합리적인 풀이라고 생각하지만, 다른 방식으로도 정답을 낼 수 있습니다. 지문에서는 '<u>과정3은 다른 과정과의 교차로 도입된 표지를 전달할 수 없다</u>'라고 말했는데, 이를 전제하고 들어갔을 때, '변화된 바나나 그림자의 모양'을 표지로 인정하게 되면 과정3이 끝날 때까지 표지가 전달된 것이 되니 모순이 발생하죠. 따라서 이런 <u>귀류법적 사고 과정으로도 ④를 답으로 고를 수 있습니다.</u>

> **해설**

① 바나나는 a에서 b로, 바나나 그림자는 그 뒤에 있는 스크린 위의 a′에서 b′으로 움직입니다. 둘은 존재하는 공간적 위치, 시공간적 궤적이 다르고, 이는 정답 ④를 고르기 위한 첫 번째 풀이로 이어집니다.

② 과정2와의 교차에서 '변화된 물리적 속성'인 '표지'가 도입되었고, 이것이 이후의 모든 지점에 전달됩니다.

③ 과정1은 표지를 전달할 수 있고, 과정3은 없습니다.

⑤ '일그러짐'이라는 표지는 교차 이후의 바나나 그림자에게도, 스티로폼에도 남아있지 않습니다.

04 ⊙ 예언화 경향, ⓒ 전반적 대응설에 대한 설명으로 가장 적절한 것은?

① ⊙은 군주의 과거 실정에 대한 경고로서 재이의 의미가 강조되어 신하의 직언을 활성화하는 방향으로 활용되었다.
② ⊙은 이전과 달리 인간사와 재이의 인과 관계를 역전시켜 재이를 인간사의 미래를 알려 주는 징조로 삼는 데 활용되었다.
③ ⓒ은 개별적인 재이 현상을 물리적 작용이라 보고 정치와 무관하게 재이를 이해하는 기초로 활용되었다.
④ ⓒ은 누적된 실정과 특정한 재이 현상을 연결 짓는 방식으로 이어져 군주의 권력을 강화하는 데 활용되었다.
⑤ ⓒ은 과학적 인식을 기반으로 군주의 지배력과 변칙적인 자연 현상이 무관하다는 인식을 강화하는 기초로 활용되었다.

정답 : ②

'예언화 경향'을 이해함에 있어 가장 중요한 점은, 그게 원래 '재이론'의 인과 관계를 거꾸로 뒤집었다는 사실이었습니다. 지문 해설과 같은 방식으로 지문을 잘 이해하면서 읽었다면 적절함을 쉽게 판단했을 것 같네요.

해설

① '예언화 경향'은 '재이'가 '과거'의 실정에 대한 결과로 발생한다고 보는 것이 아니라, '미래'의 실정의 원인이 된다고 보는 것입니다. 또, 이로 인해 신하의 직언도 탄압받게 되었죠.
③ '재이'를 정치와 무관하게 이해하면 주희가 생각한 '재이론'의 의의가 사라집니다.
④ '전반적 대응설'을 통해 '실정'과 '재이'를 연결 짓는 목적은, 신하가 군주를 견제하기 위한 것입니다.
⑤ '군주의 지배력'과 '변칙적인 자연 현상'을 연결 짓는 이론으로 제시된 것이 '전반적 대응설'입니다.

05 <보기>는 윗글의 주제와 관련한 동서양 학자들의 견해이다. 윗글을 읽은 학생이 <보기>에 대해 보인 반응으로 적절하지 않은 것은?

<보기>

㉮ 만약 인과 관계가 직접 관찰될 수 없다면, 물리적 속성의 변화와 전달과 같은 관찰 가능한 현상을 탐구하는 것이 인과 개념을 과학적으로 규명하는 올바른 경로이다.
㉯ 인과 관계란 서로 다른 대상들이 물리적 성질들을 서로 주고받는 관계일 수밖에 없다. 그러한 두 대상은 시공간적으로 연결되어 있어야만 한다.
㉰ 덕이 잘 닦인 치세에서는 재이를 찾아볼 수 없었고, 세상의 변고는 모두 난세의 때에 출현했으니, 하늘과 인간이 서로 통하는 관계임을 알 수 있다.
㉱ 홍수가 자주 발생하는 강 하류 지방의 지방관은 반드시 실정을 한 것이고, 홍수가 발생하지 않는 산악 지방의 지방관은 반드시 청렴한가? 실제로는 그렇지 않다.

① 흄의 문제 제기와 ㉮로부터, 과정 이론이 인과 개념을 과학적으로 규명하려는 시도의 하나임을 이끌어낼 수 있겠군.
② 인과 관계를 대상 간의 물리적 상호 작용으로 국한하는 ㉯의 입장은 대상 간의 감응을 기반으로 한 동중서의 재이론이 보여 준 입장과 부합하겠군.
③ 치세와 난세의 차이를 재이의 출현 여부로 설명하는 ㉰에 대해 동중서와 주희는 모두 재이론에 입각하여 수용 가능한 견해라는 입장을 취하겠군.
④ 덕이 물리적 세계 바깥의 현상에 해당한다면, 덕과 세상의 변화 사이에 인과 관계가 있다고 본 ㉰는 새먼의 이론에 입각하여 설명되기 어렵겠군.
⑤ 지방관의 실정에서 도입된 표지가 홍수로 이어지는 과정으로 전달될 수 없다면, 새먼은 실정이 홍수의 원인이 아니라는 점에서 ㉱에 동의하겠군.

<보기> 해설

㉮ 지문 해설에서 추론했던, '인과가 과학적 개념인지에 대한 의심'이라는 문제를 접근하는 새먼의 태도와 유사합니다.
㉯ '인과 관계'를 물리적 성질들의 상호 작용으로 바라보는 점, 그리고 인과를 이루는 두 대상이 시공간적으로 연결되어 있어야 한다는 점을 강조합니다. 이는 '한 시공간적 지점'에서 '교차'를 통해 표지를 도입하여 전달하는 것을 인과적 과정의 조건으로 보는 새먼의 입장과 일맥상통합니다.
㉰ '천인감응론'에 기반한 재이론의 입장입니다.
㉱ 동중서 이후에, 재이론의 '개별적 대응 방식'을 억지가 심하다고 평

가하는 입장이네요.

인과 관계를 대상 간의 물리적 상호 작용으로 국한하는 것은 맞으나, '인간사'와 '하늘', '기'라는 비물리적 개념을 사용하는 동중서의 재이론과는 부합하지 않습니다.

해설

① 흄이 문제를 제기했고, 과학적 세계관에 부합하는 해결책으로서 새먼이 '과정 이론'을 제시한 것입니다.

③ 재이론을 주장하는 두 학자가 모두 동의할 재이론의 기본적인 내용입니다.

④ '덕'을 비물리적 대상으로 본다면, 이는 과학적 세계관에 입각한 새먼의 과정 이론으로 설명하기 어렵습니다.

⑤ 앞 부분의 전제를 인정한다면, 표지가 전달될 수 없으므로 이는 '인과적 과정'이라고 부를 수 없고, 따라서 실정을 홍수의 원인으로 볼 수 없다는 점에서 새먼과 ⓐ의 입장은 동일합니다.

06 ⓐ와 문맥상 의미가 가장 가까운 것은?

① 모두가 만족하는 대책을 <u>찾으려</u> 머리를 맞대었다.
② 모르는 단어가 나오면 국어사전을 <u>찾아서</u> 확인해라.
③ 건강을 위해 친환경 농산물을 <u>찾는</u> 사람이 많아졌다.
④ 아직 완전하지는 않지만 서서히 건강을 <u>찾는</u> 중이다.
⑤ 선생은 독립을 다시 <u>찾는</u> 것을 일생의 사명으로 여겼다.

정답 : ①

[1~4] 다음 글을 읽고 물음에 답하시오.

2019학년도 대학수학능력시험 **가능세계**

두 명제가 모두 참인 것도 모두 거짓인 것도 가능하지 않은 관계를 모순 관계라고 한다. 예를 들어, 임의의 명제를 P라고 하면 P와 ~P는 모순 관계이다.(기호 '~'은 부정을 나타낸다.) P와 ~P가 모두 참인 것은 가능하지 않다는 법칙을 무모순율이라고 한다. 그런데 "㉠다보탑은 경주에 있다."와 "㉡다보탑은 개성에 있을 수도 있었다."는 모순 관계가 아니다. 현실과 다르게 다보탑을 경주가 아닌 곳에 세웠다면 다보탑의 소재지는 지금과 달라졌을 것이다. 철학자들은 이를 두고, P와 ~P가 모두 참 혹은 모두 거짓인 가능세계는 없지만 다보탑이 개성에 있는 가능세계는 있다고 표현한다.

'가능세계'의 개념은 일상 언어에서 흔히 쓰이는 필연성과 가능성에 관한 진술을 분석하는 데 중요한 역할을 한다. 'P는 가능하다'는 P가 적어도 하나의 가능세계에서 성립한다는 뜻이며, 'P는 필연적이다'는 P가 모든 가능세계에서 성립한다는 뜻이다. "만약 Q이면 Q이다."를 비롯한 필연적인 명제들은 모든 가능세계에서 성립한다. "다보탑은 경주에 있다."와 같이 가능하지만 필연적이지는 않은 명제는 우리의 현실세계를 비롯한 어떤 가능세계에서는 성립하고 또 어떤 가능세계에서는 성립하지 않는다.

가능세계를 통한 담론은 우리의 일상적인 몇몇 표현들을 보다 잘 이해하는 데 도움이 된다. 다음 상황을 생각해 보자. 나는 현실에서 아침 8시에 출발하는 기차를 놓쳤고, 지각을 했으며, 내가 놓친 기차는 제시간에 목적지에 도착했다. 그리고 나는 "만약 내가 8시 기차를 탔다면, 나는 지각을 하지 않았다."라고 주장한다. 그런데 전통 논리학에서는 "만약 A이면 B이다."라는 형식의 명제는 A가 거짓인 경우에는 B의 참 거짓에 상관없이 참이라고 규정한다. 그럼에도 ⓐ내가 만약 그 기차를 탔다면 여전히 지각을 했을 것이라고 주장하지는 않는 이유는 무엇일까? 내가 그 기차를 탄 가능세계들을 생각해 보면 그 이유를 알 수 있다. 그 가능세계 중 어떤 세계에서 나는 여전히 지각을 한다. 가령 내가 탄 그 기차가 고장으로 선로에 멈춰 운행이 오랫동안 지연된 세계가 그런 예이다. 하지만 내가 기차를 탄 세계들 중에서, 내가 기차를 타고 별다른 이변 없이 제시간에 도착한 세계가 그렇지 않은 세계보다 우리의 현실세계와의 유사성이 더 높다. 일반적으로, A가 참인 가능세계들 중에 비교할 때, B도 참인 가능세계가 B가 거짓인 가능세계보다 현실세계와 더 유사하다면, 현실세계의 나는 A가 실현되지 않은 경우에, 만약 A라면 ~B가 아닌 B라고 말할

수 있다.

가능세계는 다음의 네 가지 성질을 갖는다. 첫째는 가능세계의 일관성이다. 가능세계는 명칭 그대로 가능한 세계이므로 어떤 것이 가능하지 않다면 그것이 성립하는 가능세계는 없다. 둘째는 가능세계의 포괄성이다. 이것은 어떤 것이 가능하다면 그것이 성립하는 가능세계는 존재한다는 것이다. 셋째는 가능세계의 완결성이다. 어느 세계에서든 임의의 명제 P에 대해 "P이거나 ~P이다."라는 배중률이 성립한다. 즉 P와 ~P 중 하나는 반드시 참이라는 것이다. 넷째는 가능세계의 독립성이다. 한 가능세계는 모든 시간과 공간을 포함해야만 하며, 연속된 시간과 공간에 포함된 존재들은 모두 동일한 하나의 세계에만 속한다. 한 가능세계 W1의 시간과 공간이, 다른 가능세계 W2의 시간과 공간으로 이어질 수는 없다. W1과 W2는 서로 시간과 공간이 전혀 다른 세계이다.

가능세계의 개념은 철학에서 갖가지 흥미로운 질문과 통찰을 이끌어 내며, 그에 관한 연구 역시 활발히 진행되고 있다. 나아가 가능세계를 활용한 논의는 오늘날 인지 과학, 언어학, 공학 등의 분야로 그 응용의 폭을 넓히고 있다.

01 윗글의 내용과 일치하는 것은?

① 배중률은 모든 가능세계에서 성립한다.
② 모든 가능한 명제는 현실세계에서 성립한다.
③ 필연적인 명제가 성립하지 않는 가능세계가 있다.
④ 무모순율에 의하면 P와 ~P가 모두 참인 것은 가능하다.
⑤ 전통 논리학에 따르면 "만약 A이면 B이다."의 참 거짓은 A의 참 거짓과 상관없이 결정된다.

02 ㉠, ㉡에 대한 이해로 적절하지 <u>않은</u> 것은?

① ㉠이 성립하지 않는 가능세계가 존재한다.
② "만약 다보탑이 개성에 있다면, 다보탑은 개성에 있다."가 성립하는 가능세계 중에는 ㉠이 거짓인 가능세계는 없다.
③ ㉡과 "다보탑은 개성에 있지 않다."는 모순 관계가 아니다.
④ 만약 ㉡이 거짓이라면 어떤 가능세계에서도 다보탑이 개성에 있지 않다.
⑤ ㉠과 ㉡은 현실세계에서 둘 다 참인 것이 가능하다.

03 윗글을 바탕으로 할 때, ⓐ에 대한 답으로 가장 적절한 것은?

① 내가 그 기차를 타지 않은 가능세계들끼리 비교할 때 지각을 한 가능세계와 지각을 하지 않은 가능세계가 현실세계와의 유사성의 정도가 다르기 때문이다.
② 내가 그 기차를 타지 않은 가능세계들끼리 비교할 때 기차 고장이 자주 일어나지 않는 가능세계가 현실세계와의 유사성이 높기 때문이다.
③ 내가 그 기차를 탄 가능세계들끼리 비교할 때 내가 지각을 한 가능세계가 내가 지각을 하지 않은 가능세계에 비해 현실 세계와의 유사성이 더 낮기 때문이다.
④ 내가 그 기차를 탄 가능세계들끼리 비교할 때 그 가능세계들의 대다수에서 내가 지각을 하지 않았기 때문이다.
⑤ 내가 그 기차를 탄 것이 현실세계에서 거짓이기 때문이다.

04 윗글을 참고할 때, <보기>를 이해한 내용으로 적절한 것은?

─ <보기> ─

　명제 "모든 학생은 연필을 쓴다."와 "어떤 학생도 연필을 쓰지 않는다."는 반대 관계이다. 이 말은, 두 명제 다 참인 것은 가능하지 않지만, 둘 중 하나만 참이거나 둘 다 거짓인 것은 가능하다는 뜻이다.

① 가능세계의 완결성과 독립성에 따르면, 모든 학생이 연필을 쓰는 가능세계가 존재한다는 것과 어떤 학생도 연필을 쓰지 않는 가능세계가 존재한다는 것 중 하나는 반드시 참이고, 그중 한 세계의 시간과 공간이 다른 세계로 이어질 수 없겠군.
② 가능세계의 포괄성과 독립성에 따르면, "어떤 학생도 연필을 쓰지 않는다."가 성립하면서 그 세계에 속한 한 명의 학생이 연필을 쓰는 가능세계들이 존재하고, 그 세계들의 시간과 공간은 서로 단절되어 있겠군.
③ 가능세계의 완결성에 따르면, 어느 세계에서든 "어떤 학생은 연필을 쓴다."와 "어떤 학생은 연필을 쓰지 않는다." 중 하나는 반드시 참이겠군.
④ 가능세계의 포괄성에 따르면, "'모든 학생은 연필을 쓴다."가 참이거나 "어떤 학생도 연필을 쓰지 않는다."가 참인 가능세계들이 있겠군.
⑤ 가능세계의 일관성에 따르면, 학생들 중 절반은 연필을 쓰고 절반은 연필을 쓰지 않는 가능세계가 존재하겠군.

두 명제가 모두 참인 것도 모두 거짓인 것도 가능하지 않은 관계를 모순 관계라고 한다. 예를 들어, 임의의 명제를 P라고 하면 P와 ~P는 모순 관계이다.(기호 '~'은 부정을 나타낸다.) P와 ~P가 모두 참인 것은 가능하지 않다는 법칙을 무모순율이라고 한다.

둘 다 참인 것도, 둘 다 거짓인 것도 불가능한 관계를 '모순 관계'라고 설명하고 있습니다. 이때 P와 ~P를 모순 관계에 있다고 말하는데, 둘 다 참인 것은 불가능하다는 앞의 내용을 '무모순율'이라는 용어로 칭합니다. 기출에 몇 번 나온 내용이었으므로, 알면 좋고, 몰랐다면 여기서 확실히 챙기고 갔으면 됩니다.

그런데 "다보탑은 경주에 있다."와 "다보탑은 개성에 있을 수도 있었다."는 모순 관계가 아니다. 현실과 다르게 다보탑을 경주가 아닌 곳에 세웠다면 다보탑의 소재지는 지금과 달라졌을 것이다. 철학자들은 이를 두고, P와 ~P가 모두 참인 혹은 모두 거짓인 가능세계는 없지만 다보탑이 개성에 있는 가능세계는 있다고 표현한다.

"다보탑은 경주에 있다.(P)"와 "다보탑은 경주에 있지 않다.(~P)"는 모순 관계지만, "다보탑은 경주에 있다."와 "다보탑은 개성에 있을 수도 있었다."는 모순 관계가 아닙니다. 이런 관계를 설명할 때 '가능세계'라는 개념을 사용한다고 합니다.

'가능세계'의 개념은 일상 언어에서 흔히 쓰이는 필연성과 가능성에 관한 진술을 분석하는 데 중요한 역할을 한다. 'P는 가능하다'는 P가 <적어도 하나의> 가능세계에서 성립한다는 뜻이며, 'P는 필연적이다'는 P가 <모든> 가능세계에서 성립한다는 뜻이다.

'가능성'이 존재하는 명제가 성립하는 가능세계는 적어도 하나가 있고, '필연성'이 존재하는 명제는 모든 가능세계에서 성립한답니다. '가능성'을 설명하면서 은근슬쩍 가능세계의 개념에 대해서도 설명하는 겁니다.

"만약 Q이면 Q이다."를 비롯한 필연적인 명제들은 모든 가능세계에서 성립한다.

'필연성'에 대해서 예시를 통해 부연 설명을 해줍니다. '만약 다보탑이 경주에 있다면 다보탑은 경주에 있다'와 같은 당연한 명제는 모든 가능세계에서 성립한다는 것입니다.

"다보탑은 경주에 있다."와 같이 가능하지만 필연적이지는 않은 명제는 우리의 현실세계를 비롯한 어떤 가능세계에서는 성립하고 또 어떤 가능세계에서는 성립하지 않는다.

이제 '가능성'에 대해 서술하는데, 필연적이진 않지만 가능하긴 하다면, 어떤 가능세계에서는 성립하고 어떤 가능세계에서는 성립하지 않는답니다. 사실 앞에서 '가능성'을 설명하면서 '적어도 하나의 가능세계에서 성립한다'라고 말한 내용과 크게 다르지 않은 서술입니다.

가능세계를 통한 담론은 우리의 일상적인 몇몇 표현들을 보다 잘 이해하는 데 도움이 된다. 다음 상황을 생각해 보자. 나는 현실에서 아침 8시에 출발하는 기차를 놓쳤고, 지각을 했으며, 내가 놓친 기차는 제시간에 목적지에 도착했다. 그리고 나는 "만약 내가 8시 기차를 탔다면, 나는 지각을 하지 않았다."라고 주장한다.

그냥 일상적인 얘깁니다. 이걸 '가능세계'라는 주제와 어떻게 연결시키는지를 생각하며 읽어봅시다.

그런데 <전통 논리학에서는> "만약 A이면 B이다."라는 형식의 명제는 <A가 거짓인 경우에는> B의 참 거짓에 상관없이 참이라고 규정한다. 그럼에도 내가 만약 그 기차를 탔다면 여전히 지각을 했을 것이라고 주장하지는 않는 이유는 무엇일까?

전통 논리학에서는 'A이면 B이다'라는 명제에서 A가 거짓이면 명제 자체를 무조건 참이라고 규정하는데, 실제로 우리는 '만약 내가 8시 기차를 탔다면, 나는 지각을 하지 않았다'고는 얘기해도 '만약 내가 8시에 기차를 탔다면(A이면), 나는 지각을 했다(B이다)'라고는 얘기하지 않는다는 거죠. 전통 논리학의 입장대로라면, '만약 내가 8시에 기차를 탔다면(A이면)'이 거짓이니까, 'B이다'에 어떤 명제가 들어와도 참이어야 하는데 말이죠. 이런 일상 표현과의 괴리를 아마 '가능세계'의 개념이 해결해줄 겁니다.

내가 그 기차를 탄 가능세계들을 생각해 보면 그 이유를 알 수 있다. 그 가능세계 중 어떤 세계에서 나는 여전히 지각을 한다. 가령 내가 탄 그 기차가 고장으로 선로에 멈춰 운행이 오랫동안 지연된 세계가 그런 예이다. 하지만 내가 기차를 탄 세계들 중에서, 내가 기차를 타고 별다른 이변 없이 제시간에 도착한 세계가 그렇지 않은 세계보다 우리의 현실세계와의 유사성이 더 높다.

그러니까 우리가 '만약 내가 8시에 기차를 탔다면, 나는 지각을 했다/안 했다'라고 말할 때, 일반적으로 현실과 더 유사성이 높은 '안 했다'를 말하지 '여전히 지각을 했다'라고는 말하지 않는단 얘기죠. 가능세계의 개념은 이러한 '유사성'을 근거로 전통 논리학과 일상 표현 사이의 괴리를 해결합니다.

일반적으로, A가 참인 가능세계들 중에 비교할 때, B도 참인 가능세계가 B가 거짓인 가능세계보다 현실세계와 더 유사하다면, 현실세계의 나는 A가 실현되지 않은 경우에, 만약 A라면 ~B가 아닌 B라고 말할 수 있다.

위의 내용을 일반화하여 재진술하는 내용입니다. 현실세계의 우리는 '만약 내가 8시 기차를 탔다면'이 실현되지 않은 경우에, '만약 내가 8시 기차를 탔다면 여전히 지각하는 것이 아니라 지각하지 않았다'라고 말할 수 있다는 거죠.

가능세계는 다음의 네 가지 성질을 갖는다.

솔직히 말씀드리면, 저는 이렇게 어떤 개념 아래 있는 몇 가지 특성을 병렬적으로 서술하는 부분은 각 특성에 동그라미만 치고 대강 쓱 훑은 뒤에, 나중에 문제를 풀다가 찾아서 풉니다(현장에서 이 문제를 풀 때도 그렇게 맞췄습니다). 사실 읽어도 문제로 가면 기억이 잘 안 나거든요. 18 수능 오버슈팅 지문의 첫 문단 보시면 비슷한 느낌이라는 것을 아실 것 같습니다. 일단 지문 해설에서는 아래의 특성들 하나하나 대략적으로 살펴보겠습니다.

첫째는 가능세계의 일관성이다. 가능세계는 명칭 그대로 가능한 세계이므로 어떤 것이 가능하지 않다면 그것이 성립하는 가능세계는 없다. 둘째는 가능세계의 포괄성이다. 이것은 어떤 것이 가능하다면 그것이 성립하는 가능세계는 존재한다는 것이다.

'일관성'에 의해 어떤 명제의 가능성이 부정되면 필연적으로 불가능하게 됩니다(2문단의 내용과 함께 이해할 수 있습니다). 따라서 어떤 가능세계에서도 성립하지 않는 것이죠(=모든 가능세계에서 성립하지 않는 것이죠). '포괄성'에 의해, 어떤 명제가 가능하다면 그 명제가 성립하는 가능세계가 반드시 하나는 존재한답니다.

셋째는 가능세계의 완결성이다. 어느 세계에서든 임의의 명제 P에 대해 "P이거나 ~P이다."라는 배중률이 성립한다. 즉 P와 ~P 중 하나는 반드시 참이라는 것이다.

첫 문단에서 '모순 관계'를 '두 명제가 모두 참인 것도 모두 거짓인 것도 성립하지 않는 것'이라고 설명한 내용과 이어집니다.

넷째는 가능세계의 독립성이다. 한 가능세계는 모든 시간과 공간을 포함해야만 하며, 연속된 시간과 공간에 포함된 존재들은 모두 동일한 하나의 세계에만 속한다. 한 가능세계 W1의 시간과 공간이, 다른 가능세계 W2의 시간과 공간으로 이어질 수는 없다. W1과 W2는 서로 시간과 공간이 전혀 다른 세계이다.

뭐 그렇답니다. 한 가능세계는 다른 가능세계와 이어지지 않고 독립적으로 존재한다네요.

가능세계의 개념은 철학에서 갖가지 흥미로운 질문과 통찰을 이끌어 내며, 그에 관한 연구 역시 활발히 진행되고 있다. 나아가 가능세계를 활용한 논의는 오늘날 인지 과학, 언어학, 공학 등의 분야로 그 응용의 폭을 넓히고 있다.

어떤 이론의 활용 양상을 소개하며 마무리하는, 전형적인 수능 국어 지문의 마무리입니다.

01 윗글의 내용과 일치하는 것은?

① 배중률은 모든 가능세계에서 성립한다.
② 모든 가능한 명제는 현실세계에서 성립한다.
③ 필연적인 명제가 성립하지 않는 가능세계가 있다.
④ 무모순율에 의하면 P와 ~P 모두 참인 것은 가능하다.
⑤ 전통 논리학에 따르면 "만약 A이면 B이다."의 참 거짓은 A의 참 거짓과 상관없이 결정된다.

정답 : ①

"P이거나 ~P이다."라는 배중률은 어느 세계에서든(모든 세계에서) 성립합니다.

해설

② 모든 **필연적인** 명제는 현실세계에서 성립하고, 어떤 가능한 명제들이 현실세계에서 성립할 수 있습니다.
③ 필연적인 명제가 성립하지 않는 가능세계는 없고, 가능한 명제가 성립하지 않는 가능세계는 있을 수 있습니다.
④ 무모순율에 의하면 P와 ~P가 모두 참인 것은 가능하지 않습니다.
⑤ 전통 논리학에 따르면 "만약 A이면 B이다."라는 명제의 참 거짓은 A가 거짓일 때 B의 참 거짓과 상관없이 참으로 결정됩니다. 이 경우에도 A의 참 거짓은 고려됩니다.

02 ㉠다보탑은 경주에 있다, ㉡다보탑은 개성에 있을 수도 있었다에 대한 이해로 적절하지 않은 것은?

① ㉠이 성립하지 않는 가능세계가 존재한다.
② "만약 다보탑이 개성에 있다면, 다보탑은 개성에 있다."가 성립하는 가능세계 중에는 ㉠이 거짓인 가능세계는 없다.
③ ㉡과 "다보탑은 개성에 있지 않다."는 모순 관계가 아니다.
④ 만약 ㉡이 거짓이라면 어떤 가능세계에서도 다보탑이 개성에 있지 않다.
⑤ ㉠과 ㉡은 현실세계에서 둘 다 참인 것이 가능하다.

정답 : ②

"만약 다보탑이 개성이 있다면(Q이면), 다보탑은 개성에 있다(Q이다)."는 필연성의 개념과 일치합니다. 필연성이 성립하는 가능세계는 '모든 가능세계'를 말하는 것이고, '다보탑은 경주에 있다'라는 '가능성'을 지닌 명제는 적어도 하나의 가능세계에서 성립합니다.

해설

① '다보탑은 경주에 있다'라는 가능한 명제는 성립하지 않는 가능세계도, 성립하는 가능세계도 존재할 수 있습니다.
③ ㉠과 ㉡이 모순 관계가 아닌 것처럼, "다보탑은 개성에 있지 않다."는 ㉡과 모순 관계가 아니며, "다보탑은 개성에 있지 않다."와 모순 관계에 있는 명제는 "다보탑은 개성에 있다."입니다.
④ '있을 수도 있었다'라는 가능성이 부정되면, 가능세계의 '일관성'에 의해 필연적으로 거짓이 되기 때문에 어떤 가능세계에서도(모든 가능세계에서) 다보탑은 개성에 있지 않습니다.
⑤ ㉠은 실제로도 참이고, ㉡도 가능성을 지니고 있기 때문에 현실세계에서 참일 수 있습니다.

03 윗글을 바탕으로 할 때, ⓐ내가 만약 그 기차를 탔다면 여전히 지각을 했을 것이라고 주장하지는 않는 이유에 대한 답으로 가장 적절한 것은?

① 내가 그 기차를 타지 않은 가능세계들끼리 비교할 때 지각을 한 가능세계와 지각을 하지 않은 가능세계가 현실세계와의 유사성의 정도가 다르기 때문이다.

② 내가 그 기차를 타지 않은 가능세계들끼리 비교할 때 기차 고장이 자주 일어나지 않는 가능세계가 현실세계와의 유사성이 높기 때문이다.

③ 내가 그 기차를 탄 가능세계들끼리 비교할 때 내가 지각을 한 가능세계가 내가 지각을 하지 않은 가능세계에 비해 현실 세계와의 유사성이 더 낮기 때문이다.

④ 내가 그 기차를 탄 가능세계들끼리 비교할 때 그 가능세계들의 대다수에서 내가 지각을 하지 않았기 때문이다.

⑤ 내가 그 기차를 탄 것이 현실세계에서 거짓이기 때문이다.

> **정답 : ③**
>
> 위의 문제 해설과, 지문 해설에 일치합니다
>
> ①, ② 기차를 탄 가능세계끼리 비교를 해야 합니다.
>
> ④ '만약 그 기차를 탔다면 여전히 지각을 했을 것이다'라고는 주장하지 않는데, '만약 그 기차를 탔다면 지각을 하지 않았다'라고는 주장하는 이유에 대해 설명하려면 그 둘의 유사성을 비교해야 합니다.
>
> ⑤ '만약 그 기차를 탔다면 지각을 하지 않았다'에서도 내가 그 기차를 탄 것은 거짓이지만, 우리는 일상적으로 그런 표현을 사용합니다.

> **해설**
>
> ⓐ는 '가능세계'의 개념을 통해, '유사성'을 근거로 설명됩니다. '만약 그 기차를 탔다면 여전히 지각을 했을 것이다'보다 '만약 그 기차를 탔다면 지각을 하지 않았다'가 현실 세계와의 유사성이 더 높다는 것이 ⓐ입니다.

04 윗글을 참고할 때, <보기>를 이해한 내용으로 적절한 것은?

> ─── < 보기 > ───
>
> 명제 "모든 학생은 연필을 쓴다."와 "어떤 학생도 연필을 쓰지 않는다."는 반대 관계이다. 이 말은, 두 명제 다 참인 것은 가능하지 않지만, 둘 중 하나만 참이거나 둘 다 거짓인 것은 가능하다는 뜻이다.

① 가능세계의 완결성과 독립성에 따르면, 모든 학생이 연필을 쓰는 가능세계가 존재한다는 것과 어떤 학생도 연필을 쓰지 않는 가능세계가 존재한다는 것 중 하나는 반드시 참이고, 그중 한 세계의 시간과 공간이 다른 세계로 이어질 수 없겠군.

② 가능세계의 포괄성과 독립성에 따르면, "어떤 학생도 연필을 쓰지 않는다."가 성립하면서 그 세계에 속한 한 명의 학생이 연필을 쓰는 가능세계들이 존재하고, 그 세계들의 시간과 공간은 서로 단절되어 있겠군.

③ 가능세계의 완결성에 따르면, 어느 세계에서든 "어떤 학생은 연필을 쓴다."와 "어떤 학생은 연필을 쓰지 않는다." 중 하나는 반드시 참이겠군.

④ 가능세계의 포괄성에 따르면, '"모든 학생은 연필을 쓴다."가 참이거나 "어떤 학생도 연필을 쓰지 않는다."가 참'인 가능세계들이 있겠군.

⑤ 가능세계의 일관성에 따르면, 학생들 중 절반은 연필을 쓰고 절반은 연필을 쓰지 않는 가능세계가 존재하겠군.

> **<보기> 해설**
>
> 지문의 첫 문단에서는 모순 관계를 설명했고, <보기>에서는 반대 관계를 설명합니다. 지문과, 앞선 1, 2번 문제에서도 그랬지만, 모든과 어떤을 확실히 구분해야 이 문제를 이해할 수 있습니다.

> **정답 : ④**
>
> '포괄성'은 '가능하다면 그것이 성립하는 가능세계는 존재'한다는 얘기입니다. 이때 "모든 학생은 연필을 쓴다."와 "어떤 학생도 연필을 쓰지 않는다." 둘 다 가능성을 지닌 명제기 때문에 각각이 성립하는 가능세계는 존재할 것입니다.

> **해설**
>
> ① '독립성'에 의해서 '한 세계의 시간과 공간이 다른 세계로 이어질 수 없'지만, '모든 학생이 연필을 쓰는 가능세계가 존재한다는 것과 어떤 학생도 연필을 쓰지 않는 가능세계가 (각각) 존재한다'는 것은 포괄성에 의해 설명됩니다.
>
> ② 포괄성에 의해 "어떤 학생도 연필을 쓰지 않는다."가 성립하는 가

능세계와, '어떤(한 명의) 학생이 연필을 쓴다'가 성립하는 가능세계는 각각 존재하지만, 배중률에 의해 모순 관계인 둘은 한 세계에서 동시에 성립할 수는 없습니다.

③ '완결성'은 모순 관계(P와 ~P)인 두 명제 사이에 적용되는데, "어떤 학생은 연필을 쓴다."와 "어떤 학생은 연필을 쓰지 않는다."라는 두 명제는 모순이 아닙니다. 모순 관계를 보여주려면 "어떤 학생은 연필을 쓴다."와 "모든 학생은 연필을 쓰지 않는다."둘을 제시하거나, "모든 학생은 연필을 쓴다."와 "어떤 학생은 연필을 쓰지 않는다." 둘이 제시되었어야 합니다.

⑤ 포괄성에 따르면 존재합니다.

2021학년도 대학수학능력시험 **북학론**

(가)

18세기 북학파들은 청에 다녀온 경험을 연행록으로 기록하여 청의 문물제도를 수용하자는 북학론을 구체화하였다. 이들은 개인적인 학문 성향과 관심에 따라 주목한 영역이 서로 달랐기 때문에 이들의 북학론도 차이를 보였다. 이들에게는 동아시아에서 문명의 척도로 여겨진 중화 관념이 청의 현실에 대한 인식에 각각 다르게 반영된 것이다. 1778년 함께 연행길에 올라 동일한 일정을 소화했던 박제가와 이덕무의 연행록에서도 이러한 차이가 확인된다.

[A]
북학이라는 목적의식이 강했던 박제가가 인식한 청의 현실은 단순한 현실이 아니라 조선이 지향할 가치 기준이었다. 그가 쓴 『북학의』에 묘사된 청의 현실은 특정 관점에 따라 선택 및 추상화된 것이었으며, 그런 청의 현실은 그에게 중화가 손상 없이 ⓐ보존된 것이자 조선의 발전 방향이기도 하였다. 중화 관념의 절대성을 인정하였기 때문에 당시 조선은 나름의 독자성을 유지하기보다 중화와 합치되는 방향으로 나아가야 한다는 생각이 그의 북학론의 밑바탕이 되었다. 명에 대한 의리를 중시하는 당시 주류의 견해에 대해 그는 의리 문제는 청이 천하를 차지한 지 백여 년이 지나며 자연스럽게 소멸된 것으로 여기고, 청 문물제도의 수용이 가져다주는 이익을 논하며 북학론의 당위성을 설파하였다. 대체로 이익 추구에 대해 부정적이었던 주자학자들과 달리, 이익 추구를 인간의 자연스러운 욕망으로 긍정하고 양반도 이익을 추구하자는 등 실용적인 입장을 보였다.

이덕무는 『입연기』를 저술하면서 청의 현실을 객관적 태도로 기록하고자 하였다. 잘 정비된 마을의 모습을 기술하며 그는 황제의 행차에 대비하여 이루어진 일련의 조치가 민생과 무관하다고 지적하였다. 하지만 청 문물의 효용을 ⓑ도외시하지 않고 박제가와 마찬가지로 물질적 삶을 중시하는 이용후생에 관심을 보였다. 스스로 평등견 이라 불렀던 인식 태도를 바탕으로 그는 당시 청에 대한 찬반의 이분법에서 벗어나 청과 조선의 현실적 차이뿐만 아니라 양쪽 모두의 가치를 인정하였다. 이런 시각에서 그는 청과 조선은 구분되지만 서로 배타적이지 않다고 보았다. 즉 청을 배우는 것과 조선 사람이 조선 풍토에 맞게 살아가는 것은 서로 모순되지 않는다는 것이다. 하지만 그는 중국인들의 외양이 만주족처럼 변화된 것을 보고 비통한 감정을 토로하며 중화의 중심이라 여겼던 명에

대한 의리를 중시하는 등 자신이 제시한 인식 태도에서 벗어나는 모습을 보이기도 하였다.

(나)

18세기 후반의 중국은 명대 이래의 경제 발전이 정점에 달해 있었다. 대부분의 주민들이 접근할 수 있는 향촌의 정기 시장부터 인구 100만의 대도시의 시장에 이르는 여러 단계의 시장들이 그물처럼 연결되어 국내 교역이 활발하게 이루어지고 있었다. 장거리 교역의 상품이 사치품에 ⓒ한정되지 않고 일상적 물건으로까지 확대되었다. 상인 조직의 발전과 신용 기관의 확대는 교역의 질과 양이 급변하고 있었음을 보여 준다. 대외 무역의 발전과 은의 유입은 중국의 경제적 번영에 영향을 미친 외부적 요인이었다. 은의 유입, 그리고 이를 통해 가능해진 은을 매개로 한 과세는 상품 경제의 발전을 ⓓ자극하였다. 은과 상품의 세계적 순환으로 중국 경제가 세계 경제와 긴밀하게 연결되었다.

그러나 청의 번영은 지속되지 않았고, 19세기에 접어들 무렵부터는 심각한 내외의 위기에 직면해 급속한 하락의 시대를 겪게 된다. 북학파들이 연행을 했던 18세기 후반에도 이미 위기의 징후들이 나타나고 있었다. 급격한 인구 증가로 인한 여러 문제는 새로운 작물 재배, 개간, 이주, 농경 집약화 등 민간의 노력에도 불구하고 해결되지 않았다. 인구 증가로 이주 및 도시화가 진행되는 가운데 전통적인 사회적 유대가 약화되거나 단절된 사람들이 상호 부조 관계를 맺는 결사 조직이 ⓔ성행하였다. 이런 결사 조직은 불법적인 활동으로 연결되곤 했고 위기 상황에서는 반란의 조직적 기반이 되었다. 인맥에 기초한 관료 사회의 부정부패가 심화된 것 역시 인구 증가와 무관하지 않았다. 교육받은 지식인들이 늘어났지만 이들을 흡수할 수 있는 관료 조직의 규모는 정체되어 있었고, 경쟁의 심화가 종종 불법적인 행위로 연결되었다. 이와 같이 18세기 후반 청의 화려한 번영의 그늘에는 ㉠심각한 위기의 씨앗들이 뿌려지고 있었다.

통치자들도 번영 속에서 불안을 느끼고 있었다. 조정에는 외국과의 접촉으로부터 백성들을 차단하려는 경향이 있었으며, 서양 선교사들의 선교 활동 확대로 인해 이런 경향이 강화되기도 하였다. 이 때문에 18세기 후반에 청 조정은 서양에 대한 무역 개방을 축소하는 모습을 보였다. 그러나 그때까지는 위기가 본격화되지는 않았고, 소수의 지식인들만이 사회 변화의 부정적 측면을 염려하거나 개혁 방안을 모색하였다.

01 (가), (나)에 대한 설명으로 가장 적절한 것은?

① (가)는 18세기 중국에 대한 학자들의 견해를 제시하면서 그러한 견해의 형성 배경 및 견해 간의 차이를 설명하고 있다.
② (가)는 18세기 중국을 바라보는 사상적 관점을 제시하면서 각 관점이 지닌 역사적 의의와 한계를 서로 비교하고 있다.
③ (나)는 18세기 중국의 사회상을 제시하면서 다양한 사회상을 시대별 기준에 따라 분류하여 서술하고 있다.
④ (나)는 18세기 중국의 사상적 변화를 제시하면서 그러한 변화가 지니는 긍정적 측면과 부정적 측면을 분석하고 있다.
⑤ (가)와 (나)는 모두 18세기 중국의 현실을 제시하면서 그러한 현실이 다른 나라에 미친 영향을 예를 들어 설명하고 있다.

02 (가)의 '박제가'와 '이덕무'에 대한 이해로 적절하지 않은 것은?

① 박제가는 청의 문물을 도입하는 것이 중화를 이루는 방도라고 간주하였다.
② 박제가는 자신이 파악한 청의 현실을 조선을 평가하는 기준이라고 생각하였다.
③ 이덕무는 청의 현실을 관찰하면서 이면에 있는 민생의 문제를 간과하지 않았다.
④ 이덕무는 청 문물의 효용성을 긍정하면서 청이 중화를 보존하고 있음을 인정하였다.
⑤ 박제가와 이덕무는 모두 중화 관념 자체에 대해서는 긍정적인 태도를 견지하였다.

03 평등견 에 대한 이해로 가장 적절한 것은?

① 조선의 풍토를 기준으로 삼아 청의 제도를 개선하자는 인식 태도이다.
② 조선의 고유한 삶의 방식을 청의 방식에 따라 개혁해야 한다는 인식 태도이다.
③ 청과 조선의 가치를 평등하게 인정하고 풍토로 인한 차이를 해소하려는 인식 태도이다.
④ 중국인의 외양이 변화된 모습을 명에 대한 의리 문제와 관련지어 파악하려는 인식 태도이다.
⑤ 청에 대한 배타적 태도를 지양하고 청과 구분되는 조선의 독자성을 유지하자는 인식 태도이다.

04 문맥을 고려할 때 ㉠의 의미를 파악한 내용으로 가장 적절한 것은?

① 새로운 작물의 보급 증가가 경제적 번영으로 이어지는 상황을 가리키는 것이군.
② 신용 기관이 확대되고 교역의 질과 양이 급변하고 있는 상황을 가리키는 것이군.
③ 반란의 위험성 증가 등 인구 증가로 인한 문제점들이 나타나는 상황을 가리키는 것이군.
④ 이주나 농경 집약화 등 조정에서 추진한 정책들이 실패한 상황을 가리키는 것이군.
⑤ 사회적 유대의 약화로 인하여 관료 사회의 부정부패가 심화되는 상황을 가리키는 것이군.

05 <보기>는 (가)에 제시된 『북학의』의 일부이다. [A]와 (나)를 참고하여 <보기>에 대해 비판적 읽기를 수행한 학생의 반응으로 적절하지 **않은** 것은?

<보기>

우리나라에서는 자기가 사는 지역에서 많이 나는 산물을 다른 데서 산출되는 필요한 물건과 교환하여 풍족하게 살려는 백성이 많으나 힘이 미치지 못한다. … 중국 사람은 가난하면 장사를 한다. 그렇더라도 정말 사람만 현명하면 원래 가진 풍류와 명망은 그대로다. 그래서 유생이 거리낌 없이 서점을 출입하고, 재상조차도 직접 융복사 앞 시장에 가서 골동품을 산다. … 우리나라는 해마다 은 수만 냥을 연경에 실어 보내 약재와 비단을 사 오는 반면, 우리나라 물건을 팔아 저들의 은으로 바꿔 오는 일은 없다. 은이란 천년이 지나도 없어지지 않는 물건이지만, 약은 사람에게 먹여 반나절이면 사라져 버리고 비단은 시신을 감싸서 묻으면 반년 만에 썩어 없어진다.

① <보기>에 제시된 중국인들의 상업에 대한 인식은 [A]에서 제시한 실용적인 입장에 부합하는 것이라 볼 수 있어.

② <보기>에 제시된 조선의 산물 유통에 대한 서술은 [A]에서 제시한 북학론의 당위성을 뒷받침하는 근거라 볼 수 있어.

③ <보기>에 제시된 중국인들의 상행위에 대한 서술은 (나)에 제시된 중국 국내 교역의 양상과 상충되지 않는다고 볼 수 있어.

④ <보기>에 제시된 은에 대한 평가는 (나)에 제시된 중국의 경제적 번영에 기여한 요소를 참고할 때, 은의 효용적 측면을 간과한 평가라 볼 수 있어.

⑤ <보기>에 제시된 중국의 관료에 대한 묘사는 (나)에 제시된 관료 사회의 모습을 참고할 때, 지배층의 전체 면모가 드러나지 않는 진술이라 볼 수 있어.

06 문맥상 ⓐ~ⓔ와 바꿔 쓰기에 가장 적절한 것은?

① ⓐ : 드러난
② ⓑ : 생각하지
③ ⓒ : 그치지
④ ⓓ : 따라갔다
⑤ ⓔ : 일어났다

01	02	03	04	05	06
①	④	⑤	③	④	③

(가)
<18세기> 북학파들은 <청에 다녀온 경험을 연행록으로 기록하여> 청의 문물제도를 수용하자는 북학론을 구체화하였다.

북학파의 '북학론'이 제시가 됩니다. 청의 문물제도를 수용하자는 이들이 북학파인 것은 알았는데, 지문에서 무슨 얘기를 하려는지 알려면 조금 더 읽어야 할 것 같습니다.

이들(북학파들)은 <개인적인 학문 성향과 관심에 따라 주목한 영역이 서로 달랐기 때문에> 이들의 북학론(청의 문물제도를 수용하자는 입장)도 차이를 보였다. 이들에게는 동아시아에서 문명의 척도로 여겨진 중화 관념이 청의 현실에 대한 인식(≒북학론)에 각각 다르게 반영된 것이다.

북학파들끼리도 각자 주목한 영역에 따라 북학론에 차이가 있었답니다. 두 번째 문장이 매우 중요합니다. '중화 관념'이 청의 현실에 대한 인식(그냥 북학론이라고 봐도 됩니다)에 다르게 반영되었다고 하니, 기반이 되는 '중화 관념'은 공통점으로, 반영된 결과(≒북학론)는 차이점으로 잡고 넘어갈 수 있어야 합니다. 결국 북학파들이 공통적으로 '중화 관념'을 '청의 현실에 대한 인식'에 반영한 것은 맞지만, 반영된 결과는 다르다는 것이죠. 왜 다를까요? 개인적인 학문 성향과 관심에 따라 주목한 영역이 달랐으니까 차이가 생긴 것이죠.

1778년 함께 연행길에 올라 동일한 일정을 소화했던 박제가와 이덕무의 연행록에서도 이러한 차이가 확인된다.

박제가와 이덕무, 둘을 비교하는 지문이겠네요. 이들의 차이점은

'주목한 영역'과 그에 따른 '청의 현실에 대한 인식'일 것이고, 공통점은 '중화 관념', 그리고 어찌 되었든 '청의 문물제도를 수용하자'라는 입장일 것을 예상할 수 있습니다.

<북학이라는 목적의식이 강했던> 박제가가 인식한 청의 현실은 <단순한 현실이 아니라> 조선이 지향할 가치 기준이었다. 그가 쓴 『북학의』에 묘사된 청의 현실은 <특정 관점에 따라 선택 및 추상화된 것이었으며(단순한 현실x)>, 그런 청의 현실은 그에게 중화가 손상 없이 보존된 것이자 조선의 발전 방향(지향할 가치 기준)이기도 하였다.

요 부분에서 나오는 '현실'이 두 가지가 있는데, '단순한 현실'과 『북학의』에 묘사된 청의 현실'입니다. 전자가 우리가 일반적으로 생각하는 진짜 현실이고, 후자는 특정 관점에 의해 선택되고, 추상화된 '가치 기준'으로서의 현실인 것이죠. 시험장에서 둘을 구분하기는 쉽지 않겠지만, 구분했다면 일단 여기까지는 제대로 이해한 것입니다.

<중화 관념의 절대성을 인정하였기 때문에> 당시 조선은 <나름의 독자성을 유지하기보다> 중화와 합치되는 방향으로 나아가야 한다는 생각이 그의 북학론의 밑바탕이 되었다.

1문단에서 우리가 파악했듯, 그는 중화 관념을 받아들였습니다. 더하여 그는 중화 관념의 절대성도 인정하여, 조선의 독자성을 유지하기보다는 중화와 합치되어야 한다고 생각했고, 그런 생각이 북학론의 배경이 되었습니다. 왜 '중화와 합치'되어야 한다고 생각했을까요? 그가 묘사한 청의 현실은 '단순한 현실'이 아니라 '지향할 가치 기준'으로서의 '중화'였기 때문이죠. 2문단 전체가 매우 유기적으로 연결되어 있습니다.

<명에 대한 의리를 중시하는> 당시 주류의 견해에 대해 그는 의리 문제는 청이 천하를 차지한 지 백여 년이 지나며 자연스럽게 소멸된 것으로 여기고, 청 문물제도의 수용이 가져다주는 이익을 논하며 북학론의 당위성을 설파하였다.

명-청 교체에 대한 배경지식이 없어도, 박제가가 '명에 대한 의리'보다 '청을 수용하는 것이 주는 이익'이 훨씬 중요하다고 여겼음은 충분히 파악할 수 있습니다. 그것만 체크하고 넘어가도 문제를 푸는 것에는 무리가 없습니다.

> <대체로 이익 추구에 대해 부정적이었던 주자학자들과 달리>, 이익 추구를 인간의 자연스러운 욕망으로 긍정하고 양반도 이익을 추구하자는 등 실용적인 입장을 보였다.

북학파인 박제가는 이익 추구를 긍정했답니다. 이전의 내용을 이해하면서 읽었다면 충분히 추론 가능한 문장이네요.

> 이덕무는 『입연기』를 저술하면서 청의 현실을 객관적 태도로 기록(묘사)하고자 하였다.

이제부터 이덕무의 얘기입니다. 박제가랑 비교하면서 읽어야겠죠. 첫 문장부터 박제가와의 차이점입니다. 청의 현실을 '객관적 태도'로 기록했다는데...

Q.1 '객관적 태도'는 박제가의 입장과 어떻게 대립되죠?

A.1 박제가가 묘사한 청의 현실은 '단순한 현실(객관적 현실)'이 아니라 '특정 관점에 따라 선택 및 추상화된' 주관적 현실이었습니다. 이 차이점이 이후의 이덕무의 주장들과 연결됩니다.

> 잘 정비된 마을의 모습을 기술하며 그는 황제의 행차에 대비하여 이루어진 일련의 조치가 민생과 무관하다고 지적하였다.

박제가와는 다르게, 청의 현실에 대한 비판도 들어가 있네요.

> 하지만 <청 문물의 효용을 도외시하지 않고(⇒효용을 인정하고)> <박제가와 마찬가지로> 물질적 삶을 중시하는 이용후생에 관심을 보였다.

박제가가 청의 문물 수용이 주는 효용(이익)에 집중한 것과 마찬가지로, 물질적 삶을 강조하는 태도를 보여줍니다. 청의 문물을 수용하자는 주장은 첫 문단에서도 파악할 수 있는 북학파들의 공통점이네요.

> <스스로 평등견이라 불렀던 인식 태도를 바탕으로> 그는 당시 청에 대한 찬반의 이분법에서 벗어나 청과 조선의 현실적 차이뿐만 아니라 양쪽 모두의 가치를 인정하였다.

단순히 청을 찬반이라는 이분법으로 판단하는 것이 아니라, 최대한 객관적으로 판단하여 청과 조선 모두의 가치를 인정했다네요.

Q.2 위 박스에서 나타나는 이덕무와 박제가의 차이는 무엇일까요?

A.2 박제가는 조선이 독자성을 유지할 필요가 없고, 중화를 기준으로 삼아 조선이 중화에 합치되어야 한다고 보았습니다. 반면 이덕무는 조선의 가치도 인정했으므로, 아마 조선이 무조건 중화를 따라야 한다는 입장은 아닐 것임을 예측할 수 있습니다.

> 이런 시각에서 그는 청과 조선은 구분되지만(독자성) 서로 배타적이지 않다고 보았다. 즉 청을 배우는 것(⇐배타적x)과 조선 사람이 조선 풍토에 맞게 살아가는 것(⇐청과 조선은 구분)은 서로 모순되지 않는다는 것이다.

'청과 조선은 구분'된다고 말하는 부분에서, 2문단에서 박제가가 부정했던 조선의 '독자성'을 인정했음을 파악할 수 있습니다. 따라서 조선 사람은 조선의 풍토에 맞추어 살면 되며, 무조건적으로 청을 따를 필요는 없다는 얘기라고 판단할 수 있습니다. 그러나 또 둘이 배타적이지 않으므로, 청을 배우는 것은 모순되지 않는 주장입니다. 실전에서 이렇게 파악하는 것은 어렵지만 가능하고, 또 필요합니다.

> 하지만 그는 중국인들의 외양이 만주족처럼 변화된 것을 보고 비통한 감정을 토로하며 중화의 중심이라 여겼던 명에 대한 의리를 중시하는 등 자신이 제시한 인식 태도에서 벗어나는 모습을 보이기도 하였다.

한편으로는 박제가와 달리 '명에 대한 의리'를 중시하여, 스스로의 객관적이고, 이용후생에 집중하는 북학론의 태도와는 상반되는 입장도 가졌다네요.

(나)

> <18세기 후반>의 중국은 명대 이래의 경제 발전이 정점에 달해 있었다. (대부분의 주민들이 접근할 수 있는) 향촌의 정기 시장부터 인구 100만의 대도시의 시장에 이르는 여러 단계의 시장들이 그물처럼 연결되어 국내 교역이 활발하게 이루어지고 있었다. 장거리 교역의 상품이 <사치품에 한정되지 않고> 일상적 물건으로까지 확대되었다. 상인 조직의 발전과 신용 기관의 확대는 교역의 질과 양이 급변하고 있었음을 보여 준다.

(나)는 (가)보다는 내용적으로 가볍게 읽히는 것 같습니다. (가)에서 북학론의 배경 역시 18세기였죠. 이때 중국은 국내 교역도 활발하고, 장거리 교역의 상품도 확대되었으며, 상인 조직이 발전하고 신용 기관이 확대되는 등 경제 발전이 정점에 달했답니다. 그냥 건조하게 쭉 읽으면 될 것 같습니다.

> 대외 무역의 발전과 은의 유입은 중국의 경제적 번영에 영향을 미친 외부적 요인이었다. 은의 유입, 그리고 이를 통해 가능해진 <은을 매개로 한> 과세는 상품 경제의 발전을 자극하였다. 은과 상품의 세계적 순환으로 중국 경제가 세계 경제와 긴밀하게 연결되었다.

'대외 무역의 발전'과 '은의 유입'이 경제적 번영의 원인이었다는데, 사실상 은을 매개로 한 과세 덕분에 세계 경제와 긴밀하게 연결될 수 있었으니, '대외 무역의 발전'에도 '은의 유입'이 영향을 끼쳤음을 추론할 수 있습니다.

> 그러나 청의 번영은 지속되지 않았고, <19세기에 접어들 무렵부터는> 심각한 내외의 위기에 직면해 급속한 하락의 시대를 겪게 된다.

이전까지는 청의 번영에 대해서만 서술되었는데, 18세기에서 19세기로 넘어가는 무렵부터 청이 하락하기 시작했다네요. '심각한 내외의 위기'가 무엇일지 생각하면서 읽어봅시다.

> 북학파들이 연행을 했던 18세기 후반에도 이미 위기의 징후들이 나타나고 있었다.

혹시 '연행' 뜻 아시나요? 죄 지어서 끌려가는 그 '연행'이 아님은 파악해야 합니다. 만약 그랬다면 '연행되었던'으로 서술했겠죠. 여기서 '연행'은 '사신이 중국의 수도에 가던 일'이랍니다(참고로, 17수능 고전시가 '연행가'도 같은 '연행'입니다). 그러나 이 단어의 뜻을 몰랐더라도, 지문의 북학론은 18세기의 입장이라는 점과, 보조사 '도'를 통해 '연행'을 '활동', '등장' 등으로 통쳐서 읽었다면 흐름에서 크게 벗어나지는 않았을 것 같습니다.

> <급격한 인구 증가로 인한> 여러 문제는 새로운 작물 재배, 개간, 이주, 농경 집약화 등 <민간의 노력에도 불구하고> 해결되지 않았다. <인구 증가로 이주 및 도시화가 진행되는 가운데> (전통적인 사회적 유대가 약화되거나 단절된) 사람들이 상호 부조 관계를 맺는 결사 조직이 성행하였다. 이런 결사 조직은 불법적인 활동으로 연결되곤 했고 위기 상황에서는 반란의 조직적 기반이 되었다. 인맥에 기초한 관료 사회의 부정부패가 심화된 것 역시 인구 증가와 무관하지 않았다. <교육받은 지식인들이 늘어났지만> 이들을 흡수할 수 있는 관료 조직의 규모는 정체되어 있었고, 경쟁의 심화가 종종 불법적인 행위로 연결되었다. 이와 같이 18세기 후반 청의 화려한 번영의 그늘에는 심각한 위기의 씨앗들이 뿌려지고 있었다.

청이 겪게 되는 '내부의 위기', '여러 문제'가 제시되는데, 이 공통적인 원인은 '급격한 인구 증가'로 제시됩니다. 후에 반란 또는 불법적인 행위로 연결될 '심각한 위기의 씨앗'들이 인구 증가로 인해 나타나게 된 것이죠.

> 통치자들도 번영 속에서 불안을 느끼고 있었다. 조정에는 외국과의 접촉으로부터 백성들을 차단하려는 경향이 있었으며, <서양 선교사들의 선교 활동 확대로 인해> 이런 경향이 강화되기도 하였다. 이 때문에 <18세기 후반에> 청 조정은 서양에 대한 무역 개방을 축소하는 모습(외국과의 접촉으로부터 백성들을 차단하려는 경향)을 보였다. 그러나 그때까지는 위기가 본격화되지는 않았고, 소수의 지식인들만이 사회 변화의 부정적 측면을 염려하거나 개혁 방안을 모색하였다.

통치자들도 '심각한 내외의 위기'를 어느 정도는 느끼고 불안해했음이 나옵니다. 이런 '불안'이 원인이 되어, '외국과의 접촉으로부터 백성들을 차단'하려고 시도하죠. 다만 18세기 후반(시간적 배경을 한정)까지는 앞서 얘기했던 위기들이 본격적으로 드러나지는 않았고, 단지 '위기의 씨앗'들, 징후만이 어느 정도 드러났음을 파악하면 될 것 같습니다.

01 (가), (나)에 대한 설명으로 가장 적절한 것은?

① (가)는 18세기 중국에 대한 학자들의 견해를 제시하면서 그러한 견해의 형성 배경 및 견해 간의 차이를 설명하고 있다.

② (가)는 18세기 중국을 바라보는 사상적 관점을 제시하면서 각 관점이 지닌 역사적 의의와 한계를 서로 비교하고 있다.

③ (나)는 18세기 중국의 사회상을 제시하면서 다양한 사회상을 시대별 기준에 따라 분류하여 서술하고 있다.

④ (나)는 18세기 중국의 사상적 변화를 제시하면서 그러한 변화가 지니는 긍정적 측면과 부정적 측면을 분석하고 있다.

⑤ (가)와 (나)는 모두 18세기 중국의 현실을 제시하면서 그러한 현실이 다른 나라에 미친 영향을 예를 들어 설명하고 있다.

정답 : ①

(가)에서는 박제가와 이덕무라는 두 학자의 견해가 비교됩니다. 따라서 '학자들의 견해를 제시'와, '견해 간의 차이'는 쉽게 파악할 수 있었을 겁니다. 그러면 그러한 견해의 '형성 배경'은 어떻게 파악할 수 있을까요?

첫 문단에서 파악할 수 있듯, 두 학자 모두에게 '중화 관념'은 인식의 기반이 됩니다. 따라서 두 견해의 공통적인 배경은 '중화 관념'으로 잡을 수 있습니다. 반면, 박제가의 북학론은 '조선이 나름의 독자성을 유지하기보다 중화와 합치되는 방향으로 나아가야 한다는 생각'이 밑바탕이 된 것이고, 이덕무의 북학론은 '평등견이라 불렀던 인식 태도'가 바탕이 되었으니, 이 두 배경은 차이점으로 파악할 수 있겠습니다. 개인적으로는, 지문의 '밑바탕', '바탕'이라는 단어가 '배경'이라는 선지의 단어와 의미적으로 연결됨을 파악할 수 있는 어휘력을 지녔다면 훨씬 빠르게 선지를 골랐을 수 있었을 것이라 생각합니다.

해설

② 이덕무의 한계가 (가)의 마지막에서 제시되긴 하지만, 둘 모두의 '의의'와 '한계'를 직접적으로 비교했다고 보기는 힘듭니다. 이것이 '역사적' 의의 또는 한계인지도 애매합니다.

③ (나)에서는 하나의 시기(19세기에 접어들 무렵=18세기 후반)만 제시되었으므로, 시대별 기준에 따라 사회상을 분류했다고 볼 수 없습니다. '시대별 기준'이라면, 둘 이상의 시대가 제시되어야 합니다.

④ (나)에서 18세기 후반 중국의 번영과 위기가 제시되지만, 이것이 '사상적 변화'에 따른 것이라고 보기는 힘듭니다. 번영은 '은의 유입' 등으로 인해, 위기는 '급격한 인구 증가'로 인해 나타난 것이죠.

⑤ (가)는 관대하게 해석한다면 중국이 조선이라는 '다른 나라'에 영향을 미친 것으로 볼 수 있겠지만, (나)에서는 받아들이기 어려운 선지입니다.

Comment

이런 '글의 구성' 문제는 전체적인 흐름을 요약한 선지들이 나오는 것이 전통적이었지만, 최근의 '글의 구성' 문제는 단어 하나, 표현 하나를 가지고 답을 골라낼 수 있게 나오는 경우가 많습니다. 이 문제 역시 어휘력을 기반으로 문장을 처리하는 것이 더 중요해 보입니다. 이런 문제를 접근하기 위해서는, 지문 분석도 중요하지만 무엇보다 선지의 어휘를 판단할 수 있는 확실한 본인만의 기준이 필요합니다.

02 (가)의 '박제가'와 '이덕무'에 대한 이해로 적절하지 않은 것은?

① 박제가는 청의 문물을 도입하는 것이 중화를 이루는 방도라고 간주하였다.
② 박제가는 자신이 파악한 청의 현실을 조선을 평가하는 기준이라고 생각하였다.
③ 이덕무는 청의 현실을 관찰하면서 이면에 있는 민생의 문제를 간과하지 않았다.
④ 이덕무는 청 문물의 효용성을 긍정하면서 청이 중화를 보존하고 있음을 인정하였다.
⑤ 박제가와 이덕무는 모두 중화 관념 자체에 대해서는 긍정적인 태도를 견지하였다.

정답 : ④

박제가는 청의 현실을 '중화가 손상 없이 보존된 것'이라고 보았지만, 이덕무는 그렇게 보지 않았습니다. '언급이 없기에 틀렸다'라고 판단해서 문제를 맞힐 수도 있었겠지만, 이덕무가 '중국인들의 외양이 만주족처럼 변화된 것을 보고 비통한 감정을 토로하며 중화의 중심이라 여겼던 명에 대한 의리를 중시'했다는 문장에서 정답을 명확하게 골라낼 수 있습니다. '당시 중국=청=만주족 같은 외형'이었고, 이는 이덕무에게 '비통한 감정'을 일으킨 부정적인 대상입니다. 한편 그에게 '중화=명'이고, 의리를 지킬 대상이므로 긍정적인 것이죠, 따라서 이덕무는 당시의 청나라를 중화라고 보지 않았으며, 명에 대한 의리를 바탕으로 청에 대한 부정적 태도를 견지했음을 추론할 수 있습니다. 물론 이덕무 역시 청 문물의 효용을 인정하고, 받아들이려 했던 북학파이므로 '청 문물의 효용성을 긍정'했다는 부분은 무리 없이 지워낼 수 있을 것 같습니다.

해설

① 박제가는 청의 현실이 '중화가 손상 없이 보존된 것'이자, '조선이 지향할 가치 기준'이라고 보았습니다. 또 중화는 절대적인 것이니 청의 문물을 받아들여 청의 현실과 조선을 합치시켜야 한다고 주장했으므로, 청의 문물 도입이 중화를 이루는 수단이라고 보았음을 알 수 있습니다.
② 박제가의 입장에서 청의 현실은 '조선이 지향할 가치 기준'이며, 중화를 이루기 위해서는 청의 현실과 합치되어야 하니, '얼마나 청과 유사한가'가 조선을 평가하는 기준으로 성립할 수 있습니다.
③ 이덕무는 황제의 행차에 대비한 조치를 '민생과 무관'하다며 지적 및 비판했으므로, 민생의 문제를 간과하지 않았음을 파악할 수 있습니다.
⑤ 첫 문단에서부터 우리는 '중화 관념'을 둘의 공통점으로 잡고 넘어

가야 했습니다. 박제가와 이덕무 둘 다 '중화 관념'을 중시한 것은 사실이지만, 박제가는 청이 중화 관념을 유지했다고, 이덕무는 유지하지 못했다고 보는 것이 차이점이었죠. 선지 ④의 포인트와 이어지는 내용입니다.

Comment

이 문제는 '내용일치' 유형이 아닙니다. '박제가'와 '이덕무'에 대한 이해를 묻는 문제죠. 선지의 표현을 대부분 지문과 다르게 바꾸어 놓았기에, 둘의 입장을 이해하면서 읽지 않았다면 접근할 수 없는 문제였습니다. 2021부터 국어 비문학의 트렌드는 '이해'임을 여실히 보여 준 문항입니다.

---

03 [평등견]에 대한 이해로 가장 적절한 것은?

① 조선의 풍토를 기준으로 삼아 청의 제도를 개선하자는 인식 태도이다.
② 조선의 고유한 삶의 방식을 청의 방식에 따라 개혁해야 한다는 인식 태도이다.
③ 청과 조선의 가치를 평등하게 인정하고 풍토로 인한 차이를 해소하려는 인식 태도이다.
④ 중국인의 외양이 변화된 모습을 명에 대한 의리 문제와 관련지어 파악하려는 인식 태도이다.
⑤ 청에 대한 배타적 태도를 지양하고 청과 구분되는 조선의 독자성을 유지하자는 인식 태도이다.

정답 : ⑤

문장 독해를 물어보는 선지입니다. 3문단의 딱 한 줄, '청과 조선은 구분되지만 서로 배타적이지 않다'로부터 선지 ⑤의 문장을 도출할 수 있습니다. '청과 조선은 구분된다'는 내용은 박제가가 부정했던 '독자성'을 긍정하는 내용이고, '서로 배타적이지 않다'는 내용은 '청에 대한 배타적 태도를 지양한다'는 표현으로 바꾸어 쓸 수 있습니다. 일정 수준 이상의 미시독해를 요구한 선지입니다.

해설

① 이덕무가 '청의 제도를' 개선하자고 한 적은 없습니다.
② '조선의 고유한 삶의 방식'은 '조선 풍토에 맞게 살아가는 것'이므로, 이를 바꿀 필요는 없습니다.
③ 청과 조선의 가치를 모두 인정한 것은 맞지만, 풍토로 인한 차이를 해소하자고 주장한 적은 없습니다. 선지 ②의 해설과 마찬가지로, 이덕무는 조선 사람이 조선 풍토에 맞게 살아가는 것을 긍정했습니다.
④ 이덕무에 대해서는 맞는 선지입니다. 그러나 이는 본인이 제시한 '평등견'이라는 인식 태도에서 벗어난 내용이지요. 따라서 '평등견'에 대한 이해로는 적절하지 않습니다.

Comment

앞선 문제들과 마찬가지로 '문맥상 동의어'를 판단하는 능력이 매우 중요합니다. 정답 선지는 미시독해로 해결되지만, 나머지 선지를 지우기 위해서는 거시독해 능력이 필요합니다.

04 문맥을 고려할 때 ㉠심각한 위기의 씨앗들이 뿌려지고 있었다의 의미를 파악한 내용으로 가장 적절한 것은?

① 새로운 작물의 보급 증가가 경제적 번영으로 이어지는 상황을 가리키는 것이군.
② 신용 기관이 확대되고 교역의 질과 양이 급변하고 있는 상황을 가리키는 것이군.
③ 반란의 위험성 증가 등 인구 증가로 인한 문제점들이 나타나는 상황을 가리키는 것이군.
④ 이주나 농경 집약화 등 조정에서 추진한 정책들이 실패한 상황을 가리키는 것이군.
⑤ 사회적 유대의 약화로 인하여 관료 사회의 부정부패가 심화되는 상황을 가리키는 것이군.

정답 : ③

'심각한 위기의 씨앗들', 여러 문제점들이 막 나타나기 시작했던 시기의 내용입니다. 반란의 위험성이라든지, 부정부패 같은 문제들은 모두 '인구 증가'라는 원인에 의해 발생한 것이었죠.

해설

①,② '위기'에 대해 얘기하는 내용이므로 '번영'과 관련된 선지는 지워내야 합니다.
④ 이주나 농경 집약화는 '조정'이 아닌 '민간'의 노력이었습니다.
⑤ 원인과 결과가 잘못 연결되어 있습니다. 사회적 유대의 약화는 인구 증가로 인한 이주 및 도시화가 원인이었고, 관료 사회 부정부패의 원인도 인구 증가가 원인으로 제시되었습니다. '사회적 유대의 약화'가 '부정부패 심화'의 원인이라고 판단할 수 없고, 둘 다 인구 증가의 결과이므로 틀린 선지입니다.

Comment

밑줄 친 부분의 의미를 파악하는 유형은 이것보다 훨씬 어렵게 나올 수 있습니다. 17 9월의 칼로릭 문제나, 21 9월의 행정입법 문제 등으로 문맥을 파악하는 능력을 키우는 것을 권합니다.

05 <보기>는 (가)에 제시된 『북학의』의 일부이다. [A]와 (나)를 참고하여 <보기>에 대해 비판적 읽기를 수행한 학생의 반응으로 적절하지 <u>않은</u> 것은?

< 보기 >

(1)우리나라에서는 자기가 사는 지역에서 많이 나는 산물을 다른 데서 산출되는 필요한 물건과 교환하여 풍족하게 살려는 백성이 많으나 힘이 미치지 못한다.

⇒조선은 국내 교역이 활발하지 않음

(2)… 중국 사람은 가난하면 장사를 한다. 그렇더라도 정말 사람만 현명하면 원래 가진 풍류와 명망은 그대로다. 그래서 유생이 거리낌 없이 서점을 출입하고, 재상조차도 직접 융복사 앞 시장에 가서 골동품을 산다.

⇒조선과 다르게 이익 추구를 긍정하는 모습

(3)… 우리나라는 해마다 은 수만 냥을 연경에 실어 보내 약재와 비단을 사 오는 반면, 우리나라 물건을 팔아 저들의 은으로 바꿔 오는 일은 없다. 은이란 천년이 지나도 없어지지 않는 물건이지만, 약은 사람에게 먹여 반나절이면 사라져 버리고 비단은 시신을 감싸서 묻으면 반년 만에 썩어 없어진다.

⇒거래의 대가로 은을 사용하지 않고 약재 또는 비단을 사 오는 조선에 대한 비판

---

① <보기>에 제시된 중국인들의 상업에 대한 인식은 [A]에서 제시한 실용적인 입장에 부합하는 것이라 볼 수 있어.

② <보기>에 제시된 조선의 산물 유통에 대한 서술은 [A]에서 제시한 북학론의 당위성을 뒷받침하는 근거라 볼 수 있어.

③ <보기>에 제시된 중국인들의 상행위에 대한 서술은 (나)에 제시된 중국 국내 교역의 양상과 상충되지 않는다고 볼 수 있어.

④ <보기>에 제시된 은에 대한 평가는 (나)에 제시된 중국의 경제적 번영에 기여한 요소를 참고할 때, 은의 효용적 측면을 간과한 평가라 볼 수 있어.

⑤ <보기>에 제시된 중국의 관료에 대한 묘사는 (나)에 제시된 관료 사회의 모습을 참고할 때, 지배층의 전체 면모가 드러나지 않는 진술이라 볼 수 있어.

정답 : ④

<보기>의 마지막 부분(3)은 은을 적극적으로 활용하지 않는 조선을 비판하는 것이므로, 은의 효용을 파악하고 있는 모습으로 볼 수 있습니다. 따라서 '은의 효용을 간과했다.'는 내용은 적절하지 않습니다.

해설

①,② <보기>의 (2)에서 나온 이익 추구를 긍정하는 청의 모습은 [A]의 주장과 일치하며, 이러한 청의 현실은 박제가의 북학론의 근거가 되었음을 파악할 수 있습니다.

③ (2)의 묘사는 (나)의 첫 문단에 나타난 경제 번영의 모습과 일치합니다.

⑤ <보기>에서 (나)에서 지적되었던 여러 문제들을 확인할 수는 없습니다. 지배층의 부정부패나, 그들의 불안도 마찬가지죠.

Comment

<보기> 자체는 지문 (가), (나)와 유기적으로 엮어 읽을 수 있는 지점이 많습니다. 다만 정답 선지인 ④는 내용을 충분히 이해하지 못했더라도 <보기>의 마지막 부분만 보고도 골라낼 수 있었을 것 같습니다. 2021학년도부터 <보기> 문제는 점점 쉬워지고 있는 것처럼 보입니다.

---

06 문맥상 ⓐ~ⓔ와 바꿔 쓰기에 가장 적절한 것은?

① ⓐ : 드러난   ② ⓑ : 생각하지

③ ⓒ : 그치지   ④ ⓓ : 따라갔다

⑤ ⓔ : 일어났다

정답 : ③

해설

④ '과세가 상품 경제의 발전을 자극하였다'라면 과세가 발전의 원인
이 되는 것이고, '과세'가 '발전의 자극'보다 먼저 일어난 것으로 가
정할 수 있습니다. 반면 '과세는 상품 경제의 발전을 따라갔다'라
면, 시간적인 선후 관계가 뒤집히게 됩니다.

⑤ '성행하다'는 크게 유행하는 것으로, 이미 발생하여 진행되고 있는
상황을 말합니다. 반면 '일어났다'로 표현을 바꾼다면, 그 시기에
최초로 발생한 것으로 의미가 바뀌게 됩니다.

2022학년도 6월 모의평가 **베카리아**

1764년에 발간된 체사레 베카리아의 『범죄와 형벌』은 커다란 반향을 일으켰다. 형벌에 관한 논리 정연하고 새로운 주장들에 유럽의 지식 사회가 매료된 것이다. 자유와 행복을 추구하는 이성적인 인간을 상정하는 당시 계몽주의 사조에 베카리아는 충실히 호응하여, 이익을 저울질할 줄 알고 그에 따라 행동하는 존재로서 인간을 전제하였다. 사람은 대가 없이 공익만을 위하여 자유를 내어놓지는 않는다. 끊임없는 전쟁과 같은 상태에서 벗어나기 위하여 자유의 일부를 떼어 주고 나머지 자유의 몫을 평온하게 ⓐ누리기로 합의한 것이다. 저마다 할애한 자유의 총합이 주권을 구성하고, 주권자가 이를 위탁받아 관리한다. 따라서 사회의 형성과 지속을 위한 조건이라 할 법은 저마다의 행복을 증진시킬 때 가장 잘 준수되며, 전체 복리를 위해 법 위반자에게 설정된 것이 형벌이다. 이런 논증으로 베카리아는 형벌권의 행사는 양도의 범위를 벗어날 수 없다는 출발점을 세웠다.

베카리아가 볼 때, 형벌은 범죄가 일으킨 결과를 되돌려 놓을 수 없다. 또한 인간을 괴롭히는 것 자체가 그 목적인 것도 아니다. 형벌의 목적은 오로지 범죄자가 또다시 피해를 끼치지 못하도록 억제하고, 다른 사람들이 그 같은 행위를 하지 못하도록 예방하는 데 있을 뿐이다. 이는 범죄로 얻을 이득, 곧 공익이 입게 되는 그만큼의 손실보다 형벌이 가하는 손해가 조금이라도 크기만 하면 달성된다. 그리고 이러한 손익 관계를 누구나 알 수 있도록 처벌 체계는 명확히 성문법으로 규정되어야 하고, 그 집행의 확실성도 갖추어져야 한다. 결국 범죄를 ⓑ가로막는 방벽으로 형벌을 바라보는 것이다. 이 ㉠울타리의 높이는 살인인지 절도인지 등에 따라 달리해야 한다. 공익을 훼손한 정도에 비례해야 하는 것이다. 그것을 넘어서는 처벌은 폭압이며 불필요하다. 베카리아는 말한다. 상이한 피해를 일으키는 두 범죄에 동일한 형벌을 적용한다면 더 무거운 죄에 대한 억지력이 상실되지 않겠는가.

그는 인간이 감각적인 존재라는 사실에 맞추어 제도가 운용될 것을 역설한다. 가장 잔혹한 형벌도 계속 시행되다 보면 사회 일반은 그에 ⓒ무디어져 마침내 그런 것을 봐도 옥살이에 대한 공포 이상을 느끼지 못한다. 인간의 정신에 ⓓ크나큰 효과를 끼치는 것은 형벌의 강도가 아니라 지속이다. 죽는 장면의 목격은 무시무시한 경험이지만 그 기억은 일시적이고, 자유를 박탈당한 인간이 속죄하는 고통의 모습을 오랫동안 대하는 것이 더욱 강력한 억제 효과를 갖는다는 주장이다. 더욱 중요한 것을 지키기 위해 희생한 자유에는 무엇보다도 값진 생명이 포함될 수 없다고도 말한다. 이처럼 베카리아는 잔혹한 형벌을 반대하여 휴머니스트로, 최대 다수의 최대 행복을 말하여 공리주의자로, 자유로운 인간들 사이의 합의를 바탕으로 논의를 전개하여 사회 계약론자로 이해된다. 형법학에서도 형벌로 되갚아 준다는 응보주의를 탈피하여 장래의 범죄 발생을 방지한다는 일반 예방주의로 나아가는 토대를 ⓔ세웠다는 평가를 받는다.

01 윗글에서 베카리아의 관점으로 보기 어려운 것은?

① 공동체를 이루는 합의가 유지되는 데는 법이 필요하다.
② 사람은 이성적이고 타산적인 존재이자 감각적 존재이다.
③ 개개인의 국민은 주권자로서 형벌을 시행하는 주체이다.
④ 잔혹함이 주는 공포의 효과는 시간이 흐르면서 감소한다.
⑤ 형벌권 행사의 범위는 양도된 자유의 총합을 넘을 수 없다.

02 ㉠에 대한 설명으로 적절하지 않은 것은?

① 재범을 방지하는 역할을 수행한다.
② 법률로 엮어 뚜렷이 알아볼 수 있도록 해야 한다.
③ 범죄가 유발하는 손실에 따라 높낮이를 정해야 한다.
④ 손익을 저울질하는 인간의 이성을 목적 달성에 활용한다.
⑤ 지키려는 공익보다 높게 설정할수록 방어 효과가 증가한다.

03 윗글을 바탕으로 베카리아의 입장을 추론한 내용으로 가장 적절한 것은?

① 형벌이 사회적 행복 증진을 저해한다고 보는 공리주의의 입장에서 사형을 반대한다.
② 사형은 범죄 예방의 효과가 없으므로 일반 예방주의의 입장에서 폐지되어야 한다고 주장한다.
③ 사형은 사람의 기억에 영구히 각인되는 잔혹한 형벌이어서 휴머니즘의 입장에서 인정하지 못한다.
④ 가장 큰 가치를 내어주는 합의가 있을 수 없다는 이유로 사회 계약론의 입장에서 사형을 비판한다.
⑤ 피해 회복의 관점으로 형벌을 바라보는 형법학의 입장에서 사형을 무기 징역으로 대체하는 데 찬성하지 않는다.

04 문맥상 ⓐ~ⓔ와 바꿔 쓰기에 적절하지 않은 것은?

① ⓐ: 향유(享有)하기로
② ⓑ: 단절(斷絶)하는
③ ⓒ: 둔감(鈍感)해져
④ ⓓ: 지대(至大)한
⑤ ⓔ: 수립(樹立)하였다는

Q.1 [1문단]

사람들은 왜 대가 없이는 자유를 내어놓지 않는가?

Q.2 [1문단]

'형벌권의 행사는 양도의 범위를 벗어날 수 없다'라고 말한 이유는 무엇인가?

Q.3 [2문단]

'범죄로 얻을 이득, 곧 공익이 입게 되는 그만큼의 손실보다 형벌이 가하는 손해가 조금이라도 크기만 하면 달성된다.'라는 이유는 무엇인가?

Q.4 [2문단]

처벌 체계가 '성문법으로 규정'되고 '집행의 확실성'을 갖춰야 하는 이유는 무엇인가?

01	02	03	04
③	⑤	④	②

1764년에 발간된 체사레 베카리아의 『범죄와 형벌』은 커다란 반향을 일으켰다. 형벌에 관한 논리 정연하고 새로운 주장들에 유럽의 지식 사회가 매료된 것이다.

처음은 별 거 없습니다. 이 지문의 주제는 결국 '형벌'에 관한 것임을 염두에 두고, 이후의 논리가 '형벌'의 개념에 어떻게 적용되는지 살펴봅시다.

<자유와 행복을 추구하는 이성적인 인간을 상정>하는 당시 계몽주의 사조에 베카리아는 충실히 호응하여, <이익을 저울질할 줄 알고 그에 따라 행동하는 존재로서> 인간을 전제하였다.

이 지문은 첫 문단 논리를 정확하게 이해하시는 것이 중요합니다. 뒤에서도 '계몽주의 사조'의 논리가 계속 사용되거든요. 이에 의하면, 인간은 (각자의) 자유와 행복을 추구하는 이성적인 존재예요. 이성적이라는 말은 뭐냐? '이익을 저울질할 줄 알고 그에 따라 행동'한다는 얘기죠.

사람은 대가 없이 공익만을 위하여 자유를 내어놓지는 않는다.

Q.1 왜 대가 없이는 자유를 내어놓지 않죠?

A.1 '이익을 저울질'하기 때문입니다. 앞 문장으로부터 이어지는 내용이죠. 자유를 내어놓는 것은 개인의 손해이고, 각 개인은 따라서 '대가가 없다면 자유를 내어놓지 않을 것'이란 얘기예요. 이 지문을 앞서 한 번 읽어보았다면, '자유를 내어놓는 것'이 무엇을 의미하는지도 파악하셔야 합니다. '자유를 내어놓는다'는 것은, 사람들이 '형벌' 제도에 동의했다는 얘기입니다. 만약 스스로 파악하지 못했다면, 해설을 계속 열심히 읽어 봅시다.

<끊임없는 전쟁과 같은 상태에서 벗어나기 위하여> 자유의 일부를 떼어 주고 나머지 자유의 몫을 평온하게 누리기로 합의한 것이다.

이성적인 인간은 이익을 저울질하기 때문에, 자기 자유를 남에게 거저 넘겨주지 않습니다. 자유를 내어놓는다면 그만한 대가를 받아야 하죠. 그런데, '자유의 일부를 떼어'주면(형벌의 존재를 인정한다면) 떼어 주고 남은 자유를 평온하게 누릴 수 있습니다. 따라서 '남은 자유의 몫'을 평온하게 누리는 것을 대가로 자유의 일부를 떼어 주는 것이죠.

실전에선 위의 해설만큼만 이해해도 충분합니다만, 여기서는 조금 더 설명해보겠습니다. '끊임없는 전쟁과 같은 상태'는 국가나 형벌이 존재하지 않는 상태를 말합니다. 살인을 해도, 절도를 해도 처벌받지 않는 상태라면 우리는 매일 전쟁 같은 삶을 살겠죠? 홉스라는 철학자(사회계약론자)는 '만인에 대한 만인의 투쟁'이라는 용어로 이런 상태를 표현했고, 우리가 이런 상태에서 벗어나기 위해 우리의 자유를 조금씩 희생하여 국가를 만든 것이라 주장했어요. 홉스의 얘기는 지문에 없는 배경지식이지만, 정치와법, 생활과윤리, 윤리와사상, 사회문화에 조금씩 있는 얘기이므로 알아두시면 좋을 것 같습니다.

저마다 할애한 자유의 총합이 주권을 구성하고, 주권자가 이를 위탁받아 관리한다. 따라서 사회의 형성과 지속을 위한 조건이라 할 법은 저마다의 행복을 증진시킬 때(⇒각 개인의 이익에 부합할 때) 가장 잘 준수되며, 전체 복리를 위해 법 위반자에게 설정된 것이 형벌이다. 이런 논증으로 베카리아는 형벌권의 행사는 양도의 범위를 벗어날 수 없다는 출발점을 세웠다.

Q.2 '형벌권의 행사는 양도의 범위를 벗어날 수 없다'라고 말한 이유는 무엇일까요?

A.2 '양도의 범위'는 각 개인이 내어놓은 '자유'의 크기를 말합니다.

국가는 이 자유를 통해 주권을 구성하고, 그 주권으로 형벌을 집행합니다. 각 개인은 자신의 이익을 얻기 위해서 자유를 일부 넘겨준 것인데, 국가가 자신이 넘겨받은 자유를 넘어서(=양도의 범위를 벗어나서) 형벌권을 행사하는 것은 말이 안 되겠죠? 국가의 권력은 개인들로부터 온다는 관점에서 도출된 주장입니다.

우리가 희생한 자유들이 모여서 '주권'이 구성됩니다. 그리고 주권자(이때는 왕이겠죠)는 넘겨받은 이 주권을 관리할 뿐입니다.

따라서 형벌을 포함한 모든 법은 각 개인의 '행복을 증진시킬 때(각 개인에게 이익이 될 때)' 가장 잘 지켜질 수 있는 것이며, 이들의 행복(이익)을 위협하는 '법 위반자'에게는 형벌을 가할 수 있습니다. 형벌이 존재할 때 '복리(행복+이익)'는 더욱 증가되기 때문이죠.

베카리아가 볼 때, 형벌은 범죄가 일으킨 결과를 되돌려 놓을 수 없다. 또한 인간을 괴롭히는 것 자체가 그 목적인 것도 아니다.

베카리아의 입장에서 형벌은 이미 일어난 범죄의 결과를 되돌려 놓는다거나, 단순히 범죄자를 괴롭히는 것을 목적으로 하는 것이 아닙니다. 앞선 내용과 더불어 생각해보면 무엇이 목적인지 예상할 수 있겠죠? 이성을 가진 인간들 개인의 이익을 증가시키기 위한 수단이 형벌이라는 점을 염두에 두고 다음으로 넘어갑시다.

형벌의 목적은 오로지 범죄자가 또다시 피해를 끼치지 못하도록 억제하고, 다른 사람들이 그 같은 행위를 하지 못하도록 예방하는 데 있을 뿐이다. 이는 범죄로 얻을 이득, 곧 공익이 입게 되는 그만큼의 손실보다 형벌이 가하는 손해가 조금이라도 크기만 하면 달성된다.

Q.3 왜 달성되죠?
A.3 형벌은 사람들이 범죄를 저지르지 못하도록 억제하고 예방하는 것을 목적으로 둡니다. 그런데, 이 사람들은 어떤 존재인가요? 네, 1문단에 나왔듯 '이익을 저울질할 줄 아는' 이성적 인간들입니다. 따라서, 범죄를 저질러서 얻을 이익보다 범죄를 저질러서 받는 형벌의 손해가 더 크다면 이성적 인간들은 범죄를 저지르지 않겠죠. 결국 범죄를 저지르면 자기한테 손해니까요!!

여기서 두 가지 디테일을 더 챙겨갈 수 있는데, 첫째는 베카리아가 '범죄로 (범죄자가) 얻는 이득'은 '공익이 입게 되는 손실'과 동일한 크기라고 보았다는 점입니다. 둘째는, A.3의 요지에 따라서 형벌은 '범죄로 얻을 수 있는 이득'보다 반드시 더 큰 손해를 입히도록 설계되어야 한다는 점입니다.

그리고 <이러한 손익 관계를 누구나 알 수 있도록> 처벌 체계는 명확히 성문법으로 규정되어야 하고, 그 집행의 확실성도 갖추어져야 한다. 결국 범죄를 가로막는 방벽으로 형벌을 바라보는 것이다.

'성문법'은 '문자로 적어 표현하고, 문서의 형식을 갖춘 법'을 말합니다. 법 관련 기출에 자주 등장하니 알아두시는 편이 좋습니다.

Q.4 그러면, 처벌 체계가 '성문법으로 규정'되고 '집행의 확실성'을 갖춰야 하는 이유는 무엇인가요?

A.4 일단, 문장의 앞부분에 나왔듯 '이러한 손익 관계를 누구나 알 수 있도록' 하기 위함입니다. '이러한 손익 관계'는, A.3에서 말한 것처럼 '범죄를 저지르면 이득보다는 손해가 더 크다'라는 사실을 말하는 것이고요. 이걸 알려주면, '이성적 존재'인 인간은 이익을 저울질해서 범죄를 저지르지 않을 것이기 때문에, 손익 관계를 모두에게 알리는 수단으로서 '성문법 규정', '집행의 확실성'이 필요한 것이죠. 이렇게 이해하면서 읽으려면, 첫 문단부터 논리를 확실히 파악하면서 그다음 내용들을 쭉 붙여서 읽는 것이 중요합니다.

따라서, '형벌'이 있고 형벌로 인한 손익 관계가 드러난다면, 이는 '방벽'처럼 범죄를 예방할 수 있게 되는 것입니다.

이 울타리의 높이↑는 <살인인지 절도인지 등에 따라> 달리해야 한다. 공익을 훼손한 정도↑에 비례해야 하는 것이다. 그것을 넘어서는 처벌은 폭압이며 불필요하다. 베카리아는 말한다. 상이한 피해를 일으키는 두 범죄에 동일한 형벌을 적용한다면 더 무거운 죄에 대한 억지력이 상실되지 않겠는가.

'이 울타리의 높이'는 앞선 '방벽'의 높이, 즉 형벌의 강도를 얘기하는 것입니다. 그리고 이는 항상 '공익을 훼손한 정도(=범죄로 이득을 얻은 정도)'에 비례해야 하며, 비례를 넘어서서는 안 됩니다. 뒤에 베카리아의 말을 이해하셨나요? 만약 살인을 한 사람한테도 10년을 구형하고, 폭행을 한 사람한테도 10년을 구형하면, 마음에 안 드는 사람을 한 대 때리느니 차라리 죽일 수도 있지 않을까요? 그래도 똑같이 10년을 감옥에 가는 것이니까요. 이런 상황을 방지하기 위해 베카리아는 각 범죄가 '공익을 훼손한 정도'에 비례해서 처벌이 이루어져야 한다고 주장하는 것입니다.

그는 <인간이 감각적인 존재라는 사실에 맞추어> 제도가 운용될 것을 역설한다. 가장 잔혹한 형벌도 계속 시행되다 보면 사회 일반은 그에 무디어져 마침내 그런 것을 봐도 옥살이에 대한 공포 이상을 느끼지 못한다.

앞선 얘기들이 인간은 이성적 존재라는 사실을 근거로 했다면, 여기는 인간이 감각적 존재라는 점을 근거로 하고 있습니다. 감각적 존재인 인간은 아무리 잔혹한 형벌을 해도, 그게 반복되다 보면 형벌의 잔혹한 정도만큼의 공포를 느끼지 못합니다. 이게 왜 문제일까요? 형벌로 인한 손해를 명확히 인지하지 못하게 되어, 형벌의 '예방'과 '억제' 목적을 달성할 수 없기 때문이죠.

인간의 정신에 크나큰 효과를 끼치는 것은 형벌의 강도가 아니라 지속이다. 죽는 장면의 목격은 무시무시한 경험이지만 그 기억은 일시적이고, 자유를 박탈당한 인간이 속죄하는 고통의 모습을 오랫동안 대하는 것이 더욱 강력한 억제 효과를 갖는다는 주장이다.

그래서, '강도'가 강한 잔혹한 형벌을 하기보다는 차라리 '지속적인' 형벌을 사람들에게 보여주는 것이 오히려 강력한 범죄 예방 효과가 있다고 제안합니다. 마냥 형벌이 강하기만 해서 범죄가 예방되는 것이 아니라, '지속'을 고려해서 적절한 형벌을 고안해야 한다는 주장입니다. '죽는 장면의 목격'은 '가장 잔혹한 형벌'의 재진술로 이해하면 자연스럽겠네요.

더욱 중요한 것을 지키기 위해 희생한 자유에는 무엇보다도 값진 생명이 포함될 수 없다고도 말한다.

여기는 이제 바로 위의 내용과는 좀 다른 내용입니다. 이 부분은 다시 1문단의 맥락하고 이어지는 것이죠. 사회의 모든 개인들은 자신의 자유를 일부 희생하는 대신 나머지 자유를 평안하게 누리고자 하는 것인데, 정작 그 개인을 형벌로 죽이게 되면 자유를 희생한 의미가 없어지잖아요. 이는 범죄자 역시도 국가에 자유를 양도한 개인이므로, 그의 생명은 함부로 뺏어서는 안 된다는 관점에서의 주장입니다.

1문단에서 말한 인간의 '이성적' 성격과 3문단에서 나온 '감각적' 성격이 모두 잔혹한 형벌(사형)을 반대하는 논거로 사용된다는 점도 파악하시면 좋을 것 같네요.

이처럼 베카리아는 <잔혹한 형벌을 반대하여> 휴머니스트로, <최대 다수의 최대 행복을 말하여> 공리주의자로, <자유로운 인간들 사이의 합의를 바탕으로 논의를 전개하여> 사회 계약론자로 이해된다.

이 지문에서 나온 베카리아의 주장, 논거들은 각각 휴머니스트적, 공리주의자적, 사회 계약론적으로 받아들여진다고 해요. 하나씩 대응시켜 볼까요? '잔혹한 형벌을 반대'한 부분은 3문단의 내용이고, '최대 다수의 최대 행복'을 말한 부분은 '법은 저마다의 행복을 증진시킬 때 가장 잘 준수되며, 전체 복리를 위해 법 위반자에게 설정된 것이 형벌'이라는 1문단의 내용입니다. '자유로운 인간들 사이의 합의를 바탕으로 논의를 전개'한 것은 역시 인간이 합의를 통해 자유의 일부를 떼어주어 국가의 주권을 구성했다는 1문단의 내용을 말하는 것이네요. 시험장에서는 여기까지 읽고 다시 위로 돌아가며 하나씩 느긋하게 대응하고 있어서는 안 되고, 이 부분을 딱 읽을 때 '아~ 그랬었지~' 하면서 넘길 수 있어야 합니다.

형법학에서도 형벌로 되갚아 준다는 응보주의를 탈피하여 장래의 범죄 발생을 방지한다는 일반 예방주의로 나아가는 토대를 세웠다는 평가를 받는다.

응보주의가 단순히 '잘못했으면 되갚아 줘야 한다'라는 보복의 수단으로 형벌을 바라봤다면, 우리가 본 베카리아는 범죄를 예방하고 억제하는 수단으로서 바라보며, 논리적으로 형벌의 필요성을 주장했습니다.

전체적으로 논리의 전개나 짜임새가 아주 훌륭한 지문이었다고 생각합니다. 생활과 윤리에서 비중 있게 다루는 철학자라서 일부 학생들이 배경지식을 가지고 풀 수 있었다는 점은 아쉽지만, 문제를 틀리지 않았더라도 이 해설을 몇 번 다시 읽어보며 논리 구조를 확실히 파악해보시기를 권합니다.

01 윗글에서 베카리아의 관점으로 보기 어려운 것은?

① 공동체를 이루는 합의가 유지되는 데는 법이 필요하다.
② 사람은 이성적이고 타산적인 존재이자 감각적 존재이다.
③ 개개인의 국민은 주권자로서 형벌을 시행하는 주체이다.
④ 잔혹함이 주는 공포의 효과는 시간이 흐르면서 감소한다.
⑤ 형벌권 행사의 범위는 양도된 자유의 총합을 넘을 수 없다.

> **정답 : ③**

개개인의 국민이 자유를 넘겨 주어 '주권'이 형성되고, '주권자'는 그것을 '위탁받아 관리'한다고 합니다. 국민으로부터 넘겨받는 것이니 '주권자'와 '국민'은 다름을 추론할 수 있겠습니다. 그리고, 개개인의 국민이 형벌을 시행하는 주체라는 얘기는 말도 안 되고, 지문에도 없던 내용이죠.

> **해설**

① '공동체를 이루는 합의'는 '자유의 일부를 떼어 주고 나머지 <u>자유의 몫을 평온하게 누리기로 합의</u>'한 것입니다. 1문단의 논리대로라면, 법을 통해 범죄를 예방하고 이러한 합의의 목적을 달성할 수 있습니다.
② 1문단에서는 인간의 '이성적'인 성격을, 3문단에서는 '감각적' 성격을 얘기했습니다. '타산적'이라는 어휘는 '자신에게 도움이 되는지를 따져 헤아리는 것'을 말하는데, 이는 '<u>이익을 저울질할 줄 아는</u>' 인간의 이성적 능력을 말하는 것입니다.
④ 3문단 두 번째 줄의 내용입니다. 따라서 범죄의 '강도'보다 '지속'이 더 중요하다고 베카리아는 주장합니다.
⑤ 1문단 마지막 줄의 내용이며, 해설에서 강조했듯, 주권자는 각 개인이 넘겨준 자유를 초과하는 형벌권 행사를 해서는 안 됩니다.

02 ㉠울타리(방벽, 형벌)에 대한 설명으로 적절하지 않은 것은?

① 재범을 방지하는 역할을 수행한다.
② 법률로 엮어 뚜렷이 알아볼 수 있도록 해야 한다.
③ 범죄가 유발하는 손실에 따라 높낮이를 정해야 한다.
④ 손익을 저울질하는 인간의 이성을 목적 달성에 활용한다.
⑤ 지키려는 공익보다 높게 설정할수록 방어 효과가 증가한다.

> **정답 : ⑤**

지키려는 공익보다 높게 설정해야 하는 것은 맞습니다. '<u>지키려는 공익</u>'='<u>범죄자가 범죄로 얻을 수 있는 이익</u>'을 말하는 것이고, 이것보다 형벌이 가하는 손해가 더 커야 범죄 예방 효과가 발생하죠. 이 선지에서 틀린 점은 '<u>할수록</u>'입니다. 울타리가 계속 높아진다고 해서(형벌의 강도가 계속 높아진다고 해서) 범죄 예방 효과가 계속 증가하는 것은 아니기 때문이죠. '비례'를 넘어서는 처벌을 베카리아가 반대했다는 점은 지문의 맥락을 파악하면서 읽었다면 쉽게 떠올렸을 듯합니다.

> **해설**

① '범죄자가 또다시 피해를 끼치지 못하도록 억제'한다는 지문에서의 형벌의 목적과 일치합니다.
② '성문법으로 규정'되어야 한다는 지문의 내용이고, 이래야 각 개인들이 이성적으로 '손익 관계'를 파악하여 범죄를 저지르지 않을 수 있습니다.
③ '공익을 훼손하는 정도'가 곧 '범죄가 유발하는 손실'이고, 이에 비례하게 높낮이를 정해야 합니다.
④ 해설에서 강조했듯, 손익을 저울질하는 인간의 이성을 근거로 형벌의 필요성을 주장하고 있습니다.

03 윗글을 바탕으로 베카리아의 입장을 추론한 내용으로 가장 적절한 것은?

① 형벌이 사회적 행복 증진을 저해한다고 보는 공리주의의 입장에서 사형을 반대한다.

② 사형은 범죄 예방의 효과가 없으므로 일반 예방주의의 입장에서 폐지되어야 한다고 주장한다.

③ 사형은 사람의 기억에 영구히 각인되는 잔혹한 형벌이어서 휴머니즘의 입장에서 인정하지 못한다.

④ 가장 큰 가치를 내어주는 합의가 있을 수 없다는 이유로 사회 계약론의 입장에서 사형을 비판한다.

⑤ 피해 회복의 관점으로 형벌을 바라보는 형법학의 입장에서 사형을 무기 징역으로 대체하는 데 찬성하지 않는다.

'사회 계약론의 입장'은 자유로운 인간들 사이의 합의를 전제하는 것이고, 이 합의는 각 개인이 자신의 자유 일부를 내어 주고 나머지 자유를 온전히 누리기 위한 것입니다. 따라서, 이성적인 인간의 합의라면 '나머지 자유'보다 내어 주는 자유가 더 커져서는 안 되는 것이고, '사형'처럼 개인에게 가장 큰 가치를 지닌 자유를 뺏는 형벌은 합리화될 수 없습니다.

① 베카리아는 형벌이 사회적 행복 증진을 일으킨다고 봅니다.

② 사형이 범죄 예방 효과가 '없다'고 주장한 적은 없습니다. 다만, 사형보다 지속적인 형벌이 더 효과적이라고 주장하여 사형이 불필요함을 주장한 것이죠.

③ 사형(가장 잔혹한 형벌)의 잔혹함은 감각적 인간에게는 영구히 각인되지 않습니다.

⑤ 2문단 첫 번째 줄과 같이, '피해 회복'은 불가능하다고 봅니다.

04 문맥상 ⓐ~ⓔ와 바꿔 쓰기에 적절하지 않은 것은?

① ⓐ: 향유(享有)하기로

② ⓑ: 단절(斷絕)하는

③ ⓒ: 둔감(鈍感)해져

④ ⓓ: 지대(至大)한

⑤ ⓔ: 수립(樹立)하였다는

'단절'은 지속되고 있던 어떠한 관계를 끊어버림을 가리키는 단어입니다. 한편 '가로막는'이란 표현은 범죄가 일어나는 것을 아예 예방하고 차단한다는 맥락에서 '방벽'을 수식하기에 더욱 적합하죠.

[1~6] 다음 글을 읽고 물음에 답하시오.

2024학년도 수능 **노자의 도**

(가)

『한비자』는 중국 전국 시대의 한비자가 제시한 사상이 ⓐ담긴 저작이다. 여러 나라가 패권을 다투던 혼란기를 맞아 엄격한 법치를 통해 부국강병을 꾀한 한비자는 『노자』에 대한 해석을 통해 자신의 법치 사상을 뒷받침했고, 이러한 면모는 『한비자』의 「해로」, 「유로」 등에서 확인할 수 있다.

『노자』에서 '도(道)'는 만물 생성의 근원으로 묘사된다. 도를 천지 만물의 존재와 본질의 근거라고 본 한비자의 이해도 이와 다르지 않다. 그는 자연과 인간 사회의 모든 현상은 도의 영향을 받지 않을 수 없다고 보고, 인간 사회의 일은 도에 따라 제대로 행했는가의 여부에 따라 그 성패가 드러나는 것이라고 이해했다.

한비자는 『노자』에 제시된 영구불변하는 도의 항상성에 대해 도가 천지와 더불어 영원히 존재한다는 것을 의미하는 것이지, 도가 모습과 이치를 일정하게 유지하는 것은 아니라고 이해했다. 그리고 도는 형체가 없을 뿐 아니라 일정하게 고정되어 있지 않기 때문에 때와 상황에 따라 유연하게 변화하는 것이라고 파악했다. 도가 가변성을 가지고 있어야 도가 일정한 곳에만 있지 않게 되고, 그래야만 도가 모든 사물의 존재와 본질의 근거가 될 수 있다고 파악한 것이다. 그는 도가 가변적이기 때문에 통치술도 고정되어서는 안 된다고 주장했다.

한편, 한비자는 도를 구체적인 사물과 사건에 내재한 개별 법칙의 통합으로 보고, 『노자』의 도에 시비 판단의 근거라는 새로운 의미를 부여했다. 항상 존재하는 도는 개별 법칙을 포괄하기 때문에 다양한 개별 사건의 시비를 판단하는 기준이 될 수 있고, 이러한 도에 근거해서 입법해야 다양한 사건을 판단할 수 있다고 본 것이다. 이러한 이해를 바탕으로 그는 만족을 모르는 인간의 욕망을 사회 혼란의 원인으로 지목한 『노자』의 견해에 동의하면서도, 『노자』에서처럼 욕망을 없애야 한다고 주장하지 않고 인간은 욕망을 필연적으로 가질 수밖에 없음을 지적하며 욕망을 제어하기 위해 법이 필요하다고 강조했다.

(나)

유학자들은 도를 인간 삶의 올바른 길을 의미하는 것이라고 보았다. 중국 송나라 이후, 유학자들은 이러한 유학의 도를 기반으로 현상 세계 너머의 근원으로서의 도가의 도에 주목하여 『노자』 주석을 전개했다.

혼란기를 거친 송나라 초기에 중앙집권화가 추진된 이후 정치적 갈등이 드러나면서 개혁의 분위기가 조성됐다. 이러한 분위기하에서 유학자이자 개혁 사상인인 왕안석은 『노자주』를 저술했다. 그는 『노자』의 도를 만물의 물질적 근원인 '기(氣)'라고 파악하고, 현상 세계에 앞서 존재하는 기의 작용에 의해 사물이 형성된다고 보았다. 그는 기가 시시각각 변화하듯 현상 세계도 변화한다고 이해했다. 인위적인 것을 제거해야만 도가 드러나고 인간 사회가 안정된다는 『노자』를 비판한 그는 자연과 달리 인간 사회의 안정을 위해서는 제도와 규범의 제정과 같은 인간의 적극적인 개입이 필요하다고 주장했다. 지혜와 덕이 뛰어난 사람이 제정한 사회 제도와 규범도 현실 사회의 변화에 따라 새롭게 해야 한다고 주장한 것이다. 『노자』의 이상 정치가 실현되려면 유학 이념이 실질적 수단으로 사용되어야 한다고 주장하는 등 왕안석은 『노자』를 유학의 실천적 측면과 결부하여 이해했다.

송 이후 원나라에 이르러 성행하던 도교는 유학과 불교 등을 받아들여 체계화되었지만, 오징에게는 주술적인 종교에 불과했다. ㉠유학자의 입장에서 그는 잘못된 가르침을 펴는 도교에 사람들이 빠지는 것을 경계했다. 그는 도교의 시조로 간주된 노자의 가르침이 공자의 학문과 크게 다르지 않음을 밝히고자 『도덕진경주』를 저술했다. 그는 도와 유학 이념을 관련짓는 구절을 추가하는 등 『노자』의 일부 내용을 바꾸고 기존 구성 체제를 재편했다. 『노자』의 도를 근원적인 불변하는 도로 본 그는 모든 이치를 내재한 도가 현실화하여 천지 만물이 생성된다고 이해했다. 이런 관점에서 그는 유학의 인의예지가 도의 쇠퇴 때문에 나타난 것이라는 『노자』와 달리 도가 현실화하여 드러난 것으로 해석하고, 인간이 마땅히 따라야 할 사회 규범과 사회 질서 체계도 도가 현실화한 결과로 파악했다.

원이 쇠퇴하고 명나라가 들어선 이후 유학과 도가 등 여러 사상이 합류하는 사조가 무르익는 가운데, 유학자인 설혜는 자신의 ㉡학문적 소신에 따라 『노자』를 주석한 『노자집해』를 저술했다. 그는 공자도 존중했던 스승이 노자이므로 노자 사상에 대한 오해를 불식해야 한다고 보았다. 그는 기존의 주석서가 『노자』의 진정한 의미를 제대로 밝히지 못했기 때문에 유학자들이 노자 사상을 이단으로 치부했다고 파악한 것이다. 다양한 경전을 인용하여 『노자』를 해석하면서 그는 『노자』의 도를 인간의 도덕 본성과 그것의 근거인 천명으로 이해하고, 본성과 천명의 이치를 탐구한다는 점에서 노자 사상과 유학이 다르지 않다고 보았다. 또한 그는 『노자』에서 인의 등을 비판한 것은 도덕을 근본으로 삼게 하기 위한 충고라고 파악했다.

01 (가), (나)에 대한 설명으로 가장 적절한 것은?

① (가)는 『한비자』의 철학사적 의의를 설명하고 『한비자』와 『노자』의 사회적 파급력을 비교하고 있다.

② (가)는 한비자가 추구한 이상적인 사회를 소개하고 그 실현을 위해 『노자』를 수용한 입장의 한계를 설명하고 있다.

③ (나)는 특정 개념을 중심으로 『노자』에 대한 여러 학자의 견해를 시간의 흐름에 따라 제시하고 있다.

④ (나)는 여러 유학자가 『노자』를 해석한 의도를 각각 제시하고 그 차이로 인해 발생한 학자 간의 이견을 절충하고 있다.

⑤ (가)와 (나)는 모두, 『노자』에 대해 다양한 시각에서 제시된 비판이 심화되는 과정을 구체적 사례와 함께 설명하고 있다.

02 (가)에 제시된 한비자의 견해로 적절하지 <u>않은</u> 것은?

① 사건의 시비에 따라 달라지는 도에 근거하여 법이 제정되어야 한다.

② 인간은 무엇을 가지거나 누리고자 하는 마음에서 벗어날 수 없다.

③ 도는 고정된 모습 없이 때와 형편에 따라 변화하며 영원히 존재한다.

④ 인간 사회의 흥망성쇠는 사람이 도에 따라 올바르게 행하였는가의 여부에 좌우되는 것이다.

⑤ 도는 만물의 근원이면서 동시에 현실 사회의 개별 사물과 사건에 내재한 법칙을 포괄하는 것이다.

03 ㉠과 ㉡에 대한 이해로 가장 적절한 것은?

① ㉠은 유학 덕목의 등장을 긍정적으로 평가한 『노자』의 견해를 수용하는, ㉡은 유학 덕목에 대한 『노자』의 비판에 담긴 긍정적 의도를 밝히려는 것으로 표출되었다.

② ㉠은 유학에 유입되고 있는 주술성을 제거하는, ㉡은 노자 사상이 탐구하는 대상에 대한 이해를 근거로 노자 사상과 유학의 공통점을 제시하려는 것으로 표출되었다.

③ ㉠은 유학의 가르침을 차용한 종교가 사람들을 현혹하는 상황에 대응하는, ㉡은 『노자』를 해석한 경전들을 참고하여 유학 이론의 독창성을 밝히려는 것으로 표출되었다.

④ ㉠은 유학을 노자 사상과 연관 지어 유교적 사회 질서의 정당성을 확인하는, ㉡은 유학에서 이단으로 치부하는 사상의 진의를 밝혀 오해를 바로잡으려는 것으로 표출되었다.

⑤ ㉠은 특정 종교에서 추앙하는 사상가와 유학 이론의 관련성을 제시하는, ㉡은 유학의 사상적 우위를 입증하여 다른 학문을 통합할 수 있는 근거를 제시하려는 것으로 표출되었다.

04 (나)의 왕안석과 오징의 입장에서 다음의 ㄱ~ㄹ에 대해 판단한 것으로 가장 적절한 것은?

> ㄱ. 도는 만물을 통해 드러나는 것이지 만물에 앞서서 존재하는 것은 아니다.
>
> ㄴ. 인간 사회의 규범은 이치를 내재한 근원적 존재인 도가 현실에 드러난 것이다.
>
> ㄷ. 도는 현상 세계의 너머에만 머물러 있지 않고 세상일과 유기적으로 관련되는 것이다.
>
> ㄹ. 도가 변화하듯이 현상 세계가 변하니, 현실 사회의 변화에 따라 인간 사회의 규범도 변해야 한다.

① 왕안석은 ㄱ에 동의하지 않고 ㄴ에 동의하겠군.

② 왕안석은 ㄴ과 ㄹ에 동의하겠군.

③ 왕안석은 ㄷ에 동의하고 ㄹ에 동의하지 않겠군.

④ 오징은 ㄱ과 ㄹ에 동의하지 않겠군.

⑤ 오징은 ㄴ에 동의하고 ㄷ에 동의하지 않겠군.

05 <보기>를 참고할 때, (가), (나)의 사상가에 대한 왕부지의 평가로 적절하지 <u>않은</u> 것은? [3점]

> ─── <보기> ───
>
> 　청나라 초기의 유학자 왕부지는 『노자』의 본래 뜻을 드러내어 노자 사상을 비판하고자 『노자연』을 저술했다. 노자 사상의 비현실성을 드러내어 유학의 실용적 가치를 부각하고자 했던 그는 기존의 『노자』 주석서가 노자 사상이 아닌 사상을 기준으로 삼았기 때문에 『노자』뿐만 아니라 주석자의 사상마저 왜곡했다고 비판했다. 『노자』에서 아무런 행동을 하지 않아도 천하가 다스려진다고 한 것 등을 비판한 그는, 『노자』에서처럼 단순히 인간의 이기적 욕망을 없애는 것이 아니라 사회 질서 유지를 위해 유학 규범을 활용해야 한다고 강조했다.

① 왕부지는 인간의 욕망에 대한 『노자』의 대응 방식을 부정적으로 보았으므로, (가)의 한비자가 『노자』와 달리 사회에 대한 인위적 개입이 필요하다고 한 것에 대해서는 수긍하겠군.

② 왕부지는 『노자』에 제시된 소극적인 삶의 태도를 부정적으로 보았으므로, (나)의 왕안석이 사회 제도에 대한 『노자』의 견해를 비판하며 유학 이념의 활용을 주장한 것은 긍정하겠군.

③ 왕부지는 『노자』의 본래 뜻을 파악해야 한다고 보았으므로, (나)의 오징이 『노자』를 주석하면서 자신의 이해에 따라 원문의 구성과 내용을 수정한 것이 잘못이라고 보겠군.

④ 왕부지는 주석자가 유학을 기준으로 『노자』를 이해하면 주석자의 사상도 왜곡된다고 보았으므로, (나)의 오징이 유학의 인의예지를 『노자』의 도가 현실화한 것으로 본 것을 비판하겠군.

⑤ 왕부지는 『노자』에 담긴 비현실성을 드러내야 한다고 보았으므로, (나)의 설혜가 기존의 『노자』 주석서들을 비판하며 드러낸 학문적 입장이 유학의 실용적 가치를 부각한다고 보겠군.

06 ⓐ와 문맥상 의미가 가장 가까운 것은?

① 과일이 접시에 예쁘게 <u>담겨</u> 있다.
② 상자에 탁구공이 가득 <u>담겨</u> 있다.
③ 시원한 계곡물에 수박이 <u>담겨</u> 있다.
④ 화폭에 봄 경치가 그대로 <u>담겨</u> 있다.
⑤ 매실이 설탕물에 한 달째 <u>담겨</u> 있다.

01	02	03	04	05	06
③	①	④	④	⑤	④

(가)
『한비자』는 <중국 전국 시대의> 한비자가 제시한 사상이 담긴 저작이다.

시공간적 배경은 '중국 전국 시대'이고, 지문에서 처음으로 설명하는 사상가는 '한비자'입니다. 인물 이름과 배경만 체크하고 바로 다음 문장으로 넘어갑시다.

지문엔 없는 내용이지만, 사실 『한비자』는 '한비자'가 100% 혼자 쓴 책은 아니라고 알려져 있습니다. 다만 이 지문에선 '한비자'의 사상이 담긴 저작이 『한비자』라고 제시되었으니, '한비자의 사상'=『한비자』로 생각하고 읽어도 무방합니다. 다른 지문들에서 어떤 학자와 그 학자가 쓴 책 제목이 번갈아 나오는 경우, 자기 생각과 자기 책 내용이 다른 경우는 거의 없으니, 보통은 둘을 같다고 보아도 괜찮습니다.

(1) <여러 나라가 패권을 다투던 혼란기를 맞아> <엄격한 법치를 통해> 부국강병을 꾀한 한비자는

(2) <『노자』에 대한 해석을 통해> 자신의 법치 사상을 뒷받침했고,

(3) 이러한 면모는 『한비자』의 「해로」, 「유로」 등에서 확인할 수 있다.

한 문장이지만, 길고 중요하니 셋으로 나눠서 천천히 읽어봅시다.

(1) '여러 나라가 패권을 다투던 혼란기'가 시간적 배경으로 제시되었는데, 이는 앞서 나온 '중국 전국 시대'의 재진술이자, '중국 전국 시대'가 어떤 시기인지를 설명하는 것입니다.

'전국 시대'라는 <u>혼란기</u>는 한비자가 자신의 사상을 전개하게 된 이유가 됩니다. 혼란한 시기니까, '엄격한 법치'로 혼란을 잠재우고 '부국강병'을 꿈꾼 것이죠.

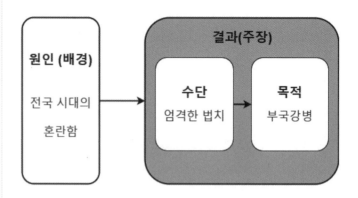

(2) 여기서 근거가 된 것이 『노자』의 해석입니다.
Q.1 그럼 『노자』를 통해 뒷받침된 '법치 사상'은 무엇일까요?

A.1 '엄격한 법치를 통해 부국강병을 꾀하겠다'라는, 바로 앞부분의 내용이 그 '법치 사상'의 내용입니다. '사상'은 하나의 총체적인 생각을 말하는 것이니, 한비자가 가지고 있는 법치에 대한 총체적인 생각은 앞의 내용일 수밖에 없죠.

그런데 이런 '엄격한 법치'가 『노자』에 대한 해석'에 의해 뒷받침된다면, 한비자의 『노자』 해석은 '엄격한 법치'와 이어지는 부분이 있겠네요. 뒤의 내용에서 이 둘이 어떻게 연결되는지 확인하는 것이 포인트일 겁니다.

(3)은 별 내용 없네요. 맥락상 「해로」, 「유로」는 『한비자』의 한 부분이나 챕터 정도겠죠?

『노자』에서 '도(道)'는 만물 생성의 근원으로 묘사된다. 도를 천지 만물의 존재와 본질의 근거라고 본 한비자의 이해도 이와 다르지 않다.

그럼 우리는 노자와 한비자가 어떻게 연결되는지에 주의해서 읽어야 합니다. 글에서 제시된 노자의 '도'는 '만물 생성의 근원'입니다. 한비자의 이해도 '이와 다르지 않다'고 하니, '만물 생성의 근원'='천지 만물의 존재와 본질의 근거'로 받아들여서 읽으면 되겠습니다.

그는 자연과 인간 사회의 모든 현상은 도의 영향을 받지 않을 수 없다고 보고,

Q.2 한비자의 입장에서, 왜 모든 현상은 도의 영향을 받을까요?

A.2 앞 문장에서 말했듯, 한비자와 노자는 모두 '도'를 만물의 근원, 근거로 이해합니다. 그렇다면 '자연과 인간 사회의 모든 현상=만물'의 근거는 '도'라는 얘기니, '도'의 영향을 받지 않는 것은 없겠죠.

지금 네모 박스로 표시하고 있는 것들은 모두 문맥상 동의어입니다! 거시독해를 통해 읽었다면, 같은 말이 계속 반복되는 지문으로 파악하고 읽을 수 있었을 거예요.

인간 사회의 일은 도에 따라 제대로 행했는가의 여부에 따라 그 성패가 드러나는 것이라고 이해했다.

모든 것의 근간이 '도'이니, 어떤 일의 성공과 실패도 '도'에 따랐는지, 따르지 않았는지가 근거가 된다는 것입니다.

한비자는 『노자』에 제시된 영구불변하는 도의 항상성에 대해 도가 천지와 더불어 영원히 존재한다는 것을 의미하는 것이지, 도가 모습과 이치를 일정하게 유지하는 것은 아니라고 이해했다.

『노자』는 '도'가 항상성을 지닌다고 했는데, 한비자는 『노자』가 '도'가 영원히 존재한다는 것을 의미했을 뿐, 변화 없이 일정하게 유지된다는 얘기는 아니라고 이해했습니다. 즉, 영원하긴 하지만 변화가 없는 건 아니라는 얘기죠.

'항상성'의 사전적 의미는 '상태를 일정하게 유지하는 성질'이니, 이 지문의 '도의 항상성'과는 의미상 차이가 있네요. 이처럼 인문 지문에서는 사전적 의미와 다르게 어휘가 사용될 수 있으니, 문맥에서의 의미를 파악하며 읽어야 합니다.

그리고 도는 형체가 없을 뿐 아니라 일정하게 고정되어 있지 않기 때문에 때와 상황에 따라 유연하게 변화하는 것이라고 파악했다.

때와 상황에 따라서 그에 맞춰 변화한다는 것도, 결국은 '도가 모습과 이치를 일정하게 유지하는 것은 아니라고' 본 것을 재진술한 내용

일 뿐입니다. 이것 역시 앞 문장의 재진술이네요.

재진술만 파악하고 이 문장을 넘겨도 실전에서는 90점 이상의 독해를 해낸 것이지만, '도는 형체가 없다', '도는 고정되어 있지 않다'와 같은 '도'의 세부 정보, 특징도 파악하면서 읽었다면 100점 이상의 독해라고 볼 수 있습니다.

도가 가변성을 가지고 있어야 도가 일정한 곳에만 있지 않게 되고, 그래야만 도가 모든 사물의 존재와 본질의 근거가 될 수 있다고 파악한 것이다. 그는 도가 가변적이기 때문에 통치술도 고정되어서는 안 된다고 주장했다.

이전 문장들 사이의 유기적 연결이 종합되고, 정교한 논리가 사용된 예술적인 부분입니다.

첫 문장은 앞 문장의 내용, '도'가 '때와 상황에 따라 유연하게 변화'한다고 본 이유를 설명합니다. 여기서 가변성은 '때와 상황에 따라 유연하게 변화'하는 성질을 말하는 문맥상 동의어겠죠.

한비자가 이런 가변성을 주장한 이유는, 앞서 '도'를 천지 만물의 존재와 본질의 근거라고 보았기 때문입니다. 모든 것의 근거가 되려면, 모든 것에 있을 수 있게 가변성을 가져야 한다는 주장이죠. 두 번째 문장까지 정리하자면 다음과 같습니다.

도는 천지 만물의 존재와 본질의 근거이다.
→ 도는 일정한 곳에만 있어서는 안 된다.
→ 도는 가변성이 있다.
→ 통치술은 고정되어서는 안 된다.

이 부분의 마지막에 한비자는 도의 가변성을 근거로 통치술이 고정되어서는 안 된다는 주장을 펼칩니다.

Q.3 도의 가변성은 어떻게 통치술이 고정되어서는 안 된다는 주장으로 이어질까요?

A.3 앞서 '인간 사회의 일은 도에 따라 제대로 행했는가의 여부에 따라 그 성패가 드러나는 것'이라고 했습니다. 통치술 역시 인간 사회의 일이니, 도에 따라서 해야겠죠. 그런데 도가 변하면, 그에 따르는 통치술도 당연히 변해야 하는 겁니다. 즉, 도가 가변적이므로 통치술도 가변적이어야 하는 것이죠.

바로 직전까지의 문장과, 전 문단의 내용을 엮어서 읽어야 '통치술은 고정되어서는 안 된다'는 주장의 근거를 파악할 수 있었습니다. 논

리적 연계가 아주 두드러지는 부분이었어요.

> 한편, 한비자는 도를 구체적인 사물과 사건에 내재한 개별 법칙의 통합으로 보고, 『노자』의 도에 시비 판단의 근거라는 새로운 의미를 부여했다.

'도'가 '구체적인 사물과 사건에 내재한 개별 법칙의 통합'이라는 설명이 다소 난해하게 읽혀서, 실전이라면 머리를 한 대 맞은 느낌이 들었을 수도 있습니다. 그러나, '도'가 '시비 판단의 근거'라는 내용은 앞의 내용으로 추론 가능한 것이었죠. '인간 사회의 일은 도에 따라 제대로 행했는가의 여부에 따라 그 성패가 드러나는 것'이라 했으니, 도에 따랐냐 따르지 않았냐가 성공과 실패의 근거인 것이고, 그게 곧 '시비 판단의 근거'와 같은 의미인 겁니다.

'도'가 '구체적인 사물과 사건에 내재한 개별 법칙의 통합'이라는 것은 다음과 같이 나누어 읽으면 됩니다.
  1. 구체적인 사물과 사건마다 개별적인 법칙이 존재한다.
  2. 그 개별 법칙을 전부 포함하는 법칙이 '도'이다.

한비자에 따르면 모든 법칙은 '도'에 의해 통합되므로, 만물의 법칙을 파악하고 판단하기 위해서 '도'만 알면 되겠네요. '도'가 시비 판단의 근거가 될 수 있는 이유도 이것 때문입니다.

> 항상 존재하는 도는 <개별 법칙을 포괄하기 때문에> 다양한 개별 사건의 시비를 판단하는 기준이 될 수 있고, <이러한 도에 근거해서 입법해야> 다양한 사건을 판단할 수 있다고 본 것이다.

'도'가 항상 존재한다는 것은 앞서 나온 '도의 항상성'을 말하는 것이고, '개별 법칙을 포괄'한다는 것은 앞 문장의 '개별 법칙의 통합'과 같은 말이네요. 이렇게 항상 존재하는 도가 개별적인 모든 사건들에 대한 개별적인 법칙을 통합한 것이니까, 어떤 개별 사건의 시비를 판단하든 '도'만 기준으로 삼으면 되는 겁니다. 또, '입법'이 '도'에 근거한다면, 그로써 만들어진 법도 모든 사건들을 적절하게 판단할 수 있겠죠.

지금까지 한비자가 말한 '도'의 특성은 다음과 같습니다.
  1. 만물 생성의 근원임.
  2. 도는 영원히 존재하지만, 가변성을 지님.
  3. 도는 모든 개별 법칙을 통합한 것임.
  4. 인간 사회의 법, 기준도 '도'에 근거해야 함.

이 네 특성이 각각 분리된 것이 아니라, 하나의 맥락으로 이어지므

로 한 특성이라도 놓쳐서는 안되겠습니다.

> 이러한 이해를 바탕으로 그는 만족을 모르는 인간의 욕망을 사회 혼란의 원인으로 지목한 『노자』의 견해에 동의하면서도, 『노자』에서처럼 욕망을 없애야 한다고 주장하지 않고 인간은 욕망을 필연적으로 가질 수밖에 없음을 지적하며 욕망을 제어하기 위해 법이 필요하다고 강조했다.

지금까지는 『노자』와 『한비자』의 공통점, 한비자가 해석한 『노자』의 내용이 주로 나왔다면, 여기서는 공통점과 차이점이 동시에 제시되고 있으니 주의해야 합니다.

한비자는 노자와 마찬가지로 욕망이 혼란의 원인이라는 것에 동의합니다. 그러나 욕망이 '필연적'이라고 본다는 점에서 노자와 구분되는 것이죠. 욕망을 필연적인 것으로 보니, 욕망을 없애자고 주장하지도 않습니다. 욕망은 없앨 수 없고, 당연히 존재하는 것이니까요. 그 대신, 욕망을 법으로 제어함으로써 사회의 혼란을 줄이자고 주장하는 겁니다.

첫 문단은 이랬습니다.

> 여러 나라가 패권을 다투던 혼란기를 맞아 엄격한 법치를 통해 부국강병을 꾀한 한비자

(가) 첫 문단의 내용이 (가) 마지막 문장에 와서 반복되고, 부연되는 겁니다. 당시는 '혼란기'였고, 한비자는 이런 혼란이 '욕망' 때문이라고 보았으며, '엄격한 법치'로 욕망을 제어하여 혼란을 극복하려 했던 것이죠.

(나)
> 유학자들은 도를 인간 삶의 올바른 길을 의미하는 것이라고 보았다. <중국 송나라 이후>, 유학자들은 <이러한 유학의 도를 기반으로> <현상 세계 너머의 근원으로서> 도가의 도에 주목하여 『노자』 주석을 전개했다.

(나)에서도 (가)와 마찬가지로 '도'라는 키워드가 유지됩니다. 그렇다면 반드시 (가), (나)에 나타난 여러 학자들이 생각하는 '도'의 공통점과 차이점을 묻는 문제가 등장할 테니, 앞서 나온 한비자, 노자의 '도'와 비교하면서 읽어야겠네요. 또, '송나라 이후'라는 시간적 배경도 유의해야겠어요.

(나)에 나타날 학자들은 '유학자'라는 카테고리 안에 있나봅니다. 이들이 생각한 '도'는 '인간 삶의 올바른 길'이라는데, 여기까지만 읽었을 때는 앞서 한비자가 '도'를 시비 판단의 근거로 본 것과 크게 다른 맥락은 아닌 것처럼 보여요. '현상 세계 너머의 근원'이라는 표현은 다소 생소하지만, '도'가 무언가 '근원'이라는 말은 (가)의 '만물 생성의 근원'이라는 표현과 같은 뜻처럼 보입니다. '현상 세계 너머'가 무슨 뜻인지에 대해서는 약간의 의문을 가진 채 다음 문장으로 넘어갈 듯합니다.

다만 '유학의 도'와 '도가의 도'가 구분되어 제시되었다는 점에서, 이 둘의 공통점과 차이점은 반드시 나타날 것입니다. 이에 주의합시다.

<혼란기를 거친 송나라 초기에> <중앙집권화가 추진된 이후> <정치적 갈등이 드러나면서> 개혁의 분위기가 조성됐다.

'정치적 갈등'이라는 원인, 동기로 인해 '개혁'의 분위기가 조성되었습니다. 이 글의 키워드는 '도'였으니, 유학자들이 말하는 '도'가 이러한 개혁과 어떠한 연관을 가질지 생각하며 읽어볼 수 있습니다.

이러한 분위기하에서 유학자이자 개혁 사상가인 왕안석은 『노자주』를 저술했다.

'유학자'이니 유학의 도와 관련한 입장을 펼칠 것이고, '개혁 사상가'이니 정치적 갈등을 해소하는 방안을 제시할 것입니다. 이 둘에 집중해서 읽어봅시다!

그는 『노자』의 도를 만물의 물질적 근원인 '기(氣)'라고 파악하고, <현상 세계에 앞서 존재하는> 기의 작용에 의해 사물이 형성된다고 보았다.

왕안석은 '도'='기'라고 봤다고 합니다. 그러면 왕안석의 입장에서 '기'의 특징이 서술된 것은 전부 '도'의 특징이겠네요.

'도'가 '만물의 물질적 근원'이라는 얘기는 (가)에서 정말 많이 반복되었습니다. 유학자인 왕안석의 입장에서도 그 내용은 일치합니다. 이처럼 (가)-(나) 지문은 언뜻 다른 두 지문을 병렬적으로 나열한 것 같지만, 실제로는 두 내용이 하나의 맥락으로 이어집니다. 문제 역시 (가)와 (나)를 연결하는 문제들이 많기에, 둘을 한 번에 읽으면서 그 내용을 관통하는 고리를 찾는 것이 중요해요.

더불어, 아까는 '도=기'가 '현상 세계 너머의 근원'이라고 했는데, 여기서는 '현상 세계에 앞서 존재'하며, '사물을 형성'시킨다고 하네요. 그러니까 '도=기'는, 현상 세계 바깥에 있으면서 또 현상 세계보다 먼저 존재한다는 겁니다. 생각해보면, 현상 세계에 있는 만물의 원인이 되기 위해서는 현상 세계보다 먼저 존재해야 하는 것이 당연한 것 같기도 하네요.

'사물을 형성'시킨다는 얘기는 곧 사물의 '근원'이라는 얘기와 마찬가지이므로, 이 둘도 동의어로 파악할 수 있습니다.

그는 기가 시시각각 변화하듯 현상 세계도 변화한다고 이해했다.

'도=기'가 변화한다는 얘기는 아까 한비자가 도의 가변성을 주장한 것과 마찬가지 논리네요. 한비자는 도가 변하므로 통치술도 변해야 한다고 주장했다면, 왕안석은 도가 변하므로 현상 세계도 변한다고 주장합니다. 도가 현상 세계에 있는 만물의 근원이므로, 도의 변화에 따라 현상 세계가 변화한다는 발상은 자연스러워 보입니다.

<인위적인 것을 제거해야만> 도가 드러나고 인간 사회가 안정된다는 『노자』를 비판한 그는 <자연과 달리> <인간 사회의 안정을 위해서는> (제도와 규범의 제정과 같은) 인간의 적극적인 개입(=인위적인 것)이 필요하다고 주장했다. 지혜와 덕이 뛰어난 사람이 제정한 사회 제도와 규범도 현실 사회의 변화에 따라 새롭게 해야 한다고 주장한 것이다.

노자와 달리, 왕안석은 인위적인 것이 필요하다고 주장합니다. 제도와 규범을 통해 안정을 추구한다는 점에서 한비자의 입장과 유사하네요. 또, 도가 변화하는 것처럼 제도와 규범도 변화해야 한다는 점 역시 한비자와 일치합니다.

'자연과 달리'라는 어구도 주목할 필요가 있는데, 왕안석도 자연에 대해서는 인위적인 것을 제거해야 한다고 보았다는 정보를 주는 어구이기 때문이죠. 가끔 평가원이 문제를 치사하게 내면 저런 부분을 출제하기 때문에, 지문의 디테일을 놓치지 않을 필요가 있습니다.

<『노자』의 이상 정치가 실현되려면> 유학 이념이 실질적 수단으로 사용되어야 한다고 주장하는 등 왕안석은 『노자』를 유학의 실천적 측면과 결부하여 이해했다.

왕안석은 노자의 이상 정치를 지향점으로 인정하면서도, 그러한 이

상 정치가 이뤄지려면 유학 이념이 수단으로 사용되어야 한다고 주장합니다. 맥락상 '유학의 실천적 측면'은 제도와 규범으로써 인간 사회에 개입하는 태도를 말하는 것처럼 보이네요.

> <송 이후 원나라에 이르러 성행하던> 도교는 유학과 불교 등을 받아들여 체계화되었지만, 오징에게는 주술적인 종교에 불과했다. 유학자의 입장에서 그는 잘못된 가르침을 펴는 도교에 사람들이 빠지는 것을 경계했다.

시공간적 배경은 '원나라' 시기이고, '도교'라는 키워드가 제시됩니다. 도교의 시조가 노자라는 사실을 모르면 다소 뜬금없게 느껴질 수 있겠지만, 이는 추후 설명이 나오므로 일단은 도교가 유학과 불교를 받아들였다는 정보를 입력합시다. '오징'이라는 유학자는 이 '도교'를 주술적인 종교로 인식했고, 사람들이 그에 빠지는 것을 경계한다는 동기를 가졌어요. 그럼 오징의 이후 주장은 '도교의 잘못된 가르침'에 사람들이 빠지지 않게 하기 위한 것일 텝니다.

> 그는 <도교의 시조로 간주된> 노자의 가르침이 공자의 학문과 크게 다르지 않음을 밝히고자 『도덕진경주』를 저술했다. 그는 도와 유학 이념을 관련짓는 구절을 추가하는 등 『노자』의 일부 내용을 바꾸고 기존 구성 체제를 재편했다.

오징은 '도교'에 사람들이 빠지는 것을 막기 위해, 사람들이 도교의 시조로 간주하는 노자의 가르침은 사실 공자의 학문과 다르지 않다고 주장합니다.
여담이지만 평가원은 유교, 유학이 공자의 가르침을 기반으로 한다는 점을 당연히 알아야 하는 상식으로 간주한 듯합니다. 만약 이를 몰랐다면, '도와 유학 이념을 관련짓는' 오징이 '노자와 공자'를 관련지으려 하고 있으니, 도-노자, 유학-공자로 추론할 수도 있었습니다.

오징은 노자와 공자의 공통점을 강조하기 위한 새 구절을 추가하고, 내용도 바꿨다네요. 『도덕진경주』에 나타난 노자의 사상은 『노자』 텍스트 원본과는 꽤 차이가 있으리라는 점을 생각해 볼 수 있습니다.

> 『노자』의 도를 <근원적인 불변하는> 도로 본 그는 <모든 이치를 내재한> 도가 현실화하여 천지 만물이 생성된다고 이해했다.

'근원적인 불변하는'에 반드시 주목했어야 합니다. '도'를 근원적인 것, 만물 생성의 근거로 본 점은 이전의 한비자, 왕안석과 마찬가지입

니다. 그러나 '도'가 불변한다고 본 것은 그 둘과 다르네요. 이런 공통/차이 비교는 반드시 선지로 나오는 부분이니, 읽으면서부터 문제로 나올 것을 의식해야 합니다.

> 이런 관점에서 그는 <유학의 인의예지가 도의 쇠퇴 때문에 나타난 것이라는 『노자』와 달리> 도가 현실화하여 드러난 것으로 해석하고, 인간이 마땅히 따라야 할 사회 규범과 사회 질서 체계도 도가 현실화한 결과로 파악했다.

요즘 수능 국어에는 이런 서술 방식이 자주 사용됩니다.

"X라는 A와는 달리 B는 ~X이다."
이때 둘이 대조되는 것도 중요하지만, A의 주장과 B의 주장을 분리하여 파악하는 것이 중요합니다.

위 문장에서는, 『노자』가 '유학의 인의예지'를 '도의 쇠퇴 때문에 나타난 것'으로 본다는 정보와, 오징은 '사회 규범과 사회 질서 체계', 즉 '인의예지'를 도가 현실화된 결과로 본다는 정보 모두를 저장해야겠죠.

> <원이 쇠퇴하고 명나라가 들어선 이후> 유학과 도가 등 여러 사상이 합류하는 사조가 무르익는 가운데, 유학자인 설혜는 자신의 학문적 소신에 따라 『노자』를 주석한 『노자집해』를 저술했다.

시간적 배경은 다시 원이 쇠퇴한 이후로 옮겨갔습니다. 지금 (나)는 순차적인 시기별로 여러 유학자들이 『노자』를 해석한 방식을 소개하는 구성을 보입니다. 이런 구조의 글에서는, 각 시기의 특징을 그 학자의 주장과 엮어서 이해하는 태도가 필요합니다. 여기서는 '유학과 도가 등 여러 사상이 합류하는' 시기의 학자가 등장하므로, 유학이 아닌 다른 학문, 가령 『노자』의 사상 등에도 보다 친화적인 입장이 나타나리라고 예상해볼 수 있겠습니다.

> 그는 <공자도 존중했던 스승이 노자이므로> 노자 사상에 대한 오해를 불식해야 한다고 보았다. 그는 기존의 주석서가 <『노자』의 진정한 의미를 제대로 밝히지 못했기 때문에> 유학자들이 노자 사상을 이단으로 치부했다고 파악한 것이다.

유학자로서 설혜가 『노자』를 긍정하는 근거는, 유학의 시조인 공자도 노자를 존중했다는 점입니다. 그는 또한 기존의 주석서, 가령 『도덕진경주』 같은 책들이 『노자』를 제대로 이해하지 못했다고 말합니다.

다양한 경전을 인용하여 『노자』를 해석하면서 그는 『노자』의 도를 인간의 도덕 본성과 그것의 근거인 천명으로 이해하고, <본성과 천명의 이치를 탐구한다는 점에서> 노자 사상과 유학이 다르지 않다고 보았다. 또한 그는 『노자』에서 인의 등을 비판한 것은 도덕을 근본으로 삼게 하기 위한 충고라고 파악했다.

설혜는 '도'='천명'으로 보았는데, '천명'은 인간의 도덕 본성 자체이면서, 그것의 근거이기도 합니다. 그렇다면 『노자』가 '도'를 탐구하는 것은 곧 '본성'과 '천명'을 탐구하는 것이므로, 이 점에서 유학과 동일하다고 본 것이죠. 『노자』가 '인의'를 비판했다는 점은 앞서 오징을 설명하는 부분에 나온 내용인데, 설혜는 그 의도가 도덕을 근본으로 삼게 하기 위한 것이라고 보며 변호합니다.

조금 더 나가보면, 유학이 탐구하는 것은 '도덕 본성'과 '천명의 이치'임을 알 수 있습니다. 이때 '도덕 본성'은 사전적 의미 그대로, 인간이 태어나면서부터 가지고 있는 본성으로서의 도덕을 말하는 것이죠. 그러나 '인의'는 인위적인 개념이자 사회 규범이고, 이러한 점에서 '도덕 본성'과 구분되는 겁니다. 인위적인 것을 싫어했던 노자는 당연히 인의를 부정적으로 바라보았고, 인의를 주장하는 유학자로서 오징은 노자를 비판했습니다. 그러나 설혜는 '도덕 본성'과 '인의'를 모두 긍정하는 입장에서, 노자의 사상을 '인의'보다 '도덕 본성'이 더 근본적이라고 해석한 것이죠.

01 (가), (나)에 대한 설명으로 가장 적절한 것은?

① (가)는 『한비자』의 철학사적 의의를 설명하고 『한비자』와 『노자』의 사회적 파급력을 비교하고 있다.

② (가)는 한비자가 추구한 이상적인 사회를 소개하고 그 실현을 위해 『노자』를 수용한 입장의 한계를 설명하고 있다.

③ (나)는 특정 개념을 중심으로 『노자』에 대한 여러 학자의 견해를 시간의 흐름에 따라 제시하고 있다.

④ (나)는 여러 유학자가 『노자』를 해석한 의도를 각각 제시하고 그 차이로 인해 발생한 학자 간의 이견을 절충하고 있다.

⑤ (가)와 (나)는 모두, 『노자』에 대해 다양한 시각에서 제시된 비판이 심화되는 과정을 구체적 사례와 함께 설명하고 있다.

정답 : ③

'도'라는 특정 개념이 중심으로 서술되었고, 송나라, 원나라, 명나라로 시간이 흐름이 따라 달라진 유학자들의 견해가 제시되었습니다.

해설

① 『한비자』의 철학사적 의의도 딱히 서술된 바 없으며, 『한비자』와 『노자』의 사회적 파급력을 비교한 내용은 더더욱 없습니다.

② 한비자가 추구한 이상적인 사회가 소개되었다고 보기 어려우며, 한계는 나와 있지 않습니다.

④ 각각의 유학자가 『노자』를 해석한 의도는 나타나 있으나, 이견을 절충하는 부분은 없습니다.

⑤ 비판이 나타나긴 하지만, 마지막 설혜는 비판보다는 옹호를 보여주고 있으므로, 비판이 심화되고 있다고 볼 수는 없습니다.

02 (가)에 제시된 한비자의 견해로 적절하지 않은 것은?

① 사건의 시비에 따라 달라지는 도에 근거하여 법이 제정되어야 한다.

② 인간은 무엇을 가지거나 누리고자 하는 마음에서 벗어날 수 없다.

③ 도는 고정된 모습 없이 때와 형편에 따라 변화하며 영원히 존재한다.

④ 인간 사회의 흥망성쇠는 사람이 도에 따라 올바르게 행하였는가의 여부에 좌우되는 것이다.

⑤ 도는 만물의 근원이면서 동시에 현실 사회의 개별 사물과 사건에 내재한 법칙을 포괄하는 것이다.

정답 : ①

한비자는 도가 가변성을 가진다고는 했지만, '사건의 시비에 따라' 달라지는 것은 아닙니다. 더욱이, 한비자가 시비 판단의 근거를 '도'라고 보았음을 고려한다면 말이 안되는 선지임을 알 수 있습니다. '도'에 근거했느냐 근거하지 않았느냐에 따라 사건의 시비가 달라지는 것이지, 사건의 시비에 따라 '도'가 달라지는 것은 아니기 때문입니다. '도'가 채점 근거이고, '사건의 시비'가 정답 여부라고 본다면, 선지 ①은 '정답 여부에 따라 채점 근거가 달라진다'라고 말하는 것이나 마찬가지입니다.

해설

② 한비자는 인간이 '욕망'을 필연적으로 가지며, 없앨 수 없다고 보았습니다. 선지의 '무엇을 가지거나 누리고자 하는 마음'은 '욕망'의 동의어로 보아야 합니다.

③ 도는 '항상성'을 지니지만, '가변성'도 지닌다는 한비자의 견해를 풀어서 서술한 선지입니다.

④ '인간 사회의 일은 도에 따라 제대로 행했는가의 여부에 따라 그 성패가 드러나는 것'이라는 지문의 내용과 일치합니다. 선지 ①을 옳게 고친 버전으로 볼 수 있습니다.

⑤ 도가 '천지 만물의 존재와 본질의 근거'라고 보고, '구체적인 사물과 사건에 내재한 개별 법칙의 통합'으로 본 한비자의 입장과 일치합니다.

03 ㉠ 유학자의 입장(오징)과 ㉡ 학문적 소신(설혜)에 대한 이해로 가장 적절한 것은?

① ㉠은 유학 덕목의 등장을 긍정적으로 평가한 『노자』의 견해를 수용하는, ㉡은 유학 덕목에 대한 『노자』의 비판에 담긴 긍정적 의도를 밝히려는 것으로 표출되었다.
② ㉠은 유학에 유입되고 있는 주술성을 제거하는, ㉡은 노자 사상이 탐구하는 대상에 대한 이해를 근거로 노자 사상과 유학의 공통점을 제시하려는 것으로 표출되었다.
③ ㉠은 유학의 가르침을 차용한 종교가 사람들을 현혹하는 상황에 대응하는, ㉡은 『노자』를 해석한 경전들을 참고하여 유학 이론의 독창성을 밝히려는 것으로 표출되었다.
④ ㉠은 유학을 노자 사상과 연관 지어 유교적 사회 질서의 정당성을 확인하는, ㉡은 유학에서 이단으로 치부하는 사상의 진의를 밝혀 오해를 바로잡으려는 것으로 표출되었다.
⑤ ㉠은 특정 종교에서 추앙하는 사상가와 유학 이론의 관련성을 제시하는, ㉡은 유학의 사상적 우위를 입증하여 다른 학문을 통합할 수 있는 근거를 제시하려는 것으로 표출되었다.

정답 : ④

오징은 유학과 노자 사상의 공통점을 드러내면서도, 유교적 사회 질서, 즉 인의예지를 도가 현실화한 결과로 주장하면서 정당화했습니다. 한편 설혜는 이단으로 치부되던 노자 사상의 진의(진정한 의미)를 밝히며 오해를 불식하려 했습니다.

해설

① 『노자』는 유학 덕목(인의예지)의 등장이 '도의 쇠퇴' 때문이라고 보며 긍정적으로 평가하지 않았습니다. 오징 역시 그러한 『노자』의 견해를 수용하지 않았습니다.
② 당시에는 유학에 주술성(도교)이 유입되지 않았으며, 반대로 도교에 유학이 유입되었을 뿐입니다.
③ 설혜는 유학과 『노자』의 공통점을 제시했다는 점에서, 유학 이론의 독창성을 밝혔다기보다는 오히려 일반적이고 보편적인 학문으로서의 특징을 밝혔다고 볼 수 있습니다.
⑤ 설혜는 유학의 사상적 우위를 입증하려 하지 않았습니다.

04 (나)의 왕안석과 오징의 입장에서 다음의 ㄱ~ㄹ에 대해 판단한 것으로 가장 적절한 것은?

> ㄱ. 도는 만물을 통해 드러나는 것이지 만물에 앞서서 존재하는 것은 아니다.
> ㄴ. 인간 사회의 규범은 이치를 내재한 근원적 존재인 도가 현실에 드러난 것이다.
> ㄷ. 도는 현상 세계의 너머에만 머물러 있지 않고 세상일과 유기적으로 관련되는 것이다.
> ㄹ. 도가 변화하듯이 현상 세계가 변하니, 현실 사회의 변화에 따라 인간 사회의 규범도 변해야 한다.

① 왕안석은 ㄱ에 동의하지 않고 ㄴ에 동의하겠군.
② 왕안석은 ㄴ과 ㄹ에 동의하겠군.
③ 왕안석은 ㄷ에 동의하고 ㄹ에 동의하지 않겠군.
④ 오징은 ㄱ과 ㄹ에 동의하지 않겠군.
⑤ 오징은 ㄴ에 동의하고 ㄷ에 동의하지 않겠군.

정답 : ④

	왕안석	오징
ㄱ	X	X
ㄴ	? / X	O
ㄷ	O	O
ㄹ	O	X

해설

ㄱ. 왕안석은 도가 만물의 근원이라고 보았고, 현상 세계에 앞서 존재한다고 보았습니다. 즉, 만물은 도를 통해 드러나는 것이며, 현상 세계의 만물은 도에 뒤따라 존재하는 것이죠. 오징 역시 도가 현실화하여 만물이 생성된다고 본 점에서, 도가 만물에 앞서 존재한다고 보았음을 알 수 있습니다.

ㄴ. 오징은 도를 '근원적인' 것으로 보았고, 사회 규범을 도가 현실화된 결과로 보았다는 점에서 O로 판단할 수 있습니다. 이는 오징의 입장을 그대로 옮긴 것인데, 지문에서 명시적으로 왕안석이 이를 찬성한다는 근거를 찾기는 어렵고, 따라서 실전에서는 '알 수 없음'으로 생각하고 선지 ①을 넘기는 것이 현실적이라고 생각합니다. 굳이 틀린 이유를 찾아보자면, 지문에서 왕안석은 '제도와 규범'을 자연스러운 '도'와는 다른 인위적인 것으로 보는 관점에 동의하였으므로, 도가 현실로 드러난 것이 제도와 규범이라는 입장에 동의하지 않았으리라 예상할 수 있습니다. 다만 이는 수능에서 잘 요구하지 않는 수준의 추론이라, 개인적으로는 '알 수 없음'으로 판단하는 것이 출제 의도이지 않을까 생각합니다.

ㄷ. 둘 다 '도'를 만물의 근원으로 본 점, 현상 세계에 영향을 준다고 본 점에서 O으로 판단할 수 있습니다.

ㄹ. 왕안석은 도가 변화한다는 점도, 현상 세계가 변화한다는 점도, 현상 세계의 변화에 따라 규범을 새롭게 해야 한다는 점도 인정했습니다. 그러나 오징은 도가 불변한다고 보았습니다.

05 <보기>를 참고할 때, (가), (나)의 사상가에 대한 왕부지의 평가로 적절하지 않은 것은? [3점]

──── <보기> ────

청나라 초기의 유학자 왕부지는 『노자』의 <본래 뜻을 드러내어> <노자 사상을 비판하고자> 『노자연』을 저술했다.

⇒ 본래 뜻을 드러내려는 점에서 설혜와는 유사하고, 『노자』의 내용을 수정한 오징과는 대조됩니다. 목적이 비판이라는 점을 주의합시다.

<노자 사상의 비현실성을 드러내어> 유학의 실용적 가치를 부각하고자 했던 그는 <기존의 『노자』 주석서가 노자 사상이 아닌 사상을 기준으로 삼았기 때문에> 『노자』뿐만 아니라 주석자의 사상마저 왜곡했다고 비판했다.

⇒ 노자 사상이 비현실적이라고 본 점에서 한비자, 왕안석과 유사하고, 유학의 실용적 가치를 드러내려는 점에서는 유학 이념을 '실질적', '실천적'인 것으로 본 왕안석과 유사합니다. 그가 비판하는 '기존의 『노자』 주석서'는 『노자주』, 『도덕진경주』, 『노자집해』처럼 노자 사상이 아닌 사상(지문에서는 유교 사상)을 기준으로 삼은 책들을 말하는 것일 텝니다.

『노자』에서 아무런 행동을 하지 않아도 천하가 다스려진다고 한 것 등을 비판한 그는,

⇒ 이는 '노자 사상의 비현실성'의 한 예시이고, 왕안석의 비판과 일치하고, 한비자, 오징의 입장과 유사합니다.

『노자』에서처럼 단순히 인간의 이기적 욕망을 없애는 것이 아니라

⇒ 한비자의 입장과 일치합니다.

사회 질서 유지를 위해 유학 규범을 활용해야 한다고 강조했다.

⇒ 왕안석의 입장과 일치합니다.

① 왕부지는 인간의 욕망에 대한 『노자』의 대응 방식을 부정적으로 보았으므로, (가)의 한비자가 『노자』와 달리 사회에 대한 인위적 개입이 필요하다고 한 것에 대해서는 수긍하겠군.

② 왕부지는 『노자』에 제시된 소극적인 삶의 태도를 부정적으로 보았으므로, (나)의 왕안석이 사회 제도에 대한 『노자』의 견해를 비판하며 유학 이념의 활용을 주장한 것은 긍정하겠군.

③ 왕부지는 『노자』의 본래 뜻을 파악해야 한다고 보았으므로, (나)의 오징이 『노자』를 주석하면서 자신의 이해에 따라 원문의 구성과 내용을 수정한 것이 잘못이라고 보겠군.

④ 왕부지는 주석자가 유학을 기준으로 『노자』를 이해하면 주석자

의 사상도 왜곡된다고 보았으므로, (나)의 오징이 유학의 인의예지를 『노자』의 도가 현실화한 것으로 본 것을 비판하겠군.

⑤ 왕부지는 『노자』에 담긴 비현실성을 드러내야 한다고 보았으므로, (나)의 설혜가 기존의 『노자』 주석서들을 비판하며 드러낸 학문적 입장이 유학의 실용적 가치를 부각한다고 보겠군.

정답 : ⑤

설혜의 비판은 『노자』의 비현실성을 비판하는 것이 아니며, 유학의 실용적 가치를 부각하지도 않습니다. 각 유학자들의 비판이 어떤 배경에서, 무엇을 목표했는지 이해해야 풀 수 있는 문제였습니다.

해설

① 왕부지는 인간의 이기적 욕망을 없애자는 『노자』의 입장을 부정적으로 보았습니다. 이 점에서 한비자와 유사하며, '규범을 활용'한다는 점에서 인위적 개입을 주장한 한비자와 동일합니다.

② 『노자』는 아무런 행동을 하지 않아도 된다는 점에서 소극적인 태도를 보이고, 왕부지는 이를 부정적으로 봅니다. 이와 반대로 유학 규범을 활용하자는 점에서 왕안석과 일치합니다.

③ 왕부지는 『노자』를 제대로 비판하기 위해서는 『노자』의 본래 뜻을 드러내는 것이 중요하다고 봅니다. 이 점에서 오징이 『노자』를 수정하여 주석서를 만든 것을 비판할 것입니다.

④ 왕부지는 『노자』를 노자 사상 이외의 사상, 가령 유학 사상을 기반으로 비판하는 것에 부정적이므로, 유학 사상의 개념인 인의예지를 『노자』와 연결시키려 시도한 오징을 비판할 것입니다.

06 ⓐ와 문맥상 의미가 가장 가까운 것은?

① 과일이 접시에 예쁘게 담겨 있다.
② 상자에 탁구공이 가득 담겨 있다.
③ 시원한 계곡물에 수박이 담겨 있다.
④ 화폭에 봄 경치가 그대로 담겨 있다.
⑤ 매실이 설탕물에 한 달째 담겨 있다.

정답 : ④

해설

①, ②, ③, ⑤는 모두 물리적인 의미의 '담다'입니다. 추상적인 의미의 '담다'는 ④밖에 없습니다.

[1~4] 다음 글을 읽고 물음에 답하시오.

2011학년도 대학수학능력시험 뮤지컬

⊙전통적인 철학적 미학은 세계관, 인간관, 정치적 이념과 같은 심오한 정신적 내용의 미적 형상화를 예술의 소명으로 본다. 반면 현대의 ⓒ체계 이론 미학은 내용적 구속성에서 벗어난 예술을 진정한 예술로 여긴다. 이는 예술이 미적 유희를 통제하는 모든 외적 연관에서 벗어나 하나의 자기 연관적 체계로 확립되어 온 과정을 관찰하고 분석함으로써 얻은 결론이다. 이 이론은 자율성을 참된 예술의 조건으로 보는 이들이 선호할 만하다. 그렇다면 현대의 새로운 예술 장르인 뮤지컬은 어떻게 진술될 수 있을까?

뮤지컬은 여러 가지 형식적 요소로 구성되는데, 이것들은 내용, 즉 작품의 줄거리나 주제를 실질적으로 구현하는 역할을 한다. 전통적인 철학적 미학에 따르면 참된 예술은 훌륭한 내용과 훌륭한 형식이 유기적으로 조화될 때 달성된다. 이러한 고전적 기준을 수용할 때, 훌륭한 뮤지컬 작품은 어느 한 요소라도 ⓐ소홀히 한다면 만들어지기 어렵다. 뮤지컬은 기본적으로 극적 서사를 지니기에 훌륭한 극본이 요구되고, 그 내용이 노래와 춤으로 표현되기에 음악과 무용도 핵심이 되며, 이것들의 효과는 무대 장치, 의상과 소품 등을 통해 배가되기 때문이다.

그런데 찬사를 받는 뮤지컬 중에는 전통적 기준의 충족과는 거리가 먼 사례가 적지 않다. 가령 A. L. 웨버는 대표작 <캐츠>의 일차적 목표를 다양한 형식의 볼거리와 들을 거리로 관객을 즐겁게 하는 데 두었다. <캐츠>는 고양이들을 주인공으로 한 T. S. 엘리엇의 우화집에서 소재를 빌렸지만, 이 작품의 핵심은 내용의 충실한 전달에 있는 것이 아니라 어떤 기발한 무대에서 얼마나 다채롭고 완성도 있는 춤과 노래가 펼쳐지는가에 있다. 뮤지컬을 '레뷰(revue)', 즉 버라이어티 쇼로 바라보는 최근의 관점 은 바로 이 점에 근거한다.

체계 이론 미학의 기준을 끌어들일 때, 레뷰로서의 뮤지컬은 예술로서의 예술의 한 범례로 꼽힐 수 있다. 물론 이러한 유형의 미학이 완전히 주류로 확립된 것은 아니다. 전통적인 철학적 미학도 여전히 지지를 얻는 예술관의 하나이기 때문이다. 이 입장에 준거할 때 체계 이론 미학의 예술관은 예술을 명예롭게 하는 숭고한 가치 지향성을 아예 포기하는 형식 지상주의적 예술관으로 해석될 수 있다.

01 ⊙과 ⓒ에 대한 이해로 적절한 것은?

① ⊙은 내용적 요소와 형식적 요소를 모두 중시한다.
② ⓒ은 자율적 예술의 탄생을 주도적으로 이끈 이론이다.
③ ⊙과 ⓒ이 적용되는 예술 장르는 서로 다르다.
④ ⓒ은 ⊙을 대체할 수 있는 새로운 주류 이론이다.
⑤ ⓒ은 ⊙에 비해 더 진지한 정신적 가치를 지향한다.

02 <캐츠>에 대한 감상 중 최근의 관점 에 가장 가까운 것은?

① 멋진 춤과 노래가 어우러진 공연이 충분한 볼거리를 제공했기 때문에, 원작과 관계없이 만족했어요.
② 감독이 고양이들의 등장 장면에 채택한 연출 방식이 작품의 주제 구현을 오히려 방해해서 실망했어요.
③ 늙은 암고양이의 회한이 담긴 노래의 가사는 들을 때마다 소외된 사람들에 대한 연민을 불러일으켜요.
④ 기발한 조명과 의상이 사용된 것을 보고, 원작의 심오한 주제에 걸맞은 연출 방식이구나 하며 감탄했어요.
⑤ 의인화된 고양이들의 삶과 내면이 노래들 속에 녹아들어 있어서, 인간을 진지하게 성찰하는 기회가 되었어요.

03 위 글을 바탕으로 <보기>의 ㉮와 ㉯를 이해한 것으로 적절한 것은?

<보기>

　　종합 예술의 기원인 ㉮그리스 비극은 형식적 측면에서 높은 수준에 이르렀을 뿐만 아니라, 세계와 삶에 대한 당대인들의 인식을 이끌었다. 반면 ㉯근대의 오페라는 그 발전 과정에서 점차 아리아 위주로 편성됨으로써, 심오한 지적·도덕적 관심이 아니라 음악 내적 요소에 지배되는 경향을 띠었다.

① ㉮는 즐거움의 제공을, ㉯는 교훈의 제공을 목표로 삼고 있군.
② ㉮는 자기 연관적이지만, ㉯는 외적 연관에 의해 지배되는군.
③ ㉮는 정신적 내용의 미적 형상화를, ㉯는 미적 유희를 추구하는군.
④ ㉮와 ㉯는 모두 고전적 기준에 따라 높이 평가될 수 있군.
⑤ ㉮와 ㉯는 모두 각각의 시대에 걸맞은 '레뷰'라고 볼 수 있군.

04 문맥상 ⓐ와 바꾸어 쓰기에 가장 적절한 것은?

① 멸시(蔑視)한다면
② 천시(賤視)한다면
③ 등한시(等閑視)한다면
④ 문제시(問題視)한다면
⑤ 이단시(異端視)한다면

복습 포인트 (해설을 확인하기 전에 생각해 볼 것)
Q.1[1문단]
'내용', '형식'의 문맥상 동의어를 각각 지문 전체에서 찾아서 표시하라.

01	02	03	04
①	①	③	③

전통적인 철학적 미학은 (세계관, 인간관, 정치적 이념과 같은) 심오한 정신적 내용의 미적 형상화를 예술의 소명으로 본다. 반면 현대의 체계 이론 미학은 내용적 구속성에서 벗어난 예술을 진정한 예술로 여긴다.

전통적 미학과 현대의 미학이 대비됩니다. 전통적 미학은 심오한 정신적 내용을 중점으로 봤고, '반면'을 사용하여 연결했으므로 내용적 구속성은 앞선 심오한 정신적 내용과 같은 것으로 이해해야 합니다. 현대의 미학은 이러한 내용에서 벗어났다고 합니다. 내용의 재진술은 점선 박스로 표시하겠습니다.

이는 예술이 미적 유희를 통제하는 모든 외적 연관에서 벗어나 하나의 자기 연관적 체계로 확립되어 온 과정을 관찰하고 분석함으로써 얻은 결론이다. 이 이론은 자율성을 참된 예술의 조건으로 보는 이들이 선호할 만하다. 그렇다면 현대의 새로운 예술 장르인 뮤지컬은 어떻게 진술될 수 있을까?

현대의 미학은, 심오한 정신적 내용 등이 미적 유희를 저해한다고 봅니다. 외적 연관에서 벗어난 것을 자기 연관이라고 부르니, 둘은 대비될 겁니다. 현대 체계 이론 미학이 자기 연관성과, 자율성을 중심으로 뮤지컬을 어떻게 해석할지 염두에 두고 글을 읽어봅시다.

뮤지컬은 여러 가지 형식적 요소로 구성되는데, 이것들은 내용, 즉 작품의 줄거리나 주제를 실질적으로 구현하는 역할을 한다. 전통적인 철학적 미학에 따르면 참된 예술은 훌륭한 내용과 훌륭한 형식이 유기적으로 조화될 때 달성된다. 이러한 고전적 기준(전통적인 철학적 미학)을 수용할 때, 훌륭한 뮤지컬 작품은 (내용과 형식 중) 어느 한 요소라도 소홀히 한다면 만들어지기 어렵다. 뮤지컬은 기본적으로 극적 서사를 지니기에 훌륭한 극본이 요구되고, 그 내용이 노래와 춤으로 표현되기에 음악과 무용도 핵심이 되며, 이것들의 효과는 무대 장치, 의상과 소품 등을 통해 배가되기 때문이다.

형식적 요소는 내용을 구현하는 역할을 합니다. 따라서 내용을 중시하는 전통적 미학의 입장에서는 내용을 구현하기 위한 형식도 예술에서 필요하게 됩니다.

그런데 찬사를 받는 뮤지컬 중에는 전통적 기준의 충족과는 거리가 먼 사례가 적지 않다.

내용을 중점에 두어, 예술은 내용과 형식이 유기적으로 조화되어야 한다고 보는 전통적 미학의 기준과는 다르게 평가받는 사례가 있다고 합니다.

가령 A. L. 웨버는 대표작 <캐츠>의 일차적 목표를 다양한 형식의 볼거리와 들을 거리로 관객을 즐겁게 하는 데 두었다.

일차적 목표가 내용이 아니라 형식이라는 것부터 전통적 미학의 입장과 다릅니다. 계속 읽어봅시다.

<캐츠>는 고양이들을 주인공으로 한 T. S. 엘리엇의 우화집에서 소재를 빌렸지만, 이 작품의 핵심은 내용의 충실한 전달에 있는 것이 아니라 어떤 기발한 무대에서 얼마나 다채롭고 완성도 있는 춤과 노래가 펼쳐지는가(미적 유희)에 있다. 뮤지컬을 '레뷰(revue)', 즉 버라이어티 쇼로 바라보는 최근의 관점은 바로 이 점에 근거한다.

내용의 전달이 중요한 게 아니라, 기발한 무대, 다채롭고 완성도 있는 춤과 노래가 중요하다는데, 첫 문단에서 '이는 예술이 미적 유희를 통제하는 모든 외적 연관에서 벗어나'라고 말한 바와 같은 얘깁니다.

체계 이론 미학의 기준을 끌어들일 때, 레뷰로서의 뮤지컬은 예술로서의 예술의 한 범례로 꼽힐 수 있다. 물론 이러한 유형의 미학이 완전히 주류로 확립된 것은 아니다. 전통적인 철학적 미학도 여전히 지지를 얻는 예술관의 하나이기 때문이다. 이 입장(전통적인 철학적 미학)에 준거할 때 체계 이론 미학의 예술관은 예술을 명예롭게 하는 숭고한 가치 지향성을 아예 포기하는 형식 지상주의적 예술관으로 해석될 수 있다.

현대 체계 이론 미학의 관점에서 <캐츠>는 내용을 크게 고려하지 않더라도 예술로 평가됩니다. 그러나 이는 아직 전통적 철학적 미학을 완전히 대체하지 못했고, 전통의 입장에서 현대의 미학은 예술을 내용을 고려하지 않고, 형식과 미적 유희만을 기준으로 해석한다는 이유로 비판받음이 마지막 문단의 내용입니다.

이 지문은 첫 문단에서 '내용'과 '~내용(형식)'이 대비됨을 파악하면 굉장히 깔끔하게 읽을 수 있었습니다.

01 ⊙ 전통적인 철학적 미학과 ⓒ 체계 이론 미학에 대한 이해로 적절한 것은?

① ⊙은 내용적 요소와 형식적 요소를 모두 중시한다.
② ⓒ은 자율적 예술의 탄생을 주도적으로 이끈 이론이다.
③ ⊙과 ⓒ이 적용되는 예술 장르는 서로 다르다.
④ ⓒ은 ⊙을 대체할 수 있는 새로운 주류 이론이다.
⑤ ⓒ은 ⊙에 비해 더 진지한 정신적 가치를 지향한다.

정답 : ①

⊙은 예술의 소명으로 생각하는 [내용적 요소]와, 내용을 실질적으로 구현하기 위한 [형식적 요소] 둘이 조화되어야 한다고 보았습니다.

해설

② 첫 문단에 나왔듯 선후관계가 틀렸습니다. [자기 연관적 체계], [자율성]을 보여주는 예술을 보고 나온 것이 현대의 체계 이론 미학이지, 현대 체계 이론 미학이 저런 자율적인 예술을 만든 것이 아닙니다.
③ ⊙과 ⓒ의 적용되는 장르는 다르다고 볼 수 없습니다. <캐츠>의 경우에도, ⊙의 입장에서 보면 훌륭한 예술이라고 할 수 없는 것인데, 이렇게 볼 수 있다는 것 자체가 적용은 되는 것이죠. 지문에서 체계 이론 미학이 힘을 얻는 이유는, 전통적인 미학의 입장에서는 훌륭하다고 볼 수 없는 뮤지컬들이 실제로는 찬사를 받고 있기 때문입니다.
④ 체계 이론 미학은 완전히 주류로 확립된 것은 아닙니다.
⑤ ⓒ과 ⊙이 반대로 서술되어 있습니다.

02 <캐츠>에 대한 감상 중 [최근의 관점]에 가장 가까운 것은?

① [멋진 춤과 노래]가 어우러진 공연이 [충분한 볼거리]를 제공했기 때문에, 원작과 관계없이 만족했어요.
② 감독이 고양이들의 등장 장면에 채택한 연출 방식이 [작품의 주제 구현]을 오히려 방해해서 실망했어요.
③ 늙은 암고양이의 [회한이 담긴 노래의 가사]는 들을 때마다 [소외된 사람들에 대한 연민]을 불러일으켜요.
④ 기발한 조명과 의상이 사용된 것을 보고, 원작의 [심오한 주제]에 걸맞은 연출 방식이구나 하며 감탄했어요.
⑤ 의인화된 고양이들의 삶과 내면이 노래들 속에 녹아들어 있어서, [인간을 진지하게 성찰하는 기회]가 되었어요.

정답 : ①

내용과는 상관없이, [형식](춤, 노래)과 미적 유희(충분한 볼거리)를 중시한다는 점에서 최근의 관점과 일치합니다.

해설

② [내용](작품의 주제 구현)을 얘기하기에 틀렸습니다.
③ [심오한 정신적 내용](소외된 사람들에 대한 연민)을 중시하기에 틀렸습니다.
④ [심오한 정신적 내용](심오한 주제)을 얘기하기에 틀렸습니다.
⑤ [숭고한 가치 지향성](인간을 진지하게 성찰)을 얘기하기에 틀렸습니다.

03 위 글을 바탕으로 <보기>의 ㉮와 ㉯를 이해한 것으로 적절한 것은?

─────── < 보기 > ───────

종합 예술의 기원인 ㉮그리스 비극은 형식적 측면 에서 높은 수준에 이르렀을 뿐만 아니라, 세계와 삶에 대한 당대인들의 인식 을 이끌었다. 반면 ㉯근대의 오페라는 그 발전 과정에서 점차 아리아 위주로 편성됨으로써, 심오한 지적·도덕적 관심 이 아니라 음악 내적 요소 에 지배되는 경향을 띠었다.

① ㉮는 즐거움의 제공을, ㉯는 교훈의 제공 을 목표로 삼고 있군.

② ㉮는 자기 연관적 이지만, ㉯는 외적 연관 에 의해 지배되는군.

③ ㉮는 정신적 내용의 미적 형상화 를, ㉯는 미적 유희를 추구하는군.

④ ㉮와 ㉯는 모두 고전적 기준에 따라 높이 평가될 수 있군.

⑤ ㉮와 ㉯는 모두 각각의 시대에 걸맞은 '레뷰'라고 볼 수 있군.

〈보기〉 해설

㉮그리스 비극은 형식 과 내용 (심오한 정신적 내용, 숭고한 가치 지향성) 모두를 갖추었습니다. 반면 ㉯근대의 오페라는 점점 내용 보다 형식 (자기 연관)이 중점이 되었다는 점에서, ㉮는 전통적 미학에서의 훌륭한 예술이고, ㉯는 현대 체계 이론 미학에서의 훌륭한 예술이라고 판단할 수 있습니다.

정답 : ③

㉮를 지문의 전통적 미학의 입장에서 해석한 것과, ㉯를 지문의 체계 이론 미학의 기준으로 해석한 내용과 일치합니다.

해설

① ㉮와 ㉯가 반대로 서술되었습니다.

② ㉮는 외적 연관에 구속되어 있고, ㉯는 자기 연관적입니다.

④ ㉮만 그렇습니다.

⑤ '레뷰'는 내용의 충실한 전달보다 완성도 있는 형식을 중시하는 버라이어티 쇼로, ㉮와는 거리가 멀고, 뮤지컬을 바라보는 관점 중 하나이므로 ㉯와 대응된다고 보기도 어렵습니다.

04 문맥상 ⓐ와 바꾸어 쓰기에 가장 적절한 것은?

① 멸시(蔑視)한다면

② 천시(賤視)한다면

③ 등한시(等閑視)한다면

④ 문제시(問題視)한다면

⑤ 이단시(異端視)한다면

정답 : ③

─────── Comment ───────

예술은 보통 내용과 형식의 결합으로 보는 입장이 일반적입니다. 제가 이 교재에 수록한 2011학년도 수능, 2014학년도 9월, 2021학년도 9월의 세 지문 모두 내용과 형식을 이원론적으로 구분하여, 서로 다른 입장들을 서술하고 있죠.

흔히들 예술의 내용을 What으로 설명합니다. 무엇을 전달하고자 했는지를 말하는 것이죠. 내용에는 예술가의 개인적인 경험이나 생각, 또는 당시 사회의 가치관 등이 포함됩니다. 이런 내용은 작품의 외부(예술가, 사회)에서 비롯합니다.

반면 예술의 형식은 How로 설명됩니다. 작품을 어떻게 표현하느냐의 문제죠. 음악에서는 음과 음의 수학적인 결합을 들 수 있고, 미술에서는 그림을 그리는 방식과 사용하는 재료를, 영화에서는 카메라의 기법과 편집 방식 등을 들 수 있습니다. 현대에 이르러서는 형식은 온전히 작품 내부의 것이라는 점에서, 단순히 내용을 전달하는 도구가 아닌, 그 자체로 예술이라고 인정받기도 합니다.

그러나 다른 모든 단어들이 그렇듯, '형식'과 '내용'도 사람에 따라, 지문에 따라 다르게 정의됩니다. 아리스토텔레스가 말하는 '형식'이 모방적 성격을 말하는 것이라면, 모더니즘 미술에서의 형식은 모방이 배제된 가치입니다. 2014 9월과 2021 9월 모의고사에서는 형식과 내용 둘 모두를 고려하지 않는 미학 이론도 등장했습니다. 니콜라이 하르트만의 미학에서는, 내용과 형식이 구분되지 않는 것으로 설명되기도 합니다.

결론적으로, 예술 지문에서의 '내용'과 '형식'은, 다른 모든 주제가 그렇듯 그냥 잘 읽고 잘 푸는 것이 좋습니다. 그러나 기출에 여러 번 제시된 이항대립적 개념쌍이므로, 이 교재에 수록된 지문들의 내용 정도는 숙지하시는 것을 권합니다.

2014학년도 9월 모의고사 B형 **예술의 형식**

20세기 미술의 특징은 무한한 다원성에 있다. 어떤 내용을 어떤 재료와 어떤 형식으로 작품화하건 미술적 창조로 인정되고, 심지어 창작 행위가 가해지지 않은 것도 '작품'의 자격을 얻을 수 있어서, '미술'과 '미술 아닌 것'을 객관적으로 구분해 주는 기준이 존재하지 않게 된 것이다. ㉠단토의 '미술 종말론'은 이러한 상황을 설명하기 위한 미학 이론 중 하나이다. 단어가 주는 부정적 어감과는 달리 미술의 '종말'은 결과적으로 모든 것이 미술 작품이 될 수 있게 된 개방적이고 생산적인 상황을 뜻한다. 그런데 이러한 다원성은 전적으로 새로운 상황일까, 아니면 이전부터 이어져 온 하나의 흐름에 속할까?

작품의 형식과 내용이 전적으로 예술가의 주체적 선택에 달려 있다는 관점에서만 보면, 20세기 미술의 양상은 아주 낯선 것은 아니라고 할 수 있다. 르네상스 때 시작된 화가의 서명은 작품이 외부의 주문에 따라 제작되더라도 그것의 정신적 저작권만큼은 예술가에게 있음을 알리는 행위였다. 이는 창조의 자유가 예술의 필수 조건이 되는 시대를 앞당겼다. 즉 미켈란젤로가 예수를 건장한 이탈리아 남성의 모습으로 그렸던 사례에서 보듯, 르네상스 화가들은 주문된 내용도 오직 자신만의 방식으로 이미지화했다.

형식의 이러한 자율화는 내용의 자기 중심화로 이어졌다. 17세기의 네덜란드 화가들은 신이나 성인(聖人)을 그리던 오랜 관행에서 벗어나 친근한 일상을 집중적으로 그리기 시작했고, 19세기 낭만주의에 와서는 내면의 무한한 표출이 예술의 생명이 되기에 이르렀다. 이런 관점에서 보면 20세기 미술은 예술적 주체성과 자율성의 발휘라는 일관된 흐름의 정점이라고 할 수 있다.

그러나 단토가 주목하는 것은 이러한 흐름과는 결정적으로 구분되는 20세기만의 질적 차별성이다. 이전 시대까지는 '미술'과 '미술 아닌 것'의 구분은 '무엇을 그리는가?' 또는 '어떻게 그리는가?'의 문제, 곧 내용·형식·재료처럼 지각 가능한 '전시적 요소'에 의존하여 가능했다. 반면, 20세기에는 빈 캔버스, 자연물, 기성품 등도 '작품'으로 인정되는 데에서 보듯, 전시적 요소로는 더 이상 그러한 구분이 불가능해진 것이다. 이제 ㉡그러한 구분은 대상이 어떤 것이든 그것에 미술 작품의 자격을 부여하는 지적인 행위, 곧 작품 밖의 '비전시적 요소'에 의존할 따름이다. 현대 미술이 미술의 개념 자체를 묻는 일종의 철학이 되고, 작품의 생산과 감상을 매개하는 이론적 행위로서 비평의 중요성이 부각된 이유가 바로 여기에 있다.

01 윗글을 이해한 것으로 가장 적절한 것은?

① 서명의 시작은 주문에 따른 제작에서도 예술가의 주체성을 표출한 사건이었다.
② 예술가의 자율적인 이미지 창출은 르네상스 이전부터 보편적이었다.
③ 형식의 자율화는 17세기 네덜란드 화가들로부터 비롯되었다.
④ 현대 미술에서는 내용과 형식이 작품의 자격을 결정한다.
⑤ 현대 미술에서는 비평이 전시적 요소를 결정한다.

02 ㉠에 따라 '20세기 미술'을 이해한 것으로 적절하지 않은 것은?

① 과거에 비해 예술가의 자율성이 더욱 두드러지게 표출된다.
② 자연 그대로의 사물을 전시하는 것도 작품 창작 행위로 인정될 수 있다.
③ 미술을 정의하는 기준이 해체되어 예술 작품 생산이 정체 상태에 이르렀다.
④ 미술사적 관점에서 볼 때 과거와의 공통점보다는 차이점이 더 본질적이다.
⑤ 과거의 내용과 형식을 그대로 따르는 것도 미술적 창조로 인정될 수 있다.

03 ⓛ에 해당하는 사례로 가장 적절한 것은?

① 뒤샹의 <샘>은 소변기에 서명을 하여 전시함으로써 일상품도 이론적 해석에 따라 미술에 포함될 수 있는 가능성을 제시한 작품이다.

② 브라크의 <과일 접시와 유리잔>은 그림에 벽지를 덧붙여 회화를 3차원화함으로써 회화는 2차원적이라는 고정관념에서 탈피한 작품이다.

③ 폴록의 <1950년 32번>은 캔버스에 물감을 붓거나 떨어뜨려 즉흥적 이미지를 창출함으로써 창조적 무의식과 초현실 세계의 표현을 시도한 작품이다.

④ 칸딘스키의 <콤퍼지션 Ⅶ>은 구체적인 대상의 묘사 대신 추상적인 색·선·형태만으로 작가의 내면을 표현함으로써 순수 이미지의 언어적 가능성을 모색한 작품이다.

⑤ 몬드리안의 <브로드웨이 부기우기>는 수많은 네모 무늬로 수직·수평의 율동적 흐름을 창출함으로써 뉴욕의 활기찬 생활과 음악적 리듬감의 표현을 추구한 작품이다.

20세기 미술의 특징은 무한한 다원성에 있다. 어떤 내용을 어떤 재료와 어떤 형식으로 작품화하건 미술적 창조로 인정되고, 심지어 창작 행위가 가해지지 않은 것도 '작품'의 자격을 얻을 수 있어서, '미술'과 '미술 아닌 것'을 객관적으로 구분해 주는 기준이 존재하지 않게 된 것이다.

20세기에는 내용이나 형식이 미술을 규정하는 기준이 되지 못합니다.

단토의 '미술 종말론'은 이러한 상황(미술을 규정하는 기준 x)을 설명하기 위한 미학 이론 중 하나이다. 단어가 주는 부정적 어감과는 달리 미술의 '종말'은 결과적으로 모든 것이 미술 작품이 될 수 있게 된(무한한 다원성) 개방적이고 생산적인 상황을 뜻한다. 그런데 이러한 다원성은 전적으로 새로운 상황일까, 아니면 이전부터 이어져 온 하나의 흐름에 속할까?

단토는 '미술'과 '미술 아닌 것'을 객관적으로 구분할 기준이 없는 상황을 설명하기 위해, 무한한 다원성이 인정되는 새로운 미학을 제시합니다.

<작품의 형식과 내용이 전적으로 예술가의 주체적 선택에 달려 있다>는 관점에서만 보면, 20세기 미술의 양상은 아주 낯선 것은 아니라고 할 수 있다(이전부터 이어져 온 하나의 흐름에 속한다).

20세기 미술의 '무한한 다원성'은 20세기 이전에도 드러나고 있습니다.

<르네상스 때 시작된> 화가의 서명은 <작품이 외부의 주문에 따라 제작되더라도> 그것의 정신적 저작권만큼은 예술가에게 있음(예술가의 주체적 선택)을 알리는 행위였다. 이는 창조의 자유가 예술의 필수 조건이 되는 시대를 앞당겼다.

르네상스부터 서명을 하게 되면서, 예술에 있어 예술가의 창조의 자유가 매우 중요해졌다네요.

즉 미켈란젤로가 예수를 건장한 이탈리아 남성의 모습으로 그렸던 사례에서 보듯, 르네상스 화가들은 주문된 내용도 오직 자신만의 방식으로 이미지화(창조의 자유)했다.

르네상스 시기의 화가들은 작품이 외부의 주문에 따라 제작되더라도, 창조의 자유를 보여주고 있었습니다.

형식의 이러한 자율화는 내용의 자기 중심화로 이어졌다.

형식의 자율화 ⇒ 내용의 자기 중심화

17세기의 네덜란드 화가들은 신이나 성인(聖人)을 그리던 오랜 관행에서 벗어나 친근한 일상을 집중적으로 그리기 시작했고, 19세기 낭만주의에 와서는 내면의 무한한 표출(내용의 자기 중심화)이 예술의 생명이 되기에 이르렀다. <이런 관점에서 보면> 20세기 미술은 예술적 주체성과 자율성의 발휘라는 <일관된> 흐름의 정점이라고 할 수 있다.

17세기의 네덜란드 화가들, 그리고 19세기 낭만주의 화가들이 내용의 자기 중심화를 이루었다는 점에서, 20세기 미술도 앞선 미술들의 일관된 흐름을 따라온 것이라고 볼 수 있습니다.

그러나 단토가 주목하는 것은 이러한 (일관된) 흐름과는 결정적으로 구분되는 20세기만의 질적 차별성이다.

20세기 미술의 주체성과 자율성이 이전에도 있었던 것이라도, 20세기 미술은 이전의 미술들과 질적으로 구분되는 무언가가 있다고 합니다.

이전 시대까지는 '미술'과 '미술 아닌 것'의 구분은 '무엇을 그리는가? 내용?' 또는 '어떻게 그리는가? (형식·재료)'의 문제, 곧 (내용·형식·재료처럼) 지각 가능한 '전시적 요소'에 의존하여 가능했다.

20세기 이전의 미술이 내용과 형식에서 각각 자율화되고, 자기 중심화되었더라도, '미술'을 정의하기 위해서는 이러한 내용과 형식이 반드시 필요했습니다.

반면, 20세기에는 빈 캔버스, 자연물, 기성품 등도 '(미술)작품'으로 인정되는 데에서 보듯, 전시적 요소로는 더 이상 그러한 구분이 불가능해진 것이다. 이제 그러한 구분은 <대상이 어떤 것이든('어떤 내용을 어떤 재료와 어떤 형식으로 작품화하건')> 그것에 미술 작품의 자격을 부여하는 지적인 행위, 곧 작품 밖의 '비전시적 요소'에 의존할 따름이다. 현대 미술이 미술의 개념 자체를 묻는 일종의 철학이 되고, 작품의 생산과 감상을 매개하는 이론적 행위로서 비평의 중요성이 부각된 이유가 바로 여기에 있다.

그러나 20세기에는 이전의 미술들과 달리, 내용과 형식으로는 미술의 자격을 부여할 수 없게 되었답니다. 20세기에는 대상이 무엇이든 비평에 의해 작품으로 인정받을 수 있고, 이는 첫 문단의 내용과 일치합니다.

01 윗글을 이해한 것으로 가장 적절한 것은?

① 서명의 시작은 주문에 따른 제작에서도 예술가의 주체성을 표출한 사건이었다.
② 예술가의 자율적인 이미지 창출은 르네상스 이전부터 보편적이었다.
③ 형식의 자율화는 17세기 네덜란드 화가들로부터 비롯되었다.
④ 현대 미술에서는 내용과 형식이 작품의 자격을 결정한다.
⑤ 현대 미술에서는 비평이 전시적 요소를 결정한다.

정답 : ①

르네상스 때 서명을 시작하면서, 화가 본인의 '정신적 저작권'과 '창조의 자유', 즉 주체성을 드러내게 되었습니다.

해설

② 미켈란젤로가 예수를 건장한 이탈리아 남성의 모습으로 그렸던 것과 같은 '자율적인 이미지 창출(창조적 자유)'은, 르네상스 때 서명을 시작하면서 나타난 것이라고 볼 수 있습니다.
③ 형식의 자율화가 내용의 자기 중심화로 이어졌다고 말했는데, 17세기의 네덜란드 화가들은 신이나 성인이 아닌 친근한 일상을 그리는 내용의 자기 중심화를 보여주었습니다. 따라서 형식의 자율화는 17세기 이전에 존재했으리라고 추론할 수 있습니다.
④ 현대 미술은 내용과 형식 같은 전시적 요소가 아닌, 비전시적 요소가 작품의 자격을 결정합니다.
⑤ 전시적 요소(내용, 형식, 재료)를 결정한다는 얘기는 없습니다. 현대 미술에서는 비전시적 요소가 작품의 자격을 결정합니다.

02 ㉠에 따라 '20세기 미술'을 이해한 것으로 적절하지 않은 것은?

① 과거에 비해 예술가의 자율성이 더욱 두드러지게 표출된다.
② 자연 그대로의 사물을 전시하는 것도 작품 창작 행위로 인정될 수 있다.
③ 미술을 정의하는 기준이 해체되어 예술 작품 생산이 정체 상태에 이르렀다.
④ 미술사적 관점에서 볼 때 과거와의 공통점보다는 차이점이 더 본질적이다.
⑤ 과거의 내용과 형식을 그대로 따르는 것도 미술적 창조로 인정될 수 있다.

정답 : ③

미술을 정의하는 기존의 기준(전시적 요소로 구분)이 해체된 것은 맞지만, 예술 작품 생산이 정체 상태에 이르렀다는 말은 없습니다.

해설

① 르네상스 때 예술가의 자율성이 두드러졌고, 20세기 미술은 이런 일관된 흐름의 정점입니다.
② "심지어 창작 행위가 가해지지 않은 것도 '작품'의 자격을 얻을 수 있어서"라는 지문의 내용과 일치합니다.
④ 단토는 '일관된 흐름(이전과의 공통점)'보다 '질적 차별성(이전과의 차이점)'에 더 주목합니다.
⑤ '어떤 내용을 어떤 재료와 어떤 형식으로 작품화하건 미술적 창조로 인정'되므로, 이전의 내용과 형식을 그대로 따르더라도 비평적 요소에 의해 미술적 창조로 인정될 수도 있습니다.

03 ㉢에 해당하는 사례로 가장 적절한 것은?

① 뒤샹의 <샘>은 소변기에 서명을 하여 전시함으로써 일상품도 이론적 해석(비평)에 따라 미술에 포함될 수 있는 가능성을 제시한 작품이다.

② 브라크의 <과일 접시와 유리잔>은 그림에 벽지를 덧붙여 회화를 3차원화함으로써(형식) 회화는 2차원적이라는 고정관념에서 탈피한 작품이다.

③ 폴록의 <1950년 32번>은 캔버스에 물감을 붓거나 떨어뜨려(형식) 즉흥적 이미지를 창출함으로써 창조적 무의식과 초현실 세계(내용)의 표현을 시도한 작품이다.

④ 칸딘스키의 <콤퍼지션 Ⅶ>은 구체적인 대상의 묘사 대신 추상적인 색·선·형태만으로(형식) 작가의 내면(내용)을 표현함으로써 순수 이미지의 언어적 가능성을 모색한 작품이다.

⑤ 몬드리안의 <브로드웨이 부기우기>는 수많은 네모 무늬(형식)로 수직·수평의 율동적 흐름을 창출함으로써 뉴욕의 활기찬 생활과 음악적 리듬감(내용)의 표현을 추구한 작품이다.

정답 : ①

'비전시적 요소', 비평의 중요성이 부각된 선지는 1번밖에 없습니다.

해설

'전시적 요소', 즉 '내용·형식·재료'와 주로 관련되어 서술된다면 정답이 될 수 없습니다.

② 작품의 형식이 두드러집니다.

③④⑤ 작품의 형식이 내용을 구현(표현)하는 것에 대한 이야기입니다.

2021학년도 9월 모의평가 **예술의 정의와 비평**

(가)

미학은 예술과 미적 경험에 관한 개념과 이론에 대해 논의하는 철학의 한 분야로서, 미학의 문제들 가운데 하나가 바로 예술의 정의에 대한 문제이다. 예술이 자연에 대한 모방이라는 아리스토텔레스의 말에서 비롯된 모방론은, 대상과 그 대상의 재현이 닮은꼴이어야 한다는 재현의 투명성 이론을 ⓐ전제한다. 그러나 예술가의 독창적인 감정 표현을 중시하는 한편 외부 세계에 대한 왜곡된 표현을 허용하는 낭만주의 사조가 18세기 말에 등장하면서, 모방론은 많이 쇠퇴했다. 이제 모방을 필수 조건으로 삼지 않는 낭만주의 예술가의 작품을 예술로 인정해 줄 수 있는 새로운 이론이 필요했다.

20세기 초에 **콜링우드**는 진지한 관념이나 감정과 같은 예술가의 마음을 예술의 조건으로 규정하는 표현론을 제시하여 이 문제를 해결하였다. 그에 따르면, 진정한 예술 작품은 물리적 소재를 통해 구성될 필요가 없는 정신적 대상이다. 또한 이와 비슷한 ⓑ시기에 외부 세계나 작가의 내면보다 작품 자체의 고유 형식을 중시하는 형식론도 발전했다. 벨의 형식론은 예술 감각이 있는 비평가들만이 직관적으로 식별할 수 있고 정의는 불가능한 어떤 성질을 일컫는 '의미 있는 형식'을 통해 그 비평가들에게 미적 정서를 유발하는 작품을 예술 작품이라고 보았다.

20세기 중반에, 뒤샹이 변기를 가져다 전시한 『샘』이라는 작품은 예술 작품으로 인정되지만 그것과 형식적인 면에서 차이가 없는 일반적인 변기는 예술 작품으로 인정되지 않는 이유를 설명하지 못하게 되자 두 가지 대응 이론이 나타났다. 하나는 우리가 흔히 예술 작품으로 분류하는 미술, 연극, 문학, 음악 등이 서로 이질적이어서 그것들 전체를 아울러 예술이라 정의할 수 있는 공통된 요소를 갖지 않는다는 웨이츠의 예술 정의 불가론이다. 그의 이론은 예술의 정의에 대한 기존의 이론들이 겉보기에는 명제의 형태를 취하고 있으나 사실은 참과 거짓을 판정할 수 없는 사이비 명제이므로, 예술의 정의에 대한 논의 자체가 불필요하다는 견해를 대변한다.

다른 하나는 예술계라는 어떤 사회 제도에 속하는 한 사람 또는 여러 사람에 의해 감상의 후보 자격을 수여받은 인공물을 예술 작품으로 규정하는 디키의 제도론이다. 하나의 작품이 어떤 특정한 기준에서 훌륭하므로 예술 작품이라고 부를 수 있다는 평가적 ⓒ이론들과 달리, 디키의 견해는 일정한 절차와 관례를 거치기만 하면 모두 예술 작품으로 볼 수 있다는 분류적 이론이다. 예술의 정의와 관련된 이 논의들은 예술로 분류할 수 있는 작품들의 공통된 본질을 찾는 시도이자 예술의 필요충분조건을 찾는 시도이다.

(나)

예술 작품을 어떻게 감상하고 비평해야 하는지에 대해 다양한 논의들이 있다. 예술 작품의 의미와 가치에 대한 해석과 판단은 작품을 비평하는 목적과 태도에 따라 달라진다. 예술 작품에 대한 주요 비평 방법으로는 맥락주의 비평, 형식주의 비평, 인상주의 비평이 있다.

㉠맥락주의 비평은 주로 예술 작품이 창작된 사회적·역사적 배경에 관심을 갖는다. 비평가 텐은 예술 작품이 창작된 당시 예술가가 살던 시대의 환경, 정치·경제·문화적 상황, 작품이 사회에 미치는 효과 등을 예술 작품 비평의 중요한 ⓓ근거로 삼는다. 그 이유는 예술 작품이 예술가가 속해 있는 문화의 상징과 믿음을 구체화하며, 예술가가 속한 사회의 특성들을 반영한다고 보기 때문이다. 또한 맥락주의 비평에서는 작품이 창작된 시대적 상황 외에 작가의 심리적 상태와 이념을 포함하여 가급적 많은 자료를 바탕으로 작품을 분석하고 해석한다.

그러나 객관적 자료를 중심으로 작품을 비평하려는 맥락주의는 자칫 작품 외적인 요소에 치중하여 작품의 핵심적 본질을 훼손할 우려가 있다는 비판을 받는다. 이러한 맥락주의 비평의 문제점을 극복하기 위한 방법으로는 형식주의 비평과 인상주의 비평이 있다. 형식주의 비평은 예술 작품의 외적 요인 대신 작품의 형식적 요소와 그 요소들 간 구조적 유기성의 분석을 중요하게 생각한다. 프리드와 같은 형식주의 비평가들은 작품 속에 표현된 사물, 인간, 풍경 같은 내용보다는 선, 색, 형태 등의 조형 요소와 비례, 율동, 강조 등과 같은 조형 원리를 예술 작품의 우수성을 판단하는 기준이라고 주장한다.

㉡인상주의 비평은 모든 분석적 비평에 대해 회의적인 ⓔ시각을 가지고 있어 예술을 어떤 규칙이나 객관적 자료로 판단할 수 없다고 본다. "훌륭한 비평가는 대작들과 자기 자신의 영혼의 모험들을 관련시킨다."라는 비평가 프랑스의 말처럼, 인상주의 비평은 비평가가 다른 저명한 비평가의 관점과 상관없이 자신의 생각과 느낌에 대하여 자율성과 창의성을 가지고 비평하는 것이다. 즉, 인상주의 비평가는 작가의 의도나 그 밖의 외적인 요인들을 고려할 필요 없이 비평가의 자유 의지로 무한대의 상상력을 가지고 작품을 해석하고 판단한다.

01 (가)와 (나)의 공통적인 내용 전개 방식으로 가장 적절한 것은?

① 대립되는 관점들이 수렴되어 가는 역사적 과정을 밝히고 있다.
② 화제에 대한 이론들을 평가하여 종합적 결론을 도출하고 있다.
③ 화제가 사회에 미치는 영향들을 분석하여 서로 간의 차이를 밝히고 있다.
④ 화제와 관련된 관점의 문제점을 제시하고 대안적 관점을 소개하고 있다.
⑤ 화제와 관련된 하나의 사례를 중심으로 다양한 이론을 시대순으로 나열하고 있다.

02 (가)의 형식론에 대한 이해로 가장 적절한 것은?

① 미적 정서를 유발할 수 있는 어떤 성질을 근거로 예술 작품의 여부를 판단한다.
② 모든 관람객이 직관적으로 식별할 수 있는 형식을 통해 예술 작품의 여부를 판단한다.
③ 감정을 표현하는 모든 작품은 그 작품이 정신적 대상이더라도 예술 작품이라고 주장한다.
④ 외부 세계의 형식적 요소를 작가 내면의 관념으로 표현하는 것을 예술의 조건이라고 주장한다.
⑤ 특정한 사회 제도에 속하는 모든 예술가와 비평가가 자격을 부여한 작품을 예술 작품으로 판단한다.

03 (가)에 등장하는 이론가와 예술가들이 상대의 견해나 작품을 평가할 수 있는 말로 적절하지 **않은** 것은?

① **모방론자가 뒤샹에게** : 당신의 작품 『샘』은 변기를 닮은 것이 아니라 변기 그 자체라는 점에서 예술 작품이 되기 위한 필요충분조건을 갖추고 있습니다.
② **낭만주의 예술가가 모방론자에게** : 대상을 재현하기만 하면 예술가의 감정을 표현하지 않은 작품도 예술 작품으로 인정하는 당신의 견해는 받아들일 수 없습니다.
③ **표현론자가 낭만주의 예술가에게** : 당신의 작품은 예술가의 마음을 표현했으니 대상을 있는 그대로 표현하지 않았더라도 예술 작품입니다.
④ **뒤샹이 제도론자에게** : 예술계에서 일정한 절차와 관례를 거치면 예술 작품이라는 당신의 주장은 저의 작품 『샘』 외에 다른 변기들도 예술 작품이 될 수 있음을 인정하는 것입니다.
⑤ **예술 정의 불가론자가 표현론자에게** : 당신이 예술가의 관념을 예술 작품의 조건으로 규정할 때 사용하는 명제는 참과 거짓을 판단할 수 없기 때문에 받아들일 수 없습니다.

04 다음은 비평문을 쓰기 위해 미술 전람회에 다녀온 학생이 (가)와 (나)를 읽은 후 작성한 메모의 일부이다. 메모의 내용이 적절하지 <u>않은</u> 것은?

■ 작품 정보 요약

• 작품 제목 : 「그리움」

• 팸플릿의 설명

　- 화가 A가, 화가였던 자기 아버지가 생전에 신던 낡고 색이 바랜 신발을 보고 그린 작품임.

　- 화가 A의 예술가 정신은 궁핍하게 살면서도 예술혼을 잃지 않고 작품 활동을 했던 아버지의 삶에서 영향을 받았음.

• 작품 전체에 따뜻한 계열의 색이 주로 사용됨.

■ 비평문 작성을 의한 착안점

○ 콜링우드의 관점을 적용하면, 화가 A가 낡은 신발을 그린 것에서 아버지에 대한 그리움을 갖고 있었으리라는 점을 제시할 수 있겠군. ······························· ①

○ 디키의 관점을 적용하면, 평범한 신발이 특별한 이유는 신발의 원래 주인이 화가였다는 사실에 있음을 언급하여 이 그림을 예술 작품으로 평가할 수 있겠군.·············· ②

○ 텐의 관점을 적용하면, 이 작품에서 아버지의 낡은 신발은 화가 A가 추구하는 예술가 정신의 상징임을 팸플릿 정보를 근거로 해석할 수 있겠군. ······················· ③

○ 프리드의 관점을 적용하면, 따뜻한 계열의 색들을 유기적으로 구성한 점에서 이 그림이 우수한 작품임을 언급할 수 있겠군.······························· ④

○ 프랑스의 관점을 적용하면, 그림 속의 낡고 색이 바랜 신발을 보고, 지친 나의 삶에서 편안함과 여유를 느꼈음을 서술할 수 있겠군. ······························· ⑤

---

05 피카소의 『게르니카』에 대해 <보기>의 A는 ㉠의 관점, B는 ㉡의 관점에서 비평한 내용이다. (나)를 바탕으로 A, B를 이해한 내용으로 적절하지 <u>않은</u> 것은?

─ <보기> ─

피카소, 『게르니카』

　A : 1937년 히틀러가 바스크 산악 마을인 '게르니카'에 30여 톤의 폭탄을 퍼부어 수많은 인명을 살상한 비극적 사건의 참상을, 울부짖는 말과 부러진 칼 등의 상징적 이미지를 사용하여 전 세계에 고발한 기념비적인 작품이다.

　B : 뿔 달린 동물은 슬퍼 보이고, 아이는 양팔을 뻗어 고통을 호소하고 있다. 우울한 색과 기괴한 형태들이 나를 그 속으로 끌어들이는 듯하다. 그러나 빛이 보인다. 고통과 좌절감이 느껴지지만 희망을 갈구하는 훌륭한 작품이다.

① A에서 '1937년'에 '게르니카'에서 발생한 사건을 언급한 것은 역사적 정보를 바탕으로 작품을 해석하기 위한 것이겠군.

② A에서 비극적 참상을 '전 세계에 고발'하였다고 서술한 것은 작품이 사회에 미치는 효과를 드러내고자 한 것이겠군.

③ B에서 '슬퍼 보이고'와 '고통을 호소하고'라고 서술한 것은 작가의 심리적 상태를 표현하려는 것이겠군.

④ B에서 '우울한 색과 기괴한 형태'를 언급한 것은 비평가의 주관적 인상을 반영하기 위한 것이겠군.

⑤ B에서 '희망을 갈구하는'이라고 서술한 것은 비평가의 자유로운 상상력이 반영된 것이겠군.

06 문맥을 고려할 때, 밑줄 친 말이 ⓐ~ⓔ의 동음이의어인 것은?

① ⓐ: 모든 인간은 평등하다고 전제(前提)해야 한다.
② ⓑ: 가을은 오곡백과가 무르익는 시기(時期)이다.
③ ⓒ: 이 문제에 대해서는 이론(異論)의 여지가 없다.
④ ⓓ: 이 소설은 사실을 근거(根據)로 하여 쓰였다.
⑤ ⓔ: 청소년의 시각(視角)으로 이 문제를 살펴보자.

01	02	03	04	05	06
④	①	①	②	③	③

(가)

미학은 예술과 미적 경험에 관한 개념과 이론에 대해 논의하는 철학의 한 분야로서, 미학의 문제들 가운데 하나가 바로 예술의 정의에 대한 문제이다. 예술이 자연에 대한 모방이라는 아리스토텔레스의 말에서 비롯된 모방론은, 대상(자연)과 그 대상의 재현(예술)이 닮은꼴이어야 한다는 재현의 투명성 이론을 전제한다.

첫 번째 이론으로 제시된 '모방론'의 개념을 숙지하고 넘어갑시다.

그러나 예술가의 독창적인 감정 표현을 중시하는 한편 외부 세계에 대한 왜곡된 표현(재현x)을 허용하는 낭만주의 사조가 18세기 말에 등장하면서, 모방론은 많이 쇠퇴했다. 이제 모방을 필수 조건으로 삼지 않는 낭만주의 예술가의 작품을 예술로 인정해 줄 수 있는 새로운 이론이 필요했다.

'낭만주의 사조'는 '주장'이 아니라 실제로 일어난 '현상'입니다. 모방론은 이런 '현상'을 설명하지 못했고, 뒤에 나오는 이론들은 모두 이런 '현상'을 설명하기 위한 배경에서 등장한 것이죠. 이 지문 안에서 주장들과 구분되는 두 가지의 '현상'이 있었다는 점이 3번 문제를 가볍게 풀기 위한 포인트입니다.

20세기 초에 콜링우드는 진지한 관념이나 감정(1문단의, '독창적인 감정 표현')과 같은 예술가의 마음을 예술의 조건으로 규정하는 표현론을 제시하여 이 문제를 해결하였다. 그에 따르면, 진정한 예술 작품은 물리적 소재를 통해 구성될 필요가 없는 정신적 대상이다. 또한 이와 비슷한 시기에 외부 세계나 작가의 내면보다 작품 자체의 고유 형식을 중시하는 형식론도 발전했다. 벨의 형식론은 예술 감각이 있는 비평가들만이 직관적으로 식별할 수 있고 정의는 불가능한 어떤 성질을 일컫는 '의미 있는 형식'을 통해 그 비평가들에게 미적 정서를 유발하는 작품을 예술 작품이라고 보았다.

표현론과 형식론에 대한 정보를 건조하게 챙겨갑시다.

20세기 중반에, 뒤샹이 변기를 가져다 전시한 『샘』이라는 작품은 예술 작품으로 인정되지만 그것과 형식적인 면에서 차이가 없는 일반적인 변기는 예술 작품으로 인정되지 않는 이유를 설명하지 못하게 되자 두 가지 대응 이론이 나타났다.

뒤샹의 『샘』이 '낭만주의 사조'에 이은 두 번째 '현상'입니다. 앞에 나온 입장들은 이를 예술로 설명할 수 없다는 점을 이해하고, 뒤에 나오는 입장들이 어떻게 이걸 예술로 인정했는지를 유의해야 할 것입니다. 이 두 가지의 '현상'을 다른 주장들과 구분하여 읽고, 주장에 어떤 영향을 미쳤는지 판단했어야 최소한의 거시독해 능력을 갖춘 것이라고 생각합니다.

하나는 우리가 흔히 예술 작품으로 분류하는 미술, 연극, 문학, 음악 등이 서로 이질적이어서 그것들 전체를 아울러 예술이라 정의할 수 있는 공통된 요소(앞서 모방론, 표현론, 형식론이 말한 '예술의 조건'들)를 갖지 않는다는 웨이츠의 예술 정의 불가론이다. 그의 이론은 예술의 정의에 대한 기존의 이론들이 겉보기에는 명제의 형태를 취하고 있으나 사실은 참과 거짓을 판정할 수 없는 사이비 명제이므로, 예술의 정의에 대한 논의 자체가 불필요하다는 견해를 대변한다.

(가)에서는 '예술의 정의', '예술의 조건'을 주제로 다루는데, 예술 정의 불가론은 이 논의 자체의 타당성에 대해 검토하고 있습니다(12 수능 비트겐슈타인의 입장과 비슷). 기존 예술의 정의는 참과 거짓을 판정할 수 없기에, 논의도 불필요하다는 논리를 파악하는 것이 중요합니다.

다른 하나는 예술계라는 어떤 사회 제도에 속하는 한 사람 또는 여러 사람에 의해 감상의 후보 자격을 수여받은 인공물을 예술 작품으로 규정하는 디키의 제도론이다. 하나의 작품이 어떤 특정한 기준(재현의 닮음, 마음의 표현, 미적 형식)에서 훌륭하므로 예술 작품이라고 부를 수 있다는 평가적 이론들과 달리, 디키의 견해는 일정한 절차와 관례를 거치기만 하면 모두 예술 작품으로 볼 수 있다는 분류적 이론이다. 예술의 정의와 관련된 이 논의들은 예술로 분류할 수 있는 작품들의 공통된 본질을 찾는 시도이자 예술의 필요충분조건을 찾는 시도이다.

(가)의 포인트는 '낭만주의 사조'와 『샘』이 주장들에 어떤 영향을 끼쳤는지 파악하고, 여러 주장들의 포인트를 꼼꼼히 챙겨가는 것입니다.

(나)

예술 작품을 어떻게 감상하고 비평해야 하는지에 대해 다양한 논의들이 있다. 예술 작품의 의미와 가치에 대한 해석과 판단은 작품을 비평하는 목적과 태도에 따라 달라진다. 예술 작품에 대한 주요 비평 방법으로는 맥락주의 비평, 형식주의 비평, 인상주의 비평이 있다.

(나)의 내용은 예술의 비평에 관한 것이죠. '비평 방법'이라는 큰 범주 아래 세 가지의 비평 종류를 나열해 놓는 무난한 서술 방식입니다.

맥락주의 비평은 주로 예술 작품이 창작된 사회적·역사적 배경에 관심을 갖는다. 비평가 텐은 예술 작품이 창작된 당시 예술가 살던 시대의 환경, 정치·경제·문화적 상황, 작품이 사회에 미치는 효과 등을 예술 작품 비평의 중요한 근거로 삼는다. 그 이유는 예술 작품이 예술가가 속해 있는 문화(배경)의 상징과 믿음을 구체화하며, 예술가가 속한 사회의 특성(정치·경제·문화적 상황)들을 반영한다고 보기 때문이다. 또한 맥락주의 비평에서는 작품이 창작된 시대적 상황 외에 작가의 심리적 상태와 이념을 포함하여 가급적 많은 자료를 바탕으로 작품을 분석하고 해석한다.

그러나 객관적 자료를 중심으로 작품을 비평하려는 맥락주의는 자칫 작품 외적인 요소에 치중하여 작품의 핵심적 본질을 훼손할 우려가 있다는 비판을 받는다. 이러한 맥락주의 비평의 문제점을 극복하기 위한 방법으로는 형식주의 비평과 인상주의 비평(둘은 '작품의 핵심적 본질'에 집중할 것)이 있다. 형식주의 비평은 예술 작품의 외적 요인 대신 작품의 형식적 요소와 그 요소들 간 구조적 유기성의 분석을 중요하게 생각한다. 프리드와 같은 형식주의 비평가들은 작품 속에 표현된 사물, 인간, 풍경 같은 내용보다는 선, 색, 형태 등의 조형 요소와 비례, 율동, 강조 등과 같은 조형 원리를 예술 작품의 우수성을 판단하는 기준이라고 주장한다.

인상주의 비평은 모든 분석적 비평(맥락주의 비평과 형식주의 비평)에 대해 회의적인 시각을 가지고 있어 예술을 어떤 규칙('작품의 형식적 요소와 그 요소들 간 구조적 유기성')이나 객관적 자료(맥락주의에서 활용하는 '객관적 자료')로 판단할 수 없다고 본다. "훌륭한 비평가는 대작들과 자기 자신의 영혼의 모험들을 관련시킨다."라는 비평가 프랑스의 말처럼, 인상주의 비평은 비평가가 다른 저명한 비평가의 관점과 상관없이 자신의 생각과 느낌에 대하여 자율성과 창의성을 가지고 비평하는 것이다. 즉, 인상주의 비평가는 작가의 의도나 그 밖의 외적인 요인들을 고려할 필요 없이 비평가의 자유 의지로 무한대

의 상상력을 가지고 작품을 해석하고 판단한다.

각 비평의 특징을 눈으로 쓱 훑고 바로 문제로 넘어갔어도 되었을 듯하네요. 문제를 풀어봅시다!

01 (가)와 (나)의 공통적인 내용 전개 방식으로 가장 적절한 것은?

① 대립되는 관점들이 수렴되어 가는 역사적 과정을 밝히고 있다.
② 화제에 대한 이론들을 평가하여 종합적 결론을 도출하고 있다.
③ 화제가 사회에 미치는 영향들을 분석하여 서로 간의 차이를 밝히고 있다.
④ 화제와 관련된 관점의 문제점을 제시하고 대안적 관점을 소개하고 있다.
⑤ 화제와 관련된 하나의 사례를 중심으로 다양한 이론을 시대순으로 나열하고 있다.

정답 : ④

표현론과 형식론은 모방론이 '낭만주의 사조'를 설명하지 못했기 때문에 등장했고, 예술 정의 불가론과 제도론은 그 이전의 관점들이 『샘』을 설명하지 못했기 때문에 등장한 것입니다.

해설

① '수렴'된다는 것은 여러 입장이 하나의 입장으로 합쳐진다는 것입니다.
② 모든 입장을 아우를 수 있는 '종합적 결론'은 드러나지 않았습니다.
③ 사회에 미치는 영향은 드러나지 않았습니다.
⑤ 중심적인 하나의 사례도 드러나지 않고, 시대순으로 나열되지도 않았습니다.

02 (가)의 형식론에 대한 이해로 가장 적절한 것은?

① 미적 정서를 유발할 수 있는 어떤 성질을 근거로 예술 작품의 여부를 판단한다.
② 모든 관람객이 직관적으로 식별할 수 있는 형식을 통해 예술 작품의 여부를 판단한다.
③ 감정을 표현하는 모든 작품은 그 작품이 정신적 대상이더라도 예술 작품이라고 주장한다.
④ 외부 세계의 형식적 요소를 작가 내면의 관념으로 표현하는 것을 예술의 조건이라고 주장한다.
⑤ 특정한 사회 제도에 속하는 모든 예술가와 비평가가 자격을 부여한 작품을 예술 작품으로 판단한다.

정답 : ①

비평가들만이 직관적으로 식별할 수 있고 정의는 불가능한 '어떤 성질'을 예술의 조건으로 정의했습니다.

해설

② '모든' 관람객이 아닌 비평가들'만'이 판단 가능합니다.
③ '모든' 작품이 아니라 '어떤 성질'을 지닌 작품만 예술로 판단합니다.
④ 순서 뒤바뀜. '작가 내면의 관념'을 '형식적 요소'로 표현한 것입니다.
⑤ 제도론에 대한 설명과 비슷하지만, 제도론이 '모든' 예술가와 비평가가 자격을 부여해야 예술 작품이라고 주장한 적은 없으므로 형식론의 설명도, 제도론의 설명도 아닙니다.

03 (가)에 등장하는 이론가와 예술가들이 상대의 견해나 작품을 평가할 수 있는 말로 적절하지 <u>않은</u> 것은?

① **모방론자가 뒤샹에게** : 당신의 작품 『샘』은 변기를 닮은 것이 아니라 변기 그 자체라는 점에서 예술 작품이 되기 위한 필요충분조건을 갖추고 있습니다.

② **낭만주의 예술가가 모방론자에게** : 대상을 재현하기만 하면 예술가의 감정을 표현하지 않은 작품도 예술 작품으로 인정하는 당신의 견해는 받아들일 수 없습니다.

③ **표현론자가 낭만주의 예술가에게** : 당신의 작품은 예술가의 마음을 표현했으니 대상을 있는 그대로 표현하지 않았더라도 예술 작품입니다.

④ **뒤샹이 제도론자에게** : 예술계에서 일정한 절차와 관례를 거치면 예술 작품이라는 당신의 주장은 저의 작품 『샘』외에 다른 변기들도 예술 작품이 될 수 있음을 인정하는 것입니다.

⑤ **예술 정의 불가론자가 표현론자에게** : 당신이 예술가의 관념을 예술 작품의 조건으로 규정할 때 사용하는 명제는 참과 거짓을 판단할 수 없기 때문에 받아들일 수 없습니다.

많은 해설이 '그 자체'는 예술이 아님을 근거로 정답을 도출하지만, 1번 선지는 <u>구조적으로 옳지 않은 선지</u>입니다. '표현론'과 '형식론'은 이전의 관점(모방론)이 '낭만주의 사조'를 설명하지 못했기에 등장했고, '예술 정의 불가론'과 '제도론'은 이전의 관점들이 『샘』을 설명하지 못했기 때문에 등장한 것이죠. 따라서 '낭만주의 사조'와 『샘』이전의 '모방론'이 『샘』을 예술 작품으로 설명한다는 1번 선지는 옳지 않음을, 거시독해를 통해 글의 구조만 가지고 골라내야 합니다. (만약, '표현론' 또는 '형식론'이 『샘』을 예술 작품으로 인정한다는 선지가 나왔어도 같은 이유로 인해 무조건 틀린 선지였습니다.) 나머지 네 개의 선지는 이러한 구조와 '순서'의 측면에서 어긋남이 없기에 맞는 선지입니다.

② 구조적으로 모방론은 이후의 두 현상을 설명하지 못하며, 낭만주의와 모방론은 의견이 일치할 수 없습니다. '대상을 재현'이라는 부분은, '모방'으로 치환하여 읽으면 됩니다.

③ 표현론과 형식론은 낭만주의 사조를 예술 작품으로 인정하기 위해 등장한 관점입니다.

④ 뒤샹이 제도론자에게 하는 말이라지만, 내용을 보면 제도론자가 뒤샹을 인정하는 말입니다. 제도론은 『샘』을 예술 작품으로 인정하기 위해 등장한 관점이고, 그에 따르면 다른 변기들도 '일정한 절차와 관례를 거치기만 하면' '모두' 예술 작품이 될 '수' 있습니다.

⑤ 예술 정의 불가론자는 예술의 '조건'과 '정의'를 논하는 이전의 모든 입장과 대립합니다.

04 다음은 비평문을 쓰기 위해 미술 전람회에 다녀온 학생이 (가)와 (나)를 읽은 후 작성한 메모의 일부이다. 메모의 내용이 적절하지 않은 것은?

■ 작품 정보 요약
• 작품 제목 : 「그리움」
• 팸플릿의 설명
 - 화가 A가, 화가였던 자기 아버지가 생전에 신던 낡고 색이 바랜 신발을 보고 그린 작품임.
 - 화가 A의 예술가 정신은 궁핍하게 살면서도 예술혼을 잃지 않고 작품 활동을 했던 아버지의 삶에서 영향을 받았음.
• 작품 전체에 따뜻한 계열의 색이 주로 사용됨.

■ 비평문 작성을 의한 착안점
○ 콜링우드의 관점을 적용하면, 화가 A가 낡은 신발을 그린 것에서 아버지에 대한 그리움을 갖고 있었으리라는 점을 제시할 수 있겠군. ·················· ①
○ 디키의 관점을 적용하면, 평범한 신발이 특별한 이유는 신발의 원래 주인이 화가였다는 사실에 있음을 언급하여 이 그림을 예술 작품으로 평가할 수 있겠군. ··········· ②
○ 텐의 관점을 적용하면, 이 작품에서 아버지의 낡은 신발은 화가 A가 추구하는 예술가 정신의 상징임을 팸플릿 정보를 근거로 해석할 수 있겠군. ··················· ③
○ 프리드의 관점을 적용하면, 따뜻한 계열의 색들을 유기적으로 구성한 점에서 이 그림이 우수한 작품임을 언급할 수 있겠군.··················· ④
○ 프랑스의 관점을 적용하면, 그림 속의 낡고 색이 바랜 신발을 보고, 지친 나의 삶에서 편안함과 여유를 느꼈음을 서술할 수 있겠군. ··················· ⑤

> **정답 : ②**

디키는 '일정한 절차와 관례만'을 예술의 조건으로 말합니다. 유일한 필요충분조건과 대응되지 않는 선지이므로 정답입니다.

> **해설**

① '그리움'은 표현론이 조건으로 규정하는 '예술가의 마음'에 대응됩니다.
③ '팸플릿 정보'는 맥락주의가 사용하는 '객관적 자료'에 대응됩니다.
④ '색'은 형식주의가 사용하는 '조형 요소'라는 기준에 대응됩니다.
⑤ '나의 삶에서 ~를 느꼈음'은 인상주의가 강조하는 '자신의 생각과 느낌'에 대응됩니다.

---

05 피카소의 『게르니카』에 대해 <보기>의 A는 ㉠맥락주의의 관점, B는 ㉡인상주의의 관점에서 비평한 내용이다. (나)를 바탕으로 A, B를 이해한 내용으로 적절하지 않은 것은?

<보기>

피카소, 『게르니카』

맥락주의자 : 1937년 히틀러가 바스크 산악 마을인 '게르니카'에 30여 톤의 폭탄을 퍼부어 수많은 인명을 살상한 비극적 사건의 참상을, 울부짖는 말과 부러진 칼 등의 상징적 이미지를 사용하여 전 세계에 고발한 기념비적인 작품이다.

인상주의자 : 뿔 달린 동물은 슬퍼 보이고, 아이는 양팔을 뻗어 고통을 호소하고 있다. 우울한 색과 기괴한 형태들이 나를 그 속으로 끌어들이는 듯하다. 그러나 빛이 보인다. 고통과 좌절감이 느껴지지만 희망을 갈구하는 훌륭한 작품이다.

① A에서 '1937년'에 '게르니카'에서 발생한 사건을 언급한 것은 역사적 정보를 바탕으로 작품을 해석하기 위한 것이겠군.
② A에서 비극적 참상을 '전 세계에 고발'하였다고 서술한 것은 작품이 사회에 미치는 효과를 드러내고자 한 것이겠군.
③ B에서 '슬퍼 보이고'와 '고통을 호소하고'라고 서술한 것은 작가의 심리적 상태를 표현하려는 것이겠군.
④ B에서 '우울한 색과 기괴한 형태'를 언급한 것은 비평가의 주관적 인상을 반영하기 위한 것이겠군.
⑤ B에서 '희망을 갈구하는'이라고 서술한 것은 비평가의 자유로운 상상력이 반영된 것이겠군.

> **정답 : ③**

인상주의는 '작가'의 심리적 상태, 객관적 자료와 관계 없이 오로지 비평가 자신의 생각과 느낌만을 강조합니다.

> **해설**

① '역사적 정보'라는 예술가를 둘러싼 배경과 시대적 상황을 사용합니다.
② '사회에 미치는 효과'는 맥락주의의 고려 사항으로 언급되었습니다.
④ '비평가(자신의) 주관적 인상'이 중요합니다.
⑤ '비평가(자신의) 상상력'이 사용됩니다.

06 문맥을 고려할 때, 밑줄 친 말이 ⓐ~ⓔ의 동음이의어인 것은?

① ⓐ: 모든 인간은 평등하다고 <u>전제(前提)</u>해야 한다.
② ⓑ: 가을은 오곡백과가 무르익는 <u>시기(時期)</u>이다.
③ ⓒ: 이 문제에 대해서는 <u>이론(異論)</u>의 여지가 없다.
④ ⓓ: 이 소설은 사실을 <u>근거(根據)</u>로 하여 쓰였다.
⑤ ⓔ: 청소년의 <u>시각(視角)</u>으로 이 문제를 살펴보자.

정답 : ③

이 문제를 틀렸다면 다의어와 동음이의어가 뭔지 몰랐을 가능성이 큽니다.

다의어는 하나의 의미에서 다양한 의미가 파생된 것을 칭합니다. 따라서 <u>의미들 사이에 유의미한 관련성</u>이 존재하며, 사전에 하나의 표제어 아래 등록됩니다.

동음이의어는 소리만 같고 <u>의미들 사이의 관련성이 없습니다</u>. 사전에서는 다른 표제어 아래 등록하여 구분합니다.

2023학년도 9월 모의평가 **아도르노**

(가)

　아도르노는 문화 산업에 의해 양산되는 대중 예술이 이윤 극대화를 위한 상품으로 전락함으로써 예술의 본질을 상실했을 뿐 아니라 현대 사회의 모순과 부조리를 은폐하고 있다고 지적했다. 아도르노가 보는 대중 예술 은 창작의 구성에서 표현까지 표준화되어 생산되는 상품에 불과하다. 그는 대중 예술의 규격성으로 인해 개인의 감상 능력 역시 표준화되고, 개인의 개성은 다른 개인의 그것과 다르지 않게 된다고 보았다. 특히 모든 것을 상품의 교환 가치로 환원하려는 자본주의 사회에서, 대중 예술은 개인의 정체성마저 상품으로 ⓐ전락시키는 기제로 작용한다는 것이다.

　아도르노는 서로 다른 가치 체계를 하나의 가치 체계로 통일시키려는 속성을 동일성으로, 하나의 가치 체계로의 환원을 거부하는 속성을 비동일성으로 규정하고, 예술은 이러한 환원을 거부하는 비동일성을 지녀야 한다고 주장한다. 그렇기 때문에 예술은 대중이 원하는 아름다운 상품이 되기를 거부하고, 그 자체로 추하고 불쾌한 것이 되어야 한다는 것이다. 그에게 있어 예술은 예술가가 직시한 세계의 본질을 감상자들에게 체험하게 해야 한다. 예술은 동일화되지 않으려는, 일정한 형식이 없는 비정형화된 모습으로 나타남으로써 현대 사회의 부조리를 체험하게 하는 매개여야 한다는 것이다.

　아도르노는 쇤베르크의 음악과 같은 전위 예술이 그 자체로 동일화에 저항하면서도, 저항이나 계몽을 직접적으로 드러내지 않는다는 것을 높게 평가한다. 저항이나 계몽을 직접 표현하는 것에는 비동일성을 동일화하려는 폭력적 의도가 내재되어 있다고 보기 때문이다. 불협화음으로 가득 찬 쇤베르크의 음악이 감상자들에게 불쾌함을 느끼게 했던 것처럼 예술은 그것에 드러난 비동일성을 체험하게 함으로써 동일화의 폭력에 저항해야 한다는 것이다.

　아도르노에게 있어 예술은 사회적 산물이며, 그래서 미학은 작품에 침전된 사회의 고통스러운 상태를 읽기 위해 존재한다. 그는 비동일성 그 자체를 속성으로 하는 전위 예술을 예술이 추구해야 할 바람직한 모습으로 제시했다.

(나)

　아도르노의 미학은 예술과 사회의 관계를 통해 예술의 자율성을 추구했다는 점에서 긍정적으로 평가된다. 예술은 사회적인 것인 동시에 사회에서 떨어져 사회의 본질을 직시하는 것이어야 한다고 보기 때문이다. 그의 미학은 기존의 예술에 대한 비판적 관점을 제공한다. 가령 사과를 표현한 세잔의 작품을 아도르노의 미학으로 읽어 낸다면, 이 그림은 사회의 본질과 ⓑ유리된 '아름다운 가상'을 표현한 것에 불과할 것이다.

　하지만 세잔의 작품은 예술가의 주관적 인상을 붉은색과 회색 등의 색채와 기하학적 형태로 표현한 미메시스일 수 있다. 미메시스란 세계를 바라보는 주체의 관념을 재현하는 것, 즉 감각될 수 없는 것을 감각 가능한 것으로 구현하는 것을 의미한다. 다시 말해 세잔의 작품은 눈에 보이는 특정의 사과가 아닌 예술가의 시선에 포착된 세계의 참모습, 곧 자연의 생명력과 그에 얽힌 농부의 삶 그리고 이를 ⓒ응시하는 예술가의 사유를 재현한 것이 된다.

　아도르노는 예술이 예술가에게 포착된 세계의 본질을 감상자로 하여금 체험하게 하는 것이어야 한다고 본다. 그러나 그는 이러한 미적 체험을 현대 사회의 부조리에 국한시킴으로써, 진정한 예술을 감각적 대상인 형태 그 자체의 비정형성에 대한 체험으로 한정한다. 결국 ㉠아도르노의 미학에서는 주관의 재현이라는 미메시스가 부정되고 있다.

　한편 아도르노의 미학은 예술의 영역을 극도로 축소시키고 있다. 즉 그 자신은 동일화의 폭력을 비판하지만, 자신이 추구하는 전위 예술만이 진정한 예술이라고 주장하며 ㉡전위 예술의 관점에서 예술의 동일화를 시도하고 있다. 특히 이는 현실 속 다양한 예술의 가치가 발견될 기회를 ⓓ박탈한다. 실수로 찍혀 작가의 어떠한 주관도 결여된 사진에서조차 새로운 예술 정신을 ⓔ발견하는 것이 가능하다는 벤야민의 지적처럼, 전위 예술이 아닌 예술에서도 미적 가치를 발견할 수 있다. 또한 대중음악이 사회적 저항의 메시지를 전달하는 사례도 있듯이, 자본의 논리에 편승한 대중 예술이라 하더라도 사회에 대한 비판적 기능을 수행하는 경우도 있다.

01 다음은 (가)와 (나)를 읽고 수행한 독서 활동지의 일부이다. Ⓐ~Ⓔ 중 적절하지 <u>않은</u> 것은?

	(가)	(나)
글의 화제	아도르노의 예술관 ·············Ⓐ	
서술 방식의 공통점	구체적인 예를 제시하고 그것에 담긴 의미를 설명함. ································Ⓑ	
서술 방식의 차이점	(가)는 (나)와 달리 화제와 관련된 개념을 정의하고 개념의 변화 과정을 제시함. ··················Ⓒ	(나)는 (가)와 달리 논지를 강화하기 위해 다른 이의 견해를 인용함. ········Ⓓ
서술된 내용 간의 관계	(가)에서 소개한 이론에 대해 (나)에서 의의를 밝히고 한계를 지적함. ···························Ⓔ	

① Ⓐ   ② Ⓑ   ③ Ⓒ   ④ Ⓓ   ⑤ Ⓔ

02 아도르노가 보는 대중 예술 에 대한 이해로 적절하지 <u>않은</u> 것은?

① 문화 산업을 통해 상품화된 개인의 정체성과 대립적 관계를 형성한다.
② 일정한 규격에 맞춰 생산될 뿐 아니라 대중의 감상 능력을 표준화한다.
③ 자본주의의 교환 가치 체계에 종속된 것으로서 예술로 포장된 상품에 불과하다.
④ 모든 것을 상품의 교환 가치로 환원하려는 자본주의 사회의 속성을 은폐한다.
⑤ 문화 산업의 이윤 극대화 과정에서 개인들이 지닌 개성의 차이를 상실시킨다.

03 ㉠의 이유를 추론한 내용으로 가장 적절한 것은?

① 비정형적 형태뿐 아니라 정형적 형태 역시 재현되기 때문이다.
② 재현의 주체가 예술가로부터 예술 작품의 감상자로 전환되기 때문이다.
③ 미적 체험의 대상이 사회의 부조리에서 세계의 본질로 변화되기 때문이다.
④ 미적 체험의 과정에서 비정형적인 형태가 예술가의 주관으로 왜곡되기 때문이다.
⑤ 예술가의 주관이 가려지고 작품에 나타난 형태에 대한 체험만이 강조되기 때문이다.

04 (가)의 '아도르노'의 관점을 바탕으로 할 때, ㉡에 대해 반박할 수 있는 말로 가장 적절한 것은?

① 동일화는 애초에 예술과 무관하므로 예술의 동일화는 실현 불가능하다.
② 전위 예술의 속성은 부조리 그 자체를 폭로하는 것이므로 비동일성은 결국 동일성으로 귀결된다.
③ 동일성으로 환원된 대중 예술에서도 비동일성을 발견할 수 있으므로 예술의 동일화는 무의미하다.
④ 전위 예술은 동일성과 비동일성의 구분을 거부하므로 전위 예술로의 동일화는 새로운 차원의 비동일성으로 전환된다.
⑤ 동일화를 거부하는 속성이 전위 예술의 본질이므로 전위 예술을 추구하는 것은 동일화가 아니라 비동일화를 지향하는 것이다.

05 다음은 학생이 미술관에 다녀와서 작성한 감상문이다. 이에 대해 (가)의 '아도르노'의 관점(A)과 (나)의 글쓴이의 관점(B)에서 설명한 내용으로 적절하지 <u>않은</u> 것은? [3점]

주말 동안 미술관에서 작품을 관람했다. 기억에 남는 세 작품이 있었다. 첫 번째 작품의 제목은 「자화상」이었지만 얼굴의 형상을 전혀 찾아볼 수 없는 기괴한 모습이었고, 제각각의 형태와 색채들이 이곳저곳 흩어져 있어 불편한 감정만 느껴졌다. 두 번째 작품은 사회에 비판적인 유명 연예인의 얼굴을 묘사한 그림으로, 대량 복제되어 유통되는 작품이었다. 그리고 사용된 색채와 구도가 TV에서 본 상업광고의 한 장면같이 익숙하게 느껴져서 좋았다. 세 번째 작품은 시골마을의 서정적인 풍경을 사실적으로 묘사한 그림으로 색감과 조형미가 뛰어나 오랫동안 기억에 잔상으로 남았다.

① A: 첫 번째 작품에서 학생이 기괴함과 불편함을 느낀 것은 부조리한 사회에 대한 예술적 체험의 충격 때문일 수 있습니다.

② A: 두 번째 작품에서 학생이 느낀 익숙함은 현대 사회의 모순에 대한 무감각과 같은 것일 수 있습니다. 이는 문화 산업의 논리에 동일화되어 감각이 무뎌진 결과라 할 수 있습니다.

③ A: 세 번째 작품에 표현된 서정성과 조형미는 부조리에 대한 저항과는 괴리가 있습니다. 사회에 대한 저항을 직접적으로 드러낸 예술이어야 진정한 예술이라고 할 수 있습니다.

④ B: 첫 번째 작품의 흩어져 있는 형태와 색채가 예술가의 표현 의도를 담고 있지 않더라도 그 작품에서 예술적 가치를 발견할 수 있습니다.

⑤ B: 두 번째 작품은 대량 생산을 통해 제작된 것이지만 그 연예인의 사회 비판적 이미지를 이용해 현대 사회의 문제점을 고발하는 것일 수 있습니다.

06 문맥상 ⓐ~ⓔ와 바꿔 쓰기에 적절하지 <u>않은</u> 것은?

① ⓐ : 맞바꾸는
② ⓑ : 동떨어진
③ ⓒ : 바라보는
④ ⓓ : 빼앗는다
⑤ ⓔ : 찾아내는

(가)

아도르노는 <문화 산업에 의해 양산되는> 대중 예술이 <이윤 극대화를 위한 상품으로 전락함으로써> 예술의 본질을 상실했을 뿐 아니라 현대 사회의 모순과 부조리를 은폐하고 있다고 지적했다.

'아도르노'라는 사람의 의견이 나옵니다. 그는 **대중 예술**이 이윤 극대화를 위한 상품에 불과하며, 예술의 본질을 상실했다고 본답니다. 더 나아가, '현대 사회의 모순과 부조리를 은폐'하기까지 한다네요. 사실 이 첫 줄의 얘기가 제일 중요합니다. 뒤에 나오는 아도르노의 주장들은 전부 이 첫 줄로부터 뻗어나간 것이라서요.

아도르노가 보는 대중 예술은 <창작의 구성에서 표현까지> 표준화되어 생산되는(=양산되는) 상품에 불과하다. 그는 대중 예술의 규격성(=창작의 구성에서 표현까지 표준화)으로 인해 개인의 감상 능력 역시 표준화되고, 개인의 개성은 다른 개인의 그것과 다르지 않게 된다고 보았다. 특히 <모든 것을 상품의 교환 가치로 환원하려는(=모순과 부조리)> 자본주의 사회(=현대 사회)에서, 대중 예술은 개인의 정체성마저 상품으로 전락시키는 기제로 작용한다는 것이다.

위에 괄호 적어 놓은 것들을 보시면 아시겠지만, 이 부분은 **첫 줄을 재진술하고 확장한 내용**입니다. 첫 줄과 어떤 내용이 문맥상 동의어인지를 파악해야만 지문을 제대로 이해하고, 문제를 풀 수 있어요! 그는 대중 예술이 '표준화'되어 있고, 이로써 개인들을 표준화시킨다고 주장해요. '모든 것을 상품의 교환 가치로 환원하려는 자본주의 사회'는 현대 사회의 '모순과 부조리'를 말하죠. 그저 상품으로 전락된 예술은, 개인들까지 상품으로 전락시킨다는 내용입니다.

아도르노는 서로 다른 가치 체계를 하나의 가치 체계로 통일시키려는 속성을 동일성으로, 하나의 가치 체계로의 환원을 거부하는 속성을 비동일성으로 규정하고, 예술은 이러한 환원을 거부하는 비동일성을 지녀야 한다고 주장한다.

그는 '동일성'과 '비동일성'이라는 개념을 제시합니다. '하나의 가치 체계로 통일 vs 하나의 가치 체계 거부'로 정의되는데, 사실 문자 그대로 생각해도 됩니다. '동일성'은 동일하게 만드는 속성이니, 앞서 대중 예술의 '표준화'가 야기하는 것으로 이해하면 되겠습니다. 그리고, 자본주의 사회의 대중 예술은 '상품의 교환 가치'라는 하나의 가치 체계로 개인들의 가치를 통일시키려 할 것입니다. 아도르노는 표준화된 대중 예술에 반대하니까, 그가 추구하는 예술은 표준화되지 않은, 비동일성을 지닌 예술일 겁니다.

그렇기 때문에 예술은 대중이 원하는 아름다운 상품이 되기를 거부하고, 그 자체로 추하고 불쾌한 것이 되어야 한다는 것이다.

대중이 원하는 아름다운 상품은 규격화된 하나의 가치 체계에 부합하는 것일 텝니다. 아도르노는 예술이 통일된 가치를 부정하는 비동일성을 가져야 한다고 보았고, 따라서 **사람들의 통일된 가치에 부합하지 않는 '추하고 불쾌한 것'이 진짜 예술**이라고 보는 거예요.

<그에게 있어> 예술은 예술가가 직시한 세계의 본질을 감상자들에게 체험하게 해야 한다. 예술은 동일화되지 않으려는, <일정한 형식이 없는> 비정형화된 모습으로 나타남으로써 현대 사회의 부조리를 체험하게 하는 매개여야 한다는 것이다.

아도르노가 생각하는 진짜 예술은 예술가가 스스로 본 '세계의 본질'을 사람들이 체험할 수 있게 해야 합니다. 그런데 아도르노가 생각하는 '세계의 본질'은 어떤가요? 앞서 본 내용에서 알 수 있듯, 그는 지금 우리가 사는 현대 사회, 자본주의 사회가 모순과 부조리로 가득하다고 보고 있습니다. 따라서 '세계의 본질'은 모순과 부조리이며, **진짜 예술이라면 모순과 부조리를 보여주어야 하고, 따라서 예술은 추해질 수밖에 없는 것**이에요! 모순과 부조리는 추한 것이니까요.

아도르노는 **쇤베르크**의 음악과 같은 **전위 예술**(대중 예술과 반대, 표준화되지 않은 예술)이 그 자체로 동일화에 저항하면서도, 저항이나 계몽(=비동일성 요구)을 직접적으로 드러내지 않는다는 것을 높게 평가한다. 저항이나 계몽을 직접 표현하는 것에는 비동일성을 동일화하려는 폭력적 의도가 내재되어 있다고 보기 때문이다.

아도르노가 생각하는 진짜 예술의 예시로 '쇤베르크'의 음악이 나옵니다. 그 예술은 동일화에 저항하면서도, 동일화에 저항하겠다는 메시지를 직접적으로 드러내지 않기 때문이라네요. 그러니까, 아도르노가 생각하는 예술은 비동일성을 추구해야 하지만, 그렇다고 남들에게 비동일성을 요구해서는 안됩니다. 다른 개인들에게 비동일성을 요구한다면, 오히려 모두가 비동일성을 가져야 한다는 '동일화'를 하려는 것이기 때문이죠. 저항하되, 저항하라고 시켜서는 안 된다는 것이 아주 재밌는 포인트입니다.

불협화음(=표준화되지 않은 것)으로 가득 찬 쇤베르크의 음악이 <감상자들에게 불쾌함을 느끼게 했던 것처럼(=추하고 불쾌한 것)> <예술은 그것에 드러난 비동일성을 체험하게 함으로써> 동일화의 폭력에 저항해야 한다는 것이다.

따라서, 예술은 비동일성을 직접적으로 드러내서 동일화에 저항하는 것이 아니라, 예술 자체에서 드러나는 비동일성을 체험하게끔 함으로써 동일화에 저항해야 합니다.

<아도르노에게 있어> 예술은 사회적 산물이며, 그래서 미학은 작품에 침전된 사회의 고통스러운 상태(=모순과 부조리)를 읽기 위해 존재한다. 그는 (비동일성 그 자체를 속성으로 하는) 전위 예술을 예술이 추구해야 할 바람직한 모습으로 제시했다.

예술은 사회의 모순과 부조리를 드러내기 위해 비동일성을 속성으로 가져야 한다는 아도르노의 주장을 마무리합니다. '전위 예술'은 이전의 형식을 거부하고 새로운 표현 방식을 시도하는 혁신적인 예술을 가리키는 어휘인데, 이 지문에서는 그냥 '비동일성' 자체를 속성으로 하는 예술이라고 이해하면 되겠습니다.

(나)
아도르노의 미학은 예술과 사회의 관계를 통해 예술의 자율성(=비동일성, 비표준화)을 추구했다는 점에서 긍정적으로 평가된다. 예술은 <사회적인 것인 동시에> 사회에서 떨어져 사회의 본질을 직시하는 것이어야 한다고 보기 때문이다.

(가)에서 소개된 내용을 (나)에서 평가하는 형식인가 봅니다. 첫 두 줄은 (가)의 내용을 요약하고 긍정적으로 평가하는 것입니다. 2022학년도 수능 <헤겔> 지문과 비슷한 구조네요.

그의 미학은 기존의 예술에 대한 비판적 관점을 제공한다. 가령 사과를 표현한 세잔의 작품을 아도르노의 미학으로 읽어 낸다면, 이 그림은 <사회의 본질과 유리된> '아름다운 가상'을 표현한 것에 불과할 것이다.

아도르노는 (가)에서 자본주의 사회의 대중 예술을 비판했는데, 여기서 나오는 비판은 약간 다른 맥락입니다. 세잔의 작품을 예로 들어, 아도르노의 관점에서는 그것이 '아름다운 가상'을 표현한 것에 불과하다며 비판적으로 볼 수 있습니다. 왜죠? 아도르노가 추구하는 예술은 사회의 본질을 드러내기 위한 것이어야 하는데, 세잔의 그림이 보여주는 것은 실제 사회의 본질이 아니라, 가상의 것이기 때문이죠. (가)의 내용을 끌어와야만 이해가 가능한 부분입니다!

하지만 세잔의 작품은 예술가의 주관적 인상을 붉은색과 회색 등의 <색채와 기하학적 형태로 표현한> 미메시스일 수 있다. 미메시스란 세계를 바라보는 주체(=예술가)의 관념을 재현하는 것, 즉 감각될 수 없는 것(=예술가의 주관적 인상)을 감각 가능한 것(=색채와 기하학적 형태)으로 구현하는 것을 의미한다. 다시 말해 세잔의 작품은 <눈에 보이는 특정의 사과가 아닌> 예술가의 시선에 포착된 세계의 참모습(=본질), 곧 자연의 생명력과 그에 얽힌 농부의 삶 그리고 이를 응시하는 예술가의 사유를 재현한 것이 된다.

그렇지만, 과연 아도르노의 관점처럼 세잔은 '세계의 본질'을 드러내지 않는 것일까요? (나)는 세잔의 작품도 세계의 본질을 드러내는 것이라 말합니다. 세잔의 작품은 예술가의 주관적 인상을 감각 가능한 형태로 표현한 '미메시스'이고, 그 안에는 '자연의 생명력', '농부의 삶', '예술가의 사유'라는 세계의 본질이 담겨있는 것입니다.

아도르노는 예술이 예술가에게 포착된 세계의 본질을 감상자로 하여금 체험하게 하는 것이어야 한다고 본다.

이것은 (가)의 2, 3, 4문단의 내용과 같습니다. 그런데, 과연 그 '세계의 본질'이라는 것은 어떤 것이어야 할까요? 그 지점에 대한 비판이 다음 문장에 나옵니다.

그러나 그는 이러한 미적 체험(=세계의 본질을 감상자로 하여금 체험하게 하는 것)을 현대 사회의 부조리에 국한시킴으로써, 진정한 예술을 감각적 대상인 형태 그 자체의 비정형성에 대한 체험으로 한정한다. 결국 ㉠아도르노의 미학에서는 주관의 재현이라는 미메시스가 부정되고 있다.

아도르노가 예술은 세계의 본질을 체험하게 하는 것이어야 한다고 한 주장을 인정하더라도, 그가 '세계의 본질'을 '현대 사회의 부조리'라는 주제만으로 한정한 것을 비판할 수 있습니다. 아도르노는 세계의 본질을 비정형성에 대한 체험(예를 들어, 전위예술의 불협화음을 듣는 것)만으로 한정했기 때문에, 세잔의 미술이 보여주는 미메시스는 세계의 본질이 아닌 것으로 취급됩니다. 아도르노는 예술가의 주관을 세계의 본질로 인정하지 않고, 비정형성, 비동일성을 추구하는 것만 진정한 예술로 보기 때문이죠.

한편 아도르노의 미학은 예술의 영역을 극도로 축소시키고 있다. 즉 그 자신은 동일화의 폭력을 비판하지만, 자신이 추구하는 전위 예술만이 진정한 예술이라고 주장하며 ㉡전위 예술의 관점에서 예술의 동일화를 시도하고 있다.

이 비판도 재밌습니다. 아도르노는 동일화의 폭력에 저항하는 것만을 진정한 예술이라고 주장했는데, 지문에서는 정작 동일화에 저항하는 것만을 진정한 예술이라고 주장하는 것이 동일화가 아니냐고 지적합니다. 대중 예술은 자본주의 사회의 가치 체계로 개인들의 가치 체계를 통일하려 했는데, 아도르노의 미학은 자신의 가치 체계로 예술의 가치 체계를 통일하려는 동일화를 시도하고 있다는 것이죠.

특히 이는 현실 속 다양한 예술의 가치가 발견될 기회를 박탈한다. <실수로 찍혀 작가의 어떠한 주관도 결여된> 사진에서조차 새로운 예술 정신을 발견하는 것이 가능하다는 베냐민의 지적처럼, <전위 예술이 아닌 예술에서도> 미적 가치를 발견할 수 있다. 또한 대중음악이 사회적 저항의 메시지를 전달하는 사례도 있듯이, <자본의 논리에 편승한 대중 예술이라 하더라도> 사회에 대한 비판적 기능을 수행하는 경우도 있다.

마지막으로, 아도르노의 미학이 예술의 가치가 발견될 기회를 박탈한다고 비판합니다. 아도르노가 규정하는 진정한 예술은 '사회의 모순과 부조리를 비정형화된 형식으로 나타내는 전위예술'에 한정되기 때문에, 세잔의 그림, 실수로 찍힌 사진, 사회적 저항의 메시지를 전달하는 대중음악 등 다양한 작품들의 가치가 발견되지 못한다는 단점이

있습니다. 마지막의 사례는 아도르노의 관점에서 보면 저항의 메시지를 직접적으로 드러낸 것이기에 더 싫어할 요소가 있긴 하네요.

01 다음은 (가)와 (나)를 읽고 수행한 독서 활동지의 일부이다. Ⓐ~Ⓔ 중 적절하지 <u>않은</u> 것은?

	(가)	(나)
글의 화제	아도르노의 예술관 ···········Ⓐ	
서술 방식의 공통점	구체적인 예를 제시하고 그것에 담긴 의미를 설명함. ····················· Ⓑ	
서술 방식의 차이점	(가)는 (나)와 달리 화제와 관련된 개념을 정의하고 개념의 변화 과정을 제시함.·············Ⓒ	(나)는 (가)와 달리 논지를 강화하기 위해 다른 이의 견해를 인용함. ·········Ⓓ
서술된 내용 간의 관계	(가)에서 소개한 이론에 대해 (나)에서 의의를 밝히고 한계를 지적함. ·················Ⓔ	

① Ⓐ   ② Ⓑ   ③ Ⓒ   ④ Ⓓ   ⑤ Ⓔ

정답 : ③

(가)와 (나) 모두 화제와 관련된 개념(동일성, 미메시스 등)를 정의합니다. 그리고 둘 모두 '개념의 변화 과정'이 제시되어 있지 않죠. '개념의 변화 과정'은 자주 나오는 선지인데 맞게 나오는 경우가 별로 없네요.

해설

② (가)는 '쇤베르크'의 음악을 예시로 들어 아도르노가 생각하는 진정한 예술을, (나)는 '세잔'의 그림을 예시로 들어 미메시스로서의 예술을 제시합니다.

④ (나)는 '베냐민'의 견해를 인용하여 아도르노의 예술에서 배제된 다양한 예술의 가능성이라는 논지를 강화합니다.

⑤ 이번 (가), (나) 지문의 구조를 한 줄 요약한 선지입니다.

02 아도르노가 보는 대중 예술 에 대한 이해로 적절하지 <u>않은</u> 것은?

① 문화 산업을 통해 상품화된 개인의 정체성과 대립적 관계를 형성한다.

② 일정한 규격에 맞춰 생산될 뿐 아니라 대중의 감상 능력을 표준화한다.

③ 자본주의의 교환 가치 체계에 종속된 것으로서 예술로 포장된 상품에 불과하다.

④ 모든 것을 상품의 교환 가치로 환원하려는 자본주의 사회의 속성을 은폐한다.

⑤ 문화 산업의 이윤 극대화 과정에서 개인들이 지닌 개성의 차이를 상실시킨다.

정답 : ①

아도르노의 관점에서는 '상품화된 개인의 정체성'을 만드는 것이 현대의 문화 산업입니다. 따라서, 대립적 관계를 형성한다는 표현이 틀린 선지예요.

해설

② '일정한 규격에 맞춰 생산'되는 것은 예술의 표준화를 얘기하고, 아도르노는 이러한 예술의 표준화가 대중의 표준화로 이어진다고 보았습니다.

③ 1문단을 그대로 끌어온 선지입니다.

④ <u>'모든 것을 상품의 교환 가치로 환원하려는 자본주의 사회의 속성'</u>이 '현대 사회의 모순과 부조리'입니다. '현대 사회의 모순과 부조리를 은폐하고 있다고 지적했다'라는 지문의 내용을, <u>뒤의 내용과 붙여 읽어야</u> 정확하게 지워낼 수 있는 선지입니다.

⑤ 문화 산업의 이윤 극대화 과정에서 나타난 자본주의 사회의 대중 예술은 개인의 개성을 다른 사람과 다르지 않게 만듭니다.

03 ㉠'아도르노의 미학에서는 주관의 재현이라는 미메시스가 부정되고 있다'의 이유를 추론한 내용으로 가장 적절한 것은?

① 비정형적 형태뿐 아니라 정형적 형태 역시 재현되기 때문이다.
② 재현의 주체가 예술가로부터 예술 작품의 감상자로 전환되기 때문이다.
③ 미적 체험의 대상이 사회의 부조리에서 세계의 본질로 변화되기 때문이다.
④ 미적 체험의 과정에서 비정형적인 형태가 예술가의 주관으로 왜곡되기 때문이다.
⑤ 예술가의 주관이 가려지고 작품에 나타난 형태에 대한 체험만이 강조되기 때문이다.

> **정답 : ⑤**

아도르노의 미학에서 인정하는 예술은 '사회의 본질'을 비정형적인 형태로 드러내는 전위 예술입니다. 그리고, 그 '사회의 본질'은 오로지 <u>자본주의 사회의 모순과 부조리만을 가리켰죠. (나)는 '예술가의 주관'</u> <u>같은 요소도 '사회의 본질'이 될 수 있다고 주장하며, 미메시스가 갖는</u> <u>예술적인 의의를 주장합니다.</u> 아도르노는 비정형적인 형태를 중요시할 뿐, 정작 예술가의 주관과 같은 요소를 고려하지 않는다는 얘기죠.

04 (가)의 '아도르노'의 관점을 바탕으로 할 때, ㉡'전위 예술의 관점에서 예술의 동일화를 시도하고 있다.'에 대해 반박할 수 있는 말로 가장 적절한 것은?

① 동일화는 애초에 예술과 무관하므로 예술의 동일화는 실현 불가능하다.
② 전위 예술의 속성은 부조리 그 자체를 폭로하는 것이므로 비동일성은 결국 동일성으로 귀결된다.
③ 동일성으로 환원된 대중 예술에서도 비동일성을 발견할 수 있으므로 예술의 동일화는 무의미하다.
④ 전위 예술은 동일성과 비동일성의 구분을 거부하므로 전위 예술로의 동일화는 새로운 차원의 비동일성으로 전환된다.
⑤ 동일화를 거부하는 속성이 전위 예술의 본질이므로 전위 예술을 추구하는 것은 동일화가 아니라 비동일화를 지향하는 것이다.

> **정답 : ⑤**

동일화에 반대하는 아도르노의 입장에서 전위 예술은 동일화를 거부하는 비동일성 자체를 속성으로 하는 것이므로, 전위 예술을 추구하는 것은 곧 비동일성을 추구하는 것입니다. 이러한 논리라면 아도르노가 예술의 차원에서 동일화를 시도했다는 비판을 재반박할 수 있겠죠.

① 아도르노는 동일화가 예술과 무관하다고 한 적이 없습니다. 오히려 관련이 있다고 보았으니 전위 예술을 추구한 것이죠.
② 비동일성이 동일성으로 귀결된다는 것은 ㉡과 일치하는 주장이고, 따라서 반박이 아니라 강화를 하는 선지입니다.
③ 동일성으로 환원된 대중 예술에서도 사회적 저항의 메시지를 담은 비동일성이 발견될 수 있다는 것은 아도르노의 주장과 대비되는 (나)의 주장입니다.
④ 전위 예술은 동일성과 비동일성의 구분을 거부하지 않습니다. 비동일성을 속성으로 한다는 것 자체가 동일성과 비동일성을 구분하는 것이죠.

> **해설**

㉡은, 대중들을 하나의 가치 체계로 동일화하는 것이 문제라던 아도르노가 정작 전위 예술만이 진정한 예술이라고 주장하며 예술을 하나의 가치 체계로 동일화하려 시도했다는 비판입니다. 이에 대한 아도르노의 재비판으로 가능한 것을 고르려면, <u>자기가 전위 예술을 추구하는 것은 '동일화'가 아님을 주장해야 할 것입니다.</u>

05 다음은 학생이 미술관에 다녀와서 작성한 감상문이다. 이에 대해 (가)의 '아도르노'의 관점(A)과 (나)의 글쓴이의 관점(B)에서 설명한 내용으로 적절하지 <u>않은</u> 것은? [3점]

주말 동안 미술관에서 작품을 관람했다. 기억에 남는 세 작품이 있었다. 첫 번째 작품의 제목은 「자화상」이었 지만 얼굴의 형상을 전혀 찾아볼 수 없는 기괴한 모습이 었고, 제각각의 형태와 색채들이 이곳저곳 흩어져 있어 불편한 감정만 느껴졌다. 두 번째 작품은 사회에 비판적인 유명 연예인의 얼굴을 묘사한 그림으로, 대량 복제되어 유통되는 작품이었다. 그리고 사용된 색채와 구도가 TV에서 본 상업광고의 한 장면같이 익숙하게 느껴져서 좋았다. 세 번째 작품은 시골마을의 서정적인 풍경을 사실적으로 묘사한 그림으로 색감과 조형미가 뛰어나 오랫동안 기억에 잔상으로 남았다.

① A: 첫 번째 작품에서 학생이 기괴함과 불편함을 느낀 것은 부조리한 사회에 대한 예술적 체험의 충격 때문일 수 있습니다.

② A: 두 번째 작품에서 학생이 느낀 익숙함은 현대 사회의 모순에 대한 무감각과 같은 것일 수 있습니다. 이는 문화 산업의 논리에 동일화되어 감각이 무뎌진 결과라 할 수 있습니다.

③ A: 세 번째 작품에 표현된 서정성과 조형미는 부조리에 대한 저항과는 괴리가 있습니다. 사회에 대한 저항을 직접적으로 드러낸 예술이어야 진정한 예술이라고 할 수 있습니다.

④ B: 첫 번째 작품의 흩어져 있는 형태와 색채가 예술가의 표현 의도를 담고 있지 않더라도 그 작품에서 예술적 가치를 발견할 수 있습니다.

⑤ B: 두 번째 작품은 대량 생산을 통해 제작된 것이지만 그 연예인의 사회 비판적 이미지를 이용해 현대 사회의 문제점을 고발하는 것일 수 있습니다.

〈보기〉 해설

첫 번째 작품 : 기괴한 모습은 아도르노가 좋아하는 '추하고 불쾌한 것'입니다. '제각각의 형태와 색채들'은 비정형화된 형식을 나타내므로, 아도르노는 이 작품이 현대 사회의 부조리라는 본질을 드러내는 예술 작품이라고 평가할 것입니다.

두 번째 작품 : '유명 연예인의 얼굴', '대량 복제되어 유통'이라는 점에서 자본주의 사회의 대중 예술임을 알 수 있습니다. 그리고 감상자가 편하게 볼 수 있으니, 아도르노는 이것이 표준화된 예술 작품이며, 대중의 동일화를 야기한다고 볼 것입니다. 다만 (나)의 경우 이 작품이 사회 비판적 메시지를 담은 예술이라고 보겠네요.

세 번째 작품 : 세잔의 그림과 비슷한 사례로 보면 될 것 같습니다. '사실적으로 묘사', '색감과 조형미가 뛰어나'다는 점에서 정형화된 형식이라 아도르노는 좋아하지 않겠지만, (나)는 미메시스로 이 작품을 볼 거예요.

정답 : ③

아도르노는 사회에 대한 저항을 '직접적으로' 드러내서는 안 된다고 보았습니다. 5~7의 문제는 추론을 요구해놓고, 정작 〈보기〉 문제는 간단한 내용일치로 답이 나오네요. 사실 〈보기〉를 읽지 않아도 '직접적으로'만 보고 답을 고를 수 있었습니다...

해설

① 아도르노는 '기괴함과 불편함'이 작품이 표현하는 현대 사회의 모순과 부조리를 보고 든 감정이라고 보았을 것입니다.

② 아도르노는 대중 예술에 의해 개인의 감상 능력이 표준화되었기에, 학생이 정형화된 형식의 대중 예술인 두 번째 작품을 익숙하게 받아들일 수 있었다고 봅니다.

④ (나)가 지지하는 베냐민의 주장에 따른 것입니다.

⑤ (나)의 마지막 문장을 통해 근거를 확인할 수 있습니다.

06 문맥상 @~@와 바꿔 쓰기에 적절하지 <u>않은</u> 것은?

① @ : 맞바꾸는
② ⓑ : 동떨어진
③ ⓒ : 바라보는
④ ⓓ : 빼앗는다
⑤ ⓔ : 찾아내는

정답 : ①

'전락시키다'는 있던 것을 나쁘게 만들어 아래로 떨어뜨린다는 얘기입
니다. 있던 것을 다른 것과 교환하는 '맞바꾸다'와는 절대 바꿀 수 없
습니다.

2022학년도 대학수학능력시험 **헤겔**

(가)

　⊙정립-반정립-종합. 변증법의 논리적 구조를 일컫는 말이다. 변증법에 따라 철학적 논증을 수행한 인물로는 단연 헤겔이 거명된다. 변증법은 대등한 위상을 지니는 세 범주의 병렬이 아니라, 대립적인 두 범주가 조화로운 통일을 이루어 가는 수렴적 상향성을 구조적 특징으로 한다. 헤겔에게서 변증법은 논증의 방식임을 넘어, 논증 대상 자체의 존재 방식이기도 하다. 즉 세계의 근원적 질서인 '이념'의 내적 구조도, 이념이 시·공간적 현실로서 드러나는 방식도 변증법적이기에, 이념과 현실은 하나의 체계를 이루며, 이 두 차원의 원리를 밝히는 철학적 논증도 변증법적 체계성을 @지녀야 한다.

　헤겔은 미학도 철저히 변증법적으로 구성된 체계 안에서 다루고자 한다. 그에게서 미학의 대상인 예술은 종교, 철학과 마찬가지로 '절대정신'의 한 형태이다. 절대정신은 절대적 진리인 '이념'을 인식하는 인간 정신의 영역을 ⓑ가리킨다. 예술·종교·철학은 절대적 진리를 동일한 내용으로 하며, 다만 인식 형식의 차이에 따라 구분된다. 절대정신의 세 형태에 각각 대응하는 형식은 직관·표상·사유 이다. '직관'은 주어진 물질적 대상을 감각적으로 지각하는 지성이고, '표상'은 물질적 대상의 유무와 무관하게 내면에서 심상을 떠올리는 지성이며, '사유'는 대상을 개념을 통해 파악하는 순수한 논리적 지성이다. 이에 세 형태는 각각 '직관하는 절대정신', '표상하는 절대정신', '사유하는 절대정신'으로 규정된다. 헤겔에 따르면 직관의 외면성과 표상의 내면성은 사유에서 종합되고, 이에 맞춰 예술의 객관성과 종교의 주관성은 철학에서 종합된다.

　형식 간의 차이로 인해 내용의 인식 수준에는 중대한 차이가 발생한다. 헤겔에게서 절대정신의 내용인 절대적 진리는 본질적으로 논리적이고 이성적인 것이다. 이러한 내용을 예술은 직관하고 종교는 표상하며 철학은 사유하기에, 이 세 형태 간에는 단계적 등급이 매겨진다. 즉 예술은 초보 단계의, 종교는 성장 단계의, 철학은 완숙 단계의 절대정신이다. 이에 따라 ⓛ예술-종교-철학 순의 진행에서 명실상부한 절대정신은 최고의 지성에 의거하는 것, 즉 철학뿐이며, 예술이 절대정신으로 기능할 수 있는 것은 인류의 보편적 지성이 미발달된 머나먼 과거로 한정된다.

(나)

　변증법의 매력은 '종합'에 있다. 종합의 범주는 두 대립적 범주 중 하나의 일방적 승리로 ⓒ끝나도 안 되고, 두 범주의 고유한 본질적 규정이 소멸되는 중화 상태로 나타나도 안 된다. 종합은 양자의 본질적 규정이 유기적 조화를 이루어 질적으로 고양된 최상의 범주가 생성됨으로써 성립하는 것이다.

　헤겔이 강조한 변증법의 탁월성도 바로 이것이다. 그러기에 변증법의 원칙에 최적화된 엄밀하고도 정합적인 학문 체계를 조탁하는 것이 바로 그의 철학적 기획이 아니었던가. 그런데 그가 내놓은 성과물들은 과연 그 기획을 어떤 흠결도 없이 완수한 것으로 평가될 수 있을까? 미학에 관한 한 '그렇다'는 답변은 쉽지 않을 것이다. 지성의 형식을 직관-표상-사유 순으로 구성하고 이에 맞춰 절대정신을 예술-종교-철학 순으로 편성한 전략은 외관상으로는 변증법 모델에 따른 전형적 구성으로 보인다. 그러나 실질적 내용을 ⓓ보면 직관으로부터 사유에 이르는 과정에서는 외면성이 점차 지워지고 내면성이 점증적으로 강화·완성되고 있음이, 예술로부터 철학에 이르는 과정에서는 객관성이 점차 지워지고 주관성이 점증적으로 강화·완성되고 있음이 확연히 드러날 뿐, 진정한 변증법적 종합은 ⓔ이루어지지 않는다. 직관의 외면성 및 예술의 객관성의 본질은 무엇보다도 감각적 지각성인데, 이러한 핵심 요소가 그가 말하는 종합의 단계에서는 완전히 소거되고 만다.

　변증법에 충실하려면 헤겔은 철학에서 성취된 완전한 주관성이 재객관화되는 단계의 절대정신을 추가했어야 할 것이다. 예술은 '철학 이후'의 자리를 차지할 수 있는 유력한 후보이다. 실제로 많은 예술 작품은 '사유'를 매개로 해서만 설명되지 않는가. 게다가 이는 누구보다도 풍부한 예술적 체험을 한 헤겔 스스로가 잘 알고 있지 않은가. 이 때문에 방법과 철학 체계 간의 이러한 불일치는 더욱 아쉬움을 준다.

01 (가)와 (나)에 대한 설명으로 가장 적절한 것은?

① (가)와 (나)는 모두 특정한 철학적 방법에 기반한 체계를 바탕으로 예술의 상대적 위상을 제시하고 있다.
② (가)와 (나)는 모두 특정한 철학적 방법에 대한 상반된 평가를 바탕으로 더 설득력 있는 미학 이론을 모색하고 있다.
③ (가)와 달리 (나)는 특정한 철학적 방법의 시대적 한계를 지적하고 이에 맞서는 혁신적 방법을 제안하고 있다.
④ (가)와 달리 (나)는 특정한 철학적 방법에서 파생된 미학 이론을 바탕으로 예술 장르를 범주적으로 유형화하고 있다.
⑤ (나)와 달리 (가)는 특정한 철학적 방법의 통시적인 변화 과정을 적용하여 철학사를 단계적으로 설명하고 있다.

03 (가)에 따라 직관·표상·사유의 개념을 적용한 것으로 적절하지 않은 것은?

① 먼 타향에서 밤하늘의 별들을 바라보는 것은 직관을 통해, 같은 곳에서 고향의 하늘을 상기하는 것은 표상을 통해 이루어지겠군.
② 타임머신을 타고 미래로 가는 자신의 모습을 상상하는 것과, 그 후 판타지 영화의 장면을 떠올려 보는 것은 모두 표상을 통해 이루어지겠군.
③ 초현실적 세계가 묘사된 그림을 보는 것은 직관을 통해, 그 작품을 상상력 개념에 의거한 이론에 따라 분석하는 것은 사유를 통해 이루어지겠군.
④ 예술의 새로운 개념을 설정하는 것은 사유를 통해, 이를 바탕으로 새로운 감각을 일깨우는 작품의 창작을 기획하는 것은 직관을 통해 이루어지겠군.
⑤ 도덕적 배려의 대상을 생물학적 상이성 개념에 따라 규정하는 것과, 이에 맞서 감수성 소유 여부를 새로운 기준으로 제시하는 것은 모두 사유를 통해 이루어지겠군.

02 (가)에서 알 수 있는 헤겔의 생각으로 적절하지 않은 것은?

① 예술·종교·철학 간에는 인식 내용의 동일성과 인식 형식의 상이성이 존재한다.
② 세계의 근원적 질서와 시·공간적 현실은 하나의 변증법적 체계를 이룬다.
③ 절대정신의 세 가지 형태는 지성의 세 가지 형식이 인식하는 대상이다.
④ 변증법은 철학적 논증의 방법이자 논증 대상의 존재 방식이다.
⑤ 절대정신의 내용은 본질적으로 논리적이고 이성적인 것이다.

04 (나)의 글쓴이의 관점에서 ㉠과 ㉡에 대한 헤겔의 이론을 분석한 것으로 적절하지 않은 것은?

① ㉠과 ㉡ 모두에서 첫 번째와 두 번째의 범주는 서로 대립한다.
② ㉠과 ㉡ 모두에서 두 번째와 세 번째 범주 간에는 수준상의 차이가 존재한다.
③ ㉠과 달리 ㉡에서는 범주 간 이행에서 첫 번째 범주의 특성이 갈수록 강해진다.
④ ㉡과 달리 ㉠에서는 세 번째 범주에서 첫 번째와 두 번째 범주의 조화로운 통일이 이루어진다.
⑤ ㉡과 달리 ㉠에서는 범주 간 이행에서 수렴적 상향성이 드러난다.

05 <보기>는 헤겔과 (나)의 글쓴이가 나누는 가상의 대화의 일부이다. ㉮에 들어갈 내용으로 가장 적절한 것은? [3점]

───────────── <보기> ─────────────

헤겔 : 괴테와 실러의 문학 작품을 읽을 때 놓치지 않아야 할 점이 있네. 이 두 천재도 인생의 완숙기에 이르러서야 비로소 최고의 지성적 통찰을 진정한 예술미로 승화시킬 수 있었네. 그에 비해 초기의 작품들은 미적으로 세련되지 못해 결코 수준급이라 할 수 없었는데, 이는 그들이 아직 지적으로 미성숙했기 때문이었네.

(나)의 글쓴이 : 방금 그 말씀과 선생님의 기본 논증 방법을 연결하면 ┌─── ㉮ ───┐는 말이 됩니다.

──────────────────────────────

① 이론에서는 대립적 범주들의 종합을 이루어야 하는 세 번째 단계가 현실에서는 그 범주들을 중화한다

② 이론에서는 외면성에 대응하는 예술이 현실에서는 내면성을 바탕으로 하는 절대정신일 수 있다

③ 이론에서는 반정립 단계에 위치하는 예술이 현실에서는 정립 단계에 있는 것으로 나타난다

④ 이론에서는 객관성을 본질로 하는 예술이 현실에서는 객관성이 사라진 주관성을 지닌다

⑤ 이론에서는 절대정신으로 규정되는 예술이 현실에서는 진리의 인식을 수행할 수 없다

06 문맥상 ⓐ~ⓔ와 바꾸어 쓰기에 가장 적절한 것은?

① ⓐ : 소지(所持)하여야

② ⓑ : 포착(捕捉)한다

③ ⓒ : 귀결(歸結)되어도

④ ⓓ : 간주(看做)하면

⑤ ⓔ : 결성(結成)되지

(가)

정립-반정립-종합. 변증법의 논리적 구조를 일컫는 말이다.

'정립-반정립-종합'이 변증법의 논리적 구조랍니다. 2022학년도 6월 모의고사 '인과' 지문처럼, 요즘 철학 지문은 어려운 개념을 던져놓고서 그걸 직접적으로 설명해주지 않습니다. 뒤에서 서술되는 내용들을 통해 학생 스스로 그 개념의 의미를 유추해야 합니다.

변증법에 따라 철학적 논증을 수행한 인물로는 단연 헤겔이 거명된다. 변증법은 <대등한 위상을 지니는 세 범주의 병렬이 아니라>, <대립적인> 두 범주가 조화로운 통일을 이루어 가는 수렴적 상향성을 구조적 특징으로 한다.

'세 범주'는 당연히 '정립', '반정립', '종합'일 것이라 생각하며 붙여서 읽어야 합니다. 그럼 뒤의 '대립적인 두 범주'는 무엇일까요? '정립'과 '반정립'이겠죠. '반정립'은 '정립'에 반하거나, '정립'을 부정하는 것일 테니까요. 그럼 마지막으로, '조화로운 통일'은 무엇일까요? 이 둘이 수렴된 '종합'을 얘기하는 것입니다. 어휘력을 바탕으로, '수렴적 상향성'은 대립적인 두 범주(정립-반정립)가 수렴하여 더 높은 것(종합=조화로운 통일)으로 올라간다는 의미로 풀어서 이해해야 할 것 같습니다.

'정립은 ~고, 반정립은 ~고, 종합은 ~다'. 이렇게 서술해주면 이해하기 편하겠지만, 요즘 지문들은 위의 박스와 같이 서술하여 단순 정의 파악에도 거시독해가 필요합니다. 첫 문단부터 머리 아프지만 어쩔 수 없습니다. 계속 가보죠.

헤겔에게서 변증법은 논증의 방식임을 넘어, 논증 대상 자체의 존재 방식이기도 하다.

요즘 수능 국어에서 고득점을 하려면 이런 문장은 주어진 그대로 납득해야 합니다. 논증의 방식도 변증법이고 논증 대상의 존재 방식도 변증법이기에, 그 둘 모두 '정립-반정립-종합'이라는 구조로 이루어져 있겠죠.

즉 세계의 근원적 질서인 '이념'의 내적 구조도, 이념이 시·공간적 현실로서 드러나는 방식도 변증법적이기에,

앞에서 설명한 내용을 '즉'으로 연결하여 재진술합니다. '이념' 그 자체와 '이념'이 현실에서 드러나는 방식 모두 변증법적이라네요. 앞 문장과 동일한 구조입니다. 마지막에서 '이기에'로 끝났으니, 이는 뒤의 내용의 근거가 됩니다.

이념과 현실은 하나의 체계를 이루며, <이 두 차원(이념과 현실)의 원리를 밝히는> 철학적 논증도 변증법적 체계성을 지녀야 한다.

이념과 현실 모두 변증법의 구조를 지니기 때문에 이 둘은 하나의 체계라고 할 수 있고, 이를 다루는 논증도 변증법적이어야 합니다. 이념과 현실이라는 변증법적 '대상'을 다루는 철학적 '논증'도 변증법적이어야 한다는 얘기는 앞 문장의 얘기를 확장한 것으로 볼 수 있습니다.

헤겔은 미학도 철저히 변증법적으로 구성된 체계 안에서 다루고자 한다.

미학은 예술을 다루는 학문입니다. 예술을 변증법적 구조(정립-반정립-종합)로 어떻게 설명하는지 읽어봅시다.

그에게서 <미학의 대상인> 예술은 <종교, 철학과 마찬가지로> '절대정신'의 한 형태이다. 절대정신은 절대적 진리인 '이념'을 인식하는 인간 정신의 영역을 가리킨다.

많은 내용이 압축된 부분입니다. 첫째로, 미학의 대상은 예술이고 (이건 '미학'이라는 어휘를 알면 알 수 있긴 합니다), 둘째로 '예술', '종교', '철학'은 각각이 '절대정신'의 다른 형태입니다. 셋째로 '이념'은 '절대적 진리'이고, 넷째로 '절대정신'은 이러한 '이념(절대적 진리)'을 인식하는 인간 정신의 영역이라는 것이죠.

지문을 이해하려면, 그리고 문제를 풀려면 이 네 정보를 모두 받아들이고 다음 문장으로 넘어가야 합니다. 이런 부분을 어렵다고 급하게 넘겼다가는 뒤의 내용 대부분이 머리에 남지 못합니다. 이는 2022학년도 6월 모의평가 '인과' 지문과 'PCR' 지문에서 제가 강조했던 얘기입니다.

> 예술·종교·철학은 절대적 진리를 동일한 내용으로 하며, 다만 인식 형식의 차이에 따라 구분된다.

상당히 중요한 문장입니다. '예술', '종교', '철학'이 셋이 다루는 내용은 모두 '절대적 진리(=이념)'로 동일합니다. 그러나 그 내용을 인식하는 형식만 차이를 가지는 것이죠. '내용'과 '형식'을 대비하여 서술하는 것은 다른 기출 지문들에서도 자주 나왔던 것입니다.

> 절대정신의 세 형태(=예술·종교·철학)에 각각 대응하는 형식은 직관·표상·사유이다.

절대정신의 세 형태는 당연히 예술·종교·철학이겠죠. 이 세 형태는 바로 앞 문장에서 '형식의 차이에 따라 구분된다'고 했습니다. 그리고 각각에 대응하는 형식이 '직관·표상·사유'라네요. 직관, 표상, 사유가 뭔지는 뒤에서 알아봅시다.

> '직관'은 <주어진> <물질적> 대상을 <감각적으로> 지각하는 지성이고, '표상'은 <물질적 대상의 유무와 무관하게> <내면에서> 심상을 떠올리는 지성이며, '사유'는 대상을 개념을 통해 파악하는 <순수한 논리적> 지성이다. 이에 세 형태는 각각 '직관하는 절대정신', '표상하는 절대정신', '사유하는 절대정신'으로 규정된다.

'직관', '표상', '사유'는 각각이 절대정신의 세 형태에 대응하는 '형식'이면서 동시에 '지성'입니다. 이 중 '직관'만이 물질적 대상을 필요로 합니다('물질적=물리적'이 무엇인지는 22학년도 6월 '인과' 지문에서 설명했습니다).

'사유'에 대해 설명하면서는 '순수한 논리적' 지성이라는 표현을 사용했습니다. 이건 배경지식의 측면이지만, 철학에서는 물질적 대상이나 경험과 관련되지 않을수록 '순수하다'고 말합니다. 여기서 사유는 개념(비물리)을 사용해 대상을 파악하는 지성이므로 '순수하다'고 말한 것이죠.

'예술', '종교', '철학'이라는 절대정신의 세 형태는 각각이 위의 세 형식과 일대일로 대응되기에, 예술은 '직관하는 절대정신'으로, 종교는 '표상하는 절대정신', 철학은 '사유하는 절대정신'으로 규정된다네요. 예술, 종교, 철학을 구분하는 인식 형식의 차이로 '직관', '표상', '사유'가 제시된 것임을 생각하면 맥락을 통해 납득할 수 있을 것 같습니다.

> <헤겔에 따르면> 직관의 외면성과 표상의 내면성은 사유에서 종합되고, 이에 맞춰 예술의 객관성과 종교의 주관성은 철학에서 종합된다.

왜 직관은 외면성을 지니고 표상은 내면성을 가지는지, 왜 예술은 객관적이고 종교는 주관적인지 이해하기 어려울 수 있습니다. 만약 철학적 사고가 뛰어난 학생이라면 다음과 같이 생각해 볼 수 있습니다. '직관은 외부의 물질적 대상과 관련되니까 외면성을 갖고, 표상은 내면에서 심상을 떠올리니까 내면성을 갖는 거겠군', '예술은 직관과 마찬가지로 외부에 실재하는 물리적 대상을 다루므로 객관적인 것이고, 종교는 내면성을 갖는 표상을 인식 형식으로 가지니까 주관적인 거겠군'. 이렇게요. 공부를 하는 여러분은 위와 같이 사고할 수 있도록 고민해보세요. 그러나 만약 실전에서 이렇게 사고하지 못한다면, 다음과 같이 분류라도 할 수 있어야 합니다.

	정립	반정립	종합
인식 형식	직관(외면)	표상(내면)	사유
절대정신의 형태	예술(객관)	종교(주관)	철학

이런 표의 형태로 머리에 정리할 수 있다면, 문제를 다 맞힐 수 있었을 겁니다. 그리고, 인식의 형식과 절대정신의 형태가 왜 변증법적인지도 이해할 수 있겠죠.

그러나, 여기까지 읽고도 '예술-종교-철학'이 변증법적이라고 생각하지 못한 학생들도 많았을 겁니다. (가)의 나머지 부분에서 한 번 더 이런 추론을 할 기회가 있으니, 같이 살펴 봅시다.

> <형식 간의 차이로 인해> 내용의 인식 수준에는 중대한 차이가 발생한다.

내용 자체는 절대적 진리로 동일하지만, 형식의 차이로 인해 그 내용을 인식하는 수준의 차이는 발생한답니다. '수준의 차이'라니까, '직관-표상-사유' 세 형식은 인식하는 내용에 있어 높은 수준도 있고 낮은 수준도 있을 겁니다. 다음에 나올 정보를 통해 상대적인 비교가 가능하겠죠.

헤겔에게서 <절대정신의 내용인> 절대적 진리는 본질적으로 논리적이고 이성적인 것이다. 이러한 내용을 예술은 직관하고 종교는 표상하며 철학은 사유하기에, 이 세 형태 간에는 단계적 등급이 매겨진다. 즉 예술은 초보 단계의, 종교는 성장 단계의, 철학은 완숙 단계의 절대정신이다. 이에 따라 예술-종교-철학 순의 진행에서 명실상부한 절대정신은 최고의 지성에 의거하는 것, 즉 철학뿐이며, 예술이 절대정신으로 기능할 수 있는 것은 인류의 보편적 지성이 미발달된 머나먼 과거로 한정된다.

절대적 진리는 논리적이고 이성적인 것입니다. 따라서, 절대적 진리를 대상으로 하는 인식의 형식이나 절대정신의 형태 또한 논리적이고 이성적일수록 높은 수준의 것이겠죠. 이때 앞서 나온 내용대로 사유-표상-직관의 순서로 '논리적'이므로, 절대정신은 그 각각의 형식에 대응되는 철학-종교-예술의 순서로 논리적이고 이성적인 것인 것이란 얘깁니다. 어쨌든 최고는 철학이고, 예술은 과거에만 절대정신으로 기능할 수 있었다네요. 철학은 최고의 지성에 의거하는 절대정신이고, 예술은 초보 단계의 절대정신이라는 결론을 '그런갑다~'한 채 (나)를 읽어봅시다.

(나)

변증법의 매력은 '종합'에 있다. 종합의 범주는 두 대립적 범주(정립-반정립) 중 하나의 일방적 승리로 끝나도 안 되고, 두 범주의 고유한 본질적 규정이 소멸되는 중화 상태로 나타나도 안 된다. 종합은 양자의 본질적 규정이 유기적 조화를 이루어 질적으로 고양된 최상의 범주가 생성됨으로써 성립하는 것이다.

정립과 반정립이 '종합'된다면, 그 둘 중 하나만 일방적으로 이기거나, 각각의 고유한 본질적 규정이 사라져서는 안 된답니다. 오히려 그 둘의 '본질적 규정'이 유기적으로 조화되어 더 상위의 것으로 나아가는 것이 종합이라네요.

이게 (가)에 나왔던 '조화로운 통일'이자 '수렴적 상향성'에 대한 설명입니다. 정립과 반정립 중 하나가 이기는 것이 아니라, 둘의 속성이 모두 살아남는다는 점에서 '조화로운 통일'이고, 이 둘이 조화되어 더 높은 것이 된다는 것이 '수렴적 상향성'인 것이죠. (가) 지문이 헤겔의 변증법 개념에 대한 정보를 제공하는 압축적인 글이었다면, (나) 지문은 이제 그 개념을 바탕으로 비판적 해석을 시작합니다. 그 비판이 제대로 시작되기 전에, (가)와 (나)를 유기적으로 연결하는 부분이 바로 (나)의 첫 문단인 거예요. 만약 이 문단을 '아, (가)에 나왔던 '수렴적 상향성'이란 단어를 풀어서 설명한 거네'라고 생각했다면 아주 뛰어난 학생입니다.

헤겔이 강조한 변증법의 탁월성도 바로 이것이다. 그러기에 변증법의 원칙에 최적화된 엄밀하고도 정합적인 학문 체계를 조탁하는 것이 바로 그의 철학적 기획이 아니었던가. 그런데 그가 내놓은 성과물들은 과연 그 기획을 어떤 흠결도 없이 완수한 것으로 평가될 수 있을까? 미학에 관한 한 '그렇다'는 답변은 쉽지 않을 것이다.

이런 '수렴적 상향성'은 변증법의 탁월한 지점 중 하나지만, 헤겔이 미학에 있어서는 뭔가 잘못한 점이 있다고 합니다. 뭔지 한번 봅시다.

지성의 형식을 직관-표상-사유 순으로 구성하고 이에 맞춰 절대정신을 예술-종교-철학 순으로 편성한 전략은 외관상으로는 변증법 모델에 따른 전형적 구성으로 보인다.

앞 페이지의 표 기억하시죠? 변증법의 '정립-반정립-종합' 구조에 맞게 '직관-표상-사유', '예술-종교-철학'을 구성한 헤겔의 '전략'에 대해 얘기하는데, 이 역시 (가)의 개념을 짧게 요약한 문장입니다. 이제 (나)의 글쓴이는 헤겔의 이러한 주장을 비판하려 하겠죠.

그러나 <실질적 내용을 보면> <직관으로부터 사유에 이르는 과정에서는> 외면성이 점차 지워지고 내면성이 점증적으로 강화·완성되고 있음이, <예술로부터 철학에 이르는 과정에서는> 객관성이 점차 지워지고 주관성이 점증적으로 강화·완성되고 있음이 확연히 드러날 뿐, 진정한 변증법적 종합은 이루어지지 않는다. 직관의 외면성 및 예술의 객관성의 본질은 무엇보다도 감각적 지각성인데, 이러한 핵심 요소가 그가 말하는 종합의 단계에서는 완전히 소거되고 만다.

왜 '진정한 변증법적 종합'이 이루어지지 않는다는 건지 이해하셨나요? 결론부터 말하자면, 헤겔의 설명은 (나)의 초반에서 언급했던 '수렴적 상향성(특히 수렴성)'이라는 종합의 조건을 충족하지 못했다는 비판입니다. 직관-표상-사유로 갈수록 직관이라는 '정립'의 외면성이 점점 사라지고, 마찬가지로 예술-종교-철학으로 갈수록 예술이라는 '정립'의 객관성이 사라집니다. 그런데, 이 외면성과 객관성의 본질인 감각적 지각성이 사라지는 것은 '범주의 고유한 본질적 규정이 소멸되는' 것이기에, 유기적 조화를 통해 수렴적 상향성을 드러내지 못한 것이죠. 따라서, 헤겔이 설명하는 예술에서 철학까지의 과정은 진정한 '종합'이 나타났다고 보기 어렵다는 것입니다. 그저 내면성과 주관성의 일방적 승리에 불과한 것처럼도 보인다는 거죠.

> <변증법에 충실하려면> 헤겔은 철학에서 성취된 완전한 주관성이 재객관화되는 단계의 절대정신을 추가했어야 할 것이다.

만약 앞 문단에서 드러난 오류 없이 변증법에 충실했으려면, 철학의 주관성이 다시 객관화되는 과정이 있었어야 '일방적 승리'가 아니었을 겁니다. 재객관화가 없다면, 예술의 객관성과 감각적 지각성이 소멸되었을 뿐, 진정한 '종합'이 나타났다고 볼 수 없기 때문이죠.

> 예술은 '철학 이후'의 자리를 차지할 수 있는 유력한 후보이다.

헤겔은 예술이 과거에나 절대정신으로 기능할 수 있던 초보 단계의 절대정신이라고 폄하했는데, (나)의 글쓴이는 오히려 예술이 철학의 다음 단계일 수 있다고 말합니다.

사실 이런 표현의 뉘앙스만 잘 읽고, '(가)는 예술은 허접하다고 봤고 (나)는 예술에 뭔가 더 가치를 두었네~' 정도로만 생각했어도 문제의 많은 선지들이 쉽게 걸러집니다. 아주 기본적인 사고지만, 실전에서 너무 정보 하나하나에만 집중하다 보면 이런 단순한 메시지를 파악하지 못해서 빙빙 도는 경우가 있어요.

> 실제로 많은 예술 작품은 '사유'를 매개로 해서만 설명되지 않는가. 게다가 이는 누구보다도 풍부한 예술적 체험을 한 헤겔 스스로가 잘 알고 있지 않은가. 이 때문에 방법과 철학 체계 간의 이러한 불일치는 더욱 아쉬움을 준다.

헤겔은 예술 작품이 '직관'의 형식을 가진다고 했지만, 실제의 많은 예술들은 '사유'의 형식을 통해서만 설명될 수 있습니다. (가) 마지막 문단의 논리에 비추어 생각해보면, '사유'라는 순수하고 논리적인 형식으로만 설명된다는 것은 곧 그만큼 예술이라는 절대정신이 높은 단계의 절대정신으로 기능할 수 있다는 것이죠(사실 앞에서 얘기한 뉘앙스와 거의 같은 내용입니다). 마지막 줄, '방법과 철학 체계 간의 이러한 불일치'는, 헤겔의 '예술-종교-철학' 구조가 변증법이라는 철학적 방법에 부합하지 않음을 다시금 강조한 것으로 이해할 수 있겠어요.

그리고 많은 분들이 은근히 파악하지 못한 부분이 있는데, 이 마지막 문단이 <보기> 문제 출제의 근거가 됩니다. '많은 예술 작품은 사유를 매개로 해서만 설명된다' ⇒ '예술은 헤겔이 생각했던 것보다 높은 단계의 절대정신일 수 있다'. 마지막 문단의 내용을 이 정도로만 이해해도 문제를 접근할 수 있습니다.

(가) 지문은 개념을 설명하는 지문임에도 상당히 불친절합니다. '변증법', '범주', '절대정신' 등의 개념을 거시독해를 통해 끊임없이 붙여 읽으며 학생 스스로 파악해야 했습니다. 『만점의 생각』에서 가르치는 독해 방법이 가장 효과적으로 적용되었을 지문이 아닌가 싶습니다. (나) 지문은 다소 생소한 구성과 문체이지만, (가)를 비판적으로 독해한다는 점에서 (가)와 (나) 사이의 유기성이 상당히 높습니다. (가)와 (나) 지문을 한 번에 읽으며, 이어지는 포인트를 잘 파악하는 것이 중요했습니다.

선지의 난도 역시 매우 높았습니다. 아마 실전에서 모든 선지를 엄밀히 판단하기는 힘들었을 듯합니다. 이런 지문을 공부할 때는, 100% 이상의 이해를 추구하며 지문의 내용을 치열하게 자기 것으로 만들되, 문제 풀이에 있어서는 '실전에서라면 어떻게 해야 했을까'를 고민해 보는 것이 중요할 듯합니다.

01 (가)와 (나)에 대한 설명으로 가장 적절한 것은?

① (가)와 (나)는 모두 특정한 철학적 방법에 기반한 체계를 바탕으로 예술의 상대적 위상을 제시하고 있다.
② (가)와 (나)는 모두 특정한 철학적 방법에 대한 상반된 평가를 바탕으로 더 설득력 있는 미학 이론을 모색하고 있다.
③ (가)와 달리 (나)는 특정한 철학적 방법의 시대적 한계를 지적하고 이에 맞서는 혁신적 방법을 제안하고 있다.
④ (가)와 달리 (나)는 특정한 철학적 방법에서 파생된 미학 이론을 바탕으로 예술 장르를 범주적으로 유형화하고 있다.
⑤ (나)와 달리 (가)는 특정한 철학적 방법의 통시적인 변화 과정을 적용하여 철학사를 단계적으로 설명하고 있다.

`정답 : ①`

특정한 철학적 방법(변증법)이 나타나 있고, 그것에 기반한 체계(예술·종교·철학/직관·표상·사유)로 예술을 다루고 있습니다. (가)에서는 '초보 단계의 절대정신'으로 낮게 나타나던 예술의 위상이 (나)에서는 '철학 이후의 자리를 차지할 수 있는 유력한 후보'로 그 위상이 높게 제시되었고요.

`해설`

② 특정한 철학적 방법(=변증법)에 대한 상반된 평가는 없습니다. (나)도 변증법이라는 방법 자체를 비판하진 않았죠.
③ 특정한 철학적 방법(=변증법)의 '한계'가 시대적 상황과 관련되어 언급되지는 않았습니다.
④ 예술 장르를 유형화하는 것은 찾을 수 없습니다.
⑤ 특정한 철학적 방법(=변증법) 자체의 변화는 나타나지 않았습니다.

02 (가)에서 알 수 있는 헤겔의 생각으로 적절하지 않은 것은?

① 예술·종교·철학 간에는 인식 내용의 동일성과 인식 형식의 상이성이 존재한다.
② 세계의 근원적 질서와 시·공간적 현실은 하나의 변증법적 체계를 이룬다.
③ 절대정신의 세 가지 형태는 지성의 세 가지 형식이 인식하는 대상이다.
④ 변증법은 철학적 논증의 방법이자 논증 대상의 존재 방식이다.
⑤ 절대정신의 내용은 본질적으로 논리적이고 이성적인 것이다.

`정답 : ③`

절대정신의 세 가지 형태(예술·종교·철학)는 각각이 '직관하는 절대정신', '표상하는 절대정신', '사유하는 절대정신'입니다. 이때 '직관', '표상', '사유'는 인식 형식이면서 지성이죠. 그럼 도대체 뭘 인식하는 걸까요? '절대정신은 절대적 진리인 이념을 인식하는 인간 정신의 영역을 가리킨다'라는 내용을 통해, 그 대상이 '절대적 진리'이면서 '이념'이라고 생각할 수 있겠습니다.

다시, 세 부분으로 쪼개서 봅시다. '(a)절대정신의 세 가지 형태는 / (b)지성의 세 가지 형식이 / (c)인식하는 대상이다.' 이때, (a)≠(c)면 틀린 선지가 되겠네요.

(a) 절대정신의 세 가지 형태	(b) 지성의 세 가지 형식	(c) (지성의 세 가지 형식이) 인식하는 대상
예술·종교·철학	직관·표상·사유	절대적 진리=이념

사실은, 절대정신의 세 가지 형태의 도구가 지성의 세 가지 형식이므로, 지성이 인식하는 대상이 절대정신이라는 설명은 딱 봐도 앞뒤가 안 맞는 것 같다고 생각하여 ③을 고를 수도 있었을 것 같습니다.

`해설`

① '동일성'과 '상이성'이라는 단어가 각각 무엇을 가리키는지 파악해야 합니다. 2021학년도 수능 '북학론' 지문에서 '평등견'에 대한 이해를 묻는 문항의 정답 선지와 비슷한 구조에요. 여기서 인식 내용은 '이념=절대적 진리'로 같으므로 '동일성'을 갖지만, 인식 형식은 '직관·표상·사유'로 구분된다는 점에서 '상이성'을 가집니다.
② '세계의 근원적 질서인 '이념'의 내적 구조도, 이념이 시·공간적 현실로서 드러나는 방식도 변증법적'이라는 지문의 내용을 통해 맞다고 판단할 수 있겠습니다.
④ (가)의 1문단에서 제시된 내용입니다.
⑤ (가)의 마지막 문단에서 제시된 내용이며, 이를 바탕으로 예술·종교·철학의 단계적 등급을 매겼습니다.

03 (가)에 따라 직관·표상·사유의 개념을 적용한 것으로 적절하지 <u>않은</u> 것은?

① 먼 타향에서 밤하늘의 별들을 바라보는 것은 직관을 통해, 같은 곳에서 고향의 하늘을 상기하는 것은 표상을 통해 이루어지겠군.

② 타임머신을 타고 미래로 가는 자신의 모습을 상상하는 것과, 그 후 판타지 영화의 장면을 떠올려 보는 것은 모두 표상을 통해 이루어지겠군.

③ 초현실적 세계가 묘사된 그림을 보는 것은 직관을 통해, 그 작품을 상상력 개념에 의거한 이론에 따라 분석하는 것은 사유를 통해 이루어지겠군.

④ 예술의 새로운 개념을 설정하는 것은 사유를 통해, 이를 바탕으로 새로운 감각을 일깨우는 작품의 창작을 기획하는 것은 직관을 통해 이루어지겠군.

⑤ 도덕적 배려의 대상을 생물학적 상이성 개념에 따라 규정하는 것과, 이에 맞서 감수성 소유 여부를 새로운 기준으로 제시하는 것은 모두 사유를 통해 이루어지겠군.

정답 : ④

예술의 '개념'을 다루는 것은 '사유'가 맞습니다. 예술이란 무엇인가에 대한 새로운 개념을 설정하는 것도 사유가 맞죠. 그러나, 그러한 사유를 바탕으로 작품을 '기획'하는 것은 머릿속(내면)에서 무언가를 떠올리는 거니까, '직관'이 아닌 '표상'을 통해 이루어진 것으로 보아야 할 것입니다. '직관'은 주어진 외부의 물질적 대상을 인식하는 인식 형식이므로, 이미 존재하는 예술 작품을 감상하는 행위 등을 설명하는 데 적합할 것입니다.

Comment

지문에서 '직관', '표상', '사유'가 무엇인지 개념적인 설명은 해주었지만, 정작 이해하기 쉬운 예시는 전혀 주지 않은 상태에서 문제를 통해 학생 스스로 예시를 연결해야 했습니다. 이런 문항을 풀려면, 독해력은 기본이고 이해력과 추론력이 상당히 필요합니다. 이 문제를 틀렸다면, 과거의 철학 지문 기출들을 모아서 쭉 풀어보는 것이 도움이 될 겁니다. 이 책에 없는 지문으로는 2017학년도 6월 모의평가의 '유비 논증' 지문을 추천드립니다.

---

04 (나)의 글쓴이의 관점에서 ㉠ 정립-반정립-종합과 ㉡예술-종교-철학에 대한 헤겔의 이론을 분석한 것으로 적절하지 <u>않은</u> 것은?

① ㉠과 ㉡ 모두에서 첫 번째와 두 번째의 범주는 서로 대립한다.

② ㉠과 ㉡ 모두에서 두 번째와 세 번째 범주 간에는 수준상의 차이가 존재한다.

③ ㉠과 달리 ㉡에서는 범주 간 이행에서 첫 번째 범주의 특성이 갈수록 강해진다.

④ ㉡과 달리 ㉠에서는 세 번째 범주에서 첫 번째와 두 번째 범주의 조화로운 통일이 이루어진다.

⑤ ㉡과 달리 ㉠에서는 범주 간 이행에서 수렴적 상향성이 드러난다.

정답 : ③

(나)의 글쓴이는, ㉠에서는 앞의 두 범주가 조화롭게 통일되지만, ㉡에서는 예술에서 철학으로 갈수록 첫 번째 범주인 예술의 특성이 점차 지워진다고 지적했습니다. 이게 마지막 줄, '방법(㉠)과 철학 체계(㉡) 간의 불일치'이죠.

해설

① ㉠에서는 정립과 반정립이 대립하고, ㉡에서는 객관성을 지니는 예술과 주관성을 지니는 종교가 대립합니다.

② 앞의 두 범주가 최상의 마지막 범주로 향하는 '상향성'을 지닌다는 점에서, 두 번째 범주와 마지막 범주 사이에는 수준상의 차이가 존재합니다.

④ ㉠이라는 변증법의 구조는 조화로운 통일을 통해 '수렴적 상향성'을 지니는 것과 달리, ㉡에서는 예술의 특성이 점차 지워지기에 '조화로운 통일'이라고 볼 수 없었죠.

⑤ 제가 지문 해설을 할 때 거시독해했던 것을 이 선지에서 직접적으로 정리해 주었네요. 선택률은 낮았으나, 거시독해의 필요성을 넌지시 알려준 선지라고 할 수 있겠습니다.

05 <보기>는 헤겔과 (나)의 글쓴이가 나누는 가상의 대화의 일부이다. ㉠에 들어갈 내용으로 가장 적절한 것은? [3점]

> ─── <보기> ───
>
> **헤겔** : 괴테와 실러의 문학 작품을 읽을 때 놓치지 않아야 할 점이 있네. 이 두 천재도 인생의 완숙기에 이르러서야 비로소 최고의 지성적 통찰을 진정한 예술미로 승화시킬 수 있었네. 그에 비해 초기의 작품들은 미적으로 세련되지 못해 결코 수준급이라 할 수 없었는데, 이는 그들이 아직 지적으로 미성숙했기 때문이었네.
>
> **(나)의 글쓴이** : 방금 그 말씀과 선생님의 기본 논증 방법을 연결하면 ㉠ 는 말이 됩니다.

① 이론에서는 대립적 범주들의 종합을 이루어야 하는 세 번째 단계가 현실에서는 그 범주들을 중화한다

② 이론에서는 외면성에 대응하는 예술이 현실에서는 내면성을 바탕으로 하는 절대정신일 수 있다

③ 이론에서는 반정립 단계에 위치하는 예술이 현실에서는 정립 단계에 있는 것으로 나타난다

④ 이론에서는 객관성을 본질로 하는 예술이 현실에서는 객관성이 사라진 주관성을 지닌다

⑤ 이론에서는 절대정신으로 규정되는 예술이 현실에서는 진리의 인식을 수행할 수 없다

<보기> 해설

헤겔이 말한 예시는, 지적인 수준이 예술 작품의 수준에 영향을 미친다는 것입니다. 이런 '지성적 통찰'은 '사유'의 영역에 있는 것이고, 이는 예술이 직관하는 절대정신이며, 지성이 미발달된 시기에나 절대정신으로 기능할 수 있었던 초보적인 것이라는 헤겔 스스로의 주장을 반박할 수 있는 근거가 됩니다.

이렇게 <보기>를 잘 읽고 풀면 되지만, 사실 (나) 마지막 문단이 정말 큰 힌트가 될 수 있었습니다. 많은 예술 작품들이 사유를 매개로 해서만 설명되기에, 예술은 헤겔이 평가한 것보다 더 높은 수준의 절대정신일 수 있다는 주장을 하며 '이는 누구보다도 풍부한 예술적 체험을 한 헤겔 스스로가 잘 알고 있지 않은가'라고 말했죠. <보기>는 (나)의 마지막 문단을 구체적으로 구성한 텍스트예요.

정답 : ②

헤겔의 이론에서는, 예술은 '직관하는 절대정신'이고, 이때의 '직관'은 주어진 외부의 실재하는 물리적 대상만을 인식하는 '외면적' 형식입니다. 그런데, 예술이 사유를 통해 만들어질 수 있다면 이것은 '내면성'을 갖게 되죠. 따라서, 헤겔의 이론에서는 단순히 외면성에만 대응하던 예술이, 헤겔 스스로 말한 실제 사례에서는 내면성을 바탕으로 하는 것처럼 보인다는 점에서 ②처럼 말할 수 있겠습니다.

해설

① 범주들을 중화한다는 것은 앞의 두 범주의 특성을 옅어지게 만든다는 것인데, 지문과 <보기>에서 언급된 현실의 예술에서는 그러한 중화가 나타나지 않습니다.

③ 아예 엉뚱한 소리를 하고 있네요.

④ 객관성도 갖고, 주관성도 갖는다고 보는 게 맞습니다. 외부의 질료와 작품을 보는 것은 '직관'으로 객관성을 갖고, '사유'를 매개로 설명된다는 점에서 주관성도 갖기 때문이죠.

⑤ 예술이 절대정신으로 기능할 수 있는 것은 오직 머나먼 과거뿐이라던 헤겔의 이론과 달리, (나)는 오히려 예술의 위상을 높이고 있으므로 ⑤번 선지는 바로 걸러야 할 것 같습니다.

06 문맥상 @~@와 바꾸어 쓰기에 가장 적절한 것은?

① @ : 소지(所持)하여야
② ⓑ : 포착(捕捉)한다
③ ⓒ : 귀결(歸結)되어도
④ ⓓ : 간주(看做)하면
⑤ ⓔ : 결성(結成)되지

정답 : ③

해설

① '지니다'가 추상적인 맥락을 갖는 것과 달리 '소지하다'는 물리적인 것을 실제로 가질 때 쓰는 어휘입니다. 비문학 어휘 문제에 '소지하다'는 정말 많이 나왔어요.

⑤ '결성되다'는 조직이나 단체가 형성됨을 뜻하며, 지문의 개념적인 관계에서의 맥락에는 적합하지 않습니다.

2018년 11월 15일, 19 수능 본 썰

2018년 당시 고3이었던 저는, 6월 모의고사에서 좋은 성적을 받은 것을 계기로 수시를 버리고 정시 파이터 선언을 하게 됩니다. 결과적으로 이는 썩 괜찮은 선택은 아니었습니다. 9월 모의고사를 조지고, 10월 모의평가를 내리 조진 저는 매우 참담한 심경에 빠지게 되죠.

그러나 9월부터 이어진 우울하고 불안한 감정을 이겨내는 방법은, 웃기게도 공부밖에는 없었습니다. 우울해서 공부를 못하고, 공부를 덜 해서 불안해하고... 이런 악순환을 끊고자, 매일 억지로라도 책상에 앉아 문제들을 꾸역꾸역 풀었습니다. 나중에 수능이 끝나고 보니, 10월~11월에 한 공부가 그 이전의 9개월 동안 한 공부의 양과 맞먹더라고요. 이 한두 달간의 공부가 제 수능 성적의 거의 대부분을 결정했다고 해도 과언이 아닙니다. 수능은 장기 레이스지만, 결국 결승선 근처로 가게 되면 자신의 남은 불꽃을 다 불태워야 하는 단거리 달리기가 되는 것입니다.

생활 패턴이 엉망이던 저는 수능 전날 일찍 잘 자신이 없었어서, 수능 전전날 밤을 새서 공부를 하고, 수능 전날 저녁 7시에 곯아 떨어집니다(수험생 분들에게 추천하는 방법은 아닙니다). 눈을 뜨니 새벽 5시 반 무렵이었고, 간단히 밥을 먹은 뒤 시험장에 갔습니다. 제 교실에는 저밖에는 없었습니다.

저는 수능 당일에, 제가 가장 어려워했던 국어 기출 지문 두 개를 들고 갔습니다. 그 두 지문은 이미 수십 번을 봐서, 까맣게 필기가 된 상태였습니다. 그때 당시에는, 그 지문들을 거의 눈 감고 외울 정도로 공부해 놓았기에, 두 지문은 저에게 가장 친숙한, 자신 있는 지문이기도 했습니다. 기억하기론 아마 19 6월 키트 지문과 17 수능의 반추위 지문을 들고 갔던 것으로 기억합니다. 이후에, 제 책상이 수평이 맞지 않길래 그 지문 중 하나를 접어서 약간 짧은 책상다리 밑에 끼워 넣고, 눈을 감은 채 시험 시작을 기다렸습니다.

감독관께서 뭐라뭐라 한 말씀은 크게 특별할 것은 없었습니다. 약간의 시간이 지나고 시험지를 받았습니다. 2019학년도 대학수학능력 시험'이라고 적힌 표지는 매우 생경하게 느껴졌습니다.

당시 파본 검사를 하면서 지문들을 쓱 훑어봤습니다. 현대 산문은 다소 생소한 지문이었고(EBS 연계긴 했습니다) 법 지문이 하나, 과학 지문이 하나, 논리학 지문이 하나 보였습니다. '우주론' 지문의 31번 문제를 보고, '아, 앞으로 몇 년 동안 모든 국어 인강에서는 이 문제를 수업하겠구나'하는 생각이 들었습니다.

시험이 시작했습니다. 화작은 기출 선지 분석과, 매일 꾸준히 했던 실전 연습으로 인해 어느 정도 안정감이 있었고, 큰 무리 없이 문법으로 넘어갔습니다(당시에는 화작과 문법이 모두 필수였습니다). 문법을 푸는데, 15번 문제('바투'문제라 회자되는 것)가 잘 풀리지 않았습니다. 그런데 뭐, 문법 문제에서 막힌 경험이 한두 번이 아니라, 크게 개의치 않고 별표를 친 채 쿨하게 문학으로 넘어갔습니다.

그 해 문학에는 특이하게도 오타가 있어 시험 시작 전에 '정오표'가 주어졌는데, 별 내용 없었습니다. 운문을 풀면서 크게 막혔던 부분은 없었습니다. 당시 고전시가로 출제된 『일동장유가』는 시험 전에 전문을 읽어 본 적이 있었기에, 더 무난하게 풀어냈던 것 같습니다. 다만 『오발탄』과 『천변풍경』이 합쳐진 산문에서, 다소 난해한 지문과 문제로 인해 시간을 꽤 소요했고, 결국 마지막 <보기> 문제 하나를 별표 친 채 비문학으로 넘어갑니다.

비문학 제일 첫 지문이었던 법 지문은 무난했습니다. 당시에, 이미 기출에 난해한 법/경제 지문이 많이 있었기에 상대적으로 쉽게 느껴졌던 것도 있을 것입니다.

두 번째 '우주론' 지문은, 파본 검사를 할 때에는 완전 이과적인 과학 지문일 것이라고 예상했는데, 막상 보니 인문 지문에 가까운, '논리'를 따지는 과학 지문이었습니다. 길이는 길었지만, 꼼꼼히 지문을 읽어낸 뒤에 문제들을 하나하나 해결했습니다. 31번 문제는 압도적인 비주얼에 비해 쉽게 풀렸습니다.

마지막 '가능세계' 지문을 읽는데, 기출과 LEET에서 비슷한 주제의 지문을 많이 접했기에 내용상으로 특별하게 느껴지는 부분은 별로 없었습니다. 시험장 밖에서, 인문 지문들을 공부할 때 최대한 이해하고, 지문의 내용을 내 지식으로 쌓고 넘어가려고 했던 것이 크게 도움이 되었던 것 같습니다.

결국 문제를 다 풀고 나니 30분이 남았습니다. 다시 아까 별표 쳤던 문제들로 돌아갔습니다. '바투' 문법 문제는, 막상 시간적 여유를 남기고 다시 읽어보니 소거법으로 정답이 구해졌습니다.
문학 <보기> 문제는 부득이하게 지문을 한 번 더 읽을 수밖에 없었습니다. 답은 냈는데 확신은 들지 않더라고요. 이렇게 두 문제의 답을 골라내니 20분이 남은 상황이었습니다.

크게 공감은 안 가실 얘기일 수 있지만, 저는 실전 연습을 하거나 실제 모의고사를 볼 때 시간이 남은 적이 많았기에, 만약 수능 날 시간이 남는다면 무엇을 할지 매뉴얼을 생각해 두었습니다. 검토는 무조건 화작만 한다는 것이 제 규칙이었습니다. 보통 문학이나 비문학은 처음 봤을 때 잘못 고르면, 검토한다고 해서 그걸 골라낼 수가 없더라고요. 반면 화작은 제가 가끔 실수를 하기 때문에 선지들을 다시 훑으면서 검토를 하고, 이후 가채점표를 쓴 뒤 OMR 체크를 했습니다. 그 뒤로 5분 정도, 눈을 감고 마음을 최대한 추스르려고 노력했던 것 같습니다.

사실 첫 수능에서 제가 가장 생생하게 기억나는 것은 국어까지입니다. 왜냐? 2교시 때, 수학을 제 기준에서는 너무 거하게 조지는 바람에 멘탈이 터졌고, 이후 영어, 사탐을 머리가 하얘진 상태로 풀었기 때문입니다... 저는 수학은 무조건 킬러 두 문제를 제외한 28문제를 맞히고, 여유가 되면 킬러를 풀자는 주의였는데, 당시 비킬러였던 29번 수열 문제에서 30분을 쓰고 답을 못 내는 바람에 멘탈이 탈탈 털렸죠.

집에 와서 채점해보니 국어는 별표를 쳤던 『오발탄』 <보기> 문제 하나를 틀려 97점이었고, 수학은 84점, 그리고 생활과 윤리에서 한 문제를 틀려 48점을 받았습니다. 사회문화와 영어는 다 맞았더라고요. 애초에 목표가 무조건 연고대 철학과였기에, 재수나 반수를 해야겠거니 생각했습니다. 그런데 뉴스에 갑자기 국어가 어려웠다는 기사가 뜨더니, 저녁에 인강 사이트에서 국어 1컷을 85점으로 발표하죠. 정시 합격 예측 사이트에서도, 제가 갈 수 있는 예상 대학이 점점 높아지더니, 새벽 2시경에는 연세대학교 철학과를 안정으로 쓸 수 있다는 결과가 나왔습니다.

제가 수험생 당시에는 이런 썰들 하나하나가 재밌으면서도, 뭔가 나와는 멀리 떨어진 일 같았던 기억이 납니다. 첫 수능 당시의 기분은 아직까지도 생생합니다. 다만 저의 언어가 그것을 다 담아내지는 못할 것 같네요. 여러분들은 이 책을 밟고, 저보다 더 높은 곳으로 올라가 새로운 후배들에게 본인의 이야기를 전달해 주었으면 합니다.
지금 이 글을 수능을 얼마나 남기고 볼지는 몰라도, 여러분들에게는 저보다도 더 재밌는 이야기가 펼쳐질 것이라는 점을 말씀드리고 싶습니다. 이 책이 그 이야기의 시작에 작게나마 기여했으면 좋겠습니다.

PART 6
과학 지문

과학 지문들은 구성 방식이 크게 둘로 나뉘고,
이 둘은 거의 다른 영역이라고 해도 좋을 정도입니다.

최근 어렵게 출제되는 과학 지문들은 <FACT와 주장> 형식으로,
어떤 FACT가 어떤 주장에 연결되는지를 파악하는 것이 중요합니다.
이 지문들은 기본적으로 인문 지문과 다를 바가 없습니다.

한편 <건조한 서술> 방식의 경우, 문장 하나하나가 상당히 많은 정보량을
담고 있으나 정보만 잘 처리하면 내용 이해에는 어려움이 없는,
<FACT와 주장> 형식과 정반대의 유형입니다.

기본적으로 전자는 거시독해 능력이, 후자는 미시독해 능력이 특히 중요합니다.
<FACT와 주장> 형식의 경우,
이 교재와 함께 논리를 따라가는 연습을 많이 해두시는 것이 좋습니다.
<건조한 서술> 방식의 경우 최근에는 어렵게 출제되지 않지만,
기본적인 독해력을 요구하는 유형이기에 이것 역시 어느 정도의 연습은 필요할 것입니다.

[1~4] 다음 글을 읽고 물음에 답하시오.

2017학년도 9월 모의평가 **칼로릭**

18세기에는 열의 실체가 칼로릭(caloric)이며 칼로릭은 온도가 높은 쪽에서 낮은 쪽으로 흐르는 성질을 갖고 있는, 질량이 없는 입자들의 모임이라는 생각이 받아들여지고 있었다. 이를 칼로릭 이론이라 ⓐ부르는데, 이에 따르면 찬 물체와 뜨거운 물체를 접촉시켜 놓았을 때 두 물체의 온도가 같아지는 것은 칼로릭이 뜨거운 물체에서 차가운 물체로 이동하기 때문이라는 것이다. 이러한 상황에서 과학자들의 큰 관심사 중의 하나는 증기 기관과 같은 열기관의 열효율 문제였다.

열기관은 높은 온도의 열원에서 열을 흡수하고 낮은 온도의 대기와 같은 열기관 외부에 열을 방출하며 일을 하는 기관을 말하는데, 열효율은 열기관이 흡수한 열의 양 대비 한 일의 양으로 정의된다. 19세기 초에 카르노는 열기관의 열효율 문제를 칼로릭 이론에 기반을 두고 ⓑ다루었다. 카르노는 물레방아와 같은 수력 기관에서 물이 높은 곳에서 낮은 곳으로 ⓒ흐르면서 일을 할 때 물의 양과 한 일의 양의 비가 높이 차이에만 좌우되는 것에 주목하였다. 물이 높이 차에 의해 이동하는 것과 흡사하게 칼로릭도 고온에서 저온으로 이동하면서 일을 하게 되는데, 열기관의 열효율 역시 이러한 두 온도에만 의존한다는 것이었다.

한편 1840년대에 줄(Joule)은 일정량의 열을 얻기 위해 필요한 각종 에너지의 양을 측정하는 실험을 행하였다. 대표적인 것이 열의 일당량 실험이었다. 이 실험은 열기관을 대상으로 한 것이 아니라, 추를 낙하시켜 물속의 날개바퀴를 회전시키는 실험이었다. 열의 양은 칼로리(calorie)로 표시되는데, 그는 역학적 에너지인 일이 열로 바뀌는 과정의 정밀한 실험을 통해 1 kcal의 열을 얻기 위해서 필요한 일의 양인 열의 일당량을 측정하였다. 줄은 이렇게 일과 열은 형태만 다를 뿐 서로 전환이 가능한 물리량이므로 등가성을 갖는다는 것을 입증하였으며, 열과 일이 상호 전환될 때 열과 일의 에너지를 합한 양은 일정하게 보존된다는 사실을 알아내었다. 이후 열과 일뿐만 아니라 화학 에너지, 전기 에너지 등이 등가성을 가지며 상호 전환될 때에 에너지의 총량은 변하지 않는다는 에너지 보존 법칙이 입증되었다.

열과 일에 대한 이러한 이해는 카르노의 이론에 대한 과학자들의 재검토로 이어졌다. 특히 톰슨은 ⓐ칼로릭 이론에 입각한 카르노의 열기관에 대한 설명이 줄의 에너지 보존 법칙에 위배된다고 지적하였다. 카르노의 이론에 의하면, 열기관은 높은 온도에서 흡수한 열 전부를 낮은 온도로 방출하면서 일을

한다. 이것은 줄이 입증한 열과 일의 등가성과 에너지 보존 법칙에 ⓔ어긋나는 것이어서 열의 실체가 칼로릭이라는 생각은 더 이상 유지될 수 없게 되었다. 하지만 열효율에 관한 카르노의 이론은 클라우지우스의 증명으로 유지될 수 있었다. 그는 카르노의 이론이 유지되지 않는다면 열은 저온에서 고온으로 흐르는 현상이 ⓕ생길 수도 있을 것이라는 가정에서 출발하여, 열기관의 열효율은 열기관이 고온에서 열을 흡수하고 저온에 방출할 때의 두 작동 온도에만 관계된다는 카르노의 이론을 증명하였다.

클라우지우스는 자연계에서는 열이 고온에서 저온으로만 흐르고 그와 반대되는 현상은 일어나지 않는 것과 같이 경험적으로 알 수 있는 방향성이 있다는 점에 주목하였다. 또한 일이 열로 전환될 때와는 달리, 열기관에서 열 전부를 일로 전환할 수 없다는, 즉 열효율이 100%가 될 수 없다는 상호 전환 방향에 관한 비대칭성이 있다는 사실에 주목하였다. 이러한 방향성과 비대칭성에 대한 논의는 이를 설명할 수 있는 새로운 물리량인 엔트로피의 개념을 낳았다.

01 윗글에서 알 수 있는 내용으로 가장 적절한 것은?

① 열기관은 외부로부터 받은 일을 열로 변환하는 기관이다.
② 수력 기관에서 물의 양과 한 일의 양의 비는 물의 온도 차이에
비례한다.
③ 칼로릭 이론에 의하면 차가운 쇠구슬이 뜨거워지면 쇠구슬의
질량은 증가하게 된다.
④ 칼로릭 이론에서는 칼로릭을 온도가 낮은 곳에서 높은 곳으로
흐르는 입자라고 본다.
⑤ 열기관의 열효율은 두 작동 온도에만 관계된다는 이론은 칼로
릭 이론의 오류가 밝혀졌음에도 유지되었다.

02 윗글로 볼 때 ⓐ의 내용으로 가장 적절한 것은?

① 화학 에너지와 전기 에너지는 서로 전환될 수 없는 에너지라는 점
② 열의 실체가 칼로릭이라면 열기관이 한 일을 설명할 수 없다
는 점
③ 자연계에서는 열이 고온에서 저온으로만 흐르는 것과 같은 방
향성이 있는 현상이 존재한다는 점
④ 열효율에 관한 카르노의 이론이 맞지 않는다면 열은 저온에서
고온으로 흐르는 현상이 생길 수 있다는 점
⑤ 열기관의 열효율은 열기관이 고온에서 열을 흡수하고 저온에
방출할 때의 두 작동 온도에만 관계된다는 점

03 윗글을 바탕으로 할 때, <보기>의 [가]에 들어갈 말로 가장 적절한 것은?

<보기>

줄의 실험과 달리, 열기관이 흡수한 열의 양(A)과 열기관으로 부터 얻어진 일의 양(B)을 측정하여 $\frac{B}{A}$ 로 열의 일당량을 구하면, 그 값은 ([가])는 결과가 나올 것이다.

① 열기관의 두 작동 온도의 차이가 일정하다면 줄이 구한 열의 일
당량과 같다
② 열기관이 열을 흡수할 때의 온도와 상관없이 줄이 구한 열의 일
당량과 같다
③ 열기관이 흡수한 열의 양이 많을수록 줄이 구한 열의 일당량보
다 더 커진다
④ 열기관의 두 작동 온도의 차이가 커질수록 줄이 구한 열의 일당
량보다 더 커진다
⑤ 열기관이 흡수한 열의 양과 두 작동 온도에 상관없이 줄이 구한
열의 일당량보다 작다

04 윗글의 ㉠~㉤과 같은 의미로 사용된 것은?

① ㉠: 웃음은 또 다른 웃음을 부르는 법이다.
② ㉡: 그는 익숙한 솜씨로 기계를 다루고 있었다.
③ ㉢: 이야기가 엉뚱한 방향으로 흐르고 있다.
④ ㉣: 그는 상식에 어긋나는 일을 한 적이 없다.
⑤ ㉤: 하늘을 보니 당장이라도 비가 오게 생겼다.

복습 포인트 (해설을 확인하기 전에 생각해 볼 것)

Q.1 [3문단]
글의 전체적인 맥락에서, '열의 일당량'에 대한 내용은 왜 서술되었는가?

Q.2 [4문단]
카르노의 열기관에 대한 설명은 왜 에너지 보존 법칙에 위배되는가?

Q.3 [5문단]
'비대칭성'은 어떤 문제에서 활용되는가?

01	02	03	04
⑤	②	⑤	④

18세기에는 열의 실체가 칼로릭(caloric)이며 칼로릭은 온도가 높은 쪽에서 낮은 쪽으로 흐르는 성질을 갖고 있는, 질량이 없는 입자들의 모임이라는 <u>생각이 받아들여지고 있었다.</u>

생각이 받아들여지고 있었다 ⇒ "칼로릭은 '주장'이구나"
<u>과학 지문은 FACT와 주장을 구분하는 것이 중요합니다.</u> 새로운 FACT가 밝혀지면서 기존의 주장은 약화되거나 강화되는데, 이렇게 FACT가 주장에 어떻게 영향을 끼쳤는지 파악하며 읽어야 합니다.

이를 칼로릭 이론이라 부르는데, 이에 따르면 찬 물체와 뜨거운 물체를 접촉시켜 놓았을 때 두 물체의 온도가 같아지는 것은

'두 물체의 온도가 같아지는 것'은 모두가 인정할 수밖에 없는 FACT입니다.

칼로릭이 뜨거운 물체에서 차가운 물체로 이동하기 때문이라는 것이다.

그러나 위의 FACT가 발생하는 이유가 '칼로릭' 때문이라는 것은 '주장'입니다. 주장은 틀릴 수도, 보완될 수도 있습니다.
<u>수능 지문에서 주장이 '대체'되는 경우는 적습니다.</u> '대체'는 A라는 주장이 B라는 주장으로 완전히 바뀌는 경우를 말하는데, 대부분은 처음에 나왔던 A의 주장의 잘못된 점이 제시되더라도, A와 B의 공통점은 대개 존재합니다. 두 개념을 비교하는 지문에서 차이점은 당연히 알아야 하는 것이고, 평가원이 종종 킬러로 출제하는 것은 '공통점'입니다.

이러한 상황에서 과학자들의 큰 관심사 중의 하나는 증기 기관과 같은 열기관의 열효율 문제였다.
열기관은 높은 온도의 <u>열원에서 열을 흡수하고</u> 낮은 온도의 대기와 같은 열기관 외부에 열을 <u>방출하며</u> 일을 하는 기관을 말하는데, <u>열효율은 열기관이 흡수한 열의 양 대비 한 일의 양</u>으로 정의된다.

여기까지는 FACT입니다. 다음 문장부터는 열기관이 실제로 작동하는 FACT를 설명하기 위한 주장들이 나옵니다. 열효율은 (한 일의 양)/(흡수한 열의 양)이라는 점은 염두에 두고 넘어가면 좋겠네요.

19세기 초에 카르노는 열기관의 열효율 문제를 칼로릭 이론에 기반을 두고 다루었다. 카르노는 물레방아와 같은 수력 기관에서 물이 높은 곳에서 낮은 곳으로 <u>흐르면서 일을 할 때 물의 양과 한 일의 양의 비가 높이 차이에만</u> 좌우되는 것에 주목하였다. 물이 높이 차에 의해 이동하는 것과 흡사하게 칼로릭도 고온에서 저온으로 이동하면서 일을 하게 되는데, 열기관의 열효율 역시 이러한 <u>두 온도에만</u> 의존한다는 것이었다.

물레방아의 FACT를 가지고 열기관의 열효율에 대한 주장을 만들어 냈습니다. '열기관의 열효율 역시 이러한 두 온도에만 의존한다'는 주장이 옳은 것일지 틀린 것일지, 그 근거가 뒤에서 어떻게 제시될지 의식하면서 읽어봅시다.

한편 1840년대에 줄(Joule)은 일정량의 열을 얻기 위해 필요한 각종 에너지의 양을 측정하는 실험을 행하였다. 대표적인 것이 열의 일당량 실험이었다.

'실험'은 항상 주장을 뒷받침하기 위한 FACT입니다.

이 실험은 열기관을 대상으로 한 것이 아니라, 추를 낙하시켜 물속의 날개바퀴를 회전시키는 실험이었다. 열의 양은 칼로리(calorie)로 표시되는데, 그는 역학적 에너지인 일이 열로 바뀌는 과정의 정밀한 실험을 통해 <u>1kcal의 열을 얻기 위해서 필요한 일의 양인 열의 일당량을 측정</u>하였다.

Q.1-1 열의 일당량 얘기를 굳이 왜 하는 걸까요?

줄은 이렇게 일과 열은 형태만 다를 뿐 서로 전환이 가능한 물리량이므로 등가성을 갖는다는 것을 입증하였으며,

Q.1-2 '이렇게'라는 단어는 왜 나온 것일까요?

열과 일이 상호 전환될 때 열과 일의 에너지를 합한 양은 일정하게 보존된다는 사실을 알아내었다.

'사실을 알아내었다'라는 식으로 서술되면 말할 것도 없이 FACT입니다.

이후 열과 일뿐만 아니라 화학 에너지, 전기 에너지 등이 등가성을 가지며 상호 전환될 때에 에너지의 총량은 변하지 않는다는 에너지 보존 법칙이 입증되었다.

입증되었으니까 FACT입니다.

열과 일에 대한 이러한 이해는 카르노의 이론에 대한 과학자들의 재검토로 이어졌다.

위의 FACT가 주장들로 이어진다는 얘기입니다.

특히 톰슨은 칼로릭 이론에 입각한 카르노의 열기관에 대한 설명이 줄의 에너지 보존 법칙에 위배된다고 지적하였다.

Q.2-1 왜 위배되는 거죠?

카르노의 이론에 의하면, 열기관은 높은 온도에서 흡수한 열 전부를 낮은 온도로 방출하면서 일을 한다.

'카르노의 이론에 의하면'='카르노의 주장이 옳다면'⇒ '흡수한 열 전부를 낮은 온도로 방출'하는 FACT가 발생해야 한다는 얘기입니다.

이것은 줄이 입증한 열과 일의 등가성과 에너지 보존 법칙에 어긋나는 것이어서

Q.2-2 왜 어긋나죠?

열의 실체가 칼로릭이라는 생각은 더 이상 유지될 수 없게 되었다.

이미 입증된 FACT와 카르노의 주장이 어긋나므로, '열의 실체가 칼로릭'이라는 주장은 크게 약화됩니다.

하지만 열효율에 관한 카르노의 이론은 클라우지우스의 증명으로 유지될 수 있었다.

앞에서 '보완'과 '약화', '대체'를 구분한 이유입니다. 카르노의 주장 중 '열의 실체가 칼로릭'이라는 부분은 크게 약화되었으나, '열효율'의 원리에 대한 주장은 살아남았습니다. 이 부분은 줄 이전 시대와 이후 시대의 공통점입니다.

카르노의 이론을 '열기관의 원리'와 '열효율의 성질' 둘로 나누는 것이 매우 중요합니다. 전자는 틀린 것이고 후자는 맞는 것입니다. 이는 2번 문제(실제 시험지에서는 32번)를 풀면서 다시 얘기하겠습니다.

그는 카르노의 이론이 유지되지 않는다면

=열효율에 대한 주장이 틀렸다면

열은 저온에서 고온으로 흐르는 현상이 생길 수도 있을 것

=반대의 팩트가 일어날 수도 있을 것

이라는 가정에서 출발하여, 열기관의 열효율은 열기관이 고온에서 열을 흡수하고 저온에 방출할 때의 두 작동 온도에만 관계된다는 카르노의 이론을 증명하였다.

반대의 팩트, 즉 열이 고온에서 저온이 아닌, 저온에서 고온으로 흐르는 팩트가 발생하지 않으므로, 열효율에 대한 카르노의 주장이 살아남았음을 이야기합니다. 세 번째 말하는데, '열기관'에 대한 카르노의 주장은 틀렸지만 '(열기관의)열효율'에 대한 주장은 살아남았습니다.

클라우지우스는 자연계에서는 열이 고온에서 저온으로만 흐르고 그와 반대되는 현상은 일어나지 않는 것과 같이 경험적으로 알 수 있는 방향성이 있다는 점에 주목하였다. 또한 일이 열로 전환될 때와는 달리, 열기관에서 열 전부를 일로 전환할 수 없다는, 즉 열효율이 100%가 될 수 없다는 상호 전환 방향에 관한 비대칭성이 있다는 사실에 주목하였다.

Q.3 이거 문제 어디에서 어떻게 활용되죠?

이러한 방향성과 비대칭성에 대한 논의는 이를 설명할 수 있는 새로운 물리량인 엔트로피의 개념을 낳았다.

그렇답니다. 지문을 읽으며 던진 의문들 먼저 해결하고 갑시다.

A.1 열효율은 '열기관이 흡수한 열의 양 대비 한 일의 양'이라고 앞서 정의되었습니다(열→일). 반면에 줄은 '열을 얻기 위해 필요한 일의 양'인 열의 일당량(일→열)을 측정함으로써, '일과 열은 형태만 다를 뿐 서로 전환이 가능한 물리량이므로 등가성을 갖는다는 것을 입증'한 것입니다. 그 전에는 열을 일로 바꾸는 것만 알았는데, 그 반대도 가능함을 확인하면서 새로운 주장을 세운 거죠.

이 질문을 스스로 하고 해결하려면, '열의 일당량'이라는 FACT를 굳이 왜 제시하는가에 대해 의문을 가져야 합니다. 그리고, '이렇게'라는 표지를 통해 앞 문장과 뒷 문장이 이어진다는 사실을 파악하고, 위의 FACT와 뒤의 주장이 어떤 논리로 연결되는 것인지를 생각해 보아야 합니다.

A.2 '칼로릭 이론에 입각한 카르노의 열기관에 대한 설명이 줄의 에너지 보존 법칙에 위배'되는 이유는 무엇이죠? 이 질문을 떠올린다면 당연히 '에너지 보존 법칙'이 무엇이었는지를 생각해야 합니다. '에너지 보존 법칙'은 에너지의 총량은 변하지 않는다는 법칙입니다. 이것에 위배된다고 하였으니, 카르노의 주장을 받아들이게 되면 에너지의 총량이 변하는 상황이 있을 수 있다는 것이죠.

정답은 '열기관이 높은 온도에서 흡수한 열 전부를 낮은 온도로 방출하면서 일을 한다'는 주장에서, '전부'에 있습니다. 열을 흡수해서 일을 하는 경우 열의 '일부'가 일로 전환되기 때문에, 에너지 보존 법칙에 의하면 흡수한 열 '전부'가 다시 방출될 수는 없습니다. 이를 그림으로 나타내보겠습니다.

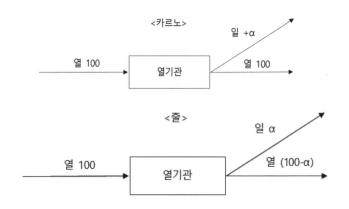

어때요, 이해가 가시나요? 줄의 입장에서 열이 일로 되었다면, 방출된 열과 생겨난 일의 합은 흡수한 열의 양과 같아야만 합니다. 그게 에너지 보존 법칙이고요. 이걸 현장에서 이해하려면 높은 수준의 거시 독해와, 질문을 던지며 읽는 습관이 필요합니다.

A.3 답부터 말하자면 이게 3번 문제(실제 시험지에서는 33번)의 핵심입니다. 열효율이 100%가 될 수 없다는 사실은, 카르노의 주장을 약화시킨 줄이 간과했던 부분입니다. 열 전부를 일로 전환할 수 없다는 것이 어떤 얘기인지, 아까 A.2의 모델을 다시 가져와서 이해해봅시다.

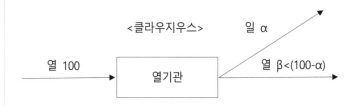

01 윗글에서 알 수 있는 내용으로 가장 적절한 것은?

① 열기관은 외부로부터 받은 일을 열로 변환하는 기관이다.
② 수력 기관에서 물의 양과 한 일의 양의 비는 물의 온도 차이에 비례한다.
③ 칼로릭 이론에 의하면 차가운 쇠구슬이 뜨거워지면 쇠구슬의 질량은 증가하게 된다.
④ 칼로릭 이론에서는 칼로릭을 온도가 낮은 곳에서 높은 곳으로 흐르는 입자라고 본다.
⑤ 열기관의 열효율은 두 작동 온도에만 관계된다는 이론은 칼로릭 이론의 오류가 밝혀졌음에도 유지되었다.

정답 : ⑤

지문 해설에서 말한 것처럼 '유지된 부분', '이전과 이후의 공통점'이 정답으로 출제되었습니다.

해설

① 열을 일로 변환하기 위해서 사용하는 겁니다.
② 물레방아에서, 물의 양과 한 일의 양의 비는 '높이 차이에만' 좌우 됩니다.
③ 뜨거워졌다면, 해당 이론의 관점에서는 칼로릭이라는 입자가 이동 한 것으로 보는데, 칼로릭은 질량이 없는 입자이기 때문에 그대로 라고 추론할 수 있습니다.
④ 높은 곳에서 낮은 곳으로 흐릅니다.

02 윗글로 볼 때 ⓐ칼로릭 이론에 입각한 카르노의 열기관에 대한 설명이 줄의 에너지 보존 법칙에 위배된다고 지적하였다의 내용으로 가장 적절한 것은?

① 화학 에너지와 전기 에너지는 서로 전환될 수 없는 에너지라는 점
② 열의 실체가 칼로릭이라면 열기관이 한 일을 설명할 수 없다는 점
③ 자연계에서는 열이 고온에서 저온으로만 흐르는 것과 같은 방 향성이 있는 현상이 존재한다는 점
④ 열효율에 관한 카르노의 이론이 맞지 않는다면 열은 저온에서 고온으로 흐르는 현상이 생길 수 있다는 점
⑤ 열기관의 열효율은 열기관이 고온에서 열을 흡수하고 저온에 방출할 때의 두 작동 온도에만 관계된다는 점

해설

ⓐ는 열기관에 대한 카르노의 설명이 에너지 보존 법칙에 위배된다는 얘기였죠. 근데 혹시, 제가 지문에서 카르노의 주장이 뭐랑 뭐로 나뉜 다고 했는지 기억 나세요? 맞습니다. '열기관'의 원리에 대한 설명과, '열효율'에 대한 설명이었죠. 그중 앞의 것은 틀리고, 뒤의 건 맞다고 요. 그럼, ①번부터 ⑤번 중에 열기관 얘기 어디 있나요?

정답 : ②

맞습니다. ②번밖에 없어요. 그래서 그냥 ②번 고르면 됩니다.
너무 야매 풀이 아니냐고요? ⓐ는 줄이 발견한 FACT가 카르노의 주 장을 약화시킨 사례를 찾는 것인데, 제가 계속 말했듯 주어진 부분에 서 약화된 주장은 열기관에 대한 설명이며, 따라서 답도 무조건 열기 관 얘기가 나올 수밖에 없어요. 참고로 나머지 ③④⑤는 전부 열효율 과 관련된 이야기입니다. 개념의 분리를 잘 하셨다면 무조건 맞히는 문제입니다. 개념의 분리는 사단 법인 지문 등... 여러 지문들에서 킬 러 요소로 나오니 주의하세요!

03 윗글을 바탕으로 할 때, <보기>의 [가]에 들어갈 말로 가장 적절한 것은?

> ─── < 보 기 > ───
>
> 줄의 실험과 달리, 열기관이 흡수한 열의 양(A)과 열기관으
> 로 부터 얻어진 일의 양(B)을 측정하여 $\frac{B}{A}$로 열의 일당량을
> 구하면, 그 값은 ([가])는 결과가 나올 것이다.

① 열기관의 두 작동 온도의 차이가 일정하다면 줄이 구한 열의 일
당량과 같다

② 열기관이 열을 흡수할 때의 온도와 상관없이 줄이 구한 열의 일
당량과 같다

③ 열기관이 흡수한 열의 양이 많을수록 줄이 구한 열의 일당량 보
다 더 커진다

④ 열기관의 두 작동 온도의 차이가 커질수록 줄이 구한 열의 일당
량보다 더 커진다

⑤ 열기관이 흡수한 열의 양과 두 작동 온도에 상관없이 줄이 구한
열의 일당량보다 작다

<보기> 해설

<보기>는 열기관이 흡수한 열과 열기관으로부터 얻어진 일을 측정하
고 있습니다. 열을 일로 바꾸는 과정에서 흡수했던 열과 산출된 일을
측정한 것이죠. 한편 지문에서 줄이 실험한 열의 일당량은 열을 얻기
위해 필요한 일의 양을 측정한 것이었습니다. 지문의 줄은 일을 열로
전환시키는 실험을 통해 열의 일당량을 산출했는데, 이와 달리 열을
일로 전환시키는 경우 열효율의 값은 항상 1보다 작기 때문에 일로 전
환되는 열의 양은 가해진 열의 양보다는 항상 작을 수밖에 없습니다.
따라서 이 실험을 통해 구한 열의 일당량의 값은 줄이 구한 값보다 작
아질 것입니다.

정답 : ⑤

줄의 실험과는 '달리'랍니다. <보기>에서 특이한 점은 뭘까요? 열의 일
당량은 일->열인데, 열기관에서 열->일이 일어난 것을 가지고 열의 일
당량을 계산한다는 거죠. 줄이 처음에 열의 일당량을 구한 실험과 반대
입니다. <보기>는, 열효율을 뒤집어서 일당량을 구하는 겁니다. 그런
데, 본문에서 '일이 열로 전환될 때와는 달리, 열기관에서 열 전부를 일
로 전환할 수 없다'라고 했습니다. 무슨 얘기였죠? 실제 열기관에서는
필연적으로 방출하는 열이 생기기 때문에, 흡수한 열 전부가 일로 전환
되지 않고, B가 예상보다 작아지게 됩니다. 따라서 열의 일당량과 열효
율은 실험에서 완전한 역수 관계가 될 수 없고, Q.3의 내용처럼, 실제
열기관에서의 (얻어진 일)/(흡수한 열)은 줄어들게 됩니다.

04 윗글의 ㉠~㉤과 같은 의미로 사용된 것은?

① ㉠: 웃음은 또 다른 웃음을 <u>부르는</u> 법이다.
② ㉡: 그는 익숙한 솜씨로 기계를 <u>다루고</u> 있었다.
③ ㉢: 이야기가 엉뚱한 방향으로 <u>흐르고</u> 있다.
④ ㉣: 그는 상식에 <u>어긋나는</u> 일을 한 적이 없다.
⑤ ㉤: 하늘을 보니 당장이라도 비가 오게 <u>생겼다</u>.

정답 : ④

해설

① 지문의 '부르다'는 목적어에 직접적인 영향을 주지 않습니다. 반면,
선지의 '부르다'는 '또 다른 웃음'을 일으킵니다.

② 지문의 '다루다'는 추상적인 어휘이고, 선지의 '다루다'는 실제적인
행동이 드러나는 어휘입니다.

③ 지문의 '흐르다'는 물리적인 현상을 나타내고, 선지의 '흐르다'는 추
상적인 어휘입니다.

⑤ 지문의 '생기다'는 현상이 새롭게 나타남을 말합니다. 선지의 '생기
다'는, 항상 '-게 생기다'의 꼴로 쓰이며 어떤 결과에 이르게 됨을
말합니다.

2019학년도 대학수학능력시험 **우주론**

16세기 전반에 서양에서 태양 중심설을 지구 중심설의 대안으로 제시하며 시작된 천문학 분야의 개혁은 경험주의의 확산과 수리 과학의 발전을 통해 형이상학을 뒤바꾸는 변혁으로 이어졌다. 서양의 우주론이 전파되자 중국에서는 중국과 서양의 우주론을 회통하려는 시도가 전개되었고, 이 과정에서 자신의 지적 유산에 대한 관심이 제고되었다.

복잡한 문제를 단순화하여 푸는 수학적 전통을 이어받은 코페르니쿠스는 천체의 운행을 단순하게 기술할 방법을 찾고자 하였고, 그것이 ⓐ일으킬 형이상학적 문제에는 별 관심이 없었다. 고대의 아리스토텔레스와 프톨레마이오스는 우주의 중심에 고정되어 움직이지 않는 지구의 주위를 달, 태양, 다른 행성들의 천구들과, 항성들이 붙어 있는 항성 천구가 회전한다는 지구 중심설을 내세웠다. 그와 달리 코페르니쿠스는 태양을 우주의 중심에 고정하고 그 주위를 지구를 비롯한 행성들이 공전하며 지구가 자전하는 우주 모형을 ⓑ만들었다. 그러자 프톨레마이오스보다 훨씬 적은 수의 원으로 행성들의 가시적인 운동을 설명할 수 있었고 행성이 태양에서 멀수록 공전 주기가 길어진다는 점에서 단순성이 충족되었다. 그러나 아리스토텔레스의 형이상학을 고수하는 다수 지식인과 종교 지도자들은 그의 이론을 받아들이려 하지 않았다. 왜냐하면 그것은 지상계와 천상계를 대립시키는 아리스토텔레스의 이분법적 구도를 무너뜨리고, 신의 형상을 ⓒ지닌 인간을 한갓 행성의 거주자로 전락시키는 것으로 여겨졌기 때문이다.

16세기 후반에 브라헤는 코페르니쿠스 천문학의 장점은 인정하면서도 아리스토텔레스 형이상학과의 상충을 피하고자 우주의 중심에 지구가 고정되어 있고, 달과 태양과 항성들은 지구 주위를 공전하며, 지구 외의 행성들은 태양 주위를 공전하는 모형을 제안하였다. 그러나 케플러는 우주의 수적 질서를 신봉하는 형이상학인 신플라톤주의에 매료되었기 때문에, 태양을 우주 중심에 배치하여 단순성을 추구한 코페르니쿠스의 천문학을 받아들였다. 하지만 그는 경험주의자였기에 브라헤의 천체 관측치를 활용하여 태양 주위를 공전하는 행성의 운동 법칙들을 수립할 수 있었다. 우주의 단순성을 새롭게 보여주는 이 법칙들은 아리스토텔레스 형이상학을 더 이상 온존할 수 없게 만들었다.

[A] 17세기 후반에 뉴턴은 태양 중심설을 역학적으로 정당화하였다. 그는 만유인력 가설로부터 케플러의 행성 운동 법칙들을 성공적으로 연역했다. 이때 가정된 만유인력은 두 질점*이 서로 당기는 힘으로, 그 크기는 두 질점의 질량의 곱에 비례하고 거리의 제곱에 반비례한다. 지구를 포함하는 천체들이 밀도가 균질하거나 구 대칭*을 이루는 구라면 천체가 그 천체 밖 어떤 질점을 당기는 만유인력은, 그 천체를 잘게 나눈 부피 요소들 각각이 그 천체 밖 어떤 질점을 당기는 만유인력을 모두 더하여 구할 수 있다. 또한 여기에서 지구보다 질량이 큰 태양과 지구가 서로 당기는 만유인력이 서로 같음을 증명할 수 있다. 뉴턴은 이 원리를 적용하여 달의 공전 궤도와 사과의 낙하 운동 등에 관한 실측값을 연역함으로써 만유인력의 실재를 입증하였다.

16세기 말부터 중국에 본격 유입된 서양 과학은, 청 왕조가 1644년 중국의 역법(曆法)을 기반으로 서양 천문학 모델과 계산법을 수용한 시헌력을 공식 채택함에 따라 그 위상이 구체화되었다. 브라헤와 케플러의 천문 이론을 차례대로 수용하여 정확도를 높인 시헌력이 생활 리듬으로 자리 잡았지만, 중국 지식인들은 서양 과학이 중국의 지적 유산에 적절히 연결되지 않으면 아무리 효율적이더라도 불온한 요소로 ⓓ여겼다. 이에 따라 서양 과학에 매료된 학자들도 어떤 방식으로든 ㉠서양 과학과 중국 전통 사이의 적절한 관계 맺음을 통해 이 문제를 해결하고자 하였다.

17세기 웅명우와 방이지 등은 중국 고대 문헌에 수록된 우주론에 대해서는 부정적 태도를 견지하면서 성리학적 기론(氣論)에 입각하여 실증적인 서양 과학을 재해석한 독창적 이론을 제시하였다. 수성과 금성이 태양 주위를 회전한다는 그들의 태양계 학설은 브라헤의 영향이었지만, 태양의 크기에 대한 서양 천문학 이론에 의문을 제기하고 기(氣)와 빛을 결부하여 제시한 광학 이론은 그들이 창안한 것이었다.

17세기 후반 왕석천과 매문정은 서양 과학의 영향을 받아 경험적 추론과 수학적 계산을 통해 우주의 원리를 파악하고자 하였다. 그러면서 서양 과학의 우수한 면은 모두 중국 고전에 이미 ⓔ갖추어져 있던 것인데 웅명우 등이 이를 깨닫지 못한 채 성리학 같은 형이상학에 몰두했다고 비판했다. 매문정은 고대 문헌에 언급된, 하늘이 땅의 네 모퉁이를 가릴 수 없을 것이라는 증자의 말을 땅이 둥글다는 서양 이론과 연결하는 등 서양 과학의 중국 기원론을 뒷받침하였다.

중국 천문학을 중심으로 서양 천문학을 회통하려는 매문정의 입장은 18세기 초를 기점으로 중국의 공식 입장으로 채택되었으며, 이 입장은 중국의 역대 지식 성과물을 망라한 총서인 『사고전서』에 그대로 반영되었다. 이 총서의 편집자들은 고대부터 당시까지 쏟아진 천문 관련 문헌들을 정리하여 수록

하였다. 이와 같이 고대 문헌에 담긴 우주론을 재해석하고 확인하려는 경향은 19세기 중엽까지 주를 이루었다.

*질점 : 크기가 없고 질량이 모여 있다고 보는 이론상의 물체.
*구 대칭 : 어떤 물체가 중심으로부터 모든 방향으로 같은 거리에서 같은 특성을 갖는 상태.

01 다음은 윗글을 읽은 학생의 독서 기록 중 일부이다. 윗글을 참고할 때, '점검 결과'로 적절하지 <u>않은</u> 것은?

○ 읽기 계획: 1문단을 훑어보면서 뒷부분을 예측하고 질문 만들기를 한 후, 글을 읽고 점검하기	
예측 및 질문 내용	점검 결과
○ 서양의 우주론에 태양 중심설과 지구 중심설의 개념이 소개되어 있을 것이다.	예측과 같음 ·········· ①
○ 서양의 우주론의 영향으로 변화된 중국의 우주론이 소개되어 있을 것이다.	예측과 다름 ·········· ②
○ 서양에서 태양 중심설을 제기한 사람은 누구일까?	질문의 답이 제시됨 ·········· ③
○ 중국에서 서양의 우주론을 접하고 회통을 시도한 사람은 누구일까?	질문의 답이 제시됨 ·········· ④
○ 중국에 서양의 우주론을 전파한 서양의 인물은 누구일까?	질문의 답이 언급되지 않음 ·········· ⑤

02 윗글에 대한 이해로 적절하지 <u>않은</u> 것은?

① 서양과 중국에서는 모두 우주론을 정립하는 과정에서 형이상학적 사고에 대한 재검토가 이루어졌다.

② 서양 천문학의 전래는 중국에서 자국의 우주론 전통을 재인식하는 계기가 되었다.

③ 중국에 서양의 천문학적 성과가 자리 잡게 된 데에는 국가의 역할이 작용하였다.

④ 중국에서는 18세기에 자국의 고대 우주론을 긍정하는 입장이 주류가 되었다.

⑤ 서양에서는 중국과 달리 경험적 추론에 기초한 우주론이 제기되었다.

03 윗글에 나타난 서양의 우주론 에 대한 설명으로 가장 적절한 것은?

① 항성 천구가 고정되어 있다고 보는 아리스토텔레스의 우주론은 천상계와 지상계를 대립시킨 형이상학을 토대로 한 것이었다.

② 많은 수의 원을 써서 행성의 가시적 운동을 설명한 프톨레마이오스의 우주론은 행성이 태양에서 멀수록 공전 주기가 길어진다는 점에서 단순성을 갖는 것이었다.

③ 지구와 행성이 태양 주위를 공전한다는 코페르니쿠스의 우주론은 이전의 지구 중심설보다 단순할 뿐 아니라 아리스토텔레스의 형이상학과 양립이 가능한 것이었다.

④ 지구가 우주 중심에 고정되어 있고 다른 행성을 거느린 태양이 지구 주위를 돈다는 브라헤의 우주론은 아리스토텔레스의 형이상학에서 자유롭지 못한 것이었다.

⑤ 태양 주위를 공전하는 행성의 운동 법칙들을 관측치로부터 수립한 케플러의 우주론은 신플라톤주의에서 경험주의적 근거를 찾은 것이었다.

04 ㉠에 대한 이해로 적절하지 않은 것은?

① 중국에서 서양 과학을 수용한 학자들은 자국의 지적 유산에 서양 과학을 접목하려 하였다.

② 서양 천문학과 관련된 내용이 중국의 역대 지식 성과를 집대성한 『사고전서』에 수록되었다.

③ 방이지는 서양 우주론의 영향을 받았지만 서양의 이론과 구별되는 새 이론의 수립을 시도하였다.

④ 매문정은 중국 고대 문헌에 나타나는 천문학적 전통과 서양 과학의 수학적 방법론을 모두 활용하였다.

⑤ 성리학적 기론을 긍정한 학자들은 중국 고대 문헌의 우주론을 근거로 서양 우주론을 받아들여 새 이론을 창안하였다.

05 <보기>를 참고할 때, [A]에 대한 이해로 적절하지 않은 것은?

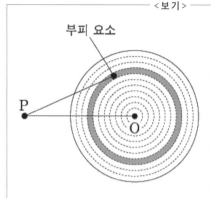

─ <보기> ─

구는 무한히 작은 부피 요소들로 이루어져 있다. 그 부피 요소들이 빈틈없이 한 겹으로 배열되어 구 껍질을 이루고, 그런 구 껍질들이 구의 중심 O 주위에 반지름을 달리하며 양파처럼 겹겹이 싸여 구를 이룬다. 이때 부피 요소는 그것의 부피와 밀도를 곱한 값을 질량으로 갖는 질점으로 볼 수 있다.

(1) 같은 밀도의 부피 요소들이 하나의 구 껍질을 구성하면, 이 부피 요소들이 구 외부의 질점 P를 당기는 만유인력들의 총합은, 그 구 껍질과 동일한 질량을 갖는 질점이 그 구 껍질의 중심 O에서 P를 당기는 만유인력과 같다.

(2) (1)에서의 구 껍질들이 구를 구성할 때, 그 동심의 구 껍질들이 P를 당기는 만유인력들의 총합은, 그 구와 동일한 질량을 갖는 질점이 그 구의 중심 O에서 P를 당기는 만유인력과 같다.

(1), (2)에 의하면, 밀도가 균질하거나 구 대칭인 구를 구성하는 부피 요소들이 P를 당기는 만유인력들의 총합은, 그 구와 동일한 질량을 갖는 질점이 그 구의 중심 O에서 P를 당기는 만유인력과 같다.

① 밀도가 균질한 하나의 행성을 구성하는 동심의 구 껍질들이 같은 두께일 때, 하나의 구 껍질이 태양을 당기는 만유인력은 그 구 껍질의 반지름이 클수록 커지겠군.

② 태양의 중심에 있는 질량이 m인 질점이 지구 전체를 당기는 만유인력은, 지구의 중심에 있는 질량이 m인 질점이 태양 전체를 당기는 만유인력과 크기가 같겠군.

③ 질량이 M인 지구와 질량이 m인 달은, 둘의 중심 사이의 거리만큼 떨어져 있으면서 질량이 M, m인 두 질점 사이의 만유인력과 동일한 크기의 힘으로 서로 당기겠군.

④ 태양을 구성하는 하나의 부피 요소와 지구 사이에 작용하는 만유인력은, 지구를 구성하는 모든 부피 요소들과 태양의 그 부피 요소 사이에 작용하는 만유인력들을 모두 더하면 구해지겠군.

⑤ 반지름이 R, 질량이 M인 지구와 지구 표면에서 높이 h에 중심이 있는 질량이 m인 구슬 사이의 만유인력은, $R+h$의 거리만큼 떨어져 있으면서 질량이 M, m인 두 질점 사이의 만유인력과 크기가 같겠군.

06 문맥상 ⓐ~ⓔ와 바꿔 쓴 것으로 가장 적절한 것은?

① ⓐ: 진작(振作)할
② ⓑ: 고안(考案)했다
③ ⓒ: 소지(所持)한
④ ⓓ: 설정(設定)했다
⑤ ⓔ: 시사(示唆)되어

복습 포인트 (해설을 확인하기 전에 생각해 볼 것)
Q.1[2문단]
코페르니쿠스가 '태양 중심설'을 지지한 이유는 무엇인가?

01	02	03	04	05	06
②	⑤	④	⑤	②	②

<16세기 전반에> <서양에서> 태양 중심설을 지구 중심설의 대안으로 제시하며 시작된 천문학 분야의 개혁은 경험주의의 확산과 수리 과학의 발전을 통해 형이상학을 뒤바꾸는 변혁으로 이어졌다.

우선, 시간적 배경과 공간적 배경은 모두 체크합시다. 이런 배경이 처음에 제시된다면 뒤의 내용에서는, 다른 배경에 다른 입장이 있었음이 제시될 가능성이 높습니다. 16세기 중반에는 태양 중심설이 지구 중심설의 대안이 되었으니, 이런 주류 입장의 '변화'에 주목하며 글을 읽어봅시다.

서양의 우주론이 전파되자 <중국에서는> 중국과 서양의 우주론을 회통하려는 시도가 전개되었고, 이 과정에서 자신의 지적 유산에 대한 관심이 제고되었다.

'회통'이라는 단어의 뜻을 아시나요? 저 역시, 대략적인 느낌만 알 뿐 이 단어를 시험장에서 처음 보았습니다. 그러나 이 단어가 뒤의 내용과 연결되는 지점이 중요합니다. 모르는 단어가 나오면 어떻게 이해해야 하는지를, 뒤의 내용과 이어서 설명할 것입니다.

복잡한 문제를 단순화하여 푸는 수학적 전통을 이어받은 코페르니쿠스는 천체의 운행을 단순하게 기술할 방법을 찾고자 하였고, 그것이 일으킬 형이상학적 문제에는 별 관심이 없었다. 고대의 아리스토텔레스와 프톨레마이오스는 (우주의 중심에 고정되어 움직이지 않는) 지구의 주위를 달, 태양, 다른 행성들의 천구들과, 항성들이 붙어 있는 항성 천구가 회전한다는 지구 중심설을 내세웠다. 그와 달리 코페르니쿠스는 (태양을 우주 중심에 고정하고) 그 주위를 지구를 비롯한 행성들이 공전하며 지구가 자전하는 우주 모형을 만들었다. 그러자 프톨레마이오스보다 훨씬 적은 수의 원으로 행성들의 가시적인 운동을 설명할 수 있었고 행성이 태양에서 멀수록 공전 주기가 길어진다는 점(거리와 공전 주기가 비례)에서 단순성이 충족되었다.

코페르니쿠스의 태양 중심설이 고대의 지구 중심설과 대립됩니다. 두 중심설의 내용을 머리에 때려박고 다음 문장으로 넘어갑시다.

Q.1 코페르니쿠스가 태양 중심설을 지지한 이유는 무엇일까요?

그러나 아리스토텔레스의 형이상학을 고수하는 다수 지식인과 종교 지도자들은 그의 이론을 받아들이려 하지 않았다. 왜냐하면 그것(태양 중심설)은 지상계와 천상계를 대립시키는 아리스토텔레스의 이분법적 구도(='형이상학')를 무너뜨리고, 신의 형상을 지닌 인간을 한갓 행성의 거주자로 전락시키는 것으로 여겨졌기 때문(='형이상학적 문제')이다.

이 지문이 정보량이 많은 지문으로 회자되지만, 제가 위에 문맥상 동의어를 적어놓은 것처럼 바꿔가면서 읽었다면 받아들여야 할 정보는 사실 크게 많지 않았습니다. 오히려, 지문을 연결하며 이해하는 능력이 더 요구되었다고 생각합니다. 당시의 사람들이 '형이상학적 문제'를 이유로 코페르니쿠스의 '태양 중심설'을 받아들이지 않았음을 받아들이고 넘어갑시다.

16세기 후반에 브라헤는 <코페르니쿠스 천문학의 장점은 인정하면서도> <아리스토텔레스 형이상학과의 상충을 피하고자> 우주의 중심에 지구가 고정되어 있고, 달과 태양과 항성들은 지구 주위를 공전(여기까지는 아리스토텔레스의 '지구 중심설')하며, 지구 외의 행성들은 태양 주위를 공전(이건 코페르니쿠스의 '태양 중심설')하는 모형을 제안하였다.

브라헤는 두 입장의 중간쯤에 있습니다. 코페르니쿠스를 인정하면서도 아리스토텔레스와의 상충을 피한다고 하였으니, 보조사 '도'의 의미상 그의 관점에는 코페르니쿠스의 입장이 포함되어야 합니다. 어떤 부분이 그러한 포함 관계를 보여준 것인지, 제가 적어둔 것처럼 판단했어야 합니다.

그러나 케플러는 <우주의 수적 질서를 신봉하는 형이상학인 신플라톤주의에 매료되었기 때문에>, 태양을 우주 중심에 배치하여 단순성을 추구한 코페르니쿠스의 천문학을 받아들였다. 하지만

케플러가 코페르니쿠스의 천문학을 받아들인 이유가 나오고, 바로 뒤에 '하지만'이 나옵니다. 이 맥락에서라면, '하지만' 뒤에는 코페르니쿠스와는 다른 입장을 일부 수용하였음을 예측할 수 있어야 합니다.

그래서, 입장은 코페르니쿠스의 것을 따랐으나 다른 입장을 가진 브라헤의 관측치는 사용했다는 것입니다. 브라헤의 근거를 코페르니쿠스의 주장을 뒷받침하는 것으로 재해석했음이 중요합니다.

'단순성'과 연결되는 법칙은 무조건 코페르니쿠스, 또는 그 입장과 연결되는 케플러의 것이어야 합니다(이게 Q.1의 내용과도 이어집니다). 이 둘의 입장이 태양 중심설을 성공적으로 뒷받침하고, 지구 중심설을 반박하였으므로 아리스토텔레스의 입장은 유지될 수 없게 되었답니다.

귀납이 작은 FACT들로부터 큰 주장을 도출해내는 것이라면, **연역**은 큰 원리로부터 작은 FACT를 추론하는 것입니다. 뉴턴은 만유인력이라는 원리에서 태양 중심설을 추론해냈습니다. 어떤 논리가 사용되는지 의식하면서 글을 읽어봅시다.

만유인력이 나오고, 그 크기와 양의 상관관계에 있는 질량, 그리고 음의 상관관계에 있는 거리가 제시됩니다. 이런 양적 관계는 지문을 읽으며 간단한 화살표로 체크하고 넘어갑시다.

위의 두 조건(밀도 균질or구대칭)을 만족한다면, 천체(전체)가 천체를 당기는 힘은 부피 요소 각각(부분)이 당기는 힘의 합과 같답니다. 여기부터는 부분과 전체를 구분하는 독해력이 있어야 뒤의 문제까지를 무난하게 풀어낼 수 있습니다. 간단히 식으로 정리하면 (천체의 만유인력)=Σ(천체의 부분들의 만유인력)이 됩니다.

'또한 여기에서'라면, 앞 문장으로부터 뒷 문장이 도출 가능하다는 얘깁니다. 그런데 혹시 이 문장 읽자마자 이해가 가나요? 저는 안 갔습니다. 시험장에서 읽고, 왜 이렇지?를 3초간 고민하다가 별표를 치고 넘어갔습니다. 독해에 있어서는 답을 내는 능력보다 이런 포인트에서 질문을 던지는 능력이 더 필요합니다. 여기서 질문을 던지며 머리에 정보를 넣어둔 것은 이후에 문제 풀이에 요긴하게 쓰였습니다.

사실은, 앞서 제시된 만유인력의 정의로부터 이해가 가능한 문장이기는 합니다. 만유인력은 두 질점이 서로 당기는 힘이고, 둘의 질량의 곱에 비례하고 거리의 제곱에 반비례합니다. 이러한 정의상, '태양이 지구를 당기는 힘'과 '지구가 태양을 당기는 힘'은

$\dfrac{(태양의\ 질량)\times(지구의\ 질량)}{(태양과\ 지구의\ 거리)^2}$ 에 대한 비례식으로 똑같이 계산될 것

입니다. 만유인력은 '서로' 당기는 힘이니까, 둘 사이의 만유인력은 하나로 정의되는 것이죠.

위에 나온 만유인력의 공식을 사용했더니, 달이 지구를 돈다는 것(태양 중심설)이 연역되었다는 것이죠.

이제 중국의 얘기로 넘어가는데, 정부가 나서서 서양의 천문학을 공식적으로 채택합니다.

브라헤와 케플러의 천문 이론을 차례대로 수용하여 정확도를 높인 시헌력이 생활 리듬으로 자리 잡았지만, 중국 지식인들은 <서양 과학이 중국의 지적 유산에 적절히 연결되지 않으면> 아무리 효율적이더라도 불온한 요소로 여겼다. 이에 따라 서양 과학에 매료된 학자들도 <어떤 방식으로든> 서양 과학과 중국 전통 사이의 적절한 관계 맺음을 통해 이 문제를 해결하고자 하였다.

중국 지식인들은 서양의 천문학을 받아들였으면서도, 그걸 자기들의 지적 유산에 연결시켰답니다. 여기서 적절히 연결, 적절한 관계 맺음은 모두 첫 문단의 회통을 뜻합니다. 이게 왜 회통인지, 그리고 이러한 회통이 어떻게 이루어졌는지를 다음의 내용을 보며 이해해 봅시다.

17세기 웅명우와 방이지 등은 중국 고대 문헌('중국의 지적 유산' A, 받아들이지 않음)에 수록된 우주론에 대해서는 부정적 태도를 견지하면서 성리학적 기론('중국의 지적 유산' B, 받아들임)에 입각하여 실증적인 서양 과학을 재해석한 독창적 이론을 제시하였다. 수성과 금성이 태양 주위를 회전한다는 그들의 태양계 학설은 브라헤의 영향('서양 과학' A, 받아들임)이었지만, 태양의 크기에 대한 서양 천문학 이론에 의문을 제기('서양 과학' B, 받아들이지 않음)하고 기(氣)와 빛을 결부하여 제시한 광학 이론은 그들이 창안한 것이었다.

웅명우와 방이지가 어떻게 적절한 관계 맺음을 시도했는지가 나옵니다. 이들은 중국의 지적 유산과 서양 과학 모두 일부분은 받아들이고 일부는 받아들이지 않습니다. 이 부분들을 잘 분리해서 받아들입시다.

17세기 후반 왕석천과 매문정은 <서양 과학의 영향을 받아> 경험적 추론과 수학적 계산을 통해 우주의 원리를 파악하고자 하였다. 그러면서(도) 서양 과학의 우수한 면은 모두 중국 고전에 이미 갖추어져 있던 것인데 웅명우 등이 이를 깨닫지 못한 채 (성리학 같은) 형이상학에 몰두했다고 비판했다. 매문정은 고대 문헌에 언급된, 하늘이 땅의 네 모퉁이를 가릴 수 없을 것이라는 증자의 말을 땅이 둥글다는 서양 이론과 연결하는 등 서양 과학의 중국 기원론을 뒷받침하였다.

얘네도 웅명우와 방이지처럼 적절한 관계 맺음을 하려고는 하는데 그 양상이 조금 다릅니다. 웅명우, 방이지가 서양 과학과 중국 고대 문

헌의 내용들을 조금씩 받아들여서 섞은 것과는 달리, 왕석천, 매문정은 서양 과학을 받아들이면서도 '그 내용들 다 중국 고전에 있던 거다'라고 우김으로써 회통하려고 한 것이죠. 이러한 주장의 양상은 이해하셔야 할 것 같습니다. 또, 이들은 성리학과 같은 '형이상학'에는 큰 관심이 없습니다.

중국 천문학을 중심으로 서양 천문학을 회통하려는 매문정의 입장은 18세기 초를 기점으로 중국의 공식 입장으로 채택되었으며, 이 입장은 중국의 역대 지식 성과물을 망라한 총서인 『사고전서』에 그대로 반영되었다. 이 총서의 편집자들은 고대부터 당시까지 쏟아진 천문 관련 문헌들을 정리하여 수록하였다. 이와 같이 고대 문헌에 담긴 우주론을 재해석하고 확인하려는 경향은 19세기 중엽까지 주를 이루었다.

첫 문장에 나온 회통이라는 단어가 마지막에도 나옵니다. 사실 회통 = 관계 맺음임을 이해하지 못했다면 중국의 천문학에 대한 서술 내용들을 머리에 정리하는 것이 힘들었을 것입니다. 어쨌든, 매문정의 방식대로 회통하는 것이 중국의 공식 입장이 되었고, 19세기 중엽까지 이런 재해석과 확인의 경향(아마, 서양 과학의 내용을 중국 고전에서 비슷한 걸 찾아 끼워 맞추는 과정이겠죠)이 이어졌다는 점을 받아들이시면 될 것 같습니다.

A.1 별거 없고, 그냥 그게 더 단순해서 그런 겁니다. '더 적은 수의 원으로 설명 가능'한 것이 단순성을 충족했다는 얘기고, 코페르니쿠스와 케플러 모두 이러한 단순성을 근거로 태양 중심설을 지지합니다. '단순성의 원리'는 2022 예비시행의 동일론 지문에 나와 있으니, 같이 보면 좋을 것 같습니다.

01 다음은 윗글을 읽은 학생의 독서 기록 중 일부이다. 윗글을 참고할 때, '점검 결과'로 적절하지 <u>않은</u> 것은?

예측 및 질문 내용	점검 결과
○읽기 계획: 1문단을 훑어보면서 뒷부분을 예측하고 질문 만들기를 한 후, 글을 읽고 점검하기	
○서양의 우주론에 태양 중심설과 지구 중심설의 개념이 소개되어 있을 것이다.	예측과 같음 ········· ①
○서양의 우주론의 영향으로 변화된 중국의 우주론이 소개되어 있을 것이다.	예측과 다름 ········· ②
○서양에서 태양 중심설을 제기한 사람은 누구일까?	질문의 답이 제시됨 ········· ③
○중국에서 서양의 우주론을 접하고 회통을 시도한 사람은 누구일까?	질문의 답이 제시됨 ········· ④
○중국에 서양의 우주론을 전파한 서양의 인물은 누구일까?	질문의 답이 언급되지 않음 ········· ⑤

> **정답 : ②**

서양의 우주론과 적절히 관계 맺기 위한 중국 우주론의 변화가 드러나 있으므로, 예측과 같습니다.

> **해설**

약간 화작 느낌이 나는 문제인데, 내용을 이해했더라도 오른쪽 표를 제대로 보지 않으면 틀릴 수 있습니다. 이런 유형은 침착하게, 각 선지의 맞고 틀림을 따져가며 푸는 것이 중요합니다.

① 두 번째 문단에 자세히 설명되었으므로, 예상과 같습니다.
③ 코페르니쿠스가 제기했음이 지문에 나오므로, 답이 제시되어 있습니다.
④ 웅명우와 방이지, 왕석천과 매문정 모두가 이러한 회통 을 시도한 사람들입니다. 답이 제시되었습니다.
⑤ 케플러와 브라헤의 입장이 전파되었음은 알 수 있으나, 그 둘의 입장을 누가 알려주었는지는 알 수 없습니다. 답이 제시되지 않았습니다.

02 윗글에 대한 이해로 적절하지 <u>않은</u> 것은?

① 서양과 중국에서는 모두 우주론을 정립하는 과정에서 형이상학적 사고에 대한 재검토가 이루어졌다.
② 서양 천문학의 전래는 중국에서 자국의 우주론 전통을 재인식하는 계기가 되었다.
③ 중국에 서양의 천문학적 성과가 자리 잡게 된 데에는 국가의 역할이 작용하였다.
④ 중국에서는 18세기에 자국의 고대 우주론을 긍정하는 입장이 주류가 되었다.
⑤ 서양에서는 중국과 달리 경험적 추론에 기초한 우주론이 제기되었다.

> **정답 : ⑤**

'달리'가 틀렸습니다. 왕석천과 매문정도 경험적 추론을 사용했음이 지문에 드러납니다.

> **해설**

① 서양에서는 '이분법적 구도'가 무너지는 형이상학적 문제가 발생했고, 중국에서는 성리학에 대한 입장 등에서 이러한 형이상학적 사고에 대한 대립이 이뤄졌습니다. 이 내용은 지문의 처음에서 '천문학 분야의 개혁'이 '형이상학을 뒤바꾸는 변혁'으로 이어짐을 예고한 바와 같습니다.
② 웅명우와 방이지는 이전의 전통과 서양 과학을 조금씩 채택했고, 왕석천과 매문정은 이전의 전통이 서양 과학과 일치함을 주장했습니다. 둘 모두 우주론에 대한 중국의 전통을 재인식하였다고 볼 수 있습니다.
③ 국가가 '공식 채택'함으로써 주류의 입장이 되었습니다. 이는 국가의 역할이 작용했음을 말합니다.
④ '자국의 고대 우주론을 긍정하는 입장'은 매문정의 입장을 뜻하며, 이는 19세기 중엽까지 이어집니다.

03 윗글에 나타난 서양의 우주론 에 대한 설명으로 가장 적절한 것은?

① 항성 천구가 고정되어 있다고 보는 아리스토텔레스의 우주론은 천상계와 지상계를 대립시킨 형이상학을 토대로 한 것이었다.

② 많은 수의 원을 써서 행성의 가시적 운동을 설명한 프톨레마이오스의 우주론은 행성이 태양에서 멀수록 공전 주기가 길어진다는 점에서 단순성을 갖는 것이었다.

③ 지구와 행성이 태양 주위를 공전한다는 코페르니쿠스의 우주론은 이전의 지구 중심설보다 단순할 뿐 아니라 아리스토텔레스의 형이상학과 양립이 가능한 것이었다.

④ 지구가 우주 중심에 고정되어 있고 다른 행성을 거느린 태양이 지구 주위를 돈다는 브라헤의 우주론은 아리스토텔레스의 형이상학에서 자유롭지 못한 것이었다.

⑤ 태양 주위를 공전하는 행성의 운동 법칙들을 관측치로부터 수립한 케플러의 우주론은 신플라톤주의에서 경험주의적 근거를 찾은 것이었다.

> **정답 : ④**

브라헤와 아리스토텔레스의 공통점이며, 이는 아리스토텔레스 형이상학과의 충돌을 피하기 위해 브라헤가 받아들인 지구 중심설의 내용입니다. 브라헤는 이러한 입장을 받아들이면서도 지구 외의 행성들은 태양을 공전한다는 코페르니쿠스의 입장(태양 중심설의 일부)도 수용했습니다.

> **해설**

① 두 가지 측면에서 오답입니다. 우선, 지구 중심설에서 고정된 것은 지구고, 항성 천구는 회전합니다. 또, 이는 형이상학의 토대가 된 것이지, 형이상학을 토대로 한 것이 아닙니다.

② '단순성'은 '적은 수의 원으로 설명'할 때 충족됩니다.

③ 코페르니쿠스의 입장이 당시의 지식인들에게 받아들여지지 않던 까닭은, 그것이 아리스토텔레스의 입장과 양립이 불가능했기 때문입니다.

⑤ 케플러는 신플라톤주의도, 경험주의도 받아들였지만, 신플라톤주의가 경험주의의 근거가 될 수는 없습니다. '신플라톤주의에 매료되었기 때문에' 문장과 '그는 경험주의자였기에' 문장이 '하지만'으로 연결되는 것을 통해 두 사상은 상반된 입장을 취한다는 것을 알 수 있습니다.

04 ㉠서양 과학과 중국 전통 사이의 적절한 관계 맺음(=회통)에 대한 이해로 적절하지 않은 것은?

① 중국에서 서양 과학을 수용한 학자들은 자국의 지적 유산에 서양 과학을 접목하려 하였다.

② 서양 천문학과 관련된 내용이 중국의 역대 지식 성과를 집대성한 『사고전서』에 수록되었다.

③ 방이지는 서양 우주론의 영향을 받았지만 서양의 이론과 구별되는 새 이론의 수립을 시도하였다.

④ 매문정은 중국 고대 문헌에 나타나는 천문학적 전통과 서양 과학의 수학적 방법론을 모두 활용하였다.

⑤ 성리학적 기론을 긍정한 학자들은 중국 고대 문헌의 우주론을 근거로 서양 우주론을 받아들여 새 이론을 창안하였다.

> **정답 : ⑤**

성리학적 기론을 긍정한 학자들은 웅명우와 방이지입니다. 이들은 중국 고대 문헌의 우주론에 부정적 태도를 견지했습니다.

> **해설**

① '접목'은 곧 '회통'을 뜻합니다. 웅명우와 방이지는 서양 과학과 중국의 성리학을 접목시켰고, 왕석천과 매문정은 중국 고전의 내용을 서양 과학과 연결지었습니다.

② 마지막 문단과 내용적으로 일치합니다.

③ 서양의 이론을 그대로 받아들였다면 그것은 '회통', '적절한 관계 맺음'이 아닙니다. 기존의 중국 전통과 서양 과학 모두와 조금씩 차이가 있습니다.

④ 서양 과학의 특징인 경험적 추론과 수학적 계산을 사용하면서도, 중국 고대 문헌의 전통을 지지하면서 '관계 맺음'을 시도했습니다.

05 <보기>를 참고할 때, [A]에 대한 이해로 적절하지 <u>않은</u> 것은?

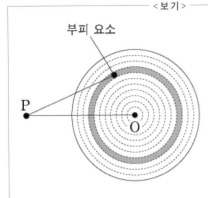

<보기>

부피 요소

P

O

구는 무한히 작은 부피 요소들로 이루어져 있다. 그 부피 요소들이 빈틈없이 한 겹으로 배열되어 구 껍질을 이루고, 그런 구 껍질들이 구의 중심 O 주위에 반지름을 달리하며 양파처럼 겹겹이 싸여 구를 이룬다. 이때 부피 요소는 <u>그것의 부피와 밀도를 곱한 값을 질량으로 갖는 질점</u>으로 볼 수 있다.

(1) 같은 밀도의 부피 요소들이 하나의 구 껍질을 구성하면, 이 <u>부피 요소들이 구 외부의 질점 P를 당기는 만유인력들의 총합은, 그 구 껍질과 동일한 질량을 갖는 질점이 그 구 껍질의 중심 O에서 P를 당기는 만유인력과 같다.</u>

(2) (1)에서의 구 껍질들이 구를 구성할 때, 그 동심의 구 껍질들이 P를 당기는 만유인력들의 총합은, 그 구와 <u>동일한 질량을 갖는 질점이 그 구의 중심 O에서 P를 당기는 만유인력과 같다.</u>

(1), (2)에 의하면, 밀도가 균질하거나 구 대칭인 구를 구성하는 부피 요소들이 P를 당기는 만유인력들의 총합은, 그 구와 동일한 질량을 갖는 질점이 그 구의 중심 O에서 P를 당기는 만유인력과 같다.

① 밀도가 균질한 하나의 행성을 구성하는 동심의 구 껍질들이 같은 두께일 때, 하나의 구 껍질이 태양을 당기는 만유인력은 그 구 껍질의 반지름이 클수록 커지겠군.

② 태양의 중심에 있는 질량이 m인 질점이 지구 전체를 당기는 만유인력은, 지구의 중심에 있는 질량이 m인 질점이 태양 전체를 당기는 만유인력과 크기가 같겠군.

③ 질량이 M인 지구와 질량이 m인 달은, 둘의 중심 사이의 거리만큼 떨어져 있으면서 질량이 M, m인 두 질점 사이의 만유인력과 동일한 크기의 힘으로 서로 당기겠군.

④ 태양을 구성하는 하나의 부피 요소와 지구 사이에 작용하는 만유인력은, 지구를 구성하는 모든 부피 요소들과 태양의 그 부피 요소 사이에 작용하는 만유인력들을 모두 더하면 구해지겠군.

⑤ 반지름이 R, 질량이 M인 지구와 지구 표면에서 높이 h에 중심이 있는 질량이 m인 구슬 사이의 만유인력은, $R+h$의 거리만큼 떨어져 있으면서 질량이 M, m인 두 질점 사이의 만유인력과 크기가 같겠군.

<보기> 해설

(1)과 (2)를 종합했을 때, 동일한 질량이 동일한 만유인력을 가지는 상황들을 보여주므로, 이 문제를 풀 때는 만유인력의 크기를 질량을 중심으로 판단하면 될 것 같습니다. 사실은 <보기>가 흉악하게 생겼지만 [A]의 내용만 잘 받아들였어도 문제 푸는 데 큰 무리는 없었을 것입니다.

정답 : ②

'태양의 중심에 있는 질량이 m인 질점이 지구 전체를 당기는 만유인력'은 $\frac{m \times (\text{지구 전체의 질량})}{(\text{거리})^2}$으로 계산될 것이고, '지구의 중심에 있는 질량이 m인 질점이 태양 전체를 당기는 만유인력'은 $\frac{m \times (\text{태양 전체의 질량})}{(\text{거리})^2}$으로 계산될 것입니다. 이때 지구 전체의 질량과 태양 전체의 질량이 같을 수 없으므로 둘은 다릅니다.

<u>사실 저는 현장에서 이 문제를 보았을 때, 위의 해설처럼 풀지는 않았습니다.</u> 아까 지문에서 '태양과 지구가 서로 당기는 만유인력이 서로 같다'는 정보가 나왔음을 저는 기억하고 있었습니다. 이는 곧 '<u>태양 전체가 지구 전체를 당기는 힘과, 지구 전체가 태양 전체를 당기는 힘이 같다</u>'고 한 것인데, 선지의 내용은 '<u>태양 일부(m)가 지구 전체를 당기는 힘과, 지구 일부(m)가 태양 전체를 당기는 힘이 같다</u>'고 되어 있는 것입니다. 부분과 전체를 혼동하여 서술하면 보통 틀린 선지라는 것을 저는 기출 분석을 통해 경험적으로 알고 있었고, 현장에서 이러한 점을 확인하고 그냥 ②번을 고르고 넘어갔습니다(나머지 3~5번 선지는 읽지도 않았습니다). 기출을 풀다 보면 언젠가는 이런 감이 생깁니다. 이렇게 풀었기에, 처음의 풀이처럼 공식을 써가며 비교하는 시간을 훨씬 덜 수 있었습니다. 가르치는 입장에서는 항상 명료하고 확실한 것만 전달하지만, 시험을 보는 학생이라면 결국 <u>누적된 양을 통한 감각</u>이 실전에서 가장 큰 무기가 될 수 있음을 알아두시면 좋을 것 같습니다.

해설

① 부피 요소의 질량은 부피와 밀도의 곱으로 <보기>에 나와있었습니다. 반지름이 커진다는 것은 곧 부피가 커진다는 것이고, 밀도가 균질할 때 부피가 커지면 질량이 야기하는 만유인력도 커져야 합니다.

③ 거리가 같고, 질량이 같다면 만유인력의 크기도 같아야 합니다(굳이 쓰자면, $\frac{m \times M}{(\text{거리})^2}$. 사실 <보기>의 마지막 결론만 보고도 확인이 가능할 것 같습니다.

④ '태양을 구성하는 하나의 부피 요소'면, 태양의 한 부분을 말하는

것이고, '지구를 구성하는 모든 부피 요소들'이라면, 지구 전체를 말하는 것입니다. 선지의 앞쪽은 <u>태양의 부분과 지구 전체에 작용하는 만유인력</u>을 말하는 것이고, 선지의 뒤쪽은 <u>태양의 부분과 지구 부분들의 합(=전체)</u>에 작용하는 만유인력을 말하는 것이므로, 결국 이 선지는 한 구의 부분들의 만유인력의 총합이 구 전체의 만유인력과 같음을 물어보는 선지였습니다. 식으로 표현하면

$$\frac{m \times (\text{지구의 전체의 질량})}{(\text{거리})^2} = \frac{m \times \Sigma(\text{지구의 부피요소의 질량})}{(\text{거리})^2}$$

이렇게 될 것이고, 지구 전체의 질량은 그 부피 요소들의 질량을 합한 것과 같으므로, 식을 쓰는 방식으로도 답을 확인할 수 있습니다.

⑤

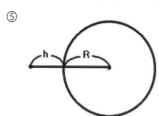

구슬과 지구는 이런 관계에 있으므로, 둘 사이의 거리는 R+h로 표현할 수 있습니다. 만약 거리가 R+h이고, 각각의 질량이 구슬과 지구하고 일치하는 두 물체가 존재한다면, 그들 사이에 작용하는 만유인력은 $\frac{m \times M}{(R+h)^2}$으로, 지구와 구슬 사이에 작용하는 만유인력과 같아질 것입니다.

06 문맥상 ⓐ~ⓔ와 바꿔 쓴 것으로 가장 적절한 것은?

① ⓐ: 진작(振作)할
② ⓑ: 고안(考案)했다
③ ⓒ: 소지(所持)한
④ ⓓ: 설정(設定)했다
⑤ ⓔ: 시사(示唆)되어

<정답 : ②>

'우주 모형을 만들었다'에서 '만들었다'는 실제로 무언가를 손으로 뚝딱뚝딱 만든 <u>물리적 의미가 아닌</u>, 어떤 개념을 생각해냈다는 추상적 의미입니다. 이는 '고안했다'로 바꾸어 쓸 수 있습니다.

<해설>

① 지문의 '일으키다'는 어떤 사태나 일을 벌임을 뜻하고, '진작하다'는 정신이나 기세 등을 고조시키는 의미로 사용됩니다. 의미가 매칭되지 않는 경우입니다.

③ '소지하다'는 실제적, 물리적으로 무언가를 가지고 있을 때 쓰는 말이고, 지문의 '지니다'는 추상적인 의미로 쓰였습니다.

④ '설정하다'는 새롭게 무언가를 만들어 정한다는 의미가 강하고, '여기다'는 이미 있는 것에 대해 판단하는 양상이 드러납니다.

⑤ '시사하다'는 무언가를 간접적으로 표현함을 말합니다(간접적이라는 맥락이 필요합니다). 반면 '갖추다'는 있어야 할 것을 가진다는 점에서 두 단어의 양상이 조금 어긋납니다.

개인적으로 이 어휘 문제는, 추상vs물리 등의 명료한 구성이 아닌, 그냥 단어 자체를 아는지 물어보는 측면이 컸다고 생각합니다. 이례적인 경우이긴 하나 가끔 이렇게 나오기도 합니다.

2020학년도 6월 모의평가 **개체성**

우리는 한 대의 자동차는 개체라고 하지만 바닷물을 개체라고 하지는 않는다. 어떤 부분들이 모여 하나의 개체를 ⓐ이룬다고 할 때 이를 개체라고 부를 수 있는 조건은 무엇일까? 일단 부분들 사이의 유사성은 개체성의 조건이 될 수 없다. 가령 일란성 쌍둥이인 두 사람은 DNA 염기 서열과 외모도 같지만 동일한 개체는 아니다. 그래서 부분들의 강한 유기적 상호작용이 그 조건으로 흔히 제시된다. 하나의 개체를 구성하는 부분들은 외부 존재가 개체에 영향을 주는 것과는 비교할 수 없이 강한 방식으로 서로 영향을 주고받는다.

상이한 시기에 존재하는 두 대상을 동일한 개체로 판단하는 조건도 물을 수 있다. 그것은 두 대상 사이의 인과성이다. 과거의 '나'와 현재의 '나'를 동일하다고 볼 수 있는 것은 강한 인과성이 존재하기 때문이다. 과거의 '나'와 현재의 '나'는 세포 분열로 세포가 교체되는 과정을 통해 인과적으로 연결되어 있다. 또 '나'가 세포 분열을 통해 새로운 개체를 생성할 때도 '나'와 '나의 후손'은 인과적으로 연결되어 있다. 비록 '나'와 '나의 후손'은 동일한 개체는 아니지만 '나'와 다른 개체들 사이에 비해 더 강한 인과성으로 연결되어 있다.

개체성에 대한 이러한 철학적 질문은 생물학에서도 중요한 연구 주제가 된다. 생명체를 구성하는 단위는 세포이다. 세포는 생명체의 고유한 유전 정보가 담긴 DNA를 가지며 이를 복제하여 증식하고 번식하는 과정을 통해 자신의 DNA를 후세에 전달한다. 세포는 사람과 같은 진핵생물의 진핵세포와, 박테리아나 고세균과 같은 원핵생물의 원핵세포로 구분된다. 진핵세포는 세포질에 막으로 둘러싸인 핵이 ⓑ있고 그 안에 DNA가 있지만, 원핵세포는 핵이 없다. 또한 진핵세포의 세포질에는 막으로 둘러싸인 여러 종류의 세포 소기관이 있으며, 그중 미토콘드리아는 세포 활동에 필요한 생체 에너지를 생산하는 기관이다. 대부분의 진핵세포는 미토콘드리아를 필수적으로 ⓒ가지고 있다.

이러한 미토콘드리아가 원래 박테리아의 한 종류인 원생미토콘드리아였다는 이론이 20세기 초에 제기되었다. 공생발생설 또는 세포 내 공생설이라고 불리는 이 이론에서는 두 원핵생물 간의 공생 관계가 지속되면서 진핵세포를 가진 진핵생물이 탄생했다고 설명한다. 공생은 서로 다른 생명체가 함께 살아가는 것을 말하며, 서로 다른 생명체를 가정하는 것은 어느 생명체의 세포 안에서 다른 생명체가 공생하는 '내부 공생'에서도 마찬가지이다. ㉠공생발생설은 한동안 생물학계로부터 인정받지 못했다. 미토콘드리아의 기능과 대략적인 구조, 그리고 생명체 간 내부 공생의 사례는 이미 알려졌지만 미토콘드리아가 과거에 독립된 생명체였다는 것을 쉽게 믿을 수 없었기 때문이었다. 그리고 한 생명체가 세대를 이어 가는 과정 중에 돌연변이와 자연선택이 일어나고, 이로 인해 종이 진화하고 분화한다고 보는 전통적인 유전학에서 두 원핵생물의 결합은 주목받지 못했다. 그러다가 전자 현미경의 등장으로 미토콘드리아의 내부까지 세밀히 관찰하게 되고 미토콘드리아 안에는 세포핵의 DNA와는 다른 DNA가 있으며 단백질을 합성하는 자신만의 리보솜을 가지고 있다는 사실이 ⓓ밝혀지면서 공생발생설이 새롭게 부각되었다.

공생발생설에 따르면 진핵생물은 원생미토콘드리아가 고세균의 세포 안에서 내부 공생을 하다가 탄생했다고 본다. 고세균의 핵의 형성과 내부 공생의 시작 중 어느 것이 먼저인지에 대해서는 논란이 있지만, 고세균은 세포질에 핵이 생겨 진핵세포가 되고 원생미토콘드리아는 세포 소기관인 미토콘드리아가 되어 진핵생물이 탄생했다는 것이다. 미토콘드리아가 원래 박테리아의 한 종류였다는 근거는 여러 가지가 있다. 박테리아와 마찬가지로 새로운 미토콘드리아는 이미 존재하는 미토콘드리아의 '이분 분열'을 통해서만 ⓔ만들어진다. 미토콘드리아의 막에는 진핵세포막의 수송 단백질과는 다른 종류의 수송 단백질인 포린이 존재하고 박테리아의 세포막에 있는 카디오리핀이 존재한다. 또 미토콘드리아의 리보솜은 진핵세포의 리보솜보다 박테리아의 리보솜과 더 유사하다.

미토콘드리아는 여전히 고유한 DNA를 가진 채 복제와 증식이 이루어지는데도, 미토콘드리아와 진핵세포 사이의 관계를 공생 관계로 보지 않는 이유는 무엇일까? 두 생명체가 서로 떨어져서 살 수 없더라도 각자의 개체성을 잃을 정도로 유기적 상호작용이 강하지 않다면 그 둘은 공생 관계에 있다고 보는데, 미토콘드리아와 진핵세포 간의 유기적 상호작용은 둘을 다른 개체로 볼 수 없을 만큼 매우 강하기 때문이다. 미토콘드리아가 개체성을 잃고 세포 소기관이 되었다고 보는 근거는, 진핵세포가 미토콘드리아의 증식을 조절하고, 자신을 복제하여 증식할 때 미토콘드리아도 함께 복제하여 증식시킨다는 것이다. 또한 미토콘드리아의 유전자의 많은 부분이 세포핵의 DNA로 옮겨 가 미토콘드리아의 DNA 길이가 현저히 짧아졌다는 것이다. 미토콘드리아에서 일어나는 대사 과정에 필요한 단백질은 세포핵의 DNA로부터 합성되고, 미토콘드리아의 DNA에 남은 유전자 대부분은 생체 에너지를 생산하는 역할을 한다. 예컨대 사람의 미토콘드리아는 37개의 유전자만 있을 정도로 DNA 길이가 짧다.

01 윗글에서 알 수 있는 내용으로 가장 적절한 것은?

① 개체성과 관련된 예를 제시한 후 공생발생설에 대한 다양한 견해를 비교하고 있다.
② 개체에 대한 정의를 제시한 후 세포의 생물학적 개념이 확립되는 과정을 서술하고 있다.
③ 개체성의 조건을 제시한 후 세포 소기관의 개체성에 대해 공생발생설을 중심으로 설명하고 있다.
④ 개체의 유형을 분류한 후 세포의 소기관이 분화되는 과정을 공생발생설을 중심으로 설명하고 있다.
⑤ 개체와 관련된 개념들을 설명한 후 세포가 하나의 개체로 변화하는 과정을 인과적으로 서술하고 있다.

02 윗글에 대한 이해로 적절하지 않은 것은?

① 유사성은 아무리 강하더라도 개체성의 조건이 될 수 없다.
② 바닷물을 개체라고 말하기 어려운 이유는 유기적 상호작용이 약하기 때문이다.
③ 새로운 미토콘드리아를 복제하기 위해서는 세포 안에 미토콘드리아가 반드시 있어야 한다.
④ 미토콘드리아의 대사 과정에 필요한 단백질은 미토콘드리아의 막을 통과하여 세포질로 이동해야 한다.
⑤ 진핵세포가 되기 전의 고세균이 원생미토콘드리아보다 진핵세포와 더 강한 인과성으로 연결되어 있다.

03 윗글을 참고할 때, ㉠의 이유로 가장 적절한 것은?

① 진핵세포가 세포 소기관을 가지고 있다는 사실을 알지 못했기 때문이다.
② 공생발생설이 당시의 유전학 이론에 어긋난다는 근거가 부족했기 때문이다.
③ 한 생명체가 다른 생명체의 세포 속에서 살 수 있다는 근거가 부족했기 때문이다.
④ 미토콘드리아가 진핵세포의 활동에 중요한 기능을 한다는 사실을 알지 못했기 때문이다.
⑤ 미토콘드리아가 자신의 고유한 유전 정보를 전달할 수 있다는 것을 알지 못했기 때문이다.

04 <보기>는 진핵세포의 세포 소기관을 연구한 결과들이다. 윗글을 바탕으로 할 때, 각각의 세포 소기관이 박테리아로부터 비롯되었다고 판단할 수 있는 것만을 <보기>에서 고른 것은?

―――――――― < 보 기 > ――――――――
ㄱ. 세포 소기관이 자신의 DNA를 가지고 있다는 것과 이분 분열을 한다는 것을 확인하였다.
ㄴ. 세포 소기관이 자신의 DNA를 가지고 있다는 것과 진핵세포의 리보솜을 가지고 있다는 것을 확인하였다.
ㄷ. 세포 소기관이 막으로 둘러싸여 있다는 것과 막에는 수송 단백질이 있는 것을 확인하였다.
ㄹ. 세포 소기관이 막으로 둘러싸여 있다는 것과 막에는 다량의 카디오리핀이 있는 것을 확인하였다.
―――――――――――――――――――――――

① ㄱ, ㄷ   ② ㄱ, ㄹ   ③ ㄴ, ㄷ   ④ ㄴ, ㄹ   ⑤ ㄷ, ㄹ

05 윗글을 바탕으로 〈보기〉를 이해한 내용으로 적절하지 <u>않은</u> 것은?

---〈보기〉---

· 복어는 테트로도톡신이라는 신경 독소를 가지고 있지만 테트로도톡신을 스스로 만들지 못하고 체내에서 서식하는 미생물이 이를 생산한다. 복어는 독소를 생산하는 미생물에게 서식처를 제공하는 대신 포식자로부터 자신을 방어할 수 있는 무기를 갖게 되었다. 만약 복어의 체내에 있는 미생물을 제거하면 복어는 독소를 가지지 못하나 생존에는 지장이 없었다.

· 실험실의 아메바가 병원성 박테리아에 감염되어 대부분의 아메바가 죽고 일부 아메바는 생존하였다. 생존한 아메바의 세포질에서 서식하는 박테리아는 스스로 복제하여 증식할 수 있었고 더 이상 병원성을 지니지는 않았다. 아메바에게는 무해하지만 박테리아에게는 치명적인 항생제를 아메바에게 투여하면 박테리아와 함께 아메바도 죽었다.

---

① 병원성을 잃은 '아메바의 세포질에서 서식하는 박테리아'는 세포 소기관으로 변한 것이겠군.

② 복어의 '체내에서 서식하는 미생물'은 '복어'와의 유기적 상호 작용이 강해진다면 개체성을 잃을 수 있겠군.

③ 복어의 세포가 증식할 때 복어의 체내에서 '독소를 생산하는 미생물'의 DNA도 함께 증식하는 것은 아니겠군.

④ '아메바의 세포질에서 서식하는 박테리아'가 개체성을 잃었다면 '아메바의 세포질에서 서식하는 박테리아'의 DNA 길이는 짧아졌겠군.

⑤ '아메바의 세포질에서 서식하는 박테리아'와 '아메바' 사이의 관계와 '복어'와 '독소를 생산하는 미생물' 사이의 관계는 모두 공생 관계이겠군.

06 문맥상 ⓐ~ⓔ와 바꿔 쓰기에 적절하지 <u>않은</u> 것은?

① ⓐ: 구성(構成)한다고

② ⓑ: 존재(存在)하고

③ ⓒ: 보유(保有)하고

④ ⓓ: 조명(照明)되면서

⑤ ⓔ: 생성(生成)된다

Q.1 [2문단]
'인과성'에 대한 설명이 서술된 이유는 무엇인가? 지문의 어떤 부분에 인과성 개념이 활용되었는가?

Q.2 [3문단]
'개체성' 이야기는 지문의 뒷부분과 어떻게 이어지는가?

01	02	03	04	05	06
③	④	⑤	②	①	④

우리는 한 대의 자동차는 개체라고 하지만 바닷물을 개체라고 하지는 않는다. 어떤 부분들이 모여 하나의 개체를 이룬다고 할 때 이를 개체라고 부를 수 있는 조건은 무엇일까?

다소 낯선, '개체'란 무엇인가에 대한 질문을 던집니다. 자동차는 개체지만, 바닷물은 개체가 아니랍니다. 이 둘의 차이는 무엇일지 다음 내용들을 보며 확인해봅시다.

일단 부분들 사이의 유사성은 개체성의 조건이 될 수 없다. 가령 일란성 쌍둥이인 두 사람은 DNA 염기 서열과 외모도 같지만 동일한 개체는 아니다.

처음에 '부분들이 모여 하나의 개체'를 이룰 때의 조건을 물었습니다. 부분들끼리 유사하다고 해도, 하나의 '개체'라고 부를 수는 없다고 합니다. '쌍둥이'나 '바닷물'은 부분들이 매우 유사하지만 '개체'는 아니죠.

그래서 부분들의 (1)강한 유기적 상호작용이 그 조건으로 흔히 제시된다. 하나의 개체를 구성하는 부분들은 외부 존재가 개체에 영향을 주는 것과는 비교할 수 없이 강한 방식으로 서로 영향을 주고받는다.

'외부'가 아닌 '부분(내부)'들끼리의 '(1)강한 유기적 상호작용'이 개체의 조건으로 제시됩니다. 바닷물은 이러한 강한 유기적 상호작용이 없기 때문에, 하나의 개체라고 볼 수 없는 것이죠.

상이한 시기에 존재하는 두 대상을 동일한 개체로 판단하는 조건도 물을 수 있다. 그것은 두 대상 사이의 (2)인과성이다. 과거의 '나'와 현재의 '나'를 동일하다고 볼 수 있는 것은 강한 인과성이 존재하기 때문이다. 과거의 '나'와 현재의 '나'는 세포 분열로 세포가 교체되는 과정을 통해 인과적으로 연결되어 있다. 또 '나'가 세포 분열을 통해 새로운 개체를 생성할 때도 '나'와 '나의 후손'은 인과적으로 연결되어 있다. 비록 '나'와 '나의 후손'은 동일한 개체는 아니지만 '나'와 다른 개체들 사이에 비해 더 강한 인과성으로 연결되어 있다.

Q.1 인과성 얘기 왜 하는 걸까요? 지문이나 문제에 인과성 얘기 나왔나요?

개체성에 대한 이러한 철학적 질문은 생물학에서도 중요한 연구 주제가 된다.

Q.2 개체성 얘기가 지문의 뒷부분과 어떻게 이어지는 것인가요?

생명체를 구성하는 단위는 세포이다. 세포는 생명체의 고유한 유전 정보가 담긴 DNA를 가지며 이를 복제하여 증식하고 번식하는 과정을 통해 자신의 DNA를 후세에 전달한다.

그렇답니다. 이런 건 특별한 방법론 없이 머리에 때려박아야 합니다.

세포는 사람과 같은 진핵생물의 진핵세포와, 박테리아나 고세균과 같은 원핵생물의 원핵세포로 구분된다.

세포가 '진핵세포'와 '원핵세포' 둘로 구분된다는 것도 중요하지만, '사람⊂진핵생물', '박테리아, 고세균⊂원핵생물'로 머릿속에 정리해 두시는 것도 중요합니다(엄밀하게 설명하기 위해 ⊂를 사용했지만, 그냥 사람=진핵생물로 정리하셔도 큰 문제는 없습니다). 이때 진핵세포와 원핵세포 모두 '세포'에 포함되므로, 앞선 세포의 특징대로 DNA를 보유하고 복제, 전달시킬 것입니다.

진핵세포는 세포질에 막으로 둘러싸인 핵이 있고 그 안에 DNA가 있지만, 원핵세포는 핵이 없다. 또한 진핵세포의 세포질에는 막으로 둘러싸인 여러 종류의 세포 소기관이 있으며, 그 중 미토콘드리아는 세포 활동에 필요한 생체 에너지를 생산하는 (세포 소)기관이다. 대부분의 진핵세포는 미토콘드리아를 필수적으로 가지고 있다.

단순해보이지만 상당히 많은 정보가 들어있습니다. 생물/기술 지문의 경우 간단히 그림을 그려두는 것도 나쁘지 않습니다.

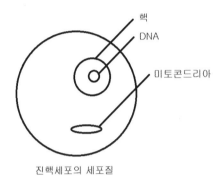

진핵세포의 세포질

이 정도만 그려두셔도 나중에 지문을 읽고 문제를 풀 때 도움이 좀 됩니다. 생물/기술 지문은, 공간 관계 또는 과정의 순서를 잘 파악하는 것이 중요합니다. 한 문제는 나오거든요.

이러한 미토콘드리아(세포 소기관)가 원래 박테리아(원핵생물)의 한 종류인 원생미토콘드리아였다는 이론이 20세기 초에 제기되었다. 공생발생설 또는 세포 내 공생설이라고 불리는 이 이론에서는 두 원핵생물 간의 공생 관계가 지속되면서 진핵세포를 가진 진핵생물이 탄생했다고 설명한다.

'공생발생설'은 원핵생물+원핵생물이 진핵생물이 되었다고 주장하는 이론이랍니다. 앞서 우리가 박테리아=원핵생물로 저장했으니 당연히 두 원핵생물 중 하나는 박테리아의 일종인 '원생미토콘드리아'입니다.

공생은 서로 다른 생명체(개체)가 함께 살아가는 것을 말하며, 서로 다른 생명체를 가정하는 것은 어느 생명체의 세포 안에서 다른 생명체가 공생하는 '내부 공생'에서도 마찬가지이다.

여기부터 청킹이 필요합니다. '서로 다른 생명체'라고 구분되는 것은 '두 개체'로 바꾸어 읽으셔야 합니다. 즉, '공생'을 한다는 것은 그 각각을 하나의 개체로 인정한다는 뜻입니다. 앞서 나온 원핵생물+원핵생물 역시도 개체+개체였고요, 사실 거시독해에 익숙한 학생이라

면 이 부분이 무리가 없겠지만, 낯설다면 이 얘기가 다소 근거가 없어 보일 수 있습니다. 이후의 내용을 읽으며 근거를 더해드리겠습니다.

공생발생설은 한동안 생물학계로부터 인정받지 못했다. 미토콘드리아의 기능과 대략적인 구조, 그리고 생명체 간 내부 공생의 사례는 이미 알려졌지만 미토콘드리아(세포 소기관, 개체 x)가 과거에 독립된 생명체(개체)였다는 것을 쉽게 믿을 수 없었기 때문이었다.

위에서 말한 바와 마찬가지로, '독립된 생명체'는 '하나의 개체'로 바꾸어 읽으셔야 합니다. 미토콘드리아가 개체였다는 걸 믿기 힘들었기 때문에, 미토콘드리아가 세포 안에서 공생(개체와 개체가 하는 것)을 했다는 이야기도 믿을 수 없었던 것입니다.

그리고 한 생명체가 세대를 이어 가는 과정 중에 돌연변이와 자연선택이 일어나고, 이로 인해 종이 진화하고 분화한다고 보는 전통적인 유전학에서 두 원핵생물의 결합은 주목받지 못했다.

'전통적인 유전학'에서는 하나의 개체가 변화하는 과정에 집중했지, 두 개체가 하나의 개체로 합해진다는 주장은 낯설었다는 이야기입니다.

그러다가 <전자 현미경의 등장으로> 미토콘드리아의 내부까지 세밀히 관찰하게 되고 미토콘드리아 안에는 세포핵의 DNA와는 다른 DNA가 있으며 단백질을 합성하는 자신만의 리보솜을 가지고 있다는 사실이 밝혀지면서 공생발생설이 새롭게 부각되었다.

'(진핵세포의) 세포핵'과는 다른 DNA를 가진다는 FACT와, '자신(미토콘드리아)만의 리보솜'을 가진다는 FACT가 미토콘드리아가 '개체'였다는 주장, 즉 공생 발생설을 뒷받침하게 된 것입니다.

공생발생설에 따르면 진핵생물은 원생미토콘드리아가 고세균의 세포 안에서 내부 공생을 하다가 탄생했다고 본다.

고세균(원핵생물)과 원생미토콘드리아(원핵생물), 두 개체가 공생을 하다가 진핵생물이 발생했답니다. 둘 모두 진핵생물과는 달리 '핵'이 없습니다.

고세균의 핵의 형성과 내부 공생의 시작 중 어느 것이 먼저 인지에 대해서는 논란이 있지만, 고세균은 세포질에 핵이 생겨 진핵세포가 되고 원생미토콘드리아는 세포 소기관인 미토콘드리아가 되어 진핵생물이 탄생했다는 것이다.

진핵생물이라 함은 핵이 있어야 하는데, 두 원핵생물의 사이에서 핵이 언제 어떻게 생겨난 것인지는 확실하지 않답니다. 그러나, 원핵생물이었던 고세균은 진핵세포가 되었고, 똑같이 원핵생물이었던 원생미토콘드리아는 세포 소기관(개체성x)인 미토콘드리아가 되었다는 이야기지요.

미토콘드리아가 원래 박테리아의 한 종류였다는 근거는 여러 가지가 있다.

'박테리아의 한 종류'는 당연히 원생미토콘드리아(원핵생물, 개체)를 말하는 것입니다. 둘이 '인과성'을 지닌다는 근거가 여럿 있답니다.

박테리아(원핵생물, 개체)와 마찬가지로 새로운 미토콘드리아는 <이미 존재하는> 미토콘드리아의 (a)'이분 분열'을 통해서만 만들어진다. 미토콘드리아의 막에는 진핵세포막의 수송 단백질과는 (b)다른 종류의 수송 단백질인 포린이 존재하고 (c)박테리아의 세포막에 있는 카디오리핀이 존재한다. 또 (d)미토콘드리아의 리보솜은 진핵세포의 리보솜보다 박테리아의 리보솜과 더 유사하다.

미토콘드리아가 단순한 세포 소기관이 아닌, 개체였던 원생미토콘드리아와 충분한 인과성이 있음을 보여주는 근거들이 (a)~(d)입니다. 과거에 있었던 원생미토콘드리아와 현재의 미토콘드리아, 즉 상이한 시기에 존재하는 둘을 동일한 대상이 변화한 것으로 볼 수 있는 근거죠.

미토콘드리아는 여전히 고유한 DNA를 가진 채 복제와 증식이 이루어지는데도, 미토콘드리아와 진핵세포 사이의 관계를 공생 관계로 보지 않는 이유는 무엇일까?

'공생 관계로 보지 않는 이유'='미토콘드리아를 개체로 보지 않는 이유'로 청킹해서 읽는 것이 옳습니다.

두 생명체가 서로 떨어져서 살 수 없더라도

5번 문제(실제 시험지에서는 41번) 두 번째 사례가 공생 관계에 불과함을 보여주는 조건입니다.

각자의 개체성을 잃을 정도로 <유기적 상호작용이 강하지 않다면> 그 둘은 공생 관계에 있다고 보는데,

'개체성이 있어야 (잃지 않았으므로-두 번 뒤집혔습니다)' '공생'이랍니다. '공생'은 '서로 다른 두 개체', '서로 다른 두 생명체'의 사이에만 적용되는 말임을 아셔야 지문 전반의 정확한 이해가 가능합니다.

미토콘드리아와 진핵세포 간의 유기적 상호작용은 둘을 다른 개체로 볼 수 없을 만큼 매우 강하기 때문이다.

결국 첫 문단에 나온 '(1)유기적 상호작용'이 개체성의 가장 중요한 요건이며, 이게 성립한다면 공생 관계로 볼 수 없습니다(둘 각각이 개체가 아닌, 둘이 하나의 개체로 묶이는 것이죠). 또 다시, '둘을 다른 개체로 볼 수 없을 만큼'은 '둘을 공생 관계로 볼 수 없을 만큼'으로 바꾸어 읽으셔야 합니다. 결국 공생 관계는 각각이 개체성을 유지해야 한다는 점을 계속 유념해야 문제를 푸는 데도 무리가 없습니다.

미토콘드리아가 개체성을 잃고 세포 소기관이 되었다고 보는 근거는, Ⓐ진핵세포가 미토콘드리아의 증식을 조절하고, Ⓑ 자신을 복제하여 증식할 때 미토콘드리아도 함께 복제하여 증식시킨다는 것이다. 또한 Ⓒ미토콘드리아의 유전자의 많은 부분이 세포핵의 DNA로 옮겨 가 미토콘드리아의 DNA 길이가 현저히 짧아졌다는 것이다. Ⓓ미토콘드리아에서 일어나는 대사 과정에 필요한 단백질은 세포핵의 DNA로부터 합성되고, Ⓔ미토콘드리아의 DNA에 남은 유전자 대부분은 생체 에너지를 생산하는 역할을 한다. 예컨대 사람의 미토콘드리아는 37개의 유전자만 있을 정도로 DNA 길이가 짧다.

다섯 가지로 미토콘드리아와 진핵세포 간의 (1)유기적 상호작용이 강한 이유를 서술했지만, 핵심은 '복제'와 'DNA'입니다. 앞서 '두 생명체가 서로 떨어져서 살 수 없더라도'가 유기적 상호작용의 예시가 아니었다는 것, 유기적 상호작용은 복제의 과정이 독립적으로 일어나느냐/같이 일어나느냐로 판단된다는 사실을 챙겨두고 문제로 넘어갑시다.

A.1 '원생미토콘드리아'가 '미토콘드리아'가 되었다는 사실을 증명하려면 둘이 강한 인과성을 지님을 밝혀내야 합니다. 이후에 나온 (a)

~(d)가 그러한 인과성의 예시였고요, 이후 문제들에서 이러한 청킹이 실제로 필요했음이 드러납니다.

A.2 뒷부분 해설에서 많이 말했듯이, 공생 관계라는 것은 두 생명체가 각각 개체임을 상정하는 것이고, 미토콘드리아는 개체성을 잃었기에 진핵세포와 공생을 하는 것이 아니라 단순한 세포 소기관의 역할을 한다는 것입니다.

01 윗글에서 알 수 있는 내용으로 가장 적절한 것은?

① 개체성과 관련된 예를 제시한 후 공생발생설에 대한 다양한 견해를 비교하고 있다.

② 개체에 대한 정의를 제시한 후 세포의 생물학적 개념이 확립되는 과정을 서술하고 있다.

③ 개체성의 조건을 제시한 후 세포 소기관의 개체성에 대해 공생발생설을 중심으로 설명하고 있다.

④ 개체의 유형을 분류한 후 세포의 소기관이 분화되는 과정을 공생발생설을 중심으로 설명하고 있다.

⑤ 개체와 관련된 개념들을 설명한 후 세포가 하나의 개체로 변화하는 과정을 인과적으로 서술하고 있다.

> **정답 : ③**

개체성의 조건에 대한 이야기가 첫 문단에 제시되고, 그 내용을 계속 끌고 나가서 지문의 다음 내용들과 잇는 것이 중요했습니다.

> **해설**

① 다양한 견해 없습니다.

② 세포의 개념이 핵심이 아닙니다.

④ 개체의 유형은 분류된 바가 없습니다.

⑤ '세포가 하나의 개체로 변화'하는 과정은 드러나지 않았고, 두 세포가 하나의 개체로 합쳐지는 과정에 대한 이야기가 주요했습니다.

02 윗글에 대한 이해로 적절하지 않은 것은?

① 유사성은 아무리 강하더라도 개체성의 조건이 될 수 없다.

② 바닷물을 개체라고 말하기 어려운 이유는 유기적 상호작용이 약하기 때문이다.

③ 새로운 미토콘드리아를 복제하기 위해서는 세포 안에 미토콘드리아가 반드시 있어야 한다.

④ 미토콘드리아의 대사 과정에 필요한 단백질은 미토콘드리아의 막을 통과하여 세포질로 이동해야 한다.

⑤ 진핵세포가 되기 전의 고세균이 원생미토콘드리아보다 진핵세포와 더 강한 인과성으로 연결되어 있다.

> **정답 : ④**

아까 그림 괜히 그린 것이 아닙니다. 지문에서는 '세포핵의 DNA로부터 합성'된 단백질이 미토콘드리아로 넘어간다는 내용이 있었습니다. 따라서 미토콘드리아 ⇨ 세포질이 아니라 세포질 ⇨ 미토콘드리아이기에 틀립니다. 기술/생명 지문에서는 공간 관계를 잘 파악하는 것이 중요합니다.

> **해설**

① 쌍둥이가 그 예시죠.

② 추론이라면 추론이지만, 바닷물이 개체가 아니라고 못박힌 상황에서 그 이유를 따지자면 (1)유기적 상호작용이 약하다는 점밖에는 없습니다.

③ 지문에 그대로 나온 부분입니다. 미토콘드리아와 원생미토콘드리아가 인과성으로 연결되어있다는 근거죠.

⑤ 고세균은 그 세포질에 핵이 형성되어 전체인 진핵세포와, 원생미토콘드리아는 부분인 미토콘드리아(세포 소기관)와 강한 인과성으로 설명됩니다.

03 윗글을 참고할 때, ㉠의 이유로 가장 적절한 것은?

① 진핵세포가 세포 소기관을 가지고 있다는 사실을 알지 못했기 때문이다.
② 공생발생설이 당시의 유전학 이론에 어긋난다는 근거가 부족했기 때문이다.
③ 한 생명체가 다른 생명체의 세포 속에서 살 수 있다는 근거가 부족했기 때문이다.
④ 미토콘드리아가 진핵세포의 활동에 중요한 기능을 한다는 사실을 알지 못했기 때문이다.
⑤ 미토콘드리아가 자신의 고유한 유전 정보를 전달할 수 있다는 것을 알지 못했기 때문이다.

정답 : ⑤

'미토콘드리아가 과거에 독립된 생명체였다는 것을 쉽게 믿을 수 없었기 때문'에 공생발생설이 받아들여지지 않았다고 말했습니다. 이는 미토콘드리아가 과거에 원생미토콘드리아라는 '개체'였음을 증명하면서 뒤바뀌게 되죠. 따라서 ㉠의 이유는, 미토콘드리아가 갖는 '개체'로서의 특징을 알지 못했기 때문일 수밖에 없고, 그러한 특징은 ⑤번밖에 없습니다.

해설

① 세포 소기관, '미토콘드리아'의 존재는 알고 있었습니다.
② 어긋나지 않는다고 볼 근거가 부족했던 것이죠.
③ 내부 공생의 존재를 알고 있었습니다.
④ 미토콘드리아가 세포 활동에 필요한 에너지를 생산한다는 사실은 알고 있었습니다.

04 <보기>는 진핵세포의 세포 소기관을 연구한 결과들이다. 윗글을 바탕으로 할 때, 각각의 세포 소기관이 박테리아로부터 비롯되었다고 판단할 수 있는 것(박테리아와의 인과성)만을 <보기>에서 고른 것은?

─── <보기> ───

ㄱ. 세포 소기관이 자신의 DNA를 가지고 있다는 것과 이분 분열을 한다는 것을 확인하였다.
ㄴ. 세포 소기관이 자신의 DNA를 가지고 있다는 것과 진핵세포의 리보솜을 가지고 있다는 것을 확인하였다.
ㄷ. 세포 소기관이 막으로 둘러싸여 있다는 것과 막에는 수송 단백질이 있는 것을 확인하였다.
ㄹ. 세포 소기관이 막으로 둘러싸여 있다는 것과 막에는 다량의 카디오리핀이 있는 것을 확인하였다.

① ㄱ, ㄷ   ② ㄱ, ㄹ   ③ ㄴ, ㄷ   ④ ㄴ, ㄹ   ⑤ ㄷ, ㄹ

정답 : ②

ㄱ. 인과성의 근거였던 지문의 (a)'이분 분열'을 통해서만 만들어진다는 부분과 일치합니다.
ㄴ. 인과성의 근거가 되려면 (d)처럼, '진핵세포의 리보솜'이 아닌 '박테리아와 유사한 리보솜'을 지녀야 합니다.
ㄷ. 단순히 수송 단백질이 존재하는 것은 근거가 될 수 없습니다. (b)처럼, 진핵세포막과는 다른 종류의 수송 단백질이어야만 박테리아와 인과성으로 엮여있다는 근거가 됩니다.
ㄹ. 카디오리핀은 박테리아의 것이므로, (c)처럼 인과성의 근거가 됩니다.

해설

세포 소기관이 박테리아(개체)와의 인과성이 있음을 뒷받침하는 FACT(지문의 (a)~(d))가 정답이 될 것입니다.

05 윗글을 바탕으로 〈보기〉를 이해한 내용으로 적절하지 **않은** 것은?

〈보기〉

- 복어는 테트로도톡신이라는 신경 독소를 가지고 있지만 테트로도톡신을 스스로 만들지 못하고 체내에서 서식하는 미생물이 이를 생산한다. 복어는 독소를 생산하는 미생물에게 서식처를 제공하는 대신 포식자로부터 자신을 방어할 수 있는 무기를 갖게 되었다. 만약 복어의 체내에 있는 미생물을 제거하면 복어는 독소를 가지지 못하나 생존에는 지장이 없었다.
- 실험실의 아메바가 병원성 박테리아에 감염되어 대부분의 아메바가 죽고 일부 아메바는 생존하였다. 생존한 아메바의 세포질에서 서식하는 박테리아는 스스로 복제하여 증식할 수 있었고 더 이상 병원성을 지니지는 않았다. 아메바에게는 무해하지만 박테리아에게는 치명적인 항생제를 아메바에게 투여하면 박테리아와 함께 아메바도 죽었다.

---

① 병원성을 잃은 '아메바의 세포질에서 서식하는 박테리아'는 세포 소기관으로 변한 것이겠군.

② 복어의 '체내에서 서식하는 미생물'은 '복어'와의 유기적 상호작용이 강해진다면 개체성을 잃을 수 있겠군.

③ 복어의 세포가 증식할 때 복어의 체내에서 '독소를 생산하는 미생물'의 DNA도 함께 증식하는 것은 아니겠군.

④ '아메바의 세포질에서 서식하는 박테리아'가 개체성을 잃었다면 '아메바의 세포질에서 서식하는 박테리아'의 DNA 길이는 짧아졌겠군.

⑤ '아메바의 세포질에서 서식하는 박테리아'와 '아메바' 사이의 관계와 '복어'와 '독소를 생산하는 미생물' 사이의 관계는 모두 공생 관계이겠군.

첫 번째 사례 : '복어'와 '미생물'은 단순 공생관계입니다. 둘은 충분히 강하다고 할 만한 유기적 상호작용을 보여주지 않으므로 둘을 하나의 개체로 볼 수 없고, 둘은 각각 독립된 개체로 보아야 합니다.

두 번째 사례 : '아메바'와 '박테리아' 역시도 공생관계입니다. 지문에 나왔듯, 박테리아는 '독립된 생명체'이며 하나의 개체입니다. 또한, 박테리아는 여전히 <u>스스로 복제하여 증식</u>'할 수 있다고 합니다. 지문에서는 '두 생명체가 서로 떨어져서 살 수 없더라도 <u>각자의 개체성을 잃을 정도로 유기적 상호작용이 강하지 않다면 그 둘은 공생 관계에 있다</u>'고 나온 바 있었고, 강한 상호작용의 예시는, 한쪽이 다른 한쪽의 <u>증식을 조절</u>하는 것으로 나왔습니다. 따라서 두 번째 사례는 진핵세포와 미토콘드리아 사이의 관계가 아닌, 단순 공생 관계로 보아야 맞습니다.

정답 : ①

〈보기〉 해설에서 말했듯 박테리아는 여전히 하나의 독립된 개체이며, 둘은 공생관계입니다. 인과성이 원생미토콘드리아와 미토콘드리아를 이어주며, 미토콘드리아를 개체로 볼 수 없기에 공생 관계가 성립할 수 없었다는 지문의 논리를 이해하지 못하고 〈보기〉와 선지를 접했다면 ① 선지를 보고 그냥 그런갑다 하고 넘겼을 가능성이 큽니다.

해설

② 유기적 상호작용이 강해지면 미생물은 미토콘드리아처럼 개체성을 잃고, 공생 관계가 아닌 하나의 개체로 합쳐질 수 있습니다.

③ 복어가 미생물의 DNA의 증식까지 조절할 정도로 상호작용이 강한 것이 아니기 때문에 둘이 각각 개체이며, 공생관계인 것입니다.

④ '개체성을 잃었다'는 상황을 가정하게 되면, 아메바가 박테리아의 복제와 증식을 조절하게 될 것이고, 그렇게 되면 지문의 미토콘드리아처럼 DNA의 길이가 현저히 짧아지게 됩니다.

⑤ 그렇습니다. 사실 ①번하고 ⑤번의 순서를 바꿨으면 정답률이 훨씬 올라갔을 거 같긴 합니다.

06 문맥상 ⓐ~ⓔ와 바꿔 쓰기에 적절하지 <u>않은</u> 것은?

① ⓐ: 구성(構成)한다고
② ⓑ: 존재(存在)하고
③ ⓒ: 보유(保有)하고
④ ⓓ: 조명(照明)되면서
⑤ ⓔ: 생성(生成)된다

정답 : ④

'밝혀지다'는, <u>모르던 것</u>을 새롭게 알게 될 때 사용합니다. '조명되다'는, <u>알던 것</u>을 바라볼 때 사용합니다.

2016학년도 6월 모의고사 B형 **암흑물질**

우주를 구성하는 전체 물질의 질량 중 약 85%는 눈에 보이지 않는 ⊙암흑 물질이 차지하고 있지만, 암흑 물질은 어떤 망원경으로도 관측되지 않으므로 그 존재가 오랫동안 알려지지 않았다. 1933년 츠비키는 머리털자리 은하단의 질량을 추정하다가 암흑 물질의 개념을 생각해 내었다. 그는 은하들의 속력으로부터 추정한 은하단의 질량이 은하들의 밝기로부터 추정한 은하단의 질량보다 훨씬 크다는 것을 확인하고 은하단 내부에 '실종된 질량'이 있다고 결론지었다.

1970년대에 루빈은 더 정확한 관측 결과를 바탕으로 이 '실종된 질량'의 실재를 확증하였다. 나선 은하에서 별과 같은 보통의 물질들은 중심부에 집중되어 공전한다. 중력 법칙을 써서 나선 은하에서 공전하는 별의 속력을 계산하면, 중심부에서는 은하의 중심으로부터 거리가 멀어질수록 속력이 증가함을 알 수 있다. 그런데 중심부 밖에서는 중심으로부터 멀어질수록 중심 쪽으로 별을 당기는 중력이 줄어들기 때문에 <그림>의 곡선 A에서처럼 거리가 멀어질수록 별의 속력이 줄어드는 것으로 나온다. 그렇지만 실제 관측 결과, 나선 은하 중심부 밖에서 공전하는 별의 속력은 <그림>의 곡선 B에서처럼 중심으로부터의 거리와 무관

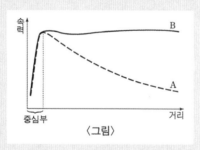
〈그림〉

하게 거의 일정하다. 이것은 은하 중심에서 멀리 떨어진 별일수록 은하 중심 쪽으로 그 별을 당기는 물질이 그 별의 공전 궤도 안쪽에 많아져서 거리가 멀어질수록 줄어드는 중력을 보충해 주기 때문으로 보인다. 이로부터 루빈은 별의 공전 궤도 안쪽에 퍼져 있는 추가적인 중력의 원천, 곧 암흑 물질이 존재한다는 것을 추정하였다. 그 후 암흑 물질의 양이 보통의 물질보다 월등히 많다는 것도 확인되었다.

이후 2006년에 암흑 물질의 중요한 성질이 탄환 은하단의 관측을 바탕으로 밝혀졌다. 탄환 은하단은 두 개의 은하단이 충돌하여 형성되었다. 두 은하단이 충돌할 때 각각의 은하단에 퍼져 있던 고온의 가스는 서로 부딪쳐 탄환 은하단의 중앙에 모인다. 반면 각각의 은하단 안에서 은하들은 서로 멀리 떨어져 있어서 은하단이 충돌할 때 은하들끼리는 좀처럼 충돌하지 않고 서로 엇갈려 지나간다. 이때 각각의 은하단에 퍼져 있던 암흑 물질도 두 은하단의 은하들과 함께 엇갈려 이동한 것

으로 확인된다. 이로써 암흑 물질은 가스나 별과 같은 보통의 물질뿐 아니라 다른 암흑 물질과도 거의 부딪치지 않는다는 것이 밝혀졌다.

01 ⊙에 대한 설명으로 적절하지 <u>않은</u> 것은?

① 은하단 내부에 퍼져 있는 가스와 거의 충돌하지 않는다.
② 우주에서 눈에 보이는 물질의 질량보다 더 큰 질량을 차지한다.
③ 보통의 물질을 관측하는 데 사용되는 망원경으로 관측할 수 없다.
④ 은하 안에 퍼져 있으면서 그 은하 안의 별을 은하 중심 쪽으로
   당긴다.
⑤ 은하들의 밝기로부터 추정한 은하단의 질량을 은하들의 속력으
   로부터 추정한 질량보다 더 크게 만든다.

02 <그림>의 곡선 B에 대한 설명으로 적절하지 <u>않은</u> 것은?

① 나선 은하를 관측한 결과를 근거로 그린 곡선이다.
② '실종된 질량'의 존재를 확인해 줄 정보를 포함하고 있다.
③ 중심부 밖의 경우, 별의 공전 속력에 영향을 미치는 중력이 A에
   서보다 더 큼을 보여 준다.
④ 중심부의 경우, 거리와 별의 공전 속력이 비례하는 것을 통해
   암흑 물질이 중심부에 집중되어 있음을 보여 준다.
⑤ 중심부 밖의 경우, 은하의 중심에서 멀리 떨어져 있는 별일수록
   그 별을 은하 중심으로 당기는 암흑 물질이 더 많음을 보여 준다.

우주를 구성하는 전체 물질의 질량 중 약 85% 는 눈에 보이지 않는 암흑 물질 이 차지하고 있지만, 암흑 물질은 어떤 망원경으로도 관측되지 않으므로 그 존재가 오랫동안 알려지지 않았다.

이 지문은 '암흑 물질'을 둘러싼 설명들을 확실히 이해할 것을 요하는 지문입니다. 네모박스 를 친 단어들은, 전부 '암흑 물질'을 뜻합니다. 처음에 읽을 때 이것들이 전부 찾아졌는지 점검하면서 해설을 읽어보시면 좋을 것 같습니다.

1933년 츠비키는 머리털자리 은하단의 질량을 추정하다가 암흑 물질의 개념을 생각해 내었다. 그는 은하들의 속력으로부터 추정한 은하단의 질량이 은하들의 밝기로부터 추정한 은하단의 질량보다 훨씬 크다는 것을 확인하고 은하단 내부에 '실종된 질량' 이 있다고 결론지었다.

속력으로부터 추정한 질량이 밝기로부터 추정한 질량보다 크다면, '밝기'에서 추정할 수 있는 질량 중에는 추정되지 않은 부분 이 있다는 겁니다. 그 부분이 '어떤 망원경으로도 관측되지 않는' 암흑 물질을 말하는 것이며, 이를 '실종된 질량'이라고 말합니다.

1970년대에 루빈은 더 정확한 관측 결과를 바탕으로 이 '실종된 질량'의 실재를 확증하였다. 나선 은하에서 별과 같은 보통의 물질들은 중심부에 집중되어 공전한다. 중력 법칙을 써서 나선 은하에서 공전하는 별의 속력을 계산하면, <중심부에서는> 은하의 중심으로부터 거리↑가 멀어질수록 속력↑이 증가함을 알 수 있다. 그런데 <중심부 밖에서는> 중심으로부터 멀어질수록↑ 중심 쪽으로 별을 당기는 중력↓이 줄어들기 때문에 <그림>의 곡선 A에서처럼 거리가 멀어질수록 별의 속력↓이 줄어드는 것으로 나온다.

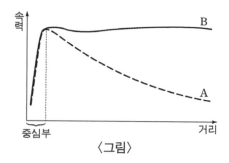

〈그림〉

비례/반비례 관계가 <중심부>, <중심부 밖>에서 다르게 나타납니다. 중심부에서는 거리와 속력이 양의 상관관계를 가지므로, 그림의 왼쪽처럼 우상향하는 곡선이 그려집니다. 반면 중심부 밖에서는 중심 쪽으로 당기는 중력이 줄기 때문에(원인) x축인 거리와 y축인 속력이 음의 상관관계를 가져 그림의 오른쪽처럼 우하향하는 형태(결과)를 띠게 된다는 거죠.

그렇지만 실제 관측 결과, 나선 은하 중심부 밖에서 공전하는 별의 속력은 <그림>의 곡선 B에서처럼 중심으로부터의 거리와 무관하게 거의 일정하다.

그러니까, 위에서 말한 내용, 그리고 그래프 A는 그냥 추측이었을 뿐, 실제로는 B처럼 중심부 밖에서 속력이 일정하게 유지되었다는 겁니다. 추측대로라면 중심부 밖은 중력이 줄어드니까 A처럼 나와야 하는데 실제론 B처럼 나왔다? 우리는 "'암흑 물질' 때문에 중심부 밖에 중력이 생겨서 B처럼 관측되는 것이겠구나"라고 추측할 수 있습니다. A와 B의 차이가 발생하는 이유는 지문 구조상 무조건 암흑 물질 때문일 테니까요.

이것은 은하 중심에서 멀리 떨어진 별(중심부 밖에 있는 별) 일수록 은하 중심 쪽으로 그 별을 당기는 물질 이 그 별의 공전 궤도 안쪽에 많아져서 거리가 멀어질수록 줄어드는 중력을 보충(=별을 당김)해 주기 때문으로 보인다. 이로부터 루빈은 별의 공전 궤도 안쪽에 퍼져 있는 추가적인 중력의 원천, 곧 암흑 물질이 존재한다는 것을 추정하였다. 그 후 암흑 물질의 양이 보통의 물질보다 월등히 많다는 것도 확인되었다.

결국 중심에서 멀어질수록 암흑 물질이 늘어나기 때문에 중심부 밖에서도 중력이 줄어들지 않는다는 얘깁니다. 거리가 멀어지면 '별을 당기는 물질(암흑 물질)'이 많아져서 중력이 늘어난다는 점에서, 당기는 게 중력이라는 것을 언어적으로 이해할 수도 있습니다만, 중력은 질량을 가진 두 물체가 서로를 당기는 힘이라는 것 정도는 상식으로 알아두면 좋을 것 같습니다.

암흑 물질의 양이 월등히 많다는 마지막 줄은, 지문 첫 줄의 '우주를 구성하는 전체 물질의 질량 중 약 85%는 암흑 물질'이라는 내용과 일치합니다.

> 이후 2006년에 암흑 물질의 중요한 성질이 <u>탄환 은하단의 관측을 바탕으로</u> 밝혀졌다. 탄환 은하단은 <u>두 개의 은하단이 충돌하여</u> 형성되었다. <두 은하단이 충돌할 때> 각각의 은하단에 <u>퍼져 있던 고온의 가스</u>는 <u>서로 부딪쳐 탄환 은하단의 중앙에 모인다</u>.

그렇답니다. 아직 은하단이 암흑 물질이랑 뭔 상관인진 모르겠지만, 탄환 은하단이 형성되면서 그 중앙에 가스가 모인다는 정보 정도 챙겨갑시다.

> 반면 각각의 은하단 안에서 은하들은 <u>서로 멀리 떨어져 있어서</u> 은하단이 충돌할 때 은하들끼리는 좀처럼 충돌하지 않고 서로 엇갈려 지나간다. 이때 각각의 은하단에 퍼져 있던 암흑 물질도 두 은하단의 은하들과 함께 엇갈려 이동한 것으로 확인된다. 이로써 암흑 물질은 가스나 별과 같은 <u>보통의 물질뿐 아니라 다른 암흑 물질과도 거의 부딪치지 않는다</u>는 것이 밝혀졌다.

이전의 내용들이 암흑 물질의 존재를 밝혀낸 과정이라면, 마지막 문단은 암흑 물질이 다른 보통의 물질들, 그리고 다른 암흑 물질과 잘 부딪치지 않는다는 성질을 알려줍니다. 이 문단을 읽을 때, '은하단'은 은하를 포함하는 상위의 범주라는 점은 바로 판단이 되어야 합니다.

01 ㉠암흑 물질에 대한 설명으로 적절하지 않은 것은?

① 은하단 내부에 퍼져 있는 가스와 거의 충돌하지 않는다.
② 우주에서 눈에 보이는 물질의 질량보다 더 큰 질량을 차지한다.
③ 보통의 물질을 관측하는 데 사용되는 망원경으로 관측할 수 없다.
④ 은하 안에 퍼져 있으면서 그 은하 안의 별을 은하 중심 쪽으로 당긴다.
⑤ 은하들의 밝기로부터 추정한 은하단의 질량을 은하들의 속력으로부터 추정한 질량보다 더 크게 만든다.

정답 : ⑤

망원경으로 관측되지 않기 때문에, 밝기로부터 추정하는 은하단의 질량이 속력으로부터 추정한 질량보다 작아집니다. 첫 문단에 대한 내용 일치 선지기도 했고, '암흑 물질'의 개념을 이해했다면 쉽게 골라낼 선지였습니다.

해설

① 마지막 문단에 나온 대로, 가스와도, 그리고 다른 암흑 물질과도 거의 충돌하지 않습니다.
② 1문단에 나온 대로 암흑 물질이 우주 전체의 85%이기도 하고, 2문단에서도 '보통의 물질보다 월등히 많다'고 했습니다.
③ 그래서 밝기로부터 추정한 질량이 줄어드는 겁니다. 눈에 안 보이니까...
④ 별을 당기는 물질 이 암흑 물질이라는 것을 알았는지 물어보는 선지입니다.

02 <그림>의 곡선 B에 대한 설명으로 적절하지 않은 것은?

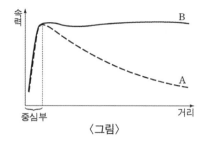

〈그림〉

① 나선 은하를 관측한 결과를 근거로 그린 곡선이다.
② '실종된 질량'의 존재를 확인해 줄 정보를 포함하고 있다.
③ 중심부 밖의 경우, 별의 공전 속력에 영향을 미치는 중력이 A에서보다 더 큼을 보여 준다.
④ 중심부의 경우, 거리와 별의 공전 속력이 비례하는 것을 통해 암흑 물질이 중심부에 집중되어 있음을 보여 준다.
⑤ 중심부 밖의 경우, 은하의 중심에서 멀리 떨어져 있는 별일수록 그 별을 은하 중심으로 당기는 암흑 물질이 더 많음을 보여 준다.

정답 : ④

중심부에서는 거리와 비례하고, 중심부 밖에서는 거리와 반비례한다는 그림이 A입니다. 이 A가 틀리고 B가 맞는 이유는, 암흑 물질이 중심부 밖에 많기 때문이죠.

해설

① A는 예측이고, B는 실제입니다. 따라서 B가 관측 결과와 부합하는 그림이죠.
② 실종된 질량 이 없다면, 중력이 약한 중심부 밖에서 별의 속력이 일정하게 유지되는 것을 설명할 수 없습니다. 따라서 실종된 질량이 존재한다고 생각할 수밖에 없는 것이죠.
③ B에 따르면 '은하 중심에서 멀리 떨어진 별일수록' 별을 당기는 물질 이 늘어난다고 했습니다. 별을 당기는 물질이 늘어나면 중력이 보충되죠.
⑤ 3번 선지의 해설과 일치합니다.

[1~4] 다음 글을 읽고 물음에 답하시오.

2023학년도 대학수학능력시험 **대사량**

하루에 필요한 에너지의 양은 하루 동안의 총 열량 소모량인 대사량으로 구한다. 그중 기초 대사량은 생존에 필수적인 에너지로, 쾌적한 온도에서 편히 쉬는 동물이 공복 상태에서 생성하는 열량으로 정의된다. 이때 체내에서 생성한 열량은 일정한 체온에서 체외로 발산되는 열량과 같다. 기초 대사량은 개체에 따라 대사량의 60~75%를 차지하고, 근육량이 많을수록 증가한다.

기초 대사량은 직접법 또는 간접법으로 구한다. ㉠직접법은 온도가 일정하게 유지되고 공기의 출입량을 알고 있는 호흡실에서 동물이 발산하는 열량을 열량계를 이용해 측정하는 방법이다. ㉡간접법은 호흡 측정 장치를 이용해 동물의 산소 소비량과 이산화 탄소 배출량을 측정하고, 이를 기준으로 체내에서 생성된 열량을 추정하는 방법이다.

19세기의 초기 연구는 체외로 발산되는 열량이 체표 면적에 비례한다고 보았다. 즉 그 둘이 항상 일정한 비(比)를 갖는다는 것이다. 체표 면적은 (체중)$^{0.67}$에 비례하므로, 기초 대사량은 체중이 아닌 (체중)$^{0.67}$에 비례한다고 하였다. 어떤 변수의 증가율은 증가 후 값을 증가 전 값으로 나눈 값이므로, 체중이 W에서 2W로 커지면 체중의 증가율은 (2W)/(W) = 2이다. 이 경우에 기초 대사량의 증가율은 (2W)$^{0.67}$/(W)$^{0.67}$ = 2$^{0.67}$, 즉 약 1.6이 된다.

1930년대에 클라이버는 생쥐부터 코끼리까지 다양한 크기의 동물의 기초 대사량 측정 결과를 분석했다. 그래프의 가로축 변수로 동물의 체중을, 세로축 변수로 기초 대사량을 두고, 각 동물별 체중과 기초 대사량의 순서쌍을 점으로 나타냈다.

가로축과 세로축 두 변수의 증가율이 서로 다를 경우, 그 둘의 증가율이 같을 때와 달리, '일반적인 그래프'에서 이 점들은 직선이 아닌 어떤 곡선의 주변에 분포한다. 그런데 순서쌍의 값에 상용로그를 취해 새로운 순서쌍을 만들어서 이를 <그림>과 같이 그래프에 표시하면, 어떤 직선의 주변에 점들이 분포하는 것으로 나타난다. 그러면 그 직선의 기울기를 이용해 두 변수의 증가율을 비교할 수 있다. <그림>에서 X와 Y는 각각 체중과 기초 대사량에 상용로그를 취한 값이다. 이런 방식으로 표현한 그래프를 'L-그래프'라 하자.

체중의 증가율에 비해, 기초 대사량의 증가율이 작다면 L-그래

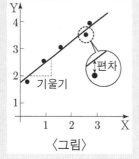

〈그림〉

프에서 직선의 기울기는 1보다 작으며 기초 대사량의 증가율이 작을수록 기울기도 작아진다. 만약 체중의 증가율과 기초 대사량의 증가율이 같다면 L-그래프에서 직선의 기울기는 1이 된다.

이렇듯 L-그래프와 같은 방식으로 표현할 때, 생물의 어떤 형질이 체중 또는 몸 크기와 직선의 관계를 보이며 함께 증가하는 경우 그 형질은 '상대 성장'을 한다고 한다. 동일 종에서의 심장, 두뇌와 같은 신체 기관의 크기도 상대 성장을 따른다.

한편, 그래프에서 가로축과 세로축 두 변수의 관계를 대변하는 최적의 직선의 기울기와 절편은 최소 제곱법으로 구할 수 있다. 우선, 그래프에 두 변수의 순서쌍을 나타낸 점들 사이를 지나는 임의의 직선을 그린다. 각 점에서 가로축에 수직 방향으로 직선까지의 거리인 편차의 절댓값을 구하고 이들을 각각 제곱하여 모두 합한 것이 '편차 제곱 합'이며, 편차 제곱 합이 가장 작은 직선을 구하는 것이 최소 제곱법이다.

클라이버는 이런 방법에 근거하여 L-그래프에 나타난 최적의 직선의 기울기로 0.75를 얻었고, 이에 따라 동물의 (체중)$^{0.75}$에 기초 대사량이 비례한다고 결론지었다. 이것을 '클라이버의 법칙'이라 하며, (체중)$^{0.75}$을 대사 체중이라 부른다. 대사 체중은 치료제 허용량의 결정에도 이용되는데, 이때 그 양은 대사 체중에 비례하여 정한다. 이는 치료제 허용량이 체내 대사와 밀접한 관련이 있기 때문이다.

01 윗글의 내용과 일치하지 <u>않는</u> 것은?

① 클라이버의 법칙은 동물의 기초 대사량이 대사 체중에 비례한다고 본다.

② 어떤 개체가 체중이 늘 때 다른 변화 없이 근육량이 늘면 기초 대사량이 증가한다.

③ 'L-그래프'에서 직선의 기울기는 가로축과 세로축 두 변수의 증가율의 차이와 동일하다.

④ 최소 제곱법은 두 변수 간의 관계를 나타내는 최적의 직선의 기울기와 절편을 알게 해 준다.

⑤ 동물의 신체 기관인 심장과 두뇌의 크기는 몸무게나 몸의 크기에 상대 성장을 하며 발달한다.

02 윗글을 읽고 추론한 내용으로 적절하지 <u>않은</u> 것은?

① 일반적인 경우 기초 대사량은 하루에 소모되는 총 열량 중에 가장 큰 비중을 차지하겠군.

② 클라이버의 결론에 따르면, 기초 대사량이 동물의 체표 면적에 비례한다고 볼 수 없겠군.

③ 19세기의 초기 연구자들은 체중의 증가율보다 기초 대사량의 증가율이 작다고 생각했겠군.

④ 코끼리에게 적용하는 치료제 허용량을 기준으로, 체중에 비례하여 생쥐에게 적용할 허용량을 정한 후 먹이면 과다 복용이 될 수 있겠군.

⑤ 클라이버의 법칙에 따르면, 동물의 체중이 증가함에 따라 함께 늘어나는 에너지의 필요량이 이전 초기 연구에서 생각했던 양보다 많겠군.

03 ㉠, ㉡에 대한 이해로 가장 적절한 것은?

① ㉠은 체온을 환경 온도에 따라 조정하는 변온 동물이 체외로 발산하는 열량을 측정할 수 없다.

② ㉡은 동물이 호흡에 이용한 산소의 양을 알 필요가 없다.

③ ㉠은 ㉡과 달리 격한 움직임이 제한된 편하게 쉬는 상태에서 기초 대사량을 구한다.

④ ㉠과 ㉡은 모두 일정한 체온에서 동물이 체외로 발산하는 열량을 구할 수 있다.

⑤ ㉠과 ㉡은 모두 생존에 필수적인 최소한의 에너지를 공급하면서 기초 대사량을 구한다.

04 윗글을 바탕으로 <보기>를 탐구한 내용으로 가장 적절한 것은? [3점]

> ─── <보기> ───
>
> 농게의 수컷은 집게발 하나가 매우 큰데, 큰 집게발의 길이는 게딱지의 폭에 '상대 성장'을 한다.
>
>
>
> 농게의 ⓐ게딱지 폭을 이용해 ⓑ큰 집게발의 길이를 추정하기 위해, 다양한 크기의 농게의 게딱지 폭과 큰 집게발의 길이를 측정하여 다수의 순서쌍을 확보했다. 그리고 'L-그래프'와 같은 방식으로, 그래프의 가로축과 세로축에 각각 게딱지 폭과 큰 집게발의 길이에 해당하는 값을 놓고 분석을 시작했다.

① 최적의 직선을 구한다고 할 때, 최적의 직선의 기울기가 1보다 작다면 ⓐ에 ⓑ가 비례한다고 할 수 없겠군.

② 최적의 직선을 구하여 ⓐ와 ⓑ의 증가율을 비교하려고 할 때, 점들이 최적의 직선으로부터 가로축에 수직 방향으로 멀리 떨어질수록 편차 제곱 합은 더 작겠군.

③ ⓐ의 증가율보다 ⓑ의 증가율이 크다면, 점들의 분포가 직선이 아닌 어떤 곡선의 주변에 분포하겠군.

④ ⓐ의 증가율보다 ⓑ의 증가율이 작다면, 점들 사이를 지나는 최적의 직선의 기울기는 1보다 크겠군.

⑤ ⓐ의 증가율과 ⓑ의 증가율이 같고 '일반적인 그래프'에서 순서쌍을 점으로 표시한다면, 점들은 직선이 아닌 어떤 곡선의 주변에 분포하겠군.

복습 포인트 (해설을 확인하기 전에 생각해 볼 것)

Q.1[5문단]
'증가율이 서로 다를 경우', 두 변수는 어떤 관계를 가지는가?

Q.2[7문단]
여기서 '어떤 형질'은 지문의 맥락에서 무엇을 가리키는가?

01	02	03	04
③	④	④	①

하루에 필요한 에너지의 양은 <하루 동안의 총 열량 소모량인> 대사량으로 구한다.

첫 줄에서 '대사량'이라는 개념이 제시되는데, 최근의 수능 국어는 '대사량은 ~이다'처럼 단순한 문장으로 개념을 설명하지 않고, 문장 중간에 '~인 대사량' 같은 어구를 넣어서 대사량의 개념을 설명합니다. 급하게 읽으려다 보면 첫 문장의 개념을 놓치기 쉬운데, 이 지문의 경우 '대사량'이 무엇인지 파악하지 못하면 뒤의 내용도 이해할 수 없으니, 대사량이 '하루 동안의 총 열량 소모량'이라는 정보를 확실히 파악하고 넘어가야 합니다.

그중 기초 대사량은 생존에 필수적인 에너지로, 쾌적한 온도에서 편히 쉬는 동물이 공복 상태에서 생성하는 열량으로 정의된다.

대사량의 일종인 '기초 대사량'의 개념은 '생존에 필수적인 에너지'이고, 그 '기초 대사량'의 값은 '쾌적한 온도에서 편히 쉬는 동물이 공복 상태에서 생성하는 열량'입니다. '쾌적한 온도에서 편히 쉬면서 공복 상태일 때'라는 조건을 기억하는 것도 중요하지만, 핵심은 그때 '생성하는 열량'의 값이 기초 대사량의 값과 동일하다는 것입니다.

이때(=쾌적한 온도에서 편히 쉬는 동물이 공복 상태에서) 체내에서 생성한 열량은 일정한 체온에서 체외로 발산되는 열량과 같다.

'생성한 열량=발산되는 열량'이라고 합니다. 그리고 이는 '기초 대사량'과 같은 값이기도 하죠. 지문의 뒷부분을 이해하기 위해 핵심적인 부분입니다.

기초 대사량↑(=생존에 필수적인 에너지)은 개체에 따라 대사량(=하루에 필요한 에너지)의 60~75%를 차지하고, 근육량↑이 많을수록 증가한다.

대사량의 60~75%가 기초 대사량이라는 내용을 액면 그대로 받아들이는 것도 좋지만, 각각의 개념을 고려하여 '생존에 필수적인 에너지가 하루에 필요한 에너지의 60~75%이다'라는 식으로 바꾸어 이해하는 것이 더 좋을 수 있습니다. 더불어, 근육량이 많을수록 기초 대사량이 증가한다는 정보도 반드시 저장합시다.

기초 대사량은 직접법 또는 간접법으로 구한다. 직접법은 <온도가 일정하게 유지되고 공기의 출입량을 알고 있는 호흡실에서> 동물이 발산하는 열량을 <열량계를 이용해> 측정하는 방법이다. 간접법은 <호흡 측정 장치를 이용해> <동물의 산소 소비량과 이산화 탄소 배출량을 측정하고, 이를 기준으로> 체내에서 생성된 열량을 추정하는 방법이다.

기초 대사량을 구하는 두 가지 방식이 제시됩니다. 과학, 기술 지문의 경우 같은 목적을 위해 사용되는 둘 이상의 수단이 제시되는 경우가 많은데, 이때 각 수단 사이의 차이점과 공통점을 파악하는 것이 필수적입니다. 반드시 문제로 나오는 부분이거든요.

느끼셨을지 모르겠지만, 앞의 내용을 고려하면 이 두 방식의 차이가 정말 재밌습니다. 아까 '생성한 열량=발산되는 열량'이라는 내용이 나왔죠. 그런데, 직접법은 '발산하는 열량'을 측정하고, 간접법은 '생성된 열량'을 측정합니다! 앞의 내용을 파악하지 못했다면 아예 다른 수치를 측정하는 것처럼 보였겠지만, 사실은 둘이 같은 수치를 측정하고 있는 거예요. 그리고 그 수치는 '기초 대사량'이죠.

<19세기의 초기 연구는> 체외로 발산되는 열량이 체표 면적에 비례한다고 보았다. 즉 그 둘이 항상 일정한 비(比)를 갖는다는 것이다.

구체적인 시기가 언급되면 반드시 체크해야 합니다. 약간은 기술적인 팁이지만, 과거의 시기가 제시되고, 그때의 주장이 '~라고 보았다'와 같이 서술되는 경우, 이는 틀린 내용일 가능성이 높습니다. 과학 지문에서는 보통 '~이다'와 같은 종결형으로 FACT가 서술되는데, '~라고 보았다'라는 표현 자체가 이것이 FACT가 아닌 주장임을 암시하는 것이죠.

더 중요한 내용은, '비례'의 정확한 의미를 여기서 파악하는 것입니다. '발산되는 열량'이 '체표 면적'에 비례한다고 서술되었는데, '즉'이라는 표현으로 '비례한다'의 의미를 다시 서술합니다. '비례한다'라는 것은 곧, '둘이 항상 일정한 비를 갖는다'라는 거예요. 이 점이 지문을 이해함에 있어서도, 문제를 풂에 있어서도 핵심적인 부분입니다.

그리고, '발산되는 열량'은 '생성된 열량'이고, 이는 (기초) 대사량을 말하는 것이겠죠?

체표 면적은 (체중)$^{0.67}$에 비례하므로, 기초 대사량은 체중이 아닌 (체중)$^{0.67}$에 비례한다고 하였다.

19세기의 과학자들은 '체표 면적'과 '발산되는 열량'이 비례한다고 보았고, 그렇다면 '발산되는 열량'인 '기초 대사량' 역시 체표 면적에 비례합니다. 이때 체표 면적이 (체중)$^{0.67}$에 비례한다면 기초 대사량 역시 (체중)$^{0.67}$에 비례할 수밖에 없습니다. 다음과 같은 논리가 사용된 문장이죠.

체표 면적과 발산되는 열량은 비례한다.
발산되는 열량은 기초 대사량과 같다.
⇒ 체표 면적과 기초 대사량은 비례한다.

체표 면적은 (체중)$^{0.67}$에 비례한다.
⇒ 기초 대사량도 (체중)$^{0.67}$에 비례한다.

이때 '비례한다'라는 것은, '둘이 항상 일정한 비를 갖는다'라는 의미임을 계속 염두에 두어야 합니다!

어떤 변수의 증가율은 증가 후 값을 증가 전 값으로 나눈 값이므로, 체중이 W에서 2W로 커지면 체중의 증가율은 (2W)/(W) = 2이다. 이 경우에 기초 대사량의 증가율은 (2W)$^{0.67}$/(W)$^{0.67}$ = 2$^{0.67}$, 즉 약 1.6이 된다.

고등학생들이 보는 시험이라, '증가율'을 이해 못할까 걱정되어 무려 두 문장을 할애하여 '증가율'을 설명해 줍니다.

체중이 두 배로 커지면 체중의 증가율은 2이지만, 이때 기초 대사량의 증가율은 약 1.6이 됩니다. 이는 기초 대사량이 (체중)$^{0.67}$에 비례한다는 가정에서 도출된 값입니다. (체중)$^{0.67}$은 체중의 증가율이 2일 때 1.6의 증가율을 가지는데, 만약 (체중)$^{0.67}$과 기초 대사량이 비례한다면 둘의 증가율도 같아야 하기 때문이죠.

'증가율' 정도의 개념은 추후의 수능에서도 경제, 과학 등 지문에서 활용될 수 있으니 반드시 이해하고 넘어갑시다!

<1930년대에> 클라이버는 생쥐부터 코끼리까지 다양한 크기의 동물의 기초 대사량 측정 결과를 분석했다.

20세기라는 시간적 배경이 제시되었으니, 19세기와는 다른 결과가 도출되었을 수 있음을 염두에 두고 접근합시다. '클라이버'가 다양한 크기의 동물을 조사한 이유는, 체중이나 체표 면적이 기초 대사량과 어떤 관계를 갖는가를 파악하기 위할 것일 텝니다.

그래프의 가로축 변수로 동물의 체중을, 세로축 변수로 기초 대사량을 두고, 각 동물별 체중과 기초 대사량의 순서쌍을 점으로 나타냈다. <가로축과 세로축 두 변수의 증가율이 서로 다를 경우,> <그 둘의 증가율이 같을 때와 달리,> '일반적인 그래프'에서 이 점들은 직선이 아닌 어떤 곡선의 주변에 분포한다.

각 동물의 체중과 기초 대사량을 순서쌍으로 묶어 그래프로 나타낼 때, 그 목적은 물론 체중과 기초 대사량의 관계를 밝히기 위한 것입니다. A.1 이때 '두 변수의 증가율이 서로 다를 경우'는 곧 '두 변수가 비례하지 않을 경우'를 말하는 것입니다. 이를 이해하는 것이 매우 중요합니다!

요컨대 체중과 기초 대사량이 비례한다면 직선의 주변에 분포할 것이고, 체중과 기초 대사량이 비례하지 않는다면 곡선의 주변에 분포할 것입니다. 19세기 과학자들에 따르면 기초 대사량은 체중이 아니라 (체중)$^{0.67}$에 비례하므로, 곡선의 주변에 분포해야겠죠.

그런데 <순서쌍의 값에 상용로그를 취해 새로운 순서쌍을 만들어서 이를 <그림>과 같이 그래프에 표시하면,> 어떤 직선의 주변에 점들이 분포하는 것으로 나타난다. 그러면 <그 직선의 기울기를 이용해> 두 변수의 증가율을 비교할 수 있다. <그림>에서 X와 Y는 각각 체중과 기초 대사량에 상용로그를 취한 값이다. 이런 방식으로 표현한 그래프를 'L-그래프'라 하자.

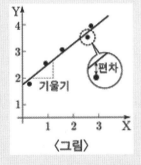
〈그림〉

'상용로그를 취한다고...? 아니 국어 지문에 수학이 나와도 되는 거야...?'라고 생각하면서 패닉에 빠질 수 있지만, 평가원이 국어에서 상용로그 모르면 못 푸는 문제를 낼 리 없으니 침착하게 읽으면 됩니다. 그냥 '아까 체중-기초 대사량 순서쌍에 상용로그 취하면 <그림> 같은 그래프가 되는구나!' 정도로만 생각하면 돼요.

체중과 기초 대사량은 원래 비례하지 않으니, 순서쌍은 곡선의 주변에 분포해야 했어요. 그런데 상용로그를 취하니 <u>직선의 주변에 분포하게 된 것이죠.</u> 이때 그 직선의 '기울기'를 이용하면 두 변수의 증가율을 비교할 수 있다는데, <u>가령 체중의 증가율이 x일 때 기초 대사량의 증가율은 얼마인지를 알 수 있게 되는 것이죠.</u> 그러면, 그 직선을 어떻게 구하는지, 직선의 기울기는 어떻게 이용되는지가 뒤에서 소개될 겁니다.

체중의 증가율에 비해, 기초 대사량의 증가율이 작다면 L그래프에서 직선의 기울기는 1보다 작으며 기초 대사량의 증가율이 작을수록 기울기도 작아진다. 만약 체중의 증가율과 기초 대사량의 증가율이 같다면 L-그래프에서 직선의 기울기는 1이 된다.

'체중의 증가율-기초 대사량-기울기'의 관계를 언어적으로 이해하면 베스트지만, 그게 빠르게 받아들여지지 않는다면 분수로 표현하는 것이 차선입니다. 체중의 증가율보다 기초 대사량의 증가율이 작아질수록 기울기가 작아지므로, '(기울기)=(기초 대사량의 증가율)/(체중의 증가율)'로 정리될 수 있어요.

이렇듯 <L-그래프와 같은 방식으로 표현할 때,> 생물의 어떤 형질이 체중 또는 몸 크기와 직선의 관계를 보이며 함께 증가하는 경우 그 형질은 '상대 성장'을 한다고 한다. 동일 종에서의 심장, 두뇌와 같은 신체 기관의 크기도 상대 성장을 따른다.

A.2 여기서 '어떤 형질'은 지문의 맥락에서는 '기초 대사량'을 뜻합니다.

'상대 성장'의 개념이 제시되었고, 이는 '체중 또는 몸 크기'가 증가함에 따라 증가하는 경우를 말하는 것입니다. 주의할 것은, 기초 대사량이 상대 성장을 함에도 기초 대사량과 체중은 비례하지 않듯, 상대 성장을 한다는 것이 곧 체중 또는 몸 크기와 비례하는 것은 아니라는 점입니다!

한편, 그래프에서 가로축과 세로축 두 변수의 관계를 대변하는 최적의 직선의 기울기와 절편은 최소 제곱법으로 구할 수 있다.

앞서 직선의 기울기를 통해 증가율을 비교하는 법을 제시했다면, 이제 <u>그 기울기 자체를 어떻게 구하는지를</u> 알려줍니다. '최소 제곱법'이라는 방식이 활용된다는데, 그 방식이 뭔지 알아봅시다.

우선, 그래프에 두 변수의 순서쌍을 나타낸 점들 사이를 지나는 임의의 직선을 그린다. 각 점에서 가로축에 수직 방향으로 직선까지의 거리인 편차의 절댓값을 구하고 이들을 각각 제곱하여 모두 합한 것이 '편차 제곱 합'이며, <u>편차 제곱 합이 가장 작은 직선을 구하는 것이</u> 최소 제곱법이다.

순서쌍을 먼저 점으로 찍어두고, 그 사이를 지나는 직선을 구합니다. 그 후 편차의 제곱의 합이 가장 작은 직선을 구한다고 합니다. <그림>에 편차가 어떤 거리인지 설명이 있으니 참고하면 좋을 것 같습니다. 그 거리를 제곱한 값의 합이 가장 적은 직선이 우리가 원하는 직선인 것이죠.

이런 문장은 직관적으로 이해를 하는 것이 제일 좋은데, 이해가 되지 않는다면 '편차 제곱 합'의 정의, '최소 제곱법'의 정의를 각각 입력해서 문제를 풀면 됩니다.

클라이버는 <이런 방법에 근거하여> L-그래프에 나타난 <u>최적의 직선의 기울기로 0.75를 얻었고,</u> 이에 따라 동물의 (체중)^{0.75}에 기초 대사량이 비례한다고 결론지었다.

그렇게 구한 '최적의 직선'의 기울기는 0.75였고, 클라이버는 동물의 $(체중)^{0.75}$에 기초 대사량이 비례한다는 결론을 얻었습니다. <u>이 결과는 아까 '체표면적=(체중)^{0.67}에 기초 대사량이 비례한다'던 19세기 과학자들의 주장과 다르죠?</u> 클라이버의 새로운 방법론이 기존의 주장을 대체한 겁니다.

이것을 '클라이버의 법칙'이라 하며, $(체중)^{0.75}$을 대사 체중이라 부른다. 대사 체중은 치료제 허용량의 결정에도 이용되는데, 이때 그 양은 대사 체중에 비례하여 정한다. 이는 치료제 허용량이 체내 대사와 밀접한 관련이 있기 때문이다.

이렇게 구한 (체중)$^{0.75}$를 '대사 체중'이라고 부른다고 합니다. 뒤는 대사 체중을 통해 치료제 허용량을 결정한다는 정보가 나오며 마무리 되는데, 과학 이론을 다루는 지문은 마지막에 그 활용에 대한 내용을 짧게 주고, 선지 하나 정도에서 물어보는 것이 전형적인 구조입니다.

01 윗글의 내용과 일치하지 않는 것은?

① 클라이버의 법칙은 동물의 기초 대사량이 대사 체중에 비례한다고 본다.

② 어떤 개체가 체중이 늘 때 다른 변화 없이 근육량이 늘면 기초 대사량이 증가한다.

③ 'L-그래프'에서 직선의 기울기는 가로축과 세로축 두 변수의 증가율의 차이와 동일하다.

④ 최소 제곱법은 두 변수 간의 관계를 나타내는 최적의 직선의 기울기와 절편을 알게 해 준다.

⑤ 동물의 신체 기관인 심장과 두뇌의 크기는 몸무게나 몸의 크기에 상대 성장을 하며 발달한다.

정답 : ③

직선의 기울기는 두 변수의 증가율을 비교할 수 있는 수단이기는 하지만, 두 변수의 증가율의 차이는 아닙니다. 조금만 생각해보면 모순적인 선지임을 알 수 있는데, 지문에서 '체중의 증가율과 기초 대사량의 증가율이 같다면 L-그래프에서 직선의 기울기는 1'이라고 했습니다. 선지 ③이 옳다면 두 변수의 증가율이 같으면 그 차이가 0이니 기울기도 0이어야 하는데, 지문은 증가율이 같을 때 기울기가 1이 된다고 했으니 논리적으로 불가능한 선지죠.

해설

② 지문에서 '기초 대사량은 개체에 따라 대사량의 60~75%를 차지하고, 근육량이 많을수록 증가한다'라고 말했습니다. 또, (체중)$^{0.75}$에 기초 대사량이 비례하기도 합니다. 체중이 늘면서, 다른 부분의 변화는 없이 근육량만 늘었다면, 늘어난 체중이 전부 근육인 것이죠? 이때 기초 대사량은 무조건 증가합니다.

02 윗글을 읽고 추론한 내용으로 적절하지 않은 것은?

① 일반적인 경우 기초 대사량은 하루에 소모되는 총 열량 중에 가장 큰 비중을 차지하겠군.

② 클라이버의 결론에 따르면, 기초 대사량이 동물의 체표 면적에 비례한다고 볼 수 없겠군.

③ 19세기의 초기 연구자들은 체중의 증가율보다 기초 대사량의 증가율이 작다고 생각했겠군.

④ 코끼리에게 적용하는 치료제 허용량을 기준으로, 체중에 비례하여 생쥐에게 적용할 허용량을 정한 후 먹이면 과다 복용이 될 수 있겠군.

⑤ 클라이버의 법칙에 따르면, 동물의 체중이 증가함에 따라 함께 늘어나는 에너지의 필요량이 이전 초기 연구에서 생각했던 양보다 많겠군.

정답 : ④

수리적 감각이 떨어지는 학생에게는 가장 어려운 선지였을 것 같습니다. 이럴 때는 조건을 벗어나지 않는 임의의 숫자를 정해서 계산을 해보는 것이 가장 좋습니다. 가령 생쥐의 체중이 코끼리의 체중의 0.5배라고 해봅시다(0.1배로 계산하든 0.01배로 계산하든 상관없습니다). 그렇다면, 코끼리의 치료제 허용량을 기준으로 체중에 비례하여 생쥐의 허용량을 정한다면 치료제 허용량도 0.5배가 되어야 할 것입니다. 반대로, 지문의 마지막에 나오듯 대사 체중을 기준으로 치료제 허용량을 구한다면, $(0.5W)^{0.75}/(W)^{0.75}=(0.5)^{0.75}$가 될 것입니다. $0.5<(0.5)^{0.75}$이므로, 선지의 가정은 오히려 적은 허용량을 결정하게 되는 것입니다. 이 문제를 틀렸다면 이 해설도 어렵게 느껴질 수 있을 듯한데, 이 정도의 수리적 감각은 필요하니 이해가 될 때까지 추가적으로 고민하길 바랍니다.

해설

① '하루에 소모되는 총 열량=대사량'입니다. 그리고 대사량의 60~75%는 기초 대사량이죠. 대사량 중에는 기초 대사량이 가장 비중이 클 수밖에 없습니다. 절반이 넘으니까요.

② 사실 이게 지문에 있어야 하는 문장인데, 지문에 명시적으로 이 표현이 없습니다. 클라이버의 연구 의의는, 19세기에 체표 면적과 기초 대사량이 비례한다고 본 것이 틀렸음을 밝히고, 대사 체중에 기초 대사량이 비례한다고 본 것입니다. 이게 지문의 핵심 내용이기도 하죠. 선지 ②는 글을 읽으며 학생 스스로 떠올렸어야 하는 내용입니다.

③ 체중의 증가율이 2라면 기초 대사량의 증가율은 1.6이었으니, 맞습니다.

⑤ 이전에는 기초 대사량이 (체중)$^{0.67}$에 비례한다고 보았지만, 클라이버의 법칙에 따르면 (체중)$^{0.75}$에 비례합니다. 따라서 체중이 증가함에 따라 늘어나는 에너지의 필요량, 즉 (기초) 대사량은 기존보다 크게 계산되었을 것입니다.

03 ⑤직접법, ⑥간접법에 대한 이해로 가장 적절한 것은?

① ⑦은 체온을 환경 온도에 따라 조정하는 변온 동물이 체외로 발산하는 열량을 측정할 수 없다.
② ⑥은 동물이 호흡에 이용한 산소의 양을 알 필요가 없다.
③ ⑦은 ⑥과 달리 격한 움직임이 제한된 편하게 쉬는 상태에서 기초 대사량을 구한다.
④ ⑦과 ⑥은 모두 일정한 체온에서 동물이 체외로 발산하는 열량을 구할 수 있다.
⑤ ⑦과 ⑥은 모두 생존에 필수적인 최소한의 에너지를 공급하면서 기초 대사량을 구한다.

정답 : ④

틀렸다고 판단했다면, ⑦만 발산하는 열량을 구할 수 있다고 파악한 것이겠죠. 그러나 '체내에서 생성한 열량'='체외로 발산되는 열량'이기에, ⑥이 구하는 '체내에서 생성된 열량'역시 발산되는 열량과 같은 것입니다.

해설

① 애초에 '호흡실'은 온도가 일정하게 유지되는 공간이기에, 이 안에서는 변온 동물이 체온을 조정할 필요도 없습니다. 따라서, 변온 동물이든 아니든 열량 측정에는 문제가 없는 것이죠.
② '호흡 측정 장치'를 통해 '산소 소비량'을 측정합니다. 호흡에 이용한 산소의 양을 알기 위해서죠.
③ '기초 대사량'의 정의 자체가 '편히 쉬는 동물'이 생성하는 열량이므로, 둘 모두 편하게 쉬는 상태에서 기초 대사량을 구할 것입니다.
⑤ '생존에 필수적인 최소한의 에너지'는 기초 대사량을 뜻하는 것인데, 기초 대사량을 구하기 위해 기초 대사량에 해당하는 에너지를 공급할 필요는 없습니다. 또한, 기초 대사량은 '공복 상태'를 가정하기 때문에, 에너지를 공급하지 않으면서 측정하리라 추론할 수 있습니다.

04 윗글을 바탕으로 <보기>를 탐구한 내용으로 가장 적절한 것은? [3점]

> ── < 보기 > ──
>
> 농게의 수컷은 집게발 하나가 매우 큰데, 큰 집게발의 길이는 게딱지의 폭에 '상대 성장'을 한다.
>
> 농게의 ⓐ게딱지 폭을 이용해 ⓑ큰 집게발의 길이를 추정하기 위해, 다양한 크기의 농게의 게딱지 폭과 큰 집게발의 길이를 측정하여 다수의 순서쌍을 확보했다. 그리고 'L-그래프'와 같은 방식으로, 그래프의 가로축과 세로축에 각각 게딱지 폭과 큰 집게발의 길이에 해당하는 값을 놓고 분석을 시작했다.

① 최적의 직선을 구한다고 할 때, 최적의 직선의 기울기가 1보다 작다면 ⓐ에 ⓑ가 비례한다고 할 수 없겠군.
② 최적의 직선을 구하여 ⓐ와 ⓑ의 증가율을 비교하려고 할 때, 점들이 최적의 직선으로부터 가로축에 수직 방향으로 멀리 떨어질수록 편차 제곱 합은 더 작겠군.
③ ⓐ의 증가율보다 ⓑ의 증가율이 크다면, 점들의 분포가 직선이 아닌 어떤 곡선의 주변에 분포하겠군.
④ ⓐ의 증가율보다 ⓑ의 증가율이 작다면, 점들 사이를 지나는 최적의 직선의 기울기는 1보다 크겠군.
⑤ ⓐ의 증가율과 ⓑ의 증가율이 같고 '일반적인 그래프'에서 순서쌍을 점으로 표시한다면, 점들은 직선이 아닌 어떤 곡선의 주변에 분포하겠군.

<보기> 해설

'큰 집게발의 길이'가 '게딱지의 폭'에 '상대 성장'을 한다고 하니, 지문에 나타난 '상대 성장'의 정의를 고려해야 합니다. L-그래프에서 '큰 집게발의 길이'는 '게딱지의 폭'과 직선의 관계를 보이며 함께 증가하는 것이니, 지문의 '체중'과 <보기>의 '게딱지의 폭', 그리고 지문의 '기초 대사량'과 <보기>의 '큰 집게발의 길이'는 서로 대응되는 것입니다. 사실 ⓐ를 '체중', ⓑ를 '기초 대사량'으로 바꿔서 읽어도 무관합니다.

정답 : ①

직선의 기울기가 1이 아니라는 것은, 둘의 증가율이 다르다는 것입니다. 지문에서 '비례한다'의 의미는 '일정한 비를 갖는다'는 것으로 제시되었는데, 증가율이 다르면 일정한 비를 가질 수 없겠죠. ⓐ가 2배 증가할 때 ⓑ가 3배 증가하고, ⓐ가 3배 증가할 때 ⓑ가 5배 증가하면 비가 유지되지 않으니까요. '비례'의 의미를 정확하게 파악해야 선지 ①을 고르고 나머지 선지를 읽지 않을 수 있었을 겁니다.

② 수직 방향으로 멀리 떨어지면, 편차가 커집니다. 편차가 커지면 자연스레 편차 제곱 합도 커집니다.

③ 어차피 L-그래프를 그리기 때문에, 직선의 주변에 분포할 수밖에 없습니다.

④ <보기> 해설에서 ⓐ를 '체중', ⓑ를 '기초 대사량'으로 바꿔서 읽자고 했습니다. 체중의 증가율보다 기초 대사량의 증가율이 작다면, 직선의 기울기는 1보다 작습니다.

⑤ '일반적인 그래프'에서 둘의 증가율이 같으면 점들은 직선의 주변에 분포합니다.

2017학년도 대학수학능력시험 **반추위**

탄수화물은 사람을 비롯한 동물이 생존하는 데 필수적인 에너지원이다. 탄수화물은 섬유소와 비섬유소로 구분된다. 사람은 체내에서 합성한 효소를 이용하여 곡류의 녹말과 같은 비섬유소를 포도당으로 분해하고 이를 소장에서 흡수하여 에너지원으로 이용한다. 반면, 사람은 풀이나 채소의 주성분인 셀룰로스와 같은 섬유소를 포도당으로 분해하는 효소를 합성하지 못하므로, 섬유소를 소장에서 이용하지 못한다. ㉠소, 양, 사슴과 같은 반추 동물도 섬유소를 분해하는 효소를 합성하지 못하는 것은 마찬가지이지만, 비섬유소와 섬유소를 모두 에너지원으로 이용하며 살아간다.

위(胃)가 넷으로 나누어진 반추 동물의 첫째 위인 반추위에는 여러 종류의 미생물이 서식하고 있다. 반추 동물의 반추위에는 산소가 없는데, 이 환경에서 왕성하게 생장하는 반추위 미생물들은 다양한 생리적 특성을 가지고 있다. 그중 ⓐ피브로박터 숙시노젠(F)은 섬유소를 분해하는 대표적인 미생물이다. 식물체에서 셀룰로스는 그것을 둘러싼 다른 물질과 복잡하게 얽혀 있는데, F가 가진 효소 복합체는 이 구조를 끊어 셀룰로스를 노출시킨 후 이를 포도당으로 분해한다. F는 이 포도당을 자신의 세포 내에서 대사 과정을 거쳐 에너지원으로 이용하여 생존을 유지하고 개체 수를 늘림으로써 생장한다. 이런 대사 과정에서 아세트산, 숙신산 등이 대사산물로 발생하고 이를 자신의 세포 외부로 배출한다. 반추위에서 미생물들이 생성한 아세트산은 반추 동물의 세포로 직접 흡수되어 생존에 필요한 에너지를 생성하는 데 주로 이용되고 체지방을 합성하는 데에도 쓰인다. 한편 반추위에서 숙신산 은 프로피온산을 대사산물로 생성하는 다른 미생물의 에너지원으로 빠르게 소진된다. 이 과정에서 생성된 프로피온산은 반추 동물이 간(肝)에서 포도당을 합성하는 대사 과정에서 주요 재료로 이용된다.

반추위에는 비섬유소인 녹말을 분해하는 ⓑ스트렙토코쿠스 보비스(S)도 서식한다. 이 미생물은 반추 동물이 섭취한 녹말을 포도당으로 분해하고, 이 포도당을 자신의 세포 내에서 대사 과정을 통해 자신에게 필요한 에너지원으로 이용한다. 이때 S는 자신의 세포 내의 산성도에 따라 세포 외부로 배출하는 대사산물이 달라진다. 산성도를 알려 주는 수소 이온 농도 지수(pH)가 7.0 정도로 중성이고 생장 속도가 느린 경우에는 아세트산, 에탄올 등이 대사산물로 배출된다. 반면 산성도가 높아져 pH가 6.0 이하로 떨어지거나 녹말의 양이 충분하여 생장 속도가 빠를 때는 젖산 이 대사산물로 배출된다. 반추위에서 젖산은 반추 동물의 세포로 직접 흡수되어 반추 동물에게 필요한 에너지를 생성하는 데 이용되거나 아세트산 또는 프로피온산을 대사산물로 배출하는 다른 미생물의 에너지원으로 이용된다.

그런데 S의 과도한 생장이 반추 동물에게 악영향을 끼치는 경우가 있다. 반추 동물이 짧은 시간에 과도한 양의 비섬유소를 섭취하면 S의 개체 수가 급격히 늘고 과도한 양의 젖산이 배출되어 반추위의 산성도가 높아진다. 이에 따라 산성의 환경에서 왕성히 생장하며 항상 젖산을 대사산물로 배출하는 ㉢락토바실러스 루미니스(L)와 같은 젖산 생성 미생물들의 생장이 증가하며 다량의 젖산을 배출하기 시작한다. F를 비롯한 섬유소 분해 미생물들은 자신의 세포 내부의 pH를 중성으로 일정하게 유지하려는 특성이 있는데, 젖산 농도의 증가로 자신의 세포 외부의 pH가 낮아지면 자신의 세포 내의 항상성을 유지하기 위해 에너지를 사용하므로 생장이 감소한다. 만일 자신의 세포 외부의 pH가 5.8 이하로 떨어지면 에너지가 소진되어 생장을 멈추고 사멸하는 단계로 접어든다. 이와 달리 S와 L은 상대적으로 산성에 견디는 정도가 강해 자신의 세포 외부의 pH가 5.5 정도까지 떨어지더라도 이에 맞춰 자신의 세포 내부의 pH를 낮출 수 있어 자신의 에너지를 세포 내부의 pH를 유지하는 데 거의 사용하지 않고 생장을 지속하는 데 사용한다. 그러나 S도 자신의 세포 외부의 pH가 그 이하로 더 떨어지면 생장을 멈추고 사멸하는 단계로 접어들고, 산성에 더 강한 L을 비롯한 젖산 생성 미생물들이 반추위 미생물의 많은 부분을 차지하게 된다. 그렇게 되면 반추위의 pH가 5.0 이하가 되는 급성 반추위 산성증이 발병한다.

01 윗글을 읽고 알 수 있는 내용으로 가장 적절한 것은?

① 섬유소는 사람의 소장에서 포도당의 공급원으로 사용된다.

② 반추 동물의 세포에서 합성한 효소는 셀룰로스를 분해한다.

③ 반추위 미생물은 산소가 없는 환경에서 생장을 멈추고 사멸한다.

④ 반추 동물의 과도한 섬유소 섭취는 급성 반추위 산성증을 유발한다.

⑤ 피브로박터 숙시노젠(F)은 자신의 세포 내에서 포도당을 에너지원으로 이용하여 생장한다.

03 윗글을 바탕으로 ㉠이 가능한 이유를 진술한다고 할 때, <보기>의 ㉮, ㉯에 들어갈 말로 가장 적절한 것은?

─── < 보기 > ───

반추 동물이 섭취한 섬유소와 비섬유소는 반추위에서 (㉮), 이를 이용하여 생장하는 (㉯)은 반추 동물의 에너지원으로 이용되기 때문이다.

① ㉮ : 반추위 미생물의 에너지원이 되고
   ㉯ : 반추위 미생물이 대사 과정을 통해 생성한 대사산물

② ㉮ : 반추위 미생물의 에너지원이 되고
   ㉯ : 반추위 미생물이 대사 과정을 통해 생성한 포도당

③ ㉮ : 반추위 미생물에 의해 합성된 포도당이 되고
   ㉯ : 반추 동물이 대사 과정을 통해 생성한 포도당

④ ㉮ : 반추위 미생물에 의해 합성된 포도당이 되고
   ㉯ : 반추위 미생물이 대사 과정을 통해 생성한 대사산물

⑤ ㉮ : 반추위 미생물에 의해 합성된 포도당이 되고
   ㉯ : 반추위 미생물이 대사 과정을 통해 생성한 포도당

02 윗글로 볼 때, ⓐ~ⓒ에 대한 이해로 적절하지 않은 것은?

① ⓐ와 ⓑ는 모두 급성 반추위 산성증에 걸린 반추 동물의 반추위에서는 생장하지 못하겠군.

② ⓐ와 ⓑ는 모두 반추위에서 반추 동물의 체지방을 합성하는 물질을 생성할 수 있겠군.

③ 반추위의 pH가 6.0일 때, ⓐ는 ⓒ보다 자신의 세포 내의 산성도를 유지하는 데 더 많은 에너지를 쓰겠군.

④ ⓑ와 ⓒ는 모두 반추위의 산성도에 따라 다양한 종류의 대사산물을 배출하겠군.

⑤ 반추위에서 녹말의 양과 ⓑ의 생장이 증가할수록, ⓐ의 생장은 감소하고 ⓒ의 생장은 증가하겠군.

04 윗글로 볼 때, 반추위 미생물에서 배출되는 숙신산과 젖산에 대한 설명으로 적절하지 않은 것은?

① 숙신산이 많이 배출될수록 반추 동물의 간에서 합성되는 포도당의 양도 늘어난다.

② 젖산은 반추 동물의 세포로 직접 흡수되어 반추 동물의 에너지원으로 이용될 수 있다.

③ 숙신산과 젖산은 반추위가 산성일 때보다 중성일 때 더 많이 배출된다.

④ 숙신산과 젖산은 반추위 미생물의 세포 내에서 대사 과정을 거쳐 생성된다.

⑤ 숙신산과 젖산은 프로피온산을 대사산물로 배출하는 다른 미생물의 에너지원으로 이용되기도 한다.

탄수화물은 사람을 비롯한 동물이 생존하는 데 필수적인 에너지원이다. 탄수화물은 섬유소와 비섬유소로 구분된다.

탄수화물은 동물의 에너지원이며, 이는 섬유소와 비섬유소로 나뉩니다.

사람은 <체내에서 합성한 효소를 이용하여> (곡류의 녹말과 같은) 비섬유소를 포도당으로 분해하고 이(포도당)를 소장에서 흡수하여 에너지원으로 이용한다.

사람이, 비섬유소를 어떻게 에너지원으로 쓰는지 그 과정이 서술되어 있습니다. 우선, 비섬유소를 분해할 수 있는 효소를 몸에서 합성하고, 비섬유소는 포도당으로 분해되며, 이 포도당이 에너지원으로 사용되는 것이죠. 녹말과 같은 비섬유소는 곧바로 사람의 에너지원이 될 수는 없습니다.

반면, 사람은 풀이나 채소의 주성분인 (셀룰로스와 같은) 섬유소를 포도당으로 분해하는 효소를 합성하지 못하므로, 섬유소를 소장에서 이용하지 못한다.

비섬유소를 활용할 수 있는 이유는, 그것을 분해할 수 있는 효소를 사람이 합성할 수 있기 때문이었죠. 그러나 섬유소를 분해하는 효소는 만들 수 없고, 따라서 섬유소는 우리가 에너지원으로 이용할 수 없습니다. 제반 지식이 없더라도 논리적으로 납득 가능한 이야기입니다.

소, 양, 사슴과 같은 반추 동물도 섬유소를 분해하는 효소를 합성하지 못하는 것은 마찬가지이지만, 비섬유소와 섬유소를 모두 에너지원으로 이용하며 살아간다.

사람이 섬유소를 이용하지 못하는 이유는, 그것을 분해할 수 있는 효소를 합성하지 못하기 때문이었습니다. 그런데 반추 동물은 우리와 마찬가지로 섬유소를 분해할 효소를 합성하지 못하지만, 섬유소를 이용한답니다. 여기서 "왜 그렇지???"라고, 자연스럽게 질문을 던져야 합니다. 다음 문단을 다 읽고 나서는, 이 질문에 대해 스스로 대답할 수 있어야 하고요.

위(胃)가 넷으로 나누어진 반추 동물의 첫째 위인 <반추위에는> 여러 종류의 미생물이 서식하고 있다. <반추 동물의 반추위에는 산소가 없는데,> 이 환경에서 왕성하게 생장하는 반추위 미생물들은 다양한 생리적 특성을 가지고 있다.

첫 문단에서 던진 질문에 대한 답은, 아마 '미생물'과 관련되어 있으리라는 점을 생각해 볼 수 있습니다. 미생물은 산소가 없는, 반추 동물의 반추위라는 공간에서 생장한답니다.

그중 피브로박터 숙시노젠(F)은 섬유소를 분해하는 대표적인 미생물이다.

F라는 미생물이 섬유소를 분해해주기 때문에, 반추 동물의 반추위에 섬유소를 분해하는 효소가 없어도 섬유소를 에너지원으로 이용할 수 있으리라고 생각해 볼 수 있겠네요.

식물체에서 셀룰로스(섬유소)는 그것을 둘러싼 다른 물질과 복잡하게 얽혀 있는데,

셀룰로스가 섬유소의 일종이라는 것을 파악하면서 읽는 방법은 두 개가 있다고 봅니다.
사후적인 해설로서는, 첫 문단에 '셀룰로스와 같은 섬유소'라는 부분을 찾으면 됩니다. 셀룰로스는 섬유소의 일종으로 제시되었습니다.
실전을 위한 해설로는, 바로 앞 문장에 '섬유소를 분해'한다는 내용이 나왔고, 바로 뒤에 '셀룰로스를 포도당으로 분해'하는 얘기가 나왔음을 파악해야 합니다. 문장과 문장을 붙여 읽는다면, 자연스럽게 '셀룰로스'를 '섬유소'로 바꿔서 읽을 수 있었을 겁니다.

F가 가진 효소 복합체는 이(셀룰로스가 다른 물질과 얽힌) 구조를 끊어 셀룰로스를 노출시킨 후 이를 포도당으로 분해한다.

반추 동물은 셀룰로스를 분해할 효소를 합성하지 못하지만, 반추위 안, F 안에 있는 효소 복합체가 셀룰로스를 포도당으로 분해합니다.

F는 이(셀룰로스가 분해되어 생긴) 포도당을 자신의 세포 내에서 대사 과정을 거쳐 에너지원으로 이용하여 생존을 유지하고 개체 수를 늘림으로써 생장한다.

반추 동물이 셀룰로스를 섭취하면, F라는 미생물이 셀룰로스를 분해해서 포도당으로 만든 뒤, 그걸 자기가 에너지원으로 사용한다네요. 첫 문단에서는 반추 동물이 섬유소를 에너지원으로 이용한다고 했는데, 반추 동물의 미생물이 섬유소를 에너지원으로 사용하는 것과 어떻게 연결될지 생각하며 읽어봅시다.

이런 대사 과정에서 아세트산, 숙신산 등이 대사산물로 발생하고 이를 자신의 세포 외부(⇒반추위 안)로 배출한다. 반추위에서 미생물들이 생성한 아세트산은 반추 동물의 세포로 직접 흡수되어 생존에 필요한 에너지를 생성하는 데 주로 이용되고 체지방을 합성하는 데에도 쓰인다.

그러니까, 반추 동물이 섬유소를 섭취하면, 반추 동물의 반추위에 있는 F가 그걸 분해해서, 자기가 에너지원으로 사용합니다. 그러고 나서, 아세트산이나 숙신산 같은 대사산물을 반추위에 배출하는 것이죠. 그중 아세트산은 반추동물이 직접 흡수하여 사용하는 것이고요. 이 일련의 과정을 잘 이해해야 문제를 풀 수 있습니다. 추가로, 미생물 세포의 외부가 반추 동물의 반추위 내부라는 아이디어는 이 지문 전체에서 활용됩니다!

한편 반추위에서 숙신산(F의 대사산물)은 프로피온산을 대사산물로 생성하는 다른 미생물의 에너지원으로 빠르게 소진된다. 이 과정에서 (대사산물로) 생성된 프로피온산은 반추 동물이 간(肝)에서 포도당을 합성하는 대사 과정에서 주요 재료로 이용된다.

아세트산이 반추 동물의 세포로 직접 흡수되는 것과는 달리, 숙신산은 다른 미생물을 통해 비슷한 과정을 또 거칩니다. F가 배출한 숙신산을 또 다른 미생물이 에너지원으로 사용하고, 그 미생물이 다시 프로피온산을 배출합니다. 반추 동물은 그 프로피온산을 대사 과정의 재료로 사용하죠. 복잡하지만, 이 과정을 혼자 머리에 그려보시길 바랍니다.

반추위에는 비섬유소인 녹말을 분해하는 스트렙토코쿠스 보비스(S)도 서식한다.

이전의 문단이 섬유소를 분해하는 반추 동물의 미생물에 대한 얘기였다면, 이제는 비섬유소를 분해하는 미생물 S가 제시됩니다. S는 F가 섬유소를 분해한 것과 비슷한 과정을 통해 비섬유소를 반추 동물이 이용할 수 있게 합니다.

이 미생물(S)은 반추 동물이 섭취한 녹말을 포도당으로 분해하고, 이 포도당을 자신의 세포 내에서 대사 과정을 통해 자신에게 필요한 에너지원으로 이용한다.

F가 셀룰로스를 에너지원으로 이용하는 것과 비슷하게 녹말을 이용합니다.

이때 S는 자신의 세포 내의 산성도에 따라 세포 외부(반추위 안)로 배출하는 대사산물이 달라진다. 산성도를 알려 주는 수소 이온 농도 지수(pH)가 7.0 정도로 중성이고(and) 생장 속도가 느린 경우에는 아세트산, 에탄올 등이 대사산물로 배출된다. 반면 산성도↑가 높아져 pH↓가 6.0 이하로 떨어지거나(or) 녹말↑의 양이 충분하여 (S의)생장 속도↑가 빠를 때는 젖산이 대사산물로 배출된다.

F와 다르게, S는 상황에 따라 배출하는 대사산물이 다릅니다. pH가 중성이고 생장 속도가 느리면 아세트산과 에탄올을, 산성도가 높거나 녹말이 충분하면 젖산을 대사산물로 배출하죠. 이전의 문단에 나온 것처럼, 아세트산은 반추 동물의 세포로 직접 흡수될 겁니다.
산성도가 높으면 pH가 떨어진다는 사실은 교과 내의 과학을 공부한 친구들한테는 상식적인 얘기겠지만, 몰랐다면 챙겨갑시다.

반추위에서 젖산은 반추 동물의 세포로 직접 흡수되어 반추 동물에게 필요한 에너지를 생성하는 데 이용되거나(or) (아세트산 또는 프로피온산을 대사산물로 배출하는) 다른 미생물의 에너지원으로 이용된다.

산성도가 높거나, 녹말의 양이 충분하여 배출된 젖산은 반추 동물의 세포로 직접 흡수되거나, 혹은 다른 미생물의 에너지원으로 이용됩니다. 다른 미생물의 에너지원으로 쓰일 때에도, 앞서 나온 내용들과 마찬가지로 아세트산이나 프로피온산 같은 대사산물을 배출하여 반추 동물이 이용할 수 있을 겁니다.

그런데 S의 과도한 생장(⇐과도한 녹말 섭취)이 반추 동물에게 악영향을 끼치는 경우가 있다. 반추 동물이 짧은 시간에 과도한 양의 비섬유소↑↑를 섭취하면 S↑↑의 개체 수가 급격히 늘고 과도한 양의 젖산↑↑이 배출되어 반추위의 산성도↑가 높아진다. 이에 따라 (산성의 환경에서 왕성히 생장하며 항상 젖산을 대사산물로 배출하는) 락토바실러스 루미니스(L)↑와 같은 젖산 생성 미생물들의 생장이 증가하며 다량의 젖산↑을 배출하기 시작한다.

마지막 문단에는 비섬유소를 분해하는 S가 과도하게 늘어난 문제 상황이 제시됩니다. 과도한 양의 비섬유소(지문에서는 녹말)가 반추 동물의 반추위로 섭취되면, 녹말을 이용하는 S가 과도하게 늘어납니다. 이렇게 되면 S가 대사산물로 배출하는 젖산이 과도해지고, 젖산을 배출하는 L도 늘어나서 다시 젖산이 늘어나죠. 간단하게 표현하면 녹말↑⇒S↑⇒젖산↑⇒L↑⇒젖산↑…이런 상황인 거죠. 2020 6월 경제 지문, 자기자본 지문의 '경기 순응성'과 비슷한 구조입니다.

F를 비롯한 섬유소 분해 미생물들은 자신의(미생물 스스로의) 세포 내부의 pH를 중성으로 일정하게 유지하려는 특성이 있는데, <젖산 농도의 증가로 자신의 세포 외부(반추위 내부)의 pH가 낮아지면(산성도가 높아지면)> 자신의 세포 내의 항상성을 유지하기 위해(세포 내부의 pH를 일정하게 유지하기 위해) 에너지를 사용하므로 생장이 감소한다.

괄호 안에 써 놓은 것들을 보시면 아시겠지만, 지문 내에서의 의미를 통해 각각의 표현을 붙여 읽는 것이 매우 중요한 부분입니다. 두 번째 문단에 나왔던 F와 같은 미생물들은 과도한 녹말 섭취로 인해 외부의 산성도가 높아지면, 자기 내부의 산성도를 일정하게 유지하느라 생장이 감소하게 된답니다.

<만일 자신의 세포 외부의 pH가 5.8 이하로 떨어지면(반추위의 산성도가 과도하게 증가하면)> 에너지가 소진되어 생장을 멈추고 사멸하는 단계로 접어든다.

pH가 5.8에 다다르는 임계점부터는, 항상성을 유지하느라 에너지가 소진되어서 F와 같은 섬유소 분해 미생물들은 사멸하게 된답니다.

이와 달리 <S와 L은 상대적으로 산성에 견디는 정도가 강해> 자신의 세포 외부(반추위 내부)의 pH가 5.5 정도까지 떨어지더라도 이에 맞춰 자신의 세포 내부의 pH를 낮출 수 있어 자신의 에너지를 세포 내부의 pH를 유지하는 데(항상성을 유지하는 데) 거의 사용하지 않고 생장을 지속하는 데 사용한다.

그런데 정작 반추위 내부의 산성도가 높아지게 만든 주범인 S와 L은 높은 산성도를 잘 견뎌서, pH가 F가 사멸하는 단계(5.8)를 넘어서도 계속 생장을 한다네요.

그러나 S도 자신의 세포 외부의 pH가 그 이하로 더 떨어지면 생장을 멈추고 사멸하는 단계로 접어들고, <산성에 더 강한> L을 비롯한 젖산 생성 미생물들이 반추위 미생물의 많은 부분을 차지하게 된다. 그렇게 되면 반추위의 pH가 5.0 이하가 되는 급성 반추위 산성증이 발병한다.

반추위 내부의 pH가 5.5보다 더 낮아지면 S도 사멸하고 L을 비롯한 다른 미생물들만 남게 됩니다. L은 또 젖산을 배출해서 산성도를 높이니(pH를 낮추니) pH는 계속 떨어지겠죠. 이런 상황을 급성 반추위 산성증이라고 한답니다.

01 윗글을 읽고 알 수 있는 내용으로 가장 적절한 것은?

① 섬유소는 사람의 소장에서 포도당의 공급원으로 사용된다.
② 반추 동물의 세포에서 합성한 효소는 셀룰로스를 분해한다.
③ 반추위 미생물은 산소가 없는 환경에서 생장을 멈추고 사멸한다.
④ 반추 동물의 과도한 섬유소 섭취는 급성 반추위 산성증을 유발한다.
⑤ 피브로박터 숙시노젠(F)은 자신의 세포 내에서 포도당을 에너지원으로 이용하여 생장한다.

정답 : ⑤

⑤ F는 반추 동물이 섭취한 셀룰로스를 포도당으로 분해하고, 이 포도당을 자신의 세포 내에서 에너지원으로 이용하여 생장합니다.

해설

① 사람은 섬유소를 분해하는 효소를 합성할 수 없기 때문에, 섬유소를 활용할 수 없습니다. <u>이 지문의 주제는 마찬가지로 섬유소를 분해하는 효소를 합성하지 못하는 반추 동물이 어떻게 섬유소를 에너지원으로 이용하냐는 것이었죠.</u>
② 반추 동물도 사람과 마찬가지로, 셀룰로스 같은 섬유소를 분해하는 효소를 합성할 수 없습니다.
③ 반추위 미생물은 '산소가 없는' 반추위에서 왕성하게 생장합니다. 지문의 '산소가 없는데'라는 두 어절만 가지고 푸는 문제입니다.
④ 과도한 녹말 섭취가 급성 반추위 산성증의 원인이었고, 녹말은 비섬유소입니다.

02 윗글로 볼 때, ⓐ~ⓒ에 대한 이해로 적절하지 않은 것은?

ⓐ F ⓑ S ⓒ L

① ⓐ와 ⓑ는 모두 급성 반추위 산성증에 걸린 반추 동물의 반추위에서는 생장하지 못하겠군.
② ⓐ와 ⓑ는 모두 반추위에서 반추 동물의 체지방을 합성하는 물질을 생성할 수 있겠군.
③ 반추위의 pH가 6.0일 때, ⓐ는 ⓒ보다 자신의 세포 내의 산성도를 유지하는 데 더 많은 에너지를 쓰겠군.
④ ⓑ와 ⓒ는 모두 반추위의 산성도에 따라 다양한 종류의 대사산물을 배출하겠군.
⑤ 반추위에서 녹말의 양과 ⓑ의 생장이 증가할수록, ⓐ의 생장은 감소하고 ⓒ의 생장은 증가하겠군.

정답 : ④

ⓒL은 '항상' 젖산(만)을 대사산물로 배출합니다.

해설

① 급성 반추위 산성증은 반추위의 pH가 5.0 이하인 상황이고, ⓐF는 pH 5.8 이하에서, ⓑS는 pH 5.5이하에서 각각 생장을 멈추고 사멸하므로 옳은 선지입니다.
② ⓐF와 ⓑS는 모두 반추 동물이 에너지를 생성하거나 체지방을 합성하는데 쓰이는 아세트산을 생성합니다.
③ 사멸을 멈추지 않고 산성에 더 잘 견딜 수 있는 정도는 ⓐF < ⓑS < ⓒL 순입니다. ⓐF는 pH가 낮아질수록 항상성 유지(세포 내의 산성도 유지)를 위해 에너지를 많이 소모하고, pH 5.8 이하에서는 사멸합니다. 반면 ⓒL은 pH 5.5에서도 항상성 유지에 에너지를 거의 소모하지 않고 생장을 이어갑니다.
⑤ 녹말의 양이 증가하는 것이 ⓑS의 과도한 생장의 원인이고, ⓑS의 과도한 생장이 반추위 내부의 산성도를 높여 ⓒL를 증가시키고 ⓐF를 사멸시킵니다.

03 윗글을 바탕으로 ⑤이 가능한 이유를 진술한다고 할 때, <보기>의 ㉮, ㉯에 들어갈 말로 가장 적절한 것은?

< 보기 >

반추 동물이 섭취한 섬유소와 비섬유소는 반추위에서 (㉮), 이를 이용하여 생장하는 (㉯)은 반추 동물의 에너지원으로 이용되기 때문이다.

---

① ㉮ : 반추위 미생물의 에너지원이 되고
　㉯ : 반추위 미생물이 대사 과정을 통해 생성한 대사산물

② ㉮ : 반추위 미생물의 에너지원이 되고
　㉯ : 반추위 미생물이 대사 과정을 통해 생성한 포도당

③ ㉮ : 반추위 미생물에 의해 합성된 포도당이 되고
　㉯ : 반추 동물이 대사 과정을 통해 생성한 포도당

④ ㉮ : 반추위 미생물에 의해 합성된 포도당이 되고
　㉯ : 반추위 미생물이 대사 과정을 통해 생성한 대사산물

⑤ ㉮ : 반추위 미생물에 의해 합성된 포도당이 되고
　㉯ : 반추위 미생물이 대사 과정을 통해 생성한 포도당

> 정답 : ①

순수하게 내용을 이해했느냐를 물어보는 선지입니다. 섬유소는 미생물 F가 분해하고, 비섬유소는 S가 분해하여 각각 F와 S라는 미생물이 자신의 에너지원으로 사용합니다. 그러고 나서 대사산물을 배출하는데, 아세트산, 젖산 등의 대사산물을 반추 동물이 에너지원으로 이용하는 것이죠. 정답 선지가 ①이라 오답률이 높았던 것도 있을 겁니다. 은근히 킬러 <보기> 문제에 정답 ①이 많이 나오는데, 선지를 확신을 갖고 고르지 못하는 친구들은 ①번을 어영부영 넘기고 문제를 틀리는 경우가 잦습니다.

04 윗글로 볼 때, 반추위 미생물에서 배출되는 숙신산과 젖산에 대한 설명으로 적절하지 않은 것은?

① 숙신산이 많이 배출될수록 반추 동물의 간에서 합성되는 포도당의 양도 늘어난다.

② 젖산은 반추 동물의 세포로 직접 흡수되어 반추 동물의 에너지원으로 이용될 수 있다.

③ 숙신산과 젖산은 반추위가 산성일 때보다 중성일 때 더 많이 배출된다.

④ 숙신산과 젖산은 반추위 미생물의 세포 내에서 대사 과정을 거쳐 생성된다.

⑤ 숙신산과 젖산은 프로피온산을 대사산물로 배출하는 다른 미생물의 에너지원으로 이용되기도 한다.

> 정답 : ③

반추 동물이 녹말을 과도하게 섭취하면, 반추위의 산성도가 높아지고 젖산을 대사산물로 배출하는 S가 증가합니다.

> 해설

① 숙신산은 프로피온산을 대사산물로 생성하는 미생물의 에너지원으로 이용되고, 이들이 생성하는 프로피온산은 반추 동물이 포도당을 합성하는 데 쓰입니다. 따라서 숙신산을 많이 배출할수록 포도당의 양도 늘어난다고 말할 수 있습니다.

② 젖산은 반추 동물의 세포로 직접 흡수되기도, 다른 미생물의 에너지원으로 사용되기도 합니다. 두 가지 케이스가 존재하기에 선지는 '~수 있다'의 형태로 구성되었습니다.

④ 숙신산과 젖산 모두 반추위 미생물들이 섬유소 혹은 비섬유소를 분해하여 배출한 대사산물입니다.

⑤ 각각 2, 3문단의 마지막 문장에 나와 있습니다.

[1~2] 다음 글을 읽고 물음에 답하시오.

2016학년도 대학수학능력시험 B형 **항부력**

어떤 물체가 물이나 공기와 같은 유체 속에서 자유 낙하할 때 물체에는 중력, 부력, 항력이 작용한다. 중력은 물체의 질량에 중력 가속도를 곱한 값으로 물체가 낙하하는 동안 일정하다. 부력은 어떤 물체에 의해서 배제된 부피만큼의 유체의 무게에 해당하는 힘으로, 항상 중력의 반대 방향으로 작용한다. 빗방울에 작용하는 부력의 크기는 빗방울의 부피에 해당하는 공기의 무게이다. 공기의 밀도는 물의 밀도의 1,000분의 1 수준이므로, 빗방울이 공기 중에서 떨어질 때 부력이 빗방울의 낙하 운동에 영향을 주는 정도는 미미하다. 그러나 스티로폼 입자와 같이 밀도가 매우 작은 물체가 낙하할 경우에는 부력이 물체의 낙하 속도에 큰 영향을 미친다.

물체가 유체 내에 정지해 있을 때와는 달리, 유체 속에서 운동하는 경우에는 물체의 운동에 저항하는 힘인 항력이 발생하는데, 이 힘은 물체의 운동 방향과 반대로 작용한다. 항력은 유체 속에서 운동하는 물체의 속도가 커질수록 이에 상응하여 커진다. 항력은 마찰 항력과 압력 항력의 합이다. 마찰 항력은 유체의 점성 때문에 물체의 표면에 가해지는 항력으로, 유체의 점성이 크거나 물체의 표면적이 클수록 커진다. 압력 항력은 물체가 이동할 때 물체의 전후방에 생기는 압력 차에 의해 생기는 항력으로 물체의 운동 방향에서 바라본 물체의 단면적이 클수록 커진다.

안개비의 빗방울이나 미세 먼지와 같이 작은 물체가 낙하하는 경우에는 물체의 전후방에 생기는 압력 차가 매우 작아 마찰 항력이 전체 항력의 대부분을 차지한다. 빗방울의 크기가 커지면 전체 항력 중 압력 항력이 차지하는 비율이 점점 커진다. 반면 스카이다이버와 같이 큰 물체가 빠른 속도로 떨어질 때에는 물체의 전후방에 생기는 압력 차에 의한 압력 항력이 매우 크므로 마찰 항력이 전체 항력에 기여하는 비중은 무시할 만하다.

빗방울이 낙하할 때 처음에는 중력 때문에 빗방울의 낙하 속도가 점점 증가하지만, 이에 따라 항력도 커지게 되어 마침내 항력과 부력의 합이 중력의 크기와 같아지게 된다. 이때 물체의 가속도가 0이 되므로 빗방울의 속도는 일정해지는데, 이렇게 일정해진 속도를 종단 속도라 한다. 유체 속에서 상승하거나 지면과 수평으로 이동하는 물체의 경우에도 종단 속도가 나타나는 것은 이동 방향으로 작용하는 힘과 반대 방향으로 작용하는 힘의 평형에 의한 것이다.

01 윗글을 통해 알 수 있는 내용으로 가장 적절한 것은?

① 스카이다이버가 낙하 운동할 때에는 마찰 항력이 전체 항력의 대부분을 차지하게 된다.
② 물체가 유체 속에서 운동할 때 물체 전후방에 생기는 압력 차는 그 물체의 속도를 증가시킨다.
③ 낙하하는 물체의 속도가 종단 속도에 이르게 되면 그 물체의 가속도는 중력 가속도와 같아진다.
④ 균일한 밀도의 액체 속에서 낙하하는 동전에 작용하는 부력은 항력의 크기에 상관없이 일정한 크기를 유지한다.
⑤ 균일한 밀도의 액체 속에 완전히 잠겨 있는 쇠 막대에 작용하는 부력은 서 있을 때보다 누워 있을 때가 더 크다.

02 윗글을 바탕으로 <보기>에 대해 탐구한 내용으로 가장 적절한 것은?

<보기>

크기와 모양은 같으나 밀도가 서로 다른 구 모양의 물체 A와 B를 공기 중에 고정하였다. 이때 물체 A와 B의 밀도는 공기보다 작으며, 물체 B의 밀도는 물체 A보다 더 크다. 물체 A와 B를 놓아 주었더니 두 물체 모두 속도가 증가하며 상승하다가, 각각 어느 정도 시간이 지난 후 각각 다른 일정한 속도를 유지한 채 계속 상승하였다. (단, 두 물체는 공기나 다른 기체 중에서 크기와 밀도가 유지되도록 제작되었고, 물체 운동에 영향을 줄 수 있는 기체의 흐름과 같은 외적 요인들이 모두 제거되었다고 가정함.)

① A와 B가 고정되어 있을 때에는 A에 작용하는 항력이 B에 작용하는 항력보다 더 작겠군.
② A와 B가 각각 일정한 속도를 유지할 때 A에 작용하고 있는 항력은 B에 작용하고 있는 항력보다 더 작겠군.
③ A에 작용하는 부력과 중력의 크기 차이는 A의 속도가 증가하고 있을 때보다 A가 고정되어 있을 때 더 크겠군.
④ A와 B 모두 일정한 속도에 도달하기 전에 속도가 증가하는 것으로 보아 A와 B에 작용하는 항력이 점점 감소하기 때문에 일정한 속도에 도달하는 것이겠군.
⑤ 공기보다 밀도가 더 큰 기체 내에서 B가 상승하여 일정한 속도를 유지할 때 B에 작용하는 항력은 공기 중에서 상승하여 일정한 속도를 유지할 때 작용하는 항력보다 더 크겠군.

01	02
④	⑤

어떤 물체가 물이나 공기와 같은 <유체 속에서> <자유 낙하할 때> 물체에는 중력, 부력, 항력이 작용한다.

유체가 뭔지 몰라도, 그냥 '물이나 공기'라고 생각하시면 됩니다. 유체라는 공간적 배경에서, 자유 낙하를 하는 상황에 작용하는 힘에 대해 얘기합니다.

중력은 물체의 질량↑에 중력 가속도를 곱한 값으로 물체가 낙하하는 동안 일정하다.

저는 이 지문의 핵심이 일정vs변화(커진다or작아진다), 정지vs운동(낙하or상승)이라고 생각합니다. 중력은 질량의 크기에 영향을 받으며, 낙하할 때 일정하게 유지됩니다. 뒤의 문제를 풀 때까지 이 구도를 가져갈 겁니다.

부력은 <어떤 물체에 의해서 배제된 부피(=물체의 부피)만큼의> 유체의 무게에 해당하는 힘으로, 항상 중력의 반대 방향으로 작용한다. (빗방울에 작용하는 부력의 크기는 빗방울의 부피에 해당하는 공기의 무게이다.)

부력을 '어떤 물체에 의해서 배제된 부피만큼의 유체의 무게'로 정의합니다. 사실 이 지문에 한해서, 유체에서 '물체에 의해 배제된 부피'라 함은 그냥 물체의 부피를 말하는 것으로 이해할 수 있습니다(공기에서 물체가 낙하하거나, 상승하는 지문과 <보기>의 상황에서는 물체가 유체에 완전히 잠겨있으니까요). 따라서 우리는 이를 '물체의 부피만큼의 유체의 무게'로 이해할 수 있습니다. '부피'라는 어휘를 정확히 모르거나, 저렇게 꼬아서 설명하는 문장에 약한 학생들은 받아들이기가 힘들었을 겁니다. 부피는 어떤 물건이 차지하는 공간의 크기인데, 지문의 정의에 따르면 부력은 (유체에서) 물체가 차지하는 공간만큼의 원래 유체의 무게라는 겁니다. 뒤의 예시는 사실 안 써도 무방한 문장인데, 이런 그림이 잘 그려지지 않을까봐 물체(빗방울)과 유체(공기)의 예를 들어준 것입니다.

부력이 어떤 방향으로 작용하는지도 체크해둡시다. 이런 디테일이 중요한 포인트가 됩니다.

공기의 밀도는 물(빗방울이니까, 여기선 '물체')의 밀도의 1,000분의 1 수준이므로, 빗방울이 공기 중에서 떨어질 때 부력이 빗방울의 낙하 운동에 영향을 주는 정도는 미미하다. (그러나 스티로폼 입자와 같이 밀도가 매우 작은 물체가 낙하할 경우에는 부력이 물체의 낙하 속도에 큰 영향을 미친다.)

'밀도'를 정의도 안 주고 바로 던져버립니다. 앞에서는 부력에 영향을 주는 요인이 부피와 무게밖에 제시가 안 되었는데도요. 간단히 보자면 물체의 밀도에 비해 유체의 밀도가 작을수록 부력의 영향이 적다는 식으로 정리하셨어도 좋습니다.

그러나 엄밀히 말해서, 부피가 같을 때 밀도가 증가하면 무게는 증가합니다(밀도가 일정할 때 부피가 커져도 무게는 증가합니다). 그리고, 이건 지문에 없어도 알아야 한다고 평가원이 생각한 것 같습니다.

사실은 이건 과학적 배경지식이 아니라, 어휘력을 기반으로 사고를 잇는다면 판단 가능했다고 생각합니다. '밀도'는 '빽빽한 정도'입니다. 같은 크기(부피)일 때 물체 안쪽의 빽빽한 정도(밀도)가 늘어나면, 무게는 증가합니다. 마찬가지로, 빽빽한 정도가 그대로인데 부피가 늘어나면 무게가 증가할 것입니다. 이는 어휘력 기반으로 추론이 가능한 내용이고(사실 중학교 교과 내용이기도 합니다), 19 수능 우주론 지문에서도 필요한 개념이었습니다. 이 책을 통해서, 인문이든 과학이든, 이런 측면도 부족함 없이 대비해봅시다.

다시 지문을 봅시다. 공기(유체)의 밀도는 물(빗방울, 여기서는 물체)의 밀도보다 작기 때문에, 같은 부피라면 공기(유체)의 무게가 훨씬 작습니다. 부력은 '물체의 부피만큼의 유체의 무게'이기 때문에, 이 경우에는 부력도 작겠죠. 반대로, 물체(스티로폼)의 밀도가 작다면 부력의 영향은 빗방울에 비해 커지겠죠.

위의 내용을 혼자서 한 번에 받아들이신 분들이라면 상관없지만, 그게 아니라면 부피와 밀도, 그리고 질량의 관계를 혼자서 한번 고민해보는 시간을 갖기를 바랍니다. 우리의 목표는 고민할 수 있는 것은 시험장 밖에서 다 끝내고 들어가기입니다. 이런 고민을 한 경험이 수능장에서 큰 힘으로 작용할 것입니다.

물체가 유체 내에 정지해 있을 때와는 달리, 유체 속에서 운동하는 경우에는 물체의 운동에 저항하는 힘인 항력이 발생하는데, 이 힘은 물체의 운동 방향과 반대로 작용한다.

이 지문의 두 번째 대립쌍인, 정지vs운동이 나왔습니다. 항력은 오직 '운동'하는 경우에만 적용되는 개념이랍니다. 이 대조는 문제를 풀 때 사용됩니다. 앞서 부력과 마찬가지로, 힘이 작용하는 방향도 체크해둡시다.

항력은 유체 속에서 운동하는 물체의 속도↑가 커질수록 이에 상응하여 커진다. 항력은 마찰 항력과 압력 항력의 합이다.

항력은 속도와 비례하고, 이 값은 마찰 항력+압력 항력이랍니다. 두 항력이 뭔지 아마 설명해줄 겁니다.

마찰 항력은 유체의 점성 때문에 <물체의 표면에> 가해지는 항력으로, 유체의 점성↑이 크거나 물체의 표면적↑이 클수록 커진다.

마찰 항력의 정의가 나오는데, 얘는 유체의 점성과 물체의 표면적을 가지고 판단하면 될 것 같습니다.

압력 항력은 <물체가 이동할 때> 물체의 전후방에 생기는 압력 차에 의해 생기는 항력으로 물체의 운동 방향에서 바라본 물체의 단면적↑이 클수록 커진다.

압력 항력은 물체의 운동 방향에서 바라본 물체의 단면적(오른쪽으로 이동한다면, 오른쪽에서 본 단면적)에 비례한답니다. 마찰 항력과 압력 항력이 각각 어떤 요인에 영향을 받는지 잘 체크합시다.

안개비의 빗방울이나 미세 먼지와 같이 작은 물체가 낙하하는 경우에는 <물체의 전후방에 생기는 압력 차가 매우 작아(=압력 항력이 매우 작아)> 마찰 항력이 전체 항력의 대부분을 차지한다. 빗방울의 크기가 커지면(=단면적이 커지면) 전체 항력 중 압력 항력이 차지하는 비율이 점점 커진다.

항력은 압력 항력+마찰 항력으로 정의되었는데, 위의 내용에서는 압력 항력과 마찰 항력 각각이 전체 항력에서 차지하는 비율에 대해 서술합니다. 물체의 크고 작음을 얘기하는 부분은, 압력 항력에 영향을 주는 단면적이 커지고 작아짐을 얘기하는 것임을 이해해야 할 것 같습니다.

반면 스카이다이버와 같이 큰 물체가 빠른 속도로 떨어질 때에는 물체의 전후방에 생기는 압력 차에 의한 압력 항력이 매우 크므로 마찰 항력이 전체 항력에 기여하는 비중은 무시할 만하다.

물체의 크기가 커지면 커질수록 압력 항력이 커지니, 빗방울에 비해 스카이다이버의 낙하에서 압력 항력의 비율이 큰 것은 무리없이 받아들일 수 있을 것 같습니다.

빗방울이 낙하할 때

항력과 마찬가지로, 물체가 운동하는 상황을 가정합니다.

처음에는 중력 때문에 빗방울의 낙하 속도가 점점 증가하지만,

=운동하는 속도가 증가하지만,

이에 따라 항력도 커지게 되어

=이에 따라 운동에 저항하는 힘(항력)도 커지게 되어

마침내 항력과 부력의 합이 중력의 크기와 같아지게 된다. 이때 물체의 가속도가 0이 되므로 빗방울의 속도는 일정해지는데, 이렇게 일정해진 속도를 종단 속도라 한다.

일반적으로 무엇인가가 낙하하는 경우에는, 중력은 아래로, 부력은 중력의 반대 방향인 위로, 항력은 운동 방향(아래)의 반대인 위로 작용할 것입니다. 따라서 항력과 부력을 더한 값이 물체를 위로 올리는 힘이 되고, 중력이 아래로 당기는 힘이 되는데, 이 둘(위로 올리는 힘과, 아래로 당기는 힘)이 같아지면 종단 속도에 이르게 된다는 것이죠. 종단 속도는 일정하므로, 변하지 않는 값이 됩니다.

요 정도 그림은 시험지에 그려도 괜찮을 것 같습니다.

유체 속에서 상승하거나 지면과 수평으로 이동하는 물체의
경우에도 종단 속도가 나타나는 것은 이동 방향으로 작용하는
힘과 반대 방향으로 작용하는 힘의 평형에 의한 것이다.

지금까지는 '물체가 운동'하는 경우를 낙하할 때만 얘기했는데, 상
승하거나 옆으로 움직이는 경우에도 같은 원리가 적용된답니다. 만약
물체가 위로 상승할 때 종단 속도가 발생하려면 어떻게 되어야 할까
요? 중력은 <u>아래</u>로 작용할 것이고, 부력은 중력의 반대인 <u>위</u>로, 항력
은 운동 방향의 반대인 <u>아래</u>로 작용하겠죠. <u>이 경우에는 중력+항력=
부력</u>이어야 종단 속도에 도달할 것입니다.

이건 시험지에 그릴 필요까지는 없어도 이런 상황이 되리라고 판단
은 해야 합니다. 실제로 2번 문제는 이 상황을 물어보고 있고요.

01 윗글을 통해 알 수 있는 내용으로 가장 적절한 것은?

① 스카이다이버가 낙하 운동할 때에는 마찰 항력이 전체 항력의 대부분을 차지하게 된다.
② 물체가 유체 속에서 운동할 때 물체 전후방에 생기는 압력 차는 그 물체의 속도를 증가시킨다.
③ 낙하하는 물체의 속도가 종단 속도에 이르게 되면 그 물체의 가속도는 중력 가속도와 같아진다.
④ 균일한 밀도의 액체 속에서 낙하하는 동전에 작용하는 부력은 항력의 크기에 상관없이 일정한 크기를 유지한다.
⑤ 균일한 밀도의 액체 속에 완전히 잠겨 있는 쇠 막대에 작용하는 부력은 서 있을 때보다 누워 있을 때가 더 크다.

정답 : ④

부력은 '물체의 부피만큼의 유체의 무게'에 해당하는 값이므로, 물체의 부피와 유체의 밀도가 일정하다면 변하지 않는 값입니다.

해설

① 압력 항력이 대부분을 차지합니다.
② 물체 전후방에 생기는 압력 차는 압력 항력을 증가시키고, 이는 운동에 저항하는 힘입니다. 따라서 항력의 정의상 물체의 속도를 감소시킬 것입니다.
③ 종단 속도에서 물체의 가속도는 0이 되며 이것은 중력 가속도와 같다고 볼 수 없습니다. (중학교 과학의 내용이지만, 중력 가속도는 대략 $9.8m/s^2$의 상수(변화x)입니다.)
⑤ 4번 선지와 포인트가 일치합니다. 부력은 물체의 부피와 유체의 밀도가 일정하다면 변하지 않는 값입니다. 변화의 양상으로 서술된 5번 선지는 단순히 보아도 정답이 될 수 없습니다.

02 윗글을 바탕으로 <보기>에 대해 탐구한 내용으로 가장 적절한 것은?

< 보기 >

크기와 모양은 같으나 밀도가 서로 다른 구 모양의 물체 A와 B를 공기 중에 고정하였다. 이때 물체 A와 B의 밀도는 공기보다 작으며, 물체 B의 밀도는 물체 A보다 더 크다. 물체 A와 B를 놓아 주었더니 두 물체 모두 속도가 증가하며 상승하다가, 각각 어느 정도 시간이 지난 후 각각 다른 일정한 속도(=종단 속도)를 유지한 채 계속 상승하였다. (단, 두 물체는 공기나 다른 기체 중에서 크기와 밀도가 유지되도록 제작되었고, 물체 운동에 영향을 줄 수 있는 기체의 흐름과 같은 외적 요인들이 모두 제거되었다고 가정함.)

<보기> 해설

A와 B의 유일한 차이를 밀도라고 보아도 좋을 것 같습니다. <보기>는 물체가 상승하는 경우이므로, 아래의 그림을 다시 사용합시다. 이때 종단 속도에 도달한 지점에서는 부력=중력+항력이 되리라는 점도 예상합시다.

① A와 B가 고정되어 있을 때에는 A에 작용하는 항력이 B에 작용하는 항력보다 더 작겠군.
② A와 B가 각각 일정한 속도를 유지할 때 A에 작용하고 있는 항력은 B에 작용하고 있는 항력보다 더 작겠군.
③ A에 작용하는 부력과 중력의 크기 차이는 A의 속도가 증가하고 있을 때보다 A가 고정되어 있을 때 더 크겠군.
④ A와 B 모두 일정한 속도에 도달하기 전에 속도가 증가하는 것으로 보아 A와 B에 작용하는 항력이 점점 감소하기 때문에 일정한 속도에 도달하는 것이겠군.
⑤ 공기보다 밀도가 더 큰 기체 내에서 B가 상승하여 일정한 속도를 유지할 때 B에 작용하는 항력은 공기 중에서 상승하여 일정한 속도를 유지할 때 작용하는 항력보다 더 크겠군.

공기보다 밀도가 더 큰 기체(유체)라면, 부력은 공기에서보다 큽니다. 크기와 밀도가 일정하다면 질량도 일정하므로, 중력은 변하지 않는 값입니다. 이때 종단 속도에 도달한 지점에서 부력=중력+항력이므로, 부력이 커지고 중력이 그대로라면, 무조건 항력이 더 커져야만 양변이 같게 됩니다.

해설

① 선지의 앞에서 A와 B가 운동하지 않는, 고정된 상황을 물어봅니다. 그러나 항력은 물체가 운동하는 상황에서만 작용하는 힘이므로 선지의 구성이 옳지 않습니다.

② <보기>에서 종단 속도에 도달하는 상황은 '부력=중력+항력'인 상황입니다. 이때 두 물체의 부피가 같고, 같은 유체에서 상승하므로 부력은 같습니다. B가 A보다 밀도가 더 크기 때문에, B가 질량이 더 크다고 볼 수 있으며, B에 작용하는 중력이 더 큽니다. 좌변이 같고, 우변에서 A에 작용하는 중력이 더 작다면, 항력은 A에 작용하는 것이 더 커야 합니다.

③ 1번 문제의 해설과 마찬가지로, 물체의 부피가 같고 유체의 밀도가 같다면 부력은 변하지 않는 값입니다. 중력 역시, 물체의 질량이 일정하다면 변하지 않는 값입니다. 따라서 '~할 때 더 크다'는 변화의 양상으로 서술한 선지이므로 옳지 않습니다.

④ 항력은 운동 방향(위)과 부력이 작용하는 방향과 반대로 작용하는데, 이 힘이 줄어든다면 가속도가 줄어 종단 속도에 도달하는 일이 일어날 수 없습니다.

2023학년도 6월 모의평가 비타민K

혈액은 세포에 필요한 물질을 공급하고 노폐물을 제거한다. 만약 혈관 벽이 손상되어 출혈이 생기면 손상 부위의 혈액이 응고되어 혈액 손실을 막아야 한다. 혈액 응고는 섬유소 단백질인 피브린이 모여 형성된 섬유소 그물이 혈소판이 응집된 혈소판 마개와 뭉쳐 혈병이라는 덩어리를 만드는 현상이다. 혈액 응고는 혈관 속에서도 일어나는데, 이때의 혈병을 혈전이라 한다. 이물질이 쌓여 동맥 내벽이 두꺼워지는 동맥 경화가 일어나면 그 부위에 혈전 침착, 혈류 감소 등이 일어나 혈관 질환이 발생하기도 한다. 이러한 혈액의 응고 및 원활한 순환에 비타민 K가 중요한 역할을 한다.

비타민 K는 혈액이 응고되도록 돕는다. 지방을 뺀 사료를 먹인 병아리의 경우, 지방에 녹는 어떤 물질이 결핍되어 혈액 응고가 지연된다는 사실을 발견하고 그 물질을 비타민 K로 명명했다. 혈액 응고는 단백질로 이루어진 다양한 인자들이 관여하는 연쇄 반응에 의해 일어난다. 우선 여러 혈액 응고 인자들이 활성화된 이후 프로트롬빈이 활성화되어 트롬빈으로 전환되고, 트롬빈은 혈액에 녹아 있는 피브리노겐을 불용성인 피브린으로 바꾼다. 비타민 K는 프로트롬빈을 비롯한 혈액 응고 인자들이 간세포에서 합성될 때 이들의 활성화에 관여한다. 활성화는 칼슘 이온과의 결합을 통해 이루어지는데, 이들 혈액 단백질이 칼슘 이온과 결합하려면 카르복실화되어 있어야 한다. 카르복실화는 단백질을 구성하는 아미노산 중 글루탐산이 감마-카르복시글루탐산으로 전환되는 것을 말한다. 이처럼 비타민 K에 의해 카르복실화되어야 활성화가 가능한 표적 단백질을 비타민 K-의존성 단백질이라 한다.

비타민 K는 식물에서 합성되는 ㉠비타민 K_1과 동물 세포에서 합성되거나 미생물 발효로 생성되는 ㉡비타민 K_2로 나뉜다. 녹색 채소 등은 비타민 K_1을 충분히 함유하므로 일반적인 권장 식단을 따르면 혈액 응고에 차질이 생기지 않는다.

그런데 혈관 건강과 관련된 비타민 K의 또 다른 중요한 기능이 발견되었고, 이는 칼슘의 역설과도 관련이 있다. 나이가 들면 뼈 조직의 칼슘 밀도가 낮아져 골다공증이 생기기 쉬운데, 이를 방지하고자 칼슘 보충제를 섭취한다. 하지만 칼슘 보충제를 섭취해서 혈액 내 칼슘 농도는 높아지나 골밀도는 높아지지 않고, 혈관 벽에 칼슘염이 침착되는 혈관 석회화가 진행되어 동맥 경화 및 혈관 질환이 발생하는 경우가 생긴다. 혈관 석회화는 혈관 근육 세포 등에서 생성되는 MGP라는 단백질에 의해 억제되는데, 이 단백질이 비타민 K-의존성 단백질이다. 비타민 K가 부족하면 MGP 단백질이 활성화되지 못해 혈관 석회화가 유발된다는 것이다.

비타민 K_1과 K_2는 모두 비타민 K-의존성 단백질의 활성화를 유도하지만 K_1은 간세포에서, K_2는 그 외의 세포에서 활성이 높다. 그러므로 혈액 응고 인자의 활성화는 주로 K_1이, 그 외의 세포에서 합성되는 단백질의 활성화는 주로 K_2가 담당한다. 이에 따라 일부 연구자들은 비타민 K의 권장량을 K_1과 K_2로 구분하여 설정해야 하며, K_2가 함유된 치즈, 버터 등의 동물성 식품과 발효 식품의 섭취를 늘려야 한다고 권고한다.

01 윗글에서 알 수 있는 내용으로 적절하지 <u>않은</u> 것은?

① 혈전이 형성되면 섬유소 그물이 뭉쳐 혈액의 손실을 막는다.
② 혈액의 응고가 이루어지려면 혈소판 마개가 형성되어야 한다.
③ 혈관 손상 부위에 혈병이 생기려면 혈소판이 응집되어야 한다.
④ 혈관 경화를 방지하려면 이물질이 침착되지 않게 해야 한다.
⑤ 혈관 석회화가 계속되면 동맥 내벽과 혈류에 변화가 생긴다.

02 칼슘의 역설 에 대한 이해로 가장 적절한 것은?

① 칼슘 보충제를 섭취하면 오히려 비타민 K_1의 효용성이 감소된다는 것이겠군.
② 칼슘 보충제를 섭취해도 뼈 조직에서는 칼슘이 여전히 필요하다는 것이겠군.
③ 칼슘 보충제를 섭취해도 골다공증은 막지 못하나 혈관 건강은 개선되는 경우가 있다는 것이겠군.
④ 칼슘 보충제를 섭취하면 혈액 내 단백질이 칼슘과 결합하여 혈관 벽에 칼슘이 침착된다는 것이겠군.
⑤ 칼슘 보충제를 섭취해도 혈액으로 칼슘이 흡수되지 않아 골다공증 개선이 안 되는 경우가 있다는 것이겠군.

03 ㉠과 ㉡에 대한 설명으로 가장 적절한 것은?

① ㉠은 ㉡과 달리 우리 몸의 간세포에서 합성된다.
② ㉡은 ㉠과 달리 지방과 함께 섭취해야 한다.
③ ㉡은 ㉠과 달리 표적 단백질의 아미노산을 변형하지 않는다.
④ ㉠과 ㉡은 모두 표적 단백질의 활성화 이전 단계에 작용한다.
⑤ ㉠과 ㉡은 모두 일반적으로는 결핍이 발생해 문제가 되는 경우는 없다.

04 윗글을 참고할 때 <보기>의 (가)~(다)를 투여함에 따라 체내에서 일어나는 반응을 예상한 내용으로 적절하지 <u>않은</u> 것은? [3점]

─── < 보기 > ───
다음은 혈전으로 인한 질환을 예방 또는 치료하는 약물이다.
(가) 와파린 : 트롬빈에는 작용하지 않고 비타민 K의 작용을 방해함.
(나) 플라스미노겐 활성제 : 피브리노겐에는 작용하지 않고 피브린을 분해함.
(다) 헤파린 : 비타민 K-의존성 단백질에는 작용하지 않고 트롬빈의 작용을 억제함.

① (가)의 지나친 투여는 혈관 석회화를 유발할 수 있겠군.
② (나)는 이미 뭉쳐 있던 혈전이 풀어지도록 할 수 있겠군.
③ (다)는 혈액 응고 인자와 칼슘 이온의 결합을 억제하겠군.
④ (가)와 (다)는 모두 피브리노겐이 전환되는 것을 억제하겠군.
⑤ (나)와 (다)는 모두 피브린 섬유소 그물의 형성을 억제하겠군.

01	02	03	04
①	②	④	③

혈액은 세포에 필요한 물질을 공급하고 노폐물을 제거한다.

혈액의 두 가지 기능을 소개하면서 글이 시작됩니다. '혈액', '세포', '노폐물' 모두 전문 용어가 아닌 일상 수준의 용어이니, 머리에 그대로 받아들이고 다음으로 넘어가면 되겠습니다.

만약 <혈관 벽이 손상되어> <출혈이 생기면> <손상 부위의 혈액이 응고>되어 혈액 손실을 막아야 한다. 혈액 응고는 <(섬유소 단백질인) 피브린이 모여 형성된> 섬유소 그물이 (혈소판이 응집된) 혈소판 마개와 뭉쳐 혈병이라는 덩어리를 만드는 현상이다.

첫 문장에서는 '혈액'의 기본적인 기능을 알려주고, 두 번째 문장부터는 어떠한 문제 상황(혈관 벽 손상)에서 '혈액'이 어떻게 작동하는지를 설명합니다. '기본 개념 소개→문제 상황→해결'이라는 전형적인 흐름이죠.

손상된 부위의 혈액은 응고되어 출혈을 막습니다. 응고를 설명하는 문장의 정보량이 상당합니다. 피브린은 섬유소 단백질이고, 피브린이 모이면 섬유소 그물이 되고, 혈소판이 응집되면 혈소판 마개가 되고, 혈소판 마개랑 섬유소 그물이 뭉치면 혈병이 되고, 이렇게 혈병이 만들어지는 과정을 '혈액 응고'라고 말한다는 점... 이 문장의 모든 정보를 빠르게 꼭꼭 씹어서 머리에 넣어야겠습니다. 피브린이 '단백질'의 일종이라는 정보도 놓치지 말아야겠죠! 요새 이런 문장이 자주 나오는데, 침착하게 읽는다면 문제는 크게 어렵지 않게 출제되니 너무 겁먹지 않아도 될 것 같습니다.

```
혈액 응고

피브린 + 피브린 = 섬유소 그물
혈소판 + 혈소판 = 혈소판 마개
섬유소 그물 + 혈소판 마개 = 혈병
```

혈액 응고는 혈관 속에서도 일어나는데, <이때의 혈병을> 혈전이라 한다. <(이물질이 쌓여 동맥 내벽이 두꺼워지는) 동맥 경화가 일어나면> 그 부위에 혈전 침착, 혈류 감소 등이 일어나 혈관 질환이 발생하기도 한다.

혈관 속에서 만들어지는 혈병은 혈전이라고 부른답니다. 그런데 동맥 경화가 일어나면 혈전이 쌓이고, 혈류가 감소하여 혈관 질환이 발생하기도 한다네요. 혈병은 출혈을 막는 좋은 기능을 하지만, 이렇게 혈관에 혈병(혈전)이 쌓이면 문제 상황이 되기도 한다는 점을 파악합시다.

이러한 혈액의 응고 및 원활한 순환에 비타민 K가 중요한 역할을 한다.

앞서 혈액 응고가 어떤 상황에, 어떤 원리로 되는지 설명되었습니다. '원활한 순환'은 동맥 경화가 일어나서 나타난 '혈류 감소' 현상과 반대되는 것이겠죠. 비타민 K는 혈액이 응고되는 데에도 도움을 주고, 동맥 경화로 인한 문제를 해결하는 데에도 도움을 주나 봅니다. 비타민 K가 이 과정에서 어떤 역할을 하는지 집중해서 읽어봅시다.

비타민 K는 혈액이 응고되도록 돕는다. 지방을 뺀 사료를 먹인 병아리의 경우, <지방에 녹는 어떤 물질이 결핍되어> 혈액 응고가 지연된다는 사실을 발견하고 그 물질을 비타민 K로 명명했다.

우선 비타민 K가 혈액의 응고를 어떻게 돕는지 나옵니다. 그 근거로 '지방을 뺀 사료를 먹인 병아리'의 케이스를 제시해요. 지방을 섭취하지 않으면, '지방에 녹는 어떤 물질'이 없어서 혈액 응고가 지연되는데, 그 '어떤 물질'을 '비타민 K'로 이름지었답니다. 비타민 K가 없으면 혈액의 응고가 지연된다니까, 거꾸로 말하면 비타민 K가 혈액의 응고를 돕는다는 얘기네요. 같은 얘기를 사례를 통해 다시 제시한 것입니다.

혈액 응고는 첫 문단에서 피브린이 모인 섬유소 그물과, 혈소판이 모인 혈소판 마개가 뭉쳐 혈병을 만드는 과정이라고 설명했습니다. 이제는 그 과정이 어떤 연쇄 반응에 의해 이뤄지는 것인지 설명되네요.

혈액이 응고되어야 하는 상황(혈관 벽 손상)이 되면, 혈액 응고 인자들이 활성화되고, 활성화된 프로트롬빈은 트롬빈으로 바뀝니다. 이 트롬빈은 피브리노겐을 피브린으로 바꾼다네요. 이 피브린이 아까 혈액 응고 과정에서 섬유소 그물을 구성하는 것이었죠? 혈액이 응고되려면 섬유소 그물이 필요하고, 섬유소 그물을 만들려면 피브린이, 피브린을 만들려면 트롬빈으로 활성화되는 프로트롬빈이 필요한 것이었습니다. 이때 프로트롬빈의 활성화에 비타민 K가 관여하니까, 혈액 응고는 애초에 비타민 K가 있어야 가능한 것이었네요! 이때, '여러 혈액 응고 인자들', '프로트롬빈', '피브리노겐' 모두 '단백질로 이루어진' 것이라는 정보도 잊지 말고 챙겨갑시다.

앞서 비타민 K가 인자들의 활성화에 관여한다는 얘기가 나왔고, 여기서는 인자들이 활성화되기 위한 조건을 제시합니다. 이 조건을 잘 이해해야 지문의 주제인 '비타민 K'의 기능을 정확히 파악할 수 있겠네요.

'활성화'의 의미는 결국 칼슘 이온과의 결합을 말하는 것이었습니다. 그런데 혈액 응고 인자들이 활성화되려면 혈액 응고 인자를 구성하는 글루탐산이 감마-카르복시글루탐산으로 바뀌어야 하고, 이렇게 바꿔주는 것이 비타민 K이며, 비타민 K에 의해 카르복실화되어야만 활성화가 가능한 혈액 응고 인자를 비타민 K-의존성 단백질이라 하는

것입니다.

이 글에서는 유독 'A인 B는 ~이다' 식의 문장이 자주 나옵니다. '혈액 응고는 섬유소 단백질인 피브린이 모여 형성된 섬유소 그물이 혈소판이 응집된 혈소판 마개와 뭉쳐 혈병이라는 덩어리를 만드는 현상이다.'라는 문장에서도 피브린이 섬유소 단백질이라는 정보가 쓱 나왔고, '카르복실화는 단백질을 구성하는 아미노산 중 글루탐산이 감마-카르복시글루탐산으로 전환되는 것을 말한다.'라는 문장에서도 아미노산이 단백질을 구성하며, 글루탐산은 아미노산이라는 정보가 쓱 나왔습니다. 'A인 B는 ~이다' 형식의 표현이 긴 문장 사이에 끼워져 있으면 정보를 놓치지 않고 처리하기가 어렵습니다. 평가원은 이 형식이 어렵다는 것을 알고 의도적으로 이렇게 서술하는 것이니, 우리는 익숙해져야만 합니다.

이제는 비타민 K를 또 두 종류로 나눕니다. 식물에서 합성되는 K_1, 그리고 그 밖에서 형성되는 K_2로 구분되네요. 녹색 채소를 포함한 권장 식단을 따르면 K_1을 충분히 섭취할 수 있으므로, 혈액 응고에는(카르복실화를 하는 데에는) 별 문제가 없답니다. 그럼 K_2는 필요가 없는 걸까요? 뒤에서 이제 K_1과 구분되는 K_2의 역할이 나옵니다.

앞서 소개된 비타민 K의 기능은 비타민 K-의존성 단백질의 활성화를 도와 혈액 응고를 돕는 것이었습니다. 그런데 또 다른 중요한 기능이 있답니다. 무엇일까요? 아까 첫 문단에서 말했던 혈액의 원활한 순환을 돕는 기능이 아닐까요? 계속 읽어봅시다.

어렵지 않습니다. 칼슘 밀도 하락이 골다공증의 원인이 될 수 있다는 점, 그를 방지하려 칼슘 보충제를 섭취한다는 점을 가볍게 챙겨갑시다.

칼슘 보충제가 효과는 없고, 질환만 야기할 수 있다는 충격적인 내용입니다. 아마 이게 '칼슘의 역설'이겠네요. 칼슘 보충제를 섭취해도 골밀도는 높아지지 않고(골다공증 예방 효과↓), 오히려 혈관 벽에 칼슘염이 쌓여서 혈관 석회화라는 문제가 발생할 수 있대요. 그리고 혈관 석회화는 첫 문단에 제시된 동맥 경화의 원인이 되기도 합니다. 동맥 경화의 원인은 앞서 나왔듯 '이물질이 쌓여 동맥 내벽이 두꺼워지는' 현상인데, '칼슘염'이 이물질인 겁니다. 칼슘 보충제가 오히려 혈액의 원활한 순환을 방해(←동맥경화)하는 상황이 발생할 수 있는 것입니다.

혈관 석회화는 MGP가 억제하는데, MGP는 비타민 K-의존성 단백질이라 비타민 K가 없으면 활성화되지 못한답니다. 결국 혈관 석회화를 막으려면 비타민 K가 필요한 것입니다. 이게 앞서 말한 '비타민 K의 또 다른 중요한 기능'이네요.

K_1과 K_2가 역할하는 세포에서 차이가 있었습니다. 앞서 살펴본 카르복실화와 혈액 응고에서는 K_1이 큰 역할을 했지만, 혈관 근육 세포에서 생성되는 MGP의 활성화는 K_2가 담당한다네요. 즉, 첫 문단에서는 혈액의 응고 및 원활한 순환에 비타민 K가 중요한 역할을 한다고 말했는데, 이 중 '원활한 순환'은 MGP를 활성화하여 혈관 석회화를 막는 K_2의 역할이었던 겁니다.

결론적으로, 같은 비타민 K라 해도 K_2가 없으면 혈관 석회화를 방지할 수 없으니, 단순히 비타민 K의 권장량만 설정할 것이 아니라 K_2의 권장량을 따로 설정해야 한다는 주장이 제기되면서 마무리됩니다.

전체적으로 정보량도 많지만, 비타민 K의 기능에 대해 이해하려면 지문에서 제시된 혈액 응고 등의 개념을 정확히 파악해야 합니다. 첫 문단부터 맥락을 놓치지 않고 읽어야 '칼슘의 역설'이 뭔지, 비타민 K를 K_1과 K_2로 구분해야 하는지를 이해할 수 있었을 겁니다. 단순히 정보 처리만을 요하는 것이 아니었기에 문제가 더욱 어렵게 느껴졌을 수 있겠습니다. 또, '골밀도', '동맥' 정도의 단어는 상식으로 알고 있어야 보다 원활한 독해가 가능했을 것으로 예상됩니다.

01 윗글에서 알 수 있는 내용으로 적절하지 않은 것은?

① 혈전이 형성되면 섬유소 그물이 뭉쳐 혈액의 손실을 막는다.
② 혈액의 응고가 이루어지려면 혈소판 마개가 형성되어야 한다.
③ 혈관 손상 부위에 혈병이 생기려면 혈소판이 응집되어야 한다.
④ 혈관 경화를 방지하려면 이물질이 침착되지 않게 해야 한다.
⑤ 혈관 석회화가 계속되면 동맥 내벽과 혈류에 변화가 생긴다.

정답 : ①

혈병의 일종인 혈전은 섬유소 그물과 혈소판 마개가 뭉쳐서 형성되는 것입니다. 혈전이 형성되면 섬유소 그물이 뭉치는 것이 아니라, 섬유소 그물이 뭉치면 혈전이 형성되는 것이죠. 생명, 기술 지문에서는 이처럼 선후관계만을 가지고 정오를 판별하는 지문이 종종 출제됩니다.

해설

② 혈소판 마개, 섬유소 그물이 형성되어야 그 둘이 뭉쳐서 혈병을 형성할 수 있을 것입니다. 그리고 혈액의 응고는 혈병을 형성하는 과정을 일컫는 것이었죠.
③ 사실상 ②와 같은 선지입니다. 혈소판이 응집되어야 혈소판 마개가 생기고, 그래야만 혈병이 생길 수 있습니다.
④ 칼슘염 등의 이물질이 쌓여 내벽이 두꺼워지면 동맥이 경화되니, 경화를 방지하려면 이물질이 쌓이지 않게 해야 합니다. 첫 문단과 마지막 문단에 서술되었고, 동맥이 혈관의 종류라는 것은 미리 알고 있어야 했습니다.
⑤ 혈관 석회화가 진행되면 동맥 경화가 발생할 수 있고, 동맥 경화는 동맥 내벽이 두꺼워지고 혈류가 감소하는 현상을 야기합니다.

02 칼슘의 역설 에 대한 이해로 가장 적절한 것은?

① 칼슘 보충제를 섭취하면 오히려 비타민 K_1의 효용성이 감소된다는 것이겠군.
② 칼슘 보충제를 섭취해도 뼈 조직에서는 칼슘이 여전히 필요하다는 것이겠군.
③ 칼슘 보충제를 섭취해도 골다공증은 막지 못하나 혈관 건강은 개선되는 경우가 있다는 것이겠군.
④ 칼슘 보충제를 섭취하면 혈액 내 단백질이 칼슘과 결합하여 혈관 벽에 칼슘이 침착된다는 것이겠군.
⑤ 칼슘 보충제를 섭취해도 혈액으로 칼슘이 흡수되지 않아 골다공증 개선이 안 되는 경우가 있다는 것이겠군.

정답 : ②

칼슘 보충제를 섭취해도 혈액 내의 칼슘 농도만 높아지고, 골밀도는 높아지지 않습니다. 골밀도를 높이기 위해서는 뼈 조직의 칼슘 밀도가 높아져야 하니, 맞습니다.
지문에서 나타난 '칼슘의 역설'은 칼슘 보충제를 섭취하더라도 Ⓐ골밀도 증가 효과가 없고 Ⓑ혈관 석회화라는 부작용이 발생한다는 내용이었습니다. 지문은 Ⓑ를 길게 서술해놓고, 정작 이 문제에서는 Ⓐ를 물어보고 있습니다. 왜 칼슘의 '역설'인지, 그리고 그 양상이 어떻게 나타나는지 놓치지 않고 파악하는 것이 중요했습니다.

해설

① 비타민 K_1은 혈액의 응고를 담당합니다. 반면 '칼슘의 역설'은 혈액의 응고와 관련된 얘기가 아니라 MGP 단백질이 활성화되지 못해 혈관 석회화가 발생하는 상황을 말하고, 즉 비타민 K_2의 필요성을 보여주는 것입니다. 따라서 칼슘 보충제를 섭취해서 칼슘의 역설이 발생한다면, K_2의 효용성은 커지고, K_1의 효용성은 그대로 유지됩니다. 칼슘의 역설과 K_1은 직접적으로 연결되지 않으니까요.
③ 칼슘 보충제를 섭취해도 골다공증은 막지 못하고, 혈관에 칼슘염이 침착되어 혈관 건강에 오히려 악영향을 끼칠 수 있습니다.
④ 혈액 내 단백질이 칼슘과 결합하는 것을 '활성화'라고 부릅니다. 그런데 이런 활성화는 칼슘 침착의 원인이 아닐뿐더러, 오히려 MGP가 활성화되지 못하는 것이 혈관 석회화의 원인이 되었죠.
⑤ 혈액에는 흡수가 되는데, 뼈에는 흡수가 안 됩니다.

03 ⑤비타민 K₁과 ⑥비타민 K₂에 대한 설명으로 가장 적절한 것은?

① ⑤은 ⑥과 달리 우리 몸의 간세포에서 합성된다.
② ⑥은 ⑤과 달리 지방과 함께 섭취해야 한다.
③ ⑥은 ⑤과 달리 표적 단백질의 아미노산을 변형하지 않는다.
④ ⑤과 ⑥은 모두 표적 단백질의 활성화 이전 단계에 작용한다.
⑤ ⑤과 ⑥은 모두 일반적으로는 결핍이 발생해 문제가 되는 경우는 없다.

> **정답 : ④**

표적 단백질이 활성화되려면 그 전에 카르복실화되어 있어야 하는데, 이 카르복실화를 가능하게 하는 것이 비타민 K입니다. 그러므로, 활성화 이전 단계에 작용하면서 활성화에 관여하는 것이죠.

> **해설**

① ⑤은 간세포에서 합성되는 것이 아니라, 간세포에서 활성이 높은 것입니다. ⑤이 합성되는 곳은 식물입니다. 우리는 식물에서 합성된 ⑤을 섭취하는 것이고요.
② 둘 모두 지방에 녹는 물질이고, 지방이 없는 사료를 먹게 되면 비타민 K가 작용하지 않아 혈액 응고가 지연되므로 지방과 함께 섭취하는 것이 옳습니다.
③ 둘 모두 표적 단백질의 아미노산인 글루탐산을 변환시킴으로써 단백질의 활성화에 관여합니다. ④번 선지와 같은 포인트를 묻는 선지네요.
⑤ ⑤이 부족하면 혈액 응고가 더뎌지고, ⑥이 부족하면 혈관 석회화가 일어납니다. 둘 다 결핍이 발생하면 문제가 됩니다.

04 윗글을 참고할 때 <보기>의 (가)~(다)를 투여함에 따라 체내에서 일어나는 반응을 예상한 내용으로 적절하지 <u>않은</u> 것은? [3점]

> ─── <보기> ───
>
> 다음은 혈전으로 인한 질환을 예방 또는 치료하는 약물이다.
> (가) 와파린 : 트롬빈에는 작용하지 않고 비타민 K의 작용을 방해함.
> (나) 플라스미노겐 활성제 : 피브리노겐에는 작용하지 않고 피브린을 분해함.
> (다) 헤파린 : 비타민 K-의존성 단백질에는 작용하지 않고 트롬빈의 작용을 억제함.

① (가)의 지나친 투여는 혈관 석회화를 유발할 수 있겠군.
② (나)는 이미 뭉쳐 있던 혈전이 풀어지도록 할 수 있겠군.
③ (다)는 혈액 응고 인자와 칼슘 이온의 결합을 억제하겠군.
④ (가)와 (다)는 모두 피브리노겐이 전환되는 것을 억제하겠군.
⑤ (나)와 (다)는 모두 피브린 섬유소 그물의 형성을 억제하겠군.

> **<보기> 해설**

셋 모두 '혈전으로 일한 질환'을 예방 또는 치료하기 위한 약물이므로, 혈액의 응고를 방해하거나, 혈전을 분해하는 기능을 할 것입니다.

(가) : 비타민 K의 작용이 방해되면 프로트롬빈이 활성화되어 트롬빈으로 전환되지 않을 것이고, 따라서 혈액의 응고가 일어나지 않을 것입니다. 혈액이 응고되지 않는 것은 문제지만, 만약 혈전이 쌓여서 동맥경화가 일어난 상황이라면 혈전이 쌓이지 않게 하여 동맥경화를 예방할 수도 있겠네요. 또, MGP가 활성화되지 못해 혈관 석회화가 일어날 수 있겠죠.
(나) : 피브린이 분해되면 섬유소 그물이 형성되지 않아 혈병이 생기지 않을 수 있겠네요. 이렇게 되면 혈액의 응고가 일어나지 않고, 동맥경화를 해결할 수도 있을 것입니다.
(다) : 트롬빈의 작용만 억제된다면, 피브린이 형성되지 않아 (나)와 마찬가지로 섬유소 그물이 형성되지 않을 것입니다.

> **정답 : ③**

'혈액 응고 인자와 칼슘 이온의 결합'은 '혈액 응고 인자의 활성화'를 뜻합니다. <u>(다)</u>는 프로트롬빈이라는 혈액 응고 인자가 활성화되어 트롬빈이 형성되는 데에는 영향을 끼치지 못합니다. 활성화된 이후에, 트롬빈이 피브린을 만들지 못하게 할 뿐이죠.

① 비타민 K₂의 작용이 방해받는다면, MGP가 활성화되지 못하여 혈관 석회화가 일어날 수 있을 것입니다.

② 혈전은 섬유소 그물과 혈소판 마개가 뭉쳐서 만들어지는데, 이 중 섬유소 그물을 구성하는 피브린이 분해된다면 혈전도 분해될 수 있을 것입니다.

④ (가)는 트롬빈이 생기지 않게 하고, (나)는 트롬빈의 작용을 억제하면서 트롬빈이 피브리노겐을 피브린으로 바꾸지 못하도록 할 것입니다.

⑤ (나)는 섬유소 그물이 형성되기 위한 구성물인 피브린을 분해하고, (다)는 피브린이 형성되지 못하게 함으로써 섬유소 그물의 형성을 억제할 것입니다.

수능을 대하는 태도가 인생을 대하는 태도가 될 수도

수능을 공부하면서 매일매일 뭔가 계획을 지워나가고 긴 레이스에서 결과를 내는 과정은 이후의 인생과 크게 다르지 않은 것 같다.

영어 학원 선생님이 내게 했던 말씀이 기억에 남는다. 숙제도 안 하고, 단어도 안 외워갔는데 내가 시험은 항상 잘 봤다. 선생님은 나를 남겨서 말씀하시기를,

'너의 그 재능이 지금은 빛날 수 있어도, 어떤 영역에 가면 너는 아무것도 아닌 사람이 되고, 너와 다른 과정을 밟아온 사람들은 어느 순간 너보다 훨씬 위에 있을 거다.'

그 뒤로 공부를 한다고는 했지만 그래도 가슴에 손을 얹고 진짜 죽을 만큼 했냐고 물어보면 그건 아닌 거 같다. 연고대까지의 성적을 정말 빨리 만들었고, 수능을 두 번이나 봤지만, 한 번도 서울대에 갈 성적은 받지 못했다. 뭔가를 시작할 때는 남들보다 잘했지만 결국 시간이 지나면 내 앞에는 좋은 습관을 가진 친구들이 있었다. 철학과에 와서도 처음에는 학점을 잘 받았지만 아무래도 매일 고민하고 공부하는 양이 부족하다 보니, 고작 1년이 지나고 동기들은 나보다 철학에 있어 훨씬 앞서나갔다. 고등학교 때 옆에서 보기에도 '어떻게 저렇게 열심히 하지?' 싶던 애들은 대학에 가서도 여전히 잘하고 있다.

나는 고등학교 때 학교가 끝나면 매일 집에서 한 시간씩 유튜브를 봤고 아직도 그러고 있다. 지금 교재 마감이 얼마 안 남았는데도, 과외 끝나고 오면 한 시간은 유튜브를 봐야 한다.

<u>내가 만약 고등학교때 공부를 그마저도 안했다면 어떻게 됐을까?</u>

그래도 1년 동안 매일 억지로라도 앉아서, 입에 욕을 단 채 몇 시간 동안 문제를 꾸역꾸역 풀던 그 경험이 없었다면 지금 이만치도 살지 못했을 거 같다. 이 순간에도 고3 때마냥 욕을 입에 달고 교재를 마감하고 있다.

<u>수능에서 배우는 것이 사회 생활에 전혀 도움이 안 된다고 주장하는 성인들이 있지만, 사실 수능과 수능에 이르는 과정도 사회 생활이다.</u>

그때 얻은 습관과 태도를 성인이 되어 바꾼다는 것은 거의 불가능하다.

고3, N수라는 상황에서도 못하던 걸 성인이 되어서 할 수 있을까? 누가 시키지도 않는데?

대학이 인생에 얼마나 큰 영향을 끼치냐? 스윙스의 말마따나 <u>오직 자기가 허락하는 만큼만</u> 가능하다. 그러나 대학에 가기까지의 <u>과정은 거의 인생을 결정한다고 봐도 무리가 아닐 것 같다.</u>

사람은 쉽게 변하지 않는다. 변하려면 지금밖에는 기회가 없다.

PART 7
기술 지문

기본적인 독해력이 받쳐준다면,
기술 지문은 문제 풀이로 이어지는 과정이 비교적 쉽습니다.

그러나, 기술 지문은 ①원리가 제시되고 ②기술에 적용되는데,
다른 지문과 마찬가지로 그 둘이 어떻게 연결되는지를 파악하는 거시독해 능력을 요구합니다.
또, 비례/인과 관계가 가장 많이 사용되는 영역이므로, 선지를 판단함에 있어 기본적인 논리력을
갖추고 있어야 합니다. 이는 지문을 읽고, 선지를 해설하며 알려드리겠습니다.

2020학년도 9월 모의평가 **비콘**

스마트폰은 다양한 위치 측정 기술을 활용하여 여러 지형 환경에서 위치를 측정한다. 위치에는 절대 위치와 상대 위치가 있다. 절대 위치는 위도, 경도 등으로 표시된 위치이고, 상대 위치는 특정한 위치를 기준으로 한 상대적인 위치이다.

실외에서는 주로 스마트폰 단말기에 내장된 GPS(위성항법장치)나 IMU(관성측정장치)를 사용한다. GPS는 위성으로부터 오는 신호를 이용하여 절대 위치를 측정한다. GPS는 위치 오차가 시간에 따라 누적되지 않는다. 그러나 전파 지연 등으로 접속 초기에 짧은 시간 동안이지만 큰 오차가 발생하고 실내나 터널 등에서는 GPS 신호를 받기 어렵다. IMU는 내장된 센서로 가속도와 속도를 측정하여 위치 변화를 계산하고 초기 위치를 기준으로 하는 상대 위치를 구한다. 단기간 움직임에 대한 측정 성능이 뛰어나지만 센서가 측정한 값의 오차가 누적되기 때문에 시간이 지날수록 위치 오차가 커진다. 이 두 방식을 함께 사용하면 서로의 단점을 보완하여 오차 를 줄일 수 있다.

한편 실내에서 위치 측정에 사용 가능한 방법으로는 블루투스 기반의 비콘을 활용하는 기술이 있다. 비콘은 실내에 고정 설치되어 비콘마다 정해진 식별 번호와 위치 정보가 포함된 신호를 주기적으로 보내는 기기이다. 비콘들은 동일한 세기의 신호를 사방으로 보내지만 비콘으로부터 거리가 멀어질수록, 벽과 같은 장애물이 많을수록 신호의 세기가 약해진다. 단말기가 비콘 신호의 도달 거리 내로 진입하면 단말기 안의 수신기가 이 신호를 인식한다. 이 신호를 이용하여 2차원 평면에서의 위치를 측정하는 방법으로는 다음과 같은 것들이 있다.

근접성 기법은 단말기가 비콘 신호를 수신하면 해당 비콘의 위치를 단말기의 위치로 측정한다. 여러 비콘 신호를 수신했을 경우에는 신호가 가장 강한 비콘의 위치를 단말기의 위치로 정한다.

삼변측량 기법은 3개 이상의 비콘으로부터 수신된 신호 세기를 측정하여 단말기와 비콘 사이의 거리로 환산한다. 각 비콘을 중심으로 이 거리를 반지름으로 하는 원을 그리고, 그 교점을 단말기의 현재 위치로 정한다. 교점이 하나로 모이지 않는 경우에는 세 원에 공통으로 속한 영역의 중심점을 단말기의 위치로 정한다.

㉠위치 지도 기법은 측정 공간을 작은 구역들로 나누어 각 구역마다 기준점을 설정하고 그 주위에 비콘들을 설치한다. 그러고 나서 비콘들이 송신하여 각 기준점에 도달하는 신호의 세기를 측정한다. 이 신호 세기와 비콘의 식별 번호, 기준점의 위치 좌표를 서버에 있는 데이터베이스에 위치 지도로 기록해 놓는다. 이 작업을 모든 기준점에서 수행한다. 특정한 위치에 도달한 단말기가 비콘 신호를 수신하면 신호 세기를 측정한 뒤 비콘의 식별 번호와 함께 서버로 전송한다. 서버는 수신된 신호 세기와 가장 가까운 신호 세기를 갖는 기준점을 데이터베이스에서 찾아 이 기준점의 위치를 단말기에 알려 준다.

01 윗글의 내용과 일치하는 것은?

① GPS를 이용하여 측정한 위치는 기준이 되는 위치가 어디냐에 따라 달라진다.
② 비콘들이 서로 다른 세기의 신호를 송신해야 단말기의 위치를 측정할 수 있다.
③ 비콘이 전송하는 식별 번호는 신호가 도달하는 단말기를 구별하기 위한 정보이다.
④ 비콘은 실내에서 GPS 신호를 받아 주위에 위성 식별 번호와 위치 정보를 전송하는 장치이다.
⑤ IMU는 단말기가 초기 위치로부터 얼마나 떨어져 있는지를 계산하여 단말기의 위치를 구한다.

02 오차 에 대해 이해한 내용으로 적절한 것은?

① IMU는 시간이 지날수록 전파 지연으로 인한 오차가 커진다.
② GPS는 사용 시간이 길어질수록 위성의 위치를 파악하는 데 오차가 커진다.
③ IMU는 순간적인 오차가 발생하지만 시간이 지날수록 정확한 위치 측정이 가능해진다.
④ GPS는 단말기가 터널에 진입 시 발생한 오차를 터널을 통과하는 동안 보정할 수 있다.
⑤ IMU의 오차가 커지는 것은 가속도와 속도를 측정할 때 생기는 오차가 누적되기 때문이다.

03 ㉠에 대한 이해로 적절하지 않은 것은?

① 측정 공간을 더 많은 구역으로 나눌수록 기준점이 많아진다.
② 단말기가 측정 공간에 들어오기 전에 데이터베이스가 미리 구축되어 있어야 한다.
③ 측정된 신호 세기가 서버에 저장된 값과 가장 가까운 비콘의 위치가 단말기의 위치가 된다.
④ 비콘을 이동하여 설치하면 정확한 위치 측정을 위해 데이터베이스를 갱신할 필요가 있다.
⑤ 위치 지도는 측정 공간 안의 특정 위치에서 수신된 신호 세기와 식별 번호 등을 데이터베이스에 기록해 놓은 것이다.

04 <보기>는 단말기가 3개의 비콘 신호를 받은 상태를 도식화한 것이다. 윗글을 바탕으로 <보기>를 이해한 내용으로 적절한 것은?

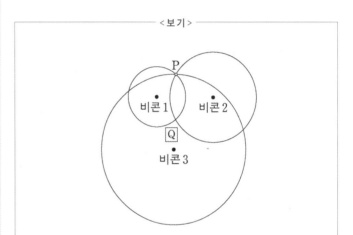

< 보기 >

*각 원의 반지름은 신호 세기로 환산한 비콘과 단말기 사이의 거리이다.
*신호 세기에 영향을 미치는 장애물이 Q 의 위치에 있다.
　(단, 세 원에 공통으로 속한 영역이 항상 존재한다고 가정하며, 신호 세기에 영향을 미치는 다른 요소는 고려하지 않음.)

① 근접성 기법과 삼변측량 기법으로 측정한 단말기의 위치는 동일하겠군.
② 측정된 신호 세기를 약한 것부터 나열하면 비콘1, 비콘2, 비콘3의 신호 순이겠군.
③ 실제 단말기의 위치는 삼변측량 기법으로 측정된 위치에 비해 비콘3에 더 가까이 있겠군.
④ Q 의 위치에 있는 장애물이 제거된다면, 삼변측량 기법으로 측정되는 단말기의 위치는 현재 측정된 위치에서 P방향으로 이동하겠군.
⑤ 단말기에서 측정되는 비콘2의 신호 세기만 약해진다면, 삼변측량 기법으로 측정되는 단말기의 위치는 현재 측정된 위치에서 비콘2 방향으로 이동하겠군.

스마트폰은 <다양한 위치 측정 기술을 활용하여> 여러 지형 환경에서 위치를 측정한다. 위치에는 절대 위치와 상대 위치가 있다. 절대 위치는 위도, 경도 등으로 표시된 위치이고, 상대 위치는 <특정한 위치를 기준으로 한> 상대적인 위치이다.

위치 측정 기술을 활용하여 위치를 측정하고, 위치에는 절대 위치와 상대 위치가 있답니다. '상대 위치'는 항상 기준이 되는 특정한 위치가 있음을 유의합시다.

<실외에서는> 주로 스마트폰 단말기에 내장된 GPS(위성항법장치)나 IMU(관성측정장치)를 사용한다. GPS는 <위성으로부터 오는 신호를 이용하여> 절대 위치를 측정한다. GPS는 위치 오차가 시간에 따라 누적되지 않는다. 그러나 <전파 지연 등으로> 접속 초기에 짧은 시간 동안이지만 큰 오차가 발생하고 실내나 터널 등에서는 GPS 신호를 받기 어렵다.

스마트폰이 활용하는 위치 측정 기술을 소개합니다. 그중 하나인 GPS는, 위도나 경도 등으로 표시되는 '절대 위치'를 측정하는 것입니다. 이는 오차가 누적되지는 않는 대신, 초기 짧은 시간에는 큰 오차가 발생하고 실내나 터널에서는 사용하기 힘들다는 단점이 있습니다.

IMU는 내장된 센서로 가속도와 속도를 측정하여 위치 변화를 계산하고 <초기 위치(특정한 위치)를 기준으로 하는> 상대 위치를 구한다. 단기간 움직임에 대한 측정 성능이 뛰어나지만 센서가 측정한 값의 오차가 누적되기 때문에 시간이 지날수록 위치 오차가 커진다.

반면 IMU는 '초기 위치'라는 특정한 위치를 기준으로 하는 상대 위치를 측정하고, 이는 짧은 시간 동안은 정확하지만 오차가 누적되기에, 장기에는 오차가 커집니다. 앞서 설명된 GPS와 장단점이 반대로 대응됩니다.

이 두 방식을 함께 사용하면 서로의 단점을 보완하여 오차를 줄일 수 있다.

장기적으로는 GPS가 오차가 적지만, 단기적으로는 IMU의 오차가 적기 때문에, 둘을 함께 사용하면 서로를 보완할 수 있겠죠.

한편 <실내에서> 위치 측정에 사용 가능한 방법으로는 블루투스 기반의 비콘을 활용하는 기술이 있다. 비콘은 실내에 고정 설치되어 <비콘마다 정해진 식별 번호와 위치 정보가 포함된> 신호를 주기적으로 보내는 기기이다.

앞서 스마트폰이 실외에서 GPS와 IMU를 활용하는 것과는 다르게, 실내에서 '비콘'을 사용하는 방법이 나옵니다. 비콘은 어떤 장소에 고정적으로 설치되어, 주변에 자신의 식별 번호와 위치 정보를 포함한 신호를 주기적으로 보내는 기기라는데, 이 신호를 받아서 위치 측정을 하고자 하는 사람이 어떻게 자신의 위치를 알 수 있는지 다음의 내용을 통해 알아봅시다.

비콘들은 <동일한> 세기의 신호를 사방으로 보내지만 비콘으로부터 거리↑가 멀어질수록, 벽과 같은 장애물↑이 많을수록 신호의 세기↓가 약해진다. <단말기가 비콘 신호의 도달 거리 내로 진입하면> 단말기 안의 수신기가 이 신호를 인식한다. 이 신호를 이용하여 2차원 평면에서의 (단말기의) 위치를 측정하는 방법으로는 다음과 같은 것들이 있다.

비콘이 주변에 신호를 보내는데, 각각의 비콘들이 보내는 신호의 세기는 동일합니다. 다만, 단말기 안의 수신기가 받는 신호는, 거리에 따라, 장애물의 수에 따라 달라지는 것이죠. 일정 거리 내에서, 단말기는 이 신호를 이용해서 자신의 위치를 측정합니다. 뒤에는 그 방법들이 제시됩니다.

근접성 기법은 <단말기가 비콘 신호를 수신하면> 해당 비콘의 위치를 단말기의 위치로 측정한다. <여러 비콘 신호를 수신했을 경우에는> (수신된) 신호가 가장 강한 비콘의 위치를 단말기의 위치로 정한다.

근접성 기법에서는, 단말기의 위치를 수신 받은 신호를 보낸 '비콘의 위치'로 정합니다. 여러 비콘으로부터 수신했다면, 그중 신호가 가장 강한 비콘의 위치를 단말기의 위치로 판단하는 것이고요. 이때 2문단에 나온 대로, 각 비콘이 사방으로 보내는 신호의 세기는 동일하지만, 비콘까지의 거리, 그리고 중간의 장애물에 따라 단말기가 수신하는 신호의 세기는 달라지는 것이죠. 당연히 실제 단말기의 위치와, 단말기의 위치로 정해진 비콘의 위치는 어느 정도의 차이는 있을 것입니다.

삼변측량 기법은 <3개 이상의 비콘으로부터 수신된> 신호 세기를 측정하여 단말기와 비콘 사이의 거리로 환산한다. 각 비콘을 중심으로 이 거리를 반지름으로 하는 원을 그리고, 그 교점을 단말기의 현재 위치로 정한다. <교점이 하나로 모이지 않는 경우에는> 세 원에 공통으로 속한 영역의 중심점을 단말기의 위치로 정한다.

장애물을 고려하지 않는다면, 수신된 신호의 세기는 단말기와 비콘 사이의 거리에 반비례할 것입니다. 이렇게 수신된 신호를 바탕으로, 단말기와 비콘 사이의 거리를 추론하고, 그 거리를 반지름으로, 비콘이 중심이 되는 가상의 원을 그립니다. 이 세 원의 교점, 혹은 세 원이 공통으로 속하는 영역의 중점을 단말기의 위치로 정한다네요.

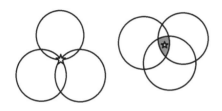

이렇게 그림을 그려보면, 각 원의 중심점이 비콘이고, 별표의 지점이 단말기의 위치로 정해지는 곳입니다.

위치 지도 기법은 <측정 공간을 작은 구역들로 나누어> 각 구역마다 기준점을 설정하고 그 주위에 비콘들을 설치한다. 그러고 나서 비콘들이 송신하여 각 기준점에 도달하는 신호의 세기를 측정한다. 이 (각 기준점이 수신하는) 신호 세기와 비콘의 식별 번호, 기준점의 위치 좌표를 서버에 있는 데이터베이스에 위치 지도로 기록해 놓는다. 이 작업을 <모든> 기준점에서 수행한다.

위의 두 기법과는 달리, '위치 지도 기법'을 설명하는 마지막 문단에서는 단말기가 신호를 수신하여 자신의 위치를 측정하기 이전에, 비콘을 설치하고 데이터베이스를 쌓는 제반 작업을 먼저 설명합니다. 모든 기준점들이 각각 받는 신호들이 서버에 미리 기록되어 있어야 이 기법을 쓸 수 있는 것이죠.

특정한 위치에 도달한 단말기가 비콘 신호를 수신하면 신호 세기를 측정한 뒤 비콘의 식별 번호와 함께 서버로 전송한다. 서버는 수신된 신호 세기와 가장 가까운 신호 세기를 갖는 기준점을 데이터베이스에서 찾아 이 기준점의 위치를 단말기에 알려 준다.

어떤 위치에 단말기가 도달하면, 이 단말기는 비콘의 신호를 받아서 그 세기를 측정하고, 신호를 보낸 비콘의 식별 번호와 신호의 세기를 서버에 전송합니다. 서버는 이 정보를 수신하여, 그 신호 세기와 가장 가까운 신호 세기를 갖는 기준점의 위치를 단말기에 알려줍니다. 위치 지도 기법에서는, 이 기준점의 위치를 단말기의 위치로 판단할 것입니다.

01 윗글의 내용과 일치하는 것은?

① GPS를 이용하여 측정한 위치는 기준이 되는 위치가 어디냐에 따라 달라진다.
② 비콘들이 서로 다른 세기의 신호를 송신해야 단말기의 위치를 측정할 수 있다.
③ 비콘이 전송하는 식별 번호는 신호가 도달하는 단말기를 구별하기 위한 정보이다.
④ 비콘은 실내에서 GPS 신호를 받아 주위에 위성 식별 번호와 위치 정보를 전송하는 장치이다.
⑤ IMU는 단말기가 초기 위치로부터 얼마나 떨어져 있는지를 계산하여 단말기의 위치를 구한다.

IMU는 상대 위치를 측정하는 방식이고, 이는 '초기 위치'라는 특정한 위치를 기준으로 단말기의 위치를 측정합니다. 가속도와 속도를 바탕으로, 초기 위치로부터 얼마나 떨어져 있냐를 계산하는 것이죠.

해설

① GPS는 절대 위치를 측정하는 방식이기에, 기준이 되는 특정한 위치를 설정하여 사용하지 않습니다.
② 비콘들이 <u>송신하는 신호의 세기는 동일</u>하고, 거리나 장애물의 유무에 따라 단말기가 <u>수신하는 신호의 세기는 달라집니다.</u>
③ 비콘의 식별 번호는, 비콘마다 정해지는 것이기에 단말기가 각 <u>비콘을 구별하기 위한</u> 정보입니다. '비콘의 식별 번호'라는 부분에서 어느 정도의 추론이 필요해 보입니다.
④ 비콘은 단말기에 신호를 보내고, 단말기와 비콘 사이의 거리를 이용한다는 점에서는 '상대 위치'를 측정하는 것과 비슷한 방식입니다. GPS를 사용한다는 얘기도, 위성을 사용한다는 얘기도 지문에 드러나 있지 않습니다.

02 오차 에 대해 이해한 내용으로 적절한 것은?

① IMU는 시간이 지날수록 전파 지연으로 인한 오차가 커진다.
② GPS는 사용 시간이 길어질수록 위성의 위치를 파악하는 데 오차가 커진다.
③ IMU는 순간적인 오차가 발생하지만 시간이 지날수록 정확한 위치 측정이 가능해진다.
④ GPS는 단말기가 터널에 진입 시 발생한 오차를 터널을 통과하는 동안 보정할 수 있다.
⑤ IMU의 오차가 커지는 것은 가속도와 속도를 측정할 때 생기는 오차가 누적되기 때문이다.

IMU는 짧은 시간 동안은 측정 성능이 뛰어나지만, 오차가 누적되기 때문에 장기적으로는 GPS를 사용함으로써 보완할 수 있습니다.

해설

① 오차가 시간이 지날수록 누적되는 것은 맞지만, 전파 지연은 그 원인이 아닙니다. 전파 지연은 GPS가 짧은 시간 동안 큰 오차를 갖는 이유입니다.
② GPS는 사용 시간이 길어지면, 오히려 장기에는 IMU와 달리 오차가 누적되지 않아 정확하고, 초기 짧은 시간 동안만 큰 오차가 발생합니다.
③ GPS에 대한 설명입니다.
④ <u>터널 안에서는 신호를 받기 어렵다</u>는 것이 GPS의 단점 중 하나입니다.

03 ⊙위치 지도 기법에 대한 이해로 적절하지 않은 것은?

① 측정 공간을 더 많은 구역으로 나눌수록 기준점이 많아진다.
② 단말기가 측정 공간에 들어오기 전에 데이터베이스가 미리 구축되어 있어야 한다.
③ 측정된 신호 세기가 서버에 저장된 값과 가장 가까운 비콘의 위치가 단말기의 위치가 된다.
④ 비콘을 이동하여 설치하면 정확한 위치 측정을 위해 데이터베이스를 갱신할 필요가 있다.
⑤ 위치 지도는 측정 공간 안의 특정 위치에서 수신된 신호 세기와 식별 번호 등을 데이터베이스에 기록해 놓은 것이다.

> **정답 : ③**

위치 지도 기법에서는 '비콘'의 위치가 아니라, 수신된 신호 세기와 가장 가까운 신호 세기를 갖는 '기준점'의 위치를 단말기의 위치로 정합니다.

> **해설**

① 측정 공간을 나눈 구역마다 기준점을 설정하므로, 구역이 많아진다면 기준점도 많아질 것입니다.
② 위치 지도 기법은, 앞서 나온 두 기법과는 다르게 비콘을 설치하고 데이터베이스를 구축하는 제반 작업에 대한 언급이 나와 있었죠. 이 과정이 없다면 수신된 신호 세기를 통해 가장 가까운 신호 세기의 기준점을 찾는 작업을 수행하지 못할 것입니다.
④ 비콘의 위치가 이동한다면, 그 비콘이 송신한 신호를 각 기준점에서 수신하는 세기도 달라질 것이고, 따라서 데이터베이스도 수정되어야 함을 생각할 수 있습니다.
⑤ 위치 지도 기법에서는, 기준점(특정 위치)에서 수신한 신호 세기와 비콘의 식별 번호, 기준점의 위치 좌표를 서버에 있는 데이터베이스에 위치 지도의 형태로 기록합니다.

04 <보기>는 단말기가 3개의 비콘 신호를 받은 상태를 도식화한 것이다. 윗글을 바탕으로 <보기>를 이해한 내용으로 적절한 것은?

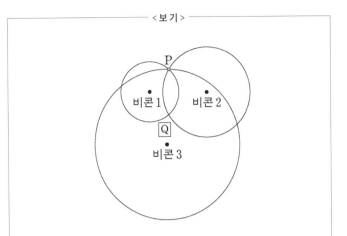

─ <보기> ─

*각 원의 반지름은 신호 세기로 환산한 비콘과 단말기 사이의 거리이다.
*신호 세기에 영향을 미치는 장애물이 Q의 위치에 있다.
(단, 세 원에 공통으로 속한 영역이 항상 존재한다고 가정하며, 신호 세기에 영향을 미치는 다른 요소는 고려하지 않음.)

① 근접성 기법과 삼변측량 기법으로 측정한 단말기의 위치는 동일하겠군.
② 측정된 신호 세기를 약한 것부터 나열하면 비콘1, 비콘2, 비콘3의 신호 순이겠군.
③ 실제 단말기의 위치는 삼변측량 기법으로 측정된 위치에 비해 비콘3에 더 가까이 있겠군.
④ Q의 위치에 있는 장애물이 제거된다면, 삼변측량 기법으로 측정되는 단말기의 위치는 현재 측정된 위치에서 P방향으로 이동하겠군.
⑤ 단말기에서 측정되는 비콘2의 신호 세기만 약해진다면, 삼변측량 기법으로 측정되는 단말기의 위치는 현재 측정된 위치에서 비콘2 방향으로 이동하겠군.

> **<보기> 해설**

원의 반지름은 신호 세기로 환산한 거리이므로, 반지름이 큰 원의 중심점(비콘)일수록 단말기와 더 멀리 떨어져 있다고 판단합니다. 이때 근접성 기법에서라면 가장 신호가 강한 비콘의 위치를 단말기의 위치로 정하므로, 가장 반지름이 작은 원의 중심인 비콘1이 단말기의 위치로 정해질 것입니다. 삼변측량 기법에서는, 세 원의 교점 혹은 공통 구역의 중점을 단말기의 위치로 정하므로, 저 그림에서는 교점 P가 단말기의 위치로 정해질 것입니다. 위의 그림은 구역을 나누고 기준점을 설정하는, 조금 다른 메커니즘의 위치 지도 기법과는 대응되지 않네요.
만약 단말기가 P와 Q 사이 어딘가에 있다면, 실제로 비콘 3은 단말기가 판단한 것보다는 단말기와 더 가까운 곳에 있을 겁니다. 사이에 Q

라는 장애물이 있기 때문에 신호가 더 약해졌을 것이기 때문이죠.

삼변 측량 기법에서 판단한 <u>단말기의 위치</u>는 P입니다. 그런데 P와 비콘3 사이에는 장애물 Q가 있고, 따라서 단말기가 수신한 <u>비콘3의 신호</u>는 장애물 때문에, 거리에 비해 더 작게 나와, 반지름이 커졌을 것입니다. Q가 없다면, <u>비콘 3의 반지름은 줄어들 것이고</u>, 따라서 삼변측량 기법으로 측정한 단말기의 위치(비콘1,2,3의 교집합의 중점)도 Q 방향으로 이동할 것입니다.

해설

① 근접성 기법에서는 비콘1의 위치를, 삼변측량 기법에서는 P를 단말기의 위치로 정합니다.

② 반지름이 작을수록 신호의 크기가 큰 것이니, 비콘3, 비콘2, 비콘1의 순입니다.

④ 정답 선지 해설과 같이, Q방향으로 이동할 것입니다.

⑤ 비콘2의 신호 세기만 약해진다면, 비콘2를 중심으로 하는 원의 반지름이 커지고, 따라서 세 비콘의 교집합의 중점은 비콘1 쪽으로 더 이동할 것입니다. <u>조금 더 이해를 하면서 선지를 읽은 학생이라면</u>, 신호 세기가 약할수록 멀리 있는 건데, '신호 세기가 약해진다면 그 비콘 쪽으로 단말기의 위치가 이동한다'는 선지가 말이 되지 않는다고 생각했을 것 같습니다. 비콘으로부터 수신되는 신호가 강해질수록 그 비콘 쪽으로 단말기의 위치로 판단되는 점이 이동하겠죠.

[1~4] 다음 글을 읽고 물음에 답하시오.

2023학년도 9월 모의평가 **검색엔진**

인터넷 검색 엔진은 검색어를 포함하는 웹 페이지를 찾아 화면에 보여 준다. 웹 페이지가 화면에 나타나는 순서를 정하기 위해 검색 엔진은 수백 개가 ⓐ넘는 항목을 고려한 다양한 방식을 사용한다. 대표적인 항목으로 중요도와 적합도가 있다.

검색 엔진은 빠른 시간 내에 검색 결과를 보여 주기 위해 웹 페이지들의 데이터를 수집하여 인덱스를 미리 작성해 놓는다. 인덱스란 단어를 알파벳순으로 정리한 목록으로, 여기에는 각 단어가 등장하는 웹 페이지와 단어의 빈도수 등이 저장된다. 이때 각 웹 페이지의 중요도가 함께 기록된다.

㉠중요도는 웹 페이지의 중요성을 값으로 나타낸 것으로 링크 분석 기법으로 측정할 수 있다. 기본적인 링크 분석 기법에서 웹 페이지 A의 값은 A를 링크한 각 웹 페이지들로부터 받는 값의 합이다. 이렇게 받은 A의 값은 A가 링크한 다른 웹 페이지들에 균등하게 나눠진다. 즉 A의 값이 4이고 A가 두 개의 링크를 통해 다른 웹 페이지로 연결된다면, A의 값은 유지되면서 두 웹 페이지에는 각각 2가 보내진다.

하지만 두 웹 페이지가 실제로 받는 값은 2에 댐핑 인자를 곱한 값이다. 댐핑 인자는 사용자들이 웹 페이지를 읽다가 링크를 통해 다른 웹 페이지로 이동하지 않는 비율을 반영한 값으로 1 미만의 값을 가진다. 댐핑 인자는 모든 링크에 동일하게 적용된다. 가령 그 비율이 20%이면 댐핑 인자는 0.8이고 두 웹 페이지는 A로부터 각각 1.6을 받는다. 웹 페이지로 연결된 링크를 통해 받는 값을 모두 반영했을 때의 값이 각 웹 페이지의 중요도이다. 웹 페이지들을 연결하는 링크들은 변할 수 있기 때문에 검색 엔진은 주기적으로 웹 페이지의 중요도를 갱신한다.

사용자가 검색어를 입력하면 검색 엔진은 인덱스에서 검색어에 적합한 웹 페이지를 찾는다. ㉡적합도는 단어의 빈도, 단어가 포함된 웹 페이지의 수, 웹 페이지의 글자 수를 반영한 식을 통해 값이 정해진다. 해당 검색어가 많이 나올수록, 그 검색어를 포함하는 다른 웹 페이지의 수가 적을수록, 현재 웹 페이지의 글자 수가 전체 웹 페이지의 평균 글자 수에 비해 적을수록 적합도가 높아진다. 검색 엔진은 중요도와 적합도, 기타 항목들을 적절한 비율로 합산하여 화면에 나열되는 웹 페이지의 순서를 결정한다.

01 윗글을 통해 알 수 있는 내용으로 가장 적절한 것은?

① 인덱스는 사용자가 검색어를 입력한 직후에 작성된다.
② 사용자가 링크를 따라 다른 웹 페이지로 이동하는 비율이 높을수록 댐핑 인자가 커진다.
③ 링크 분석 기법은 웹 페이지 사이의 링크를 분석하여 웹페이지의 적합도를 값으로 나타낸다.
④ 웹 페이지의 중요도는 다른 웹 페이지에서 받는 값과 다른 웹 페이지에 나눠 주는 값의 합이다.
⑤ 사용자가 검색어를 입력하면 검색 엔진은 검색한 결과를 인덱스에 정렬된 순서대로 화면에 나타낸다.

02 ㉠, ㉡을 고려하여 검색 결과에서 웹 페이지의 순위를 높이기 위한 방안으로 가장 적절한 것은?

① 화제가 되고 있는 검색어들을 웹 페이지에 최대한 많이 나열하여 ㉠을 높인다.
② 사람들이 많이 접속하는 유명 검색 사이트로 연결하는 링크를 웹 페이지에 많이 포함시켜 ㉠을 높인다.
③ 알파벳순으로 앞 순서에 있는 단어들을 웹 페이지 첫 부분에 많이 포함시켜 ㉡을 높인다.
④ 다른 많은 웹 페이지들이 링크하도록 웹 페이지에서 여러 주제를 다루고 전체 글자 수를 많게 하여 ㉡을 높인다.
⑤ 다른 웹 페이지에서 흔히 다루지 않는 주제를 간략하게 설명하되 주제와 관련된 단어를 자주 사용하여 ㉡을 높인다.

03 <보기>는 웹 페이지들의 관계를 도식화한 것이다. 윗글을 바탕으로 <보기>를 이해한 내용으로 적절한 것은? [3점]

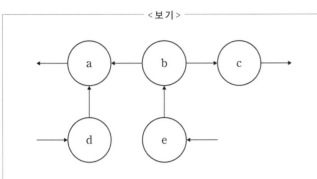

< 보기 >

원은 웹 페이지이고, 화살표는 웹 페이지에서 링크를 통해 화살표 방향의 다른 웹 페이지로 연결됨을 뜻한다. 댐핑 인자는 0.5이고, d와 e의 중요도는 16으로 고정된 값이다.

(단, 링크와 댐핑 인자 외에 웹 페이지의 중요도에 영향을 주는 다른 요소는 고려하지 않음.)

① a의 중요도는 16이다.
② a가 b와 d로부터 각각 받는 값은 같다.
③ b에서 a로의 링크가 끊어지면 b와 c의 중요도는 같다.
④ e에서 a로의 링크가 추가되면 b의 중요도는 6이다.
⑤ e에서 c로의 링크가 추가되면 c의 중요도는 5이다.

04 문맥상 ⓐ의 의미와 가장 가까운 것은?

① 공부를 하다 보니 시간은 자정이 넘었다.
② 그들은 큰 산을 넘어서 마을에 도착했다.
③ 철새들이 국경선을 넘어서 훨훨 날아갔다.
④ 선수들은 가까스로 어려운 고비를 넘었다.
⑤ 갑자기 냄비에서 물이 넘어서 좀 당황했다.

01	02	03	04
②	⑤	⑤	①

인터넷 검색 엔진은 <검색어를 포함하는> 웹 페이지를 찾아 화면에 보여 준다. <웹 페이지가 화면에 나타나는 순서를 정하기 위해> 검색 엔진은 <수백 개가 넘는 항목을 고려한> 다양한 방식을 사용한다. 대표적인 항목으로 중요도와 적합도가 있다.

우리가 인터넷에 무언가를 검색하면 화면에는 그 단어가 포함된 페이지들이 쭉 정렬됩니다. 여기서 설명하는 것은 그렇게 정렬된 페이지들의 '순서'를 정하는 방식에 대한 거예요. 그 순서는 여러 항목을 고려하며, 그중 대표적인 것으로 '중요도'와 '적합도'가 있답니다. 아마 둘 다 뒤에서 설명될 테니 집중해서 읽어봅시다.

검색 엔진은 <빠른 시간 내에 검색 결과를 보여 주기 위해> <웹 페이지들의 데이터를 수집하여> 인덱스를 미리 작성해 놓는다. 인덱스란 단어를 <알파벳순으로> 정리한 목록으로, 여기에는 각 단어가 등장하는 웹 페이지와 단어의 빈도수 등이 저장된다. 이때 각 웹 페이지의 중요도가 함께 기록된다.

인덱스는 '미리' 작성된다는 점에 주의합시다. 기술 지문에서는 종종 어떤 과정이 진행되면서 축적되는 데이터와, 과정을 수행하기 전에 미리 정리해 놓은 데이터가 대비됩니다(2020학년도 9월 모의평가 '비콘' 지문에도 비슷한 아이디어가 있습니다). 여기서 인덱스는 알파벳순으로 정리한 목록이며, 각 단어가 등장하는 웹 페이지와 단어의 빈도수 등을 저장해 놓은 것이란 정보를 그대로 챙겨갑시다. 이런 인덱스가 정리될 때 '각 웹 페이지의 중요도'도 함께 기록된다는 것을 보니, 아까 나온 '요소' 중 중요도는 인덱스와 관련이 있겠네요. 어떤 관련인지 계속 살펴봅시다.

㉠중요도는 웹 페이지의 중요성을 값으로 나타낸 것으로 <링크 분석 기법으로> 측정할 수 있다.

중요도는 말 그대로 웹 페이지의 중요성을 값으로 나타낸 것인데, 여기서 중요한 것은 이 정의 자체가 아니라 중요성을 어떤 기준으로 판단하고, 어떻게 값으로 나타내는지를 파악하는 것입니다. '링크 분석 기법'을 통해 중요도를 측정한다니까, 아마 링크 분석 기법에 대한 설명을 읽으면 저 요소들을 파악할 수 있을 겁니다.

<기본적인 링크 분석 기법에서> 웹 페이지 A의 값은 A를 링크한 각 웹 페이지들로부터 받는 값의 합이다. 이렇게 받은 A의 값은 A가 링크한 다른 웹 페이지들에 <균등하게> 나눠진다. 즉 A의 값이 4이고 A가 두 개의 링크를 통해 다른 웹 페이지로 연결된다면, <A의 값은 유지되면서> 두 웹 페이지에는 각각 2가 보내진다.

여기서 '값'이라고 하는 것은 당연히 중요도를 나타냅니다. 그리고 어떤 페이지 A의 중요도는, 그 페이지 A를 링크한 다른 웹 페이지들로부터 받은 값들의 합으로 정의되고, A가 링크한 웹 페이지들에 다시 균등하게 분배됩니다. (뒤에 나오는 댐핑 인자가 없다면) 결국 A가 받은 값의 합과 A가 주는 값의 합은 같은 거예요! 그게 A의 중요도고요.

하지만 두 웹 페이지가 실제로 받는 값은 2에 댐핑 인자를 곱한 값이다. 댐핑 인자는 사용자들이 웹 페이지를 읽다가 링크를 통해 다른 웹 페이지로 이동하지 않는 비율을 반영한 값으로 <1 미만의> 값을 가진다. 댐핑 인자는 모든 링크에 동일하게 적용된다. 가령 그 비율(다른 웹 페이지로 이동하지 않는 비율)이 20%이면 댐핑 인자는 0.8이고 두 웹 페이지는 A로부터 각각 1.6을 받는다.

그런데 A가 보내는 값이랑 정작 다른 웹 페이지가 받는 값은 달라지는데, 바로 댐핑 인자 때문입니다. 문장을 의도적으로 어렵게 써 놓았는데, 뒤의 예시를 보면 댐핑 인자는 1에서 사용자들이 링크를 통해 이동하지 않는 비율을 뺀 것으로 보입니다. 따라서, 사용자들이 링크를 통해 이동하지 않을수록 댐핑 인자는 작아지고, 많이 이동할수록 커지는 것이죠.

댐핑 인자는 '다른 웹페이지로 이동하지 않는 비율'을 반영한다고 해놓고, 정작 '다른 웹페이지로 이동하지 않는 비율'과 댐핑 인자는 음의 상관관계입니다. 이게 음의 상관관계라는 걸 설명만 보고 알기는 어렵고, 뒤의 예시를 읽어야만 파악이 가능했어요. 정말 치사한 서술입니다.

웹 페이지로 연결된 링크를 통해 받는 값을 모두 반영했을 때의 값이 각 웹 페이지의 중요도이다. <웹 페이지들을 연결하는 링크들은 변할 수 있기 때문에> 검색 엔진은 <주기적으로> 웹 페이지의 중요도를 갱신한다.

어떤 페이지 X의 중요도는, X와 연결된 링크를 통해 전달된 값에 댐핑 인자를 곱한 값들의 합으로 정해질 것입니다. 이때 X를 연결하는 링크들이 바뀌면 전달되는 값들도 바뀌게 될 테니, 검색 엔진들은 주기적으로 웹 페이지의 중요도를 갱신해준다네요. 비교적 밀도가 낮은 부분입니다.

> <사용자가 검색어를 입력하면> 검색 엔진은 <인덱스에서> <검색어에 적합한> 웹 페이지를 찾는다. ⓛ적합도는 <단어의 빈도, 단어가 포함된 웹 페이지의 수, 웹 페이지의 글자 수를 반영한> 식을 통해 값이 정해진다. 해당 검색어↑가 많이 나올수록(빈도), 그 검색어를 포함하는 다른 웹 페이지의 수↓가 적을수록, 현재 웹 페이지의 글자 수↓가 전체 웹 페이지의 평균 글자 수에 비해 적을수록 적합도↑가 높아진다.

아까 중요도를 구하는 방식에 비해서 적합도는 조금 쉽게 제시됩니다. 해당 검색어의 빈도가 높을수록, 단어가 포함된 다른 웹 페이지의 수가 적을수록, 웹 페이지의 글자 수가 적을수록 적합도가 높아진다네요. 생각해보면, 어떤 검색어를 검색했을 때 그 검색어가 많이 나오는 글일수록, 다른 웹 페이지에서는 그 검색어에 대한 정보를 덜 줄수록, 글자 수는 적은데 그 안에 검색어가 포함된 내용이 있을수록, 해당 검색어에 대한 정보를 습득하기에 적합한 페이지일 것입니다. 이때 중요도는 '검색어 입력과 무관하게 링크에 의해' 결정되는 반면, 적합도는 '링크와 무관하게 검색어 입력에 의해' 결정된다는 점을 이해하면 좋을 듯합니다.

> 검색 엔진은 <중요도와 적합도, 기타 항목들을 적절한 비율로 합산하여> 화면에 나열되는 웹 페이지의 순서를 결정한다.

첫 문단의 내용이 다시 반복되면서 글이 마무리됩니다. 사실 지문의 구조가 어려운 것도, 낯선 개념이 많이 나오는 것도 아닌데, 정보를 주는 방식이 매우 불친절하다보니 많은 학생들이 어려움을 느꼈을 것 같습니다.

01 윗글을 통해 알 수 있는 내용으로 가장 적절한 것은?

① 인덱스는 사용자가 검색어를 입력한 직후에 작성된다.
② 사용자가 링크를 따라 다른 웹 페이지로 이동하는 비율이 높을수록 댐핑 인자가 커진다.
③ 링크 분석 기법은 웹 페이지 사이의 링크를 분석하여 웹페이지의 적합도를 값으로 나타낸다.
④ 웹 페이지의 중요도는 다른 웹 페이지에서 받는 값과 다른 웹 페이지에 나눠 주는 값의 합이다.
⑤ 사용자가 검색어를 입력하면 검색 엔진은 검색한 결과를 인덱스에 정렬된 순서대로 화면에 나타낸다.

정답 : ②

다른 웹 페이지로 이동하지 않는 비율이 20%일 때 댐핑 인자는 0.8이 되는 것을 보면, 댐핑 인자는 -(다른 웹 페이지로 이동하지 않는 비율)인 것처럼 보입니다. 그렇다면 '다른 웹 페이지로 이동하지 않는 비율'이 높을수록 댐핑 인자는 작아지고, '다른 웹 페이지로 이동하는 비율'이 높을수록 댐핑 인자는 커지겠네요. 단순 내용일치 문항 같지만, 지문에서 개념을 복잡하게 꼬아서 제시했기에 어려움을 겪을 수 있었을 듯합니다.

해설

① 인덱스는 검색어를 입력하기 전에 '미리' 작성됩니다.
③ 링크 분석 기법은 적합도가 아닌 중요도를 값으로 나타내기 위한 것입니다.
④ 다른 웹 페이지에서 '받는 값'의 합입니다. 다른 웹 페이지에 값을 줄 때 주는 쪽의 중요도는 '유지'됩니다. 줄 때는 늘어나지도 줄어들지도 않는 거예요.
⑤ 인덱스에 정렬된 순서는 알파벳순입니다. 검색을 하면 결과가 알파벳순으로 나오는 것이 아니라, 중요도와 적합도 등의 인자를 고려한 순서로 나옵니다.

02 ⓐ 중요도, ⓑ 적합도를 고려하여 검색 결과에서 웹 페이지의 순위를 높이기 위한 방안으로 가장 적절한 것은?

① 화제가 되고 있는 검색어들을 웹 페이지에 최대한 많이 나열하여 ⓐ을 높인다.
② 사람들이 많이 접속하는 유명 검색 사이트로 연결하는 링크를 웹 페이지에 많이 포함시켜 ⓐ을 높인다.
③ 알파벳순으로 앞 순서에 있는 단어들을 웹 페이지 첫 부분에 많이 포함시켜 ⓑ을 높인다.
④ 다른 많은 웹 페이지들이 링크하도록 웹 페이지에서 여러 주제를 다루고 전체 글자 수를 많게 하여 ⓑ을 높인다.
⑤ 다른 웹 페이지에서 흔히 다루지 않는 주제를 간략하게 설명하되 주제와 관련된 단어를 자주 사용하여 ⓑ을 높인다.

`정답 : ⑤`

'흔히 다루지 않는 주제'는 '그 검색어를 포함하는 다른 웹 페이지의 수'가 적음을 의미하고, '간략하게 설명'은 '현재 웹 페이지의 글자 수가 전체 웹 페이지의 평균 글자 수에 비해 적음'을 의미합니다. '주제와 관련된 단어를 자주 사용'한다는 것은 해당 검색어가 많이 나온다는 얘기네요. ⓑ적합도를 높이기 위한 모든 요소가 포함된 방법입니다.

`해설`

① '링크'와 관련 없기 때문에 ⓐ중요도를 높이는 방안일 수 없습니다. 또 검색어를 최대한 많이 나열하는 것은 오히려 ⓑ적합도를 낮추는 일이기에, 웹 페이지의 순위를 높이는 방안이 될 수 없네요.
② 웹 페이지 안에서 다른 링크들을 많이 포함시킨다고 ⓐ중요도가 높아지는 것이 아닙니다. 중요도는 다른 링크를 많이 걸어서 높아지는 것이 아니라, 다른 링크들에 의해 많이 걸려서 높아지는 것이에요.
③ 알파벳순은 ⓐ중요도, ⓑ적합도를 높이는데 하등 관계가 없습니다. 인덱스가 정렬된 순서일 뿐이에요.
④ 링크는 ⓐ중요도를 높일 때 필요한 것이고, ⓑ적합도와는 관련이 없습니다. 그리고 ⓑ을 올리려 해도 전체 글자 수를 적게 하는 것이 유리해요.

03 <보기>는 웹 페이지들의 관계를 도식화한 것이다. 윗글을 바탕으로 <보기>를 이해한 내용으로 적절한 것은? [3점]

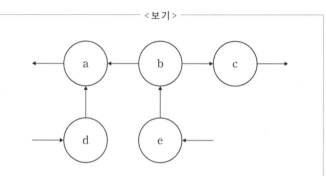

< 보기 >

원은 웹 페이지이고, 화살표는 웹 페이지에서 링크를 통해 화살표 방향의 다른 웹 페이지로 연결됨을 뜻한다. 댐핑 인자는 0.5이고, d와 e의 중요도는 16으로 고정된 값이다.
(단, 링크와 댐핑 인자 외에 웹 페이지의 중요도에 영향을 주는 다른 요소는 고려하지 않음.)

① a의 중요도는 16이다.
② a가 b와 d로부터 각각 받는 값은 같다.
③ b에서 a로의 링크가 끊어지면 b와 c의 중요도는 같다.
④ e에서 a로의 링크가 추가되면 b의 중요도는 6이다.
⑤ e에서 c로의 링크가 추가되면 c의 중요도는 5이다.

`<보기> 해설`

(글씨가 조악하지만... 제가 실전에서 어떻게 풀었는지를 보여드리기 위함이니 양해 바랍니다)

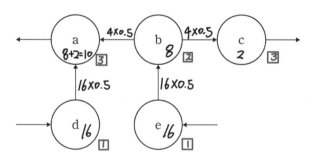

선지를 보기 전에 위처럼 수치를 다 구해놓고 시작해야 문제를 제대로 풀 수 있을 것 같습니다.

순서상으로, d와 e의 값을 고정해놓았으니 이 둘을 제일 먼저 적어두고, 다른 링크 둘을 링크하는 b를 그 다음으로 구합니다. 마지막으로 d와 e에게 링크된 a와, b에게 링크된 c를 구하면 되겠습니다.
중요도는 자기가 주는 값은 상관없고, 자기가 받은 값만 신경쓰면 되므로, 남들에게 값을 주는 페이지들의 값을 먼저 구한 것입니다.
2번 과정에서는, e가 값을 주는 대상이 b뿐이니 b에게 16을 분배합니다. 이때 댐핑 인자를 곱한 값인 8이 b의 중요도가 되죠.

3번 과정에서 a를 구해 봅시다. d는 a에게 16 전부를 보내는데, 댐핑 인자가 곱해져서 8이 도달합니다. b는 a와 c에 균등하게 값을 보내므로 4씩을 보내는데, 댐핑 인자가 곱해져서 2가 도달합니다. 결국 a는 d에게 8을 받고, b에게 2를 받아서 중요도가 총 10이 되네요.

마지막으로 c를 구합시다. b는 a와 c에게 각각 4씩을 균등하게 보냈고, 댐핑 인자가 곱해져서 실제로는 2가 도달합니다. c는 b 외의 페이지로부터 받는 것이 없으니 c의 중요도는 2가 되겠네요.

정답 : ⑤

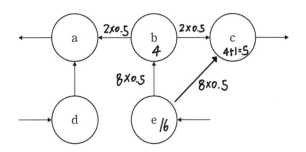

e에서 c로의 링크가 추가되면, e는 b와 c에 균등하게 값을 주기 때문에 b의 값은 절반으로 줄어듭니다. 당연히 b가 c에게 주는 값도 절반으로 줄어들고요. 그래서 c는 b로부터 1을 받고, e로부터 4를 받아서 중요도가 5가 됩니다.

① a의 중요도는 10입니다.
② a는 b로부터는 2를, d로부터는 8을 받습니다.
③

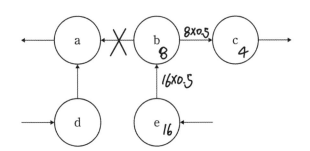

b에서 a로의 링크가 끊어지면 b가 c에게 주는 값이 두 배가 됩니다. a와 c에게 반반씩 주던 것을 c에게만 주니까요. 이때 b는 8이고 c는 4니까, 두 값은 다릅니다.

④

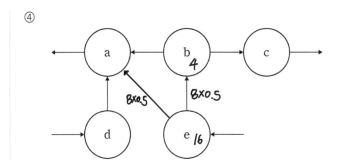

e에서 a로의 링크가 추가되면, e는 a와 b에게 균등하게 값을 나누어 주므로 각각 4씩이 분배됩니다. b는 e 외에는 값을 받을 페이지가 없으니, b의 중요도는 4네요.

04 문맥상 ⓐ의 의미와 가장 가까운 것은?

① 공부를 하다 보니 시간은 자정이 <u>넘었다</u>.
② 그들은 큰 산을 <u>넘어서</u> 마을에 도착했다.
③ 철새들이 국경선을 <u>넘어서</u> 훨훨 날아갔다.
④ 선수들은 가까스로 어려운 고비를 <u>넘었다</u>.
⑤ 갑자기 냄비에서 물이 <u>넘어서</u> 좀 당황했다.

정답 : ①

'수백 개가 넘다'의 '넘다'는 어떤 시기나 수치, 범위를 넘긴다는 의미
입니다. '자정'이라는 시기를 지정한 ①만이 정답이 될 수 있습니다.

[1~4] 다음 글을 읽고 물음에 답하시오.

2019학년도 6월 모의평가 키트

건강 상태를 진단하거나 범죄의 현장에서 혈흔을 조사하기 위해 검사용 키트가 널리 이용된다. 키트 제작에는 다양한 과학적 원리가 적용되는데, 적은 비용으로 쉽고 빠르고 정확하게 검사할 수 있는 키트를 제작하는 것이 요구된다. 이러한 필요에 따라 항원-항체 반응을 응용하여 시료에 존재하는 성분을 분석하는 다양한 형태의 키트가 개발되고 있다. 항원-항체 반응은 항원과 그 항원에만 특이적으로 반응하는 항체가 결합하는 면역 반응을 말한다. 항체 제조 기술이 발전하면서 휴대성이 높고 분석 시간이 짧은 측면유동면역분석법(LFIA)을 이용한 다양한 종류의 키트가 개발되고 있다.

LFIA 키트를 이용하면 키트에 나타나는 선을 통해, 액상의 시료에서 검출하고자 하는 목표 성분의 유무를 간편하게 확인할 수 있다. LFIA 키트는 가로로 긴 납작한 막대 모양인데, 시료 패드, 결합 패드, 반응막, 흡수 패드가 순서대로 나란히 배열된 구조로 되어 있다. 시료 패드로 흡수된 시료는 결합 패드에서 복합체와 함께 반응막을 지나 여분의 시료가 흡수되는 흡수 패드로 이동한다. 결합 패드에 있는 복합체는 금-나노 입자 또는 형광 비드 등의 표지 물질에 특정 물질이 붙어 이루어진다. 표지 물질은 발색 반응에 의해 색깔을 내는데, 이 표지 물질에 붙어 있는 특정 물질은 키트 방식에 따라 종류가 다르다. 일반적으로 한 가지 목표 성분을 검출하는 키트의 반응막에는 항체들이 띠 모양으로 두 가닥 고정되어 있는데, 그중 시료 패드와 가까운 쪽에 있는 가닥이 검사선이고 다른 가닥은 표준선이다. 표지 물질이 검사선이나 표준선에 놓이면 발색 반응에 의해 반응선이 나타난다. 검사선이 발색되어 나타나는 반응선을 통해서는 목표 성분의 유무를 판정할 수 있다. 표준선이 발색된 반응선이 나타나면 검사가 정상적으로 진행되었음을 알 수 있다.

LFIA 키트는 주로 ㉠직접 방식 또는 ㉡경쟁 방식으로 제작되는데, 방식에 따라 검사선의 발색 여부가 의미하는 바가 다르다. 직접 방식에서 복합체에 포함된 특정 물질은 목표 성분에 결합할 수 있는 항체이다. 시료에 목표 성분이 포함되어 있다면 목표 성분은 이 항체와 일차적으로 결합하고, 이후 검사선의 고정된 항체와 결합한다. 따라서 검사선이 발색되면 시료에서 목표 성분이 검출되었다고 판정한다. 한편 경쟁 방식에서 복합체에 포함된 특정 물질은 목표 성분에 대한 항체가 아니라 목표 성분 자체이다. 만약 시료에 목표 성분이 포함되어 있으면 시료의 목표 성분과 복합체의 목표 성분이 서로 검

사선의 항체와 결합하려 경쟁한다. 이때 시료에 목표 성분이 충분히 많다면 시료의 목표 성분은 복합체의 목표 성분이 검사선의 항체와 결합하는 것을 방해하므로 검사선이 발색되지 않는다. 직접 방식은 세균이나 분자량이 큰 단백질 등을 검출할 때 이용하고 경쟁 방식은 항생 물질처럼 목표 성분의 크기가 작은 경우에 이용한다.

한편, 검사용 키트는 휴대성과 신속성 외에 정확성도 중요하다. 키트의 정확성을 측정하기 위해서는 키트를 이용해 여러 번의 검사를 실시하고 그 결과를 분석한다. 키트가 시료에 목표 성분이 들어있다고 판정하면 이를 양성이라고 한다. 이때 시료에 목표 성분이 실제로 존재하면 진양성, 시료에 목표 성분이 없다면 위양성이라고 한다. 반대로 키트가 시료에 목표 성분이 들어 있지 않다고 판정하면 음성이라고 한다. 이 경우 실제로 목표 성분이 없다면 진음성, 목표 성분이 있다면 위음성이라고 한다. 현실에서 위양성이나 위음성을 배제할 수 있는 키트는 없다.

여러 번의 검사 결과를 통해 키트의 정확도를 구하는데, 정확도란 시료를 분석할 때 올바른 검사 결과를 얻을 확률이다. 정확도는 민감도와 특이도로 나뉜다. 민감도는 시료에 목표 성분이 존재하는 경우에 대해 키트가 이를 양성으로 판정한 비율이다. 특이도는 시료에 목표 성분이 없는 경우에 대해 키트가 이를 음성으로 판정한 비율이다. 민감도와 특이도가 모두 높아 정확도가 높은 키트가 가장 이상적이지만 현실에서는 그렇지 않은 경우가 많아서 상황에 따라 민감도나 특이도를 고려하여 키트를 선택해야 한다.

01 윗글을 읽고 알 수 있는 내용으로 적절하지 않은 것은?

① LFIA 키트에서 시료 패드와 흡수 패드는 모두 시료를 흡수하는 역할을 한다.

② LFIA 키트를 통해 검출하려고 하는 목표 성분은 항원-항체 반응의 항원에 해당한다.

③ LFIA 키트를 사용할 때 정상적인 키트에서 검사선이 발색되지 않으면 표준선도 발색되지 않는다.

④ LFIA 키트에 표지 물질이 없다면 시료에 목표 성분이 있더라도 이를 시각적으로 확인할 수 없다.

⑤ LFIA 키트를 이용하여 검사할 때, 시료에 목표 성분이 포함되어 있지 않더라도 검사선이 발색될 수 있다.

02 ㉠과 ㉡에 대한 이해로 가장 적절한 것은?

① ㉠은 ㉡과 달리, 시료에 들어 있는 목표 성분은 검사선에 도달하기 이전에 항체와 결합을 하겠군.

② ㉠은 ㉡과 달리, 시료에서 목표 성분을 검출했다면 검사선에서 항체와 목표 성분의 결합이 존재하지 않겠군.

③ ㉡은 ㉠과 달리, 시료가 표준선에 도달하기 이전에 검사선에 먼저 도달하겠군.

④ ㉡은 ㉠과 달리, 정상적인 검사로 시료에서 목표 성분을 검출했다면 반응막에 아무런 반응선도 나타나지 않겠군.

⑤ ㉡과 ㉠은 모두 시료에 들어 있는 목표 성분이 표지 물질과 항원-항체 반응으로 결합하겠군.

03 윗글을 참고할 때, <보기>의 A와 B에 들어갈 말을 올바르게 짝지은 것은?

> ─── <보기> ───
>
> 검사용 키트를 가지고 여러 번의 검사를 실시하여 키트의 정확성을 측정하였을 때, 검사 결과 (A)인 경우가 적을수록 민감도는 높고, (B)인 경우가 많을수록 특이도는 높다.

	A	B
①	진양성	진음성
②	진양성	위음성
③	위양성	위음성
④	위음성	진음성
⑤	위음성	위양성

04 윗글을 바탕으로 <보기>를 이해한 반응으로 적절하지 않은 것은?

> ─── <보기> ───
>
> 살모넬라균은 집단 식중독을 일으키는 대표적인 병원성 세균이다. 기존의 살모넬라균 분석법은 정확도는 높으나 3~5일의 시간이 소요되어 질병 발생 시 신속한 진단 및 예방에 어려움이 있었다. 살모넬라균은 감염 속도가 빠르므로 다량의 시료 중 오염이 의심되는 시료부터 신속하게 골라낸 후에 이 시료만을 대상으로 더 정확한 방법으로 분석하여 오염 여부를 확정 짓는 것이 효과적이다. 최근에 기존 방법보다 정확도는 낮으나 저렴한 비용으로 살모넬라균만을 신속하게 검출할 수 있는 ⓐLFIA 방식의 새로운 키트가 개발되었다고 한다.

① ⓐ를 개발하기 전에 살모넬라균과 결합하는 항체를 제조하는 기술이 개발되었겠군.

② ⓐ의 결합 패드에는 표지 물질에 살모넬라균이 붙어 있는 복합체가 들어 있겠군.

③ ⓐ를 이용하여 음식물의 살모넬라균 오염 여부를 검사하려면 시료를 액체 상태로 만들어야겠군.

④ ⓐ를 이용하여 현장에서 살모넬라균 오염 의심 시료를 선별하기 위해서는 특이도보다 민감도가 높은 것이 더 효과적이겠군.

⑤ ⓐ를 이용하여 살모넬라균이 검출되었다고 키트가 판정한 경우에도 기존의 분석법으로는 균이 검출되지 않을 수 있겠군.

01	02	03	04
③	①	④	②

건강 상태를 진단하거나 범죄의 현장에서 혈흔을 조사하기 위해 검사용 키트가 널리 이용된다. 키트 제작에는 다양한 과학적 원리가 적용되는데, 적은 비용으로 쉽고 빠르고 정확하게 검사할 수 있는 키트를 제작하는 것이 요구된다.

키트라는 것을 언제 사용하는지 말합니다. 기술 지문에서는 항상 과학적 원리가 있고, 그걸 구체적인 기술에 적용을 하는데, 이런 구조를 잘 연결하며 읽으라는 것을 예고하는 부분입니다. 이러한 기술의 목적은 '쉽고 빠르고', '정확하게' 검사를 해내는 것인데, 그런 목적이 어떻게 실현되는지도 의식하며 읽어봅시다.

이러한 필요에 따라 항원-항체 반응을 응용하여 시료에 존재하는 성분을 분석하는 다양한 형태의 키트가 개발되고 있다. 항원-항체 반응은 항원과 그 항원에만 특이적으로 반응하는 항체가 결합하는 면역 반응을 말한다. 항체 제조 기술이 발전하면서 휴대성이 높고 분석 시간이 짧은 측면유동면역분석법(LFIA)을 이용한 다양한 종류의 키트가 개발되고 있다.

이 지문에서 구체적으로 서술되는 기술은 'LFIA'고, 응용되는 원리는 '항원-항체 반응'입니다. 항원-항체 반응은 항원과 일대일로 대응하는 항체가 결합하는 것인데, 이때 '항원'이라는 개념은 그냥 '그런 게 있구나'하고 받아들이시면 되고, '항체'가 어떤 하나의 항원에'만' 반응한다는 사실을 강조해서 읽으셔야 합니다. 보조사 '만', '도' 등은 항상 주의합시다.

LFIA 키트를 이용하면 키트에 나타나는 선을 통해, 액상의 시료에서 검출하고자 하는 목표 성분의 유무를 간편하게 확인할 수 있다. LFIA 키트는 가로로 긴 납작한 막대 모양인데, 시료 패드, 결합 패드, 반응막, 흡수 패드가 순서대로 나란히 배열된 구조로 되어 있다.

기술 지문에서는 특히 공간적인 관계, 시간적인 선후를 잘 파악하실 필요가 있습니다. 키트의 구조를 머릿속으로 대강 그려야 할 것을 예상하면서 다음 문장으로 넘어갑시다.

시료 패드로 흡수된 시료는 결합 패드에서 복합체와 함께 반응막을 지나 여분의 시료가 흡수되는 흡수 패드로 이동한다.

사실 이 문단의 내용 중 쓸데없는 정보나, 날려읽어도 되는 부분이 없습니다. 촘촘한 정보량을 집중력을 잃지 않고 챙겨야 해서 시험장에서 특히 어렵지 않았나 싶네요. 시료가 이동하는 공간들, 그리고 '복합체'를 결합 패드에서 만나, 같이 반응막을 지난다는 사실을 기억합시다.

결합 패드에 있는 복합체는 금-나노 입자 또는 형광 비드 등의 표지 물질에 특정 물질이 붙어 이루어진다. 표지 물질은 발색 반응에 의해 색깔을 내는데, 이 표지 물질에 붙어 있는 특정 물질은 <키트 방식에 따라> 종류가 다르다.

사실은, 앞에서 복합체가 결합 패드에 있다는 것을 추론해낼 수 있기 때문에 '결합 패드에 있는'은 없어도 됩니다. 다만 이런 문장 하나를 추가해서 지문의 전체적인 난이도를 낮춘 거죠. 복합체는 표지 물질 + 특정 물질로 이루어져 있고, 표지 물질은 발색을 하며, 특정 물질은 키트 방식에 따라 종류가 달라질 수 있습니다. 이 부분을 놓치는 학생들이 많은데, 구성 요소들이 포함된 대상(복합체)과 요소 각각의 특징은 확실히 하고 갑시다.

일반적으로 한 가지 목표 성분을 검출하는 키트의 반응막에는 항체들이 띠 모양으로 두 가닥 고정되어 있는데, 그중 시료 패드와 가까운 쪽에 있는 가닥이 검사선이고 다른 가닥은 표준선이다.

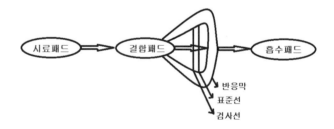

요 정도 그림은 머리에 그리든 시험지에 그리든 해야 할 것 같습니다. 간혹 기술 지문에서, 구조를 설명하고는 있는데 어떻게 생긴 건지 모르겠다는 친구들이 많습니다. 어떤 지문들은, 부분들 간의 공간적 관계가 정확히 드러나지 않아 그림을 그리는 것이 불가능합니다. 다만 이 지문의 경우, 키트의 구조가 매우 직선적이고(시료 패드부터 흡수 패드까지의 순서가 정해져 있고), 반응막과 검사선·표준선의 구조를 구체적으로 알려주었으니, 충분히 그림을 그릴 수 있었습니다. 사실 이 구조를 그려내지 못했다면 문제를 확실히 맞히지 못했을 겁니다.

표지 물질이 검사선이나 표준선에 놓이면 발색 반응에 의해 반응선이 나타난다. 검사선이 발색되어 나타나는 반응선을 통해서는 목표 성분의 유무를 판정할 수 있다. 표준선이 발색된 반응선이 나타나면 검사가 정상적으로 진행되었음을 알 수 있다.

복합체에 있던 표지 물질은 검사선과 표준선에 도달하는데, 이때 검사선의 발색을 통해 목표 성분의 존재를 판정하는 것이고, 표준선이 발색되면 검사가 제대로 됐다는 겁니다. 이때 검사선의 발색과 표준선의 발색은 서로 관련이 없습니다. 독립적으로 일어나는 사건이죠. 이런 경우에는 개념을 뭉뚱그려서 생각하지 말고, 각각을 분리하여 따로따로 기억해야 합니다.

	검사선	표준선
검사 제대로 목표 성분 존재	O	O
검사 제대로 목표 성분 x	X	O
검사 제대로 안 됨	의미 없음	X

이 정도로 케이스를 나누면 좋을 것 같습니다. 표준선이 발색되지 않았다는 것은, 애초에 검사가 제대로 되지 않은 상황이므로 이때 검사선의 발색 여부는 무의미해질 것입니다.

LFIA 키트는 주로 직접 방식 또는 경쟁 방식으로 제작되는데, 방식에 따라 검사선의 발색 여부가 의미하는 바가 다르다.

방금 검사선의 발색을 통해 '목표 성분의 유무'를 판정할 수 있다고 했습니다. 그러나 발색이 됐을 때 목표 성분이 있는 것인지, 아니면 목표 성분이 없는 것인지에 대해서는 확실히 말하지 않았었죠. 발색 여부의 의미는 '방식에 따라' 다르답니다. 계속해서 읽어봅시다.

직접 방식에서 복합체에 포함된 특정 물질은 목표 성분에 결합할 수 있는 항체이다.

'직접 방식에서'는 복합체의 특정 물질이 목표 성분에 대한 항체랍니다. 경쟁 방식에선 이 특정 물질도 달라질 수 있으리라는 점을 생각합시다. 그런데 이때 목표 성분은 무엇일까요? 예, 항원입니다. 항체는 앞서 '한 항원에만 특이적으로 반응하여 결합'하는 것으로 설명되었으므로, 이때의 특정 물질은 목표 성분에만 결합하는 것일 테고, 항체랑 결합하니까 항원입니다.

시료에 목표 성분이 포함되어 있다면 목표 성분은 이 항체와 일차적으로 결합하고, 이후 검사선의 고정된 항체와 결합한다. 따라서 검사선이 발색되면 시료에서 목표 성분이 검출되었다고 판정한다.

목표 성분은(만약 존재한다면) 직접 방식에서 항체들과 두 번의 결합을 하는데, 아까 말한 '복합체의 특정 물질', 그리고 '검사선의 항체'입니다. 이 둘을 확실히 구분하고, 둘 다 기억합시다. 직접 방식에서는, 검사선이 발색이 되면 목표 성분이 존재합니다.

한편 경쟁 방식에서 복합체에 포함된 특정 물질은 목표 성분에 대한 항체가 아니라 목표 성분 자체이다.

앞서 서술된 직접 방식하고는 다르게, 경쟁 방식에서 특정 물질은 '목표 성분 자체'랍니다. 목표 성분은 뭐죠 그럼? 예, 항원이죠. 키트라는 기술을 관통하는 원리는 '항원-항체 반응'입니다. 따라서, 이 '특정 물질'에 어떤 '항체'가 어떻게 결합하고, 그걸 통해서 목표 성분이 있는지 없는지를 어떻게 판정하는지 생각하며 읽어봅시다.

만약 시료에 목표 성분이 포함되어 있으면 시료의 목표 성분과 복합체의 목표 성분이 서로 검사선의 항체와 결합하려 경쟁한다. 이때 시료에 목표 성분이 충분히 많다면 시료의 목표 성분은 복합체의 목표 성분이 검사선의 항체와 결합하는 것을 방해하므로 검사선이 발색되지 않는다.

시료의 '목표 성분', 그리고 복합체의 '목표 성분'은 둘이 같은 항원입니다. 따라서 둘 다 항체와 결합하려고 하는데, 이때 시료의 목표 성분이 많아서, 복합체의 목표 성분이 검사선의 항체와 결합을 못 하게 되면 당연히 발색도 되지 않습니다. '경쟁 방식'에서는, 검사선이 발색되지 않을 때 시료에 목표 성분이 있다고 판정되는 것이죠. 주의할 점은, 경쟁 방식에서는 시료에 목표 성분이 있더라도 복합체의 목표 성분이 결합하는 것을 막을 정도로 충분히 많은 것이 아니라면, 검사선은 발색될 것이라는 점입니다.

직접 방식은 세균이나 분자량이 큰 단백질 등을 검출할 때 이용하고 경쟁 방식은 항생 물질처럼 목표 성분의 크기가 작은 경우에 이용한다.

그렇답니다. 이런 문장은 내용 일치 문제에서 소소하게 활용됩니다.

한편, 검사용 키트는 휴대성과 신속성 외에 정확성도 중요하다. 키트의 정확성을 측정하기 위해서는 키트를 이용해 여러 번의 검사를 실시하고 그 결과를 분석한다.

'정확성'이 키트 기술로 어떻게 담보되는지만 다음 내용에서 유의하시면 될 것 같습니다.

키트가 시료에 목표 성분이 들어있다고 판정하면 이를 양성이라고 한다. 이때 시료에 목표 성분이 실제로 존재하면 진양성, 시료에 목표 성분이 없다면 위양성이라고 한다. 반대로 키트가 시료에 목표 성분이 들어 있지 않다고 판정하면 음성이라고 한다. 이 경우 실제로 목표 성분이 없다면 진음성, 목표 성분이 있다면 위음성이라고 한다. 현실에서 위양성이나 위음성을 배제할 수 있는 키트는 없다.

개념들이 마구 나오는데, 다 기준을 가지고 정리가 가능한 부분이니 가급적 문제로 가기 전에 정리를 끝내고 넘어갑시다. 있는데 있다고 했으면 진양성, 없는데 있다고 하면 위양성, 없는데 없다고 했으면 진음성, 있는데 없다고 했으면 위음성이죠. 간혹 과학 지문 등에서 개념이나 원리를 설명하다가 '그러나 현실에서는 완전히 ~할 수는 없다' 식의 서술이 등장하는데, 이런 문장들이 나오면 '뭐 그렇겠지' 정도로 반응하시면 됩니다. 가끔 이런 부분도 문제로 나와요.

여러 번의 검사 결과를 통해 키트의 정확도를 구하는데, 정확도란 시료를 분석할 때 올바른 검사 결과를 얻을 확률이다. 정확도는 민감도와 특이도로 나뉜다. 민감도는 시료에 목표 성분이 존재하는 경우에 대해 키트가 이를 양성으로 판정한 비율이다. 특이도는 시료에 목표 성분이 없는 경우에 대해 키트가 이를 음성으로 판정한 비율이다. 민감도와 특이도가 모두 높아 정확도가 높은 키트가 가장 이상적이지만 현실에서는 그렇지 않은 경우가 많아서 상황에 따라 민감도나 특이도를 고려하여 키트를 선택해야 한다.

$$민감도: \frac{실제로 존재 - 위음성}{실제로 존재} = \frac{진양성}{실제로 존재}$$

$$특이도: \frac{실제로 없음 - 위양성}{실제로 없음} = \frac{진음성}{실제로 없음}$$

위의 식이 직관적으로 정리가 안 될 수 있으나 이해해봅시다. 실제로 존재하는 경우에 대해 양성으로 판정한 것은 진양성입니다. 실제로 존재하는 경우에 대해 나올 수 있는 판정은 진양성 또는 위음성 둘

뿐이므로, 진양성의 경우는 실제로 존재하는 경우에서 위음성을 뺀 것과 같아집니다. 따라서 민감도 공식은 저렇게 나오고, 특이도 공식도 같은 논리로 위와 같이 나옵니다. 이걸 생각해내는 게 어렵습니다만, 해야만 3번 문제를 풀 수 있었을 것 같습니다.

01 윗글을 읽고 알 수 있는 내용으로 일치하지 않는 것은?

① LFIA 키트에서 시료 패드와 흡수 패드는 모두 시료를 흡수하는 역할을 한다.
② LFIA 키트를 통해 검출하려고 하는 목표 성분은 항원-항체 반응의 항원에 해당한다.
③ LFIA 키트를 사용할 때 정상적인 키트에서 검사선이 발색되지 않으면 표준선도 발색되지 않는다.
④ LFIA 키트에 표지 물질이 없다면 시료에 목표 성분이 있더라도 이를 시각적으로 확인할 수 없다.
⑤ LFIA 키트를 이용하여 검사할 때, 시료에 목표 성분이 포함되어 있지 않더라도 검사선이 발색될 수 있다.

정답 : ③

해설에서 강조했듯, 검사선이 발색되는 것과 표준선이 발색되는 것은 독립적인 사건입니다. 두 개의 의미가 전혀 다름을 구분하고 넘어갔어야 헷갈리지 않았을 겁니다.

해설

① 시료 패드에서 먼저 흡수되고 나중에 결합 패드를 거쳐 흡수 패드에서 흡수되죠.
② 목표 성분은 항원입니다. 직접 방식과 경쟁 방식의 차이를 올바르게 이해하려면 이를 확실히 하고 있었어야 했을 겁니다.
④ 표지 물질이 검사선이나 표준선에서 발색 반응을 일으키거나 일으키지 않는데, 표지 물질에 의한 발색이 없다면 목표 성분의 유무도, 검사의 정상적 진행도 파악할 수가 없습니다.
⑤ '위양성'의 경우가 이에 해당합니다. 또, 경쟁 방식의 경우에는 시료에 목표 성분이 없을 때 발색되죠.

02 ㉠직접 방식과 ㉡경쟁 방식에 대한 이해로 가장 적절한 것은?

① ㉠은 ㉡과 달리, 시료에 들어 있는 목표 성분은 검사선에 도달하기 이전에 항체와 결합을 하겠군.
② ㉠은 ㉡과 달리, 시료에서 목표 성분을 검출했다면 검사선에서 항체와 목표 성분의 결합이 존재하지 않겠군.
③ ㉡은 ㉠과 달리, 시료가 표준선에 도달하기 이전에 검사선에 먼저 도달하겠군.
④ ㉡은 ㉠과 달리, 정상적인 검사로 시료에서 목표 성분을 검출했다면 반응막에 아무런 반응선도 나타나지 않겠군.
⑤ ㉡과 ㉠은 모두 시료에 들어 있는 목표 성분이 표지 물질과 항원-항체 반응으로 결합하겠군.

정답 : ①

결합 패드에는 '복합체'가 있는데, 직접 방식의 경우 이 복합체의 특정 물질(항체)과 먼저 결합한 뒤, 반응막에 있는 검사선에 도달하여 거기 있는 항체랑 또 결합합니다. 반면 경쟁 방식은 '복합체'가 같은 항원이기 때문에 '항원-항체 반응'이 일어나지 않고, 목표 성분이 검사선의 항체와 결합하게 되죠.

해설

② 정답을 해설하며 말했듯, 직접 방식은 복합체의 특정 물질과도 결합하고, 검사선의 항체와도 결합합니다.
③ 둘 다 검사선이 먼저 있고 표준선이 있습니다. 키트의 구조를 그릴 수 있어야 했고, 두 방식 모두 패드와 반응막이 붙어있는 구조는 같다는 점도 알고 있었어야 합니다.
④ 목표 성분이 시료에 존재하는 경우에, 경쟁 방식에서 '검사선'은 발색되지 않습니다. 그러나 표준선'은 발색될 수 있습니다. 1번 문제의 ③번 선지와 같은 포인트입니다.
⑤ 두 방식 모두, '표지 물질'이 항원-항체 반응을 일으키는 것은 아닙니다.

03 윗글을 참고할 때, <보기>의 A와 B에 들어갈 말을 올바르게 짝지은 것은?

<보기>

검사용 키트를 가지고 여러 번의 검사를 실시하여 키트의 정확성을 측정하였을 때, 검사 결과 (A)인 경우가 적을수록 민감도는 높고, (B)인 경우가 많을수록 특이도는 높다.

	A	B
①	진양성	진음성
②	진양성	위음성
③	위양성	위음성
④	위음성	진음성
⑤	위음성	위양성

정답 : ④

해설

아까 공식 다시 가져와 볼까요?

$$민감도: \frac{실제로\ 존재 - 위음성}{실제로\ 존재} = \frac{진양성}{실제로\ 존재}$$

$$특이도: \frac{실제로\ 없음 - 위양성}{실제로\ 없음} = \frac{진음성}{실제로\ 없음}$$

이때 A는 민감도와 음의 상관관계에 있으므로, 민감도 공식의 분모를 크게 만들거나 분자를 작게 만드는 것이어야 합니다. 따라서 분자를 작게 만드는 '위음성'이 들어갑니다. B는 특이도와 양의 상관관계에 있으므로, 특이도 공식의 분모를 작게 만들거나 분자를 크게 만들어야 하는데, 따라서 분자를 크게 만드는 '진음성'이 들어가야 합니다. 공식을 스스로 만들어낼 수 있었느냐, 양의 상관관계와 음의 상관관계를 이용할 수 있느냐를 물어보는 문제였습니다.

04 윗글을 바탕으로 <보기>를 이해한 반응으로 적절하지 <u>않은</u> 것은?

<보기>

살모넬라균은 집단 식중독을 일으키는 대표적인 병원성 세균이다(직접 방식 쓰겠네요). 기존의 살모넬라균 분석법은 정확도는 높으나 3~5일의 시간이 소요되어 질병 발생 시 신속한 진단 및 예방에 어려움이 있었다. 살모넬라균은 감염 속도가 빠르므로 다량의 시료 중 오염이 의심되는 시료부터(이때는 민감도가 우선이겠네요) 신속하게 골라낸 후에 이 시료만을 대상으로 더 정확한 방법으로 분석(여기서는 특이도도 고려되어야겠네요)하여 오염 여부를 확정 짓는 것이 효과적이다. 최근에 기존 방법보다 정확도는 낮으나 저렴한 비용으로 살모넬라균만을 신속하게 검출할 수 있는 ⓐLFIA 방식의 새로운 키트가 개발되었다고 한다.

① ⓐ를 개발하기 전에 살모넬라균과 결합하는 항체를 제조하는 기술이 개발되었겠군.

② ⓐ의 결합 패드에는 표지 물질에 살모넬라균이 붙어 있는 복합체가 들어 있겠군.

③ ⓐ를 이용하여 음식물의 살모넬라균 오염 여부를 검사하려면 시료를 액체 상태로 만들어야겠군.

④ ⓐ를 이용하여 현장에서 살모넬라균 오염 의심 시료를 선별하기 위해서는 특이도보다 민감도가 높은 것이 더 효과적이겠군.

⑤ ⓐ를 이용하여 살모넬라균이 검출되었다고 키트가 판정한 경우에도 기존의 분석법으로는 균이 검출되지 않을 수 있겠군.

정답 : ②

살모넬라균은 목표 성분이고, 복합체에 목표 성분이 들어있는 경우는 '경쟁 방식'일 때만입니다.

해설

① 추론 문제인데, 키트는 '항원-항체 반응'을 이용할 수밖에 없고, 항원인 목표 성분을 검출하려면 그것과 결합할 수 있는 항체가 이미 있어야만 합니다.

③ 두 번째 문단의 '액상의' 한 단어 때문에 맞습니다. 치사하지만 찾아내야 합니다.

④ 양성 반응만 빠르게 찾아내려면 민감도가 우선이어야 합니다.

⑤ ⓐ에서 위양성이 나타날 경우에는 다른 분석법에서 음성 판정이 나올 수 있습니다. 단정이었다면 틀렸겠지만, '~수 있겠군'이라는 개연의 어조로 서술되었기에 맞는 선지입니다.

[1~4] 다음 글을 읽고 물음에 답하시오.

2022학년도 6월 모의평가 PCR

1993년 노벨 화학상은 중합 효소 연쇄 반응(PCR)을 개발한 멀리스에게 수여된다. 염기 서열을 아는 DNA가 한 분자라도 있으면 이를 다량으로 증폭할 수 있는 길을 열었기 때문이다. PCR는 주형 DNA, 프라이머, DNA 중합 효소, 4종의 뉴클레오타이드가 필요하다. 주형 DNA란 시료로부터 추출하여 PCR에서 DNA 증폭의 바탕이 되는 이중 가닥 DNA를 말하며, 주형 DNA에서 증폭하고자 하는 부위를 표적 DNA라 한다. 프라이머는 표적 DNA의 일부분과 동일한 염기 서열로 이루어진 짧은 단일 가닥 DNA로, 2종의 프라이머가 표적 DNA의 시작과 끝에 각각 결합한다. DNA 중합 효소는 DNA를 복제하는데, 단일 가닥 DNA의 각 염기 서열에 대응하는 뉴클레오타이드를 순서대로 결합시켜 이중 가닥 DNA를 생성한다.

PCR 과정은 우선 열을 가해 이중 가닥의 DNA를 2개의 단일 가닥으로 분리하는 것으로 시작한다. 이후 각각의 단일 가닥 DNA에 프라이머가 결합하면, DNA 중합 효소에 의해 복제되어 2개의 이중 가닥 DNA가 생긴다. 일정한 시간 동안 진행되는 이러한 DNA 복제 과정이 한 사이클을 이루며, 사이클마다 표적 DNA의 양은 2배씩 증가한다. 그리고 DNA의 양이 더 이상 증폭되지 않을 정도로 충분히 사이클을 수행한 후 PCR를 종료한다. 전통적인 PCR는 PCR의 최종 산물에 형광 물질을 결합시켜 발색을 통해 표적 DNA의 증폭 여부를 확인한다.

PCR는 시료의 표적 DNA 양도 알 수 있는 실시간 PCR라는 획기적인 개발로 이어졌다. 실시간 PCR는 전통적인 PCR와 동일하게 PCR를 실시하지만, 사이클마다 발색 반응이 일어나도록 하여 누적되는 발색을 통해 표적 DNA의 증폭을 실시간으로 확인할 수 있다. 이를 위해 실시간 PCR에서는 PCR 과정에 발색 물질이 추가로 필요한데, '이중 가닥 DNA 특이 염료' 또는 '형광 표식 탐침'이 이에 이용된다. ㉠이중 가닥 DNA 특이 염료는 이중 가닥 DNA에 결합하여 발색하는 형광 물질로, 새로 생성된 이중 가닥 표적 DNA에 결합하여 발색하므로 표적 DNA의 증폭을 알 수 있게 한다. 다만, 이중 가닥 DNA 특이 염료는 모든 이중 가닥 DNA에 결합할 수 있기 때문에 2개의 프라이머끼리 결합하여 이중 가닥의 이합체(二合體)를 형성한 경우에는 이와 결합하여 의도치 않은 발색이 일어난다.

㉡형광 표식 탐침은 형광 물질과 이 형광 물질을 억제하는 소광 물질이 붙어 있는 단일 가닥 DNA 단편으로, 표적 DNA에서 프라이머가 결합하지 않는 부위에 특이적으로 결합하도록 설계된다. PCR 과정에서 이중 가닥 DNA가 단일 가닥으로 되면, 형광 표식 탐침은 프라이머와 마찬가지로 표적 DNA에 결합한다. 이후 DNA 중합 효소에 의해 이중 가닥 DNA가 형성되는 과정 중에 탐침은 표적 DNA와의 결합이 끊어지고 분해된다. 탐침이 분해되어 형광 물질과 소광 물질의 분리가 일어나면 비로소 형광 물질이 발색되며, 이로써 표적 DNA가 증폭되었음을 알 수 있다. 형광 표식 탐침은 표적 DNA에 특이적으로 결합하는 장점을 지니나 상대적으로 비용이 비싸다.

[A] 실시간 PCR에서 발색도는 증폭된 이중 가닥 표적 DNA의 양에 비례하며, 일정 수준의 발색도에 도달하는 데 필요한 사이클은 표적 DNA의 초기 양에 따라 달라진다. 사이클의 진행에 따른 발색도의 변화가 연속적인 선으로 표시되며, 표적 DNA를 검출했다고 판단하는 발색도에 도달하는 데 소요된 사이클을 Ct값이라 한다. 표적 DNA의 농도를 알지 못하는 미지 시료의 Ct값과 표적 DNA의 농도를 알고 있는 표준 시료의 Ct값을 비교하면 미지 시료에 포함된 표적 DNA의 농도를 계산할 수 있다.

PCR는 시료로부터 얻은 DNA를 가지고 유전자 복제, 유전병 진단, 친자 감별, 암 및 감염성 질병 진단 등에 광범위하게 활용된다. 특히 실시간 PCR를 이용하면 바이러스의 감염 여부를 초기에 정확하고 빠르게 진단할 수 있다.

01 윗글에서 알 수 있는 내용으로 적절하지 <u>않은</u> 것은?

① 2종의 프라이머 각각의 염기 서열과 정확히 일치하는 염기 서열을 주형 DNA에서 찾을 수 없다.

② PCR에서 표적 DNA 양이 초기 양을 기준으로 처음의 2배가 되는 시간과 4배에서 8배가 되는 시간은 같다.

③ 전통적인 PCR는 표적 DNA 농도를 아는 표준 시료가 있어도 미지 시료의 표적 DNA 농도를 PCR 과정 중에 알 수 없다.

④ 실시간 PCR는 가열 과정을 거쳐야 시료에 포함된 표적 DNA의 양을 증폭할 수 있다.

⑤ 실시간 PCR를 실시할 때에 표적 DNA의 증폭이 일어나려면 DNA 중합 효소와 프라이머가 필요하다.

02 ⊙과 ⓒ에 대한 설명으로 가장 적절한 것은?

① ⊙은 ⓒ과 달리 프라이머와 결합하여 이합체를 이룬다.

② ⊙은 ⓒ과 달리 표적 DNA에 붙은 채 발색 반응이 일어난다.

③ ⓒ은 ⊙과 달리 형광 물질과 결합하여 이합체를 이룬다.

④ ⓒ은 ⊙과 달리 한 사이클의 시작 시점에 발색 반응이 일어난다.

⑤ ⊙과 ⓒ은 모두 이중 가닥 표적 DNA에 결합하는 물질이다.

03 어느 바이러스 감염증의 진단 검사에 PCR를 이용하려고 한다. 윗글을 읽고 이해한 반응으로 가장 적절한 것은?

① 전통적인 PCR로 진단 검사를 할 때, 시료에 바이러스의 양이 적은 감염 초기에는 감염 여부를 진단할 수 없겠군.

② 전통적인 PCR로 진단 검사를 할 때, DNA 증폭 여부 확인에 발색 물질이 필요 없으니 비용이 상대적으로 싸겠군.

③ 전통적인 PCR로 진단 검사를 할 때, 실시간 증폭 여부를 확인할 필요가 없어 진단에 걸리는 시간을 줄일 수 있겠군.

④ 실시간 PCR로 진단 검사를 할 때, 표적 DNA의 염기 서열이 알려져 있어야 감염 여부를 분석할 수 있겠군.

⑤ 실시간 PCR로 진단 검사를 할 때, 감염 여부는 PCR가 끝난 후에야 알 수 있지만 실시간 증폭은 확인할 수 있겠군.

04 [A]를 바탕으로 <보기1>의 실험 상황을 가정하고 <보기2>와 같이 예상 결과를 추론하였다. ㉮~㉰에 들어갈 말로 적절한 것은?

― <보기1> ―

표적 DNA의 농도를 알지 못하는 ⓐ미지 시료와, 이와 동일한 표적 DNA를 포함하지만 그 농도를 알고 있는 ⓑ표준 시료가 있다. 각 시료의 DNA를 주형 DNA로 하여 같은 양의 시료로 동일한 조건에서 실시간 PCR를 실시한다.

― <보기2> ―

만약 ⓐ가 ⓑ보다 표적 DNA의 초기 농도가 높다면
⇩
표적 DNA가 증폭되는 동안, 사이클이 진행됨에 따라 시간당 시료의 표적 DNA의 증가량은 ⓐ가 (㉮).
⇩
실시간 PCR의 C_t값에서의 발색도는 ⓐ가 (㉯).
⇩
따라서 실시간 PCR의 C_t값은 ⓐ가 (㉰).

	㉮	㉯	㉰
①	ⓑ보다 많겠군	ⓑ보다 높겠군	ⓑ보다 크겠군
②	ⓑ보다 많겠군	ⓑ와 같겠군	ⓑ보다 작겠군
③	ⓑ와 같겠군	ⓑ보다 높겠군	ⓑ보다 작겠군
④	ⓑ와 같겠군	ⓑ와 같겠군	ⓑ보다 작겠군
⑤	ⓑ와 같겠군	ⓑ보다 높겠군	ⓑ보다 크겠군

01	02	03	04
①	②	④	②

1993년 노벨 화학상은 중합 효소 연쇄 반응(PCR)을 개발한 멀리스에게 수여된다. <염기 서열을 아는 DNA가 한 분자라도 있으면> 이를 다량으로 증폭할 수 있는 길을 열었기 때문이다.

'PCR'의 개발을 통해서, '염기 서열을 아는 DNA가 한 분자라도 있으면', 그 DNA를 다량으로 증폭할 수 있게 되었답니다.

이후에는 아마 PCR과 관련된 얘기가 쭉 나올 텐데, '염기 서열을 아는 DNA'를 하나는 알아야 한다는 조건과, 그를 다량으로 증폭할 수 있게 되었다는 결과를 머리에 잘 집어넣고 읽으면 될 것 같습니다.

PCR는 주형 DNA, 프라이머, DNA 중합 효소, 4종의 뉴클레오타이드가 필요하다.

이 뒤로 '주형 DNA', '프라이머', 'DNA 중합 효소', 4종의 뉴클레오타이드' 각각에 대한 설명이 나옵니다. 이 첫 문단이 제일 어렵고, 또한 제일 집중해서 읽어야 합니다. 개념에 대한 설명을 놓치면 뒤의 지문 내용 또한 아무것도 머리에 남지 않아요. 처음 보는 단어라고 그냥 막 읽는 게 아니라, 역시 '이해하면서' 읽어야 합니다. 같이 하나씩 보시죠.

여담이지만, 이 지문에서는 'PCR'을 '피씨아르'로 읽어서 뒤에 조사가 '은'이 아니라 '는'이 연결된 것인데요, 제 해설에서는 '피씨알'로 읽으며 해설하겠습니다. 외래어 표기법상으로는 R을 '아르'로 읽는 것이 맞지만, 아무도 그렇게 안 읽으니까요...

주형 DNA란 <시료로부터 추출하여> <PCR에서 DNA 증폭의 바탕이 되는> <이중 가닥> DNA를 말하며, 주형 DNA에서 <증폭하고자 하는 부위>를 표적 DNA라 한다. 프라이머는 <표적 DNA의 일부분과 동일한 염기 서열로 이루어진> 짧은 단일 가닥 DNA로, 2종의 프라이머가 표적 DNA의 시작과 끝에 각각 결합한다. DNA 중합 효소는 DNA를 복제하는데, <단일 가닥 DNA의 각 염기 서열에 대응하는> 뉴클레오타이드를 <순서대로> 결합시켜 이중 가닥 DNA를 생성한다.

하나씩 끊어서 설명할 수 있지만, 이 단락의 갑갑한 느낌을 살리고자 일부러 한 박스로 묶었습니다. 박스의 내용을 다시 한 번 머리에서 정리해보시고, 해설과 함께 이해해봅시다.

주형 DNA는 시료에서 추출하고, DNA 증폭의 바탕이 되는 DNA입니다. 앞서 PCR은 '염기 서열을 아는 DNA'를 다량으로 증폭시키는 기술이라고 했는데, 아마 주형 DNA가 그 증폭의 대상이 되는 DNA라고 추론할 수 있겠습니다. '주형'이라는 단어의 원래 뜻 자체가 '만들려는 물건의 모양대로 비어 있는 틀'임을 고려하면 이러한 추론을 더욱 수월하게 할 수 있겠죠. 주형 DNA가 '이중 가닥'이라는 정보도 체크해둡시다.

표적 DNA는 이 주형 DNA 중에서 증폭시키려는 일부 부분입니다. 그러면 표적 DNA는 주형 DNA 안에 포함되어 있겠네요.

프라이머는 표적 DNA의 일부분의 염기 서열과 동일한 '단일 가닥' DNA인데, 2종이 필요하답니다. 시작 부분에 하나, 끝 부분에 하나가 붙기 때문이겠죠. 주형 DNA와 '이중'-'단일'로 대비된다는 점도 체크해둡시다. 프라이머는 또한 시료에서 추출하는 대상이 아니라, PCR을 위해 시험자가 준비하는 재료겠어요.

DNA 중합 효소는 PCR의 원래 목적대로, DNA를 복제시킵니다. 무슨 DNA? 당연히 표적 DNA겠죠.

PCR 과정은 우선 열을 가해 <이중 가닥의> DNA를 2개의 <단일 가닥으로> 분리하는 것으로 시작한다. 이후 각각의 단일 가닥 DNA에 프라이머가 결합하면, <DNA 중합 효소에 의해 복제되어> 2개의 이중 가닥 DNA가 생긴다.

여기부터는 PCR 과정에 대한 설명입니다. 앞선 개념들을 제대로 파악하지 못했다면 여기 내용이 하나도 머리에 들어오지 않겠죠? 바로 이전의 해설을 잘 보셨다면, 이제는 PCR을 어떻게 하는 건지 알아봅시다.

'이중 가닥의 DNA', 즉 표적 DNA는 열에 의해 둘로 분리됩니다. 그래서 '단일 가닥' 두 개로 나눠지죠. 그리고 이제 그 단일 가닥들에 '프라이머'가 결합합니다. 그 이후에 'DNA 중합 효소'는 1문단의 내용대로 두 단일 가닥에 '뉴클레오타이드'를 결합시킬 테고, 따라서 이중 가닥 DNA가 두 개가 생기는 거죠. 아래처럼 도식화시켜볼 수도 있겠습니다.

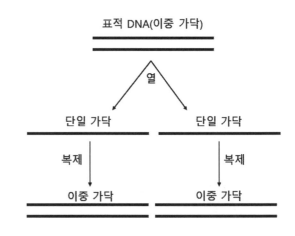

요 정도 그림은 내용을 이해했다면 머리에 자연스레 그려져야 한다고 생각합니다. 그럼 다음으로 넘어가보죠.

> 일정한 시간 동안 진행되는 이러한 DNA 복제 과정이 한 사이클을 이루며, 사이클마다 표적 DNA의 양은 2배씩 증가한다. 그리고 DNA의 양이 <더이상 증폭되지 않을 정도로 충분히 사이클을 수행한 후> PCR를 종료한다.

그래서, 왼쪽의 과정을 한 번 거칠 때마다 '한 사이클'을 이루었다고 합니다. 그럼 n번의 사이클이 지난 뒤 표적 DNA의 양은 처음 양의 2^n배가 되겠네요.

> <전통적인> PCR는 PCR의 <최종 산물에> <형광 물질을 결합시켜> 발색을 통해 표적 DNA의 증폭 여부를 확인한다.

'전통적인' PCR에 대한 설명이 나왔으니 뒤에서는 그와 대조되는 새로운 PCR이 나올 수도 있으리란 생각은 자연스레 해 볼 수 있을 것 같아요. 전통적인 PCR에서는 모든 사이클이 다 끝난 뒤에, 증폭된 표적 DNA에 형광 물질을 결합시켜서 일어나는 발색을 보고 증폭이 이루어졌는지를 확인한답니다.

> PCR는 시료의 표적 DNA 양도 알 수 있는 <실시간> PCR라는 획기적인 개발로 이어졌다. 실시간 PCR는 전통적인 PCR와 동일하게 PCR를 실시하지만, <사이클마다> 발색 반응이 일어나도록 하여 <누적되는> 발색을 통해 표적 DNA의 증폭을 실시간으로 확인할 수 있다.

이제 '전통적인 PCR'과 대조되는 '실시간 PCR'이 등장하네요. '전통적인 PCR'이 '최종' 산물의 발색을 관찰했다면, '실시간 PCR'은 '각 사이클마다' 발색 반응이 일어나도록 합니다. 따라서 마지막에 결과만 확인할 수 있던 '전통적인 PCR'과 달리, 실시간으로 관찰할 수 있는 것이죠.

'누적되는' 발색이라는 표현을 통해, 각 사이클이 끝날 때마다 계속해서 발색도가 높아지리라는 것을 알 수 있습니다. 그러면 '실시간 PCR'은 발색된 정도를 보고 사이클이 몇 번이나 진행된 것인지도 알아낼 수 있겠네요.

> 이를 위해 실시간 PCR에서는 PCR 과정에 발색 물질이 <추가로> 필요한데, '이중 가닥 DNA 특이 염료' 또는 '형광 표식 탐침'이 이에 이용된다.

사이클마다 발색이 누적되게 하기 위해서는 다른 발색 물질들이 '추가로' 필요하다네요. 두 종류가 제시되었는데, 각각의 공통점과 차이점을 비교하며 읽어봅시다.

> 이중 가닥 DNA 특이 염료는 <이중 가닥 DNA에 결합하여 발색하는> 형광 물질로, 새로 생성된 이중 가닥 표적 DNA에 결합하여 발색하므로 표적 DNA의 증폭을 알 수 있게 한다. 다만, 이중 가닥 DNA 특이 염료는 <모든> 이중 가닥 DNA에 결합할 수 있기 때문에 2개의 프라이머끼리 결합하여 이중 가닥의 이합체(二合體)를 형성한 경우에는 이와 결합하여 의도치 않은 발색이 일어난다.

'이중 가닥 DNA 특이 염료'의 경우, '이중 가닥 DNA'에 결합하여 발색하기 때문에, 한 사이클이 끝날 때마다 생성된 이중 가닥 표적 DNA가 얼마나 되는지 알 수 있겠네요. 그러나 이는 '표적 DNA'뿐 아니라, '모든' 이중 가닥 DNA와 결합하기 때문에 프라이머끼리 결합한 이합체에도 결합하여 의도치 않은 발색이 일어나기도 한답니다. '모든'과 '표적(일부)'을 대비시켜서 읽으면 좋을 것 같습니다. 2019학년도 6월 모의평가 '키트' 지문의 '위양성' 같은 현상이 발생하는 거네요.

> 형광 표식 탐침은 형광 물질과 <이 형광 물질을 억제하는> 소광 물질이 붙어 있는 단일 가닥 DNA 단편으로, 표적 DNA에서 프라이머가 결합하지 않는 부위에 <특이적으로> 결합하도록 설계된다.

'형광 표식 탐침'은 발색을 하는 형광 물질과, 형광 물질이 발색을 못 하게 억제하는 소광 물질이 붙어있는 DNA랍니다. 얘는 '표적 DNA'에만 '특이적으로' 결합하는 물질이므로, 프라이머의 이합체와 결합하는 '의도치 않은 발색'은 일어나지 않겠네요. 또, 이는 '이중 가닥 DNA 특이 염료'와는 다르게 'DNA'이기도 해요.

> PCR 과정에서 이중 가닥 DNA가 단일 가닥으로 되면, 형광 표식 탐침은 프라이머와 마찬가지로 표적 DNA에 결합한다.

아까 '이중 가닥 DNA 특이 염료'는 한 사이클이 끝나고 '이중 가닥 DNA'가 생기면 거기에 결합했죠? 그런데 '형광 표식 탐침'은 표적 DNA가 열을 받고 '단일 가닥' DNA가 되었을 때 표적 DNA와 결합합니다. 이런 차이점은 바로바로 캐치해야 합니다.

이후 DNA 중합 효소에 의해 이중 가닥 DNA가 형성되는 과정 중에 탐침은 표적 DNA와의 결합이 끊어지고 분해된다. 탐침이 분해되어 <형광 물질과 소광 물질의 분리가 일어나면> 비로소 형광 물질이 발색되며, 이로써 표적 DNA가 증폭되었음을 알 수 있다.

'형광 표식 탐침'은 표적 DNA가 단일 가닥이 되었을 때 결합했다가, 이중 가닥이 되어가는 과정 중에 떨어지고 분해됩니다. '형광 표식 탐침'은 형광 물질+소광 물질로 이루어져서 발색이 되지 않고 있었는데, 소광 물질이 분리되면 형광 물질이 마침내 발색하게 되죠. 이는 형광 물질과 소광 물질의 정의를 생각하면 당연한 얘기입니다. 이런 발색이 이루어지면 관찰자는 PCR을 통해 표적 DNA가 단일 가닥으로 분리 ⇒ 이중 가닥으로 복제되는 한 사이클이 완료되었음을 파악할 수 있겠습니다.

형광 표식 탐침은 표적 DNA에 특이적으로 결합하는 장점을 지니나 상대적으로 비용이 비싸다.

따라서 형광 표식 탐침은 '이중 가닥 DNA 특이 염료'에서 발생하던 '의도치 않은 발색'이라는 문제는 발생하지 않으나, 아무래도 복잡한 구조 탓인지 비용은 비싸다네요.

실시간 PCR에서 발색도는 증폭된 이중 가닥 표적 DNA의 양에 비례하며, 일정 수준의 발색도에 도달하는 데 필요한 사이클은 표적 DNA의 초기 양에 따라 달라진다.

'발색도'는 '증폭된 이중 가닥 표적 DNA의 양'에 비례한다, '일정 수준의 발색도'가 되기 위해 필요한 사이클은 '표적 DNA의 초기 양'에 따라 달라진다, 이 두 가지 정보를 줬는데, 사실 생각해보면 당연한 얘기들입니다.
'이중 가닥 DNA 특이 염료'를 사용하든, '형광 표식 탐침'을 사용하든 한 사이클이 진행될 때마다 발색도가 누적되므로, '증폭된 이중 가닥 표적 DNA'가 많을수록 발색도도 높아지겠죠. 또, 어떤 '일정 수준의 발색도'는 처음 표적 DNA 양이 많을수록 빨리 도달할 수 있을 겁니다. n번의 사이클이 진행되었다고 하면, 이중 가닥 표적 DNA의 양은 (초기 양)x2^n이 될 것이고, 발색도는 이 양에 비례하니까요.

사이클의 진행에 따른 발색도의 변화가 <연속적인> 선으로 표시되며,

PCR에서 발색은 '누적'되니까, 사이클을 통해 증폭이 이루어졌다면 발색도의 변화도 우상향하는 '연속적인' 선으로 표시될 것입니다.

표적 DNA를 검출했다고 판단하는 발색도에 도달하는 데 소요된 사이클을 Ct값이라 한다.

발색도가 일정 수준이 되면 PCR이 제대로 이루어졌다는 뜻이고, 이는 최초의 시료에 '표적 DNA'가 있었기 때문일 것입니다. 따라서 저 '일정 수준의 발색도'가 되면 표적 DNA를 검출했다고 판단할 수 있는 것이고, 그 발색도에 도달하는 데 소요된 사이클을 Ct값이라고 한다네요. 앞선 내용과 연결해서 이해해 볼 때, 이 값은 '표적 DNA의 초기 양'과 음의 상관관계를 가질 것입니다. 처음에 있었던 양이 많을수록 '일정 수준의 발색도'도 빠르게 도달할 테니까요.

표적 DNA의 농도를 알지 못하는 미지 시료의 Ct값과 표적 DNA의 농도를 알고 있는 표준 시료의 Ct값을 비교하면 미지 시료에 포함된 표적 DNA의 농도를 계산할 수 있다.

왜 계산할 수 있는지 이해하셨나요? '표준 시료'의 '표적 DNA 농도'를 알고 있다는 얘기는, '표적 DNA의 초기 양'을 알고 있다는 얘기입니다. 이 초기 양과 Ct값은 음의 상관관계를 가지므로, 미지 시료의 Ct값을 표준 시료의 Ct값과 비교해본다면 미지 시료의 표적 DNA 농도도 알 수 있을 겁니다. 가령 미지 시료의 Ct값이 표준 시료의 Ct값보다 1 낮다면, 사이클이 한 번 덜 필요했다는 얘기이므로 미지 시료는 표적 DNA의 농도가 표준 시료의 2배겠죠.
위에 제가 설명한 내용들은 반드시 이해하셔야 합니다. 만약 이 지문이 LEET 지문이었다면 [A]는 없었을 겁니다. 앞선 내용들로부터 전부 추론이 가능한 내용이기에, [A]를 서술해주지 않고 바로 [A]의 내용에 해당하는 문제를 냈을 거예요. 수능 국어를 공부하면서도, 주어진 내용들을 바탕으로 이해하고 추론하는 연습을 계속해야 확실한 100점을 만들어 낼 수 있습니다.

PCR는 시료로부터 얻은 DNA를 가지고 유전자 복제, 유전병 진단, 친자 감별, 암 및 감염성 질병 진단 등에 광범위하게 활용된다. 특히 실시간 PCR를 이용하면 바이러스의 감염 여부를 초기에 정확하고 빠르게 진단할 수 있다.

PCR 자체가 특정 DNA를 다량으로 증폭하는 기술이므로, 유전자 복제에도 사용할 수 있고, 시료에 표적 DNA가 존재했는지 확인하는 용도로도 사용하여 감염 여부를 진단하는 데도 쓸 수 있겠습니다. 위

의 해설들을 제대로 따라오셨다면, 마지막 문단은 크게 어려움 없이
넘기실 수 있을 것 같아요.

01 윗글에서 알 수 있는 내용으로 적절하지 않은 것은?

① 2종의 프라이머 각각의 염기 서열과 정확히 일치하는 염기 서열을 주형 DNA에서 찾을 수 없다.

② PCR에서 표적 DNA 양이 초기 양을 기준으로 처음의 2배가 되는 시간과 4배에서 8배가 되는 시간은 같다.

③ 전통적인 PCR는 표적 DNA 농도를 아는 표준 시료가 있어도 미지 시료의 표적 DNA 농도를 PCR 과정 중에 알 수 없다.

④ 실시간 PCR는 가열 과정을 거쳐야 시료에 포함된 표적 DNA의 양을 증폭할 수 있다.

⑤ 실시간 PCR를 실시할 때에 표적 DNA의 증폭이 일어나려면 DNA 중합 효소와 프라이머가 필요하다.

> **정답 : ①**

'프라이머'는 '표적 DNA의 일부분'과 동일한 염기 서열로 이루어져 있습니다. '표적 DNA의 일부분'은 당연히 '표적 DNA'안에 포함되어 있고, '표적 DNA'는 '주형 DNA'에 포함되어 있지요. 따라서 프라이머는 '주형 DNA'의 일부분과 정확히 일치하는 염기 서열로 이루어져 있을 것입니다.

> **해설**

② 첫 사이클에서는 처음의 2배가 되고, 두 번째 사이클에서 4배, 세 번째 사이클에서 8배가 되죠. 각각 한 번의 사이클이 필요하므로 맞는 선지입니다.

③ 실시간 PCR과 달리 전통적인 PCR은 시료의 표적 DNA 농도를 파악할 수 없습니다.

④ 가열 과정이 있어야 DNA를 2개의 단일 가닥으로 분리할 수 있고, 그다음에 PCR의 과정이 이루어질 수 있습니다.

⑤ 단일 가닥으로 분리된 DNA는 프라이머와 결합하고, DNA 중합 효소가 있어야 증폭될 수 있습니다.

02 ㉠ 이중 가닥 DNA 특이 염료와 ㉡ 형광 표식 탐침에 대한 설명으로 가장 적절한 것은?

① ㉠은 ㉡과 달리 프라이머와 결합하여 이합체를 이룬다.

② ㉠은 ㉡과 달리 표적 DNA에 붙은 채 발색 반응이 일어난다.

③ ㉡은 ㉠과 달리 형광 물질과 결합하여 이합체를 이룬다.

④ ㉡은 ㉠과 달리 한 사이클의 시작 시점에 발색 반응이 일어난다.

⑤ ㉠과 ㉡은 모두 이중 가닥 표적 DNA에 결합하는 물질이다.

> **정답 : ②**

㉠은 새로 생성된 이중 가닥 DNA에 붙어서 발색하고, ㉡은 이중 가닥 DNA가 새로 생성되었을 때 분리 및 분해되어서 발색합니다.

> **해설**

① ㉠이 '프라이머끼리 결합한 이합체'에 결합하는 것이지, ㉠이 프라이머와 결합해서 이합체를 이루는 것이 아닙니다.

③ ㉡은 형광 물질과 소광 물질이 붙어있는 것으로, 따로 형광 물질과 결합하여 '이합체'를 이룬다는 얘기는 없습니다.

④ ㉡은 이중 가닥 DNA가 생기고 발색하므로, '한 사이클의 끝 시점'에 발색 반응이 일어나는 것이고, ㉠도 새로 생성된 이중 가닥 DNA에 결합하여 발색하므로 '한 사이클의 끝 시점'에 발색한다고 할 수 있습니다.

사실 생각해보면, 둘 모두 '한 사이클의 끝 시점'에 발색하는 것이 당연합니다. '발색' 자체가 사이클이 잘 진행되었는지를 확인하기 위한 것인데, 그러면 사이클이 진행된 뒤에 발색되도록 해야겠죠.

⑤ ㉡은 단일 가닥에 결합합니다.

03 어느 바이러스 감염증의 진단 검사에 PCR를 이용하려고 한다. 윗글을 읽고 이해한 반응으로 가장 적절한 것은?

① 전통적인 PCR로 진단 검사를 할 때, 시료에 바이러스의 양이 적은 감염 초기에는 감염 여부를 진단할 수 없겠군.
② 전통적인 PCR로 진단 검사를 할 때, DNA 증폭 여부 확인에 발색 물질이 필요 없으니 비용이 상대적으로 싸겠군.
③ 전통적인 PCR로 진단 검사를 할 때, 실시간 증폭 여부를 확인할 필요가 없어 진단에 걸리는 시간을 줄일 수 있겠군.
④ 실시간 PCR로 진단 검사를 할 때, 표적 DNA의 염기 서열이 알려져 있어야 감염 여부를 분석할 수 있겠군.
⑤ 실시간 PCR로 진단 검사를 할 때, 감염 여부는 PCR가 끝난 후에야 알 수 있지만 실시간 증폭은 확인할 수 있겠군.

정답 : ④

지문 첫 문단에서 '염기 서열을 아는 DNA가 한 분자라도 있으면 이를 다량으로 증폭'할 수 있다고 말했습니다. 그리고 그 증폭의 대상이 되는, 염기 서열을 아는 DNA는 '표적 DNA'죠. '표적 DNA'의 염기서열을 모른다면 애초에 PCR 자체가 불가능할 것입니다.

해설

① 시료에 바이러스의 양이 적더라도, 그것을 PCR을 통해 증폭시켜서 감염 여부를 확인할 수 있을 것입니다.
② 전통적인 PCR이든, 실시간 PCR이든 증폭이 제대로 이루어졌는지를 확인하려면 발색 물질이 필요합니다.
③ 전통적인 PCR은 더이상 증폭이 되지 않을 때까지 PCR을 끝낸 뒤에 최종 산물에 형광 물질을 결합시켜 결과를 확인했지만, 실시간 PCR은 PCR이 끝나지 않았어도 중간에 누적되는 결과를 계속해서 확인할 수 있기에, 진단에 걸리는 시간이 더 적을 것입니다.
⑤ 실시간 PCR을 사용한다면, 선지 ③ 해설과 마찬가지로 감염 여부를 PCR이 진행되는 중간에 확인할 수 있습니다.

Comment

지문을 제대로 이해하지 못한 많은 학생들은 '바이러스 진단? 지문이랑 뭔 상관이지?'라는 반응을 보였습니다. 지문의 주제는 '표적 DNA'를 증폭시키는 PCR의 원리에 대한 얘기였죠. 그런데 지문의 뒷부분에는 시료에 포함된 DNA의 농도를 추정하는 얘기와, 이것이 바이러스의 감염 여부를 진단하는 것에 쓰인다는 내용이 주어졌죠. 즉, 질병의 원인이 되는 DNA를 PCR의 '표적 DNA'로 삼고, 이것이 증폭되었다면 해당 DNA가 충분히 시료에 있었다는 말이므로 감염이 되었다고 판단할 수 있는 것입니다. 물론 전통적인 PCR과 실시간 PCR에 대한 정보만 잘 비교했다면 답은 고를 수 있었겠지만, 위의 내용을 생각하지 못했다면 현장에서 의아함은 남아 있었을 겁니다.

04 [A]를 바탕으로 <보기1>의 실험 상황을 가정하고 <보기2>와 같이 예상 결과를 추론하였다. ㉮~㉰에 들어갈 말로 적절한 것은?

<보기 1>

표적 DNA의 농도를 알지 못하는 ⓐ미지 시료와, 이와 동일한 표적 DNA를 포함하지만 그 농도를 알고 있는 ⓑ표준 시료가 있다. 각 시료의 DNA를 주형 DNA로 하여 같은 양의 시료로 동일한 조건에서 실시간 PCR를 실시한다.

<보기 2>

만약 ⓐ가 ⓑ보다 표적 DNA의 초기 농도가 높다면

⇩

표적 DNA가 증폭되는 동안, 사이클이 진행됨에 따라 시간당 시료의 표적 DNA의 증가량은 ⓐ가 (㉮).

⇩

실시간 PCR의 C_t값에서의 발색도는 ⓐ가 (㉯).

⇩

따라서 실시간 PCR의 C_t값은 ⓐ가 (㉰).

	㉮	㉯	㉰
①	ⓑ보다 많겠군	ⓑ보다 높겠군	ⓑ보다 크겠군
②	ⓑ보다 많겠군	ⓑ와 같겠군	ⓑ보다 작겠군
③	ⓑ와 같겠군	ⓑ보다 높겠군	ⓑ보다 작겠군
④	ⓑ와 같겠군	ⓑ와 같겠군	ⓑ보다 작겠군
⑤	ⓑ와 같겠군	ⓑ보다 높겠군	ⓑ보다 크겠군

정답 : ②

해설

㉮ '증가율'은 똑같이 2배겠지만, 절대적인 '증가량'은 초기 농도가 높은 ⓐ가 ⓑ보다 많을 것입니다.

㉯ C_t값은 '표적 DNA를 검출했다고 판단하는 발색도에 도달하는 데 소요된 사이클'입니다. 그리고 '표적 DNA를 검출했다고 판단하는 발색도' 자체는 둘이 똑같은 상수죠. 그러면, 그 정의상 C_t값에서의 '발색도'는 둘이 같을 수밖에 없겠네요.

㉰ 초기 농도가 높은 ⓐ가 '일정 수준의 발색도'에 도달하는 데 필요한 사이클이 더 적을 것이고, 따라서 C_t값은 ⓐ가 ⓑ보다 작습니다.

최근에 정말 여러 차례 강조했는데, 21학년도부터 비문학 <보기> 문제 난이도는 다른 문항들과 크게 다르지 않습니다. 오히려 내용 이해를 묻는 짧은 문항들보다 더 쉬운 경우도 있어요. 이 문제의 경우도 각 개념의 정의만 잘 파악하고 있어도 풀 수 있는 문제였으니, <보기> 문제에 너무 겁먹지 말고 접근하시면 좋을 것 같아요.

2018학년도 6월 모의고사 DNS 스푸핑

DNS(도메인 네임 시스템) 스푸핑은 인터넷 사용자가 어떤 사이트에 접속하려 할 때 사용자를 위조 사이트로 접속시키는 행위를 말한다. 이는 도메인 네임을 IP 주소로 변환해 주는 과정에서 이루어진다.

인터넷에 연결된 컴퓨터들이 서로를 식별하고 통신하기 위해서 각 컴퓨터들은 IP(인터넷 프로토콜)에 따라 ㉠만들어지는 고유 IP 주소를 가져야 한다. 프로토콜은 컴퓨터들이 연결되어 서로 데이터를 주고받기 위해 사용하는 통신 규약으로 소프트웨어나 하드웨어로 구현된다. 현재 주로 사용하는 IP 주소는 '***.126.63.1'처럼 점으로 구분된 4개의 필드에 숫자를 사용하여 ㉡나타낸다. 이 주소를 중복 지정하거나 임의로 지정해서는 안 되고 공인 IP 주소를 부여받아야 한다.

공인 IP 주소에는 동일한 번호를 지속적으로 사용하는 고정 IP 주소와 번호가 변경되기도 하는 유동 IP 주소가 있다. 유동 IP 주소는 DHCP라는 프로토콜에 의해 부여된다. DHCP는 IP 주소가 필요한 컴퓨터의 요청을 받아 주소를 할당해 주고, 컴퓨터가 IP 주소를 사용하지 않으면 주소를 반환받아 다른 컴퓨터가 그 주소를 사용할 수 있도록 해 준다. 한편, 인터넷에 직접 접속은 안 되고 내부 네트워크에서만 서로를 식별할 수 있는 사설 IP 주소도 있다.

인터넷은 공인 IP 주소를 기반으로 동작하지만 우리가 인터넷을 사용할 때는 IP 주소 대신 사용하기 쉽게 'www.***.***' 등과 같이 문자로 ㉢이루어진 도메인 네임을 이용한다. 따라서 도메인 네임을 IP 주소로 변환해 주는 DNS가 필요하며 DNS를 운영하는 장치를 네임서버라고 한다. 컴퓨터에는 네임서버의 IP 주소가 기록되어 있어야 하는데, 유동 IP 주소를 할당받는 컴퓨터에는 IP 주소를 받을 때 네임서버의 IP 주소가 자동으로 기록되지만, 고정 IP 주소를 사용하는 컴퓨터에는 사용자가 네임서버의 IP 주소를 직접 기록해 놓아야 한다. 인터넷 통신사는 가입자들이 공동으로 사용할 수 있는 네임서버를 운영하고 있다.

㉮사용자가 어떤 사이트에 정상적으로 접속하는 과정을 살펴보자. 웹 사이트에 접속하려고 하는 컴퓨터를 클라이언트라 한다. 사용자가 방문하고자 하는 사이트의 도메인 네임을 주소창에 직접 입력하거나 포털 사이트에서 그 사이트를 검색해 클릭하면 클라이언트는 기록되어 있는 네임서버에 도메인 네임에 해당하는 IP 주소를 물어보는 질의 패킷을 보낸다. 네임서버는 해당 IP 주소가 자신의 목록에 있으면 클라이언트에

이 IP 주소를 알려 주는 응답 패킷을 보낸다. 응답 패킷에는 어느 질의 패킷에 대한 응답인지가 적혀 있다. 만일 해당 IP 주소가 목록에 없으면 네임서버는 다른 네임서버의 IP 주소를 알려 주는 응답 패킷을 보내고, 클라이언트는 다시 그 네임서버에 질의 패킷을 보내는 단계로 돌아가 같은 과정을 반복한다. 클라이언트는 이렇게 ㉣알아낸 IP 주소로 사이트를 찾아간다. 네임서버와 클라이언트는 UDP라는 프로토콜에 ㉤맞추어 패킷을 주고받는다. UDP는 패킷의 빠른 전송 속도를 확보하기 위해 상대에게 패킷을 보내기만 할 뿐 도착 여부는 확인하지 않으며, 특정 질의 패킷에 대해 처음 도착한 응답 패킷을 신뢰하고 다음에 도착한 패킷은 확인하지 않고 버린다. DNS 스푸핑은 UDP의 이런 허점들을 이용한다.

㉯DNS 스푸핑이 이루어지는 과정을 알아보자. 악성 코드에 감염되어 DNS 스푸핑을 행하는 컴퓨터를 공격자라 한다. 클라이언트가 네임서버에 특정 IP 주소를 묻는 질의 패킷을 보낼 때, 공격자에도 패킷이 전달되고 공격자는 위조 사이트의 IP 주소가 적힌 응답 패킷을 클라이언트에 보낸다. 공격자가 보낸 응답 패킷이 네임서버가 보낸 응답 패킷보다 클라이언트에 먼저 도착하고 클라이언트는 공격자가 보낸 응답 패킷을 옳은 패킷으로 인식하여 위조 사이트로 연결된다.

01 윗글의 '프로토콜'에 대한 설명으로 적절하지 <u>않은</u> 것은?

① 컴퓨터 사이의 통신을 위한 규약으로서 저마다 정해진 기능이 있다.

② IP에 따르면 현재 주로 사용하는 IP 주소는 4개의 필드에 적힌 숫자로 구성된다.

③ DHCP를 이용하는 컴퓨터는 IP 주소를 요청해야 IP 주소를 부여받을 수 있다.

④ DHCP를 이용하는 컴퓨터에는 네임서버의 IP 주소를 사용자가 기록해야 한다.

⑤ UDP는 패킷 전송 속도를 높이기 위해 패킷이 목적지에 제대로 도착했는지 확인하지 않는다.

02 <보기>는 ㉮ 또는 ㉯에서 이루어지는 클라이언트의 동작을 나타낸 것이다. 이에 대한 이해로 적절한 것은?

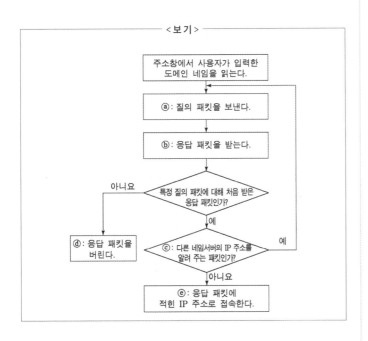

① ㉮ : ⓐ가 두 번 동작했다면, 두 질의 내용이 동일하고 패킷을 받는 수신 측도 동일하다.

② ㉮ : ⓑ가 두 번 동작했다면, 두 응답 내용이 서로 다르고 패킷을 보낸 송신 측은 동일하다.

③ ㉮ : ⓒ는 ⓐ에서 질의한 도메인 네임에 해당하는 IP 주소를 네임서버가 찾았는지 여부를 확인하는 절차이다.

④ ㉯ : ⓓ의 응답 패킷에는 공격자가 보내온 IP 주소가 포함되어 있다.

⑤ ㉯ : ⓔ의 IP 주소는 ⓐ에서 질의한 도메인 네임에 해당하는 IP 주소이다.

03 윗글을 바탕으로 알 수 있는 것은?

① DNS는 도메인 네임을 사설 IP 주소로 변환한다.

② 동일한 내부 네트워크에 연결된 컴퓨터들의 사설 IP 주소는 서로 달라야 한다.

③ 유동 IP 주소 방식의 컴퓨터들에는 동시에 동일한 공인 IP 주소를 할당할 수 있다.

④ 고정 IP 주소 방식의 컴퓨터들에는 동시에 동일한 공인 IP 주소를 부여할 수 있다.

⑤ IP 주소가 서로 다른 컴퓨터들은 각각에 기록되어 있는 네임서버의 IP 주소도 서로 달라야 한다.

04 윗글과 <보기>를 참고할 때, DNS 스푸핑을 피하기 위한 방법으로 적절한 것은?

> ─── <보기> ───
>
> DNS가 고안되기 전에는 특정 컴퓨터의 사용자가 'hosts'라는 파일에 모든 도메인 네임과 그에 해당하는 IP 주소를 적어 놓았고, 클라이언트들은 이 파일을 복사하여 사용하였다. 네임서버를 사용하는 현재에도 여전히 클라이언트는 질의 패킷을 보내기 전에 hosts 파일의 내용을 확인한다. 클라이언트가 이 파일에서 원하는 도메인 네임의 IP 주소를 찾으면 그 주소로 바로 접속하고, IP 주소를 찾지 못했을 때 클라이언트는 네임서버에 질의 패킷을 보낸다.

① 클라이언트에서 사용자가 hosts 파일을 찾아 삭제하면 되겠군.

② 클라이언트의 IP 주소를 사용자가 클라이언트의 hosts 파일에 적어 놓으면 되겠군.

③ 클라이언트에 hosts 파일이 없더라도 사용자가 주소창에 도메인 네임만 입력하면 되겠군.

④ 네임서버의 도메인 네임과 IP 주소를 사용자가 클라이언트의 hosts 파일에 적어 놓으면 되겠군.

⑤ 접속하려는 사이트의 도메인 네임과 IP 주소를 사용자가 클라이언트의 hosts 파일에 적어 놓으면 되겠군.

05 문맥상 ㉠~㉤과 바꿔 쓰기에 가장 적절한 것은?

① ㉠ : 제조(製造)되는
② ㉡ : 표시(標示)한다
③ ㉢ : 발생(發生)된
④ ㉣ : 인정(認定)한
⑤ ㉤ : 비교(比較)해

01	02	03	04	05
④	③	②	⑤	②

DNS(도메인 네임 시스템) 스푸핑은 <인터넷 사용자가 어떤 사이트에 접속하려 할 때> 사용자를 위조 사이트로 접속시키는 행위를 말한다. 이는 도메인 네임을 IP 주소로 변환해 주는 과정에서 이루어진다.

(1)도메인 네임이 뭔지도 모르고 (2)IP 주소가 뭔지도 모르고, (3)그 둘을 변환하는 과정은 더더욱 모릅니다. 지문의 다음 내용들에서 각각의 개념이 어떻게 설명되는지 주의하며 읽어봅시다.

인터넷에 연결된 컴퓨터들이 <서로를 식별하고 통신하기 위해서> 각 컴퓨터들은 (IP(인터넷 프로토콜)에 따라 만들어지는) 고유 IP 주소를 가져야 한다. 프로토콜은 <컴퓨터들이 연결되어 서로 데이터를 주고받기 위해> 사용하는 통신 규약으로 소프트웨어나 하드웨어로 구현된다.

IP는 인터넷 프로토콜이고, 이게 있어야 컴퓨터들이 서로를 식별하고 통신하기 위한 고유 IP 주소를 가질 수 있답니다. IP(인터넷 프로토콜)는 '프로토콜(규약)'이라는 상위의 범주에 포함된 개념입니다.

현재 주로 사용하는 IP 주소는 '***.126.63.1'처럼 점으로 구분된 4개의 필드에 숫자를 사용하여 나타낸다. 이 주소를 중복 지정하거나 임의로 지정해서는 안 되고 공인 IP 주소를 부여받아야 한다.

각 컴퓨터들이 사용하는 IP 주소는 세 개의 점에 의해 넷으로 구분된 필드로 표현되고, 이는 중복 지정되어서는 안 됩니다. 중복 지정이 안 되므로, 각 컴퓨터는 하나의 IP 주소를 갖고, 하나의 IP 주소는 하나의 컴퓨터에 지정되어야 할 것입니다.

공인 IP 주소에는 (동일한 번호를 지속적으로 사용하는) 고정 IP 주소와 (번호가 변경되기도 하는) 유동 IP 주소가 있다.

컴퓨터가 부여받는 공인 IP 주소는 고정과 유동의 두 종류가 있답니다.

유동 IP 주소는 DHCP라는 프로토콜에 의해 부여된다. DHCP는 IP 주소가 필요한 컴퓨터의 요청을 받아 주소를 할당해 주고, <컴퓨터가 IP 주소를 사용하지 않으면> 주소를 반환받아 다른 컴퓨터가 그 주소를 사용할 수 있도록 (할당)해 준다.

공인 IP 주소 중 번호가 변경될 수 있는 유동 IP 주소는 DHCP(IP와 마찬가지로, 프로토콜의 한 종류)에 의해 부여됩니다. IP 주소가 필요한 컴퓨터에 주소를 주고, 컴퓨터가 그 IP 주소를 안 쓰면 다시 돌려받아서 다른 컴퓨터한테 준답니다. 따라서 유동 IP에서도, 두 번째 문단에 나온 것처럼 같은 주소가 중복 지정되지는 않을 것입니다.

한편, 인터넷에 직접 접속은 안 되고 내부 네트워크에서만 서로를 식별할 수 있는 사설 IP 주소도 있다.

공인 IP 안에 고정 IP와 유동 IP가 있는데, 사설 IP는 공인 IP와 구분되는 내부 네트워크용 IP 주소입니다. 사실 지문의 주제가 '인터넷 사용자가 어떤 사이트에 접속하려 할 때' 일어나는 일(DNS 스푸핑)에 대한 것이니까, 인터넷에 직접 접속이 안 되는 사설 IP 얘기는 크게 중요하지 않으리라고 생각할 수 있습니다.

인터넷은 공인 IP 주소를 기반으로 동작하지만 <우리가 인터넷을 사용할 때는> IP 주소 대신 사용하기 쉽게 'www.***.***' 등과 같이 문자로 이루어진 도메인 네임을 이용한다. 따라서 도메인 네임을 IP 주소로 변환해 주는 DNS가 필요하며 DNS를 운영하는 장치를 네임서버라고 한다.

요 앞까지의 내용에서 (2)IP 주소가 뭔지를 설명해줬고, 이제 (1)도메인 네임이 뭔지, 그리고 (3)그 둘을 변환하는 과정이 설명됩니다.

인터넷에 접속할 때는 앞서 설명된 IP를 기반으로 동작하지만, 실제로 우리는 IP 주소가 아니라 www.orbi.kr처럼 도메인 네임을 이용합니다. 그래서 우리가 도메인 네임을 사용하면, 그걸 IP 주소로 변환시켜서 인터넷에 접속하게 만드는 DNS가 필요하고, DNS는 네임서버가 운영합니다.

(인터넷 사용자의) 컴퓨터에는 네임서버의 IP 주소가 기록되어 있어야 하는데,

뭐 일단 그래야 한답니다. 읽어봅시다.

<유동 IP 주소를 할당받는> 컴퓨터에는 (DHCP에 의해) IP 주소를 받을 때 네임서버의 IP 주소가 자동으로 기록되지만, <고정 IP 주소를 사용하는> 컴퓨터에는 사용자가 네임서버의 IP 주소를 직접 기록해 놓아야 한다. 인터넷 통신사는 가입자들이 공동으로 사용할 수 있는 네임서버를 운영하고 있다.

유동 IP를 쓰느냐, 고정 IP를 쓰느냐에 따라 네임서버의 IP 주소를 직접 기록해야 하는지 여부가 갈린답니다. 다음 문단부터는 (3)도메인 네임을 IP 주소로 변환해 주는 과정이 자세히 서술됩니다.

사용자가 어떤 사이트에 정상적으로 접속하는 과정을 살펴보자. 웹 사이트에 접속하려고 하는 (인터넷 사용자의) 컴퓨터를 클라이언트라 한다. 사용자가 <방문하고자 하는 사이트의 도메인 네임을 주소창에 직접 입력하거나 / 포털 사이트에서 그 사이트를 검색해 클릭하면> 클라이언트는 기록되어 있는(Q.1 어떻게 기록되죠?) 네임서버에 도메인 네임에 해당하는 IP 주소를 물어보는 질의 패킷을 보낸다. 네임 서버는 <(a)해당 IP 주소가 자신의 목록에 있으면> 클라이언트에 이 (사용자가 방문하고자 하는 사이트의) IP 주소를 알려 주는 응답 패킷을 보낸다. 응답 패킷에는 어느 질의 패킷에 대한 응답인지가 적혀 있다.

A.1 유동 IP를 쓰는 클라이언트라면 자동으로 기록되어 있을 것이고, 고정 IP를 쓴다면 사용자가 직접 기록해야겠죠.

사용자가 도메인 네임을 통해서 어떤 사이트에 접속하려고 할 때, 도메인 네임을 IP 주소로 변환하기 위해서, 네임서버에 해당 도메인 네임에 해당하는 IP 주소를 물어봅니다. 네임 서버는 그 도메인의 IP 주소를 알고 있으면 응답 패킷을 보내서 알려줍니다. 응답 패킷에는 어떤 질문에 대한 대답인지가 적혀있고요.

만일 <(b)해당 IP 주소가 목록에 없으면> 네임서버는 다른 네임서버의 IP 주소를 알려 주는 응답 패킷을 보내고, 클라이언트는 다시 그 네임서버에 질의 패킷을 보내는 단계로 돌아가 같은 과정을 반복한다. 클라이언트는 이렇게 알아낸 IP 주소로 사이트를 찾아간다.

만약에 클라이언트가 접속하려는 사이트의 도메인 네임에 해당하는 IP 주소를 네임서버에 물어봤는데 그 네임서버가 모른다면, 질문을

받은 네임서버는 다른 네임서버의 IP 주소를 알려주고, 클라이언트는 소개 받은 네임서버에 다시 질문을 하는 것이죠. 정답을 아는 네임서버한테 응답 패킷을 받을 때까지 이걸 계속 반복한답니다.

네임서버와 클라이언트는 (도메인 네임을 IP 주소로 변환하는 과정에서) UDP라는 프로토콜에 맞추어 패킷을 주고받는다. UDP는 <패킷의 빠른 전송 속도를 확보하기 위해> 상대에게 패킷을 보내기만 할 뿐 도착 여부는 확인하지 않으며, 특정 질의 패킷에 대해 처음 도착한 응답 패킷을 신뢰하고 다음에 도착한 패킷은 확인하지 않고 버린다. DNS 스푸핑은 UDP의 이런 허점들을 이용한다.

네임서버와 클라이언트가 질의/응답 패킷을 주고받을 때는 UDP라는 프로토콜에 따르는데, 이 프로토콜의 '허점들'을 이용해서 DNS 스푸핑이 이루어진답니다. 위 내용에서 '허점'으로 제시된 내용은, 패킷을 보내기만 할 뿐 도착 여부를 확인하지 않는다는 것, 또 처음 도착한 응답 패킷이 아니면 나머지는 버린다는 것입니다. DNS 스푸핑이 이런 허점들을 어떻게 이용하는지, 뒤의 내용을 대응시켜서 읽어봅시다.

DNS 스푸핑이 이루어지는 과정을 알아보자. <악성 코드에 감염되어> DNS 스푸핑을 행하는 컴퓨터를 공격자라 한다. <클라이언트가 네임서버에 특정 IP 주소를 묻는 질의 패킷을 보낼 때>, 공격자에도 패킷이 전달되고 공격자는 위조 사이트의 IP 주소가 적힌 응답 패킷을 클라이언트에 보낸다. 공격자가 보낸 응답 패킷이 <네임서버가 보낸 응답 패킷보다> 클라이언트에 먼저 도착하고 클라이언트는 공격자가 보낸 응답 패킷을 옳은 패킷으로 인식하여 위조 사이트로 연결된다.

악성 코드에 감염된 공격자는, 클라이언트가 네임서버에 보내는 질의 패킷을 똑같이 받습니다. 이때 응답 패킷을 위조 사이트의 IP 주소로 보내는 것이죠. 이 응답 패킷이 만약 클라이언트에게 처음으로 도착하는 패킷이라면, 앞서 나온 '허점'으로 인해 클라이언트는 뒤에 올, 진짜 네임서버의 응답 패킷은 확인하지도 않고 버릴 것입니다.

지문의 첫 문단에서 DNS 스푸핑을 주제로 제시했는데, 정작 DNS 스푸핑 자체는 마지막 몇 줄로 설명되고 끝납니다. 그 앞의 내용은 전부 DNS 스푸핑을 이해하기 위해 필요한 개념들을 설명하는 것이죠. 지문에서 주어지는 정보들을 차곡차곡 정리할 수 있는 피지컬 자체가 부족했다면, 글의 구조 역시 파악하기 힘들었을 것 같습니다. 이 책에서는 글을 어떻게 읽는지를 보여주지만, 결국 이런 지문을 시험장에서 잘 읽기 위해서는 학생 개인의 양적인 누적이 가장 중요합니다. 이 책으로 충분한 고민과 생각을 쌓고, 동시에 10개년의 기출문제, LEET 등을 최대한 많이 접하면서 활자 처리 경험까지도 늘려가시길 바랍니다.

01 윗글의 '프로토콜'에 대한 설명으로 적절하지 않은 것은?

① 컴퓨터 사이의 통신을 위한 규약으로서 저마다 정해진 기능이 있다.
② IP에 따르면 현재 주로 사용하는 IP 주소는 4개의 필드에 적힌 숫자로 구성된다.
③ DHCP를 이용하는 컴퓨터는 IP 주소를 요청해야 IP 주소를 부여받을 수 있다.
④ DHCP를 이용하는 컴퓨터에는 네임서버의 IP 주소를 사용자가 기록해야 한다.
⑤ UDP는 패킷 전송 속도를 높이기 위해 패킷이 목적지에 제대로 도착했는지 확인하지 않는다.

정답 : ④

DHCP를 사용하는 컴퓨터는 유동 IP 주소를 할당받는 컴퓨터고, 유동 IP를 할당받는 컴퓨터는 IP 주소를 받을 때 네임서버의 IP가 <u>자동으로</u> 기록됩니다.

해설

① 지문에 나타난 프로토콜은 IP, DHCP, UDP가 있으며, 각각의 기능이 지문에서 드러나 있었습니다.
② '***.126.63.1'처럼 4개의 필드로 구성됩니다.
③ DHCP를 이용하는 컴퓨터는 유동 IP를 사용하는 컴퓨터를 말하며, 이는 DHCP에게 요청을 해서 주소를 할당받습니다.
⑤ UDP는 패킷의 빠른 전송 속도를 확보하기 위해 상대에게 패킷을 보내기만 할 뿐 도착 여부는 확인하지 않습니다. 이게 지문에서 드러난 UDP의 허점 중 하나였죠.

02 <보기>는 ㉮ 또는 ㉯에서 이루어지는 클라이언트의 동작을 나타낸 것이다. 이에 대한 이해로 적절한 것은?

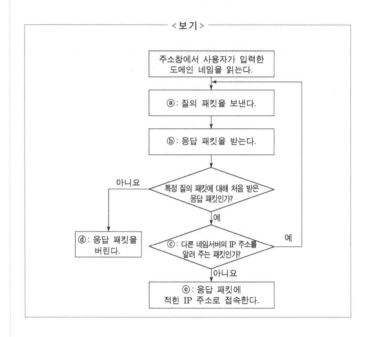

① ㉮ : ⓐ가 두 번 동작했다면, 두 질의 내용이 동일하고 패킷을 받는 수신 측도 동일하다.
② ㉮ : ⓑ가 두 번 동작했다면, 두 응답 내용이 서로 다르고 패킷을 보낸 송신 측은 동일하다.
③ ㉮ : ⓒ는 ⓐ에서 질의한 도메인 네임에 해당하는 IP 주소를 네임서버가 찾았는지 여부를 확인하는 절차이다.
④ ㉯ : ⓓ의 응답 패킷에는 공격자가 보내온 IP 주소가 포함되어 있다.
⑤ ㉯ : ⓔ의 IP 주소는 ⓐ에서 질의한 도메인 네임에 해당하는 IP 주소이다.

정답 : ③

네임서버가 보낸 응답 패킷의 내용이 다른 네임서버의 IP 주소를 알려 주는 것이라면, 질의 패킷을 받은 네임서버가 해당 IP 주소를 목록에 지니고 있지 않다는 얘기입니다. 이때 네임서버의 목록에 클라이언트가 접속하려는 도메인 네임에 해당하는 IP 주소가 없다면, ⓒ의 '예'에 해당하여 클라이언트는 다시 새로운 네임서버에 응답 패킷을 보내는 과정을 반복할 것입니다.

해설

① 질의 패킷을 두 번 보냈다는 얘기는, 처음 보냈을 때 원하는 대답 (<u>접속하려는 사이트의 IP 주소</u>)이 안 와서 그런 것입니다. 클라이언트가 도메인 네임에 해당하는 IP 주소에 대한 질의 패킷을 보냈는데, 첫 번째로 질문을 받은 네임서버의 목록에 그 주소가 없어서 다른 네임서버를 소개해줬겠죠. 클라이언트는 그 두 번째 네임

서버에도 접속하려는 사이트의 도메인 네임에 해당하는 IP 주소를 물어봤을 거고요. 따라서 질의의 내용은 동일하지만, 수신 측은 서로 다른 두 네임서버가 될 것입니다.

② 만약 응답 패킷을 딱 두 번만 받았다면, 처음에는 ①과 마찬가지로 첫 번째 네임서버로부터 두 번째 네임서버의 IP 주소를 받았을 것이고, 다음의 응답 패킷은 두 번째 네임서버로부터 도메인 네임에 해당하는(질의 패킷이 원하던) IP 주소를 제대로 받았을 겁니다. 이때 응답 내용과 송신 측 모두 달라지게 됩니다.

④ 공격자의 응답 패킷은 먼저 도착하고, 따라서 버려지는 패킷은 원래 네임서버의 응답 패킷이 될 것입니다.

⑤ DNS 스푸핑이 발생하면 아니게 됩니다. 위조 사이트의 IP 주소일 수도 있는 것이죠.

03 윗글을 바탕으로 알 수 있는 것은?

① DNS는 도메인 네임을 사설 IP 주소로 변환한다.

② 동일한 내부 네트워크에 연결된 컴퓨터들의 사설 IP 주소는 서로 달라야 한다.

③ 유동 IP 주소 방식의 컴퓨터들에는 동시에 동일한 공인 IP 주소를 할당할 수 있다.

④ 고정 IP 주소 방식의 컴퓨터들에는 동시에 동일한 공인 IP 주소를 부여할 수 있다.

⑤ IP 주소가 서로 다른 컴퓨터들은 각각에 기록되어 있는 네임서버의 IP 주소도 서로 달라야 한다.

정답 : ②

'서로를 식별'하기 위해서는 공인 IP와 마찬가지로 주소가 중복 지정되어서는 안 될 것입니다.

해설

① DNS는 도메인 네임을 해당 도메인 네임에 해당하는 (사이트의) IP 주소로 변환시킵니다. 사설 IP 주소는 맥락과 많이 떨어져 있습니다.

③, ④ 공인 IP 주소에 해당하는 고정 IP와 유동 IP는 둘 다 중복 지정되거나, 임의로 지정되어서는 안 됩니다.

⑤ 각각의 컴퓨터(클라이언트)의 IP 주소만 다르면 되지, 접속하려는 사이트의 주소를 물어보는 대상인 네임서버는 같아도 상관없습니다. 애초에 네임서버는 인터넷 통신사에 의해 '가입자들이 공동으로 사용'할 수 있게 운영되고 있고요.

04 윗글과 <보기>를 참고할 때, DNS 스푸핑을 피하기 위한 방법으로 적절한 것은?

< 보기 >

　DNS가 고안되기 전에는 특정 컴퓨터의 사용자가 'hosts'라는 파일에 모든 도메인 네임과 그에 해당하는 IP 주소를 적어 놓았고, 클라이언트들은 이 파일을 복사하여 사용하였다. 네임서버를 사용하는 현재에도 여전히 클라이언트는 질의 패킷을 보내기 전에 hosts 파일의 내용을 확인한다. 클라이언트가 이 파일에서 원하는 도메인 네임의 IP 주소를 찾으면 그 주소로 바로 접속하고, IP 주소를 찾지 못했을 때 클라이언트는 네임서버에 질의 패킷을 보낸다.

---

① 클라이언트에서 사용자가 hosts 파일을 찾아 삭제하면 되겠군.

② 클라이언트의 IP 주소를 사용자가 클라이언트의 hosts 파일에 적어 놓으면 되겠군.

③ 클라이언트에 hosts 파일이 없더라도 사용자가 주소창에 도메인 네임만 입력하면 되겠군.

④ 네임서버의 도메인 네임과 IP 주소를 사용자가 클라이언트의 hosts 파일에 적어 놓으면 되겠군.

⑤ 접속하려는 사이트의 도메인 네임과 IP 주소를 사용자가 클라이언트의 hosts 파일에 적어 놓으면 되겠군.

<보기> 해설

DNS 스푸핑은 클라이언트가 접속하려는 사이트의 도메인 네임에 해당하는 IP 주소를 알기 위해 네임서버와 패킷을 주고받는 과정에서 발생합니다. 만약에 hosts 파일에 접속하려는 사이트의 도메인 네임과 그에 해당하는 IP 주소가 적혀 있다면, 그 둘을 변환해주는 과정의 DNS는 필요하지 않게 됩니다. 따라서 DNS 스푸핑도 일어날 수가 없게 되죠.

정답 : ⑤

<보기> 해설과 마찬가지입니다. 이렇게 되면 DNS를 통해서, 네임서버에 IP 주소를 물어보는 과정이 필요하지 않게 되기 때문에, 패킷이 오고 가는 변환 과정에서 일어나는 DNS 스푸핑도 예방할 수 있겠죠.

해설

① 이러면 네임서버에 응답 패킷을 보내서 물어보는 2번 문제의 과정이 필요하게 되고, 지문의 문제 상황이 그대로 반복됩니다.

② 클라이언트의 IP 주소는 그냥 컴퓨터가 지닌 자기 IP 주소인데, 접속하려는 사이트의 도메인 네임에 해당하는 IP 주소와는 전혀 관련이 없습니다.

③ 이러면 ①과 마찬가지로 지문의 변환 과정을 똑같이 하게 되고, DNS 스푸핑이라는 문제 상황에서 벗어날 수 없습니다.

④ 지문의 문제 상황에서도 네임서버의 IP 주소는 알고 있었습니다. 이 문제의 핵심은 네임서버와 패킷을 주고받는 과정 자체를 없애야 하는 것이기 때문에, 네임서버와 연락하기 위한 네임서버의 IP 주소는 필요가 없습니다.

05 문맥상 ㉠~㉤과 바꿔 쓰기에 가장 적절한 것은?

① ㉠ : 제조(製造)되는
② ㉡ : 표시(標示)한다
③ ㉢ : 발생(發生)된
④ ㉣ : 인정(認定)한
⑤ ㉤ : 비교(比較)해

정답 : ②

해설

① '제조하다'는 물리적으로 실제의 무언가를 만들어내는 느낌입니다. 반면 지문의 '만들다'는 눈에 보이지는 않는 개념적인 무언가를 생성하는 느낌입니다.

③ '발생하다'는 새로운 무언가가 튀어나오는 상황입니다. 반면 지문의 '이루어진'은 앞서 나온, 이미 존재하는 요소가 어떤 대상의 부분을 구성함을 말합니다.

④ '인정하다'는 이미 존재하는 무언가가 어떤 측면에서 확실히 그렇다고 여기는 것이고, 지문의 '알아내다'는 뭔가 새로운 정보를 인식하는 것입니다.

⑤ '비교하다'는 둘 이상을 견주어 공통점과 차이점을 밝혀내는 것이고, '맞추다'는 어떤 하나의 기준에 다른 대상(들)이 어긋나지 않게 함을 말합니다.

2017학년도 6월 모의고사 **퍼셉트론**

인간의 신경 조직을 수학적으로 모델링하여 컴퓨터가 인간처럼 기억·학습·판단할 수 있도록 구현한 것이 인공 신경망 기술이다. 신경 조직의 기본 단위는 뉴런인데, ⓐ인공 신경망에서는 뉴런의 기능을 수학적으로 모델링한 퍼셉트론을 기본 단위로 사용한다.

ⓑ퍼셉트론은 입력값들을 받아들이는 여러 개의 ⓒ입력 단자와 이 값을 처리하는 부분, 처리된 값을 내보내는 한 개의 출력 단자로 구성되어 있다. 퍼셉트론은 각각의 입력 단자에 할당된 ⓓ가중치를 입력값에 곱한 값들을 모두 합하여 가중합을 구한 후, 고정된 ⓔ임계치보다 가중합이 작으면 0, 그렇지 않으면 1과 같은 방식으로 ⓕ출력값을 내보낸다.

이러한 퍼셉트론은 출력값에 따라 두 가지로만 구분하여 입력값들을 판정할 수 있을 뿐이다. 이에 비해 복잡한 판정을 할 수 있는 인공 신경망은 다수의 퍼셉트론을 여러 계층으로 배열하여 한 계층에서 출력된 신호가 다음 계층에 있는 모든 퍼셉트론의 입력 단자에 입력값으로 입력되는 구조로 이루어진다. 이러한 인공 신경망에서 가장 처음에 입력값을 받아들이는 퍼셉트론들을 입력층, 가장 마지막에 있는 퍼셉트론들을 출력층이라고 한다.

㉠어떤 사진 속 물체의 색깔과 형태로부터 그 물체가 사과인지 아닌지를 구별할 수 있도록 인공 신경망을 학습시키는 경우를 생각해 보자. 먼저 학습을 위한 입력값들 즉 학습 데이터를 만들어야 한다. 학습 데이터를 만들기 위해서는 사과 사진을 준비하고 사진에 나타난 특징인 색깔과 형태를 수치화해야 한다. 이 경우 색깔과 형태라는 두 범주를 수치화하여 하나의 학습 데이터로 묶은 다음, '정답'에 해당하는 값과 함께 학습 데이터를 인공 신경망에 제공한다. 이때 같은 범주에 속하는 입력값은 동일한 입력 단자를 통해 들어가도록 해야 한다. 그리고 사과 사진에 대한 학습 데이터를 만들 때에 정답인 '사과이다'에 해당하는 값을 '1'로 설정하였다면 출력값 '0'은 '사과가 아니다'를 의미하게 된다.

인공 신경망의 작동은 크게 학습 단계와 판정 단계로 나뉜다. 학습 단계는 학습 데이터를 입력층의 입력 단자에 넣어 주고 출력층의 출력값을 구한 후, 이 출력값과 정답에 해당하는 값의 차이가 줄어들도록 가중치를 갱신하는 과정이다. 어떤 학습 데이터가 주어지면 이때의 출력값을 구하고 학습 데이터와 함께 제공된 정답에 해당하는 값에서 출력값을 뺀 값 즉 오차 값을 구한다. 이 오차 값의 일부가 출력층의 출력 단자에서

입력층의 입력 단자 방향으로 되돌아가면서 각 계층의 퍼셉트론별로 출력 신호를 만드는 데 관여한 모든 가중치들에 더해지는 방식으로 가중치들이 갱신된다. 이러한 과정을 다양한 학습 데이터에 대하여 반복하면 출력값들이 각각의 정답 값에 수렴하게 되고 판정 성능이 좋아진다. 오차 값이 0에 근접하게 되거나 가중치의 갱신이 더 이상 이루어지지 않게 되면 학습 단계를 마치고 판정 단계로 전환한다. 이때 판정의 오류를 줄이기 위해서는 학습 단계에서 대상들의 변별적 특징이 잘 반영되어 있는 서로 다른 학습 데이터를 사용하는 것이 좋다.

01 윗글에 따를 때, ⓐ~ⓕ에 대한 설명으로 적절하지 <u>않은</u> 것은?

① ⓑ는 ⓐ의 기본 단위이다.
② ⓒ는 ⓑ를 구성하는 요소 중 하나이다.
③ ⓓ가 변하면 ⓔ도 따라서 변한다.
④ ⓔ는 ⓕ를 결정하는 기준이 된다.
⑤ ⓐ가 학습하는 과정에서 ⓕ는 ⓓ의 변화에 영향을 미친다.

02 윗글에 대한 이해로 적절하지 <u>않은</u> 것은?

① 퍼셉트론의 출력 단자는 하나이다.
② 출력층의 출력값이 정답에 해당하는 값과 같으면 오차 값은 0이다.
③ 입력층 퍼셉트론에서 출력된 신호는 다음 계층 퍼셉트론의 입력값이 된다.
④ 퍼셉트론은 인간의 신경 조직의 기본 단위의 기능을 수학적으로 모델링한 것이다.
⑤ 가중치의 갱신은 입력층의 입력 단자에서 출력층의 출력 단자 방향으로 진행된다.

03 윗글을 바탕으로 ㉠에 대해 추론한 것으로 적절하지 <u>않은</u> 것은?

① 학습 데이터를 만들 때는 색깔이나 형태가 다른 사과의 사진을 선택하는 것이 좋겠군.
② 학습 데이터에 두 가지 범주가 제시되었으므로 입력층의 퍼셉트론은 두 개의 입력 단자를 사용하겠군.
③ 색깔에 해당하는 범주와 형태에 해당하는 범주를 분리하여 각각 서로 다른 학습 데이터로 만들어야 하겠군.
④ 가중치가 더 이상 변하지 않는 단계에 이르면 '사과'인지 아닌지를 구별하는 학습 단계가 끝났다고 볼 수 있겠군.
⑤ 학습 데이터를 만들 때 사과 사진의 정답에 해당하는 값을 0으로 설정하였다면, 출력층의 출력 단자에서 0 신호가 출력되면 '사과이다'로, 1 신호가 출력되면 '사과가 아니다'로 해석해야 되겠군.

04 윗글을 바탕으로 <보기>를 이해한 내용으로 가장 적절한 것은?

< 보기 >

아래의 [A]와 같은 하나의 퍼셉트론을 [B]를 이용해 학습시키고자 한다.

[A]
ㅇ 입력 단자는 세 개(a, b, c)
ㅇ a, b, c의 현재의 가중치는 각각 I_a=1, I_b=0, I_c=1
ㅇ 가중합이 임계치 1보다 작으면 0을, 그렇지 않으면 1을 출력

[B]
ㅇ a, b, c로 입력되는 학습 데이터는 각각 I_a=1, I_b=0, I_c=1
ㅇ 학습 데이터와 함께 제공되는 정답=1

---

① [B]로 학습시키기 위해서는 판정 단계를 먼저 거쳐야 하겠군.
② 이 퍼셉트론이 1을 출력한다면, 가중합이 1보다 작았기 때문이겠군.
③ [B]로 한 번 학습시키고 나면 가중치 W_a, W_b, W_c가 모두 늘어나 있겠군.
④ [B]로 여러 차례 반복해서 학습시키면 퍼셉트론의 출력값은 0에 수렴하겠군.
⑤ [B]의 학습 데이터를 한 번 입력했을 때 그에 대한 퍼셉트론의 출력값은 1이겠군.

인간의 신경 조직을 수학적으로 모델링하여 컴퓨터가 인간처럼 기억·학습·판단할 수 있도록 구현한 것이 인공 신경망 기술이다. 신경 조직의 기본 단위는 뉴런인데, 인공 신경망에서는 <뉴런의 기능을 수학적으로 모델링한> 퍼셉트론을 기본 단위로 사용한다.

인공 신경망과 퍼셉트론의 정의를 줍니다. 신경 조직이 뉴런으로 구성된 것처럼, 인공 신경망(전체)은 퍼셉트론(부분)들로 구성되어 있답니다. 우리는 아래의 글을 읽으며 퍼셉트론의 '기억·학습·판단' 과정이 어떻게 이루어질지 생각해보아야 합니다.

퍼셉트론은 입력값들을 받아들이는 <여러 개의> 입력 단자와 이 값을 처리하는 부분, 처리된 값을 내보내는 <한 개의> 출력 단자로 구성되어 있다.

방금 인공 신경망이 퍼셉트론으로 구성되었다고 했는데, 여기서는 또 그 퍼셉트론이 무엇으로 구성되었는지가 설명됩니다. 입력 단자들과 처리하는 부분, 하나의 출력 단자가 퍼셉트론을 구성한다는 점을 챙겨가야 할 것입니다.

퍼셉트론은 각각의 입력 단자에 할당된 가중치를 입력값에 곱한 값들을 모두 합하여 가중합을 구한 후, <고정된> 임계치보다 가중합이 작으면 0, 그렇지 않으면(크거나 같으면) 1과 같은 방식으로 출력값을 내보낸다.

입력값들을 받아들이는 입력 단자들에는 각각 가중치라는 게 할당되어 있는데, 들어온 입력값을 가중치랑 곱한 것들을 전부 더한 가중합을 임계치와 비교하여, 0 또는 1로 (출력 단자에서) 출력값을 내보낸답니다. 이 일련의 과정은 하나의 퍼셉트론 안에서 일어나는 것입니다. 이때 0을 내보낼지, 1을 내보낼지 기준이 되는 임계치는 '고정된', 상수라는 점을 명심해야 합니다. '고정된' 같은 관형어구는 항상 체크를 하면서 읽읍시다.

이러한 (하나의) 퍼셉트론은 출력값에 따라 두 가지(0 또는 1)로만 구분하여 입력값들을 판정할 수 있을 뿐이다. 이에 비해 복잡한 판정을 할 수 있는 인공 신경망(퍼셉트론들로 구성)은 다수의 퍼셉트론을 <여러 계층으로> 배열하여 한 계층에서 출력된 신호가 다음 계층에 있는 모든 퍼셉트론의 입력 단자에 입력값으로 입력되는 구조로 이루어진다.

하나의 퍼셉트론이 단 두 개의 케이스로만 판정이 가능했다면, 보다 복잡한 판정을 할 수 있는 인공 신경망은 퍼셉트론들을 계층을 나눠서 배열합니다. 앞선 퍼셉트론의 출력 단자에서 출력한 값은, 다음 계층 퍼셉트론들의 입력 단자로 입력되는 값입니다. 하나의 계층에 여러 퍼셉트론이 있고, 앞선 계층에서 출력된 값들은 다음 계층의 모든 퍼셉트론에 입력된다는 점을 유의합시다.

이러한 인공 신경망에서 가장 처음에 입력값을 받아들이는 퍼셉트론들을 입력층(첫 번째 계층), 가장 마지막에 있는 퍼셉트론들을 출력층(마지막 계층)이라고 한다.

'계층' 얘기와 함께 이해하면, 입력층을 첫 번째 계층, 출력층을 마지막 계층이라고 이해할 수 있습니다.

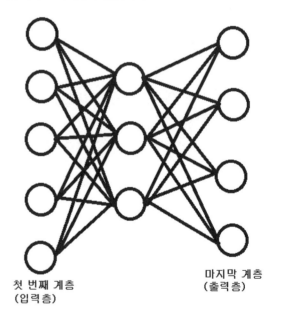

첫 번째 계층
(입력층)

마지막 계층
(출력층)

대략 이런 느낌인데, 위의 그림을 머리에 그렸다면 뛰어난 것이고, 사실 그림을 못 그려도, 언어적으로만 정보를 잘 처리하면 문제 푸는 데에는 지장이 없을 것 같습니다.

어떤 사진 속 물체의 색깔과 형태로부터 그 물체가 사과인지 아닌지를 구별할 수 있도록 인공 신경망을 학습시키는 경우를 생각해 보자.

첫 문단에서 '컴퓨터가 인간처럼 기억·학습·판단할 수 있도록 구현한 것이 인공 신경망 기술'이라고 했는데, '기억'은 잘 모르겠어도 '학습'에 대한 내용은 지금부터 확실히 나오네요.

먼저 학습을 위한 입력값들 즉 학습 데이터를 만들어야 한다. 학습 데이터를 만들기 위해서는 사과 사진을 준비하고 사진에 나타난 특징인 색깔과 형태를 수치화해야 한다. 이 경우 색깔과 형태라는 두 범주를 수치화하여 <하나의> 학습 데이터로 묶은 다음, '정답'에 해당하는 값과 함께 학습 데이터를 인공 신경망에 제공한다. 이때 <같은 범주에 속하는> 입력값은 <동일한> 입력 단자를 통해 들어가도록 해야 한다. 그리고 사과 사진에 대한 학습 데이터를 만들 때에 정답인 '사과이다'에 해당하는 값을 '1'로 설정하였다면 출력값 '0'은 '사과가 아니다'를 의미하게 된다.

학습 데이터는 학습을 위해 주어지는 입력값으로 정의되는데, 이런 학습 데이터 안에는 범주(사과의 특징)에 따라 구분되는 입력값들이 포함됩니다. 동일 범주의 입력값은 무조건 동일 입력 단자를 통해 들어가야 한다는 점은 딱 봐도 문제로 나올 법한 부분입니다. '같은 범주에 속하는', '동일한' 같은 조건들이 제시되어 있고, '입력값'과 '입력 단자'도 '입력층'이라든지, 다른 개념들과 충분히 헷갈릴 수 있기 때문이죠. 정답에 해당하는 값을 1로 설정한다면 정답이 아닌 값은 0으로 출력된다는데, 반대로 정답에 해당하는 값을 0으로 설정한다면 정답이 아닌 값이 1로 출력될 수 있겠다는 점도 추론이 가능합니다.

인공 신경망의 작동은 크게 학습 단계와 판정 단계로 나뉜다. 학습 단계는 학습 데이터를 입력층의 입력 단자에 넣어 주고 출력층의 출력값을 구한 후, 이 <출력값과 정답에 해당하는 값의 차이가 줄어들도록> 가중치를 갱신하는 과정이다.

학습 단계는 바로 전의 내용과 이어서 읽으면 됩니다. 학습 데이터의 입력값들을 범주에 따라 입력층의 입력 단자에 입력하면, 출력층에서 어떤 출력값이 출력될 것입니다. 이 출력값은 입력 단자들에서 각각 가중치를 입력값에 곱한 후, 그 값들을 다 더한 가중합이 임계치보다 작냐 그렇지 않냐로 0 또는 1을 출력하는 것이었죠. 이런 출력값을 정답에 가깝게 만들려면, 가중치를 수정하여 출력값을 조정해야

할 것입니다. 그 과정이 다음에 이어집니다.

<어떤 학습 데이터가 주어지면> 이때의 출력값을 구하고 (학습 데이터와 함께 제공된) 정답에 해당하는 값에서 출력값을 뺀 값 즉 오차 값을 구한다.

이 오차 값(정답에 해당하는 값-출력값)을 줄이는 것이 아마 문제 상황(정답과 출력값이 다른 것)을 해결하는 방안일 것입니다. 오차 값이 이렇게 정의된 상황에서, 오차를 줄이려면 아마 출력값을 정답에 근접하게 키워야 하겠죠.

이 오차 값의 일부가 출력층의 출력 단자에서 입력층의 입력 단자 방향으로 <되돌아가면서> 각 계층의 퍼셉트론별로 출력 신호를 만드는 데 관여한 <모든> 가중치들에 더해지는 방식으로 가중치들이 갱신된다.

앞서 예상한 대로, 가중치들에 오차의 일부가 더해지는 방식으로 가중치가 조정됩니다. 이때, 입력에서 출력으로 가는 과정과는 방향이 반대로 진행된다는 점, '모든' 가중치에 오차 일부가 더해진다는 점은 아마 무조건 나올 테니 기억해둡시다.

이러한 과정을 다양한 학습 데이터에 대하여 반복하면 출력값들이 각각의 정답 값에 수렴하게 되고 판정 성능이 좋아진다. <오차 값이 0에 근접하게 되거나 가중치의 갱신이 더 이상 이루어지지 않게 되면> 학습 단계를 마치고 판정 단계로 전환한다.

오차를 반영하여 가중치를 계속 조정하다보면, 언젠가는 출력값이 정답과 비슷해지겠죠. 이때 오차가 0에 근접하거나, 가중치를 더 이상 수정하지 않는다면 학습을 마치고 판정을 시작한답니다.

이때 <판정의 오류를 줄이기 위해서는> <학습 단계에서> 대상들의 변별적 특징이 잘 반영되어 있는 서로 다른 학습 데이터를 사용하는 것이 좋다.

마지막 문단까지 버릴 내용이 없네요. 판정의 오류를 줄이려면 결국은, 학습할 때 잘해야 한다는 거죠. 수능 날 시험을 잘 보려면 시험장 밖에서 공부를 제대로 해야 하는 것처럼요. 학습할 때는 가급적 대상들의 변별적인 특징(사과를 예로 들면, 색깔이나 형태)이 잘 반영된, 서로 다른 학습 데이터들을 사용하랍니다.

01 윗글에 따를 때, ⓐ~ⓕ에 대한 설명으로 적절하지 <u>않은</u> 것은?

> ⓐ인공 신경망 ⓑ퍼셉트론 ⓒ입력 단자 ⓓ가중치 ⓔ임계치
> ⓕ출력값

① ⓑ는 ⓐ의 기본 단위이다.
② ⓒ는 ⓑ를 구성하는 요소 중 하나이다.
③ ⓓ가 변하면 ⓔ도 따라서 변한다.
④ ⓔ는 ⓕ를 결정하는 기준이 된다.
⑤ ⓐ가 학습하는 과정에서 ⓕ는 ⓓ의 변화에 영향을 미친다.

> 정답 : ③

ⓔ임계치는 고정된 상수로서, ⓓ가중치가 변해도 달라지지 않습니다.
가중치에 따라 달라지는 것은 ⓕ출력값입니다.

> 해설

① ⓐ인공 신경망은 ⓑ퍼셉트론들로 구성되어 있습니다.
② ⓐ퍼셉트론은 여러 개의 ⓒ입력 단자와, 처리하는 부분, 그리고 하나의 출력 단자로 이루어져 있습니다.
④ ⓔ임계치를 넘냐, 넘지 않느냐를 기준으로 ⓕ출력값이 정해집니다.
⑤ 두 번째 문단에 서술된 바에 따르면 ⓓ가중치에 따라 ⓕ출력값이 바뀌는 것이지만, 학습 단계에서는 ⓕ출력값과 정답을 비교하여, 거꾸로 ⓓ가중치를 조정합니다.

02 윗글에 대한 이해로 적절하지 <u>않은</u> 것은?

① 퍼셉트론의 출력 단자는 하나이다.
② 출력층의 출력값이 정답에 해당하는 값과 같으면 오차 값은 0이다.
③ 입력층 퍼셉트론에서 출력된 신호는 다음 계층 퍼셉트론의 입력값이 된다.
④ 퍼셉트론은 인간의 신경 조직의 기본 단위의 기능을 수학적으로 모델링한 것이다.
⑤ 가중치의 갱신은 입력층의 입력 단자에서 출력층의 출력 단자 방향으로 진행된다.

> 정답 : ⑤

가중치의 갱신은 출력층의 출력 단자에서 입력층의 입력 단자 방향으로 오차 값의 일부가 <u>되돌아가면서</u> 더해지는 것입니다.

> 해설

① 입력 단자는 여럿, 출력 단자는 하나입니다.
② (정답에 해당하는 값-출력값)이 0인 상황이 이 선지의 상황이죠. 이때 당연히 오차 값은 0입니다.
③ 인공 신경망의 구조를 대략이나마 파악하고 있냐고 물어보는 선지입니다.
④ 첫 문단에 나온 정의입니다.

03 윗글을 바탕으로 ㉠에 대해 추론한 것으로 적절하지 <u>않은</u> 것은?

① 학습 데이터를 만들 때는 색깔이나 형태가 다른 사과의 사진을 선택하는 것이 좋겠군.

② 학습 데이터에 두 가지 범주가 제시되었으므로 입력층의 퍼셉트론은 두 개의 입력 단자를 사용하겠군.

③ 색깔에 해당하는 범주와 형태에 해당하는 범주를 분리하여 각각 서로 다른 학습 데이터로 만들어야 하겠군.

④ 가중치가 더 이상 변하지 않는 단계에 이르면 '사과'인지 아닌지를 구별하는 학습 단계가 끝났다고 볼 수 있겠군.

⑤ 학습 데이터를 만들 때 사과 사진의 정답에 해당하는 값을 0으로 설정하였다면, 출력층의 출력 단자에서 0 신호가 출력되면 '사과이다'로, 1 신호가 출력되면 '사과가 아니다'로 해석해야 되겠군.

정답 : ③

<u>범주를 분리하여 입력 단자에 입력한 뒤에,</u> 이 범주들을 수치화하여 하나의 학습 데이터로 묶습니다.

해설

① 제일 마지막 줄의 내용을 통해 추론할 수 있습니다.

② 하나의 범주에 하나의 입력 단자가 사용되니, 지문의 '사과' 예시에서는 아마 두 개의 입력 단자가 사용될 것입니다.

④ '가중치가 더 이상 변하지 않는 단계'는, 학습 단계를 마치고 판정 단계로 넘어가는 기준 중 하나입니다.

⑤ 아까 3문단을 해설하다 '하였다면'에서 생각해 본 내용이 그대로 나옵니다. 정답이 0이라면 정답이 아닌 값은 1이 되겠죠. 이렇게, <u>지문에서 가정된 상황과 반대의 상황을 물어보는 문제도 종종 나옵니다.</u> 16 수능B 항부력 지문이, 지문에서는 낙하하는 상황을 설명하다가 문제에서는 상승하는 상황을 물어본 것과 비슷하죠.

---

04 윗글을 바탕으로 <보기>를 이해한 내용으로 가장 적절한 것은?

> ─── <보기> ───
>
> 아래의 [A]와 같은 하나의 퍼셉트론을 [B]를 이용해 학습시키고자 한다.
>
> **[A]**
> ○ 입력 단자는 세 개(a, b, c)
> ○ a, b, c의 현재의 가중치는 각각 I_a=1, I_b=0, I_c=1
> ○ 가중합이 임계치 1보다 작으면 0을, 그렇지 않으면 1을 출력
>
> **[B]**
> ○ a, b, c로 입력되는 학습 데이터는 각각 I_a=1, I_b=0, I_c=1
> ○ 학습 데이터와 함께 제공되는 정답=1

<보기> 해설

a, b, c에서 입력값과 가중치를 곱한 값은 각각 0.5, 0, 0.1이 됩니다. 이들을 다 더한 가중합은 0.6이 되니, 임계치 1보다 작게 되어 출력값은 0이 되겠죠. 이때 정답 1과는 오차 값 1이 발생하게 됩니다. 이 정도 산수는 다 끝내고 선지를 읽어야 합니다.

① [B]로 학습시키기 위해서는 판정 단계를 먼저 거쳐야 하겠군.

② 이 퍼셉트론이 1을 출력한다면, 가중합이 1보다 작았기 때문이겠군.

③ [B]로 한 번 학습시키고 나면 가중치 W_a, W_b, W_c가 모두 늘어나 있겠군.

④ [B]로 여러 차례 반복해서 학습시키면 퍼셉트론의 출력값은 0에 수렴하겠군.

⑤ [B]의 학습 데이터를 한 번 입력했을 때 그에 대한 퍼셉트론의 출력값은 1이겠군.

정답 : ③

가중치의 갱신은, 출력 신호를 만드는 데 관여한 <u>모든</u> 가중치에 더해지는 방식으로 이뤄집니다.

해설

① 학습이 먼저 끝나야 판정 단계로 넘어갑니다.

② 퍼셉트론이 1을 출력하는 경우는, 가중합이 1보다 <u>크거나 같은</u> 상황이겠죠.

④ 반복해서 학습시키면 퍼셉트론의 출력값은 정답인 1에 수렴할 것이고, 오차가 0에 근접하겠죠.

⑤ <보기>의 상황에서 학습이 진행되기 전, 처음 입력과 출력이 이뤄
졌을 때 출력값은 0입니다. <보기>를 읽으며 답을 냈어야 했던 선
지입니다.

[1~4] 다음 글을 읽고 물음에 답하시오.

2021학년도 대학수학능력시험 모델링/렌더링

최근의 3D 애니메이션은 섬세한 입체 영상을 구현하여 실물을 촬영한 것 같은 느낌을 준다. 실물을 촬영하여 얻은 자연 영상을 그대로 화면에 표시할 때와 달리 3D 합성 영상을 생성, 출력하기 위해서는 모델링과 렌더링을 거쳐야 한다.

모델링 은 3차원 가상 공간에서 물체의 모양과 크기, 공간적인 위치, 표면 특성 등과 관련된 고유의 값을 설정하거나 수정하는 단계이다. 모양과 크기를 설정할 때 주로 3개의 정점으로 형성되는 삼각형을 활용한다. 작은 삼각형의 조합으로 이루어진 그물과 같은 형태로 물체 표면을 표현하는 방식이다. 이 방법으로 복잡한 굴곡이 있는 표면도 정밀하게 표현할 수 있다. 이때 삼각형의 꼭짓점들은 물체의 모양과 크기를 결정하는 정점이 되는데, 이 정점들의 개수는 물체가 변형되어도 변하지 않으며, 정점들의 상대적 위치는 물체 고유의 모양이 변하지 않는 한 달라지지 않는다. 물체가 커지거나 작아지는 경우에는 정점 사이의 간격이 넓어지거나 좁아지고, 물체가 회전하거나 이동하는 경우에는 정점들이 간격을 유지하면서 회전축을 중심으로 회전하거나 동일 방향으로 동일 거리만큼 이동한다. 물체 표면을 구성하는 각 삼각형 면에는 고유의 색과 질감 등을 나타내는 표면 특성이 하나씩 지정된다.

공간에서의 입체에 대한 정보인 이 데이터를 활용하여, 물체를 어디에서 바라보는가를 나타내는 관찰 시점을 기준으로 2차원의 화면을 생성하는 것이 렌더링이다. 전체 화면을 잘게 나눈 점이 화소인데, 정해진 개수의 화소로 화면을 표시하고 각 화소별로 밝기나 색상 등을 나타내는 화솟값이 부여된다. 렌더링 단계에서는 화면 안에서 동일 물체라도 멀리 있는 경우는 작게, 가까이 있는 경우는 크게 보이는 원리를 활용하여 화솟값을 지정함으로써 물체의 원근감을 구현한다. 표면 특성을 나타내는 값을 바탕으로, 다른 물체에 가려짐이나 조명에 의해 물체 표면에 생기는 명암, 그림자 등을 고려하여 화솟값을 정해 줌으로써 물체의 입체감을 구현한다. 화면을 구성하는 모든 화소의 화솟값이 결정되면 하나의 프레임이 생성된다. 이를 화면출력장치를 통해 모니터에 표시하면 정지 영상이 완성된다.

모델링과 렌더링을 반복하여 생성된 프레임들을 순서대로 표시하면 동영상이 된다. 프레임을 생성할 때, 모델링과 관련된 계산을 완료한 후 그 결과를 이용하여 렌더링을 위한 계산을 한다. 이때 정점의 개수가 많을수록, 해상도가 높아 출력 화소의 수가 많을수록 연산 양이 많아져 연산 시간이 길어진다. 컴퓨터의 중앙 처리장치(CPU)는 데이터 연산을 하나씩 순서대로 수행하기 때문에 과도한 양의 데이터가 집중되면 미처 연산되지 못한 데이터가 차례를 기다리는 병목 현상이 생겨 프레임이 완성되는 데 오랜 시간이 걸린다. CPU의 그래픽 처리 능력을 보완하기 위해 개발된 ㉠그래픽처리장치(GPU)는 연산을 비롯한 데이터 처리를 독립적으로 수행할 수 있는 장치인 코어를 수백에서 수천 개씩 탑재하고 있다. GPU의 각 코어는 그래픽 연산에 특화된 연산만을 할 수 있고 CPU의 코어에 비해서 저속으로 연산한다. 하지만 GPU는 동일한 연산을 여러 번 수행해야 하는 경우, 고속으로 출력 영상을 생성할 수 있다. 왜냐하면 GPU는 한 번의 연산에 쓰이는 데이터들을 순차적으로 각 코어에 전송한 후, 전체 코어에 하나의 연산 명령어를 전달하면, 각 코어는 모든 데이터를 동시에 연산하여 연산 시간이 짧아지기 때문이다.

01 윗글에 대한 이해로 적절하지 않은 것은?

① 자연 영상은 모델링과 렌더링 단계를 거치지 않고 생성된다.
② 렌더링에서 사용되는 물체 고유의 표면 특성은 화솟값에 의해 결정된다.
③ 물체의 원근감과 입체감은 관찰 시점을 기준으로 구현한다.
④ 3D 영상을 재현하는 화면의 해상도가 높을수록 연산 양이 많아진다.
⑤ 병목 현상은 연산할 데이터의 양이 처리 능력을 초과할 때 발생한다.

02 모델링 에 대한 설명으로 가장 적절한 것은?

① 다른 물체에 가려져 보이지 않는 부분에 있는 삼각형의 정점들의 위치는 계산하지 않는다.
② 삼각형들을 조합함으로써 물체의 복잡한 곡면을 정교하게 표현할 수 있다.
③ 하나의 작은 삼각형에 다양한 색상의 표면 특성들을 함께 부여한다.
④ 공간상에 위치한 정점들을 2차원 평면에 존재하도록 배치한다.
⑤ 다양하게 변할 수 있는 관찰 시점을 순차적으로 저장한다.

03 ⊙에 대한 추론으로 가장 적절한 것은?

① 동일한 개수의 정점 위치를 연산할 때, 동시에 연산을 수행하는 코어의 개수가 많아지면 총 연산 시간이 길어진다.
② 정점의 위치를 구하기 위한 10개의 연산을 10개의 코어에서 동시에 진행하려면, 10개의 연산 명령어가 필요하다.
③ 1개의 코어만 작동할 때, 정점의 위치를 구하기 위한 연산 시간은 1개의 코어를 가진 CPU의 연산 시간과 같다.
④ 정점 위치를 구하기 위한 각 데이터의 연산을 하나씩 순서대로 처리해야 한다면, 다수의 코어가 작동하는 경우 총 연산 시간은 1개의 코어만 작동하는 경우의 총 연산 시간과 같다.
⑤ 정점 위치를 구하기 위해 연산해야 할 10개의 데이터를 10개의 코어에서 처리할 경우, 모든 데이터를 모든 코어에 전송하는 시간은 1개의 데이터를 1개의 코어에 전송하는 시간과 같다.

04 다음은 3D 애니메이션 제작을 위한 계획의 일부이다. 윗글을 바탕으로 할 때 적절하지 않은 것은?

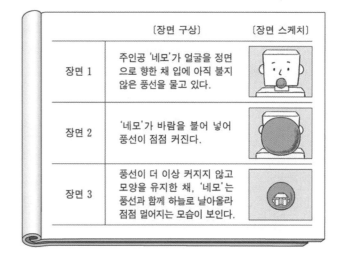

	〔장면 구상〕	〔장면 스케치〕
장면 1	주인공 '네모'가 얼굴을 정면으로 향한 채 입에 아직 불지 않은 풍선을 물고 있다.	
장면 2	'네모'가 바람을 불어 넣어 풍선이 점점 커진다.	
장면 3	풍선이 더 이상 커지지 않고 모양을 유지한 채, '네모'는 풍선과 함께 하늘로 날아올라 점점 멀어지는 모습이 보인다.	

① 장면 1의 렌더링 단계에서 풍선에 가려 보이지 않는 입 부분의 삼각형들의 표면 특성은 화솟값을 구하는 데 사용되지 않겠군.
② 장면 2의 모델링 단계에서 풍선에 있는 정점의 개수는 유지되겠군.
③ 장면 2의 모델링 단계에서 풍선에 있는 정점 사이의 거리가 멀어지겠군.
④ 장면 3의 모델링 단계에서 풍선에 있는 정점들이 이루는 삼각형들이 작아지겠군.
⑤ 장면 3의 렌더링 단계에서 전체 화면에서 화솟값이 부여되는 화소의 개수는 변하지 않겠군.

최근의 3D 애니메이션은 섬세한 <입체> 영상을 구현하여 실물을 촬영한 것 같은 느낌을 준다.

2021 6평의 [25~28] '영상 안정화 기술' 지문과 비슷하게, 영상 기술에 대한 내용이 다뤄집니다. 3D, 입체 영상에 대한 이야기가 나올 텐데, 이런 기술이 어떻게 구현되는지 읽어봅시다.

실물을 촬영하여 얻은 자연 영상을 그대로 화면에 표시할 때와 달리 3D 합성 영상을 생성, 출력하기 위해서는 모델링과 렌더링을 거쳐야 한다.

3D 합성 영상을 생성 및 출력하기 위해서는 '모델링'과 '렌더링'이라는 과정을 거쳐야 하는데, 자연 영상을 화면에 표시할 때는 그러지 않아도 된다네요. '달리'가 나오는 문장은, 이전의 해설에서도 얘기했듯 문제에서 선지 하나 정도는 가볍게 던져주니 체크합시다.

모델링은 <3차원 가상 공간에서> <물체의 모양과 크기, 공간적인 위치, 표면 특성 등과 관련된> 고유의 값을 설정하거나 수정하는 단계이다.

우선 모델링에 대해 설명해줍니다. 물체의 여러 성질들과 관련된 값을 설정 or 수정하는 단계라는데, 이는 '3차원' 가상 공간에서 이루어짐을 체크하고 넘어갑시다. 여기서 물체의 성질로 제시된 모양, 크기, 위치, 표면 특성의 값이 어떻게 설정 혹은 수정되는지 지문의 다음 내용부터 설명됩니다.

<모양과 크기를 설정할 때> 주로 (3개의 정점으로 형성되는) 삼각형을 활용한다. 작은 삼각형의 조합으로 이루어진 그물과 같은 형태로 물체 표면을 표현하는 방식이다. 이 방법으로 <복잡한 굴곡이 있는 표면도> 정밀하게 표현할 수 있다.

3개의 정점이 모여 삼각형을 형성하고, 이 삼각형들이 조합되어 그물 형태를 이룹니다. 정점-삼각형-그물 형태가 순차적으로 부분과 전체의 관계를 이룸을 파악해야 할 것 같습니다.

이때 삼각형의 꼭짓점들은 <물체의 모양과 크기를 결정하는> 정점이 되는데, 이 정점들의 개수는 물체가 변형되어도 변하지 않으며, 정점들의 상대적 위치는 <물체 고유의 모양이 변하지 않는 한> 달라지지 않는다.

한 문장이지만 정보량이 많습니다. 여기부터 정점의 개수/상대적 위치/간격이 제시되는데, 각각의 값이 어떻게 변하거나 변하지 않는지를 잘 파악해야 합니다.

정점 셋이 모여 하나의 삼각형을 이루고, 이 정점들은 해당 삼각형의 꼭짓점이면서, 물체의 모양과 크기를 결정합니다. 이때 정점의 개수는 물체가 변형되더라도 상수로 유지되며, 정점들의 상대적 위치는 물체 고유의 모양이 변해야만 달라집니다. 변수vs상수 구분은 17 6월 '퍼셉트론' 지문에서도 매우 강조되었던 포인트입니다.

<물체가 커지거나 작아지는 경우에는> 정점 사이의 간격이 넓어지거나 좁아지고, <물체가 회전하거나 이동하는 경우에는> <정점들이 간격을 유지하면서> 회전축을 중심으로 회전하거나 동일 방향으로 동일 거리만큼 이동한다.

만약 물체의 크기가 커지거나 작아진다면 정점들 사이의 간격이 변화합니다. 한편 크기의 변화 없이 물체가 회전하거나 이동할 때는 정점 사이의 간격이 유지되면서 정점들이 회전 또는 이동합니다. '동일 방향으로 동일 거리만큼 이동'한다는 얘기가 앞선 '간격을 유지'한다는 내용과 모순되지 않는, 같은 얘기라는 점을 파악하면 좋을 것 같습니다. '회전축을 중심으로'라는 내용은 비록 문제로는 출제되지 않았지만, 시험장에서는 빠뜨리지 않고 정보로 챙기는 것이 나을 것 같습니다.

<물체 표면을 구성하는> 각 삼각형 면에는 <고유의 색과 질감 등을 나타내는> 표면 특성이 <하나씩> 지정된다.

표면 특성은 색과 질감을 나타내는 것이라는 점, 그리고 하나의 면에 하나의 표면 특성이 지정된다는 점을 건조하게 챙기고 넘어가면 됩니다.

공간에서의 <입체에 대한 정보인> 이 데이터를 활용하여,

'입체에 대한 정보'는 앞서 모델링 과정에서 나온 결과를 얘기합니다.

물체를 어디에서 바라보는가를 나타내는 <관찰 시점을 기준으로> <2차원의> 화면을 생성하는 것이 렌더링이다.

여기서 관찰 시점의 '시점'은 시간적 순간을 나타내는 時點이 아니라 바라보는 장소에 관련된 視點입니다. 혹시나 헷갈려 할까봐 '관찰 시점'이 '물체를 어디에서 바라보는가를 나타내는' 것이라고 설명도 줬습니다. 모델링 과정에서 나온 입체에 대한 정보, 즉 3차원의 값을 통해서 2차원의 화면을 생성하는 것이 렌더링으로 정의됩니다. 3차원의 정보를 하나의 관찰 시점에서 바라본다면 2차원의 평면적 화면으로 인식될 것임은 납득할 수 있을 것 같습니다. 2022학년도 수능 기술 지문에서도 '시점'이 중요한 소재로 사용되었고, 여러 주제에서 '시점'에 따라 달라지는 결과가 나타날 수 있으니, 주의하시면 좋을 듯합니다.

전체 화면을 잘게 나눈 점이 화소인데, <정해진 개수의> 화소로 화면을 표시하고 <각 화소별로> (밝기나 색상 등을 나타내는) 화솟값이 부여된다.

화소의 개수는 이미 정해진 상수라는 점, 하나의 화소에 하나의 화솟값이 부여된다는 점을 놓치지 않고 읽어야 합니다. 수적인 대응관계를 묻는다는 점에서, 앞에서도 언급했듯 17 6월 퍼셉트론 지문과 매우 유사합니다.

렌더링 단계에서는 화면 안에서 <동일 물체라도> <멀리 있는 경우는 작게, 가까이 있는 경우는 크게 보이는 원리를 활용하여> 화솟값을 지정함으로써 물체의 원근감을 구현한다.

렌더링 단계에서는 특정한 관찰 시점이 기준이 되는 것이므로, 그 시점에서 멀리 있는 것은 작게, 가까이 있는 것은 크게 보이는 원근감을 고려하여 화소들에 화솟값을 지정합니다.

<표면 특성을 나타내는 값을 바탕으로,> <다른 물체에 가려짐이나 조명에 의해 물체 표면에 생기는> 명암, 그림자 등을 고려하여 화솟값을 정해 줌으로써 물체의 입체감을 구현한다.

'표면 특성을 나타내는 값'은, 2문단의 모델링 과정에서 지정되었던 고유의 색 또는 질감을 말합니다. 렌더링 과정에서는 한 시점에서 물체가 다른 물체에 가려져 보이는 것, 조명에 의한 명암과 그림자를 고려하여 물체의 입체감을 부여한다네요. 원근감과 입체감을 렌더링 과정에서 어떻게 구현하는지를 설명하는 위의 두 문장은 비교적 건조하게 읽고 넘어가도 좋을 것 같습니다.

화면을 구성하는 <모든 화소의 화솟값이 결정되면> 하나의 프레임이 생성된다. 이를 화면출력장치를 통해 모니터에 표시하면 <정지> 영상이 완성된다.

앞선 방식대로 렌더링을 거쳐 모든 화소에 화솟값을 지정하면 하나의 프레임이 생성되고, 이를 출력장치로 표시하면 정지 영상이 완성됩니다. 아직은 하나의 프레임(정지된 장면)만 생성되었을 뿐, 움직이는 동영상이 만들어진 것은 아닌 것 같네요. 이걸 어떻게 우리가 아는 3D 애니메이션으로 만들 수 있는지 다음 문단에서 알려줄 것 같습니다.

<모델링과 렌더링을 반복하여 생성된> 프레임들을 순서대로 표시하면 동영상이 된다.

영상을 움직이게 하는 방법은 별거 없고, 프레임을 하나씩 만들어서 순서대로 보여주면 그게 동영상이라네요. 이를 위해서는 모델링과 렌더링을 반복해서 여러 프레임을 만들어야 한답니다.

<프레임을 생성할 때,> 모델링과 관련된 계산을 완료한 후 그 결과를 이용하여 렌더링을 위한 계산을 한다.

모델링 계산 결과를 이용하여 렌더링을 진행한다는 사실은, 3문단의 처음에서 2문단과 이어 읽었다면 이미 파악했을 내용입니다.

이때 <정점의 개수↑가 많을수록>, <해상도↑가 높아 출력 화소의 수↑가 많을수록> 연산 양↑이 많아져 연산 시간↑이 길어진다.

비례 관계가 제시되는데,

정점의 개수↑⇒연산 양↑⇒연산 시간↑
OR
해상도↑⇒출력 화소의 수↑⇒연산 양↑⇒연산 시간↑

이런 관계가 성립합니다. 이때 정점의 개수↑⇒해상도↑는 아닙니다. 기술 지문에는 보통 '(1)원리 (2)문제 상황 (3)해결책'이라는 구조가 나타나는데, 아마 위의 박스가 여러 요인들 간의 관계를 나타낸 (1)원리를 제시하는 것이며 연산 시간이 길어지는 것이 (2)문제 상황으로 이어질 수 있다고 판단할 수 있습니다.

컴퓨터의 중앙 처리장치(CPU)는 데이터 연산을 <하나씩 순서대로> 수행하기 때문에 <과도한 양의 데이터가 집중되면> 미처 연산되지 못한 데이터가 차례를 기다리는 병목 현상이 생겨 프레임이 완성되는 데 오랜 시간이 걸린다.

CPU는 데이터 연산을 '하나씩', '순서대로' 수행하기에 여러 데이터가 집중되면 처리될 차례를 마냥 기다리는 데이터들이 생깁니다. 이를 '병목 현상'이라고 부르며, 오랜 시간이 걸린다는 문제가 나타나죠.

<CPU의 그래픽 처리 능력을 보완하기 위해 개발된> 그래픽 처리장치(GPU)는 연산을 비롯한 데이터 처리를 <독립적으로> 수행할 수 있는 장치인 코어를 수백에서 수천 개씩 탑재하고 있다.

CPU의 느린 그래픽 처리라는 문제 상황의 해결책(보완)으로 GPU의 사용이 제시됩니다. GPU는 코어를 여럿 탑재한 것이라는데, 개념을 건조하게 받아들인 뒤 GPU의 자세한 특징으로 넘어가 봅시다.

GPU의 각 코어는 그래픽 연산에 특화된 연산만을 할 수 있고 <CPU의 코어에 비해서 저속으로> 연산한다.

GPU는 여러 코어로 구성되어 있는데, 이 코어들 각각은 CPU의 코어보다 연산이 느리답니다. 그럼에도 불구하고 GPU를 사용하는 것이 CPU의 느린 속도를 보완할 수 있는 이유가 다음 문장부터 나올 것입니다.

하지만 GPU는 <<동일한> 연산을 <여러 번> 수행해야 하는 경우>, 고속으로 출력 영상을 생성할 수 있다. 왜냐하면 GPU는 <한 번의> 연산에 쓰이는 데이터들을 <순차적으로> 각 코어에 전송한 후, <전체> 코어에 <하나의> 연산 명령어를 전달하면, 각 코어는 <모든> 데이터를 <동시에(순차적x)> 연산하여 연산 시간이 짧아지기 때문이다.

마지막 부분이 제일 어렵습니다. 여기서 '동일한vs다른', '여러vs하나의', '전체vs각각', '동시에vs순차적'이라는 대립쌍들을 기준점으로 확실히 잡고 글을 독해하는 것이 필요합니다. GPU는 각 코어의 연산 속도는 느리더라도, 동일한 연산을 여러 번 수행해야 할 때는 더 빠르답니다. 이후의 과정은 우선 머리에 때려박는 식으로 받아들일 수밖에 없는데, 이때 GPU의 각 코어가 '모든 데이터를 동시에' 연산한다는 내용이, CPU가 데이터 연산을 '하나씩 순서대로' 수행하는 것과 반대

되는 내용이라는 점은 거시독해를 통해 파악해야 합니다. 이 점을 인식했다면, CPU의 그러한 '순차적'인 수행이 '병목 현상'의 원인이므로 GPU를 사용하면 그런 문제를 어느 정도 해결할 수 있다는 것을 이해할 수 있습니다.

01 윗글에 대한 이해로 적절하지 않은 것은?

① 자연 영상은 모델링과 렌더링 단계를 거치지 않고 생성된다.
② 렌더링에서 사용되는 물체 고유의 표면 특성은 화솟값에 의해 결정된다.
③ 물체의 원근감과 입체감은 관찰 시점을 기준으로 구현한다.
④ 3D 영상을 재현하는 화면의 해상도가 높을수록 연산 양이 많아진다.
⑤ 병목 현상은 연산할 데이터의 양이 처리 능력을 초과할 때 발생한다.

정답 : ②

렌더링에서 화소에 부여하는 <u>화솟값은 표면 특성을 나타내는 값을 바탕으로</u> 지정됩니다. 따라서 '<u>물체 고유의 표면 특성을 바탕으로 화솟값이 결정된다</u>'고 말할 수 있습니다.

해설

① 첫 문단의 '달리'를 이용한 간단한 내용일치 선지입니다.
③ 원근감과 입체감은 렌더링 과정에서 구현되며, 이때 렌더링의 과정은 관찰 시점을 기준으로 이루어집니다.
④ '해상도↑⇒출력 화소의 수↑⇒연산 양↑⇒연산 시간↑'으로 지문에 설명되었습니다.
⑤ CPU가 미처 연산하지 못한 데이터가 차례를 기다리게 되는 것이 병목 현상이므로, 이는 과도한 양의 데이터가 집중되어 CPU의 처리 능력을 초과한 것으로 볼 수 있습니다.

02 모델링 에 대한 설명으로 가장 적절한 것은?

① 다른 물체에 가려져 보이지 않는 부분에 있는 삼각형의 정점들의 위치는 계산하지 않는다.
② 삼각형들을 조합함으로써 물체의 복잡한 곡면을 정교하게 표현할 수 있다.
③ 하나의 작은 삼각형에 다양한 색상의 표면 특성들을 함께 부여한다.
④ 공간상에 위치한 정점들을 2차원 평면에 존재하도록 배치한다.
⑤ 다양하게 변할 수 있는 관찰 시점을 순차적으로 저장한다.

정답 : ②

정점들이 삼각형을 구성하고, 그 삼각형들을 조합하여 그물 형태로 물체의 곡면을 표현합니다.

해설

① <u>시점에 따라 다른 물체에 가려짐을 고려하는 것은 '렌더링' 과정의 얘기</u>입니다. 3D, 3차원 가상 공간을 다루는 모델링 과정에는 부합하지 않는 선지입니다.
③ '각 삼각형 면에는 표면 특성이 하나씩 지정된다'고 말했으니, 하나의 삼각형에는 하나의 표면 특성만 부여됨을 알 수 있습니다.
④ 모델링은 3차원 공간을 다룹니다.
⑤ 모델링은 관찰 시점을 고려하지 않습니다.

Comment

　둘 이상의 개념을 지문의 주요한 주제로 잡고 서술을 전개하는 경우, 문제에서 A라는 개념에 대한 설명과 B라는 개념에 대한 설명을 섞어 놓는 경우가 일반적입니다. 지문을 읽을 때 개념들 간의 차이점을 인식하면서 문제로 넘어왔다면 선지를 판단하는 속도가 훨씬 빨랐을 것입니다.

03 ㉠에 대한 추론으로 가장 적절한 것은?

① 동일한 개수의 정점 위치를 연산할 때, 동시에 연산을 수행하는 코어의 개수가 많아지면 총 연산 시간이 길어진다.

② 정점의 위치를 구하기 위한 10개의 연산을 10개의 코어에서 동시에 진행하려면, 10개의 연산 명령어가 필요하다.

③ 1개의 코어만 작동할 때, 정점의 위치를 구하기 위한 연산 시간은 1개의 코어를 가진 CPU의 연산 시간과 같다.

④ 정점 위치를 구하기 위한 각 데이터의 연산을 하나씩 순서대로 처리해야 한다면, 다수의 코어가 작동하는 경우 총 연산 시간은 1개의 코어만 작동하는 경우의 총 연산 시간과 같다.

⑤ 정점 위치를 구하기 위해 연산해야 할 10개의 데이터를 10개의 코어에서 처리할 경우, 모든 데이터를 모든 코어에 전송하는 시간은 1개의 데이터를 1개의 코어에 전송하는 시간과 같다.

정답 : ④

GPU를 사용하는 것이 CPU의 그래픽 처리 능력을 보완할 수 있는 이유는, GPU의 각 코어가 '모든 데이터를 동시에' 연산하기 때문입니다. 만약 이를 '하나씩 순서대로' 처리해야 한다면, 이는 하나의 연산 명령어를 전달받아 하나의 코어가 연산하는 시간과 같게 될 것입니다.

해설

① 코어의 개수가 많아지면 총 연산 시간은 짧아질 수 있습니다.

② '전체(n개의) 코어에 하나의 연산 명령어를 전달하면 각 코어는 모든(n개의) 데이터를 동시에 연산'한다는 내용에서, 이 경우에도 연산 명령어는 하나만 필요할 것임을 추론할 수 있습니다.

③ GPU의 하나의 코어 자체는 CPU의 코어보다 저속으로 연산됩니다.

⑤ 데이터를 코어들에 전송하는 과정 자체는 순차적으로 발생하므로, 10개의 데이터를 10개의 코어에 전송하는 시간은 1개의 데이터를 1개의 코어에 전송하는 시간보다는 길 것이라 생각할 수 있습니다.

───── Comment ─────

지문 해설에서 강조했듯, '동시에vs순차적', '하나의vs여러' 등의 대립 지점을 파악하면서 읽어야 이런 문제를 실전에서 빠르게 골라낼 수 있습니다. 이 책의 다른 지문들에서 두드러지는 대립적인 개념/어휘들은 어떤 식으로 파악이 가능했는지 스스로 공부해보시길 권합니다.

04 다음은 3D 애니메이션 제작을 위한 계획의 일부이다. 윗글을 바탕으로 할 때 적절하지 않은 것은?

	[장면 구상]	[장면 스케치]
장면 1	주인공 '네모'가 얼굴을 정면으로 향한 채 입에 아직 불지 않은 풍선을 물고 있다.	
장면 2	'네모'가 바람을 불어 넣어 풍선이 점점 커진다.	
장면 3	풍선이 더 이상 커지지 않고 모양을 유지한 채, '네모'는 풍선과 함께 하늘로 날아올라 점점 멀어지는 모습이 보인다.	

① 장면 1의 렌더링 단계에서 풍선에 가려 보이지 않는 입 부분의 삼각형들의 표면 특성은 화솟값을 구하는 데 사용되지 않겠군.

② 장면 2의 모델링 단계에서 풍선에 있는 정점의 개수는 유지되겠군.

③ 장면 2의 모델링 단계에서 풍선에 있는 정점 사이의 거리가 멀어지겠군.

④ 장면 3의 모델링 단계에서 풍선에 있는 정점들이 이루는 삼각형들이 작아지겠군.

⑤ 장면 3의 렌더링 단계에서 전체 화면에서 화솟값이 부여되는 화소의 개수는 변하지 않겠군.

정답 : ④

장면 3에서는 풍선의 크기와 모양이 유지되고 있으므로, 모델링 단계에서 정점들의 상대적 위치나 정점 사이의 간격 모두 변화가 없음을 파악할 수 있습니다. 또 풍선이 점점 멀어지는 '원근감'은 렌더링 단계에서만 고려되는 것이므로, 삼각형들이 작아진다는 추론은 근거가 없습니다.

해설

① 2차원의 화면을 나타내는 렌더링 단계에서는 '시점'과 '가려짐'을 고려하기 때문에, 보이지 않는 입 부분의 표면 특성이 반영되지 않았음을 알 수 있습니다.

② 정점의 개수는 상수로 유지됩니다.

③ 풍선이 커진다면 풍선을 이루는 정점 사이의 간격이 벌어집니다.

⑤ 렌더링 단계에서 화소의 개수는 '정해진' 것으로 상수라고 판단할 수 있습니다.

선지에서 모델링/렌더링 둘 중 무엇을 물어보는지 헷갈리지 않는 것도 중요했을 것 같습니다. 당연히, 각 장면의 설명에 대한 이해도 필요했고요. 비문학 3점 <보기> 문제의 난이도가 상당히 평이해진 지금은, 확실히 읽고 침착하게 푸는 태도가 제일 중요할 것 같습니다.

이 책을 끝내고
공부할 것들

이 책 한 권을 제대로 끝냈다면, 이제 '기출 분석'에 있어서는 질적인 모자람이 없다고 생각하셔도 좋습니다. 그러나 이 책 한 권만 공부한다고 100점을 받을 정도로 수능 국어는 호락호락하지 않습니다. 양적인 누적도 더 필요하고, 질적인 자극도 필요합니다. 요즘 같은 수능에서는 실전 연습도 중요합니다. 이에, 학생들이 가장 흔히 접근하는 컨텐츠들에 대한 설명을 적어봅니다.

1. 기출 문제

『만점의 생각』을 잘 끝냈다면, 이 책의 방식대로 최대한 많은 기출 문제들을 스스로 분석해보시는 것을 추천드립니다. 2017~2024학년도의 기출은 '필수'라고 생각하고, 2011~2016학년도의 기출은 가급적 볼 것을 권합니다. 연도별 기출 문제집을 구매하시든, 기출 문제를 프린트해서 푸시든 상관은 없습니다. 이 책을 흡수한 여러분은, 이제 해설에 의존하지 않고 스스로 기출 분석을 하실 수 있습니다.

2. EBS

EBS는 지문이나 문제의 질이 상당히 낮습니다. 또한 수능에서는 연계 체감이 잘 안 느껴질 가능성이 큽니다. 영역별로 활용법이 다르기에, 나눠서 설명합니다.

- 독서 : 지문의 질이 많이 떨어집니다. 본질적인 실력 향상에는 큰 도움이 되지 않을 수 있습니다. 그러나, 소재나 개념이 연계되는 것을 아예 무시할 수는 없기에 한 번쯤은 풀어보시는 것을 추천드립니다.
- 운문(현대시, 고전시가) : 수능에 보통 한 지문은 그대로 연계됩니다. 현대시는 문제를 풀기보단 그저 지문을 많이 읽어서 익숙해지는 것을 권합니다. 시험장에서 지문을 읽는 시간을 줄인다는 생각으로요. 현대시 해설을 외우는 공부는 추천하지 않습니다. 실제 수능에서는 일반적인 해석과 다른 해석으로 출제할 가능성이 있습니다. EBS에 수록된 고전시가는 전문을 구해서 여러 번 읽어보길 바랍니다. 고전시가 자체에 대한 실력도 늘 수 있습니다.
- 산문(현대소설, 고전소설, 극문학) : 산문은 가끔 줄거리를 알고 있으면 도움이 되는 경우가 있으나, 대부분의 경우 그냥 잘 독해하고 잘 푸는 것이 중요합니다. 특히나 요즘 기조를 보면 산문은 EBS의 도움을 받기가 더욱 어려워 보입니다. 운문이든 산문이든, 결국 기출 분석을 통해 평가원이 요구하는 독해와 판단을 할 수 있어야 틀리지 않을 수 있습니다.
- 언어와 매체, 화법과 작문 : 한 번쯤은 다 풀어보는 것을 추천합니다. 가끔 신유형이 수능에 연계됩니다.

3. LEET/DEET/MEET

상당히 고난도의 지문들이지만, 사실 요즘 수능과 난이도가 크게 다르지 않습니다. 수능보다 요구하는 추론의 정도가 높고, 배경 지식을 노골적으로 요구하기 때문에 다소의 차이는 존재합니다. 그럼에도, 지문의 논리가 탄탄하고 문제의 짜임새가 확실히 뛰어납니다. 1등급 정도의 학생들은 질적인 강화를 위하여 선별된 지문을 한 번쯤은 공부해 볼 것을 추천드립니다. 다만, LEET/DEET/ MEET는 시중에 잘못된 해설이 꽤 많으니 유의하시길 바랍니다.

4. 사설 모의고사

기출과 LEET로 본질적인 실력을 많이 키웠다면, 9월 무렵부터는 사설 모의고사를 통해 낯선 지문으로 실전 감각을 끌어올리는 것도 좋습니다. 시간을 재고 실전처럼 풀고, 실전에서의 행동 강령을 세워보면 도움이 될 겁니다. 다만, 평가원과는 문제 구성 방식이 다르고, 선지의 논리가 이상한 경우가 많으니, 이걸 분석해서 실력을 올리겠다는 생각보다는, '실전 연습'과 '양치기' 정도의 의미만을 부여할 것을 권합니다.

5. 교육청 모의고사 / 사관학교 기출 / 경찰대 기출

수능과는 상당히 결이 다릅니다. 지문의 질도 썩 좋다고 느껴지지 않습니다. 양치기의 측면에서는 괜찮을 수 있다고 생각하나, 위의 1~4번만 해도 1년이 금방 지나가기에, 여기까지 건드려야 하나 싶기는 합니다.